소피스트 단편 선집

②

대우고전총서
Daewoo Classical Library

058

소피스트 단편 선집

②

The Fragments of the Sophists

강철웅 엮어 옮김

아카넷

차례

· · · · · · · · · · · · · · · · · · · ·

1권 차례

· · · · · · · · · · · · · · · · · · ·

일러두기

___ 기준 판본: 이 책에 번역되어 인용된 희랍어(일부 라틴어나 다른 고
대어 포함) 원전의 판본은 DK, 즉 헤르만 딜스가 1903년 초판을 내
고 발터 크란츠가 수정, 증보한 『소크라테스 이전 사람들의 단편들』
(H. Diels & W. Kranz, *Die Fragmente der Vorsokratiker*, Weidmann,
1951-1952) 제6판을 기준으로 하고 운터슈타이너의 『소피스트들:
간접 전승과 단편』(M. Untersteiner, *Sofisti: Testimonianze e
Frammenti*, Vol. 1-4, Bompiani, 1949-1967)으로 보완하며, 나중
에 나온 락스와 모스트의 『초기 희랍 철학』 제8권과 제9권: 소피스
트들 제1부와 제2부(A. Laks & G.W. Most, *Early Greek Philosophy*,
Vol. 8 & 9, Sophists, Part 1 & Part 2, Harvard, 2016), 그레이엄
의 『초기 희랍 철학의 원전들: 주요 소크라테스 이전 철학자들의
단편 전체와 간접 전승 발췌』(D. Graham, *The Texts of Early Greek
Philosophy: The Complete Fragments and Selected Testimonies of the
Major Presocratics*, Cambridge, 2010) 등으로도 보완한다. 이 책들
에 포함되지 않은 원전은 OCT(Oxford Classical Texts)나 토입너

(Teubner), TLG(Thesaurus linguae Graecae) 등에서 해당 저자나 저술에 관한 권위 있는 판본을 선택하여 인용한다.

___ 번역: 이 책에 나오는 텍스트들의 우리말 번역은 시리아어나 아랍어 텍스트의 유럽어 번역으로부터 중역한 단편들(1B.51, 1B.54, 2B.8, 5B.52) 외에는 모두 해당 희랍어(혹은 일부 라틴어) 원전으로부터 내가 직접 옮긴 것이다.

___ 각 장의 구성: 12, 13장과 17장을 제외하면, 각 장은 '삶과 행적', '사상과 가르침'의 두 절로 나누고 각각 'A절'과 'B절'로 칭한다. 해당 저자를 알 수 없는 텍스트(즉, 다른 장들의 B절에 해당)만 다루는 12, 13장에서는 A절을 생략한다. 특정 소피스트가 아닌 소피스트 일반에 귀속되는 자료를 다루는 17장은 '소피스트 개념, 소피스트 기술 및 운동에 관한 언급들'과 '소피스트적인 사상이나 운동을 대변하는 발언들'이라는 두 부분으로 나누어 각각 A와 B를 할당하므로 다른 장들과 구성이나 인용문 지칭 방식이 같다.

___ 각 인용문 표제부 구성: 각 인용문의 표제부는 인용문의 일련번호, 텍스트 출처, DK 등 저작 인용 번호(소괄호로 묶음) 순서로 제시되며, 이후 화자나 청자 등 인용문의 발화 맥락을 표시할 필요가 있는 경우에는 사각 괄호로 제시한다. 예컨대, "1B.14. 플라톤 『프로타고라스』 334a3-c2 (DK 80A22) [화자: 프로타고라스]." '※' 표시는 일련번호 앞에서 해당 인용문이 A와 B를 아우르는 기본적인 인용문임을 나타낸다.

___ 일련번호: A와 B 각각에 속하는 인용문들은 장 번호 뒤에 각각 A와

B를 붙여 구분한 후 일련번호를 매긴다. [예) 프로타고라스 장(1장) A절(즉, 삶과 행적)의 첫째 인용문은 1A.1; 알키다마스 장(15장) B절 (즉, 사상과 가르침)의 둘째 인용문은 15B.2.] 일련번호 뒤에 's'를 붙인 경우는 같은 일련번호 단편의 부속 단편(즉, 거의 같은 내용 혹은 인용문을 포함한 것이어서 독립적으로 분류하기에 부적절한 단편)에 해당한다. [예) '1B.69s' 해당 단편은 '1B.69' 해당 단편의 부속 단편이다.] 다음 11개 단편에 적용된다. 1B.69s, 2B.4s, 2B.36s, 2B.80s, 3B.23s, 5B.13s, 5B.29s, 5B.30s, 5B.54s, 5B.56s, 9A.8s] 일련번호 뒤에 영어 소문자 괄호 번호 '(a)', '(b)', '(c)' 등을 붙인 경우는 기본적으로 같은 취지이거나 같은 역할을 하는 단편이어서 같은 번호를 할당한 경우에 해당한다. 다음 4개 단편에 적용된다. 2B.9.(a), (b); 9B.10.(a), (b), (c); 9B.12.(a), (b); 9B.13.(a), (b), (c).

___ 무명 저자의 경우: 인용문 표제부에서 저작명 앞에 저자명이 붙어 있지 않은 경우(주석이나 사전류 등의 경우가 특히 그렇다.)는 기본적으로 저자가 알려지지 않은 경우다. 사전류 외에는 흔히 '무명씨' (Anonymous)를 앞에 붙이기도 하지만 이 책에서는 그렇게 하지 않는다.

___ 저작 인용 번호(DK): 소크라테스 이전 사람들의 저작을 인용할 때 표준적으로 이용되는 'DK 번호'를 사용한다. 예컨대, DK 80B4는 'DK의 80장(해당 철학자 번호. 이 경우 프로타고라스)에 나오는, 직접 인용 단편으로 분류된(B) 4번 자료'라는 뜻이다. B 외에 A는 나중 사람이 풀어서 전한 간접 전승 내지 보고로 분류된 자료를, C는 진위가 의심스럽다고 분류된 자료를 가리킨다. DK에 나오는 해당 자료보다 더 많이 인용하는 경우도 있을 수 있지만, 별도로 표시하지 않

는다. 운문의 경우 우리말과 어순이 달라 행수 차이가 있을 수 있다.

___ 저작 인용 번호(보충): DK 번호가 없거나 보충이 필요한 네 장(즉, 5장, 6장, 9장, 11장)에는 다른 텍스트 번호를 병용한다. 5장에는 M이, 6장에는 Soc와 SSR이, 9장에는 Ws가, 11장에는 S가 쓰인다. 이 텍스트들의 서지 사항은 〈약어 일람〉을 참조할 것.

___ 각 장 내 인용 방식(DK 장 번호 생략): 각 장에서 DK 장 번호 표시 없이 A, B, C 등으로만 인용될 때에는 해당 철학자에 대한 DK 장 번호가 생략된 것이다. 예컨대, 제1장 프로타고라스에서 'A1'이 나오면 앞에 'DK 80A1'로 보면 된다. 참고로, 이 책의 각 장에 나오는 소피스트의 해당 DK 장 수는 다음과 같다.

제1장 프로타고라스 (DK 80)   제2장 고르기아스 (DK 82)
제3장 프로디코스 (DK 84)   제4장 히피아스 (DK 86)
제5장 안티폰 (DK 87)   제6장 소크라테스 (DK에 없음)
제7장 트라쉬마코스 (DK 85)   제8장 칼리클레스 (DK에 없음)
제9장 에우에노스 (DK에 없음) 제10장 크리티아스 (DK 88)
제11장 에우튀데모스 형제   제12장 『이암블리코스의 익명
　　(DK에 없음)   　　저술』(DK 89)
제13장 『이중 논변』(DK 90)   제14장 뤼코프론 (DK 83)
제15장 알키다마스 (DK에 없음) 제16장 크세니아데스 (DK 81)
제17장 소피스트 일반 (DK 79)

___ 인용문 내 굵은 글씨 강조: 각 장의 철학자가 직접 발언한 내용(즉, 기본적으로 DK의 B 단편에 해당하는 내용)이나 그것에 어느 정도 근접하는 내용(즉, DK B 단편에 해당할 만큼 엄밀한 직접 인용은 아

니지만 해당 철학자의 발언 내용에 가깝다고 간주되는 내용)은 굵은 글씨체로 강조한다. 직접 발언으로 간주할 만한 자료와 범위에 관한 판단은 경계를 정하기 어려운 경우가 많고 내용과 맥락을 바라보는 관점에 따라 얼마든지 달라질 수 있다는 점에 유의할 필요가 있다.

___ 인용문 내 괄호 사용: 인용문 내 대괄호 [ ] 표기는 인용자의 것으로, 문맥상 생략된 것으로 보이거나 이해를 위해 보충할 필요가 있다고 판단한 문구를 삽입하거나 지시 대상을 밝히기 위해 쓴다. 인용문 내 소괄호 ( ) 표기는 제시된 희랍어(예컨대, 신 이름)의 뜻을 밝혀 주거나 반대로 우리말 번역어의 희랍어 원어를 밝혀 주기 위해 사용될 수 있고, 한자어를 병기하거나 원문에 객관적으로 함축된 내용(즉, 인용자의 해석적 개입이 아닌 3인칭 주어 등)을 더 분명히 밝힐 때 사용될 수도 있으며, 앞뒤 문맥의 흐름을 끊고 삽입되는 대목을 묶기 위해 사용될 수도 있고, 해당 부분을 넣고 읽거나 빼고 읽거나 둘 다가 가능한 경우에 사용될 수도 있다. 삼각 괄호 〈 〉는 원문 편집자가 원문의 탈자나 누락된 문장을 보충하기 위해 사용한 기호를 그대로 옮긴 것이다. 인용문이 아닌 경우에도 이 괄호 용법은 기본적으로 준용한다.

___ 희랍어 표기: 특별한 경우 외에는 아티카 방언의 표기를 적용한다. 희랍어의 우리말 표기는 희랍어 원 발음에 가까운 표기를 택한다. 다만 우리말에서 굳어진 관행을 수정하기 어려운 경우는 예외로 한다.

___ 서양어 단어 병기: 우리말 단어에 대응하는 서양어 단어를 병기할 때 희랍어는 로마자로 음사하되 윕실론은 'y'로 적고 밑에 쓴 요타는 앞에 장모음 표시로 보통의 이중모음과 구분한다. 기타 표기 관련 사항은 표준적 관행으로 간주되는 것을 따른다.

___ 연대 표시: 이 책의 연대는 기본적으로 기원전 연대다. 혼동의 여지가 없는 한 '기원전'은 표시하지 않는다. 기원전과 기원후에 관한 약어는 정치적 올바름을 감안해 'BC'(Before Christ)와 'AD'(Anno Domini) 대신 'BCE'(Before Common Era)와 'CE'(Common Era)를 사용하기로 한다.

___ 높임말: 플라톤 대화편이나 연설문 등 구어체 글(맥락상 구어체가 분명하고 긴요한 경우 외에는 문어체를 적용한다.)을 인용할 때 희랍 문화에 없는 경어나 하대 관행은 적용하지 않는다. 특히 연장자는 하대하고 연하자는 존대하는 비대칭적 경어 사용 관행은 부자 관계 등 꼭 필요한 경우에만 적용하며, 평등한 상태에서 상호 존중하는 분위기를 살리는 데 중점을 두기로 한다. 예컨대, 연장자에게 '당신'이라는 호칭을 자유롭게 사용하고 이름도 쉽게 부르는 희랍적 관행을 그냥 이용하며, 반대로 연하자에게 하대하는 비대칭적인 말투가 없으므로 특별한 경우 외에는 서로 적당히 존대하는 말투를 적용한다. 친한 친구 간 대칭적 평어 사용(예컨대, 소크라테스와 크리톤 간의 대화)도 가급적 도입하지 않고 적당히 존중하는 어법을 적용한다.

___ 우리말다운 표현의 문제: 내용 이해에 긴요한 경우 우리말 어법이나 관행에 덜 어울리는 표현을 도입한다. 대표적인 사례를 들자면, 원문을 번역하면서 희랍어 여격의 의미를 보다 온전히 음미하기 위해 필요한 경우에 사람에게만이 아니라 사물에도 '…에게'를 폭넓게 적용하기로 한다. 그리고 우리말에는 복수 표현을 거의 덧붙이지 않는 경우가 많은데, 이 책에서는 상당히 많은 경우에 원문의 복수 표현을 그대로 살리고자 했다. 예컨대, '모든 것들'.

약어 일람

1. 고대 저술

CAG = *Commentaria in Aristotelem Graeca*, Berlin, 1882-1909.

DL = 디오게네스 라에르티오스, 『유명한 철학자들의 생애와 사상』 /
Dorandi, T. (2013) (ed.), *Diogenes Laertius: Lives of Eminent Philosophers* (Cambridge Classical Texts and Commentaries), Cambridge.

MXG = 위-아리스토텔레스 『멜리소스, 크세노파네스, 고르기아스에 관하여』.

2. 현대 연구서

초판 출간순. 가장 기본인 일차 문헌이 DK이며, '주요 현대 참고문헌'이라는 이름으로 지칭되면서 자주 언급되는 것들은 '*'로 표시한 다섯 개,

즉 DG, G, GW, LM, W다. 개별 장 이름을 적시한 경우는 그 문헌이 그 특정 장에 주로 언급된다는 뜻이다.

주요 현대 참고문헌 다섯 개 가운데 GW, W, DG는 번역본이고 보다 나중에 나온 G와 LM은 텍스트-번역 대조본이다. 나중 둘이 대조본이어서 연구자가 참조하기에 유용한 측면이 있지만, 전반적으로 연구자와 비연구자 모두에게 실질적인 도움을 줄 수 있는 건 오히려 세 번역본 쪽이다. 물론 소피스트를 다룬 2부에 한정되는 말이지만, G는 서양고대철학 분야 일차 자료 모음으로 같은 출판사가 펴낸 기념비적인 전작들(KRS, LS)에 비해 20여 년의 세월, 연구 성과나 정보와 기술의 진전이 무색할 정도로 작업의 질과 수준이 매우 떨어진다. 사소한 것부터 중요한 것까지 여러 종류의 오류들은 말할 것도 없고 오역 내지 나쁜 번역어 선택이나 일관성 없는 번역, 그리고 이해와 해석에 있어 수긍하기 어려운 대목들이 상대적으로 너무 많이 발견된다. 히피아스 등이 빠지고 여섯 소피스트 내지 문헌만 다룬다는 것 또한 중대한 단점에 속한다. 물론 각 장 서두의 간략한 소개, 각 장 말미의 자료 해설 주석과 참고문헌은 참조 가치가 있다. LM은 G보다는 실수가 상대적으로 적고 나름 자료적 참조 가치가 있지만, 편집자가 설정한 일련의 분류에 맞춰 자료가 분산 수록되어 있다는 것이 주제에 관한 자료를 일별할 수 있다는 장점도 있지만, 전승자 특유의 특징이나 이야기 방식, 전승들 간의 연결 등을 볼 수 없게 하는 단점이 더 크다. 앞의 세 번역본 가운데 GW는 각 장의 안내와 주석이 소략하지만 직접 단편에 가까운 것들만 간명하게 일별할 수 있도록 모으면서 의미 있는 자료를 발굴하여 수록하려는 시도가 인상적이며 서두의 안내글과 주석들도 상당히 유용하다. DG는 다섯 참고문헌 가운데 가장 망라적이다. 망라적인 만큼 번역의 질이 아쉬운 대목들을 간혹 포함하지만, G 등에 비하면 눈감아 줄 만하다. 일정한 스토리에 의해 자료들이 잘 정리되어 있고, 자료들 사이사이에 전승들의 연계까지 고려된 설명과 해석이 붙어 있다는 점은 이 책만이 가진 특장점이다. W는 양적 기준으로 보면 이 두 번역본의 중간쯤에 해당하는 자료인데, 번역이나 해석의 질과 창의성은 가장 높으며 DG가 가진 설명과 해석의 장점도 일정하게 정제된 형태로 가지고 있다.

DK = Diels, H. & W. Kranz (1951, 1952), *Die Fragmente der Vorsokratiker*, 6th ed., Weidmann, Vol. I-III.

U = Untersteiner, M. (1949-1967), *Sofisti: Testimonianze e Frammenti*, Vol. 1-4, Bompiani, 1967/1949/1954/1962. [Italian edition. rep. 2009]

Soc = Giannantoni, G. (1971), *Socrate. Tutte le testimonianze: da Aristofane e Senofonte ai padri cristiani*, Bari. [6장(소크라테스)]

S = Sprague, R.K. (1972a) (ed.), *The Older Sophists*, South Carolina. [DK 번역 편집본. 11장(에우튀데모스 형제)]

M = Morrison, J.S. (1972), "Antiphon," in R.K. Sprague (ed.), *The Older Sophists*, South Carolina, 1972, 106-240. [5장(안티폰)]

SSR = Giannantoni, G. (1990), *Socratis et Socraticorum Reliquiae*, Vol. 1, Naples. [6장(소크라테스)]

Ws = West, M.L. (1992), *Iambi et Elegi Graeci ante Alexandrum cantati*, Vol. II, editio altera, Oxford, 63-67. [9장(에우에노스)]

*GW = Gagarin, M. & P. Woodruff (1995) (trs. & eds.), *Early Greek Political Thought from Homer to the Sophists*, Cambridge.

*W = Waterfield, R. (2000), *The First Philosophers: The Presocratics and Sophists*, Oxford. [단편 구분 약자: T = testimonia; F = fragments]

P = Pendrick, G.J. (2002), *Antiphon the Sophist: The Fragments*, Cambridge. [5장(안티폰)]

*DG = Dillon, J. & T. Gergel (2003) (trs.), *The Greek Sophists*, Penguin.

*G = Graham, D.W. (2010), *The Texts of Early Greek Philosophy: The Complete Fragments and Selected Testimonies of the Major Presocratics*, Part 2, Sophists, Cambridge.

*LM = Laks, A. & G.W. Most (2016) (eds. & trs.), *Early Greek Philosophy*, Vol. 8 & 9, Sophists, Part 1 & Part 2, Harvard. [절 표시 약자: P = person, biography; D = doctrines; R = reception]

3. 서지류 및 텍스트 자료 모음

AIO = Attic Inscriptions Online. [https://www.atticinscriptions.com/]

LSJ = Liddell, H.G. & R. Scott (rev. & aug. by H.S. Jones) (1961), *A Greek-English Lexicon*, 9th ed., Oxford.

OCD = Hornblower, S., A. Spawforth & E. Eidinow (2012) (eds.), *The Oxford Classical Dictionary*, 4th ed., Oxford.

SOL = Suda On Line: Byzantine Lexicography, vetted edition completed 2014, ed. by D. Whitehead et alii. [https://www.cs.uky.edu/~raphael/sol/sol-html/]

TLG = Thesaurus linguae Graecae. [http://stephanus.tlg.uci.edu/]

제7장

트라쉬마코스

"고향은 칼케돈. 그리고 나의 직업은 지혜."(7A.10) 간명한 이 묘비명은 그 주인인 칼케돈 출신 트라쉬마코스가 소피스트였음을 웅변한다. '연설들을 기술로 장악했던' '칼케돈 사람의 힘'(플라톤 『파이드로스』 267c: 7B.18)을 고전기 고대인들은 전혀 의심하지 않았던 것 같다. 이는 기원전 1세기 키케로에게까지도 그랬다. 심지어 그의 『브루투스』(17A.37)에는 당대에 존경받던 연설 선생으로 '소피스트 빅 포(Big 4)'와 함께 트라쉬마코스가 안티폰을 제치고 당당히 그 이름을 올렸다.[1]

묘비명에도 있는 것처럼 그는 보스포로스 해협(즉, 흑해 입구)

---

[1] 이 점에서 보면, 히피아스만이 아니라 트라쉬마코스도 소피스트 자료집에서 제외한 G의 선택은 적절해 보이지 않는다. G 외의 다른 4개 주요 현대 참고문헌은 트라쉬마코스를 다루고 있으며, U에도 트라쉬마코스가 수록되어 있다.

비튀니아 지방에 위치한 중요 무역항인 희랍 식민 도시(더 정확히는 메가라의 식민지) 칼케돈[2] 출신이다. 아리스토파네스 희극에 언급된 내용(7A.3)을 감안할 때, 그는 적어도 427년 이전에 수사학 선생이자 연설가(연설 작성가)로 아테네에서 유명해졌고 존경도 받았다. 그 무렵을 전성기로 치면 455년경[3] 출생해서 적어도 아르켈라오스[4]가 라리사를 공격한 400년까지는 살았던 것으로 보인다 (7B.21). 대략 430년경에서 400년경까지 활동한 것으로 보이지만, 413년 이후의 것임이 분명한 『라리사 사람들을 대변하여』라는 연설을 한 것(7B.21) 외에 그의 행적에 관해 알려진 것은 별로 없고 남아 있는 연설 자료도 거의 없다. 다만 칼케돈이 제국 아테네에 대항해서 일으킨 반란이 성공하지 못했던 407년에 칼케돈에 대한 가혹한 보복을 막기 위한 협상을 시도하기 위해 그는 아테네에 외교 사절로 왔고,[5] 그의 수사학적 기량들이 그런 자리에서 의미 있게 시험되고 과시된 것으로 보인다. 디오뉘시오스가 『데모스테네스』 3에서 전해 주는 연설(7B.20)도 이때의 협상 과정에서 나온 연설일 것이다.[6] 아래 10장에서 살펴보게 될 크리티아스가 간결체를 대표한다면, 거의 비슷한 자리 매김의 맥락에서 트라쉬마코스는

---

2 지금은 이스탄불의 한 구역인 카디코이(Kadiköi)다.

3 혹은 460-455년경.

4 마케도니아 왕 아르켈라오스의 재임기는 413-399년이다.

5 화이트(S.A. White 1995)의 논의가 맞다면 그렇다.

6 이전에는 시칠리아 원정 실패 후에 어떤 아테네인이 말한 것(설사 쓰기는 트라쉬마코스가 썼다 해도 말이다.)으로 받아들여졌던 것을 화이트가 이렇게 뒤집었다.

유려한 문체와 근엄한 문체 사이의 중간 문체를 개발한 인물로 간주된다(7B.4, 7B.5).

그런데 7B.27 같은 자료를 통해 볼 때 그는 그저 연설가에 머무는 것이 아니라 철학자이자 문화 비평가의 면모도 갖추고 있다.[7] 하지만 무엇보다도 그를 유명하게 만든 건 '정의는 강자의 이익'이라는 주장으로 잘 알려진 플라톤 『국가』 1권이다. 세간의 위상에 대한 일정한 지표를 제공하는 자료인(그리고 이 장에서는 생애와 사상 둘 다를 포함한 자료로 가장 우선될 만한 것인) 『수다』(7A.1)에 수사학 이야기만 있고 정치 사상가로서의 언급은 아예 없다는 것이 사실 이제까지의 소피스트들의 역사를 잘 웅변해 주는 사례라 할 만하다.

『국가』 1권(과 2권)(7B.23, 7B.24, 7B.25)에 재현된 그의 입장을 한마디로 줄이자면, 정의는 더 강한 자(더 우월한 자)의 이익이다! 한마디로 줄였지만, 그것이 어떻게 트라쉬마코스적 정의관을 대표하는지는 차근히 따져 보아야 할 일이다. 어디부터 어디까지가 엄밀하게 역사적 트라쉬마코스 개인에게 귀속시킬 만한 대목인지는 단정하기 어렵지만, 5세기 아테네의 소피스트 운동의 한 부분을 대표할 만한 도덕적, 정치적 입장이 반영되어 있다는 것만큼은 분명해 보인다. 여기서는 플라톤이 끌어들이는 트라쉬마코스 논의의 적어도 일정 부분은 역사적 트라쉬마코스에게서 연원한 것이라는 가정을 받아들이기로 한다. 그러니까 여기서 트라쉬마코스에게 귀속시킨 이야기들은 플라톤 자신의 창작이기보다는 당대

---

7 W 270쪽.

소피스트들의 논의에서부터(그리고 적어도 일부는 아마도 트라쉬마코스 자신에게서부터) 출발한 것들이라고 볼 수 있다.

『국가』1권에는 그의 입을 통해 세 테제가 등장한다. 1) 정의란 더 우월한 자의 이익이다. 2) 정의는 통치자들(혹은 그들이 세운 법들)에게 복종하는 것이다. 따라서 3) 정의는 남의 이익이다.[8] 현대 논자들의 해석들을 참고로 하여 그의 입장을 정리하면 다음과 같다. 1)이 그의 최종 입장이라면, 그는 칼리클레스처럼 자연법적 권리를 옹호하는 입장, 즉 더 우월한 자가 이익을 보는 게 자연적 정의라는 입장에 상당히 근접해 있는 논자인 셈이다.[9] 2)가 그가 힘주어 역설하는 입장이라면, 그건 일종의 법실정주의 입장이 되며, 그는 정의가 실정법 준수를 넘어선 어떤 것임을 부인하는 상대주의자인 셈이다.[10] 3)이 그의 핵심 입장이라면, 그는 정의가 남의 이익임을 강조하면서 자신의 이익 추구와 양립 불가능하다고 보는 윤리학적 이기주의자가 된다. 그를 정치 이론가라기보다 윤리 사상가로 보는 셈이다.[11] 이것들 외에 그를 윤리적 허무주의자로 보는 견해도 있다.[12] 그가 정의는 존재하지 않는다는 입장을 가

---

8 아래 현대 논자들의 입장들을 포함하여 이곳에서의 다소 도식적인 트라쉬마코스 논의 정리는 상당 부분 로헛(N. Rauhut)의 논의(https://iep.utm.edu/thrasymachus/)에 의존하였다.

9 빌라모비츠(U.v. Wilamowitz-Moellendorff 1920), 첼러(E. Zeller 1889), 스트라우스(L. Strauss 1952) 등.

10 후라니(C.F. Hourani 1962), 그로트(G. Grote 1888) 등.

11 커퍼드(1947), 니콜슨(P.P. Nicholson 1972) 등.

12 테일러(A.E. Taylor 1960), 버넷(J. Burnet 1964) 등.

졌다는 것인데, 그렇게 해석하는 버넷이 보기에 그는 고르기아스의 우주적 허무주의에 상응하는 윤리적 허무주의자다. 그리고 그를 아예 혼동된 사상가로 보는 사람도 적지 않다.[13]

아마도 그의 최종적 입장은 3)에 가까웠을 것이다. 하지만 그는 단순히 도덕 이론가라기보다 현실주의적 정치 사상가에 가까워 보인다.[14] 트라쉬마코스가 보기에 소크라테스의 정의관은 너무 이상적이고 순진해서 무용하고 위험하다. 무정부, 무질서, 혼란으로 배를 이끌고 가기 딱 알맞다. 그가 판단하기로는, 현실이 어떤지를 보아야 하고 현실에서 정의가, 법이 어떻게 기능하는지 살펴야 한다. 그런데 현실은 누구나 자기 이익을 구현하는 데 골몰하는 이전투구 판이다. 고상한 모습으로 도덕군자연하는 통치자도 종국에는 자기 이익에 대한 고도의 계산하에서 행동하고 있는데, 모두가 도덕군자가 되도록 애써 보자는 발상은 결국 누구에게 이익이 되는 일인가? 정의는 결국 남 좋은 일 하자는 것 아닌가? 트라쉬마코스의 목소리는 이런 방향의 현실주의적 고려에서부터 우리의 정의 이야기를 시작하자는 발상을 포함하고 있는 것으로 보인다.

사실 소크라테스, 플라톤의 정의 관련 이야기들은 거의 모두가 일국 내에서의 관심사에 한정되어 있다.[15] 트라쉬마코스가 처했던

---

13 크로스-우즐리(R.C. Cross and A.D. Woozley 1964), 에버슨(S. Everson 1998) 등.

14 바니(R. Barney 2004), 존슨(C. Johnson 2005) 등이 이 비슷한 입장을 취한다.

15 『국가』 등에서 잘 드러나는바, 정의를 내적 조화로 보는 발상 자체가 이미 사유를 그런 쪽으로 정위한다.

상황이나 제안은 아마도 폴리스의 한계를 벗어나 국제 정치의 장에 나오면 상당히 그 의미와 가치를 다시 새겨볼 만한 것이 될 수 있다. 서로 지킬 것을 지키게 만드는 절대적 우위의 권력이 부재하는 정글에서 힘 있는 자가 어떻게 자신의 '정의'를 내세우고 관철하는지는 투키디데스가 전하는 아테네와 멜로스 간의 담론(17B.15의 '멜로스 대화')을 보면 잘 알 수 있다. 이런 이야기들을 지켜보고 음미하는 보다 새롭고 맑은 눈이 우리에게 필요하다. 왜 정의로워야 하고 왜 도덕을 지켜야 하지? 너무도 당연시하는 우리들 자신의 가치관과 도덕, 그리고 그런 가치와 도덕에 대한 우리의 태도 자체가 반성의 대상일 수 있고 반성의 대상이어야 한다는 것, 그것이 트라쉬마코스가 우리에게 제기하는 근본적인 도전이다. 다음 장의 칼리클레스와 더불어 트라쉬마코스에게서 우리는 현대 니체가 내놓는 '주인의 도덕' 이야기의 고대 선구자 격 논의와의 만남을 경험할 수 있다.

A. 삶과 행적

1. 출신과 활동, 사제 관계, 저작

※ 7A.1. 『수다』 Θ.462 (트라쉬마코스 항목) (DK 85A1)[16]

---

16 7B.10, 7B.1 포함.

칼케돈 출신(Chalchēdonios) 트라쉬마코스. 비튀니아에 있는 칼케돈 출신의 소피스트. 그가 처음으로 완결문(periodos)과 문절(文節: kōlon)을 개발했고(katedeixe) 요즘에 쓰이는 수사학의 문채(tropos)를 도입했다.[17] 철학자 플라톤의 제자였고 또 수사가(rhētōr)[18] 이소크라테스의 제자였다.[19] 그는 『심의 연설들』(*Symbouleutikoi*), 『수사학 교범』(*Technē Rhētorikē*), 『재밋거리들』(*Paignia*), 『수사학의 출발점들』(*Aphormai Rhētorikai*)을 썼다.[20]

2. 연대[21]

7A.2. 할리카르나소스의 디오뉘시오스 『뤼시아스』 6.1-13 (DK 85A3)[22]

---

17 7B.10에도 수록. 상세한 설명은 그곳을 참고할 것.

18 혹은 '연설가'.

19 이 사제 관계 보고는 터무니없는 것이라는 게 중론이다. 아마 아래 디오뉘시오스(7B.5)에 나오는 것과 비슷한 보고였는데, 중간에 공백이 생기지 않았을까 하고 추측되기도 한다.

20 7B.1에도 수록.

21 cf. 7B.21의 아르켈라오스 언급.

22 뤼시아스는 디오뉘시오스에 의하면 459년(투리이 건립 15년 전)에 태어났다. 디오뉘시오스가 절대 연대를 추정할 만한 별도의 자료를 갖고 있었다면 이 선후 관계 보고가 맞겠지만, 그렇지 않았을 가능성도 있다. 선후 관계와 뤼시아스의 출생 연대는 논란의 여지가 있다 해도 적어도 트라쉬마코스가 460-455년이 출생 연대였을 개연성이 높고[상세한 논의는 네일스(D. Nails 2002) 289-290쪽 참고], 오히려 아리스토텔레스가 부여하는 높은 위상이나 키케로가 자주 고르기아스와 더불어 언급한다(즉, 둘의 동시대성을 시사한다)는 점

이것들 다음으로 나는 뤼시아스에게서 아주 놀라운 덕을 발견한다. 그 덕을 시작한 건 테오프라스토스 말로는[23] 트라쉬마코스라는데, 내 생각에는 뤼시아스다. 내가 보기에 시간상으로도 후자가 전자보다 앞서니 말이다. (나는 그 두 사람이 서로 비슷한 나이[24]에 삶의 절정기에 들어서게 되었다고 가정하고서 이야기하는 것이다.) 그리고 설사 이것이 인정되지 않는다고 해도, 적어도 실로 실제 경연들(agōnes)에 관련된 일에 있어서 그는 전자보다 더 많이 단련되어 있다(tetriphthai). 그렇지만 나는 둘 중에 누가 이 덕을 시작했는지를 지금으로선 강하게 주장하진 않겠다. 다만 뤼시아스가 그것[25]에 있어서 더 특출하다는 것을 나는 확신을 가지고 천명할 수 있겠다. 그런데 내가 말하는 그 덕은 무엇인가? 생각들을 압축하여 간결하게(strongylōs) 표현하는 문체(lexis)인데, 법정 연설들과 온갖 실제 경연에 아주 고유하고 필수적이다.

7A.3. 아리스토파네스『잔치 참석자들』(Daitalēs) 단편 198 Kock (갈레노스『히포크라테스 용어 설명』19.66 Kühn) (DK 85A4)[26]

을 고려하면 오히려 더 이전일 가능성도 없지는 않다.

23 전해지지 않는 그의 저작『문체에 관하여』에서.

24 혹은 '시점'.

25 즉, 덕.

26 427년 상연. 427년에 이미 유명했다는 증거. 아들과 아버지 간의 대화. 이 트라쉬마코스가 우리가 염두에 두고 있는 트라쉬마코스, 즉『국가』1권에 나오는 트라쉬마코스가 아니라고 생각하는 논자도 있다. 화이트(S.A. White 1995)는 앞의 디오뉘시오스의 선후 관계 보고를 받아들이고 결국 440년 전후로까지

[아버지:] 아마도 확실히 넌 시간이 가면 걸려 넘어질 거야 (katapligēsēi).

[아들:] 그 "걸려 넘어질 거야"라는 말은 연설가들에게서 나온 거네요.

[아버지:] 너의 이 구절들(rhēmata)[27]이 어디서 끝나게 될까 (apobēsetai)?

[아들:] 그 "끝나게 될까"라는 말은 알키비아데스에게서 온 거네요.

[아버지:] 그저 아름답고 훌륭함(kalokȧgathia)을 연습하고 있는 사람들을 넌지시 빗대 가며(hypotekmairēi) 험담을 하는 건 뭐지?[28]

[아들:]   오호, 트라쉬마코스, 변호사들(synēgoroi) 가운데서 이런 기가 막힌 말을 하는(terateuetai) 게 누구죠?

3. 명성과 위상

7A.4. 키케로『브루투스』8.30[29]

|30| 그러나 주의를 기울여 모종의 방식으로 만든 연설(oratio)

트라쉬마코스의 출생 연대를 늦춰 잡는다.

27 혹은 '표현들'.

28 혹은 '왜지?'

29 17A.37(= 6A.45)에 포함.

이 얼마만큼의 힘(vis)을 갖는지가 알려졌을 때 연설을 가르칠 (dicendi) 많은 선생들 또한[30] 갑자기 나타났다. 그 당시에 레온티니 출신 고르기아스, 칼케돈 출신 트라쉬마코스, 압데라 출신 프로타고라스, 케오스 출신 프로디코스, 엘리스 출신 히피아스가 크게 존경받고 있었다. 그리고 같은 시절에 다른 많은 사람들이 아주 거만한 말들로써 자신들이 어떤 식으로 더 약한 논거(causa inferior)가(바로 그런 식으로 그들이 표현하고 있었다.) 말을 통해 더 강한 논거(causa superior)로 될 수 있는지를 가르친다고 공언하고 있었다.

7A.5. 플라톤『파이드로스』266c1-266d4 (DK 80A26)[31]

소크라테스: […] 그런데 이제, 당신과 뤼시아스에게서 배운 사람들은 뭐라고 불러야 하나요? 아니면 바로 그 말들의 기술(hē logōn technē)이라는 게 이건가요? 트라쉬마코스와 다른 사람들이 바로 그걸 구사해서 자신들은 말하는 데 지혜로워져 있고 남들도 그들에게 마치 왕들에게 그러듯 선물을 가져올 용의만 있다면 그

---

30 '또한'(etiam)의 지시 관계를 달리 보아 '알려졌을 때 연설을 가르칠 많은 선생들 또한' 대신 '알려졌을 때에도 연설을 가르칠 많은 연설 선생들이'로 옮길 수도 있다.

31 17A.48에 포함. 5세기 수사학사, 특히 수사학 이론사/교육사. 아래 B의 13.2절에 수록된 같은 작품에서 드러나듯 플라톤은 트라쉬마코스에 대해 기본적으로 부정적 평가를 내리지만, 이 인용문에서 드러나듯 수사학의 대표 주자로서의 위상 자체는 인정하는 것으로 보인다. 맥락: 소크라테스는 자신이 중시하는 모음과 나눔에 능한 사람들을 '변증가들'(dialektikoi)이라 불러 왔다.

렇게 만들어 주는 그 기술 말이에요.

파이드로스: 그들이 왕 같은 사람들이긴 하지만 당신이 묻고 있는 바로 그것들에 대해 아는 사람들은 아니죠. 오히려 당신이 이 부류를 변증에 능하다(dialektikon)고 부를 때 제대로 부르는 거라고 적어도 내겐 생각이 되네요. 반면에 수사에 능하다(rhētorikon)는 건 여전히 우리를 피해 빠져나가는 걸로 보이고요.

|266d| 소크라테스: 무슨 말인가요? 이것들에 포함되지 않으면서도 기술로 포착되는 거라면 아마도 뭔가 아름다운 것일 텐데요? 아무튼 어느 모로 보나 그것을 당신도 나도 무시하면 안 되고 수사학의 남은 부분이 무엇인지도 이야기해야 합니다.[32]

4. 싸움꾼으로서의 성정과 이름

7A.6. 플라톤 『국가』 1권 336b1-6 (DK 85A10)[33]

[전달자: 소크라테스]

그러나 트라쉬마코스가 우리가 대화를 나누고 있는 동안에도 여러 번 중간에 이야기를 끊고 끼어들겠다고 달려들었지만, 그때마다 곧바로, 옆에 앉아 있던 사람들이 이야기를 계속 듣고 싶은 생각에 말렸지요. 그런데 내가 이 말들을 하고서 우리가 잠시 멈칫거

---

32 이후 소크라테스는 수사학 교본들을 이용하여 기본적인 수사학의 체제와 기법, 발견자들에 관해 언급한다.

33 아래 7B.22와 6B.26으로 이어짐.

리는 사이에 그는 더 이상 가만히 있지 못하고 꼭 야수(thērion)처럼 움츠려 힘을 모았다가는 마치 우리를 발기발기 찢어 놓을 것처럼 달려들더군요.

　7A.7. 아리스토텔레스 『수사학』 2.23, 1400b17, 20-23 (DK 85A6)[34]

　또 다른 말터는 이름에서부터 나온다. 예컨대, […][35] 프로디코스[36]는 트라쉬마코스더러 "당신은 늘 '대담한'[37] 싸움꾼'(트라쉬마코스: thrasymachos)이요."라고 불렀고, 폴로스한테는 "당신은 늘 '망아지'(폴로스: pōlos)요."라고 하고, 입법자 드라콘한테는 그의 법들이 인간의 것이 아니라 '뱀'(드라콘: drakōn)의 것이라고 했다(엄혹했던 것이다.).[38]

5. 죽음과 묘비명

　7A.8. 유베날리스 『풍자시집』 7.203-4 (DK 85A7)

34　3B.23에 포함.

35　생략된 대목에서는 소포클레스와 코논이 인용된다. 3B.23에는 수록되어 있다.

36　사본의 '헤로디코스'(Hērodikos)를 '프로디코스'(Prodikos)로 고쳐 읽었다. 상세한 내용은 3B.23의 해당 주석을 참고할 것.

37　혹은 '들이대는'. 플라톤 『고르기아스』 서두(아래 8A.4)의 '싸움에는 늦게'와 대비되는 말이기도 하다.

38　이어지는 대목에서는 에우리피데스와 카이레몬이 인용되는데 생략하였다. 3B.23에는 수록되어 있다.

많은 이들이 공허하고 결실 없는 선생 자리(cathedra)를 후회스
러워했다.

트라쉬마코스의[39] 죽음이 증명하듯이 […]

7A.9. 유베날리스『풍자시집』7.204에 관한 주석 (DK 85A7)

목매어 죽은 아테네 연설가의.

7A.10. 아테나이오스『만찬 자리의 소피스트들』10, 454f (DK
85A8)

파리온[40] 출신(Parianos) 네옵톨레모스[41]는『칼케돈의 새김글들에
관하여』에서 소피스트 트라쉬마코스의 무덤(mnēma)에 다음과 같
은 새김글이 새겨져 있다고 말한다.

---

39 사본마다 이름이 다르고 정확히 '트라쉬마코스의'(Thrasymachi)라고 되어 있
    지는 않지만, 이렇게 추정은 가능하다.
40 LM과 S의 트라쉬마코스 장 역자 스파쇼트(F.E. Sparshott)가 쓴 '파로스' 표기
    는 착오다. 파리온은 헬레스폰토스 연안에 있는 도시[지금의 케메르(Kemer)]
    로서 칼케돈[지금의 이스탄불 내 카디코이(Kadiköi)]과 비교적 가까운 거리에
    있다.
41 기원전 3세기(뷔잔티온의 아리스토파네스보다 이르고, 아마도 에라토스테네스
    보다는 나중 사람)의 파리온 출신 희랍 작가. 그의 저작들에는 시, 문학 비평,
    문헌학 논고들이 포함되어 있었다. 시에 관한 그의 견해들(필로데모스에 의해
    그 요약이 우리에게 알려져 있다.)이 기본적으로 호라티우스『시학』에 의해 채
    택되었다고 폼포니우스 포르퓌리오(기원후 3세기 초에 활동한 학자로서 그가
    쓴 호라티우스 주석이 지금도 남아 있다.)가 말한다.

내 이름은 테타[th], 로[r], 알파[a], 산[s], 위[y], 뮈[m], 알파[a], 케이
[ch], 우[o], 산[s].

고향(patris)[42]은 칼케돈. 그리고 나의 직업(technē)[43]은 지혜(sophiē).

B. 사상과 가르침

1. 저작[44]

7B.1. 『수다』 Θ.462 (트라쉬마코스 항목) (DK 85A1)[45]
그는 『심의 연설들』(*Symbouleutikoi*), 『수사학 교범』(*Technē
Rhētorikē*), 『재밋거리들』(*Paignia*),[46] 『수사학의 출발점들』(*Aphormai
Rhētorikai*)을 썼다.

7B.2. 플루타르코스 『향연 담론집』 1.2.3, 616d1-6 (DK 85B7)
하지만 그 결정이 쉽지도 않다. 그들이 나이가 다르기도 하고 능력
이 다르기도 하며 필요가 다르기도 하고 친밀한 정도가 다르기도 하

---

42 혹은 '조국'.
43 혹은 '업계', '기술'.
44 cf. 2절의 7B.4(법정 연설 없음), 그리고 7B.13(『연민들』).
45 7A.1에 포함.
46 혹은 '심심풀이 소품들', '놀잇감들'. 고르기아스가 『헬레네 찬양』(2B.13) 21에서
    사용한 단어이기도 하다.

기 때문이다. 하지만 비교로 이루어진 논변(hypothesis … synkritikē)을 연습하는(meletōn) 사람처럼 아리스토텔레스의 『말터들』(Topoi)이나 트라쉬마코스의 『넘어트리는 논변들』(Hyperballontes)[47]을 손 닿는 데에 갖고 있어야 한다. 비록 그가 유용한 것들 가운데 아무것도 해내지 못하고 오히려 시장과 극장들로부터 빈 생각(kenē doxa)을 향연 자리로 옮겨 놓고 있을 뿐이지만 말이다.

7B.3. 아리스토파네스 『새들』 880에 관한 주석 (DK 85B3)

사실 아테네인들은 축제에서 공동으로 제사를 올릴 때 자신들만이 아니라 키오스 사람들을 위해서도 기도했다. 테오폼포스[48]가 『필리피카』 12권에서 말하는 것처럼, 전쟁이 필요한 상황이 닥쳤을 때 키오스 사람들이 아테네에 지원군을 보내 주었기 때문이다. […] 트라쉬마코스도 그의 『대 기술 교범』(Megalē Technē)에서[49] 테오폼포스의 말과 같은 말들을 한다.[50]

---

47 비슷한 제목의 저작이 프로타고라스에게도 있다(1B.2, 1B.3).

48 테오폼포스(기원전 378년-320년경)는 키오스 출신 역사가이자 수사학자다. 필리포스 통치(359-336년)의 역사를 다룬 그의 『필리피카』는 소실되었지만 나중 저자들의 작품들을 통해 내용이 전해진다.

49 혹은 '긴 『기술 교범』(megalē Technē)에서'. 아무튼 이 저작은 7B.1에 언급된 『수사학 교범』과 같은 책일 가능성이 높다.

50 기원전 5세기 후반의 어느 시점부터 아테네 시민들의 공적 기도와 제사에 키오스인들에 대한 특별한 언급을 포함하는 것이 일반적 관행이 되었다는 사실을 트라쉬마코스도 언급한 적이 있다는 내용의 이런 보고가 그 자체로 어떤 의의를 갖고 있는지는 분명치 않다. 하지만 적어도 그가 자신의 연설에서 키오스인들을 모종의 대표 사례로 이용했을 가능성은 있다(DG 213쪽). 이 단편

2. 문체상의 기여: 근엄과 유려의 중간 문체 개발

7B.4. 할리카르나소스의 디오뉘시오스 『이사이오스』 20.4-23 (DK 85A13)[51]

정확한 말들(akribeis ... logoi)[52]을 선호하며 법정 수사학(enagōnios rhētorikē)[53]을 연마하는 사람들로 말할 것 같으면, 그들 가운데에 람누스 출신 안티폰과 칼케돈 출신 트라쉬마코스와 아테네 출신 폴뤼크라테스와 30인을 이끈 크리티아스와 호메로스를 비판하는 저술들(syntaxeis)을 남긴 조일로스와 그 비슷한 다른 사람들이 있는데, 이들 가운데 아무도 뤼시아스보다 더 정확하거나 매력적인 사람은 없었다고 나는 생각한다. 안티폰은 실로 근엄함(austēron) 과 옛스러움만 갖고 있을 뿐 심의 연설로 겨루는 자(agōnistēs)도 법정 연설로 겨루는 자도 아니다. 그리고 폴뤼크라테스는 실제 연설들에서는 공허하고(kenos) 시범 연설들에서는 생기 없고(psychros) 투박하며(phortikos) 매력(chrientismos)[54]이 필요한 연설들에서는 매력이 없다. 트라쉬마코스는 순수하고 미세하며 발견하는 데도 능란하고 자기가 뜻하는(bouletai) 바를[55] 간결하게(strongylōs) 말하

의 상세한 내용과 키오스-아테네 관계 및 제국 내 키오스의 위상 관련 논란에 대해서는 블랜샤드(A. Blanshard 2007) 159-162쪽을 참고할 것.

51 = 5A.16, 10A.10.

52 혹은 '엄밀한 논변들'.

53 혹은 '경연 수사학', '논쟁적 수사학'.

54 혹은 '기지', '장난스러움'.

55 혹은 '자기가 원하는 바에 따라'.

는 데도 과도하게(perittōs) 말하는 데도 능란하다. 그런데 그는 온통 기술 교범 쓰는 일과 시범 연설들에 빠져서 법정 연설들{이나 심의 연설들}[56]은 남긴 것이 없다. 그리고 크리티아스에 관해서도 조일로스에 관해서도 같은 이야기들을 할 수가 있을 것이다. 단지 그들이 개진 방식의 유형들에 있어서는 서로 다르다는 것만 빼면 말이다.

7B.5. 할리카르나소스의 디오뉘시오스 『데모스테네스』 3 (DK 85B1)[57]

문체(lexis)의 세 번째 〈종류〉는 이 둘[즉, 근엄한 문체와 유려한 문체]로부터 혼합되고 종합된 것인데, 그것을 최초로 짜 맞추고 지금 지속되고 있는 질서로 확립한 사람은, 테오프라스토스가[58] 생각하는 대로, 칼케돈 출신(Kalchēdonios)[59] 트라쉬마코스였는지 다른 누군가였는지는 난 이야기할 수 없다. 그런데 그것을 넘겨받아 발전시켜 거의 완성시키다시피 한 사람들은 수사가들 중엔 아테네 출신 이소크라테스였고, 철학자들 중엔 소크라테스학파의 플라톤이었다. 데모스테네스를 제외하고는, 이 사람들보다 필수적이고 유용한 것들을 더 잘 연마했거나 아름다운 말과 장식적 장치

---

56 이 부분을 대개 삭제하고 읽는다. 7B.1과의 상충 때문일 것이다.

57 중간에 사례로 든 연설은 아래 7B.20에 있음.

58 전해지지 않는 그의 저작 『문체에 관하여』에서.

59 문헌들에 따라 이렇게 '카이'(ch) 대신 '카파'(k)가 들어간 철자법을 사용하기도 한다.

들을 더 잘 보여 준 다른 어떤 사람들을 찾기란 불가능하다. 어쨌거나 트라쉬마코스의 문체는, 정말로 그것이 중간 문체의 어떤 원천이었다면, 딴 건 몰라도 그것이 갖고 있는 지향(prohairesis)[60] 자체는 진지한 관심을 받을 만한 가치가 있는 것 같다. 둘 각각으로부터 어떤 식으로 잘 섞여 있어서 유용함 그 자체를 둘 각각으로부터 나눠 갖고 있기 때문이다. 그런데 그가 구사한 능력은 그런 바람에 맞먹지 못하는 것이었는데, 이를 보여 주는 사례로는 대중 연설들 가운데 하나로부터 따온 다음과 같은 것이 있다.

[…][61]

그러니까 트라쉬마코스적인 개진 방식(hermēneia), 즉 둘의 중간인데, 잘 섞인 중간인 데다가 두 유형 모두에 대한 알맞은 출발점인 그 개진 방식이 이렇다.

7B.6. 할리카르나소스의 디오뉘시오스 『암마이오스에게 보내는 편지』 1.2[62]

그들[즉, 정치 연설들에 대한 탐구자들]이 다음과 같이 상정하지 않았으면 합니다. 소요학파 철학이 수사학적 원칙들(parangelmata)

---

60 혹은 '원칙', '선택'.

61 아래 7B.20에 별도로 인용된다.

62 5A.12에 포함. 15B.11과 동일. 안티폰이 트라쉬마코스, 테오도로스(『파이드로스』 266c 이하의 수사학 이론가 개관에 등장)와 연결된다. 맥락: 당대의 어떤 열성 소요학파 구성원의 주장처럼 데모스테네스가 아리스토텔레스 『수사학』의 지침들에 의존한 것이 아님을 보이는 역사적 논증의 일환.

모두를 포괄했다고, 그리고 테오도로스와 트라쉬마코스와 안티폰 및 그들 주변 사람들도, 이소크라테스와 아낙시메네스와 알키다마스도, 또 이 사람들과 함께 살았던 기술적 원칙들(parangelmata technika)의 저자들과 수사학적 연설들 경연의 경연자들(agōnistai)도, 테오덱테스와 필리스코스와 이사이오스와 케피소도로스와 휘페레이데스와 뤼쿠르고스와 아이스키네스 및 그들 주변 사람들도 진지한 탐구를 할 만한 어떤 것도 발견하지 못했다고 말입니다.

[3-7. 세부 수사학 기법들]

3. 단어와 문장의 배열

7B.7. 키케로 『연설가』 40 (DK 85A12)

그[즉, 이소크라테스]의 눈에 트라쉬마코스는 자잘한 구절들(numeri)[63]로 조각나 있는(concisus) 것으로 보였고 고르기아스도 마찬가지였기에 그렇다. 그럼에도 불구하고 그들은 최초로 모종의 기술(ars)을 가지고 말들을 묶었다(verba vinxisse)고 전해진다.

7B.8. 알렉산드리아의 아타나시오스 『헤르모게네스 『법적 쟁점들에 관하여』 입문』 14.180.9-15 (DK 82B5a)[64]

---

63   혹은 '어절들', '부분들'.

64   2B.26에 포함.

세 번째 부류의 수사학은 우스꽝스러운 어떤 것들에 관련되고 젊은이들의 박수갈채를 불러일으키며 실상은 후안무치한 아첨일 뿐인 것인데, 트라쉬마코스와 고르기아스 주변 사람들이 문체 유형(charaktēr) 및 논변들(enthymēmata)에 있어서 그것을 실행에 옮겼다. 대등한 구절을 많이 구사하면서도 이런 형식(schēma)의 적절함을 모른 채로 말이다.

7B.9. 키케로 『연설가』 39 (DK 82A30)[65]

칼케돈 출신 트라쉬마코스와 레온티니 출신 고르기아스가 이것들[즉, 균등 대칭, 대조, 각운 등]을 처음으로 다뤘다(tractasse)[66]고들 한다. 그다음으로는 뷔잔티온 출신 테오도로스가, 그리고 『파이드로스』에서 소크라테스가 "연설의 장인들"(logodaidaloi)[67]이라고 부르는 다른 많은 사람들이 그랬다고들 한다.

7B.10. 『수다』 Θ.462 (트라쉬마코스 항목) (DK 85A1)[68]

그가 처음으로 완결문(periodos)과 문절(文節: kōlon)[69]을 개발했

---

65 2B.70에 포함.

66 혹은 '구사했다', '손댔다', '논의했다' 등. 여기서는 중립적으로 옮겼지만, 이 말 자체는 의미 폭이 넓어서, 수사학적 장치들을 사용했다는 의미일 수도 있고 그것들을 언급하는 논의를 했다는 의미일 수도 있다.

67 『파이드로스』 266e. cf. 17A.48.

68 7A.1에 포함.

69 '완결문'으로 옮긴 '페리오도스'(periodos)는 문법적으로 연결된 (수사학적으로 구조화된) 여러 '콜론'(colon: 문절)들로 이루어진 하나의 문장을 가리킨다. 하

고(katedeixe)[70] 요즘[71]에 쓰이는 수사학의 문채(tropos)를 도입했다.

4. 운율과 리듬

7B.11. 키케로『연설가』175 (DK 82A32)[72]

그것[즉, 운율(numerus)]을 처음 발견한 사람은 트라쉬마코스였다. 그런데 지금도 남아 있는 그의 저작들은 전부 너무나도 운율에 맞게 쓰여 있다고 할 정도다.

7B.12. 아리스토텔레스『수사학』3.8, 1409a2-6 (DK 85A11)

이제 남는 것은 파이안(paian: 찬가)[73]이다. 트라쉬마코스에서부

나의 문장을 완결하는 요소가 유예되다가 마지막에 나타남으로 해서 문장이 완결되고, 그럼으로써 독자 혹은 청자는 처음과 끝을 아울러 문장 전체를 조망할 수 있게 된다. 완결 요소가 끝에 위치한다는 점 때문에 '도미문(掉尾文)'으로 옮기기도 한다. '콜론'은 이런 문장을 이루는 기본 단위다. 아리스토텔레스의 설명을 참고할 만하다. "'완결문'(periodos)이라는 말로 나는 그 자체가 그 자체로 처음과 끝을 갖고 한 눈에 쉽게 볼 수 있는 크기를 갖는 표현(lexis)을 뜻한다."(아리스토텔레스『수사학』3.9, 1409a35-1409b1) 그런가 하면, 운율론에서 운율의 기본 단위를 가리키기 위해 사용되는 용어 '콜론'은 좀 더 특수한 기술적 의미를 갖는다.

70 혹은 '발견하여 알렸고'.

71 『수다』가 만들어진 시대(즉, 10세기 말)를 가리키는지 혹은『수다』의 출처가 된 문헌이 산출되던 시대(즉, 아마도 2세기경)를 가리키는지는 불분명하다. 아마 후자일 가능성이 더 높다.

72 2B.69에 포함.

73 음절 길이가 장-단-단-단 혹은 단-단-단-장으로 이루어진 리듬이다. 찬가는

터 사람들이 그것을 사용하기 시작했지만 그게 무엇인지 설명할
(legein)[74] 수는 없었다. 파이안은 세 번째 리듬이며, 언급된 것들에
가깝게 붙어 있는 리듬이다. 그것은 3 대 2 비율인데, [언급된] 저
것들 가운데 하나는 1 대 1이고 다른 하나는 2 대 1이어서, 그것은
1.5 대 1로서 이 비율들에[75] 가깝게 붙어 있다. 이것이 파이안 리듬
이다.

5. 목소리 연기(演技) 기술

7B.13. 아리스토텔레스『수사학』3.1, 1404a12-19 (DK 85B5)
그런데 저것[즉, 목소리로 하는 연기(hypokrisis)]이 개발되면,
그것은 연기술(hypokritikē)과 같은 효과를 내게 될 것이다.[76] 그런
데 몇몇 사람들이 그것에 관해 얼마간 말하려 시도한 바 있다. 예
컨대, 트라쉬마코스가『연민들』(Eleoi)[77]에서 그랬던 것처럼 말이

본래 아폴론(이나 아르테미스)에게 바치는 승리의 합창 노래였는데, 다른 신
들이나 대상들에게도 바쳐졌다고 한다.
74 혹은 '정의할'. '이름을 붙일'로 새기는 DG 등의 견해를 받아들이지 않았다.
75 즉, 이 비율들 사이에.
76 '휘포크리시스'(hypokrisis) 혹은 '휘포크리시스에 속하는 기술'(hypokritikē)
이라는 말이 두 가지 의미를 갖고 있다. 하나는 본래의 넓은 의미, 즉 배우의
'연기'다. 그런데 이 인용문 앞의 문맥에서는 연설가의 연설 실연으로서의 '목
소리 연기'를 가리키는 말로 좁혀서 사용되었다. [본래 연기란 목소리 연기
(pronuntiatio)와 행동 연기(actio)를 포괄하는데, 이제까지의 문맥에서 아리스
토텔레스는 전자로 좁혀서 '휘포크리시스'(연기)라는 말을 써 왔다.] 여기서는
좁은 의미의 그 연설 실연으로서의 연기를, 원래 의미의 연기와 비교하고 있다.

다. 그리고 연기력(to hypokritikon)은 자연에 속하고 보다 비기술적(atechnoteron)이지만, 문체와 관련된 부분은 기술에 속한다(entechnon). 그렇기 때문에 이것을 해낼 능력을 가진 사람들이 또 상을 받기도 하는 것이다. 연기에 있어서 능력을 가진 연설가들이 받는 것처럼 말이다. 써 놓은 연설들은 그 의미 때문에보다는 그 문체 때문에 더 큰 힘을 갖기 때문이다.

7B.14. 퀸틸리아누스 『연설에 대한 훈련』 3.3.4
트라쉬마코스도 연기(actio)에 관해서 같은 견해[즉, 그것이 기술이 아니라 본성으로부터 나온다는 견해]를 갖고 있었다.

6. 직유

7B.15. 아리스토텔레스 『수사학』 3.11, 1413a5-11 (DK 85A5)
그리고 그것[즉, 직유(eikōn)]은 그것이 은유(metaphora)일 때 잘 이루어진다. 방패를 아레스의 술잔(phialē)에, 그리고 폐허를 집의 넝마에 비유할(eikasai) 수 있고, 또, 니케라토스가 시 음송에서 프라튀스에게 졌는데 여전히 긴 머리를 늘어뜨리고 지저분한 채로 다니는 것을 트라쉬마코스가 보고서 비유한 것처럼, 니케라토스는 프라튀스에게 물린 필록테테스다[78]라고 말하는 것도 가능하기 때문이다.[79]

---

77 '연민을 유발하는 연설들' 혹은 '연민을 유발하는 방법들'이라는 뜻일 것이다.
78 혹은 '필록테테스와 같다'.

7. 공통의 말터

7B.16. 퀸틸리아누스 『연설에 대한 훈련』 3.1.12[80]

이 사람들[즉, 예전의 수사학 교사들] 가운데서 프로타고라스,
고르기아스가 공통의 말터들(communes loci)을 처음으로 논의했
다고 이야기들을 하며, 프로디코스, 히피아스, 다시 프로타고라스
그리고 트라쉬마코스가 정념들(affectus)을 논의했다고 한다.

8. 대식가 서정시인 티모크레온의 이야기(어떤 『서문』의 내용)

7B.17. 아테나이오스 『만찬 자리의 소피스트들』 10, 416a (DK
85B4)

칼케돈 출신 트라쉬마코스는 그의 『서문들』 중 하나에서 말하
길, 티모크레온[81]이 대왕[82]에게 가서 그에게서 손님대접을 받으면

---

79 니케라토스는 유명한 아테네 장군 니키아스의 아들이다. 크세노폰 『향연』에
아버지가 그에게 『일리아스』와 『오뒤세이아』 전체를 외우라고 시켰다는 이야
기가 나온다(3.5). 희랍의 영웅 필록테테스는 뱀에게 발을 물렸다. 직업 시 음
송가 프라튀스에게 음송 시합에 도전해서 진 것을 이 영웅이 뱀에게 물린 사
건과 연결한 재치 있는 비유다.

80 = 1B.37, 3B.2, 4B.36, 2B.46 포함.

81 로도스섬의 이알뤼소스 출신 티모크레온은 페르시아 전쟁이 끝날 무렵인 기
원전 480년경이 전성기였던 희랍의 서정시인이다. 술잔치에 쓰이는 향연시들
을 지었던 것으로 보이지만, 그의 '메디아 편 들기'(Mēdizein)를 둘러싼 테미
스토클레스(및 그의 친구 시모니데스)와의 격심한 충돌로 기억되는 인물이다.
결국 이런 친 페르시아 성향 때문에 살라미스 해전 후 망명을 떠난다. 그 자신

40

서 많은 음식들을 실컷 먹는다. 왕이 이런 것들을 하고서 무엇을 할 것인지를 묻자 그는 페르시아인들을 셀 수 없을 만큼 때려 주겠다고 말했다. 그리고 그다음 날 많은 사람들을 하나하나 이겨 내고서 그다음에 그는 혼자서 권투 연습을 하기 시작했다. 그러는 까닭을 묻자 그는, 누군가가 공격해 오면 바로 이만큼의 타격들이 남아 있는 거라고 말했다.

9. 힘: 정서를 일으키기도 해소하기도 하는 연설의 힘(메타 이야기) 혹은 규제자 없는 세상을 지배하는 힘

7B.18. 플라톤『파이드로스』267c7-d2 (DK 85B6)[83]

[화자: 소크라테스; 청자: 파이드로스][84]

게다가, 노령과 가난 쪽으로 이야기를 끌고 가서 제대로 동정을 자아내는(oiktrogooi) 연설들(logoi)로 말할 것 같으면, 내가 보기에 예의 그 칼케돈 사람의 힘(sthenos)[85]이 기술로 그 연설들을 장

이 5종 경기 선수이기도 했고 대식과 폭음으로도 잘 알려져 있다. 그의 라이벌 시모니데스가 그를 위해 쓴 묘비명이 유명하다. "많이 마시고 많이 먹고 사람들에게 많은 악담을 해댄 나 로도스 출신 티모크레온이 여기 누워 있다."(『팔라티나 선집』 7.348)

82 페르시아의 왕. 이 경우엔 465년까지 통치한 크세륵세스일 것이다. 앞 주석에서 언급한 대로 티모크레온은 479년에 망명을 떠났는데, 나중에는 로도스로 돌아온 것으로 보인다.

83 9B.2, 2B.44, 3B.8, 4B.11, 1B.55로부터 이어짐. 이것들 전체가 맥락과 더불어 17A.48에 포함됨.

84 맥락: 일련의 수사학 이론사로서 여러 소피스트들을 열거하고 있다.

악했던(kekratēkenai) 것 같네요. 그 자신도 말했던 것처럼, 이 사
람은 "많은 사람들을 분노에 사로잡히게 하는(orgisai)"데도 |267d|
"이미 분노에 사로잡힌 사람들에게" 다시 "주문을 외워(epāidōn) 홀리
는(kēlein)[86]"데도 동시에(hama) 능수능란했지요(deinos). 그는 어
떤 소재를 가지고서든 비방을 하는 데도 비방에서 벗어나게 하는
데도 최강이지요(kratistos).

7B.19. 헤르메이아스『플라톤『파이드로스』주석』239.18-22
(267c에 관하여) (DK 85B6)[87]

그 칼케돈 사람, 즉 트라쉬마코스는 이것들을, 즉 재판관[88]에게
동정(oiktos)을 불러일으키고 연민(eleos)을 자아내려면 어떻게 해
야 하는지를 가르쳤던 것이다. 노령, 가난, 울부짖는 아이들 및 그
비슷한 것들을 말이다.[89] 그런데 그는 '힘'(sthenos)을 말했다. 이건

---

85 통상은 '예의 그 기운찬 칼케돈 사람'이라고 의역해도 별 상관이 없다. 그러나
    트라쉬마코스의 발언이나 생각을 추적하는 입장에서 보면 일단 직역한 상태
    에서 살펴보는 것이 유용하다. 나는 이 '힘'(sthenos)이라는 단어 자체가 트라
    쉬마코스의 입에서 나온 것일 가능성이 높다고 추측한다. 아래 헤르메이아스
    의 보고(7B.19)만 봐도 그렇다. 물론 이 표현 자체는 호메로스적 완곡어법의
    일환이며 그건 플라톤의 것이라 해야 하겠지만, 이 단어의 출처는 얼마든지
    인용 대상에서 온 것일 수 있다.

86 혹은 이 맥락만 보면 '구슬리는'이 더 어울리는 번역어다. 다른 곳에서도 주목
    해야 하는 용어여서 자연스러움보다 통일성을 취하기로 한다.

87 7B.27로 이어짐.

88 즉, 배심원.

89 혹은 '그 칼케돈 사람, 즉 트라쉬마코스는 이것들을, 즉 재판관에게 동정을 불
    러일으키고 연민을 자아내야 한다는 것을 가르쳤던 것이다. 노령, 가난, 울부

42

그의 연설이 가진 능력(dynamis)을 가리키는 것이거나, 아니면 어쨌든 그가 자신의 연설에서 다음과 같은 어떤 것을 썼기 때문이다.[90]

10. 국제 정치에 관한 발언

7B.20. 할리카르나소스의 디오뉘시오스 『데모스테네스』 3 (DK 85B1)[91]

"나는 바랍니다, 아테네인들이여, 저 옛 시대와 그 시대의 일들을 내가 나눠 가졌으면 좋았겠다고 말입니다. 일들이 어쩔 수 없이 연설하도록 강제하지 않을 뿐만 아니라 나이 든 쪽 사람들이 국가를 제대로 인도하고(epitropeuontes) 있어서 젊은 쪽 사람들은 그저 침묵하는 것만으로도 충분하던 시대 말입니다. 그런데 신령이 이런 시대, 즉 국가〈를 다스리는 다른 사람들〉의 말을 듣게 되는 정도의 시대에 우리를 세워 놓았으니(anetheto)[92], 그런데 우리들 자신은 불행들을 〈겪고〉 있으니, 그것도 이런 불행들 가운데 가장 큰 것들은 신들이 한 일이 아니고 우연이 한 일도 아니라 일을 맡아 돌본 사람들이 한 일이니, 그러니 이야기를 할 수밖에 없겠네요. 원하는 사람들이 자신에게 나쁜 짓을 할

짖는 아이들 및 그 비슷한 것들을 [끌어들여야 한다는 것을] 말이다.'

90 연설 내용은 아래 7B.27에 수록.

91 맥락: 저자는 트라쉬마코스가 근엄과 유려 양자의 중간 문체를 지향하는데 그 의도는 좋으나 실제로 구현에 성공했는지는 의심스럽다는 비판(이 비판의 내용은 위 7B.5에 수록되어 있음)을 가한 후 그 사례로 이 연설을 인용한다.

92 본래 이 말은 봉헌물 등을 '봉헌한다', '세워 놓는다'는 뜻으로도 쓰이고, '무른다', '되돌려 놓는다', '철회한다'는 뜻으로도 쓰이는 말이다.

(examartanein) 수 있게 자신을 계속 내어주고 다른 사람들의 음모와 악의 혐의들을 스스로 떠맡을 사람이 있다면 그 사람은 무감각하거나 아주 잘 견디거나 둘 중 하나니까요.

우리에게 시간이 충분히 지나갔습니다. 그리고 평화 대신에 전쟁이 일어나게 되고, 그것도 여러 위험들을 거치며 지금 이 시간까지 왔는데, 지나간 날은 동경하고 올 날은 두려워하는 우리에게, 화합(homonoia) 대신에 서로를 향한 적대와 혼란들이 다가왔습니다. 그리고 좋은 것들의 큼이 다른 사람들에게는 방자한 행동을 하며 서로 반목하도록 작용하고 있지만, 우리들 자신은 좋은 것들과 함께 있을 때는 절제를 유지했고 나쁜 것들 가운데서는 (보통은 그것들이 다른 사람들은 절제 있게 만들기 마련인데) 분노하게 되었습니다. 누군가가 지금의 상황들에서 자기에게 고통스러운 일이 일어났고, 더 이상 그런 어떤 일이 일어나지 않도록 할 수 있는 그런 무언가를 갖고 있다고 생각하는데도, 그런 사람이 도대체 왜 자기가 알고 있는 것들을 말하는 걸 주저하겠습니까?

그러니 우선 나는, 연설가들 가운데서든 다른 사람들 가운데서든 서로 불화하는 사람들이 서로와 더불어 이야기를 나누면서, 판단력 없이 승리만을 위해 경쟁을 벌이는(philonikountes) 사람들이 겪을 수밖에 없는 바로 그것을 겪고 있다는 걸 보여 주겠습니다. 그들은 서로와 상반되는 이야기들을 한다고 생각하지만, 실은 자기들이 [서로] 똑같은 것들을 하고 있으며 다른 사람들의 말이 자신의 말 속에 들어 있다는 것도 감지하지 못하고 있거든요. 왠고 하니, 양쪽 사람들이 어떤 것들을 추구하는지 처음부터 살펴보세요. 우선 조상들의 정치 체제(politeia)가 그들에게 혼란을 제공하고 있습니다. 시민들 모두가 알기가 가장 쉽고 그들 모두에게 공통인데도 말이죠. 그러니까 우리 판단의 범위를 넘어서는 것들에 대해서는 더 오래된 사람들의 말들을 들을 수밖에 없고, 더 나이 든 사람들 자신이 본(epeidon) 것들에 대해서는 본(eidotōn)[93] 사람들에게 물어서 배울 수밖에 없습니다."

7B.21. 알렉산드리아의 클레멘스『학설집』 6.16. (DK 85B2)[94]

게다가 에우리피데스는『텔레포스』[95]에서 "희랍인들인 우리가 이방인들에게 노예 노릇할 건가요?"라고 말했는데, 트라쉬마코스는『라리사 사람들을 대변하여』에서 말한다. "희랍인들인 우리가 이방인 아르켈라오스[96]에게 노예 노릇할 건가요?"

11. 정의에 관한 논의

11.1. 정의에 관한 문제 제기

7B.22. 플라톤『국가』 1권 336b7-d4 (DK 85A10)[97]

---

93 혹은 '아는'.

94 희랍인들의 표절 관행에 관한 논의 가운데 나온 발언이다. 누군가를 통해서 하는 발언이 아니라 트라쉬마코스 자신의 발언이라면, 413년 아르켈라오스의 왕위 계승 후 언젠가 라리사를 방문했을 때, 더 구체적으로는 아마도 아르켈라오스가 라리사를 공격하게 된 400년에 했을 법한 발언이다.

95 438년 상연.

96 413년부터 399년까지 마케도니아의 왕이었다.

97 7A.6으로부터 이어짐. 6B.26 및 7B.21로 이어짐.

[전달자: 소크라테스]

"이 무슨 |336c| 헛소리에" 하고 그[즉, 트라쉬마코스]가 말했어요. "당신들은 아까부터 붙잡혀 있는 건가요, 소크라테스? 대체 뭣 때문에 상대방에게 납작 엎드려 가며(hypekataklinomenoi)[98] 서로 간에 숙맥처럼 행동하는(euēthizesthe)[99] 거죠? 아니, 정말로 정의로운 것[100]이 무엇인지 알고 싶다고 한다면, 묻기만 하지 말고, 누군가가 뭔가 대답할 때마다 논박하는 데만 열을 올리지도(philotimou) 말고(뭐, 대답하는 것보다 묻는 게 더 쉽다는 걸 알고 그러는 거겠지만요.), 당신 스스로 대답도 하고 정의로운 것이 무엇이라고 주장하는지 말해 보기도 하세요. 그리고 |336d| 그것은 마땅한(deon) 것이라고 내게 말하지 말고, 이로운(ōphelimon) 것이라고도, 득이 되는(lysiteloun) 것이라고도, 이득인(kerdaleon) 것이라고도, 유익한(sympheron) 것이라고도 말하지 말고, 내게 분명하고도 정확하게 당신이 그걸 뭐라고 이야기하는지를 얘기해 주었으면 해요. 그런 같잖은(hythloi) 이야기들을 한다면 나로선 받아들이지 않을 테니까요."

11.2. 정의란 무엇인가?[101]

---

98 혹은 '양보들을 해 가면서'.
99 혹은 '순진하게[/단순하게] 행동하는'.
100 혹은 '정의로움'. 다른 곳도 마찬가지.
101 1) 정의란 더 우월한 자의 이익, 2) 정의는 통치자들(혹은 그들이 세운 법들)에게 복종하는 것, 따라서 3) 정의는 남의 이익.

7B.23. 플라톤 『국가』 1권 338c1-3, 339b9-11, 343a1-344c8 (B6a)[102]

[전달자: 소크라테스]

"그럼 들어 보세요." 하고 그[즉, 트라쉬마코스]가 말했지요. "나는 정의로운 것이란 더 우월한(kreittōn)[103] 사람의 이익(sympheron) 외에 다른 것이 아니라고 주장합니다. 아니, 왜 칭찬해 주지 않는 거죠? 아니, 그럴 의향이 없는 거군요."

[…]

"그건 그렇게 할 거예요." 하고 내가 말했어요. "그럼 내게 말해 주세요. 당신은 통치자들에게 복종하는(peithesthai) 것 또한 정의로운 것이라고 주장하지 않나요?"

"그렇습니다."

[…]

|343a| 그런데 우리가 논의의 이 지점에 와서 정의(正義)로운 것의 정의(定義: logos)[104]가 정반대로 뒤집혀져 버렸다는 것이 모두에게 분명해지자, 트라쉬마코스가 대답하는 대신에 "내게 말해 주세요." 하고 말했어요. "소크라테스, 당신에게 유모(titthē)가 있나요?"

"무슨 말인가요?" 하고 내가 말했지요. "그런 것들을 묻기보다 오히려 대답을 했어야 하는 거 아닌가요?"

---

102 7B.20에서 6B.26으로 가고 나서 다시 몇 줄 후.
103 혹은 '더 강한'. 다른 곳에서도 마찬가지.
104 혹은 '설명'.

"왜냐하면" 하고 그가 말하더군요. "보다시피, 당신이 콧물을 찔 찔 흘리고 있어서 닦아 줘야 할 텐데도 본체만체하며 닦아 주지 않고 있으니까요.[105] 그녀가 돌봐 주어 양도 목자도 분간 못 하는 당신을 말이죠."

"콕 집어서 대체 뭘 갖고 그렇게 이야기하는 건가요?" 내가 말했지요.

|343b| "목자들[106]이나 소치기들이 자기 양들의 좋음이나 자기 소들의 좋음을 살피며, 그것들의 주인들의 좋음과 자신들의 좋음 과는 다른 뭔가에 주목하면서(blepontes) 그들을 살찌우고 보살핀 다고 당신은 생각하고 있으니까요. 게다가 국가들에서 다스리는 통치자들, 즉 진짜로 통치하는 사람들도 누군가가 양들을 대할 때 가질 만한 바로 그런 태도와는 다른 어떤 식의 생각을 갖고 피치 자들을 대한다고, 그러니까 그들은 자신들이 그것으로부터 이로 움을 얻겠다는(ōphelēsontai) 것 말고 다른 뭔가를 밤낮으로 살펴 보고(skopein) 있다고 당신은 생각하고 있지요. |343c| 그래서 당 신은 정의로운 것과 정의(dikaiosynē), 그리고 부정의한 것과 부정 의(adikia)에 관해서 그렇게 멀리 떨어져 있어서 다음과 같은 걸 모 르고 있는 겁니다. 정의와 정의로운 것은 실제로는 남에게 속하는 (allotrion) 좋은(agathon) 것, 즉 더 우월하고 통치하는 사람의 이익

---

105 소크라테스는 남들보다 코가 처져 있으며 보통 같으면 콤플렉스를 가질 만한 상황이다.
106 혹은 '양치기들'. 보통은 '양치기'를 그냥 '목자'로 부르곤 했다.

(sympheron)이며, 복종하며 봉사하는 사람 자신에게는 해인 것인 반면, 부정의는 반대여서 그것이 진짜로 순진하고(euēthikoi) 정의로운 사람들을 통치하고 피치자들은 저 더 우월한 사람의 이익이 되는 일을 행하며 저 사람에게 봉사하면서 저 사람을 행복하게 만들 뿐, |343d| 자신들에겐 어떤 식으로도 그러지 못하지요. 그리고 당신은, 지극히 순진한 소크라테스, 다음과 같이 숙고해야 합니다. 정의로운 사람은 부정의한 사람보다 모든 면에서 덜 가진다고 말이죠. 우선은 서로와의 계약들(symbolaia)에서, 즉 이런 사람이 이런 사람과 함께 동업[107]을 하게(koinōnēsēi) 되는 경우에, 그 동업(koinōnia)[108]의 해지(dialysis) 상황에서,[109] 정의로운 사람이 부정의한 사람보다 더 많이 갖는 걸 당신은 어디서도 발견하지 못할 거고 오히려 더 적게 받는 걸 보게 될 겁니다. 그다음으로, 국가와의 일들에 있어서, 져야 할 어떤 공적인 부담들(eisphorai)[110]이 있을 경우에, 정의로운 사람은 같은 것들을 갖고 있으면서도 더 많이 부담하지만 다른 사람은 덜 부담하고, |343e| 또 받는 것들이 있을 경우에도 이 사람은 아무 이득도 못 얻었지만 다른 사람은 많은 이득들을 얻지요. 게다가, 두 사람 각각이 어떤 관직을

---

107 혹은 '거래'. 이하 마찬가지.

108 혹은 '공동체'.

109 공동체(koinōnia)가 상호 계약 관계(symbolaia)로 성립하고 필요에 따라 해지된다는 생각이 트라쉬마코스에게 귀속될 가능성을 생각해 볼 만하다. 2권에 대한 아래 인용문 7B.25를 참고할 것.

110 혹은 '내야 할 어떤 세금들'. 이것이 일차적인 의미일 수 있지만, 금전 이외의 기여들을 가리키는 맥락도 있다.

갖고 있다고 했을 때, 정의로운 사람에겐 다음과 같은 상황이 기본입니다(hyparchei). 다른 어떤 처벌이 없다 해도 자신의 일들(ta … oikeia)을 돌보지 않아서 더 몹쓸 상태가 되는데도, 정의롭기 때문에 공적인 일로부터 아무런 이로움을 얻지 못하게 되고, 더군다나 친척들과 지인들에게 봉사를 베풀 만도 한데 정의로운 것에 반해서 그럴 용의가 전혀 없을 때는 그들에게 눈총을 사기까지 합니다. 반면에 부정의한 사람에겐 상황이 이것들과는 정반대죠. |344a| 방금 전에 내가 이야기하던 바로 그 사람, 즉 큰 능력들을 가지고 있어서 더 많이 갖는다(pleonektein)고 한[111] 사람 말입니다. 그러니 이 사람을 살펴보세요. 당신이 정의로운 것보다 부정의한 게 얼마나 더 자기 자신에게 이익이 되는지 판가름해 보고 싶다면 말입니다. 당신이 가장 완벽한(teleōtatē) 부정의[112] 쪽으

---

111 '더 많이 가질 큰 능력들을 가진'으로 옮길 수도 있다.

112 '가장 완벽한 부정의', 그리고 아래 344c의 '온전한 부정의', '충분한 정도로 발휘되는 부정의' 등을 거론하는 것은 (편의상 여기 인용되지 않은) 앞서의 소크라테스의 비판(340c-341a)을 거친 것(즉, 정의는 더 우월한 사람, 즉 통치자의 이익이라고 할 때, 통치자란 실수하지 않고 자기에게 최선인 것을 실제로 구현할 능력을 가진 사람이라는 논점이 앞에서 확보되었다.)이면서, 2권의 글라우콘이 제시하는 '귀게스의 반지' 사유 실험의 핵심 사항에 속한다. 정의로운 사람에게서는 정의롭다는 평판까지도 빼 버리고, 부정의한 사람에게는 부정의하다는 평판까지도 빼 버리는 큰 핸디캡을 부여하는 사유 실험 말이다. 2권에서 글라우콘은 여기 1권의 트라쉬마코스적 사유를 계승하여 대변하는 사람으로 등장하기도 하거니와, 이 '가장 완벽한 부정의'를 행사하는 참주라는 사유가 여기서처럼 소크라테스의 반론에 대응하는 변증적인 것만이 아니라 애초에 트라쉬마코스 사유 속에 포함되어 있던 것을 플라톤이 이렇게 재현하면서 대응책을 제시하고 있다고 이해할 수도 있다.

로 가 보면, 무엇보다도 가장 쉽게 이해하게 될 겁니다. 그건 불의를 저지른 사람은 가장 행복하게 만드는 반면, 불의를 당한 사람들과 어떤 상황에선 불의를 행할 수도 있겠다는 용의조차 없는 사람들을 가장 불쌍하게 만들죠. 그리고 이건 참주정(tyrannis)인데, 남의 것들을, 신성한 것이든 세속의 것이든 사적인 것이든 공적인 것이든 막론하고, 몰래든 강압적으로든 빼앗는데, 조금씩이 아니라 |344b| 한꺼번에 죄다(syllēbdēn) 빼앗는 것이지요. 그런 것들 각 부분에 대해 누군가가 불의를 저지르고 남들 눈에 띄면 처벌도 아주 크게 받고 비난도 아주 크게 당하지요. 신전 절도범, 인신매매범, 가택 침입범, 사기범, 절도범이라고 불리거든요. 이런 나쁜 짓들의 부분에 해당하는 불의를 저지르는 사람들은 말이에요. 반면에 누군가가 동료 시민들의 재산들만이 아니라 그들 자신까지 노예로 팔아넘길 때에는 이런 수치스러운 이름들 대신에 행복하고 축복받은 사람들이라고 |344c| 불려 왔지요. 동료 시민들에게서만이 아니라 그가 그런 온전한(holē) 불의[113]를 저질렀다는 걸 듣는 다른 모든 사람들에게서까지 말이죠. 부정의를 비난하는 사람들은 부정의한 것들을 행하는 걸 두려워해서가 아니라 그런 것들을 당하는 걸 두려워해서 비난하는 거니까요.[114] 이렇게, 소크라

---

113 위 344a의 '가장 완벽한 부정의'의 주석을 참고할 것.

114 2권 글라우콘의 '귀게스의 반지' 논의에서 상세히 다루어지는 논점이다. 358e-360d, 특히 처음(358e)과 끝(360d)에서 지금 이 발언을 분명히 되풀이하는 언급이 나온다. 비슷한 문제가 이미 『고르기아스』468e-470c에서 다루어진 바 있다. 469b(이 책의 6B.62)에서 폴로스가 대변하는 입장이 지금 이 작품의 트라

테스, 부정의는 충분한 정도로(hikanōs) 발휘된다면 정의보다 더 힘 있고(ischyroteron) 더 자유인답고(eleutheriōteron) 더 주인다운 (despotikōteron) 것이며, 처음에 내가 이야기하던 것처럼, 더 우월한 자의 이익이 정의로운 것인 반면, 부정의는 자기에게 득이 되고(lysiteloun) 유익한(sympheron) 것입니다."

11.3. 부정의 찬양: 부정의와 이익에 대한 좋은 숙고, 정의와 순진성의 연결

7B.24. 플라톤 『국가』 1권, 348b8-d2

[전달자: 소크라테스]

"자, 그럼," 하고 내가 말했지요. "트라쉬마코스, 우리에게 처음부터 대답해 주세요. 완벽한(telea) 부정의는 정의보다 더 득이 된다고 당신은 주장하나요?"

|348c| "물론입니다." 하고 그가 말하더군요. "그렇게 주장하기도 하고 무엇 때문인지 이유들도 이야기했지요."

"자, 그럼 그것들에 관해서 다음과 같은 건 어떻게 이야기하나요? 그 둘 중에 하나는 덕이고 다른 하나는 악이라고 부르나요?"

"어떻게 안 그럴 수 있겠어요?"

"그렇다면 정의는 덕이고 부정의는 악이라고 부르는 거 아닌가요?"

"그야 그렇게 받아들일 만도 하겠네요," 하고 그가 말하더군요.

쉬마코스나 글라우콘이 세우는 입장과 잘 연결되어 있다.

"아주 순진무구한(hēdiste) 친구. 부정의는 득이 되는데 정의는 아니라고 내가 이야기하고 있으니까 말이에요."

"그게 아니면 그럼 뭔가요?"

"정반대죠." 하고 그가 말했어요.

"실인즉 정의는 악이라는 건가요?"

"아니요, 그게 아니라 아주 고상한 순진함(pany gennaia euētheia)이라고 하지요."[115]

|348d| "그렇다면 부정의는 성격 못됨(kakoētheia)[116]이라 부르는 거네요."

"아니요, 그게 아니라 잘 숙고함(euboulia)[117]이라 하지요." 하고 그가 말하더군요.

11.4. 정의의 기원, 공동체의 기원: 트라쉬마코스 논변의 '재생' (epananeisthai)

7B.25. 플라톤 『국가』 2권, 358b1-359b7[118]

---

115 멜로스 대화에서 아테네 사절들이 비슷한 말로 도덕성을 중시하는 태도를 '순진무구함'(apeirokakon)과 '분별없음'(aphron)으로 공박한 바 있다(투키디데스 『역사』 5.105.3: 17B.15).

116 '순진함'을 직역하면 '성격 좋음'이고 그것에 반대되는 말이 이렇게 제시되고 있다.

117 플라톤의 『프로타고라스』에서 재현된 대화(1B.47)에서 프로타고라스는 자기에게 배우는 자가 얻게 되는 덕이 바로 이 '잘 숙고함'(euboulia)이라고 천명한 바 있다(319a).

[화자: 글라우콘; 청자이자 전달자: 소크라테스][119]

|358b| "자, 그럼" 하고 그[즉, 글라우콘]가 말하더군요. "내 말도 들어 보세요. 여전히 똑같이 생각하는지 보잔 말이에요. 트라쉬마코스는 내가 보기에 적정 수준보다 너무 빨리 당신에게, 마치 뱀에게 그러듯, 홀렸거든요(kēlēthēnai)[120]. 하지만 난 둘[즉, 정의와 부정의] 각각에 관한 그 논증(apodeixis)이 아직 마음에 들지 않습니다. 난 둘 각각이 무엇이고 그것 자체가 그것 자체로 영혼 안

---

118 17B.11 포함.

119 맥락: 위 1권(7B.24)에서 세워진 트라쉬마코스의 입장은 소크라테스에 의해 꽤 철저히 공격을 받고 트라쉬마코스는 마지못해 소크라테스의 반론에 동의해 주면서 "포기"(aporrhēsis: 357a4)하는 방식으로 논의가 정리된다. 2권에서 글라우콘은 이런 논의를 '서론'(prooimion: 357a2)쯤으로 돌리는 문제 제기를 하면서 보다 강력한 본격적인 정의 옹호론이 필요하며 그것을 소크라테스가 제시해야 한다고 요구한다. 그러면서 그는 짐짓 트라쉬마코스적 반론자의 관점에 서서 부정의를 강력하게 옹호하는 입장(흔히 '귀게스의 반지'라고 불리는 논제를 끌어들여서)을 세우게 된다. 여기 인용하는 대목은 그리로 이행하는 길목에서 펼쳐지는 글라우콘의 트라쉬마코스적 문제 제기를 담고 있다. 트라쉬마코스가 직접 제시하는 것으로 재현되지는 않지만, 위에 펼쳐진 트라쉬마코스 입장의 속내가 잘 담긴 것이고, 여기 인용에서 확인될 일이지만, 극적 장치상으로도 연속성이 의도되어 있다고 볼 만하므로, 여기에 등재하고자 한다. GW는 이 대목을 무명 저자의 것으로 돌린다(309-310쪽). 즉, 플라톤의 것이 아닌 어떤 소피스트들의 것으로 돌린다.

120 트라쉬마코스 자신이 사용한 것으로 추측되는 단어다. 7B.18의 267d에서 자신의 담론을 가리키며 사용한다. 이 단어는 또한 『프로타고라스』 편의 소피스트 대회 이야기에서도 프로타고라스의 담론을 묘사하기 위해 두 번씩이나 인상적으로 사용된 단어이기도 하다(1A.5의 315a-b). 아울러 '뱀에게' 홀렸다는 것도 7B.15에서 보고되는 트라쉬마코스 자신의 말 '프라튀스에게 물린 필록테테스'에 대한 일종의 패러디가 아닐까 싶다.

54

에 있음으로써 무슨 능력(dynamis)을 갖는지[121]를 듣고 싶은 마음이 굴뚝같거든요(epithymō). 보수라든지 그것들로부터 생겨나는 것들은 그냥 제쳐두고요.

그럼 이제 당신도 좋다고 생각한다면 이렇게 할게요. |358c| 트라쉬마코스의 논변을 되살려서(epananeōsomai) 첫째로, 정의가 어떤 것이고 어디서부터 생겨났다고 주장들을 하는지를 말하고, 둘째로, 그것을 추구하는(epitēdeuontes) 모든 사람들은 불가피한(anankaion) 것이어서 마지못해 추구하지 좋은 것이어서가 아니라는 점을 말하고, 셋째로, 그들이 그렇게 하는 게 그럴법하다(eikotōs)는 걸 말하겠습니다. 과연 부정의한 사람의 삶이 정의로운 사람의 삶보다 훨씬 더 낫거든요. 그들 말에 따르면 말입니다. 물론 난, 소크라테스, 조금도 그렇다고 생각하지 않습니다. 하지만 트라쉬마코스와 다른 수많은 사람들에게 이미 귀가 닳도록 들은 터라 당혹스러운(aporō) 지경인데, 부정의보다 좋은 거라고 정의를 옹호하는 논변을 |358d| 내가 바라는 식으로 펼치는 건 그 누구에게서도 아직 들어 보질 못했습니다. 난 그것 자체가 그것 자체로 찬양받는(enkōmiazomenon) 걸 듣고 싶거든요. 그런데 난 그걸 무엇보다도 당신에게서 들을 수 있을 거라는 생각이 드네요.

그래서 난 온 힘을 다해 부정의한 삶을 칭찬하면서 말하려 합니다. 그렇게 말함으로써, 당신 차례가 되었을 때 당신이 어떤 방식

---

121 이게 플라톤 자신이 『국가』편 전체를 통해 펼치고자 하는 정의 옹호론의 기본 가닥을 이루는 물음이다.

으로 부정의는 비난하고 정의는 칭찬하는 걸 내가 듣고 싶어 하는 건지를 당신에게 보여 주겠습니다. 그러니 내가 이야기하는 것들이 당신도 바라는 바인지 살펴봐 주세요."

"그 무엇보다도 꼭 바라는 바예요." 하고 내가 말했지요. |358e| "누군가가 지각 있는 사람으로서 자주 말하고 듣고 하길 즐길 만한 주제로 이보다 더한 게 뭐가 있겠어요?"

"아주 반가운 말이네요." 하고 그가 말하더군요. "그럼 내가 첫째로 말하겠다고 한 것, 즉 정의가 어떤 것이고 어디서부터 생겨났는지에 관해서 들어 보세요. 그들은 말하길, 자연적으로는(pephykenai) 불의를 행하는 게 좋은 것이고 불의를 당하는 게 나쁜 것인데, 불의를 당하는 것의 나쁨이 불의를 행하는 것의 좋음을 훨씬 더 넘어선다(hyperballein)는 겁니다. 그래서 서로에게 불의를 행하기도 하고 당하기도 하면서 둘 다를 맛보게(geuōntai) 되면, |359a| 하나는 피하고 다른 하나는 취할 능력을 갖고 있지 않은 사람들로서는 불의를 행하지도 불의를 당하지도 말자고 서로와 더불어 계약을 맺는(synthesthai) 게 득이 된다는 생각이 드는 거죠. 그리고 바로 그것으로부터 자기들의 법들(nomoi), 즉[122] 계약들(synthēkai)을 정하기(tithesthai) 시작했고, 법에 의한 명령(epitagma)을 합법적(nomimon)이고 정의로운 것이라 부르게 되었으며, 바로 이것이 정의의 기원(genesis)[123]이자 본질(ousia)이라는 겁니다. 가장 좋

---

122 직역은 '법들과'.
123 보다 직역에 가깝게는 '생성'.

은 것은 불의를 행하고도 대가를 치르지 않는 것이고 가장 나쁜 것은 불의를 당하고도 갚아 줄 능력이 없는 것인데, 그 둘의 중간이라는 거죠. |359b| 정의로운 것은 이 양자의 중간에 있는 것인데, 좋은 것으로서 반기는(agapasthai) 게 아니라 불의를 행할 힘이 없어서(arrhōstia) 존중되는 것뿐이라는 겁니다. 그걸 행할 능력이 있는 사람, 즉 진정한 사내(hōs alēthōs anēr)는 도대체 그 어느 누구와도 불의를 행하지도 불의를 당하지도 말자는 계약을 맺지(synthesthai) 않을 테니까요. 그건 미친 짓일 거라고 말이죠. 그러니까 정의의 본성(physis)이란 게 바로 이것이고 이러하며, 이런 것들로부터 그런 본성을 가지게 된 겁니다. 그 논변[124]에 따르면 말입니다."

11.5. '부정의': 트라쉬마코스의 정의론에 관한 한 단어 요약 평가

7B.26. 튀로스의 막시모스 『강론집』 17.1[125]

시라쿠사의 소피스트[즉, 미타이코스[126]]가 스파르타에 왔는데, 프로디코스의 아름다운 연설(kallilogia)을 위해서(pros)[127]가 아니

---

124 358c에서 말한 '트라쉬마코스의 논변'을 가리킨다.

125 = 3A.9, 4B.16. 소피스트들의 대표적 특징 묘사. 고르기아스와 트라쉬마코스에 관한 묘사는 상당히 '표준적'(= 플라톤적) 평가에 가까운데, 프로디코스와 히피아스에 관한 평가는 특기할 만하다.

126 5세기 말의 요리사요 요리책(알려진 최초의 희랍 요리책) 저자다. 플라톤 『고르기아스』 518b에도 요리에 관한 책을 쓴 사람으로 언급된 바 있다. 요리의 대명사라 할 정도로 유명했다.

고 히피아스의 계보 이야기(genealogia)[128]를 위해서도 아니며 고르기아스의 수사(rhētoreia)를 위해서도 아니고 트라쉬마코스의 부정의(adikia)를 위해서도 아니며 연설의 다른 작업(pragmateia)을 위해서 준비된 채(pareskeuasmenos) 온 것도 아니었다. 오히려 시라쿠사의 그 소피스트에게 기술은 실행(ergon) 그 자체, 즉 유용성(chreia) 및 쾌락과 한 데 혼합되어 있는 실행 그 자체였다.

12. 신론

7B.27. 헤르메이아스『플라톤『파이드로스』주석』239.21-24 (267c에 관하여) (DK 85B8)[129]

아니면 어쨌든 그[즉, 트라쉬마코스]가 자신의 연설에서 다음과 같은 어떤 것을 썼기 때문이다. "신들은 인간의 일들(ta anthrōpina)을 살피지(horōsi)[130] 않습니다. 만일 그랬다면 인간들 사이에서 가장 크게 좋은 것인 정의를 못 본 체하지(pareidon) 않았겠지요. 인간들이 이것[131]을 실행하지(chrōmenous)[132] 않는 걸 우리가 보고 있으니까요 (horōmen)."

---

127 혹은 '향해서'. 메이휴(2011)는 '가지고서'(with)로 옮겼다(17쪽).
128 메이휴(2011)는 어원을 고려하면서 '고상한 연설'로 옮겼다(17쪽과 111쪽).
129 7B.19로부터 이어짐.
130 혹은 '보고 있지'.
131 즉, 정의.
132 혹은 '행사하지', '구현하지', '활용하지'.

13. 자연학

7B.28. 키케로『연설가에 관하여』3.128 (DK 85A9)[133]

왜 내가 케오스 출신 프로디코스에 대해서, 칼케돈 출신 트라쉬
마코스에 대해서, 압데라 출신 프로타고라스에 대해서 이야기를 해
야 하는가? 그들 각 한 사람 한 사람이 자연 사물들에 관해서까지도
(etiam de natura rerum) 그 당시로선 아주 많이 말도 하고(disseruit)
쓰기(scripsit)도 했는데 말이다.

14. 후대의 평가들: 수사학사에서의 일반적 위상, 감정, 정의

14.1. 무게감을 인정하는 아리스토텔레스의 평가

7B.29. 아리스토텔레스『소피스트적 논박』34, 183b25-33 (DK
85A2)[134]

---

133 = 1B.70, 3B.29.
134 저작 말미. 테이시아스 앞에 '처음 사람들'이라고 할 만한 사람은 그의 선생
    이라고 하는 코락스 외엔 없다. 혹은 다른 곳에서도 그랬듯 흔히 거론되는 수
    사학사를 넘어서는 선배들, 이를테면 호메로스에 나오는 네스토르나 오뒤세
    우스를 가리키는 것일 수도 있다. 트라쉬마코스 앞에는 예컨대 고르기아스가
    생략되었고, 트라쉬마코스 뒤에도 예컨대 알키다마스가 생략되었다. 아무튼
    플라톤『파이드로스』등에 기술된 수사학사(17A.48. 위 7B.18도 이 논의에
    포함됨)나 여기에 포함시킨 평가(7B.31)와 비교해 보면, 매우 축약되어 있으
    면서 트라쉬마코스에게 매우 큰 비중이 주어진 역사 기술이라 할 만하다.

그런데 이것[즉, 시작점[135]]이 발견되고 나면 거기에 덧붙여 가며 나머지를 함께 키워 가는 것은 상대적으로 쉽다. 수사학적 담론들(rhētorikoi logoi)과 관련해서도 바로 그런 일이 일어났는데, 실은 다른 모든 기술들과 관련해서도 거의 그랬다. 시작점들을 발견한 사람들은 완전히 조금씩만 진전시켰다. 반면에 요즘의 이름난 사람들은, 말하자면 계보를 잇듯이, 조금씩 진전시켜 온 수많은 사람들에게서 넘겨받아 이렇게 키워 놓았다. 테이시아스는 처음 사람들 뒤를 이어, 트라쉬마코스는 테이시아스 뒤를 이어, 테오도로스는 이 사람 뒤를 이어 키워 놓았고, 그 외에도 많은 사람들이 많은 기여들을 했다.

14.2. 수사학 방법에 관한 플라톤의 부정적 평가

7B.30. 플라톤 『파이드로스』 261a7-c3 (DK 82B14)[136]

소크라테스: 그럼 수사학은 전체로 보아 연설들을 통해 영혼을 이끄는(psychagōgia) 어떤 기술 아닌가요? 법정들과 다른 공적인[137] 모임들(dēmosioi syllogoi)에서만이 아니라 사적인 모임들에서도 마찬가지로 말이죠. 작은 일들에 |261b| 관해서도 큰일들에 관해서도 같은 기술이어서, 적어도 옳기만 한 것이면 사소한 일들에 관

---

135 혹은 '원리'. 아래도 마찬가지.
136 = 2B.37. 6B.48 포함. 17A.41과 중복.
137 혹은 '대중적인', '인민의'.

해서 생겨나는 것보다 중대한 일들에 관해서 생겨나는 것이 더 가치 있는(entimoteron)[138] 건 전혀 아닌 거 아닌가요? 아니면 당신은 이런 것들을 어떤 식으로 들었나요?

파이드로스: 제우스에 걸고 말하건대 그런 식으로는 전혀 아니죠. 오히려 어떤 식으로든 기술에 의해 가장 많이 이야기되기도 하고 써지기도 하는 건 소송들과 관련해서이고, 대중 연설들 (dēmēgoriai)과 관련해서도 이야기가 되지요. 그 이상은 들은 바 없습니다.

소크라테스: 아니, 그렇다면 당신은 연설들에 관한 기술들[139]로 네스토르와 오뒤세우스의 것들만 들은 거네요. 그 두 사람이 일리온[140]에서 한가로움을 누리면서 썼던 것들 말이죠. 팔라메데스의 기술들은 들어 본 적이 없나요?

|261c| 파이드로스: 제우스에 걸고 말하건대, 네스토르의 것들 조차도 나로선 들어 본 적이 없어요. 당신이 내세우는 네스토르라는 어떤 사람이 고르기아스를 가리키는 게 아니라면, 그리고 오뒤세우스라는 어떤 사람이 트라쉬마코스와 테오도로스를 가리키는 게 아니라면 말입니다.

7B.31. 플라톤『파이드로스』269c9-d8, 270c1-2, 271a4-8[141]

---

138 혹은 '더 존중받는'.

139 혹은 '체계들', '교범들', '규칙들', '교본들'. 아래도 마찬가지.

140 즉, 트로이.

141 트라쉬마코스의 비중이나 성취도에 관해 선생과 제자(아리스토텔레스)가 내

파이드로스: […] 그런데 진짜 수사학적이고 설득력 있는(pithanos) |269d| 기술은 어떻게 그리고 어디서부터 얻을 수 있을까요?

소크라테스: 능력을 갖춰서, 파이드로스, 완벽한 경연자(agōnistēs)가 되는 건 다른 일들과 마찬가지일 법하네요. 아니, 아마 마찬가지일 수밖에 없다고까지 해야겠네요. 수사학적이라는 것이 자연히[142] 당신에게 이미 있으면, 당신이 거기에 앎과 연습을 덧붙여 얻으면 유명한 연설가가 될 거예요. 이것들에서 어떤 것이 부족한 만큼 그 점에서 불완전하게 될 거고. 그렇지만 기술이 거기에 있는 한은, 내가 보기에 뤼시아스와 트라쉬마코스가 간 쪽은 제대로 된 방법(methodos)이 아닐 거 같네요.[143]

[…]

|270c| 소크라테스: 그럼 전체 세상(to holon)의 본성[을 알아내는 일] 없이, 영혼의 본성을, 이렇다 할 만한 수준으로, 알아내는(katanoēsai) 게 가능하다고 생각해요?

[…]

리는 평가가 다소 엇갈리는데, 이는, 플라톤 인용문에서 잘 드러나듯, 어느 정도까지는 수사학에서 무엇을 기대하는가의 문제와 연관이 있는 것으로 보인다.

142 혹은 '본성상', '천부적으로'.

143 이어지는 대화에서 소크라테스는 아낙사고라스 자연학과 히포크라테스 의학의 예를 들면서 위대한 기술들은 자연에 관한 끊임없는 논의(adoleschia)와 천상적 사변(meteōrologia)을 통해 대상을 통관할 만큼의 높은 시야와 보편적으로 적용될 만한 완벽함을 갖춰야 한다고 주장한다. cf. 17장의 수사학사 언급 (17A.48).

|271a| 소크라테스: 그렇다면 분명, 트라쉬마코스만이 아니라 수사적 기술을 진지하게 가르치는 다른 누구라도 우선 영혼을 완전히 정확하게 그려서(grapsei) 우리로 하여금 보게 만들어야 하겠네요. 본성상 하나이고 똑같은지(homoion) 아니면 몸의 형태처럼 많은 형상을 가진(polyeides) 것인지를 말이죠. 우리가 주장하고 있는 바로는, 그게 바로 본성을 보여 주는 거니까요.

14.3. 대중 선동이나 수사학에 관한 부정적 평가

7B.32. 아리스토텔레스『정치학』5.55, 1304b39-1305a1

퀴메에서도 트라쉬마코스가 무너트렸던(katelyse) 그 민주정 시절에 같은 일[즉, 인민 선동자들(dēmagōgoi)로 인해 민주정이 무너지는 일]이 일어났다.[144]

7B.33. 필로데모스『수사학』2.49 (DK 85B7a)

메트로도로스[145]는 정반대[즉, 수사적 기술의 유용성 주장에 반대하는] 주장을 하고 있다. 트라쉬마코스가, 그리고 정치적 혹은

---

144 어떤 일을 가리키는지, 이 트라쉬마코스가 우리가 논의하는 그 인물인지, 심지어는 어떤 퀴메(여러 퀴메가 있었다.)를 가리키는지도 달리는 알려져 있거나 짐작할 만한 근거가 있는 것은 아니다.

145 람프사코스 출신 메트로도로스(331-278년)는 희랍의 에피쿠로스학파 철학자다. 에피쿠로스학파의 주요 주창자 넷 가운데 하나지만 저작의 단편들만 약간 남아 있다.

수사적 연설들의 그런 기술들을 가지고 있다고 여겨지는 사람들 가운데 다른 적지 않은 사람들이 자기들이 그것들에 대한 기술들을 가지고 있다고 할 때의 그것들 가운데 아무것도 실행에 옮기지 (syntelountas) 않는다는 걸 보여 주면서 말이다.

14.4. 수사가로서의 긍정 평가: 연설가 선집 발췌 대상

7B.34. 『수다』 O.835 (베스티누스 항목) (794 Bekker) (DK 85A14)

율리우스(Ioulios)라고 불린 베스티누스(Ouēstinos),[146] 소피스트, 팜필로스의 어휘들의 요약집 네 권을, 데모스테네스의 책들로부터 단어 선집을, 투키디데스, 이사이오스, 이소크라테스, 연설가 트라쉬마코스 및 다른 연설가들로부터 선집을 [지었다.]

14.5. 사상가로서의 긍정 평가: 제자 클레이토폰의 반응

7B.35. 위-플라톤 『클레이토폰』 410c2-8, 410e5-8[147]

[화자: 클레이토폰]

누군가는 정의에 관해서 아마 당신에게도 똑같은 공격을 할 (epenenkoi)[148] 수 있을 겁니다. 정의를 아름답게 찬양한다고 해서

---

146 율리우스 베스티누스(Iulius Vestinus)는 하드리아누스 통치 시대(기원후 117-138년)에 알렉산드리아의 대사제였고 박물관과 희랍, 로마 도서관들의 감독자였다고 한다. 쉬로니(F. Schironi 2009) 48-49쪽.

147 = 6B.71. 작품 말미.

그것 때문에 정의에 대해 아는 자라는 게 더 많이 확보되는 건 아니라고 말이죠. 물론 내 입장이 꼭 그런 건 아니지만, 둘 중 하나예요. 당신이 알고 있지 못하거나, 아니면 나와 그것[149]을 공유할 의향을 갖고 있지 않거나. 그렇기 때문에 난 트라쉬마코스에게로든 내가 갈 수 있는 어디 다른 데로든 갈 생각이에요. 어떻게 할지 막막해서요(aporōn). […]

당신은 아직 전향하지(protetrammenos) 않은 사람에겐, 소크라테스, 전적으로 가치가 있지만, 이미 전향한 사람에겐 오히려, 덕의 끝을 향해 가서 행복해지는 데 거의 방해가 될 뿐이라고 말하겠습니다.

---

148 혹은 '비난을 할', '고발을 할'.
149 즉, 앎.

제8장

칼리클레스

소피스트를 다루는 이 책에 편입될 만한가라는 질문의 관점에서 보면 칼리클레스의 경우는 정반대 이유에서긴 하지만 많은 사람들이 소크라테스의 경우에서처럼 부정적 입장에 서 있다.[1] 우선 플라톤의 『고르기아스』에 매우 생생하게 등장한 것을 빼놓고는 그에 관해 알려진 것이 거의 없다. 그래서 그로트(G. Grote)를 위시해서 여러 사람들이 그의 역사적 실존 자체를 의심하기도 한다.[2] 그런가 하면 주요 소피스트들이 그들의 지나치게 자기만족적인

---

1 칼리클레스는 이 책의 인물들 가운데 현대 학자들 사이에서 아마도 가장 홀대를 받는 인물에 속한다. 주요 현대 참고문헌 5개 가운데 그에게 한 장을 할애한 책은 없다. 물론 그 가운데 둘은 일정하게 언급을 하긴 한다. W는 기명으로 언급하고, GW는 무명으로 처리해서 언급하지만 아무튼 칼리클레스를 인용한다.

2 국내의 박성우(2003) 역시 칼리클레스가 아테네 시민을 대표하는 허구적 인물이며 소크라테스가 그를 방문한 것은 그가 대표하는 아테네 시민들을 소크라테스와 화해시키려는 플라톤의 의도가 담겨 있다고 해석한다(84-85쪽).

제자들과 혼동되는 일을 경계해야 한다고 생각한 드 로미이(J. De Romilly)는 비역사성 때문이 아니라 무도덕주의(immoralism) 때문에 굳이 그를 소피스트 목록에서 제외하려 애쓴다. 제자들 때문에 소피스트들이 자칫 무도덕주의자 내지 도덕적 허무주의자로 오해된다는 것이다.[3]

우선 둘째 이유에 관해서 말하자면, 나는 오히려 바로 이런 이유 때문에라도 칼리클레스를 소피스트 목록에 포함시켜야 하지 않을까 하고 생각한다. 플라톤적 주류 철학사의 영향을 무비판적으로 수용하여 소피스트에 대해 무조건적인 폄하를 하는 것도 문제지만, 그렇다고 소피스트를 반사회적이거나 반통념적, 반도덕적인 태도와 연관 짓는 전승을 무턱대고 무시하거나 배척하는 것도 문제이기는 마찬가지일 것이다. 부정적 방향이든 긍정적 방향이든 막론하고 소피스트에 대해 일정한 선입견이나 가치 판단을

---

3 드 로미이(J. De Romilly 1992) xiv쪽. 전헌상(2013b)은 법을 옹호하는 프로타고라스나 『이암블리코스의 익명 저술』의 맞은편에서 법과 자연의 대비를 주장한 안티폰의 논의를 생동감 있게 이어 간 플라톤 작품 내 두 인물로 트라쉬마코스와 더불어 칼리클레스를 언급한다(248-257쪽). 그러나 칼리클레스가 실존 인물인지 여부는 불분명하며 적어도 소피스트는 분명 아니라고 주장한다. 그 근거는 드 로미이와 유사하게, 칼리클레스가 소피스트였다면 학생을 불러 모을 현실적 필요 때문에 그런 반통념적인 극단적 발언을 거침없이 할 수 없었으리라는 데서 찾는다(254쪽). 하지만 통념과 다른 자극적이고 선동적인 발언에 학생들이 더 혹할 가능성도 있지 않을까? 이것만으로는 소피스트임을 부인할 조건으로서는 약해 보인다. 아무튼 전헌상도 다소 유보적이긴 하지만 그를 기본적으로 소피스트 전통 속에서 다룬다. 그런가 하면 이한규(2008)는 플라톤 저서에 등장하는 인물들이 모두 실존 인물이었다는 점과 친구들의 이름이 구체적이라는 점 등을 들어 칼리클레스를 실존 인물로 간주한다.

미리부터 가지고 들어가는 접근 태도를 가능한 한 배제한 채 전승을 자연스러우면서도 비판적인 태도로 다루어야 할 것이다. 소피스트 전통에 대한 드 로미이의 우호적 태도는 평가해 줄 만하지만, 그가 칼리클레스를 배제하는 근거는 받아들이기 어렵다.

이제 첫째 이유에 관해서 말하자면, 도즈(E.R. Dodds 1959a)가 지적하듯 플라톤 대화편에 완전 가공인물이 등장하는 경우도, 실존 인물이 가명으로 등장하는 경우도 없다는 것은 그를 실존 인물로 볼 수 있게 하는 단서가 된다. 그에 관한 상당히 실감 날 정도로 구체적인 인적 사항들은 그런 단서에 신빙성을 보탠다. 물론 그런 구체성조차 플라톤의 극적 구성 능력에 속한다고 볼 가능성도 배제할 수는 없지만, 굳이 그렇게 능력 발휘를 하면서까지 허구적 인물을 창조해 내야 할 절박한 필요성이 플라톤에게 있었을지 의문스럽다.

『고르기아스』의 단서들을 토대로 칼리클레스의 행적과 사유를 정리해 보면 이렇다. 귀족인 케뤼케스 씨족의 일원인 그는 아테네의 아카르나이 구역에서 출생하여(495d: 8A.1) 전투에 참가한 적이 있고(498a: 8A.2), 따라서 이 작품의 극중 연대에 18세를 넘었고, 정치 이력에 이미 착수한 상태이며(515a: 8A.3), 즉 아마도 30세를 넘었으며, 중요한 손님을 초청하는 세대주다(447b: 8A.4). 데모스(사람 이름)를 사랑하는 자요(481d: 8A.7), 안드론, 테이산드로스, 나우시퀴데스와 친구였다(487c: 8A.8). 이들과의 관계까지 고려하여 추산하고 다른 문헌에 이름이 남지 않은 것까지 고려하면 대략 445년경[4]에 출생하여 정치적 격변기인 404년에 사망한 것으로 보인다.

이 가운데 안드론은 411년의 4백인 과두정 구성원 중 한 사람이 었는데 과두정 붕괴 시 안티폰과의 관계를 단절함으로써 목숨을 보전했다고 한다. 또한 안드론은 『프로타고라스』의 '소피스트 대회'에서 히피아스 추종자로 언급된 바 있다(315c: 4A.10). 안드론과의 교유 관계로 볼 때 칼리클레스가 히피아스와 연계되어 있었을 개연성도 상당히 있다.[5]

아닌 게 아니라 『프로타고라스』 337c-338b(4B.33)에서 히피아스가 설파하는 지혜로운 자들의 자연적 친족성 주장이나 크세노폰 『소크라테스 회상』 4.4.5와 4.4.13-14(4B.34) 및 4.4.19-21(4B.35) 등에서 히피아스가 개진하는, 관습/법의 가변성을 넘어서는 자연법 및 자연적 정의에 대한 입장은 『고르기아스』에서 칼리클레스가 개진하는 관습적 정의 비판과 자연적 정의 옹호 입장과 상당히 친연성이 높다. 그곳에서 칼리클레스가 내세우는 무도덕주의적 도전은 다음 넷으로 구성된다. 1) 관습적 정의 비판, 2) '자연에 따른 정의'에 대한 긍정적 설명, 3) 덕들에 대한 이론, 4) 좋음에 대한 쾌락주의적 관념.

'자연의 법을 따르라!' 더 많이 가질 능력이 있는 더 우월한 자가 더 많이 갖는 것이 자연의 이치이며 정의라는 생각을 아무 눈치도 보지 않고 그야말로 거침없이 발설하며 이른바 '파레시아' (parrhēsia)의 자유를 한껏 구가하는 칼리클레스의 태도는 자신감

---

4 혹은 450-445년경[네일스(2002)의 추정].
5 도즈(1959a)도 이것을 지지한다(282쪽).

에 차 있는 5세기 아테네 귀족 젊은이의 근본적이고 급진적인 결기와 호기를 잘 드러낸다. 그는 트라쉬마코스도 그랬듯 (아니, 어쩌면 트라쉬마코스보다 훨씬 더)[6] 우리에게 니체를 떠올리게 하는 인물이며,[7] 플라톤의 등장인물들 가운데 누구보다도 가장 소크라테스와 철학적 대조를 이루는 극적 대립자라 할 만하다. 도즈도 말했듯 어쩌면 소크라테스가 없었다면 플라톤 자신이 아마도 그렇게 되었을지 모르는 그런 인물이 바로 칼리클레스다.[8]

---

6 트라쉬마코스와 비슷해 보이지만 명백히 다른 점 하나는 법/관습 혹은 법/관습적 정의가 약자의 이익(을 위한 것)이라는 주장(8B.1)이며, 이것이 그를 전복적이게 만드는 출발점이 된다.

7 이런 연상에도 물론 일정한 한정은 필요하다. 니체에 대한 칼리클레스의 영향을 언급하면서 도즈(1959b)는 나치가 니체의 사생아이듯 니체가 플라톤(즉, 칼리클레스)의 사생아라고 비유한 바 있다(390-391쪽). 이 비유에 대해 부연하면서 그로크(L. Groarke 2008)는 나치가 니체에서, 니체가 칼리클레스에게서 영감을 받았을지는 모르지만, 정작 칼리클레스 자신은 인종주의와 우생학의 유사-과학적 결합이라 할 더 우월하고 순수한 종족의 지배를 지지하는 것이 아니며, 그가 내세우는 것은 위대한 공동체가 아니라 위대한 개인이라고 선을 긋는다(109쪽).

8 도즈(1959a) 12쪽, 14쪽. 전헌상(2018b)은 다음과 같이 덧붙인다. "플라톤에게 소크라테스와 칼리클레스의 비극적 죽음은, 이중적으로, 아테네 민주정과 민중의 파괴적인 힘에 대한 생생한 증거였을 것이다. 한편으로 그들은 그가 가장 정의롭고 지혜로웠다고 여겼던 인물을 죽음으로 이끌었다. 그리고 다른 한편으로 그들은 (어쩌면 자신이 그렇게 되었을 수도 있었을 모습의) 재능과 열정을 가진 전도유망한 청년의 삶을 파괴시켰다."(90쪽)

A. 삶과 행적

1. 출신지

8A.1. 플라톤 『고르기아스』 495d2-5[9]

[화자: 소크라테스; 청자: 칼리클레스]

자, 그럼 이걸 기억하도록 합시다. 아카르나이 출신 칼리클레스는 즐거운 것과 좋은 것이 같은 것이지만 앎과 용기는 서로 다를 뿐만 아니라 좋은 것과도 다르다고 주장했다는 걸 말입니다.

2. 연대[10]

8A.2. 플라톤 『고르기아스』 498a5-6

소크라테스: […] 그런데 전쟁에서 비겁한 사람을 본 적 있나요?

칼리클레스: 어떻게 없겠어요?

---

9 8B.5에 포함.
10 이 작품의 언급들을 기초로 할 때, 칼리클레스는 이 대화 당시 참전 경험이 있고(18세를 넘었다.), 아래 8A.4를 보면 한 집의 중요 손님을 초대하는 가장 역할을 하고 있으며, 정치를 막 시작하고 있다(적어도 20대 말 이상?). 그런데 이 대화 설정 연대 자체가 상당히 유동적이다. 오히려 아래 6절의 자료들에 나오는 친구들의 연대를 기초로 하는 것이 더 나을 수 있다. 그곳의 안드론을 기준으로 하면 칼리클레스는 대략 450-445년경 출생한 것으로 볼 수 있다[네일스 (2002) 75쪽].

8A.3. 플라톤 『고르기아스』 515a1-4

[화자: 소크라테스; 청자: 칼리클레스]

그런데 지금, 사내들 가운데 가장 훌륭한 이여, 당신은 스스로 막 국가의 일들을 행하기 시작하고 있고, 나를 권고하면서 내가 그걸 행하지 않는다고 비난하고 있으니, 우리가 서로를 살펴봐야 하지 않을까요?

3. 고르기아스와의 관계

8A.4. 플라톤 『고르기아스』 447a1-447b8[11]

|447a| 칼리클레스: 전쟁과 전투[12]엔, 소크라테스, 이런 식으로 참가해야(metalanchanein) 하는 거라고들 하죠.

소크라테스: 아니, 정말로 우리가, 속담마따나, 잔치 뒤에(katopin heortēs), 그러니까 너무 늦게 온(hysteroumen) 건가요?

칼리클레스: 게다가 아주 쌔끈한(asteia)[13] 잔치기도 했죠. 고르기아스가 좀 전에 많은 아름다운 시범[14]들을 보여 주었거든요(epedeixato).

---

11 작품 서두. 2B.35로 이어짐.

12 고르기아스를 다루는 작품의 첫머리를 칼리클레스 대사로 시작한다는 것이 예사롭지 않다. 첫 단어인 '전쟁과 전투' 역시 마찬가지다. 소크라테스 대사에 나오는 '잔치'와 대조된다.

13 혹은 '세련된'. 직역에 가깝게는 '도회풍의'.

14 혹은 '시범 연설'. 이하 마찬가지.

소크라테스: 하지만 그건, 칼리클레스, 여기 카이레폰 탓이에요. 시장(agora)에서 시간을 보내도록 우리를 붙잡는 통에 어쩔 수 없었죠.

|447b| 카이레폰: 전혀 문제 없어요, 소크라테스. 치유도 내가 할 거니까. 고르기아스가 나와 친해서 우리에게 시범을 보여 줄 거예요. 그러는 게 좋다면 지금도 좋고, 원하면 나중에도 좋고요.

칼리클레스: 뭐라고요, 카이레폰? 소크라테스가 고르기아스의 말을 듣고 싶어 하나요?

카이레폰: 우리가 여기 온 게 실은 바로 그것 때문이죠.

칼리클레스: 그럼 당신들이 내 집에 오고 싶을 때마다 할 수 있는 일이네요. 고르기아스가 내 집에 머물고 있으니 당신들에게 시범을 보일 수 있겠지요.

4. 대화의 즐거움에 대한 열정[15]

8A.5. 플라톤 『고르기아스』 458d1-4

[화자: 칼리클레스; 청자: 소크라테스]

신들에게 맹세코, 카이레폰, 실은 나 자신도 이미 많은 논의들을 옆에서 겪어 보았지만 지금처럼 이렇게 즐거웠던(hēsthēn) 적이 언제라도 있었는지 모르겠네요. 그러니까 설사 당신들이 하루 온종일이라도 대화할 의향이라면, 나를 기쁘게 해 주시는 게 될

---

15 cf. B의 3절 쾌락주의.

(charieisthe) 겁니다.

5. 삶과 진지함에 관한 태도

8A.6. 플라톤 『고르기아스』 481b6-c4

칼리클레스: 내게 말해 주세요, 카이레폰, 이 말들을 소크라테스
가 진지하게 하고(spoudazei) 있나요, 아니면 농담으로 하고(paizei)
있는 건가요?

카이레폰: 내가 보기엔, 칼리클레스, 너무도 진지한 거 같아요.
하지만 직접 물어보는 것만 한 건 아무것도 없죠.

칼리클레스: 물론, 신들에 맹세코, 그러고 싶은 마음 굴뚝같
아요(epithymō)[16]. 내게 말해 주세요, 소크라테스, |481c| 당신이
지금 진지한 말을 하고 있다고 우리가 놓을까요, 아니면 농담을
하고 있다고 놓을까요? 당신이 진지한 말을 하고 있어서 당신이
하고 있는 이 말들이 참이라면, 우리 인간들의 삶은 전복되어 있고
(anatetrammenos) 우리는 우리가 해야 하는 것들과는 정반대의 것
들을 하고 있는 것에 다름 아닌 것 같은데요?

6. 교우 관계 및 사랑

8A.7. 플라톤 『고르기아스』 481d1-5[17]

---

16 직역하면 '그러길 욕망합니다'.

[화자: 소크라테스; 청자: 칼리클레스]

　나도 당신도 지금 마침 똑같은 어떤 경험을 하고 있다는 걸 깨
달았어요. 우리 두 사람 각각이 둘을 사랑하고 있다는 걸 말이에
요. 나는 클레이니아스의 아들 알키비아데스와 철학을, 당신은
둘, 즉 아테네 인민(dēmos)과 퓌릴람페스의 아들[18]을 말이죠.

8A.8. 플라톤 『고르기아스』 487c1-d2[19]

[화자: 소크라테스; 청자: 칼리클레스]

　칼리클레스, 나는 당신들 네 사람이 지혜의 공유자(koinōnoi …
sophias)가 되었다는 걸 압니다. 당신과 아피드나이 출신 테이산드
로스와 안드로티온의 아들 안드론과 콜라르고스 출신 나우시퀴데
스가 말입니다.[20] 그리고 언젠가 당신들이 그 지혜를 어느 선까지
연마해야 하는가를 두고 숙의하는 걸 내가 직접 엿들은 적도 있어
서 당신들 사이에 다음과 같은 어떤 의견이 우세했다는 걸 알고

17　= 6A.31.
18　퓌릴람페스의 아들 이름이 마침 '데모스'여서 플라톤이 그걸 가지고 언어 유희
　　를 구사하고 있다.
19　8B.8로 이어짐.
20　아피드나이와 콜라르고스는 아테네의 구역(dēmos) 명칭이다. 안드론은 『프로
　　타고라스』에 묘사된 칼리아스 집의 소피스트 회합에 참석한 사람 가운데 하나
　　로 히피아스를 따르는 무리 가운데 있었다(315c). 히피아스 장 4A.10을 참고할
　　것. 그의 아들 안드로티온 2세는 410-407년에 태어났다. 이를 토대로 네일스
　　(2002)는 대략 445년경 출생했으리라 추정한다(29쪽). 관련 자료들을 토대로
　　볼 때, 나우시퀴데스와 테이산드로스는 부유한 집안 출신이었을 가능성이
　　높다.

있죠. 즉, 철학함(philosophein)에 엄밀한 수준(akribeia)까지 열정을 쏟지 말라는 것 말이에요. |487d| 정도를 넘어서 지혜로워지면 자신도 모르게 스스로를 망치게 되니까 그렇게 되지 않게 조심하라고 당신들은 서로 권면하고 있었죠.

B. 사상과 가르침

1. '자연의 법을 따르라.': 관습적 정의 비판과 자연적 정의 옹호

8B.1. 플라톤 『고르기아스』 482d7-484e3[21]

[화자: 칼리클레스; 청자: 소크라테스]

그리고 나 자신이 폴로스를 찬탄하지(agamai) 않는 건 바로 이점에 있어서입니다. 불의를 행하는 것이 불의를 당하는 것보다 더 추하다는 걸 당신에게 인정했다는 점 말입니다. |482e| 이 동의로 인해 그 자신이 이번에는 당신의 논변에 꼼짝 못 하게 묶여서 입에 재갈이 물리게(epestomisthē)[22] 되었으니까요. 생각하는(enoei) 걸 말하기를 부끄러워하면서 말이죠. 당신은 참으로, 소크라테스, 진리를 추구한다고 자처하면서 이런 저열하고(phortika)

21　W는 무명 저자 및 기타 텍스트에, GW는 무명 저자 텍스트(자연법)에 귀속시킨다. cf. 4B.33.

22　'폴로스'라는 이름이 망아지라는 뜻을 가지고 있다는 것을 이용한 말장난이다.

대중연설에 전형적인(dēmēgorika) 것들, 즉 자연에 의해서(physei)
는 아니지만 법에 의해서(nomōi)는 아름다운 것들로 끌고 다니니
까요. 그런데 대체로 이것들은 서로 상반되지요(enanti' allēlois).
자연(physis)과 법(nomos) 말입니다. 그래서 누군가가 |483a| 생
각하는 걸 말하기를 부끄러워하면서 감행하지 못하면 자기 모
순적인 이야기를 하도록 강제됩니다. 바로 이런 지혜(to sophon)
를 당신은 직접 간파하고서 논의로 온갖 짓궂은 일들을 하고
(kakourgeis) 있지요. 누군가가 법에 따라(kata nomon) 말하면 자
연에 따라(kata physin) 묻고, 자연에 속한 것들을 말하면 법에 속
한 것들을 물으면서 말입니다. 방금 이것들, 즉 불의를 행하는 것
과 당하는 것의 경우에도 폴로스는 법에 따라 더 추한 것을 이야
기하고 있는데 당신은 자연에 따라 그 이야기를 쫓아가더군요.
자연에 의해서는 더 나쁜 것이면 무엇이든, 예컨대 불의를 당하
는 것이 더 추한 것이지만 법에 의해서는 불의를 행하는 것이 더
추한 것이니까 말입니다. |483b| 바로 이런 겪음, 즉 불의를 당
하는 것은 남자에게 어울릴 일도 아니고 오히려 어떤 노예에게
나, 즉 불의를 당하고 모욕을 겪고도 스스로 자신에게 도움을 주
지도(boēthein) 자기가 신경 쓰는(kēdētai) 다른 누군가에게 도움
을 주지도 못하는, 사는 것보다 죽는 게 더 나은 노예에게나 어울
릴 일이거든요. 하지만 내 생각에 법들을 제정하는 사람들은 약
한(astheneis) 사람들, 즉 다중(hoi polloi)입니다. 그래서 그들은 자
신들 및 자신들에게 유익한(sympheron) 것을 위해서 법들을 제
정하고 칭찬과 |483c| 비난을 합니다. 사람들 가운데 더 힘 있는

(errhōmenesteroi) 사람들과 더 많이 가질 능력을 가진(dynatoi) 사람들에게 겁을 주어 자기들보다 더 많이 갖지 못하게 하려 하면서 그들은 말합니다. 더 많이 갖는 것(to pleonektein)은 추하고 부정의한 것이라고, 다른 사람들보다 더 많이 가지려 애쓰는 것이야말로 부정의한 것이라고 말이죠. 내 생각에 그들은 더 보잘것없는(phauloteroi) 사람들이어서 자신들이 똑같이(to ison) 가질 때 흡족해하거든요(agapōsi). 바로 이 때문에 법에 의해서는 대다수 사람들보다 더 많이 가지려 애쓰는 것이 부정의하고 추한 것이라고 이야기되고, 그걸 부정의를 행하는 거라고 사람들은 부르는 거죠.

그런데 내 생각에 자연 자체는 |483d| 이것, 즉 더 나은(amei-nōn) 사람이 더 못한(cheirōn) 사람보다, 그리고 더 능력 있는(dynatōteros) 사람이 능력이 덜한(adynatōteros) 사람보다 많이 갖는 것이 정의로운 것임을 천명합니다(apophainei). 그런데 이것들이 실제로 그렇다는 것은 여러 곳에서 분명히 나타납니다. 다른 동물들의 경우에도 그렇고 인간들의 국가들 전체와 종족들 전체의 경우에도 정의로운 것은 이렇게, 즉 더 우월한(kreittōn)[23] 자가 더 열등한(hēttōn)[24] 자를 다스리며 더 많이 갖는 것이라고 판가름되어 있지요(kekritai). 하긴, 크세륵세스가 희랍을 향해, 혹은 그의 아버지가 스퀴티아인들을 향해 진군했던 건 대체 어떤 유의 정의를 행사하면서(chrōmenos)였을까요? 아니면 |483e| 그 비

---

23 혹은 '더 강한'. 다른 곳도 마찬가지.
24 혹은 '더 약한'. 다른 곳도 마찬가지.

숫한 다른 수많은 일들을 이야기할 수도 있겠지요. 아니, 내 생각
에 이들은 정의[25]의 본성[26]에 따라(kata physin tēn tou dikaiou) 이
런 일들을 행한 거고, 제우스에 맹세코 (물론 우리가 제정하는 이
법에 따라서는 아니겠지만) 자연의 법에 따라(kata nomon ge ton
tēs physeōs) 행한 거죠. 우리는 우리 자신들 가운데 가장 훌륭하
고(beltistoi) 가장 힘 있는(errhōmenestatoi) 사람들을 빚어내면서
(plattontes), 마치 사자들을 그렇게 하듯 어려서부터 넘겨받아 주문
을 걸고(katepādontes) 마법을 부려(goēteuontes)[27] 그들을 종으로 만
듭니다.[28] |484a| 똑같이 가져야 한다고, 이것이 아름다운 것이요
정의로운 것이라고 말하면서 말입니다.

　그런데 내 생각에 충분한 본성을 갖고 태어난 남자라면 이 모
든 것들을 떨쳐 버리고 깨부수고 빠져나가서, 우리가 써 놓은 것
들과 술수들(mangganeumata)과 주문들과 법들, 그러니까 자연에
반하는 그 모든 것들을 짓밟고 떨쳐 일어나 자기가 우리의 주인
(despotēs)임을 밝히게 됩니다. 우리의 노예(doulos)이던 자가 말이
죠. 그때에 비로소 |484b| 자연의 정의(to tēs physeōs dikaion)가
빛을 발하게(exelampsen) 됩니다. 그리고 내가 보기엔 핀다로스도
내가 이야기하고 있는 바로 그것들을 보여 주고 있습니다. 다음과

25　직역하면 '정의로운 것'.

26　일관성을 따르자면 '자연'으로 옮겨야 할 말이다. 아래도 마찬가지.

27　혹은 '주술을 써서'.

28　색스(J. Sachs 2008)는 여기 분사로 쓰인 세 동사가 고르기아스 『헬레네 찬양』
　　10-11에 등장한다는 데 주목한 바 있다(72쪽 주 24).

같이 이야기하는 그의 노래 속에서 말이죠.

　법이 모두의 왕이라네,
　가사자들과 불사자들 모두의.

그리고 이것은, 그가 말하길,

　가장 강압적인 것(to biaiotaton)을 이끌고 가서 정의롭게 만든다네,
　가장 높은 손으로. 나는 그 증거로
　헤라클레스의 위업들을 든다네. 왜냐하면 그는 사지도 않고서 …[29]

그는 이 비슷하게 이야기를 합니다. 그 노래는 내가 잘 몰라서요.
그는 헤라클레스가 사지도 않았고 게뤼온이 자기에게 주지도 않았
는데 소들을 몰고 갔다고 이야기합니다. |484c| 이것이, 즉 소들
이든 다른 소유물들이든 더 못하고(cheirones) 더 열등한(hēttones)

---

[29] 생략된 대목은 다음과 같이 채워진다. "그는 게뤼온의 소들을 / 허락받지도
않고 사지도 않고서 / 에우뤼스테우스의 퀴클로피아 안뜰로 몰아넣었으니 말
이다." 핀다로스의 이 시, 즉 단편 169의 텍스트는 스넬-멜러(B. Snell & H.
Maehler 1980)에 수록되어 있다. 플라톤은 『법률』 3권 690b, 4권 715a에서도
아테네인의 입을 통해 이 시를 언급하는데, 기본적으로 법의 다스림이 "자연
에 따른" 다스림이라는 취지로 언급한다. 여기 칼리클레스의 인용 취지도 그
것과 대동소이한 것으로 보이지만, 아무튼 이 시 자체의 해석에 관해 논란이
분분하다. 이 '법이 왕이다'를 패러디한 것으로 이해될 수도 있는 히피아스의
'법이 참주다' 단편(4B.33)과의 관계도 주목할 만하다. 그리고 핀다로스의 이
시를 언급하는 『이암블리코스의 익명 저술』(12B.6)도 비교할 만하다.

자들의 것들은 전부 더 훌륭하고(beltiōn) 더 우월한(kreittōn) 자의 것이라는 게 자연에 의해 정의로운 것(tou dikaiou physei)이라고 여겨서 말입니다.

그러니 진실은 그런 겁니다. 그리고 당신이 이젠 철학을 포기하고 더 큰 일들 쪽으로 가게 되면 알게 될 겁니다. 철학은, 당신도 알다시피, 소크라테스, 매력적인 것(charien)이거든요. 누군가가 그것을 제 나이에 적정 수준에서 손댄다면 말이에요. 그런데 그래야 하는 것을 넘어 거기에 빠져 시간을 보낸다면 그건 인류의 파멸(diaphthora tōn anthrōpōn)이죠. 제아무리 좋은 본성을 타고났다 해도 꽤 나이 먹어서까지 철학을 하게 되면, |484d| 아름답고도 훌륭한, 그리고 좋은 평판을 받는 사람이 되려는 사람이라면 꼭 경험해 보아야 하는 그런 모든 것들에 대해 경험이 없게 될 수밖에 없거든요. 자기 국가에 해당하는 법들(tōn nomōn … tōn kata tēn polin)에도 무경험일 뿐만 아니라 사적으로든 공적으로든 계약들을 하면서 사람들과 교제할 때 사용해야 하는 그런 논변들에도 무경험이 되거든요. 한마디로 말해 관습들에 완전히 무경험이 되는 거죠. 그러니까 어떤 사적인 혹은 정치적인 |484e| 행위 속으로 들어갈 때면 우스운 사람들이 되지요. 마치, 내 생각에, 정치가들이 이번에는 당신들의 담론들(diatribai)과 논변들(logoi) 속으로 들어갈 때면 우스운 사람들이 되는 것과 꼭 마찬가지로 말이죠.

8B.2. 아리스토텔레스 『소피스트적 논박』 12, 173a7-18
역설들(paradoxa)을 이야기하게 만드는 말터(topos)는 아주 많은

데 자연에 따른 것과 법에 따른 것을 적용할 때가 그렇다. 칼리클레스도 『고르기아스』에서 그렇게 이야기하고 있다고 쓰여 있고,[30] 옛사람들도 모두 그런 일이 일어난다고 생각했다. 자연과 법이 상반되고(enantia), 법에 따른 정의는 아름다운데 자연에 따른 정의는 아름답지 않기 때문이라는 것이다. 그러니까 자연에 따라 말하는 사람에게는 법에 따라 응수하고 법에 따라 말하는 사람에게는 자연 쪽으로 이끌고 가야 한다는 것이다. 두 경우에 모두 역설들을 이야기하는 일이 일어나니까 말이다. 그들에게는 자연에 따른 것이 참된 것이었던 반면 다중에게 좋다고 여겨지는 것은 법에 따른 것이었다. 그래서 저들 또한 오늘날 사람들도 그렇듯 대답하는 사람을 논박하려 하거나 그가 역설들을 이야기하게 만들려고 노력했음이 분명하다.

2. 누가 더 우월한(= 더 훌륭한) 자인가?

8B.3. 플라톤 『고르기아스』 491a4-491d3

소크라테스: 그렇다면 어떤 일들에 관해 더 우월하고(kreittōn) 더 현명한(phronimōteros) 사람이 더 많은 것을 가질 때 정의롭게 더 많이 갖는(pleonektei) 건지 말해 주지 않을래요? 아니면 당신은 내가 제안하도록 놔두지도 않고 직접 말하지도 않으려는 건가요?

칼리클레스: 아니, 난 아까부터 계속 이야기하고 있었어요. 우

---

30 위 8B.1, 특히 482e.

선 더 우월한 사람들이란 갖바치들을 이야기하는 것도 요리사들을 이야기하는 것도 아니고 오히려 |491b| 국가의 일들에 있어서 어떤 방식으로 잘 관리될(oikoito) 수 있는지에 관해서 현명한 (phronimoi) 사람들, 그리고 현명한 것만이 아니라 용감하기도 한 사람들, 즉 마음먹은 것들을 완수할 충분한 능력을 갖고 있고 영혼의 유약함 때문에 마음 약해지지(apokamnōsi) 않는 사람들을 이야기하는 겁니다.

소크라테스: 보이나요, 가장 훌륭한 칼리클레스, 당신과 내가 서로를 똑같은 걸로 비난하고 있지 않다는 게? 당신은 매번 내가 똑같은 이야길 한다고 주장하고 그래서 날 타내는데, 난 당신과 반대로, 당신이 똑같은 것들에 관해서 한 번도 똑같은 이야기들을 해 본 적이 없고 한번은 |491c| 더 훌륭하고(beltiones) 더 우월한 (kreittones) 사람들이란 더 힘 있는 사람들(ischyroteroi)이라고 정의했다가, 그다음엔 더 현명한(phronimōteroi) 사람들이라고 했다가, 이젠 또 다른 어떤 걸 가지고 왔다는 걸 타내거든요. 더 우월하고 더 훌륭한 사람들이란 당신에 의해 용감한 어떤 사람들이라고 이야기되고 있지요. 하지만, 훌륭한 분, 더 훌륭하고 더 우월한 사람들이란 도대체 어떤 사람들을 이야기하는 것이고, 어떤 점에서 그런지 말하고 끝내 주세요.

칼리클레스: 아니, 난 국가의 일들에 있어서 현명하고 용감한 사람들이라고 벌써 말을 했는데요. 이 사람들이 |491d| 국가들을 다스리는 데 적합하고, 또 이런 사람들이 다른 사람들보다, 즉 다스리는(archontes) 사람들이 다스림을 받는(archomenoi) 사람들보

다 더 많은 걸 갖는 것, 그것이 정의로운 것이거든요.

3. 쾌락주의[31]

8B.4. 플라톤 『고르기아스』 491d4-492c8

소크라테스: 그런데 이건 어떤가요? 친구여, 그들 자신들에 대해서는 어떤가요? 뭔가 다스리나요, 아니면 다스림을 받나요?

칼리클레스: 무슨 말인가요?

소크라테스: 각 사람 하나하나가 스스로 자신을 다스리는(autos heautou archōn) 걸 이야기하는 겁니다. 아니면, 스스로 자신을 다스리는 것, 이건 전혀 해야 하는(dei) 게 아니고 그저 다른 사람들을 다스리는 걸 해야 하는 건가요?

칼리클레스: 자신을 다스린다는 게 무슨 말인가요?

소크라테스: 조금도 복잡한 게 아니고 다중이 말하는 그대로예요. 절제 있고(sōphrōn) 스스로 자신을 통제해서(enkratēs) 자기 안에 있는 쾌락들과 욕망들을 |491e| 다스리는 거죠.

칼리클레스: 어쩜 그렇게 순진하신지(hēdys)[32]! 우둔한(ēlithioi) 사람들을 절제 있는 사람들이라고 이야기하시는군요.

소크라테스: 어째서 그렇죠?[33] 내가 그런 이야기를 하고 있는 게

---

31 cf. A의 4절 대화의 즐거움에 대한 열정.

32 직역은 '달콤하신지'.

33 'ou'를 삭제하고 읽자는 루스(Routh)의 제안을 받아들였다. 사본대로는 '어찌 그렇지 않겠습니까?'가 된다.

아니라는 건 모를 사람 아무도 없는데요.

칼리클레스: 웬걸, 아주 심하게 모르죠, 소크라테스. 왠고 하니, 그 누구에게든 노예 노릇하면서 사람이 어떻게 행복해질 수 있을까요? 오히려 내가 지금 당신에게 까놓고 이야기하는(parrhēsia-zomenos)[34] 이것이 자연에 따른 아름답고 정의로운 것입니다. 제대로 살려는 사람은 자신의 욕망들은 가능한 한 최대가 되도록 내버려 두고 징벌하지 않아야 하며, |492a| 용기와 현명 때문에 가능한 한 최대인 이 욕망들에 봉사할(hypēretein)[35] 능력이 있어야 하고, 매번 욕망이 일어나는 그 대상들로 채워야 합니다. 하지만 이건 다중에겐 가능하지 않다고 난 생각합니다. 그래서 그들은 부끄러움 때문에 이런 사람들[36]을 비난하지요. 자신들의 무능력(adynamia)을 감추면서 말이죠. 그리고 그들은 방종이 정말 추한(aischron)[37] 것이라고 주장합니다. 앞에서 내가 이야기한 것처럼, 본성이 더 훌륭한(beltiones tēn physin) 사람들을 노예로 삼으면서 말이죠. 그리고 그들 자신이 쾌락들에 대한 채움(plērōsis)을 확보할(ekporizesthai) 능력이 없는 상태에서 |492b| 자신들의 용기 없음(anandria) 때문에 그들은 절제와 정의를 칭찬합니다. 하긴, 애초부터 왕들의 아들들이었거나 그 본성상 스스로 어떤 관직이나 참주 자리나 지배권을 확보할 능력을 갖고 있던 바로 그런 사람들에

---

34 아래 5절의 8B.7, 8B.8, 8B.9에서 '거리낌 없이 할 말 다 함'(parrhēsia)과 동근어.
35 혹은 '종노릇할'.
36 즉, (욕망에 봉사할) 능력이 있는 사람들.
37 혹은 '부끄러운'. 다른 곳에서도 마찬가지.

게는, 진실로 절제와 정의보다 더 추하고 나쁜 것이 무엇일까요? 아무것도 방해가 되지 않는 상태에서 좋은 것들을 누릴 수가 있는데도 그들이 스스로 자신들에게 많은 사람들의 법과 논변과 비난을 주인(despotēs)으로 세운다면 말입니다. 아니면 |492c| 정의와 절제의 아름다움[38]에 의해서 비참하게(athlioi) 된 게 어떻게 아닐 수 있을까요? 적들에게보다 자신들의 친구들에게 더 많은 어떤 것도 나눠 주지 못하면서, 그것도 자신들의 국가에서 다스리면서 그런다면 말이죠. 오히려 진리, 즉 당신이 몸소 추구한다고 주장하는 바로 그 진리에 따르면, 소크라테스, 실상은 다음과 같습니다. 사치와 방종과 자유는 옆에서 지원을 해 주면 이게 덕이자 행복이고, 여기 이 나머지 치장된 것들은 자연에 반하는(para physin) 사람들의 약정들(synthēmata)[39]로서 허튼소리고 아무런 가치도 없습니다.

8B.5. 플라톤『고르기아스』 495d2-e2[40]

소크라테스 : 자, 그럼 이걸 기억하도록 합시다. 아카르나이 출신 칼리클레스는 즐거운 것과 좋은 것이 같은 것이지만 앎과 용기는 서로 다를 뿐만 아니라 좋은 것과도 다르다고 주장했다는 걸 말입니다.

---

38 혹은 '정의와 절제라는 아름다운 것'.
39 혹은 '합의'.
40 8A.1 포함.

칼리클레스: 그런데 알로페케 출신 소크라테스는 우리에게 이것들을 동의해 주지 않고 있고요. 아님 동의하나요?

|495e| 소크라테스: 동의하지 않지요. 그런데 내 생각엔 칼리클레스도 스스로 자신을 제대로 바라보기만 한다면 동의하지 않을 거예요.

4. 덕 교육에 대한 태도

8B.6. 플라톤『고르기아스』519e7-520a2

소크라테스: 그런데 당신은 사람들을 덕으로 교육한다고 공언하는 사람들이 그런 이야기들을 하는 걸 듣지 않나요?

|520a| 칼리클레스: 난 듣지요. 하지만 뭣 때문에 아무 가치가 없는 사람들에 관해 이야기를 하려 하시나요?[41]

5. 거리낌 없이 할 말 다 함(parrhēsia)[42]

8B.7. 플라톤『고르기아스』486e5-487a3

---

41 네일스(2002, 75쪽), 김인곤(2021, 20쪽과 306쪽 = 2011, 60쪽과 292-293쪽) 등은 이 언명을 흔히 소피스트에 대한 폄하로 연결하곤 하지만, 소피스트 일반에 대한 폄하로 곧바로 연결하는 것은 무리일 것이다(적어도 전자는 그런 의도를 갖고 있지는 않다.). 적어도 덕 교육을 자처하는 교사들(그들을 소피스트로 부르든 아니든 간에)에 대한 평가로 일단은 제한하여 읽어야 할 것이다. 저자 플라톤이 이 작품에서 고르기아스를 일반 소피스트들과 구별하여 다루고 있다는 점도 고려할 필요가 있다.

[화자: 소크라테스; 청자: 칼리클레스]

내 영혼이 의견으로 갖는(doxazei) 것들에 관해 당신이 직접 나와 동의한다면 그것들 자체가 이미 참되다는 걸 난 잘 압니다. |487a| 영혼에 관해서 그게 올바르게 살고 있는지 아닌지를 시험하려는(basaniein) 사람은 세 가지를 갖고 있어야만 한다는 걸 난 염두에 두고 있거든요(ennoō). 당신 자신이 그 세 가지를 다 갖고 있지요. 앎(epistēmē)과 선의(eunoia)와 거리낌 없이 할 말 다 하는 것(parrhēsia) 말입니다.

8B.8. 플라톤 『고르기아스』 487d2-7 [43]

[화자: 소크라테스; 청자: 칼리클레스]

그러니까 당신이 당신 자신의 가장 친한 동료들에게 조언했던 것들과 똑같은 조언들을 내게 해 주는 걸 내가 듣고 있으니, 그건 당신이 진정으로 내게 선의를 갖고 있다는 충분한 증거입니다. 게다가 당신은 거리낌 없이 할 말을 다 하고도 수치스러워하지(aischynesthai) 않을 수 있는 사람이라는 것에 대해서는 당신 자신이 주장하기도 하고 방금 전에 당신이 한 그 이야기가 당신과 같은 말을 하고 있기(homologei)도 하지요.

8B.9. 플라톤 『고르기아스』 521a2-8 [44]

---

42 cf. 8B.4의 '까놓고 이야기하다'(parrhēsiazesthai)와 동근어.
43 8A.8로부터 이어짐.

소크라테스: 그럼 국가에 대한 보살핌(therapeia) 둘 가운데 어느 쪽을 하라고 나한테 권하는 건지 내게 분명히 말해 주세요. 아테네인들이 가능한 한 가장 훌륭한 사람들이 될 수 있도록 마치 의사처럼 그들과 맞서서 분투하는(diamachesthai) 쪽인가요, 아니면 그들에게 하인 노릇하고 그들의 환심을 사려고(pros charin) 사귀려는 쪽인가요? 진실을 내게 말해 주세요, 칼리클레스. 당신이 처음에 나를 향해 거리낌 없이 할 말을 다 했던(parrheisiazesthai) 것처럼 당신이 마음속에 품고 있는 것들을 말하는 걸 그만두지 않아야 마땅하니까요. 지금도 그렇게 훌륭하고 당당하게(gennaiōs)[45] 말해 주세요.

칼리클레스: 그렇다면 난 하인 노릇하라는 쪽이라고 말하겠습니다.

---

44 6B.42에 포함.

45 어원에 보다 충실하게는 '고귀하게'. 이어지는 다음 대사에서 소크라테스는 바로 이 말을 한 번 더 써서 칼리클레스를 부른다.

제9장
에우에노스

파로스섬 출신 에우에노스는 5세기 말경에 활동한 수사가요 소피스트다. 애가(哀歌) 시인으로 잘 알려져 있으며 그 시들 가운데 약간의 단편만이 남아 있다. 하르포크라티온의 어휘 사전(9A.8)이나『수다』(9A.8s)에 따르면 동명이인인 두 사람의 에우에노스가 있다. 에우세비오스의 연대기에 460년이 전성기였던 인물로 등장하는 "유명한" 에우에노스(9A.7)는 우리의 이 소피스트 에우에노스의 조부일 가능성이 높다. 똑같이 애가 시인이던 그 조부 에우에노스가 혹시 아리아누스와 아우소니우스가 언급한 "야한" 이야기(9A.9, 9A.10)로 유명했던 인물은 아닐까? 아무튼 메난드로스가 "지혜로운 사람"이라고 칭송(9A.10)한 이 외설적인 시인이 희극의 발전에 일정한 영향을 주었을 가능성이 있다. 하르포크라티온이 전하는 에라토스테네스의 연보에 따르면 두 에우에노스 중 더 젊은 쪽만 "유명하다"고 하는데(9A.8), 이때의 유명함은 아마도 플라톤의 잦은 언급들(9A.1, 9A.6, 9B.2 등)을 가리키는 것이 아닐까 싶다. 이런 추측들이 맞다면, 같은 이름의 조손(이건 고대 희랍에서는 아주 자연스러운 일이었다.)이 서로 다른 방식으로 명성을 누리다가 상승효과로 더 유명해지고 정체 확인에도 착종이 일어났을 수 있다.

아닌 게 아니라 플라톤은 몇 번에 걸쳐 그를 언급한다. 『파이돈』 60c-61c에서는 소크라테스가 사형 판결 후 감옥에 대기하던 기간에 전에 없이 시를 쓰게 된 연유에 관해 호기심을 품는 인물로 나오며(9A.6), 『파이드로스』 267a에서는 몇몇 수사학 용어들을 만들고 수사학 모범 사례들을 암기하기 쉽게 운문화한 수사가로 등장한다(9B.2). 꽤 긍정적으로 묘사되는 『파이돈』의 에우에노스가 『변명』 20b에 언급되는 '착한' 수업료의 선생 에우에노스(9A.1)와 동일 인물인지를 의심하는 견해도 없지는 않다. 그러나 『변명』에서 그가 (적어도 칼리아스가 보기에) 자식을 믿고 맡길 만한 선생으로 등장하는 것만큼은 부인하기 어렵다.

사실 플라톤의 소크라테스는 어디서도 그를 '소피스트'로 칭하지 않는다.[1] 『변명』에서 소크라테스는 그를 5므나 받고 가르치는 "파로스 출신의 지혜로운 사람"(9A.1)이라고 부르며, 『파이드로스』에서도 그를 "지혜로운 사람"으로 명명한다(9B.2). 앞서 언급했듯이 메난드로스 역시 "지혜로운 사람"이라는 칭송에 동참한 것으로 전해

---

1 플라톤이 자주 (즉, 방금 언급한 세 자리에서) 에우에노스를 소피스트로서 이야기하고 있다는 GW의 언급(257쪽)은 정확한 것이라 할 수 없다.

진다(9A.10). 그가 소피스트가 아니라고 주장하는 주석가도 있었다 (9A.2). 그런가 하면 에우에노스학파쯤에 해당할 법한 '파로스의 소피스트들'이 거론되기도 했다(9A.5). 이런저런 저간의 보고들을 감안할 때, 소피스트로 부르든 아니면 지혜로운 사람으로 부르든 우리의 이 에우에노스는 같은 이름의 조부만큼 유명하지 않았을지도 모르지만, 당대에 나름 선생으로 일정한 존경과 명망을 받았던 것으로 보인다.[2] 다만 시인이라는 직업이 좀 특이하다고나 할까. 요컨대, 그는 어느 정도 신망 있는 선생 노릇을 한 일종의 시인 철학자다.

그의 지혜가 어디에서 성립하는지는 단절적이고 소략한 자료 때문에 그 면모를 온전히 파악하기 어렵다. 다만 암시와 간접 칭찬/비난의 발견 등 일정한 수사학적 성취가 그에게 돌려진다(9B.2, 9B.3). 또한 분노나 광기에 대한 경계 및 절제/중용 권장(9B.6)이나 부정의, 특히 방자함에 대한 경계(9B.8)는 도덕 심리학 내지 윤리학에 대한 관심의 일단을 드러낸다. 아울러 필연과 고통의 연관(9B.10)이나 습관과 본성의 연결(9B.11), 지혜와 무지 모두에 연결되는 시간의 양가성 통찰(9B.9)은 자연에 대한 성찰을 삶의 문제에 연계시키려는 시도의 일면을 보여 준다.

이런 일련의 성찰들은 결국 플라톤이 그를 특징 짓는 것으로 자주 언급한 바 있는 지혜와 교육으로 잘 수렴되는 것으로 보인다.

---

2 그러나 당대에도 '착한' 가격의 선생이었던 것처럼, 현대에도 그리 인기가 높지 않다. 소피스트 관련 주요 현대 참고문헌 5개 가운데 GW에만 실려 있다.

문법이 음악에 종속된다는 생각(9B.14)이나 어원에 맞게 이름을 사용하자는 제안(9B.15), 자식이 두려움이나 고통의 원천이 된다는 관찰(9B.12) 등은 모두 교육에 대한 그의 적잖은 관심을 반영하는 언급들일 수 있다. 아울러 각자의 본성에 대한 파악이 지혜의 중요한 부분이라거나(9B.4) 과감함은 지혜에 의해 통제되어야 한다(9B.5)는 등 지혜에 대한 일련의 반성적 언급들과, 선생 역할 자체에 대한 반성적 언급(9B.1)은 그의 지혜와 교육이 반성적 수준에서 성찰되고 수행되었을 가능성을 시사한다는 점에서 특기할 만하다. 아테나이오스가 전해 주는 시(9B.1)에서 그는 말 잘함이 설득을 이루어 내리라는 고르기아스적 관심을 승계하면서도 설득과 교육의 연계에 대한 의식을 보다 확연히 드러낸다. 또한 같은 시에서 그는 반론 자체보다 오히려 옳은 반론이 중요하다는 입장을 표명하는데, 이는 반론에 관한 프로타고라스 입장에 대한 문제 제기의 일환일 수 있다. 프로디코스에게 귀속되기도 하는(3B.30의 플루타르코스), 불이 가장 훌륭한 향신료라는 주장(9B.13)이 그의 것이라면, 이것 역시 본질적 구성 요소에 관한 기성의 고정관념에 대한 도전일 수 있다.

A. 삶과 행적

1. "지혜로운 사람"

9A.1. 플라톤 『소크라테스의 변명』 19d8-20c3[3]

하지만 실로 이것들 가운데 어떤 것도 진실이 아니며, 내가 사람들을 교육하는 일에 손을 대어 |19e| 돈을 받는다는 말을 여러분이 누군가에게서 들었다면 그것 역시 진실이 아닙니다. 물론 나는 누군가가 레온티니 출신 고르기아스나 케오스 출신 프로디코스, 엘리스 출신 히피아스처럼 사람들을 교육할 수 있다면, 이거야말로 멋진 일이라고 생각합니다. 이들 각자는, 여러분, 각 도시들로 가서 젊은이들을 설득할 수 있거든요. 그 젊은이들은 자기 시민들 가운데 누구와 교제를 나누길 바라든 그 사람과 거저로 교제를 나눌 수 있는데, |20a| 그런 젊은이들에게 이들은 저들과의 교제를 그만두고 자기들과 교제하면서 돈을 지불하라고 또 감사까지 하라고 설득합니다.

하긴 또 다른, 파로스 출신의 지혜로운 사람이 이곳에 있지요. 이 지역을 방문 중이라는 말을 내가 직접 들었어요. 소피스트들에게 다른 사람들 모두가 지불한 것보다 더 많은 돈을 지불한 사람

---

3 3A.3과 6B.51, 17A.13 포함. 5므나 받고 가르치는 "지혜로운 사람"으로서 칼리아스가 자식의 선생 자격이 있다고 인정했다는 보고. 칼리아스가 자식을 맡길 용의가 있다고 말하는 것으로 보아 이 에우에노스는 야한 시인은 아니었을 가능성이 높지 않을까? cf. 메난드로스의 "지혜로운 사람"(9A.10).

을 마침 만났거든요. 히포니코스의 아들 칼리아스 말입니다. 그래서 이 사람에게 물었지요. 그에게 두 아들이 있어서 한 질문이죠.

내가 말하기를 "칼리아스, 당신의 두 아들이 망아지나 송아지였다면, 우리는 그들에게 알맞은 덕에 있어서 그들을 아름답고 |20b| 훌륭하게 만들어 줄 감독자를 구해 보수를 줄 수 있을 겁니다. 그럴 때 그 사람은 말 조련사나 농부겠죠. 그런데 이제 그 둘이 인간이니, 당신은 그들에게 어떤 감독자를 구해 줄 작정입니까? 누가 이런 덕을, 즉 인간적이고 시민적인 덕을 아는 사람입니까? 당신이 아들들을 갖고 있기 때문에 숙고해 본 적이 있으리라 생각해서 하는 말입니다만. 누구 있습니까, 아니면 없습니까?" 하고 내가 말했지요.

"물론 있지요." 그가 말했습니다.

그러자 내가 "누구고, 어디 출신이며, 얼마를 받고 가르치나요?" 하고 말했습니다.

"에우에노스입니다, 소크라테스. 파로스 출신이고, 5므나를 받지요." 그가 말했습니다.

그래서 나는 그 에우에노스가 정말로 이 기술을 가지고 있고, |20c| 그렇게 적당한 값을 받으며[4] 가르치고 있다면 축복받은 사

---

4 직역하면 '그렇게 적당하게'(houtōs emmelōs)인데, 맥락의 의미를 따라 새겼다. 이 말의 요점은 유명 인사들에 비해 '상대적으로' 적당하다는 데 있지 않을까 싶다. 프로타고라스가 수업료로 100므나를 받았다는 이야기(DL 9.52)(위 1A.1)나 칼리아스가 제논에게 냈다는 수업료도 100므나라는 이야기(플라톤 『알키비아데스』 119a)가 있고 보면, 수업료로 5므나는 확실히 '적당한', 즉 요즘 말로

람이라고 생각했습니다. 어쨌거나 나 스스로도 이것들을 만약 알고 있다면 자부심과 자긍심을 가질 겁니다. 하지만 아테네인 여러분, 나는 정말로 알고 있지 않습니다.

9A.2. 에픽테토스 『대화록』 4.9.9-10에 관한 주석

[아리스테이데스[5]와 에우에노스는] 소피스트가 아니다.

2. 시인이자 선생: 제자 목록

9A.3. 튀로스의 막시모스 『강론집』 38.4[6]

그리고 그녀[즉, 아스파시아]조차도 당신[즉, 소크라테스]에게 만족을 주는 선생이 아니고, 오히려 당신은 디오티마에게서 사랑의 기술(ta erōtika)[7]을, 콘노스에게서 음악(ta mousika)[8]을, 에우에

'착한' 가격이었을 것이다. 이름에 관한 프로디코스 강좌의 수업료가 50드라크마였다고 하니(『크라튈로스』 384b)(위 3A.20), 5므나 수업료는 프로디코스의 그 강좌보다 10배 비싼 수업료다. 기준을 어디에 두느냐에 따라 '적정성'에 대한 판단은 얼마든지 달라질 수 있다. 게다가 기준이나 구체적 지불 방식이 명시되지 않아 평면적으로 비교하며 평가하는 것 자체가 무리가 아닐까 싶다. 유명 인사들의 수업료에 비해 적을지는 모르지만, 그렇다고 해서 무시할 만한 액수도 아닌 것만큼은 분명해 보인다. 므나 등 화폐의 가치에 관한 앞 1A.1의 해당 주석을 참고할 것.

5 아래 9A.9의 관련 주석을 참고할 것.
6 = 6A.9.
7 직역하면 '사랑에 관한 것들'.
8 직역하면 '뮤즈에 관한 것들'.

노스에게서 시학(ta poiētika)[9]을, 이스코마코스에게서 농사 기술을, 그리고 테오도로스에게서 기하학을 십시일반의 부조로 받아내고 있다(eranizēi).

9A.4. 『수다』 Φ.365 (필리스토스 항목) (1092 Bekker)

나우크라티스 출신 혹은 시라쿠사 출신 필리스토스. 그는 애가 시인 에우에노스의 제자(mathētēs)였으며, 처음으로 수사적 기술(rhētorikē technē)에 따라[10] 역사를 썼다.

9A.5. 람프사코스의 아낙시메네스 『수사학 교범』(Technē Rhētorikē, 라틴명: Rhetorica ad Alexandrum) 서론 15.1-3

이른바 파로스의 소피스트들은 무교양의[11] 게으름(rhāithymia amousos) 때문에 [담론들(logoi)을] 스스로 낳지(tekein) 못하므로 그것들에 애착을 갖는(stergousin)[12] 게 아니라 돈을 받고 그것들을 경매로 판다(apokēryttousi).

3. 시인 철학자: 시와 철학의 관계

9A.6. 플라톤 『파이돈』 60c8-61d7

---

9   혹은 '시 짓는 기술'. 직역하면 '시에 관한 것들'.
10   혹은 '대해'.
11   혹은 '시가를 모르는'.
12   혹은 '그것들을 좋아하는'.

[화자: 파이돈; 청자: 에케크라테스]

그러자 케베스가 끼어들며 "제우스에 걸고 말하건대, 소크라테스." 하고 말했어요. "날 상기시켜 주시니 정말 고마운 일이네요. 실은 당신이 |60d| 이솝(아이소포스)의 이야기들(logoi)[13]을 운문으로 바꿔(enteinas) 만든(pepoiēkas) 시들(poiēmata)[14]과 아폴론을 기리는 찬가에 관해서 그전에도 딴 몇몇 사람들이 내게 계속 물어왔는데요. 바로 요 며칠 전에는 에우에노스도 묻더군요. 이전에는 아무것도 만들지(poiēsas) 않던 당신이 여기[15] 온 후로 그것들을 만들었는데, 대체 무슨 생각이 들었던 건가 하고요. 그러니 에우에노스가 내게 다시 물을 때(그가 물으리라는 걸 난 잘 알거든요.) 내가 대답을 할 수 있게 되는 일에 당신이 조금이라도 관심이 있다면, 뭐라고 이야기해야 할지 말해 주세요."

"그럼 그에게 진실을 말해 줘요, 케베스." 하고 그가 말하더군요. "그 사람이나 그의 시들에 맞수(antitechnos)가 |60e| 되고 싶어서 그것들을 만든 게 아니라(그게 쉽지 않으리란 걸 알고 있었거든요.)

---

13 이 '로고스'(logos)는 거의 '뮈토스'(mythos), 즉 '설화'에 가까운 것을 가리킨다. 그런데 아래 61b5에서 '뮈토스'(설화)는 흥미롭게도 '로고스'(논변)와 대비되는 개념으로 등장한다. 그러니까 여기 나오는 '로고스'는 아래에 나오는 '뮈토스'와 좁은 의미의 '로고스' 전부를 포괄하는 넓은 의미로, 혹은 '무표적'(unmarked) 개념으로 쓰인 것이라 할 수 있다.

14 '만들다'[혹은 '짓다'](poiein)는 '시를 만들다[/짓다]'로 좁혀 읽을 수 있는 말이다. 동근어인 '시'(poiēma)도 본래 '만든[/지은] 것', '작품'이라는 뜻을 가진 말이다. 아래에서도 마찬가지.

15 즉, 감옥에.

어떤 꿈들이 무슨 이야기를 하려는 건지 시험해 보려던 거라고, 그리고 혹시나 그 꿈들이 여러 번에 걸쳐 내게 명령하던 게 바로 이런 시가(mousikē)를 만들라는 거였다고 한다면 내가 저지를 수도 있었을 불경스러움을 면해 보려던(aphosioumenos) 거라고 말이죠. 그 꿈들은 다음과 같은 어떤 내용이었거든요. 나의 지난 삶 가운데 여러 번에 걸쳐 같은 꿈이 나를 찾아왔는데, 매번 다른 모습으로 나타나면서도 같은 이야기를 하면서 말했어요. '소크라테스, 시가를 만들고 그것에 힘쓰세요.'라고 말이죠. 그런데 나는 그 이전에는 그 꿈이 내가 하고 있던 바로 그 일을 하도록 나를 격려도 하고 |61a| 성원도 하는 거라고 받아들였더랬어요. 그 꿈은 마치 달리기하는 사람들에게 사람들이 응원을 보내듯 그렇게 내가 하고 있던 바로 그 일, 즉 시가 만드는 일을 하도록 나를 성원하고 있다고 말이죠. 내가 보기에 철학이 가장 위대한 시가인데 나는 그걸 하고 있던 거였으니까요. 하지만 지금은 재판이 벌어졌는데 그 신의 축제가 내가 죽는 걸 막고 있으니, 혹시나 그 꿈이 여러 번에 걸쳐 내게 명하던 게 바로 이 대중적(dēmōdēs) 시가를 만들라는 거였다고 한다면 그 꿈에 불복하면 안 되고 그걸 만들어야[16] 한다는 생각이 들더군요. |61b| 시들을 만들어 그 꿈에 복종함으로써 불경스러움을 면하기 전엔 떠나가지 않는 게 더 안전하다고 생각했거든요. 그래서 우선 지금 벌어지고 있는 제의의 대상인 바로 그 신을 기려 (시를) 만들었어요. 그 신 다음으로는, 시인은 정말

---

16 '행해야'로 새길 수도 있다.

로 시인이 될 작정이라면 논변들(logoi) 말고 설화들(mythoi)을 만들어야 하는데, 나 자신은 설화 작가(mythologikos)가 아니라는 걸 알아챘고, 바로 이런 이유로 내 수중에 있고 내가 알고 있는, 이솝의 설화들 가운데서 당장 떠오르는 것들을 (시로) 만들어 냈죠. 그러니 케베스, 이 말을 에우에노스에게 전하세요. 그리고 잘 지내라고, 또 만일 그가 온전한 정신이라면(sōphronēi) 최대한 빨리 나를 따라오라고 하세요. 나는 오늘 떠나가게 될 것 같네요. |61c| 아테네인들이 그렇게 명하니까요."

그러자 심미아스가 말하더군요. "대체 그 무슨 권고를 에우에노스에게 하시는 건지, 소크라테스! 그 사람을 난 자주 만나 봤거든요. 그런데 내가 느낀 바에 따르면 거의 분명히 그는 어떤 식으로도 당신 말을 자발적으로 따르지는 않을 겁니다."

"뭐라고요?" 하고 그가 말했어요. "에우에노스는 지혜 사랑하는 사람[17] 아닌가요?"

"적어도 난 그렇다고 생각합니다." 심미아스가 말했지요.

"그렇다면 에우에노스도 그렇고 그 일에 합당하게 관여하는 사람이면 그 누구든 그럴 의향이 있을 거예요. 물론 아마도 자살을 하지는 않겠지만 말이죠. 그건 법도에 어긋난다고들 하니까요." 이 말을 하면서 그는 |61d| 두 다리를 땅에 내려놓았고, 이후로는 그렇게 앉은 자세로 내내 대화를 하게 되지요.

그러자 케베스가 그에게 묻더군요. "그게 무슨 말인가요, 소크

---

17 혹은 '철학자'. 아래에서도 마찬가지.

라테스? 자살을 하는 건 법도에 어긋나는데, 지혜 사랑하는 사람
은 죽는 사람을 따를 의향이 있다니요?"

"뭐라고요, 케베스? 필롤라오스와 함께 지냈으면서 당신도 심미
아스도 그런 것들에 관해 들은 적이 없었던 건가요?"

4. 두 명의 에우에노스

9A.7. 에우세비오스『연대기』[18] 2권 (히에로뉘무스[19]『연대기』에
인용됨) 80회 올림피아기 첫째 해(즉, 460년) 항목[20]
시인(poeta) 에우에노스가 유명하다(clarus)고 여겨진다.

9A.8. 하르포크라티온『열 명 연설가 어휘 사전』Euēnos 항목,
E.155

---

18 두 권으로 구성되어 있으며, 기원후 4세기 초에 집성된 것으로 보인다. 아브
    라함으로부터 기원후 325년까지의 세계 연대기가 들어 있다. 두 권으로 되
    어 있는데, 1권 연보(*Chronographia*)는 앞선 저자들이 쓴 자료들로부터 일반
    적인 역사를 발췌, 요약하여 제시하는데 민족별로 배열되어 있고, 2권 연대표
    (*Chronikoi Kanones*)는 도표 형식으로 연대와 사건의 목록이 들어 있다. 희랍
    어 원본은 소실되었지만 나중 연대기 저자들에 의한 상당량의 인용들이 남아
    있다. 두 권에 대한 아르메니아어 번역이 있고, 2권은 히에로뉘무스의 라틴어
    번역으로 온전히 남아 있다.
19 히에로뉘무스(347년경~420년)는 라틴 가톨릭 사제, 신학자, 역사가. '성 제롬'
    으로 흔히 지칭된다.
20 텍스트: 히에로뉘무스『연대기』(Jerome 2005) 193쪽. 아마도 이 에우에노스는
    우리가 관심 갖는 소피스트 에우에노스의 조부일 가능성이 있다. 예컨대, 보
    우라(C.M. Bowra 1934)도 그렇게 주장한다(2쪽).

휘페레이데스가 『아우토클레스에 대한 반박』 연설에서 (다음과 같이 말했다). 에라토스테네스의 『연보(年報)들에 관하여』에 따르면, 애가 시인으로 두 에우에노스를 기록들을 하고 있는데 서로 동명이인이다. 그는 두 사람 다 파로스인이라고 말하면서 둘 중 더 젊은 쪽 사람만 유명하다고 말한다. 그런데 둘 중 한 사람을 플라톤도 언급한다.

9A.8s. 『수다』 E.3476 (에우에노스 항목) (436 Bekker)[21]

에우에노스. 애가 시인 두 사람을 기록들을 하는데(anagraphousin), 두 사람 모두 파로스 출신이다.

5. 야한 시인

9A.9. 아리아누스[22] 『에픽테토스의 대화록(*Diatribai*)』 4.9.6

당신은 크뤼시포스와 제논 대신에 아리스테이데스[23]와 에우에노

---

21 이 단편은 주요 현대 참고문헌들에 언급되지 않는다.

22 루키우스 플라비우스 아리아누스(혹은 희랍명 아리아노스. 86–160년경)는 비튀니아의 니코메데이아 출신인, 로마 시대 희랍의 역사가, 공직자, 군대 사령관이자 철학자였다. 그가 쓴 『알렉산더의 원정』이 비교적 최근까지도 그 주제에 관한 최상의 자료로 각광을 받은 바 있다. 108년경에 그는 에픽테토스의 제자였는데, 그 자신의 말에 따르면 에픽테토스 강의를 적은 자신의 노트들을 출판하기로 마음이 움직였다고 한다. 그것이 바로 『에픽테토스의 대화록(*Diatribai*)』이라고 알려진 작품이다. 『에픽테토스의 편람(*Encheiridion*)』은 그것의 요약본에 해당한다.

23 연대나 출신을 알 수 없는 희랍 작가로서, 『밀레토스 이야기들』(*Milēsiaka*)이라

스를 읽는다. 아무것도 잃은 게 없을까?

9A.10. 아우소니우스[24]『결혼 발췌시문집』(*Cento Nuptialis*) 말미[25]
마르티알리스 말마따나 "내가 쓴 페이지들은 야하다(lasciva)."
[…] 하긴 안니아누스의『페스켄니아 시구들』[26]은 왜, 아주 오래전
시인 라이비우스의『사랑놀음』(*Erotopaegnion*)[27] 책들은 또 왜 내가
언급해야 하는가? 메난드로스[28]가 지혜로운 사람(sapiens)이라고
부른 에우에노스는 왜? 삶은 엄혹한데 소재는 즐거운 그 모든 희
극 작가들은 왜?

는 책의 저자다. 라틴어로 번역되었는데, 그 번역자 시센나가 기원전 78년에
법무관(praetor)이던 역사가 시센나라면 이 사람의 연대가 대략 기원전 100년
전후라고 추정할 수 있다. 한 개의 단편만 남아 있지만, 그 책을 언급한 바 있는
오비디우스, 플루타르코스, 아풀레이우스에 따르면 짧고 외설적인 성애 이야
기들이고, 아마도 그런 이야기의 관행적인 세팅대로 밀레토스가 제목에 언급
되었을 것으로 보인다.

24 데키무스(혹은 데키미우스) 마그누스 아우소니우스(310-395년경)는 부르디갈
라(지금의 보르도) 출신 로마 정치가, 시인, 수사학 선생이었다.

25 맥락: 자기 저작들의 장난스럽고 외설스러움에 관하여. cf. 플라톤『변명』의
"지혜로운 사람"(9A.1).

26 페스켄니아는 에트루리아의 작은 도시로서, 시구로 주고받는 놀리는 대화를
그 이름을 따서 불렀다. 야하거나 상스럽다는 뜻일 것이다.

27 희랍어를 음사한 제목이다.

28 아우소니우스가 메난드로스를 플라톤(9B.2)과 혼동한 것으로 보는 견해도 있다.
예컨대, 라더마허(L. Radermacher 1951) 127쪽.

B. 사상과 가르침

1. 반론과 설득[29]

9B.1. 아테나이오스 『만찬 자리의 소피스트들』 9, 367d-e (Ws[30] 1)

그러니까 울피아노스가 침묵하고 있을 때 레오니데스는 말한다.
"아, 내가 말해야 마땅하겠네요(dikaios). 이미 오래 침묵했으니.
파로스 출신 에우에노스에 따르면 다음과 같지요.

많은 사람들에게 무엇에 관해서든 똑같이(homoiōs) 반론하는
    (antilegein) 게 습관(ethos)이지만,
옳게 반론하는 것, 그것은 더 이상(ouketi)[31] 습관이 아니다.
그리고 이런 사람들에게는 옛말(logos ho palaios) 하나면 족하다.
'당신에겐 그게, 나에겐 이게 좋다고 여겨지는(dokount') 거라고 합
    시다.'
그런데 누군가가 말을 잘하면(legōn eu)[32] 이해력 있는 사람들을

---

29 반론이 중요하다기보다 옳은 반론이 중요하다(cf. 프로타고라스), 말 잘함과
    설득(cf. 고르기아스).

30 웨스트(M.L. West 1992)를 'Ws'로 줄임.

31 왜 '아직 … 아니다'(oupō)가 아니라 '더 이상 … 아니다'(ouketi)라고 했을까 깊
    이 숙고해 볼 여지가 있다. 참고로, GW는 아예 '아직 … 아니다'(not yet)라고
    옮겼다.

32 '말 잘한다'(eu legein)는 게 내내 소피스트들(소크라테스까지 포함하여)의 핵심
    화두 가운데 하나였다. 이 말의 애매성 때문에 말의 형식이나 겉모양, 유창함

아주 빨리 설득해 낼 것이다.

바로 이들이야말로 가장 쉬운 선생 노릇의 상대인 거다.

2. 암시와 간접 칭찬/비난의 발견: "지혜로운 사람"

9B.2. 플라톤 『파이드로스』 267a1-5[33]

|267a| 소크라테스: 물론입니다. 그리고 고발(katēgoria)과 항변 (apologia)[34]에서 논박(elenchos)과 추가 논박(epexelenchos)을 어떻게 해야 하는지도[35] 그[즉, 테오도로스]는 이야기하지요. 그런데 아주 아름다운 파로스 출신 에우에노스는 우리가 논의의 장에 끌어들이지 않나요? 처음으로 암시(hypodēlōsis)와 간접 칭찬들 (parepainoi)을 발견한 사람 말이에요. 그리고 어떤 사람들은 그가 간접 비난들(parapsogoi)을 기억을 위해 운율에 맞춰서 이야기하기 (legein)도 한다더라고요. 지혜로운 사람이거든요.

9B.3. 헤르메이아스 『플라톤 『파이드로스』 주석』 238.5-7 (267a 에 관하여)

에 주목할 것인지, 아니면 말의 내용이나 사실/진실과의 합치 여부, 정의로움을 대변하느냐 여부에 주목할 것인지가 관건적인 문제로 자리 잡게 된 것이다.

33 이후 2B.44, 3B.8, 4B.11, 1B.55, 7B.18로 이어짐. 이것들 전체가 맥락과 더불어 17A.48에 포함됨. 맥락: 일련의 수사학 이론사로서 여러 소피스트들을 열거하고 있다. 소크라테스의 대화 상대자는 파이드로스.

34 혹은 '변명'.

35 혹은 '고발과 항변에서는 논박과 추가 논박을 해야 한다는 것도'.

그[즉, 에우에노스]는 간접 칭찬들을 이야기하는데, 이는 대놓고 칭찬하지는 않으면서도 칭찬하고 있는 걸로 보이기 위한 것이다. 비난의 경우도 마찬가지다.

3. 지혜(각자의 본성 파악)와 과감함

9B.4. 스토바이오스『선집』2.15.4 (Ws 3)
각자가 어떤 사람인지를 제대로 아는 것이
지혜의 가장 작지 않은 부분[36]이라고 난 생각한다.

9B.5. 스토바이오스『선집』4.10.5 (Ws 4)
지혜를 가지고서 과감할(tolman) 수 있다는 것은 아주 유익하다.
그러나 그것[37]만으로는 해로우며 해악(kakotēs)을 가져온다.

4. 분노, 광기, 그리고 절제/중용

9B.6.『팔라티나 선집』(Anthologia Palatina)[38] 11.49 에우에노스 (Ws 2)

---

36 완서법(緩敍法: litotēs)이 구사된 것으로 '가장[/아주] 큰 부분'이라는 의미일 것이다.

37 즉, 과감함.

38 1606년 하이델베르크의 팔라티나 도서관에서 발견된 희랍 시들과 경구들 모음집. 기원전 7세기부터 기원후 600년까지의 자료들을 포함하고 있다.

많지도 아주 적지도 않은 것이 바코스(Bakchos)의 가장 훌륭한 척
  도다.

그는 고통(lypē)이나 광기(mania)의 원인(aitios)이니까.

그는 세 님프들과 섞여(kirnamenos) 넷이 되면서 즐거워한다.[39]

그다음으로 그는 침실들(thalamoi)에도 가장 잘 준비가 되어 있다.

하지만 그가 많이 불게(pneuseien) 되면 그는 사랑은 우리를 비켜
  가게 하고

죽음의 이웃인 잠으로 우리를 빠져들게 한다.

9B.7. 스토바이오스 『선집』 3.20.2 (Ws 5)
인간들의 분노는 종종, 광기보다 훨씬 더 저열한
숨겨진 마음(noos)을 노출한다.

5. 방자함과 부정의

9B.8. 위-아리스토텔레스 『덕들과 악들에 관하여』 7, 1251a30
(스토바이오스 『선집』 3.1.194) (Ws 7)

---

39 '바코스', 즉 포도주가 님프, 즉 물과 1 대 3의 비율로 섞일 때 즐거움을 준다
  는 뜻일 것이다. 포도주가 너무 많으면 광기를 가져오고 너무 적으면 고통을
  줄이는 효과를 못 얻을 테니, 적정한 비율의 혼합이 중요하다는 것이다. 포도
  주를 희석한다는 게 우리에겐 생소한 일일 수 있지만, 고대 희랍인들에겐 포
  도주를 물과 섞어 마시지 않는다는 게 오히려 무절제 내지 방자함(hybris)으
  로 간주될 만한 일이었다. 이 단편에 관한 상세한 해석과 설명은 거버(D.E.
  Gerber 1988)를 참조할 것.

부정의의 세 종류가 있다. 불경(asebeia), 탐욕(pleonexia), 방자함 (hybris). […] 그런데 방자함이란 그것에 따라서 사람들이 다른 사람들에게 치욕을 가져다주면서 자기 자신에게 쾌락을 마련해 주는 바로 그것이다. 그렇기 때문에 에우에노스도 그것에 관해서 다음과 같이 말한다.

[…] 〈방자함〉
그것은 아무런 이득도 얻지 못하면서 불의를 행한다.

6. 시간의 양가성

9B.9. 심플리키오스『아리스토텔레스『자연학』주석』9.741.1 (Ws 9a)

시모니데스는 시간에 가장 지혜로움을 둘러 주었다(periēpse).[40] 에우에노스는 그 둘 다를 가지고서 다음과 같이 만들어 냈다.

과연 가장 지혜로운 것이면서 가장 무지한 것이 시간이다.

7. 필연과 고통

9B.10.(a). 아리스토텔레스『형이상학』Δ(5).5, 1015a28-30 (Ws 8)

---

40 혹은 '부여했다'.

강요된 것은 필연적이라 불리고, 그 때문에 고통스럽기도(lypēron) 하다. 에우에노스도 다음과 같이 말하는 것처럼 말이다.

모든 필연적인(anankaion) 일(pragm')은 원래 괴롭기(aniaron) 마련이니까(ephy).

9B.10.(b). 아리스토텔레스 『에우데모스 윤리학』 2.7, 1223a29-33
욕망에 따르는 모든 것은 자발적인 것으로 보일 것이다. 모든 비자발적인 것은 강요된(biaion) 것으로 보이는데, 강요된 것은 고통스러운 것이고, 필연에 강제되어(anakazomenoi) 하거나 겪게 되는 것은 모두 그렇기 때문이다. 에우에노스도 다음과 같이 말하는 것처럼 말이다.

모든 필연적인(anankaion) 일(pragm')은 원래 괴롭기(aniaron) 마련이니까(ephy).

그러니까 어떤 것이 고통스러우면 강요된 것이고, 강요된 것이면 고통스럽다.

9B.10.(c). 아리스토텔레스 『수사학』 1.11, 1370a9-11
그리고 강요되지 않는 것도 즐겁다. 강요는 본성[41]에 어긋나기

---

41 혹은 '자연'. 이하 마찬가지.

때문이다. 그렇기 때문에 필연적인 것은 고통스러우며, 다음과 같은 말은 옳게 이야기되었다.

> 모든 필연적인(anankaion) 일(pragm')은 원래 괴롭기(aniaron) 마련이니까(ephy).

8. 습관과 본성

9B.11. 아리스토텔레스 『니코마코스 윤리학』 7.10, 1152a29-33 (Ws 9)

습관이 본성보다 바꾸기가 더 쉽다. 실은 습관이 다루기 어려운 것도 바로 이것, 즉 본성을 닮았다는 것 때문이다. 에우에노스도 다음과 같이 말하는 것처럼 말이다.

> 난 주장하노라. 그것[즉, 습관]은 오랜 시간에 걸친 연습이고, 친구여, 그래서
> 이것이 결국엔 인간들에게 본성이라네.

9. 자식이 주는 두려움과 고통

9B.12.(a). 플루타르코스 『자식 사랑에 관하여』 497a (Ws 6)

그래서 에우에노스가 새겨 썼던(epegrapsen)[42] 것들 가운데 이것만을 칭찬하고 기억하게 된다.

아버지에게 자식(pais)은 언제나 두려움(deos)이거나 고통(lypē)이다.

9B.12.(b). 아르테미도로스 『꿈들에 대한 해석』 1.15

그래서 어떤 옛말 또한 이런 것을 보여 준다. 다음과 같이 되어 있다.

아버지에게 자식(pais)은 언제나 두려움(deos)이거나 고통(lypē)이다.

10. 본질적인 구성 요소[43]

9B.13.(a). 플루타르코스 『플라톤적 질문들』 10.3, 1010c (Ws 10)

누군가는 이렇게 말할 수도 있겠다. 그렇다면 왜 이것들[즉, 접속사, 관사, 전치사 같은 것들]이 진술(logos)의 일부를 아예 구성하지(symballetai) 못하는가? 나는 이렇게 말할 수 있을 것이다. 그건 마치 소금이 고기의 일부를 구성한다거나 물이 떡의 일부를 구성한다고 하는 것이나 마찬가지다. 에우에노스는 불이 향신료들(hēdysmata) 가운데 가장 훌륭한(kratiston) 것이라고 주장하곤 했다. 그러나 우리는 물이 떡이나 빵의 한 부분이라고 이야기하지도 않고, 불이나 소금이 우리가 매번 마침 주문하게 되는 데친 채소

---

42 새김글에 썼다는 뜻일 수도 있으나, 그것보다는 아마도 자기 이름을 서명으로 붙였다는 뜻이 아닐까 싶다.

43 9B.13.(a), (b), (c)에 공통인 단편을 3B.30에서는 프로디코스에게 귀속시킨다.

나 고기의 한 부분이라고도 이야기하지 않는다.

9B.13.(b). 플루타르코스『어떻게 아첨꾼을 친구와 구분할 것인가?』2, 50a (Ws 10)

그리고 에우에노스가 불이 향신료들(hēdysmata) 가운데 가장 훌륭한(kratiston) 것이라고 말했던 것처럼 그렇게 신은 우정을 삶에다 섞음으로써, 이것이 곁에 있으면서 즐거움에 동참할 때 모든 것들이 즐겁고 달콤하고 마음에 들도록 만들었다.

9B.13.(c). 플루타르코스『향연 담론집』7. 서론, 697c7-d2, d5-6 (Ws 10)

에우에노스가 불이 향신료들(hēdysmata) 가운데 가장 달콤한(hēdyston) 것이라고 말했고, 호메로스는 소금이 신적(theios)이라고 말했다.[44] […] 그런데 만찬과 식사에서 참으로 가장 신적인 향신료는 곁에 있는 친구다.

11. 문법과 음악의 관계

9B.14. 퀸틸리아누스『연설에 대한 훈련』1.10.17

문법술(grammatice)과 음악(musice)이 언젠가 결합되어 있었다는 것(실로 아르퀴타스가, 그리고 에우에노스도 문법술이 음악에 종속

---

44 『일리아스』9.214.

된다고 여겼으니까 말이다.) 또한 넘어가기로 하자. 그리고 같은 사람들이 두 일 모두의 선생이었다는 것은 소프론만이 아니라 에우폴리스도 보여 주었다.

12. 어원론: 단어 제대로 말하기

9B.15. 아르테미도로스 『꿈들에 대한 해석』 1.4
'카멜로스'(kamēlos: 낙타)라고 불리는 동물은 양쪽 다리의 높이를 줄이려고 할 때 자기 넓적다리(mēros)를 중간에서 구부리는데(kamptei), 말하자면 '캄메로스'(kammeros: 넓적다리 구부리는 자)인 양 '카멜로스'(kamēlos: 낙타)라고, 제대로 그 기원에 맞게(etymōs) 불리는 것이다. 에우에노스가 『에우노모스를 위한 사랑의 기술』에서 말하고 있는 것처럼 말이다.

제10장

크리티아스

"이것은 저주받은 아테네 민중의 방자함(hybris)을 잠깐이나마 제지했던 그 훌륭한 사나이들의 기념물이다."

30인 참주의 선봉에 선 크리티아스의 묘비명이다. 이 책 서두는 민주정 아테네가 호기롭게 자신감과 자부심을 만천하에 외치는 페리클레스 장례 연설로 시작한 바 있다. 이제 여기, 5세기 아테네 민주정의 그 호기에 불을 지르며 결연히 맞선 인물이 있다. 그의 선생 소크라테스는 민주정의 자유로움을 구가하다 민주정의 손에 죽었다. 이제 그는 민주정에 불을 지르는 토착 소피스트로 나선다. 아닌 게 아니라 그의 묘비명을 생생히 웅변하는 부조로 "횃불을 들고 밑에서 데모크라티아(민주정)에게 불을 지르는 올리가르키아(과두정) 상"이 세워졌었다고 한다(10A.18).[1]

---

1 이 기록이 아이스키네스 연설문 사본의 주석에 짧게 언급되었을 뿐 부조도 묘

크리티아스는 내로라하는 아테네 명문가 출신으로 플라톤의 어머니 페릭티오네의 사촌(즉, 플라톤의 외당숙)이다. 460년경 태어나 403년 정치적 격변의 한가운데서 죽음을 맞는다. 그는 404년 아테네 함락 후 스파르타가 세운 괴뢰 정권인 30인 참주정의 우두머리 노릇을 했다. 그것보다 7년 전에 일어난 411년의 4백인 과두정 쿠데타에도 연루되었는지는 아주 확실치는 않다. 그가 설사 참가했더라도 적어도 안티폰처럼 핵심 역할을 수행하는 위치에 있지는 않았을 것이다. 그는 407년 망명 중인 알키비아데스의 귀환 청원을 주도한 바 있고(10B.5), 406년 알키비아데스가 다시 망명을 떠나 트라키아로 향했을 때 그도 망명하여 404년에 돌아올 때까지 테살리아에 거주했다. 망명지 테살리아에서 모종의 민주파적 활동을 벌였다는 기록도 있다(10A.16). 아무튼 404년 망명으로부터 귀환한 후에는 과두파로서 활동했으며, 그가 주도한 30인 정권이 8개월 후에 무너지고 민주정이 회복되는 과정에서 사촌 동생 카르미데스(즉, 플라톤의 외삼촌)와 더불어 죽임을 당했다.

그가 아테네 민주주의 지지자들 사이에서 악명이 높았으며 소크라테스가 죽은 것도 적어도 부분적으로는 그를 제자로 둔 탓이었음에도 불구하고, 『카르미데스』 서두에서 플라톤은 그런 일이 언제 있었느냐는 듯 별 거리낌 없이 그를 상당히 너그럽게 묘사한다(10A.12). 포테이다이아 원정이 있던 432년에 아직 20대인 그가 원정에서 돌아온 소크라테스에게 아테네의 철학 논의 현황과 젊

비명도 이젠 흔적조차 없다.

은이들의 근황을 브리핑해 줄 정도로 친밀하고 신뢰받는 제자였다고 말이다. 물론 대화가 진행되면서 결국 크리티아스의 경쟁적 심성과 성마름이 드러나기는 하지만(10B.46), 자신의 견해를 제대로 대변하지 못하는 한심한 카르미데스에 대한 역정[2]이라는 점을 감안하면 그 뾰족함이 지적인 민감함으로 받아들여질 수도 있는 것이어서 플라톤의 긍정적 시선은 여전히 유지된다고 보아도 좋을 것이다.

반면에, 크세노폰 『소크라테스 회상』 1.2.29-31(10A.13)에는 에우튀데모스에 대한 그의 사랑 구걸이 자유인답지 못하다고 소크라테스가 지적하며 강하게 만류했던 데 대한 앙심 때문에 소크라테스를 미워하게 되었다는 이야기가 등장한다. 크리티아스의 악명과 오명[3]으로부터 선생 소크라테스를 떼어 놓으려는 적극적 시도 가운데 하나라 할 수 있다.

한편으로 횃불을 든 광폭함과 다른 한편으로 방자함을 제지하는 현명을 동시에 보여 주는 장면이었을 그의 무덤 모습[4]은 어쩌면 민주정과 과두정의 대립을 비롯한 고전기 희랍 사회의 사회적, 정치적 투쟁과 반목을 온몸으로 대변하는 것이라 할 수 있다. 같은

---

2 "꼭 시인이 자기 시들을 형편없이 읊어 대는 배우에게 화 난 것처럼"(162d) 행동했다고 묘사되는데, 그저 비유인 것만이 아니라 실제로도 그는 시인이었다.

3 소피스트에 대해 나름 중립적이고 적절한 평가를 하곤 하는 필로스트라토스도 그를 "악덕으로 이름난 사람들 가운데 가장 나쁜 사람"으로 평가한 바 있다(10A.1).

4 부조와 묘비명의 부조화에 관해서는 아래 10A.18의 관련 주석을 참고할 것.

선생 소크라테스의 두 제자가 또 다른 제자 크리티아스에 대해 드러낸 상반된 시선도 그들 깊숙이에 내재해 있는 바로 그런 대립과 갈등이 현상적으로 표출된 한 사례에 속한다고 볼 수 있을 것이다. 물론 소크라테스의 유산을 놓고 벌이는 문학적 경쟁도 두 사람의 대립을 바라보는 우리에게 놓칠 수 없는 관전 포인트이겠지만 말이다.[5]

크리티아스는 이 책이 다루는 소피스트들 가운데 안티폰, 소크라테스, 칼리클레스에 이어 넷째이자 마지막으로 언급되는 아테네 출신 인물이다. 소크라테스의 제자라고는 하지만 성향이나 활동 측면에서는 오히려 안티폰과 칼리클레스 쪽에 훨씬 더 가깝다. 바깥에서 유입된 소피스트 운동을 적극 수용한 아테네인이요 현실 정치에 깊이 연루되어 결국 죽음에까지 이른 인물이라는 점에서 그렇다. 그가 주로 소크라테스의 제자로 알려져 있지만, 아마도 처음에 그랬을 뿐이고 나중에는 고르기아스(10A.7)와 안티폰(10A.5)의 제자가 된 것으로 보인다. 그럼에도 불구하고 "자신의 일을 행함이 절제"(10B.46)라는 이야기를 하는 것을 보면 소크라테스 문하에 있었던 티가 나긴 한다. 이미 언급한 바 있듯 그는 소크라테스의 또 다른 악명 높은 제자 알키비아데스와 우호적 관계였고, 알키비아데스의 망명 동지이기도 했다. 안티폰이 알키비아데스와 적대적이었던 것(5B.104-105)과 사뭇 대조적이다.

---

5 크리티아스를 바라보는 두 사람의 차이를 이렇게 읽는 최근 서양 학계의 경향에 관해서는 고테스만(A. Gottesman 2020) 233-234쪽과 주석 3을 참고할 것.

보수를 받지도 가르치지도 않았던 그는 직업적 소피스트라기보다는 반민주주의적인 정치적 지향을 가진 아테네의 귀족으로서 소피스트 전통에 들어간 사람이다. 저술 활동을 했고『프로타고라스』의 '소피스트 대회'에 참석한 것으로 묘사되기도 한다(6A.34).[6] 어떤 면에서는 그 자신이 소피스트였다기보다 소크라테스나 다른 소피스트들의 제자라 할 수도 있다. 그러나 필로스트라토스의『소피스트들의 생애』에 포함되었고, 아마도 그것 때문에 DK에 포함되었으며, 그 전통이 지금까지 이어져 왔다.[7] 사후에 명성이 사라지지만, 기원후 2세기 아테네의 소피스트이자 귀족인 헤로데스 아티쿠스에 의해 주목을 받으면서 크리티아스는 결국 화려하게 부활하게 된다. 필로스트라토스에 의해 '간결한 말의 거장'으로 평가된 바 있는(10A.1) 그는 신조어와 관련해서는 기본적으로 일상어 사용을 중시한(1B.56) 프로타고라스 계열에 서 있지만, 아주 교조적이지는 않고 필요에 따라서는 신조어도 만드는 유연한 태도를 가졌던 것으로 보인다.

역사가 그의 수사가적 면모에 특히 주목하게 된 데는 아마도 제2 소피스트 운동의 시대정신이 상당한 영향을 주었을 것이다. 하지만 종교의 기원에 대한 자연주의적 설명을 제공하는『시쉬포스』가 만약 그의 것이라면 그는 5세기 퓌시스-노모스 논쟁에 관해 적

---

6 플라톤의 이 삽화(316a3-5)에도 크리티아스와 알키비아데스의 친분이 시사되어 있는 것으로 볼 여지가 있다.

7 G와 LM을 제외한 나머지 세 주요 현대 참고문헌이 크리티아스를 다루고 있으며, U에도 크리티아스가 수록되어 있다.

극적인 입장을 표명하는 철학자적 면모 또한 갖추었다고 할 수 있다.

A. 삶과 행적

1. 삶 전반에 관한 평가

※ 10A.1. 필로스트라토스 『소피스트들의 생애』 1.16 (DK 88A1)[8]
소피스트 크리티아스는 아테네인들의 민주정(dēmos)을 무너트
리긴(katelyse) 했지만 그것만으로 아직 나쁘다고 하긴 어렵다. 민
주정이 법률들에 따라 다스리려는 사람들의 말도 경청하지 않을
정도로 좀 오만해져서 제 스스로 무너졌을 수도 있으니 말이다.
그러나 그는 대놓고 라케다이몬 편을 들었고(elakōnise), 신성한 일
들을 저버렸으며,[9] 뤼산드로스를 통해 성벽을 파괴했다. 그리고
누구라도 아테네인 망명자를 받아들이면 라코니아[10]와 전쟁을 하
게 될 것이라고 위협함으로써 자기가 쫓아낸 아테네인들이 희랍
땅 가운데 어딘가에서 머무를 곳을 찾을 수 없게 빼앗아 버렸다.

---

8 6A.35 포함. '고르기아스 식으로 말하기'는 2A.1의 1.9.3에 아가톤 작품에 관해
   서, 그리고 2A.22(2B.78)에는 여기서처럼 테살리아 사람들과 관련해서 언급된
   다. 여기와 비슷한 정신의 보고로 같은 저자의 것인 아래 10A.7도 참고할 것.
9 연설에 자주 사용되는 주제다. 예컨대, 투키디데스 『역사』 3.58에 상세한 묘사
   가 등장한다.
10 즉, 스파르타.

또 잔인함과 피에 굶주림에 있어서 그는 30인 중에서도 월등했으며, 아티카를 인간들의 무리(agelē) 없는 빈 상태로 만들어서 양 떼가 휘젓고 다니며 풀을 뜯어 먹는(mēlobotos) 곳으로 드러나게 하려는 라케다이몬인들의 터무니없는(atopon) 계획(bouleuma)에 기여했다.[11] 이 모든 것들 때문에 그는 악덕으로 이름난 사람들 가운데 가장 나쁜 사람임이 적어도 내겐 분명하다.

그리고 그가 교육받지 못한 사람으로서 이런 일들에 이끌렸다면, 그가 테살리아에 의해서 그리고 그곳과의[12] 교제에 의해서 타락한 거라고 주장하는 사람들의 논변[13]이 힘을 가질 수도 있을 것이다. 교육받지 못한 성격은 삶의 선택에 있어서 온갖 방향으로[14] 잘못 유도되기 쉬우니까 말이다. 하지만 그가 교육을 아주 잘 받았고, 아주 많은 판단들(gnōmai)을 개진하면서 솔론 다음으로 아테네인들의 집

---

11 저자는 안티폰 이야기(1.15: 5A.6)에 썼던 양 떼 비유를 여기서도 구사하고 있다. 이외에도 스파르타 편을 들었다는 등 기본적인 묘사의 기조가 안티폰에서와 유사하다. 그러면서도 저자는 비교적 중립적 평가를 유지하는 안티폰에서와 달리 여기서는 부정적 평가를 내린다.

12 혹은 '그곳에서의'.

13 크리티아스의 복권에 힘썼던 헤로데스 아티쿠스(기원후 101-177년. 부유한 희랍 가문에 태어나 당대 최고의 수사학, 철학 교육을 받고 대를 이어 로마 원로원 의원으로 활동한, 희랍계 로마 정치가이자 소피스트로서, 필로스트라토스가 제2 소피스트 가운데 주목할 만하다고 꼽은 인물)의 논변을 가리키는 것일 수도 있다. 그러나 보다 확인 가능한 것으로는, 아주 오래전 크세노폰이『소크라테스 회상』1.2.24 등에서 했던 이야기를 가리키는 것일 수 있다(10A.13). 크리티아스는 406-404년에 테살리아에 체류했는데, 테살리아는 귀족들의 정쟁과 탐욕으로 무질서와 무법의 상태에 있다는 평가가 많았다.

14 혹은 '아주'.

정관이었던 드로피데스[15]를 들먹이기도(anapherōn)[16] 하는 사람이었기에, 대다수 사람들이 보기에 본성의 사악함(kakia)에 의해 이런 잘못들을 저지른 게 아니냐는 책임(aitia)에서 벗어날 수 없을 것이다.

사실 그가 누구보다도 가장 많이 함께 철학에 몸담았고 당대인들 가운데 가장 지혜롭고 가장 정의롭다는 평판을 받던, 소프로니스코스의 아들 소크라테스를 닮지 않고, 오히려 절제되지 않은 오만함(agerōchia kai akratos)이 있고 포도주를 마실 때도 참주처럼 굴려 하는 테살리아인들과 비슷하게 되었다는 것 또한 이상한 일이다. 그렇지만 실은 테살리아인들조차 지혜를 소홀히 하지 않는다. 오히려 테살리아에서는 작은 도시들이든 더 큰 도시들이든 할 것 없이 레온티니 출신 고르기아스를 참조하면서 고르기아스처럼 말하려 했다(egorgiazon). 그리고 크리티아스가 그들 사이에서 자기 지혜의 어떤 시범을 보여 주었다면 그들은 크리티아스 따라 하기(kritiazein)[17]로 옮겨 갔을 것이다. 그런데 그는 이것에는 신경 쓰지 않으면서 오히려 그곳의 유력자들과 대화를 나누고 민주정 전체를 공격하며 아테네인들을 인간들 가운데 가장 잘못을 많

---

15 593/2년의 일이다. 그 당시에는 수석 집정관, 즉 '아르콘 에포뉘모스'(Archōn Epōnymos: 각 해에 이름을 부여하는 통치자)가 상당한 권력을 행사했다. 관련 내용은 4B.15의 '집정관 목록'에 관한 주석을 참고할 것. 그는 솔론의 형제인 이 드로피데스의 직계 자손이다(10A.2, 10A.12 등).

16 '드로피데스에게까지 족보가 소급되기도'로 번역되기도 하지만(예컨대, DG, 그리고 로옵판), 문법과 맥락에 덜 어울린다. 그 경우에는 앞의 대목도 '판단들' 대신 '금언들'로 바꿔 옮기게 된다.

17 혹은 '크리티아스처럼 말하기'.

이 저지르는 사람들이라고 비방함으로써 테살리아인들에게 과두정들이 더 버겁게 되도록 만들었다. 그러니까 이런 것들을 염두에 두고 보면, 테살리아인들이 크리티아스를 망쳤다기보다는 오히려 크리티아스가 테살리아인들을 망쳤다고 할 수 있을 것이다.

결국 그는 필레에서부터 민주정을 복원한 트라쉬불로스 및 그 주변 사람들에 의해 죽임을 당했는데,[18] 참주정을 수의로 삼았다는 것 때문에 그가 마지막 순간에는 훌륭한 사람이었다고 어떤 사람들은 생각하기도 한다. 하지만 인간들 가운데 어느 누구도 옳지 않게 선택한 것들을 위해 아름답게 죽었다고 천명될 만한 사람은 내가 보기엔 분명 없었다. 바로 그런 선택들 때문에 이 사람의 지혜도 그가 표명한 생각들(phrontismata)[19]도 희랍인들 사이에서 진중한 것으로서의 관심을 덜 받게 된 거라고 난 생각한다. 언명(logos)[20]이 성격과 일치하지 않는다고 하면, 우리는, 마치 피리[21] 부는 사람들(auloi)이 그렇듯, 남의 혀로 소리를 내는 게 될 테니까 말이다.

---

18 404년 말 트라쉬불로스가 이끄는 민주파 망명자들은 아테네 경계에 위치한 중요 지점인 필레를 점령하고 그곳을 거점으로 삼아 저항 세력을 불러 나갔다. 403년 여름 결국 천 명을 확보하여 밤에 피레우스로 진격했고, 거기서 항구 전체를 방어하기엔 소수여서 북동쪽 무니키아 언덕을 장악했다. 이튿날 아침 월등한 군세를 가진 30인 과두정과 스파르타 주둔군의 연합 부대가 이곳을 공격했으나(무니키아 전투) 패하여 크리티아스를 포함한 70명이 죽었고, 30인 정권은 결국 엘레우시스로 도피하게 된다.

19 혹은 '연설들', '저술들'.

20 혹은 '연설'.

21 '아울로스'(aulos)는 오보에와 유사한 관악기인데, 편의상 '피리'로 옮긴다. 다른 곳에서도 마찬가지.

연설의 유형(idea)으로 볼 때 크리티아스는 경구적이고(dog-matias) 아주 금언적이며(polygnōmōn), 위엄 있게 말하는(sem-nologēsai) 데 가장 유능한데, 그가 구사한 위엄 있는 말투(sem-nologia)는 디튀람보스적인 것이 아니고 시에서 나온 단어들로 피해 가는 식도 아니었고, 오히려 가장 일상적인(kyriōtata) 단어들로 이루어져 있고 자연스러운(kata physin) 것이었다.[22] 그 사람은 짧게 이야기하는(brachylogounta) 데 유능할 뿐만 아니라 항변 연설의 역할(ēthos)을 맡은 경우에도 공격하는 데 능란하고, 아티카 말을 하되(attikizonta)[23] 순수하게(akratōs) 구사하는 것도 낯선 말을 동원하는 것도 아니며(아티카 말을 하면서 아름다움을 모르는 (apeirokalon) 것이야말로 야만스러운(barbaron) 것이니까.),[24] 그의 아티카 단어들이 마치 빛줄기들의 광채들처럼 그의 연설을 뚫고 빛난다(diaphainetai). 그리고 접속사 없이 한곳에서 다른 곳으로 곧바로 이행하는(prosbalein) 것 또한 크리티아스가 보여 주는 우아함(hōra)이다.[25] 그리고 의외의 방식으로(paradoxōs) 생각하고 의외의 방식으로 표현하는 것도 크리티아스가 겨루며 추구하는 바 (agōn)다. 하지만 그의 연설은 기풍(pneuma)이 어딘가 좀 부족하

---

22 이곳의 서술은 고르기아스에 관한 같은 저자의 서술(2A.1의 1.9.2)과 비교해 볼 만하다. 아울러 프로타고라스 B의 15절('말의 옳음')과도 비교해 볼 만하다.
23 프로타고라스의 '희랍어 하기'(hellēnizein)와 비교해 볼 만하다(1B.58).
24 이 보고가 예컨대 『애가』에 포함된 신조어(10B.2)와, 특히 『강연들』에 포함된 신조어(10B.45)에 대한 보고들과 어떻게 조화될 수 있을지 궁금하다.
25 단정적인 단어로 시작함으로써 강고한 문체를 크리티아스에게 귀속시키는 아리스티데스의 보고(10B.51)를 참고할 것.

면서도 서풍의 숨결(aura)처럼 즐겁고 부드럽다.

2. 가문과 연대

10A.2. 디오게네스 라에르티오스 『유명한 철학자들의 생애와 사상』 3.1 (DK 88A2)

플라톤은 아리스톤과 페릭티오네(혹은 포토네[26])의 아들이며, 아테네인이다. 그녀는 가문이 솔론에게까지 거슬러 올라간다. 그[27]의 형제가 드로피데스였고,[28] 그에게서 크리티아스가, 다시 그에게서 칼라이스크로스가, 다시 그에게서 30인 중 하나인 크리티아스와 글라우콘이, 다시 그에게서 카르미데스와 페릭티오네가, 그리고 다시 그녀와 아리스톤에게서 플라톤이 나왔으니 솔론으로부터 6대째인 것인데, 솔론은 가문이 넬레우스와 포세이돈에게까지 거슬러 올라간다.[29] 그[30]의 아버지도 가문이 멜란토스의 아들 코드

---

26 포토네는 플라톤의 누이이고, 나중에 플라톤 아카데미를 이어받는 스페우시포스의 어머니다.

27 즉, 솔론.

28 플라톤 『티마이오스』 20e에 따르면 드로피데스는 솔론의 친형제는 아니고 더 거리가 있는 친척(아마도 사촌쯤)이었다.

29 『티마이오스』에 등장하는 크리티아스는 드로피데스를 증조부라고 말한다. 그러니까 이 보고에서 DL은 그 등장인물을 이 장의 주인공인 30인 참주 크리티아스로 보는 셈이다. 그러나 그 대화에 관련된 여러 정황으로 보아 그 등장인물은 30인에 속하는 크리티아스의 조부에 해당하는 인물일 가능성이 높고 여기 족보는 혼동에 의한 것일 수 있다.

30 즉, 플라톤.

로스에게까지 거슬러 올라간다고들 하는데, 트라쉴로스에 따르면 이들은 포세이돈의 자손이라고 보고된다(historountai)고 한다.

[3-4. 문학, 예술 활동]

3. 피리(aulos) 연주

10A.3. 아테나이오스 『만찬 자리의 소피스트들』 4, 184d (DK 88A15)

옛날 희랍 사람들은 모두 음악에 관심을 기울였다. 바로 그 때문에 피리 연주 기술도 열심히 추구되었다. 어쨌든 헤라클레이아 출신 카마일레온[31]은 『철학에의 권유』(*Protreptikos*)라는 제목의 책에서 모든 라케다이몬인들과 테베인들이 피리 연주를 배우며, 당대 폰토스의 헤라클레이아인들만이 아니라 아테네인들 가운데서도 가장 저명한 사람들, 즉 히포니코스의 아들 칼리아스와 칼라이스크로스의 아들 크리티아스도 피리 연주를 배운다고 말한다.

---

31 폰토스의 헤라클레이아 출신 카마일레온(350-275년경)은 아리스토텔레스 제자 중 하나인 소요학파 철학자다. 고대 희랍의 여러 시인들에 관한 저작들을 썼고, 『일리아스』 및 희극에 관한 저작도 썼다. 『신들에 관하여』, 『사튀로스들에 관하여』 및 몇몇 도덕 관련 저작들, 『쾌락에 관하여』, 『술 취함에 관하여』, 『철학에의 권유』도 썼다.

4. 수사학적 활동 내지 수사학사에서의 위상 혹은 기여

10A.4. 아리스토텔레스『수사학』3.16, 1416b26-29 (DK 88A14)[32]

잘 알려진 행위들을 상기시켜야 한다. 그렇기 때문에 많은 사람들은, 예컨대 아킬레우스를 당신이 칭찬할 요량이라면, 서사를 전혀 필요로 하지 않는다. 모두가 그의 행위들을 알고 있기 때문이다. 그러나 크리티아스를 칭찬하겠다면 그것들을 활용해야 한다. 많은 사람들이 알고 있지는 않으니까 말이다.

10A.5. 위-플루타르코스『열 명의 연설가들의 생애』832d-e (DK 88A16)[33]

하지만 이런 종류의 연설들에 종사한 사람들로서 가장 오래된 때까지 소급하면서 우리가 기록할 수 있는 사람들, 예컨대 알키비아데스, 크리티아스, 뤼시아스, 아르키노스는 모두 이미 노인이던 안티폰과 접촉했다(epibeblēkotes)는 걸 누구라도 발견하게 될 것이다.

10A.6. 키케로『연설가에 관하여』2.92-93 (DK 88A17)[34]

[화자: 마르쿠스 안토니우스]

---

32 맥락: 서사(diēgēsis)에 관한 논의. 아킬레우스와 크리티아스의 업적 비교. 영웅과 악당의 대비를 하고 있다기보다는, 아킬레우스의 업적은 잘 알려져 있지만 크리티아스의 업적은 잘 알려져 있지 않다는 데 방점이 찍혀 있는 것으로 보인다. 어느 정도 아리스토텔레스가 내린 긍정적 평가의 흔적일 수 있다.

33 5A.4에 포함.

왜 각 시대가 거의 다 자신의 특정한 연설 유형(genera dicendi)을 내놓은 것인지 그 까닭이 뭐라고 당신은 생각합니까? 그 점에 대해 우리 자신의[35] 연설가들에게서는 우리가 그렇게 쉽게 판단을 내릴 수가 없지요. 정말이지, 판단이 이루어질 수 있는 근거가 될 저술들을 그들은 희랍 연설가들에 비하면 그리 많이 남겨 놓지 않았기 때문입니다. 희랍 연설가들의 저술들로부터는 각 시대의 연설 방법(dicendi ratio)[36]과 경향(voluntas)이 무엇이었는지 알 수 있는데 말이죠. |93| 그 가운데 대략 가장 오래된 사람들로서 그들의 저술들이 지금도 남아 있는 사람들은 페리클레스와 알키비아데스, 그리고 같은 시대의 투키디데스인데, 그들은 정교하고 명민하며 간결하고 말들에 비해 생각들이 풍부하지요.[37] […] 이 사람들에 뒤따르는 사람들이 크리티아스, 테라메네스, 뤼시아스입니다. 뤼시아스의 저술들은 많고, 크리티아스의 것들도 아주 없지는 않으며, 테라메네스에 관해서는 우리가 듣기만 하지요.

10A.7. 필로스트라토스 『편지』 73 (DK 88A17. cf. DK 82A35에 포함)[38]

---

34   악연 있는 두 사람과 함께 언급되는데, 한 사람은 그가 죽인 사람이고 다른 한 사람은 그가 죽이려 했던 사람이다. 뤼시아스에 관해서는 아래 6절 참고.
35   즉, 로마의.
36   혹은 '연설 이론'.
37   페리클레스와 알키비아데스의 저술은 그들에게 돌려지는 투키디데스가 지은 연설들 외에 따로 전해지는 것은 없다. 키케로가 언급하는 것도 아마 그게 전부일 수 있다.

고르기아스의 찬탄자들(thaumastai)은 가장 훌륭한 사람들
(aristoi)[39]인 데다 가장[40] 많기도 했다. 우선, 테살리아에 있는 희랍
인들의 경우, 그들 사이에서는 연설 실행하기(rhētoreuein)[41]가 '고
르기아스 식으로 말하기'(gorgiazein)라는 별칭을 얻게 되었다.[42] 그
다음으로, 희랍 족속 전체로 말할 것 같으면, 그들이 올림피아
에 모인 자리에서 그는 신전에 속하는 경기 출발선에 서서 이방
인들을 공격하는 논의를 펼쳤다(dielechthē). 밀레토스 출신 아스
파시아도 페리클레스의 혀를 고르기아스에 따라서 날카롭게 해
주었다(thēxai)고 이야기된다. 그리고 크리티아스와 투키디데스
는 큰 명성과 긍지를 그에게서 얻어 그것을 결국, 한 사람은 달변
(euglōttia)에 의해 다른 한 사람은 힘(rhōmē)에 의해, 자기 자신의
것으로 바꿔 놓았다는 게 꽤나 알려져 있다.[43]

---

38 2A.22에 포함. 고르기아스와의 관계: 고르기아스가 거둔 테살리아와 다른 희
    랍 지역에서의 성공, 고르기아스 식 연설(gorgiazein). cf. 10A.1에서도 고르기
    아스와의 관계가 테살리아 사람들과 관련해서 언급됨.

39 혹은 '귀족들'.

40 혹은 '아주'.

41 혹은 '연설가가 되기'.

42 2A.1의 1.9.3에도 아가톤의 작품에 관해서 같은 말이 등장하며, 크리티아스
    장 10A.1에도 여기서처럼 테살리아 사람들과 관련해서 언급된다.

43 희랍어의 이런 식 어투에서 '한 사람'은 후자를, '다른 한 사람'은 전자를 가리
    키는 게 보다 일반적이긴 하지만 반대일 수도 있어서, 달변과 힘이 각각 투키
    디데스와 크리티아스에게 귀속되는지 그 반대인지 분명치 않다. 투키디데스
    의 고르기아스 모방에 관한 다른 보고로는 그의 전기 저자 마르켈리누스의 것
    (2B.74)을 참고할 만하다.

10A.8. 필로스트라토스 『소피스트들의 생애』 1.9.3 (DK 82A1)[44]

이미 노령에 접어든(ēdē gēraskōn) 상태에서 아테네에서 대화를 나누게 되었을 때[45] 많은 사람들이 그[즉, 고르기아스]에게 탄복을 했다고 하는 게 그리 놀랄 일이 아니다. 또 내 생각에 그는 가장 명성 있는 사람들의 이목을 집중시켰다. 크리티아스와 알키비아데스(이 둘은 젊었다.), 투키디데스와 페리클레스(이 둘은 이미 노령에 접어들었다.) 같은 사람들 말이다.

10A.9. 할리카르나소스의 디오뉘시오스 『뤼시아스』 2.1-6 (DK 88A18)[46]

그[즉, 뤼시아스]는 개진 방식(hermēneia)이 아주 순수하고, 아티카 방언(플라톤과 투키디데스가 구사하던 옛 방언이 아니라 당대에 그 지역을 풍미하던 방언)의 가장 훌륭한 모범(kanōn)이다. 안도키데스와 크리티아스 및 다른 많은 사람들의 연설들을 근거로 삼아 그렇게 판단할 수 있다.

5. 문체상의 특징

10A.10. 할리카르나소스의 디오뉘시오스 『이사이오스』 20.4-23

---

44 2A.1에 포함.

45 다른 보고들에 따르면 고르기아스는 아테네를 427년에 처음 방문한다.

46 앙숙인 뤼시아스 및 친지이자 동지인 안도키데스와 함께 언급되는 구절.

(DK 85A13)[47]

정확한 말들(akribeis … logoi)[48]을 선호하며 법정 수사학(enagōnios rhētorikē)[49]을 연마하는 사람들로 말할 것 같으면, 그들 가운데에 람누스 출신 안티폰과 칼케돈 출신 트라쉬마코스와 아테네 출신 폴뤼크라테스와 30인을 이끈 크리티아스와 호메로스를 비판하는 저술들(syntaxeis)을 남긴 조일로스와 그 비슷한 다른 사람들이 있는데, 이들 가운데 아무도 뤼시아스보다 더 정확하거나 매력적인 사람은 없었다고 나는 생각한다. 안티폰은 실로 근엄함(austēron) 과 옛스러움만 갖고 있을 뿐 심의 연설로 겨루는 자(agōnistēs) 도 법정 연설로 겨루는 자도 아니다. 그리고 폴뤼크라테스는 실제 연설들에서는 공허하고(kenos) 시범 연설들에서는 생기 없고 (psychros) 투박하며(phortikos) 매력(chrientismos)[50]이 필요한 연설들에서는 매력이 없다. 트라쉬마코스는 순수하고 미세하며 발견하는 데도 능란하고 자기가 뜻하는(bouletai) 바를[51] 간결하게 (strongylōs) 말하는 데도 과도하게(perittōs) 말하는 데도 능란하다. 그런데 그는 온통 기술 교범 쓰는 일과 시범 연설들에 빠져서 법정 연설들(이나 심의 연설들)[52]은 남긴 것이 없다. 그리고 크리티

---

47 = 5A.16, 7B.4.
48 혹은 '엄밀한 논변들'.
49 혹은 '경연 수사학', '논쟁적 수사학'.
50 혹은 '기지', '장난스러움'.
51 혹은 '자기가 원하는 바에 따라'.
52 이 부분을 대개 삭제하고 읽는다. 7B.1과의 상충 때문일 것이다.

아스에 관해서도 조일로스에 관해서도 같은 이야기들을 할 수가 있을 것이다. 단지 그들이 개진 방식의 유형들에 있어서는 서로 다르다는 것만 빼면 말이다.

10A.11. 헤르모게네스 『문체의 종류들에 관하여』 2.11, 401.25 Rabe (DK 88A19)[53]

크리티아스에 관하여 이야기하겠다. 이 사람도 안티폰과 비슷하게 위엄 있고(semnos) 웅장함(onkos)을 향해 고양되어 있으며 (diērmenos) 많은 것들을 단정적으로(apophatikōs)[54] 이야기한다. 또 단어 선택(lexis)에 있어 상대적으로 순수하고, 돌려 말할(periballoi) 때조차 주의 깊게 배열한다(dieukrinōn).[55] 그래서 숭고함 (megethos)과 함께 명석하고(saphēs) 판명하기(eukrinēs)까지 할 정도로 말이다. 그리고 그는 여러 곳에서, 특히 『대중 연설의 서론들』(Dēmēgorika Prooimia)에서 진실성과 설득력(to alēthinon te kai pithanon)을 갖고 있다. 주의를 기울이기는 하지만 이런 장식을 절도 있게 사용하는 게 아니고, 그렇다고 단순하게 사용하는 것도 아니며, 안티폰처럼 따분하게 그리고 눈에 띄는 정교함을 가진 장식을 사용하는 것도 아니라, 오히려 이런 식으로도 참을 나눠 가질 정도로 장식을 사용한다. 그리고 그는 성격의 다른 유형들, 즉

---

53 5A.3으로부터 이어짐.
54 혹은 '부정적으로'.
55 혹은 '과장해서 말할 때조차 주의 깊게 평가한다'.

공정성(epieikeia)이나 단순성(apheleia) 혹은 그 비슷한 것들을 뭔가 과도하게 사용하지는 않는다.

[6-8. 정치인으로서의 활동과 죽음]

6. 선생 소크라테스와의 관계: 소크라테스 재판과 관련한 제자 크리티아스에 관한 평가[56]

10A.12. 플라톤 『카르미데스』 153a1-3, 153c3-154b2, 157d6-158a7 (DK 88A2)[57]

[전달자: 소크라테스; 피전달자: 동료]

|153a| 우리는 전날 저녁에 포테이다이아의 주둔지에서 왔는데, 나는 오랜만에 돌아온 터라 반가운 마음에 자주 다니며 시간을 보내던 곳으로 갔지요. […]

"전투에 참가했었나요?" 하고 그[즉, 카이레폰]가 묻더군요.

"참가했지요."

"그럼 어서" 하고 그가 말했어요. "우리에게 이야기를 들려주세요. 우린 아직 모든 것들을 분명히 듣지 못했거든요." 그러면서 바로 나를 칼라이스크로스의 아들 크리티아스 곁으로 데려가

---

56 소크라테스와의 관계에 관해서는 소크라테스 장(6장) A 11절의 6A.33, 6A.34, 6A.35, 그리고 6A.47, 6A.51 등을 참고할 것.

57 작품 서두. 플라톤의 너그러운 보고. 432년(포테이다이아 원정이 있던 해)에 20대였고 소크라테스의 친밀한 제자였다는 내용.

앉히더군요. 그래서 나는 곁에 앉으면서 크리티아스에게도 나머지 사람들에게도 인사했고, 주둔지에서의 일들에 대해 누가 내게 |153d| 뭘 묻든 간에 그들에게 이야기를 들려주었지요. 이 사람 저 사람이 서로 다른 걸 묻더군요. 그런 것들을 우리가 실컷 나누고 있을 때 이번엔 내가 그들에게 여기의 일들을 묻기 시작했지요. 철학에 관해서 지금 상황이 어떤지, 그리고 젊은이들에 관해서 그들 가운데 지혜에서든 아름다움에서든 아니면 둘 다에 있어서든 두각을 나타낸 사람들이 좀 생겼는지를 물었습니다. 그러자 크리티아스가 |154a| 문 쪽을 쳐다보고는, 몇몇 젊은이들이 들어오면서 서로에게 험담을 하고 있고 뒤에는 딴 무리가 따라오는 걸 보고서 "아름다운 사람들에 관해서는" 하고 말하더군요. "소크라테스, 곧 아시게 될 거라고 난 생각합니다. 들어오고 있는 이 사람들이 마침 적어도 지금으로선 가장 아름답다고 여겨지는 사람의 길잡이들(prodromoi)이자 사랑하는 사람들(erastai)이고, 그 사람 자신도 이미 근처 어딘가에서 이리로 오고 있는 게 분명하거든요."

"근데 그게" 하고 내가 말했지요. "누구고 또 누구 아들인가요?"

"당신도 아마 알 겁니다." 하고 그가 말하더군요. "하지만 당신이 떠날 땐 아직 나이가 차지 않았었지요. |154b| 카르미데스라고, 우리 삼촌 글라우콘의 아들이고 나한텐 사촌이죠."

[…]

"그러니까 잘 알아 두세요(eu … isthi).[58]" 하고 그가 말하더군요.

---

58 플라톤 작품에서 대표적인 소피스트적 언사다.

"그는 지금 사람들 가운데 단연 가장 절제 있는 사람으로 간주되며, 다른 모든 것들에 있어서도 그가 그런 나이인 한에서는 그 누구보다 뒤지지 않는다는 걸 말이에요."

"그야 물론" 하고 내가 말했지요. "카르미데스, 당신이 |157e| 이 모든 것들에 있어서 남들보다 뛰어나다는 건 마땅한(dikaion) 일이기도 하니까요. 여기 사람들 가운데 다른 어느 누구도 아테네인들의 어느 두 가문이 함께 모여서 당신이 태어난 그 가문들보다 더 아름답고 더 훌륭한 사람을 낳을 수 있을지 그럴 법한 근거들에 기반하여 쉽게 보여 줄 수 없으리라고 난 생각하거든요. 당신들의 아버지 쪽 가문, 즉 드로피데스의 아들 크리티아스의 가문은 아나크레온[59]에 의해서도 솔론에 의해서도 또 다른 많은 시인들에 의해서도 아름다움에 있어서든 |158a| 덕에 있어서든 그리고 행복이라고 이야기되는 다른 것에 있어서든 뛰어나다는 찬양을 받은 바 있다는 것이 우리에게 전해져 있고, 어머니 쪽 가문 또한 마찬가지니까요. 당신의 삼촌 퓌릴람페스[60]가 대왕[61]에게든 대륙[62] 내에 사는 사람들 가운데 다른 어느 누구에게든 사절로 갔을 때마다, 대륙 내에 사는 사람들 가운데 아무도 저 사람보다 더 아름답고 더 위대한 사람이라고 여겨지지 않았고, 이 가문 전체가 다른

---

59 아나크레온에 관해서는 아래 10B.1의 관련 주석을 참고할 것.

60 여기서도 언급되듯이 카르미데스의(따라서 페리티오네의) 외삼촌이면서, 페릭티오네의 둘째 남편, 따라서 플라톤의 계부이기도 하다.

61 페르시아 왕을 가리킨다.

62 아시아 대륙, 즉 지금의 소아시아를 가리킨다.

쪽 가문[63]보다 조금도 더 뒤지지 않았다고 이야기되거든요. 바로 이런 사람들로부터 태어났으니 당신이 모든 것들에 있어서 첫째라는 게 그럴법하네요. […]"

10A.13. 크세노폰『소크라테스 회상』1.2.12-16, 24-26, 29-31, 38-39[64]

|12| "하지만" 하고 고발자[65]는 말했다.[66] "소크라테스의 동료 (homilēta)[67]였던 크리티아스와 알키비아데스 두 사람이 국가에 가장 많은 해악을 끼쳤습니다. 크리티아스는 과두정에 속한 모든 사람들 가운데 가장 탐욕스럽고 폭력적인[68] 사람이었고, 그런가 하면 알키비아데스는 민주정에 속한 모든 사람들 가운데 가장 자제력이 없고 방자한[69] 사람이었던 겁니다."[70]

---

63 즉, 아버지 쪽 가문.
64 6A.51 포함. 크리티아스와 알키비아데스에 대한 비난을 통한 폴뤼크라테스의 소크라테스 고발(발언자는 아뉘토스)에 관한 크세노폰의 대응을 겸한 비교적 엄정한 보고. 특히 소크라테스에 대한 앙심에 관한 보고.
65 즉, 소크라테스의 고발자. 이름이 명시되지는 않았지만 통상 폴뤼크라테스로 간주된다. 폴뤼크라테스에 관해서는 2A.31의 '폴뤼크라테스'에 관한 주석을 참고할 것.
66 이 대목을 "그러나 고발자는 이렇게 말했다."로 옮길 수도 있다.
67 제자라는 뜻.
68 혹은 셋째 항목을 덧붙인 사본 A와 B를 따를 경우에는 '가장 탐욕스럽고 폭력적이며 살인적인'.
69 혹은 셋째 항목을 덧붙인 사본 A와 B를 따를 경우에는 '가장 자제력이 없고 방자하며 폭력적인'.
70 이 절은 6A.51과 같은 내용이다.

|13| 그런데 나로서는 저 두 사람이 국가에 뭔가 해악을 끼친 게 있다면 그것에 대해 변명하지는 않겠다. 다만 그 둘이 소크라테스와 나눈 교제(synousia)가 어떻게 이루어지게 되었는지를 상세히 서술하겠다.

|14| 이 두 사람은 실로 모든 아테네인들 가운데서 본성상 가장 명예를 사랑하는 사람들이었다. 모든 일들이 자기들을 통해 이루어지고 자기들이 모든 사람들 가운데 가장 유명해지기를 바라고 있었던 것이다. 그리고 그들은 소크라테스가 가장 적은 재물을 가지고도 가장 자족하며 살고 있고, 모든 쾌락들에 대해 가장 자제력이 있으며, 논변들을 행하는 가운데 그와 대화를 나누는 사람들 모두를 자기가 원하는 대로 다룬다(chrōmenos)[71]는 것을 알고 있었다. |15| 그 두 사람이 이런 것들을 보았고, 또 앞서 언급한 것과 같은 사람들이었으므로, 우리는 그 두 사람이 소크라테스와의 교제를 열망했던(orexasthai)[72] 것이 그의 삶과 그가 가지고 있던 절제를 욕망해서(epithymēsante)라고 주장해야 할까? 아니면 그와 교제하면 말하고 행동하는 데 가장 유능하게 될 수 있을 거라고 생각해서라고 주장해야 할까? |16| 신이 그 두 사람에게 소크라테스가 살고 있다고 그들이 관찰했던 것 그대로 온 생애를 살거나 아니면 죽거나 둘 중 하나를 선택할 수 있게 해 준다면, 그들은 차라리 죽는 쪽을 택했을 거라고 난 생각한다. 그들의 이후 행동으로

---

71 혹은 '대한다', '이용한다'.
72 혹은 '욕구했던'. 아래도 마찬가지.

미루어 볼 때 그들은 분명히 그랬다. 자기들이 함께 있는 사람들보다 더 우월하다는 생각이 들자마자 곧바로 그들은 소크라테스에게서 뛰쳐나와 국가의 일들[73]에 종사했는데, 바로 그 일들 때문에 두 사람은 소크라테스를 열망했던 것이다. [···][74]

|24| 그러니까 크리티아스도 알키비아데스도 소크라테스와 함께 지내던(synēstēn) 동안에는 그를 전우(symmachos)로 삼아 아름답지 않은 욕망들을 극복할(kratein) 수 있었다. 그런데 두 사람이 그로부터 벗어난 후에는, 크리티아스는 테살리아로 도망가서 거기서 정의보다는 오히려 무법(anomia)을 행사하는(chrōmenoi)[75] 사람들과 함께 지내게 되었고,[76] 그런가 하면 알키비아데스는 아름다움으로 인해서는 많은 지위 높은 여인들에 의해 사냥당하게 되고, 국가와 그 동맹국들에서 갖는 권력(dynamis)[77]으로 인해서는 아첨할 능력을 가진[78] 많은 사람들에 의해 응석받이가 되고(diathryptomenos) 민중에 의해 존경을 받게 되며 쉽게 일인자가 되어(prōteuōn), 마치 운동 경기 선수들이 쉽게 일인자가 되어 연습

---

73 혹은 '정치'.

74 생략된 대목에서 저자는 두 사람에게 소크라테스가 절제를 가르쳤고 그와 함께 있는 동안에는 두 사람이 절제를 유지하고 있었다는 점과 절제를 포함한 모든 좋은 것들은 지속적인 훈련에 의해 유지된다는 점을 강조한다.

75 혹은 '다루는', '이용하는'.

76 필로스트라토스가 10A.1에서 테살리아 영향론을 언급했던 것이 바로 여기를 가리키는 것일 수도 있다.

77 혹은 '영향력'.

78 '아첨할'(kolakeuein)을 삭제하자는 어네스티(Ernesti)의 제안대로 읽으면 '아첨할 능력을 가진' 대신 '권력을 가진'이 된다.

을 돌보지 않는(amelousi) 것처럼, 저 사람도 자신을 돌보지 않았다.

|25| 이런 일들이 그 두 사람에게 일어났고, 두 사람이 가문에 의기양양해 있고 부에 우쭐해져 있으며 권력에 기세등등해 있고 많은 사람들에 의해 응석받이가 되어 있으며, 이 모든 것들로 망쳐져 있고 오랜 시간 동안 소크라테스에게서 떨어져 있었는데, 두 사람이 오만하게 되었다는 게 무슨 놀랄 일이겠는가? |26| 그런데도 그 두 사람이 어떤 잘못을 저질렀다고 해서 고발자는 그것의 책임을 소크라테스의 것으로 돌리는 것인가? 그 두 사람이 젊어서 가장 지각없고 가장 자제력이 없을 법하던 때에 소크라테스가 그들을 절제 있게 만들었던 것은 그 어떤 칭찬도 받을 만한 것이 아니라고 고발자는 생각하는 것인가? 정말이지, 적어도 딴 일들은 그런 식으로 판가름하지 않는다. […]⁷⁹

|29| 그러나 그 자신이 아무런 악행도 저지르지 않았다고 해도 저들이 형편없는 행동을 하는 것을 보면서 그냥 승인한다면 그는 비난을 받아 마땅할 것이다. 그런데 사실 그는 크리티아스가 에우튀데모스⁸⁰를 사랑해서 마치 육체의 성적 쾌락들을 즐기는 사람들처럼 그를 다루려(chrēsthai)⁸¹ 시도하는 것을 눈치채고서, 사랑

---

79 생략된 대목에서 저자는 피리 연주나 키타라 연주의 선생이나 아버지 등의 예를 들면서 그들의 손을 떠난 제자나 자식이 저지른 잘못에 대한 책임을 무턱대고 그들에게 돌리는 것은 부당하다고 논의한다.

80 이 책 11장의 주인공 소피스트 에우튀데모스와는 동명이인이다. 귀족 출신의 소크라테스 추종자인 젊은이로 보인다.

81 혹은 '대하려'. 아니면 아예 이 단어 본래의 의미인 '이용하려'로 새길 수도 있다. 14절이나 24절 등 같은 동사가 사용된 대목들(특히 14절 소크라테스의 행태

받는 사람에게 많은 가치가 있는 사람으로 보이고 싶어 하면서 그 사람에게 간청하기를, 마치 가난한 사람들이 탄원자로 와서 적선해 달라고, 그것도 아무런 좋은 것도 아닌 것을 적선해 달라고 간구하듯 하는 것은 자유인답지 않을 뿐만 아니라 아름답고도 훌륭한 사람에게 어울리지 않는 일이라고 말하면서 만류했다. |30| 그런데 크리티아스가 이런 말들에 귀를 기울이지 않고 포기하지도 않자, 소크라테스는 다른 많은 사람들뿐만 아니라 에우튀데모스도 곁에 있는 자리에서 크리티아스가 마치 돼지가 겪는 것과 같은 일을 겪고 있는 것으로 자기에게 보인다고, 즉 마치 새끼 돼지들이 돌에 제 몸을 비벼 대듯 그렇게 에우튀데모스에게 제 몸을 비벼 대려는 욕망을 갖고 있는 게 꼭 그렇게 보인다고 말했다고 한다.

|31| 바로 이런 것들로 인해서 크리티아스는 소크라테스를 미워하기까지 했고, 결국 30인의 구성원으로서 카리클레스[82]와 함께 입법자가 되었을 때 그 사람이 한 일을 마음에 두게 되어 법률들에 말들[83]의 기술(logōn technē)을 가르치지 말라는 조항을 써 넣었다.[84] 그 사람에게 분풀이를 하려는 참인데, 다중이 철학자들 모두를 싸

묘사)과 비교해 볼 만하다.

82 아폴로도로스의 아들 카리클레스는 404년 과두정 30인 중 하나로 유명한 아테네 정치가였다. 이곳 외에 아리스토텔레스 『정치학』(1305b25)에 짧게 언급되며, 30인 과두정의 권력 구조에 관한 정보가 빈약한 까닭에 이제까지 그의 역할이 다소 과장되게 받아들여지기도 했다.

83 혹은 '논변들', '담론들'.

84 나중에 DL이 2.19에서 이것을 언급한다(6A.1).

잡아 하는 비난[85]을 그에게 가하고 다중을 향해 비방하는 것 말고는 달리 공격할 방법이 없어서 말이다. 나 자신이 직접 소크라테스에게서 이런 걸 들어 본 적이 한 번도 없고, 딴 누군가가 이런 걸 들었다고 말하는 것도 접해 본 적이 없다. [...][86]

자, 이것으로 소크라테스에 대한 크리티아스의 교제(synousia)와 그들 서로 간의 관계가 어떠했는지가 이야기되었다. |39| 그런데 나는 그 누구에게도 자기 마음에 들지 않는 사람으로부터는 그 어떤 교육도 있지 않다는 걸 주장하고 싶다. 그리고 크리티아스와 알키비아데스는 소크라테스와 실제로 함께 지내는 동안 그가 그들의 마음에 들어서 그와 함께 지낸 것이 아니고, 아주 처음부터 국가의 지도자가 되겠다는 동기를 갖고 있었다.

7. 오락가락하는 정치 행보: 망명 시절 테살리아에서의 민주파적 활동과 귀환 후 404년 쿠데타에서의 과두파적 활동, 뤼시아스와의 악연 등

10A.14. 뤼시아스 『에라토스테네스에 대한 반박』 43 (DK 88A11)[87]

|43| 그런데 이제 나는 그 사이의 그[즉, 에라토스테네스]의 삶

---

85 '더 약한 논변을 더 강한 논변으로 만든다'는 비난은 프로타고라스(1장 B의 9절), 소크라테스(6A.44) 등과 관련되어 거론된 바 있다. 17장 A의 4.5절도 참고할 것.

86 생략된 대목에서 저자는 소크라테스에게 가해진 통상 활동 금지 명령에 관한 세 사람(즉, 소크라테스, 크리티아스, 카리클레스)의 대화를 묘사한다.

에 대해서는 그냥 지나가겠습니다. 하지만 해전[88]이 일어나고 국가에 불행이 생겨났을 때, 그리고 민주정이 아직 건재할 때(바로 이때 그들이 항거를 시작했는데요.), 다섯 사람이 '동지들'(hetairoi)이라 불리는 사람들에 의해 감독관들(ephoroi)로 세워져서,[89] 시민들을 불러 모으는 사람들(synagōgeis)이면서 공모자들을 다스리는 사람들이기도 하며 여러분들 무리에 반대하는 일들을 행하는 사람들이 되었습니다. 그들 가운데 에라토스테네스와 크리티아스가 있었지요. |44| 이 사람들은 부족들 위에 부족 지도자들(phylarchoi)을 세우고, 무엇을 표결해야 하는지, 그리고 어떤 사람들이 다스려야 하는지를 하달했으며, 다른 뭔가를 행하고 싶을 때에도 그들이 주도권을 가졌습니다(kyrioi).

10A.15. 크세노폰 『헬레니카』 2.3.1-2[90]

올림피아 경기가 있던 이듬해[91]에 […] |2| 이 과두정은 다음과

---

87 뤼시아스와의 관계에 관해 생각해 볼 수 있는 보고.

88 405년의 아이고스포타모이 전투.

89 스파르타에 같은 이름으로 있던 제도를 모방한 것이다.

90 404년 쿠데타를 일으킨 과두파들은 법률들을 제정(혹은 10B.54의 용어로는 개정)할 위원회를 표방했지만, 실제로는 대표적인 민주파 인사들을 처형하고, 이어 부자인 시민들과 거류 외인들(플라톤 『국가』 1권에 등장하는, 뤼시아스의 형제 폴레마르코스 같은)을 죽이고 재산을 몰수하여 기금을 마련했고, 스파르타 군대를 끌어들였다. 이 대목 이후 30인의 이후 활동이 연대별로 기술된다 (2.3.3-14). 그리고 온건파 테라메네스와의 결별은 결국 크리티아스 주동에 의한 테라메네스 규탄과 처형으로 이어진다(2.3.15-56). 그중 일부인 다음 인용문(10A.16)은 테라메네스의 평의회 항변 연설의 한 대목인데, 테살리아에

같이 생겨났다. 조상의 법들(patrioi nomoi), 즉 그들이 국가를 다스리게 될 때 따르게 될 법들을 제정할(syngrapsousi) 30명의 사람들을 민회가 선출했다. 그리고 다음 사람들이 뽑혔다. 폴뤼카레스, 크리티아스, […][92]

10A.16. 크세노폰 『헬레니카』 2.3.36

[화자: 테라메네스][93]

하지만 크리티아스가 그 문제를 잘못 알고 있다고 해도 난 놀라지 않습니다. 이 일들이 있었을 때 그는 마침 곁에 있던 게 아니라 테살리아에서 프로메테우스[94]와 함께 민주정을 준비하고 있었고 농노들(penestai)을 무장시켜 그들의 주인들(despotai)에게 맞서게 하고 있었거든요.[95]

서의 크리티아스의 행보에 대한 비아냥 섞인 언급이 주목할 만하다.

91 즉, 404/3년.

92 이후 나머지 28명의 목록이 이어진다.

93 맥락: 평의회에서의 항변 연설. 직전에 크리티아스가 406년 아르기누사이 해전 후 장군들의 유죄 판결에 대해 테라메네스가 맡은 역할을 비판했다.

94 이름이 특이한 이 사람에 관해서는 달리 알려진 바 없다.

95 403년 1월경 테라메네스가 처형되는데[그의 재판과 처형에 소크라테스가 연루되었을 가능성에 관해서는 시칠리아의 디오도로스의 보고(6A.22)를 참고할 것.], 그 시점쯤엔 이미 트라쉬불로스가 이끄는 망명 민주파의 무리가 보이오티아와의 경계선 상에 있는 퓔레를 점령해서 그곳을 거점으로 반 과두정 군사 행동을 이어 가게 된다. 그들을 제거하려는 시도가 한겨울에도 그리고 5월 초에도 행해지나 실패하고 결국 트라쉬불로스는 아테네로 진격하여 피레우스의 무니키아 언덕을 점거하게 되며, 이곳을 향한 30인의 공격이 다시 시도되나 실패하고 크리티아스도 그 전투에서 사망한다(『헬레니카』 2.4.1-19). 다음 인

8. 죽음과 기념물

10A.17. 크세노폰『헬레니카』2.4.9, 19[96]

|9| 그다음 날 그들[즉, 30인]은 목록에 들어 있는 중무장 보병들과 기병들을 오데이온[97]으로 소집했다. 그리고 크리티아스가 일어나 말했다. "우리가," 하고 그는 말했다. "여러분, 이 정치 체제를 준비해온 건 우리 자신을 위해서기도 하지만 그에 못지않게 여러분을 위해서기도 합니다. 그러니까 여러분은 여러분이 명예를 나눠 가지게 될 것과 꼭 마찬가지로 위험도 나눠 가져야 합니다. 그러니까 체포된 엘레우시스인들에게 유죄 투표를 해야 합니다. 그럼으로써 여러분은 우리와 똑같은 것들에 대해 대담하기도 두려움을 갖기도 할 수 있게 되지요." […]

용문(10A.17)은 이 이야기 가운데 크리티아스가 오데이온에서 연설하는 대목과 그의 죽음에 관한 대목이다.

96 오데이온에서의 연설과 죽음.

97 '노래 부르는 곳'이라는 뜻의 '오데이온'(Ōideion)은 음악/시가 공연을 위해 지어진 건물을 가리킨다. 기원전 435년에 아테네 아크로폴리스 남동쪽 외곽의 디오뉘소스 극장 우측(내려다보는 방향으로) 입구 옆에 지어진 최초의 오데이온은 흔히 '아테네의 오데이온' 혹은 건축자의 이름을 따서 '페리클레스 오데이온'이라 불린다. 지금은 거의 흔적만 남아 있는 이 오데이온이 여기 언급되고 있는 것으로 보인다. 현재 아크로폴리스 남서쪽 외곽 경사면에 현존 오데이온 중 가장 근사한 형태로 남아 있는 건물은 아주 후대(기원후 161년)에 (마침 이 장의 주인공 크리티아스의 복권을 주도한 인물이기도 한) 부유한 소피스트 헤로데스 아티쿠스가 자기 아내를 기억하며 지은 것에 일부 현대 복원이 추가된 것이며, 건축자의 이름을 따서 '헤로데스 아티쿠스 오데이온'이라 불린다.

|19| […] 여기서[98] 30인 가운데 크리티아스와 히포마코스가 죽었고, 피레우스에서 다스리던 10인 가운데서는 글라우콘의 아들 카르미데스가 죽었으며, 나머지 사람들 가운데서는 70명가량이 죽었다. 그리고 그들은 무장은 탈취했지만 동료 시민들의 받쳐 입은 옷(chitōnes)은 벗기지 않았다. 그리고 이런 일이 일어나고 조약에 따라 시신들을 되돌려 주었을 때, 많은 사람들이 서로에게 다가가 대화를 나눴다.[99]

10A.18. 아이스키네스『티마르코스에 대한 반박』 39에 관한 주석[100]

30인 정부의 본보기(deigma)는 다음과 같다. 30인 중 하나인 크리티아스가 죽었을 때, 사람들[101]은 횃불을 들고 밑에서 데모크라티아(Dēmokratia: 민주정)에게 불을 지르는 올리가르키아(Oligarchia: 과두정) 상을 기념(mnēma)을 위해 세웠고, 다음과 같이 새겨 넣었다.

---

98 즉, 무니키아 전투에서.

99 잔존 세력은 엘레우시스로 자리를 옮겨 9월에 민주정이 회복될 때까지 저항을 계속한다. 그들은 무니키아 전투 직후 크리티아스를 기리는 기념물을 세웠다 (아래 10A.18).

100 이미지와 텍스트가 잘 어울리지 않는다고 볼 만하다. 방자함을 제지하려 또 다른 방자함을 부리는 셈이니 말이다. 승리감에 젖은 민주주의자들이 크리티아스의 악행과 폭력성을 부각하기 위해 세웠던 부조에다 과두주의자들이 나중에 그 메시지를 뒤집는 텍스트를 덧붙여 놓았을 가능성도 있다. 고테스만 (2020)은 그 가능성과 더불어 텍스트와 부조가 엇박자를 내는 것이 크리티아스의 모순적인 인물상에 대해 적당한 묘비명이 되겠다고 여긴 데서 나온 허구일 가능성도 제시한다(243쪽).

101 혹은 '그들[즉, 30인]'로 볼 여지도 있다.

이것은 저주받은 아테네 민중의 방자함(hybris)을 잠깐이나마
제지했던(eschon) 그 훌륭한 사나이들의 기념물(mnēma)이다.

B. 사상과 가르침

■ 저작

1) 운문: 6보격 운율[102]과 애가[103]로 지은 교훈시(1-2절), 찬양시
『알키비아데스에게』(3절), 『라케다이몬인들의 정치 체제』(4절), 비
극들 중 남아 있는 『텐네스』(5절), 『라다만튀스』(6절), 『페이리투스』
(7절)[104], 『시쉬포스』(8절)[105] 등.

2) 산문: 『정치 체제들』(Politeiai)[106] 중 남아 있는 『라케다이몬인
들의 정치 체제』(9절), 『테살리아인들의 정치 체제』(10절), (아마도

---

102 코타보스 관련 단편만 남아 있다.

103 첫 발견자들에 관한 단편만 남아 있다.

104 42행의 단일 단편.

105 흔히 사튀로스 극이라고 알려져 왔다. 섹스투스 엠피리쿠스는 그가 저자라고
믿었지만, 에우리피데스에게 돌리는 사람들도 있다. 이 작품이 진짜 그의 것
이라면, 공표된 그의 생각이 관습적인 것을 확연히 벗어나는 셈이 된다고도
볼 수 있다. 다른 작품들에서는 신의 실재성을 의문시하는 모습이 보이지 않
고 절제를 추천하고 있다. 아래 8절에서 보다 상세히 다룬다.

106 GW는 헤로데스 안티쿠스에게 흔히 귀속되는 『정치 체제에 관하여』 전체를
크리티아스 단편 모음에 포함시킨 바 있다(267-274쪽). 헤로데스가 트라쉬
마코스의 라리사에 관한 저작(cf. 7B.21)을 기반으로 크리티아스의 문체를 모
방하여 만든 작품일 가능성이 높다. 상세한 논의는 DG 212-213쪽과 385쪽
의 주석 32를 참고할 것.

『아테네인들의 정치 체제』), 『경구집』(*Aphorismoi*)(11절), 『강연들』 (*Homiliai*)(12절), 『사랑 혹은 덕들의 본성에 관하여』(*Peri Physeōs Erōtos ē Aretōn*)(13절), 『대중 연설의 서론들』(*Dēmēgorika Prooimia*) (14절) 등.

[1-4. 운문]

1. 6보격 운율

10B.1. 아테나이오스 『만찬 자리의 소피스트들』 13, 600d (DK 88B1)[107]

그[즉, 에로스]는 예전에 지혜로운 아나크레온[108]이 모두의 입을 통해서 늘 노래하던 자인데, 그에 관해서 가장 뛰어난(kratistos) 크리티아스도 다음과 같이 이야기한다.

---

107 크리티아스를 에로스에 대한 이야기를 남긴 사람으로 기록하면서 '가장 뛰어난' 사람이라고 평가하는 보고. 아래 10B.2에서 크리티아스 자신도 이 형용사를 구사한다.

108 향연가와 에로스 시로 유명한 기원전 6세기 희랍의 서정시인. 아래 인용된 시에도 언급되는 이오니아 지방의 도시 테오스(Teōs)가 고향이다. 테오스가 페르시아인들의 공격을 받자 그는 동료 시민들과 트라키아로 이주하여 압데라에 식민지를 세웠다. 이후 사모스섬으로 가서 참주 폴뤼크라테스의 선생 노릇을 하며 그의 후원을 받았다. 폴뤼크라테스가 죽자 페이스트라토스의 아들 히파르코스의 초청으로 아테네에 와서 히파르코스 후원하에 시모니데스 등과 교유하며 한동안 (동상이 세워질 정도로) 인기를 누리다가 히파르코스가 피살된 후 고향 테오스로 돌아가 여생을 살다가 그곳에 묻혔다.

예전에 여인들의 곡조(melē)[109]로 된 노래들을 엮었던 그

달콤한 아나크레온을 테오스가 희랍으로 올려보냈다(anēgen)[110].

향연들의 자극제(erethisma)요, 여인들의 사기꾼이요,

피리들의 적수(antipalon)요, 뤼라 애호가요, 달콤하고, 고통 없는

   그를.

당신에 대한 사랑(philotēs)은 도대체 늙지 않고 죽지도 않을 것이다.

아이[111]가 포도주가 섞인 물을 들고 돌아다니며 술잔(kylikes)에

따라 주면서, 마실 술을 오른쪽 방향으로 분배하는 한.

그리고 여자 합창 가무단원들이 신성한 밤 축제(pannychides)를 즐

   기고,

청동으로 된 코타보스(kottabos)[112]의 딸인 저울 접시(plastinx)가

브로미오스[113] 방울들을 받으려고 저 끝, 높은 꼭대기에 앉아 있는 한.

---

109 원래 '사지들'.

110 이 동사 '아나게인'(anagein)의 본래 의미는 낮은 데서 높은 데로, 혹은 육지
     에서 바다로 '올려보낸다'는 뜻이다. 특별히 비유적인 의미로 쓰인 게 아니라
     면 '테오스 땅이 키워서 희랍 세상에서 활동하도록 내보냈다'는 의미가 아닐
     까 싶다.

111 즉, 노예.

112 코타보스(kottabos)는 고대, 특히 기원전 5세기와 4세기에 희랍과 에트루리아
     의 향연에서 행해진 술 관련 놀이로서 아래 단편에서도 언급되듯 시칠리아에
     서 연원한 것으로 보인다. 식탁에 식사 자세로 비스듬히 앉아서 마시다 남은
     포도주를 청동 세움대 쪽으로 던져 맞추는 놀이다. 세움대 꼭대기 작은 조각
     상에 달린 작은 저울 접시(플라스팅크스)를 맞춰 포도주 방울이 세움대 중간
     에 달린 더 큰 접시(마네스)에 떨어져 종소리 비슷한 소리(라탁스: 포도주 방
     울 자체도 '라탁스')가 나면 성공하는 놀이다. 지금 언급된 '코타보스'는 그 놀
     이에 쓰인 세움대를 가리키기 위해 사용된 것으로 보인다.

2. 애가

10B.2. 아테나이오스 『만찬 자리의 소피스트들』 1, 28b (DK 88B2)[114]

코타보스는 시칠리아 땅에서 나온 탁월한(ekprepon) 작품(ergon)
인데,

그걸 우리는 마시다 남은 포도주 방울들(latages)을 던져 맞추기
(toxa) 위한 표적으로 삼는다.[115]

그다음으로 시칠리아 마차가 있는데, 아름다움과 비용 면에서 가장
뛰어나다(kratistos).

...[116]

|5| 그리고 테살리아 의자가 있는데,[117] 사지에 가장 편안한 자리다.

그리고 결혼 침대의 아름다움을 갖고 있는 것은

밀레토스, 그리고 오이노피온의 바다 도시 키오스다.[118]

그리고 튀레니아[119] 것이 으뜸이다. 금으로 만든 피알레(phialē)[120]는,

그리고 집을 장식하는 청동은 무엇이든 어떤 용도로 쓰든 다 그렇다.

---

113 디오뉘소스의 별칭. 이 경우는 포도주를 가리킨다.
114 유용한 발명품의 기원인 도시/국가의 목록을 열거하고 있다. 도자기의 발명
     은 아테네라는 이야기로 절정을 이룬다. cf. 10B.37.
115 이 두 행은 15, 666b에도 인용되어 있다.
116 5보격 운율이 있어야 할 행인데 생략되어 있다.
117 혹은 '그리고 의자는 테살리아 것인데'.
118 10B.37에도 두 도시의 침대에 관한 언급이 나온다.
119 즉, 에트루리아.
120 일종의 술잔 내지 술 사발이긴 하지만, 넓고 얕은 프라이팬과 유사하다.

|10| 그리고 페니키아인들은 담론을 도와주는(alexiloga)[121] 것인 글
자들을 발견했다.

그리고 테베는 마차의 2인 마부석(diphros)을 처음으로 짜 맞췄고,

짐 실어 나르는 배들은 바다의 관리자(tamiai) 카리아인들이 만들어
냈다.

그리고 도공의 돌림판과, 흙과 가마의 소산이요

집 관리에 유용한[122] 가장 이름난 도자기를 발견해 낸 것은

|15| 마라톤에 아름다운 승전비를 세운 그 도시[123]다.

10B.3. 말리우스 테오도루스[124] 『운율들에 관하여』 6.589, 220
Keil (DK 88B3, DK 68B16)

닥튈로스 6보격 운율은 오르페우스에 의해서 최초로 발견되었
다고 크리티아스는 주장한다. 반면에 데모크리토스는 무사이오스
에 의해서라고 주장한다.

3. 『알키비아데스에게』[125]

---

121 크리티아스의 신조어로 보인다.

122 원래는 '유용한 집 관리자인'.

123 즉, 아테네.

124 플라비우스 말리우스(혹은 만리우스) 테오도루스(376년경 전성기, 409년 사
     망)는 399년에 로마 제국의 집정관이었다. 『운율들에 관하여』의 저자이며 철
     학, 천문학, 지리학 등을 연구하고 저술도 했다.

125 407년 망명 중인 알키비아데스를 불러들이는 일을 민회에서 제안하며 주도
     한 것이 크리티아스다. 406년에 알키비아데스가 다시 부하의 노티온 전투 패

10B.4. 헤파이스티온[126] 『운율에 관한 편람』(*Encheiridion peri Metrōn*) 2.3 (DK 88B4)

혹은 단음절 두 개가 단음절 하나로. 그것은 다른 운율들에서는 발견되지만 […] 서사시에서는 희소하다. 크리티아스가 『알키비아데스에게』라는 애가에서 알키비아데스의 이름이 수용 불가능하다고 생각했던 것처럼 말이다. 그는 이렇게 말하니 말이다.

그리고 이제 나는 클레이니아스의 아들 아테네 사람
알키비아데스를 새로운 방식으로 찬미하여 화관을 씌워 주려 한다.
그의 이름을 어떤 식으로도 애가에 들어맞게 할 수가 없었기 때문
  이다.
그래서 이젠 운율에 안 맞는 일이 없게 이암보스 속에 있게 될 것
  이다.

10B.5. 플루타르코스 『알키비아데스』 33.1 (DK 88B5)[127]

배로 인기를 잃게 되었을 때 크리티아스도 망명을 떠난다. 그러나 아이고스 포타모이 전투 후 전쟁이 끝나 갈 무렵 크리티아스는 스파르타 사령관 뤼산드로스와 알키비아데스 암살을 공모한 것으로 보인다.

126 기원후 2세기에 활동한 알렉산드리아의 문법학자다. 희랍 운율에 대한 교범의 저자였다.

127 플라톤은 『국가』 2권 368a에서 글라우콘을 사랑하는 사람이 메가라 전투에서 공을 세운 글라우콘 형제에 대한 시를 지었다며 그 첫머리인 "신적인 가문으로 이름난 아리스톤의 아들들이여."라는 대목을 소개한다. 이 시를 쓴 사람을 외당숙 크리티아스라고 생각하는 사람들도 있다. 아무튼 위 10A.12에서 인용한 『카르미데스』 대목처럼 그것 또한 플라톤 자신의 가문에 대한 칭송에 속한다.

칼라이스크로스의 아들 크리티아스가 제안한 그[즉, 알키비아데스]의 귀환 명령이 그전에 이미 비준되었다. 그 자신이 애가들에서 그렇게 썼다. 다음과 같은 대목에서 알키비아데스에게 자기가 베푼 호의를 상기시키면서 말이다.

당신을 귀환시킨 그 판단은, 바로 내가 모든 사람들 사이에서 그걸
말했고 이 일(tourgon)을 제안했고 실행했지요.
내 혀의 인장이 이런 것들 위에 있습니다.

4. 『라케다이몬인들의 정치 체제』(운문)[128]

10B.6. 아테나이오스 『만찬 자리의 소피스트들』 10, 432d (DK 88B6)

라케다이몬의 향연에서는 건배 술을 주는 것이 습관이 아니었으며 이런 것들을 통해 우정의 잔(philotēsiai)을 서로에게 건네는 것도 습관이 아니었다. 이것들을 크리티아스는 『애가들』에서 보여준다.

이것 또한 스파르타에서는(Spartēi) 습관(ethos)이기도 하고 확립된
관행(meletēma)이기도 하다.
즉, 같은 술잔(kylix)에 포도주를 마시는 것,

---

128 크리티아스의 귀족주의적 가치관. cf. 9절.

그리고 누구의 이름을 부르며 건배 술(proposeis)을 주지 않는 것,

그리고 그걸 오른쪽으로 돌려 둥글게 앉은 일행에게 다 돌아가게 하

　지 않는 것이 말이다.[129]

|5| …[130]

아시아에서 태어난 뤼디아의 손이[131] 들통을 개발했고

오른쪽으로 건배 술을 계속 주는 것도,

건배 술을 마시게 할 의향이 있는 사람의 이름을 불러 제안하는 것도

　개발했다.

이후 이렇게 마심으로 해서 허가 풀려

|10| 부끄러운 이야기들까지 나올 뿐만 아니라 몸도 더 허약해지게

된다. 시야를 흐리는 안개가 눈앞에 앉아 있고,

망각은 마음(prapides)[132]으로부터 기억을 녹아 없어지게 하며

정신(nous)[133]은 실수를 하게 된다. 노예들(dmōes)은 성격이

제멋대로다(akolaston). 집을 망치는 소비가 엄습한다.

129　일행 중 누군가의 이름을 부르며 '건배 술'(proposeis)을 주고 마시게 하는 습
　　관이, 그리고 아마도 우리 사회에서 흔한 것처럼 건배 제안을 한 사람과 받은
　　사람 둘 다가 자기 잔을 비우는 습관이 아테네에 있었고, 그것을 크리티아스
　　가 스파르타와 비교하면서 비판하고 있다.

130　한두 행이 생략되어 있다.

131　친 스파르타적 집단 내에서 아시아(즉, 지금의 소아시아)에 사는 희랍인들은
　　뤼디아인들 같은 아시아인들의 영향을 쉽게 받으며 유약하고 사치스럽다고
　　폄하되곤 했다.

132　호메로스에서 '횡격막'을 뜻하는 (흔히 '마음'으로 번역되는) '프렌'(phrēn)과
　　바꿔 쓸 수 있게 사용되던 말이다.

133　혹은 '지성'.

|15| 그러나 라케다이몬인들의 청년들(koroi)은 술을 마시되

그들 모두가 마음(phrēn)이 유쾌한 희망에 이르게 이끌고

혀는 친절과 적정한 웃음에 이르게 이끌 수 있는 만큼만 마신다.

이렇게 마시면 몸에 이롭기도 하고

지성(gnōmē)[134]에도 재산에도 이롭다. 그리고 그것은 아프로디테의
  일에,

|20| 그리고 노고들(kamatoi)로부터의 항구인 잠에,

그리고 신들 가운데 가사자들에게 가장 즐거운(terpnotatē) 휘기에이
  아(건강)에,

그리고 에우세비아(경건)의 이웃인 소프로쉬네(절제)에 멋지게 어울
  린다.

그러고는 이어서 다시 이렇게 말한다.

적도(to metron)를 넘어서 술잔을 들이키는 것은 당장에는

즐거움을 줄(terpsasai) 수 있지만 이후의 모든 시간 동안 고통을 줄
  것이다.

|25| 반면에 라케다이몬인들의 생활 방식은 균일하게 되어 있어서

적정량을 먹고 마심으로써 분별할 수 있고

노동할 수 있게 된다. 그 어떤 날도 적정선을

넘을 만큼 몸이 포도주를 마실 수 있게 지정된 날이란 없다.

---

134 혹은 '정신'이나 좀 더 느슨한 의미로 '마음'으로 새길 수도 있다. cf. 10B.43.

10B.7. 에우리피데스『히폴뤼토스』264에 관한 주석 (DK 88B7)[135]

일곱 현자들 가운데 한 사람의 발언으로 '아무것도 지나치지 않게'가 있는데, 크리티아스에 따르면 그것을 사람들은 킬론에게 돌린다.

10B.8. 디오게네스 라에르티오스『유명한 철학자들의 생애와 사상』1.41[136] (DK 88B7)[137]

그들[즉, 일곱 현자들]의 언명들이 서로 다르게 보고되며 서로 다른 것이 서로 다른 사람의 것이라고 이야기된다. 예컨대, 다음과 같은 것이 그렇다.

다음과 같은 말을 한 사람은 라케다이몬 사람 현자 킬론[138]이었다.

"아무것도 지나치지 않게. 모든 아름다운 것들은 적도(kairos)에 달려 있다."[139]

---

135 cf. 6B.74.

136 탈레스 장.

137 cf. 6B.74.

138 킬론은 일곱 현자 중 하나로 꼽히는 스파르타인이었다. 그는 546/5년에 감독관(ephoros)이었고, 흔히 스파르타의 외교 정책에 의미 있는 발전(펠로폰네소스 동맹의 기초가 되는 정책 제시로)을 성취한 사람으로 간주된다.

139 이 언명은 예컨대 플라톤에서도 일곱 현자 모두의 것으로 간주되고 있다. 플라톤의 그 보고(6B.74)를 보면 이 말 자체가 누구의 것인가에 대해서는 플라톤과 크리티아스 사이에 이견이 있지만, 스파르타 문화와 교육에 대한 적극적 인정의 태도는 크리티아스와 소크라테스가, 그리고 아마도 보고자 플라톤까지도 폭넓게 공감, 공유하고 있는 것으로 보인다. 여기 이 4절의 앞부분을

10B.9. 플루타르코스 『키몬』 10.5 (DK 88B8)[140]

30인 가운데 하나였던[141] 크리티아스는 애가들에서 기도한다.

부는 스코파스 자손들(Skopadai)[142]의 것을, 호연지기(megaloph-
    rosynē)는 키몬[143]의 것을,

승리는 라케다이몬 사람 아르케실라오스[144]의 것을.

10B.10. 스토바이오스 『선집』 3.29.11 (DK 88B9)

차지한 음주 문화 이야기가 어떻게 정치 체제와 연결될까라는 의문을 가질
수도 있지만, 정치 체제 논의가 법이나 정치 제도 등 좁은 의미의 정치 논의
라기보다 문화와 교육 등 생활 방식을 다루는 넓은 의미의 정치 논의일 수 있
었으리라는 점을 지금 이 인용문의 킬론 관련 이야기에서 간접적으로 읽어
낼 수 있다.

140 cf. 2B.59.

141 사본의 구문에 보다 문자적으로 충실하자면 '30인 가운데 하나가 되고서'로
     옮겨야 할 수도 있다. 생략되긴 했지만 이 말 앞에 정관사가 있는 것처럼 이
     해하고 옮겼다.

142 스코파스 자손들 혹은 스코파다이(Skopadai)는 크란논(펠라스기오티스에 속
     하는 도시) 출신의 귀족 가문으로서, 알레우아스 자손들(Aleuadai)과 함께 기
     원전 6세기 테살리아의 영향력 있는 주요 문벌(門閥) 가운데 하나였다. 목축
     으로 벌어들인 부 때문에 때때로 테살리아 동맹(타고스)의 선두에 섰다. 6세
     기와 5세기에 파르살로스를 지배했다. 시모니데스와 핀다로스가 그들을 칭
     송하는 시를 지은 바 있다.

143 2B.59의 주석을 참고할 것.

144 파우사니아스 『희랍 땅 순례기』 6.2.1-2에 따르면 아르케실라오스는 스파르
     타의 유명한 말 사육자였고, 5세기 전반부에 올림피아 경기의 마차 경주에서
     두 번 우승했다.

크리티아스의 말.

자연[145]으로부터보다 연습으로부터 더 많은 훌륭한 사람들이 나온다.

[5-8. 비극 단편]

5. 『텐네스』[146]

10B.11. 『에우리피데스의 생애』135쪽, 33 (DK 88B10)[147]

---

145 혹은 '본성'.

146 희랍 신화에서 텐네스(Tennēs) 혹은 테네스(Tenēs)는 테네도스섬(에게해 북
동부 터키 연안에 있는 섬으로서, 크기는 작지만 헬레스폰토스 입구에 있다
는 전략적 위치 때문에 고전 시대 내내 중요한 섬이었다. 『일리아스』와 『아이
네이스』에도 언급되는데, 후자에서는 트로이 전쟁 끝 무렵에 희랍인들이 전
쟁이 끝났다는 생각을 트로이인들에게 심어 주기 위해 자기들 함대를 숨긴
장소로 나온다.) 이름의 기원이기도 한 영웅이다. 콜로나이(트로이 근처) 왕
퀴크노스(혹은 그 자신이 자처하기로는 아폴론)와 프로클레이아의 아들이다.
어머니 사후 계모 필로노메가 그를 유혹하다 거절당하자 자신을 범하려 했
다고 아버지에게 거짓말을 했고(이런 유혹 주제는 설화의 단골손님이다. 가
까이는 보다 유명한 영웅들인 벨레로폰이나 히폴뤼토스도 있거니와 히브리
어 성서의 요셉 설화에서도 플롯 전개의 한 계기가 된다.), 피리 연주자 에우
몰포스를 거짓 증인으로 끌어들여 결국 퀴크노스가 그 말을 믿게 되고 텐네스
와 그의 누이 헤미테아를 상자에 넣어 바다에 던진다. 포세이돈의 도움으로
안전하게 되고 결국 상자가 레우코프뤼스섬에 가 닿아 두 사람은 살아남게
되고 텐네스는 그곳의 왕이 되어 섬의 이름도 테네도스로 바뀌게 된다. 나중
에 아들의 결백을 알게 된 퀴크노스가 필로노메를 생매장하고 에우몰포스를 돌
로 쳐 죽인 후 화해하려고 배를 타고 왔지만, 텐네스는 상륙하려는 배의 닻줄

이것들[즉, 에우리피데스의 극들] 가운데 셋, 즉 『테네스』, 『라다만튀스』, 『페이리투스』는 가짜다.

10B.12. 스토바이오스 『선집』 3.2.15 (에우리피데스 단편 695 Nauck) (DK 88B12)

에우리피데스가 『테네스』에서

이런! 지금 세대(genos)에 정의로운 것이라곤 아무것도 없구나.[148]

을 도끼로 끊어 아버지를 바다에 표류하게 함으로써 비슷한 보복을 가한다 ('테네스의 도끼'라는 말의 유래). 한편, 테네스를 해치면 아폴론의 미움을 사게 된다는 경고를 이전에 어머니 테티스로부터 받았음에도 불구하고 아킬레우스는 테네도스섬에 상륙하여 헤미테아를 범하려 하고 이를 막으려고 테네스가 맞서 싸우다가 아킬레우스가 던진 칼에 가슴을 맞고 죽게 된다. 나중에 파리스의 화살이 아킬레우스에게 명중하도록 도운 것도 아폴론이었다. 시칠리아 출신 디오도로스에 따르면 테네도스인들은 테네스의 덕을 기려 사당을 세웠고 피리 연주자의 출입을 금했으며 그곳에서는 아킬레우스라는 이름을 입 밖에 내지 못하게 했다고 한다.

147 작품이 두 사람에게 공히 귀속되는 것으로 볼 때, 그와 에우리피데스는 문체나 입장이 유사했으리라고 추측할 수 있다. 에우리피데스는 당대의 주요 소피스트들 및 철학자들(아낙사고라스, 아폴로니아 출신 디오게네스, 아르켈라오스, 소크라테스 등)과 공감도 많고 그들에 대해 많이 알고 있었으며, 이런 에우리피데스를 크리티아스는 존경하고 있었을 것이다. 408년에 에우리피데스는 아테네를 떠나 마케도니아 왕 아르켈라오스에게로 가서 406년에 사망하게 된다. 그런가 하면 크리티아스는 406년에 아테네를 떠나 404년까지 테살리아에 머문 바 있다.

148 아마도 아버지 앞에서 무고함을 호소하는 테네스의 대사일 수 있고, 거꾸로 아버지가 하는 대사일 수도 있다.

6. 『라다만튀스』[149]

10B.13. 파피루스 [C. Gallavotti, *Rivista di Filologia e di Instruziòne Classica* 11 (1933), 179쪽] (DK 88B12a)[150]

그[151]는 혼자서 싸우다가 〈폴〉뤼데우케스에 의해 죽임을 당했다.

---

149 희랍 신화에서 제우스와 에우로페의 아들로서, 미노스 및 사르페돈과 형제였던 라다만튀스는 크레타 왕이었고, 나중 설명들에서는 저승의 재판관 중 하나로 이야기된다. 저승 재판관 이야기는 여기 덜 관련되므로 생략하기로 하고, 일설에 의하면, 그는 미노스보다 앞서 크레타섬을 좋은 법으로 다스렸고 이후 스파르타인들이 이를 모방했다고 한다. 그런데 세 형제가 밀레토스(아폴론과 아카칼리스의 아들)를 두고 사랑싸움을 벌이던 끝에 미노스가 다른 두 형제를 추방했다(사르페돈을 좋아한 밀레토스는 여행 도중에 헤어져 카리아의 아나토리아로 가서 그곳을 정복하고 도시 이름도 밀레토스로 바꾸게 된다.). 혹은 정의에 대한 그의 평판에 대한 시기가 추방의 보다 주된 동기일 수도 있다. 라다만튀스는 에게해 남쪽으로 가서 왕이 되어 좋은 법으로 존경 받으며 통치했다고 한다.

150 본문이 아니라 서문이거나 다른 종류의 요약인 듯하다. 라다만튀스가 미노스에게 추방되어 희랍의 섬들을 떠돌아다니다가 아마도 디오스쿠로이와 다른 쌍둥이 형제간의 싸움에 연루되는 것이 이 대목의 배경인 것으로 보인다. '디오스쿠로이'(Dioskouroi: 제우스의 아들들)라 불리는 카스토르와 폴뤼데우케스는 스파르타 왕 튄다레오스와 레다의 아들들(보다 정확히는, 둘 가운데 폴뤼데우케스는 제우스의 아들이어서 이부 쌍둥이에 해당한다.)이고, 헬레네-클뤼타임네스트라 자매와도 동기간이다. 두 사람은 숙부인 레우키포스의 두 딸 포이베와 힐라에이라와 결혼하고 싶어 했는데, 이미 그들은 튄다레오스의 형제 메세네 왕 아파레우스의 쌍둥이 아들들(결국 디오스쿠로이와 사촌간)인 륑케우스와 이다스와 이미 약혼한 상태로 메세네에 살고 있었다. 두 사람은 그들을 스파르타로 납치해서 각기 아들을 낳고 살게 되며, 분노한 다른 두 사람과 싸움이 벌어져 결국 넷 가운데 폴뤼데우케스를 제외한 셋이 죽게 된다.

라다만튀스는 그 승리에 대해서는 기뻤지만 그 딸들에 대해서는 슬퍼하고 있었는데,[152] 아르테미스가 나타나서 헬레네에게는 죽은 두 형제[153]에게 예우를 갖추라 명했고 그[즉, 레우키포스]의 딸들은 여신들이 될 거라고 말했다.

10B.14. 에우리피데스 단편 660 Nauck (*Antiattista Bekkeri* 94쪽, 1) (DK 88B13)

'처내다'(aphairein)[154] 대신에 '내치다'(exairein)[155]. 에우리피데스가 『라다만튀스』에서.

⟨누구든⟩ 우리를 내칠(exairēsetai) 사람은 아무도 없으니까요.

10B.15. 스트라본 『지리』 8, 356쪽 (DK 88B14)

에우리피데스가 [⋯] 『라다만튀스』에서.

이웃한 나라인 에우보이아 땅을 차지하고 있는 사람들 ⋯

---

151 이다스 혹은 륑케우스.

152 아마도 레우키포스의 두 딸 포이베와 힐라에이라를 가리키는 듯하다. 그렇다면 그들도 이 싸움의 와중에 죽게 된다는 것이 이 이야기 버전에 포함되어 있는 셈이다.

153 폴뤼데우케스는 살아 있기 때문에 일단은 헬레네 자신의 친형제인 디오스쿠로이를 가리키기보다는 이다스와 륑케우스를 가리키는 것으로 보인다.

154 혹은 '떼어 놓다', '떼 버리다'.

155 혹은 '없애 버리다', '제거하다'. 아래도 마찬가지.

10B.16. 스토바이오스 『선집』 2.8.12; 『명문선집』(*Florilegium*) 4.20.2.61 (DK 88B15)

에우리피데스의 『라다만튀스』.

삶에 속한 온갖 종류의 사랑들(erōtes)이 우리에게 있다.

이 사람은 좋은 가문을 갖기를 열망하지만(himeirei),

저 사람에겐 이것에 대한 관심은 없고 오히려 집에서

많은 돈을 가진 주인이라고 불리기를 바란다.

또 다른 사람에겐 마음(phrēnes)으로부터 그 어떤 건강한 것도 이야
    기하지

않으면서 나쁜 일을 감행하자고 옆 사람들을 설득하는 일이 좋아 보
    인다.

또 가사자들 가운데 어떤 사람들은 아름다운 것에 앞서 추한 이득
    들을

찾는다. 이렇게 인간들의 삶은 방황(planē)이다.

그러나 나는 이것들 가운데 아무것도 얻고자 열망하지(chrēizō) 않
    는다.

다만 좋게 불리는 평판(doxa ... eukleias)을 가졌으면 하고 바랄 뿐
    이다.

7. 『페이리투스』(혹은 페이리토오스)[156]

10B.17. 옥쉬륑쿠스 파피루스 XVII 2078, 단편 1, 7-20행 (DK

88B15a)

---

156 고대 출처들은 『페이리투스』를 에우리피데스에게 귀속시키지만, 대부분의 학
자들은 크리티아스 저자설을 받아들인다. 희랍 신화에서 페이리투스 혹은 페
이리토오스는 테살리아 지방 라리사의 라피테스족의 왕이었다. 어머니는 익
시온의 아내 디아인데, 아버지는 호메로스 등에서 통상 제우스로 이야기된
다. 익시온의 뒤를 이어 왕이 되었지만, 켄타우로스들이 익시온의 아들임을
자처하며 왕국의 분할을 요구하여 치열한 싸움이 벌어졌고 결국 켄타우로스
들에게 펠리온산을 떼어 주고서야 분쟁이 해결된다. 페이리투스는 아테네 왕
테세우스를 시험하려고 마라톤에서 그의 소 떼를 습격했고 테세우스가 추격
하여 싸움이 벌어지려는 마당에 서로의 외모에 끌려 싸움을 멈추고 평생 친
구가 되기로 약속한다. 페이리투스가 히포다메이아와 결혼하게 되어 테세우
스, 네스토르 등과 더불어 켄타우로스들도 초대했는데, 익숙지 않은 포도주
에 취한 켄타우로스들이 신부와 들러리들을 납치하려다가 싸움이 벌어져 많
은 사상자가 나오고 결국 라피테스족의 승리로 끝난다(켄타우로마키아). 아
들 폴뤼포이테스를 낳은 후에 히포다메이아가 죽고 테세우스도 아내 파이드
라가 사망하자, 두 사람은 제우스의 딸과 결혼하기로 마음먹는다. 먼저 헬레
네를 택한 테세우스를 도와 스파르타로부터 납치하게 되는데, 헬레네가 결혼
하기에 너무 이른 나이여서 두 사람은 그녀를 아티카의 한 성채에 유폐시킨
후에 페이리투스의 신부를 구하러 나선다(헬레네는 동기간인 디오스쿠로이
두 사람에 의해 구출된다.). 그가 택한 페르세포네를 찾으러 하데스로 가서
두 사람은 하데스에게 그녀를 내어 놓으라 요구하게 되고 하데스가 앉으라고
권한 망각의 의자에 두 사람이 앉는 순간 모든 것을 잊고 움직일 수 없게 된
다. 테세우스는 케르베로스를 잡으러 온 헤라클레스의 도움으로 구출되어 지
상으로 돌아왔지만, 페이리투스는 헤라클레스가 붙잡는 순간 대지가 흔들려
구출을 단념하게 된다. 이제 작품에 관한 이야기로 돌아가 보자면, 앞의 두
작품은 저자가 주인공과 자신을 동일시할 만한데(부당하게 고향 땅에서 쫓겨
난 영웅들의 이야기여서), 이 작품은 그렇게 보기 어려울 정도로 주인공이 못
된 행동들을 한다. 아마도 테세우스와 자신을 동일시하며 공감했을 수는 있
겠다. 알키비아데스의 몰락에 연루된 자신의 처지를 페이리투스의 몰락에 연
루된 테세우스의 처지에 대입해 볼 수 있었을 테니까 말이다.

|7| 신(theos)으로서 광기(mania)가 [그에게]

미망(atē)을 보냈어요. 그[157]는 〈실로 언젠가〉 그 여인 네펠레(구름)를

〈사로잡아서, 방자함(hybris)으로 가득 찬 소문(baxis)[158]을〉

|10| 테〈살리아〉인들에게 퍼트렸지요. 자신이 〈크로노스의〉

딸[159]과 동침했었노라고 말이죠.

그리고 그는 이런 떠벌림들(kompoi)에 대한

대가를 신들에게 지불했지요.

광기의 수레바퀴(trochos)[160]에 실려 …

|15| 그는 왔어요. 등에게 시달리던

인간들은 그걸 알지 못하지만 말이죠. 〈무덤조차 그를〉

숨기지 〈못했고〉, 오히려 …

아버지는 신〈들에게〉 잘못을 저지르고 있기에

보레〈아스(북풍)의 아들들에 의해〉 발기발기 찢겼지요.

|20| 하지만 나는 그의 재앙들을 …

10B.18. 코린토스의 그레고리오스 『헤르모게네스에 대한 주석』

B.445-447 Rabe (DK 88B16)

---

157 이 '그'는 페이리투스의 (추정상) 아버지 익시온을 가리키는 것으로 보인다.
     화자 페이리투스가 아버지 익시온의 어리석은 행동들을 이야기하고 있는, 작
     품 서두쯤에 나올 만한 대목이며, 아마도 자신의 행동을 변명하는 시도 중에
     끄집어낸 이야기가 아닐까 추정해 볼 수 있다(DG 243쪽).

158 혹은 '소식'.

159 즉, 제우스의 아내인 헤라.

160 혹은 '순환'.

에우리피데스의 경우도 "제우스가, 이야기된 바로는"은 문두 어절 반복(anaphora)이고, "진실로부터"는 확인(bebaiōsis)이다. 이 시행은 에우리피데스의 두 극에서, 즉 이른바 『페이리투스』에서도 『지혜로운 멜라니페』에서도 발견되었다. 박식을 반기는 사람들에게 이것들의 줄거리들(hypotheseis)[161]과 주제들(chōria)을 제시하는 것은 여간 시의적절한 것이 아니다. 그러니까 『페이리투스』의 줄거리는 이것이다. 페이리투스는 페르세포네에게 구애(mnēsteia)를 하기 위해 테세우스와 함께 하데스로 내려가서 그에 합당한 응보를 받게 되었다. 그 자신은 바위의 옴짝달싹 못 하는 자리에 족쇄가 채워진 채 뱀들이 입을 쩍 벌려 가며 지키고 있었고, 테세우스는 친구를 버려두고 떠나는 것을 수치스러운 일로 생각하면서 일생을 하데스에서 살아가기로 선택했다. 그런데 케르베로스를 잡아 오라고 에우뤼스테우스가 보낸 헤라클레스는 그 짐승을 완력으로 제압했고, 하부 세계 신들의 호의로 테세우스와 그 주변 사람들[162]을 당면한 강제로부터 풀어 주었다. 신들로부터 호의를 받았을 뿐만 아니라 불운을 겪고 있는 친구를 불쌍히 여기기도 했기에 맞서 있는 자를 단 한 번의 행동으로 굴복시켰던 것이다. 어쨌든 아이아코스가 헤라클레스에게 다음과 같이 말하면서 이 극에 입장하게[163] 된다.

---

161 혹은 '구상들', '요지들'.
162 다소 이상한 구절이다. 페이리투스는 포함되지 않았을 것이므로, 아마 합창가무단원들이 포함되어 있었을 것이다.
163 직역하면 '들여보내지게'.

오호라! 이 무슨 일인가? 누군가가 부리나케

그리고 아주 자신만만한 태도로 이리 서둘러 오는 게 보이는군.

당신이 누구길래, 이방인이여, 여기 이 장소들에

접근하고 있는 것이며 무슨 용건인지 말해야 마땅해요.

　그러자 헤라클레스가 그를 향해 [대답한다.]

이야기를 온전히 다 밝히길 꺼릴 이유가 아무것도 없지요.

내 고향(patris)[164]은 아르고스고 이름은 헤라클레스입니다.

모든 신들의 아버지인 제우스에게서 태어났지요.

내 어머니의 고결한 침대로 왔거든요,

제우스가, 진실로부터 이야기된 바로는 말입니다.

그런데 난 여기 억지로 왔어요. 에우뤼스테우스의

명령에 복종해서 말이죠. 그는 하데스의 개를

산 채로 뮈케네의 문들로 데려오라고 명하면서 날

보냈어요. 그 개를 보겠다는 의향이 있어서가 아니라 내가 도저히

실행할 수 없는 이런 임무(athlos)를 발견해 냈다고 생각해서죠.

이런 일(pragos)을 좇아서 난 에우로페를 한 바퀴 돌고

아시아 전역의 깊숙한 곳들까지 다 다녔지요.[165]

164　혹은 '조국'.

165　하데스 입구에서 문지기 격인 아이아코스를 만나는 장면이었는데, 그다음에
　　아마 아이아코스는 방문자에 대한 보고를 하러 하데스에게 갔을 수 있다. 파
　　피루스의 다음 단편에 헤라클레스가 테세우스와 대화를 나누는 장면이 나오
　　는 것을 보면 말이다.

10B.19. 옥쉬륑쿠스 파피루스 XVII 2078, 단편 2-3, 24-39행
(DK 88B15a)

헤라클레스: …할 것이고 … 그것은 이제 즐거운 것으로 보이네요.

테세우스: 나는, 헤라클레스, 〈당신을〉 비난하지 〈않을〉 거예요.

〈하지만 남아야 해요.〉 그 사람은 믿을 만하고 친구인데

험한 일을 당한 그를 배신한다는 건 〈부끄러운〉 일이니까요.

헤라클레스: 〈당신 자신에게도〉, 테세우스, 아테네인들의 이 도시에도

잘 어울리는 말을 해 주었네요. 당신은 언제고 늘

불운을 겪는 이런 사람들과 몸소 전우가 되니까요. 변명거리를

가지고서 고향[166]으로 간다는 건 내겐[167] 모양 빠지는 일이죠.

하긴, 에우뤼스테우스가 얼마나 반길 거라고 당신은 생각하나요?

내가 이 일들을 당신과 함께 해냈다는 말을 들으면 말이에요.

노역(ponos)이 실행되었지만 미완인 거라고 그는 말하겠죠?

테세우스: 하지만 당신이 열망하는 것에 대해 당신은 적어도 나의

온전한 선의를 갖고 있습니다. 경솔하게가 아니라 자유인에 걸맞게
나온,

적들에겐 적대적이고 〈친구들에겐〉 친절한 선의를 말입니다.

이전에 내겐 … 담론이 …

당신은 … 한 담론들을 이야기하게 될 겁니다.

---

166 혹은 '조국'.

167 텍스트 보충을 '〈d' em〉oi'로 하는 대신 '〈de t〉oi'로 하면 '내겐' 대신 '정말이지'
로 옮길 수 있다.

10B.20. 스토바이오스『선집』3.14.2 (DK 88B27)

크리티아스의 말.

친구들과 사귈 때 모든 것들을 호의를 얻기 위해

행하는 사람은 당장의 쾌락이

나중에 올 시간의 적대로 바뀌게 만듭니다.

10B.21. 아테나이오스『만찬 자리의 소피스트들』11, 496a (DK 88B17)

플레모코에(plēmochoē)는 팽이 모양의, 어느 정도로만 안정적인 도기 그릇이며, 팜필로스에 따르면 어떤 사람들은 코튈리스코스라 부르기도 한다. 사람들은 그것을 엘레우시스에서 비의의 마지막 날에 사용한다. 그것에서 이름을 따서 사람들은 그날을 '플레모코아이'라고 부른다. 그날에 사람들은 두 플레모코에들을 채워서 하나는 해 뜨는 쪽을, 다른 하나는 해 지는 쪽을 향하게 세워 두되, 그것들에 대고 신비스러운 말(rhēsis mystikē)을 읊으면서 뒤집어 놓는다. 『페이리투스』를 쓴 사람도 (그게 참주 크리티아스든 아니면 에우리피데스든 간에) 다음과 같이 이야기하면서 그것들을 언급한다.

우리가 이 플레모코에들을 신성한 침묵과 함께 부음으로써

이것들이 땅의 틈새 속으로 들어가게 되기를.[168]

10B.22. 알렉산드리아의 클레멘스 『학설집』 5.35 (에우리피데스 단편 594 Nauck) (DK 88B18)

이것들과 관련해서, 성궤에 대해 기록되어 있는 것들은 다중에게 숨겨져 있고 차단되어 있는 사유되는(noētos)[169] 우주(kosmos)의 일들을 밝혀 준다(mēnyei). 과연 저 금으로 된 조각상들, 즉 그것들 둘 각각이 여섯 개의 날개가 달려 있는 그 조각상들도, 그것들이 어떤 사람들이 바라듯 두 곰을 나타내든(emphainei), 아니면 (이쪽이 더 선호할 만한 것일 텐데) 두 반구(半球)를 나타내든 간에, 아무튼 '케루빔'[170]이라는 이름은 많은 앎(epignōsis)을 뜻한다(ethelei … dēloun). 그러나 양쪽이 합쳐서 열두 개의 날개를 가지며, 원으로 된 황도대와 그것을 따라 움직이는 시간을 통해 감각되는(aisthētos) 우주를 가리킨다(dēloi). 내 생각에 그 비극[171]도 자연에 대해 논의하면서(physiologousa) 다음과 같이 말한다.

---

168 단-장-장으로 이루어진 아나파이스토스 운율인 것으로 보아 합창 가무단의 파로도스(등장가)에 속한 것일 가능성이 있다. 10B.18에 나온 테세우스의 추종자들이 합창 가무단이라면, 그들이 하부 세계 신들에게 어떤 의식을 거행하는 장면일 수 있다.

169 혹은 '가지적(可知的)인'.

170 케루빔은 본래 천사 중 하나이며 히브리어 성서의 에덴동산 설화에도 생명나무 지킴이로 나온다(『창세기』 3.24). 여기서 묘사되고 있는 케루빔은 모세가 시나이산에서 받은 십계 석판을 넣어 두기 위해 만든 '언약궤', 즉 성궤의 덮개 부분 양쪽에 앉아 있는 모양으로 장식된 두 케루빔 조각상을 가리킨다.

171 같은 구절을 인용하는 아리스토파네스 『새들』 179에 관한 주석(DK 88B18)에 이 비극의 이름이 『페이리투스』라고 명시되어 있다.

시간은 지치지도 않으면서(akamas) 끝없이 흐르는(aenaon)[172]

흐름(rheuma)[173]을 따라 돕니다. 가득 찬 채(plērēs)

자신이 자신을 낳으면서. 그리고 쌍둥이 곰은

날개들의 빠르게 헤매는(ōkyplanoi) 퍼덕거림으로

아틀라스의 천극(天極: pōlos)을 지킵니다.[174]

10B.23. 스토바이오스 『선집』1.8.11 (DK 88B26)

그림자 뒤에서 시간은 아주 빨리 늙어 갑니다(gēraskei).[175]

10B.24. 알렉산드리아의 클레멘스 『학설집』5.115 (에우리피데스

단편 593 Nauck) (DK 88B19)[176]

자기 극 『페이리투스』에서 같은 사람[즉, 에우리피데스]이 다음

과 같이 비극을 쓰고 있다.

---

172 혹은 '끝없는'.

173 혹은 '물줄기'.

174 이것 역시 파로도스에서 나온 것으로 보인다. 클레멘스가 '자연학적 논의'라
고 촌평하고 있기는 하지만, 그저 구출을 기다리며 하염없이 흘러가는 시간
을 한탄하는 합창의 맥락에서 나온 것이어서 자연학적 논의 자체가 목적이라
기보다 자연학적 논의를 이용하고 있는 사례일 수도 있다(자연학적 논의는 아
래 16절을 참고할 것). 이암보스 대사에 속하지만 비슷한 내용의 다음 단편
(10B.23)도 마찬가지다.

175 GW는 운율상의 난점을 안고 있는 DK의 텍스트 대신 스넬(B. Snell 1971)의
텍스트를 취해서 '시간이 모든 분노에 대한 약이죠.'로 옮긴다(262쪽).

176 cf. 6B.2.

당신에게, 스스로 태어난(autophyēs) 자요, 에테르의 회오리
(aitherios rhymbos)[177] 속에서

모든 것들의 본성(physis)을 엮어 넣은(emplexas) 자인 당신에게
[기도합니다.][178]

당신의 주위를 빛과, 반짝이로 장식된(aiolochrōs)

어두컴컴한(orphnaia) 밤과, 셀 수 없는(akritos) 별들의

무리(ochlos)가 끊임없이(endelechōs) 춤추며 다닙니다(amphi-
choreuei).

여기서 그는 창조자(dēmiourgos)인 정신(nous)[179]을 '스스로 태어
난' 자라고 말한 것이고, 그다음에 놓여 있는 것들은 우주에 대한
것인데, 빛과 어두움의 대립들조차 그 안에 포함되어 있다.

10B.25. 플루타르코스『친구들을 많이 갖는 것에 관하여』7, 96c
(에우리피데스 단편 595 Nauck) (DK 88B20)

어떤 사람들은 친구들이 행운을 누리고 있을 때는 그들로부터
아무런 덕도 못 보았는데도 친구들이 불운을 당할 때 그들과 함께

---

177 혹은 '에테르의 소용돌이'. 아리스토파네스『구름』379에서는 소크라테스가
    바로 이 "에테르의 회오리"(aitherios dinos)를 끌어들인다(6B.2). 크리티아스
    는 소크라테스에게서, 다시 소크라테스는 아낙사고라스에게서 들은 것일 가
    능성이 있다.

178 이 정도의 말이 생략되었을 것이다. 합창 가무단이 최고의 신에게 기도하는
    대목으로 보인다.

179 혹은 '지성'.

망한다. 그리고 철학자들과 기품 있는(charientes) 사람들이 유독 이런 일을 겪는다. 테세우스가 벌을 받으며 묶여 있을 때의 페이리투스와 그랬던 것처럼 말이다.

염치(aidōs)의, 청동으로 만들어지지 않은(achalkeutoi)[180] 족쇄로 단단히 멍에 지워져 있다.[181]

10B.26. 위-플루타르코스 『아폴로니오스에게 주는 위안』 112d (에우리피데스 단편 964 Nauck) (DK 59A33)[182]

"아니, 난" 하고 그는 말한다. "이런 일들[즉, 가족이나 친족과의 사별]을 겪게 되리라고는 기대하지 않았고 예상도 못 했거든요." 그러나 당신은 예상했어야만 하며 인간적인 일들의 불분명함(adēlotēs)과 덧없음(oudeneia)[183]에 대해 미리부터 판단을 하고 있었어야 했다. 그랬다면 지금 이렇게 마치 갑자기 공격해 온 적들과 맞닥트린 것과도 같이 준비되지 않은 상태가 되지 않았을 것이다. 에우리피데스에서 테세우스는 이런 일들에 대해 멋지게 준비

---

180 여느 에우리피데스 작품에는 나오지 않는 아이스퀼로스의 단어다(『제주 바치는 여인들』 493). 생각은 에우리피데스를 따르되 아이스퀼로스의 과장된 표현을 받아들인 사례라 할 만하다.

181 불운을 겪는 친구의 곁을 지키는 염치의 '철학자' 테세우스를 그리면서 크리티아스는 그를 자신과 동일시했을 수도 있다. 다음 인용문(10B.26)은 그런 테세우스와 잘 어울리는 대사다. 아마도 헤라클레스와 나누는 대화일 수 있다.

182 DK에서는 아낙사고라스 장에 인용되어 있다.

183 혹은 '무가치함'.

되어 있는 것으로 나오니 하는 말이다. 그는 이렇게 말하고 있다.

그런데 나는 이것들을 어떤 지혜로운 사람에게 배워서
걱정거리들과 불행들에 정신(nous)을 갖다 맞추었지요(eballomēn).
내 고향 땅으로부터 쫓겨나는 일과 때 이른(ahōroi) 죽음들과
나쁜 것들의 다른 길들을 나 자신에게 적용하면서 말이죠.
마음(phrēn)으로 생각해 보지 않던 것들 가운데 뭔가를 내가 겪게
    되면
의외의 것이 들이닥쳐 나를 더 많이 물어뜯게 되지나 않을까 해서죠.

10B.27. 스토바이오스 『선집』 2.8.4 (DK 88B21)
에우리피데스의 『페이리투스』에서.

맨 처음에 말한 그 사람은 훈련 못 받은 게 아닌(ouk agymnastos)[184]
    마음(phrēn)으로
던졌던 겁니다. 다음과 같은 말(logos)을 그가 새로 만들어 낸
    (ekainisen) 거죠.
운은 잘 분별하는(eu phronousi) 사람들과 동맹자가 된다는 말 말
    이에요.

10B.28. 스토바이오스 『선집』 3.37.15 (DK 88B22)

---

184 혹은 의역하여 '여간 훈련되어 있는 게 아닌'.

『페이리투스』에서.

훌륭한(chrēstos)[185] 성격(tropos)은 법보다 더 흔들림 없죠(aspha-
lesteros).
전자는 어느 연설가(rhētōr)[186]도 도대체 비뚤어지게 만들 수가
없지만, 후자는 그가 이리저리
연설들로써 어지럽히면서(tarassōn) 망가트리는(lymainetai) 일이
잦거든요.

10B.29. 스토바이오스 『선집』 3.23.1 (DK 88B28)[187]
누군가가 현명하지(phronōn) 않은데[188] 현명하다고[189] 여긴다면
(dokēi)[190] 그건 끔찍한(deinon) 일이다.

10B.30. 스토바이오스 『선집』 4.33.10 (DK 88B29)[191]

---

185 혹은 '정직한'.
186 통상 정치인을 가리키는 말이었다.
187 흥미롭게도 플라톤 저작에서 소크라테스가 자주 했다고 묘사되는 언명과 아
주 유사하다. 자리가 특정되지 않았지만, 현명 내지 분별을 언급하는 이 작품
의 다른 단편들과 잘 어울린다.
188 혹은 '분별이 없는데'.
189 혹은 '분별이 있다고'.
190 혹은 '여겨진다면'. 구문 자체가 애매한 말이다. 이건 소크라테스의 언명에서
도 마찬가지다.
191 이 단편도 자리가 특정되지 않았지만(DG는 『시쉬포스』나 『라다만튀스』에 속
한다고 추측한 바 있다.), 현명 내지 분별을 부각하는 이 작품에 어울리는

그런데 지혜로운 가난보다 부유한 서투름(skaiotēs)을

함께 지낼 동반자(synoikos)로 집 안에 갖고 있는 것이 더 나을까요?[192]

10B.31. 스토바이오스 『선집』 4.53.23 (DK 88B23)

에우리피데스의 『페이리투스』에서.

그러니 나쁘게[193] 살기보다는 아예 살지 않는 게 더 나은 거 아닌가요?[194]

10B.32. 루키아노스 『메니포스』 1 (에우리피데스 불확실한 단편 936 Nauck) (DK 88B24)[195]

[화자: 메니포스]

아니요. 오히려 아직 숨을 쉬고 있는 상태인 날 하데스가 받아들였죠.[196]

8. 『시쉬포스』(사튀로스 극?)[197]

10B.33. 섹스투스 엠피리쿠스 『학자들에 대한 반박』 9.54 (DK

단편이다.

192 GW는 평서문으로 받아들인다(262쪽). 그런 견해를 받아들인다면 이 문장은
'… 더 낫지요.'로 옮기게 된다.

193 혹은 '비겁하게'.

194 하데스에 남아 있는 자신의 선택을 옹호하는 테세우스의 발언으로 볼 만하다.

195 루키아노스는 에우리피데스 작품들의 여러 곳에서 적당한 행들을 가져와서
패러디 등의 용도로 사용하고 있다.

196 테세우스의 대사일 수도 있지만, 헤라클레스의 대사로 더 적절할 듯도 하다.

88B25)

그리고 크리티아스는 아테네에서 참주였던 사람들 가운데 하나로서 무신론자들의 대열(tagma)에 속해 있는 것으로 보인다. 옛 입법자들이 신을 인간들의 옳은 행동들과 그른 행동들에 대한 모종의 감독자(episkopos)로 만들어 냈는데(eplasan),[198] 이는 아무도

---

197 저자 문제 및 사튀로스 극 여부에 관해서는 아래 10B.33의 관련 주석을 참고할 것. 시쉬포스는 희랍 신화에 따르면 테살리아 왕 아이올로스와 에나레테의 아들이다. 코린토스의 전신인 에퓌라의 창설자이자 첫 왕이다. 교활한 지혜 때문에 종종 유명한 도둑인 아우톨뤼코스(오뒤세우스의 외조부)와 결부된다. 아우톨뤼코스가 그의 소를 훔쳤는데 미리 소의 발굽에 표시를 해 두어 되찾을 수 있었다. 보복을 위해 아우톨뤼코스의 딸 안티클레이아를 납치해서 결국 그녀가 오뒤세우스를 낳았기에 오뒤세우스의 아버지는 그녀의 남편 라에르테스가 아니라 시쉬포스라고 이야기되기도 한다. 제우스가 강신 아소포스의 딸 아이기나를 납치하는 것을 목격한 그는 아소포스에게 납치에 관한 정보를 제공하고 대가로 아크로코린토스에 샘을 만들어 달라고 했다. 화가 난 제우스는 타나토스(죽음)를 보내 시쉬포스를 하데스로 데려가게 했다. 그러나 오히려 그는 타나토스를 속여 결박한 뒤 토굴에 감금했고, 그로 인해 인간은 죽지 않게 되었다. 신들이 이를 우려해 아레스를 보내 타나토스를 풀어 주게 했고, 타나토스는 다시 시쉬포스를 찾아내 하데스로 데려갔다. 그런데 이를 미리 예측한 시쉬포스가 아내 메로페에게 자기 시체를 매장하지도 제물을 바치지도 말라고 미리 일러 둔 바 있었고, 아내는 그대로 실행했다. 시쉬포스의 장례를 치르지 않는 것에 화가 난 하데스는 시쉬포스에게 몸소 장례를 치르라고 지상으로 돌려보낸다. 지상의 코린토스로 돌아온 그는 하데스의 명령을 이행하지 않고 교묘하게 하부 세계의 신들을 납치해 장수를 누렸다. 죽은 후 그가 타르타로스에서 벌을 받은 것은 그가 제우스의 분노를 산 것만이 아니라 신들에게 불경을 저질렀기 때문이라고 한다. 그는 돌을 언덕 위로 밀어 올리는 벌을 받았는데 돌은 매번 정상 근처에서 다시 굴러떨어졌기에 쉴 새 없이 돌을 밀어 올려야 했다.

198 혹은 '주조해 냈는데'.

신들에 의한 응보에 주의함으로써 몰래 이웃 사람에게 불의를 행하지 못하게 하기 위해서라고 그가 말할 때 말이다. 그가 한 발언은 다음과 같다.[199]

인간들의 삶이 무질서하고(ataktos)
짐승의 모습을 하며 힘(ischys)에 종노릇(hypēretēs)하던 시간
(chronos)[200]이 있었다.

---

199 섹스투스는 저자 '크리티아스'만 말하고 작품 제목 '시쉬포스'는 말하지 않았다. 같은 구절을 인용하는 아에티오스는 저자를 '에우리피데스'로 말하지만 제목 '시쉬포스'를 확인해 준다(『학설 모음집』 1.7.2). 고대 이래로 크리티아스의 작품인지 에우리피데스의 작품인지가 논란거리인데, 크리티아스의 것으로 보는 빌라모비츠의 견해를 딜스를 비롯한 다수 학자들이 수용하였다. 이에 대해 커퍼드(1981a)는 에우리피데스의 작품이라고 주장하며(141쪽과 53쪽), 칸(C.H. Kahn 1981, 1997) 역시 415년 상연한 에우리피데스의 사튀로스 극일 것이라는 딜레(A. Dihle 1977)의 주장을 결정적인 논변으로 받아들인다(각각 97쪽과 249쪽). 반면에 휘트마쉬(T. Whitmarsh 2014)는 저자 문제에 대한 고대 증거들을 해석하면서 원래 크리티아스에게 귀속되었다가 이미 무신론자로 알려진 더 유명한 인물 에우리피데스에게 귀속되었다는 가설이 그럴듯하며 크리티아스가 진작부터 무신론자 목록에 있었으므로 크리티아스가 저자일 것이라고 추정한다(112-113쪽). 그런가 하면 종교 폄하가 아니라 종교에 대한 보다 긍정적인 접근으로 보는 획기적 입장의 설리반(P. O'Sullivan 2012)은 크리티아스를 저자로 편의상 지칭할 뿐 중립을 취한다(167쪽). 아일리아누스 『잡다한 역사』 2.8에 따르면 에우리피데스가 415년에 상연한 3부작의 사튀로스 극으로 『시쉬포스』를 지었다고 한다. 크리티아스의 『시쉬포스』가 이것일 가능성은 거의 없다. 그리고 DK 이래 사튀로스 극으로 분류하는 게 관행이었지만, 크리티아스의 이 작품이 반드시 사튀로스 극이어야 할 이유는 없으며 그런 방향의 증거 또한 없다.

200 '시대'나 '시절'쯤으로 옮기는 게 더 자연스럽지만, 아래에 다시 신격화되어 나

고결한(esthloi) 자들에게 아무런 보상도 없고

그런가 하면 나쁜 자들에게도 처벌 또한 생겨나지 않던 시간이 말
   이다.

|5| 그다음으로, 내가 보기에 인간들은 법률들을 규제자(kolastai)로
세워 놓았다. 정의(dikē)가 〈모든 이들에게

똑같이〉 참주가 되고, 또 방자함(hybris)을 노예로 삼도록 말이다.

또 누군가가 잘못을 저지르면 벌을 준다.

그다음으로, 그들이 눈에 띄게 폭력적으로(biāi)

|10| 벌이는 행동들(erga)을 하지 못하도록 법률들이 막을 때

그들은 몰래 행했다. 바로 그때 내가 보기에

〈처음으로〉 명민하고 지혜로운 어떤 사내가

인간들을 위해 〈신들에 대한〉 두려움(deos)을 발견해 냈다.

나쁜 자들에게 어떤 두려움(deima)이 있게 되도록. 설사 그들이 몰래

|15| 〈뭔가를〉 행하거나 말하거나 생각하더라도(phronōsi) 말이다.

그래서 바로 그 때문에 그는 신적인 것(to theion)을 끌어들였다.

"신령(daimōn)이 있다. 소멸하지 않는 삶으로 번성한,

정신(nous)[201]으로 듣고 보며. 지나치게 생각하며(phronōn),

이것들에 주의를 기울이며, 신적인 본성(physis)을 품고 있는 신령이
   말이다.

|20| 그는 가사자들 사이에서 말해지는 모든 것을 들을 것이고

오는 '크로노스'와의 일관성을 고려하여 '시간'으로 옮긴다.

201 혹은 '지성'.

행해지는 모든 것을 볼 수 있을 것이다.

그대가 침묵으로 뭔가 나쁜 일을 꾀할 때면,

이것이 신들의 눈을 못 피할 것이다. 생각하는 것(to phronoun)이

〈많이〉 그들 안에 있으니까." 이런 이야기들(logoi)을 하면서

|25| 그는 가장 즐거운 가르침들(didagmata)을 끌어들였다.

거짓 이야기로 진실을 덮으면서.

신들이 여기에 산다고 그는 말했다.

그렇게 말함으로써 인간들을 가장 많이 놀래키려고 말이다.

바로 그것으로부터 가사자들에게 두려움(phoboi)이 나오며

|30| 그들의 비참한 삶에 도움이 되는 낙(樂: onēseis)도 나온다는 걸
     그는 알았다.

저 하늘 위 회전들(periphorai)로부터 말이다. 거기에 번갯빛이

있음을 그는 보았고 무서운 천둥소리가,

또 별이 빛나는(asterōpon) 하늘이,

지혜로운(sophos)[202] 장인(tektōn) 크로노스(시간)가 아름답게 놓은
     자수(刺繡)(kalon poikilma)가 있음을 보았다.

|35| 그것으로부터 빛나는 별의 덩어리가 나올 뿐만 아니라,

축축한 비가 나와 땅으로 들어간다.

그런 두려움들로 그는 인간들을 휘감았다.

이 사람은 이야기(logos)를 가지고 멋지게 그들 사이에다

신령을 적절한 장소에 정착시켰다.

---

[202] 혹은 '솜씨 있는'.

|40| 게다가 법률들을 가지고 무법(anomia)을 꺼 버렸다(katesbe-sen).

그리고 조금 더 진행하다가 그는 다음과 같이 덧붙인다.

이렇게 맨 처음에 누군가가 가사자들이
신령 족속(genos)을 믿도록(nomizein) 설득했다(peisai)고 난 생각
한다.

10B.34. 필로데모스 『경건에 관하여』 1 (헤르쿨라네움 파피루스
1077, 단편 19.519–541)[203]
… 그리고 에피쿠로스는 있는 것들로부터 신적인 것을 제거하
는 사람들이 완전한 광기에 사로잡혀 있다고 비난했다. 그가 제
12권[204]에서도 프로디코스와 디아고라스와 크리티아스 및 다른 사
람들이 제정신이 아니고(parakoptein) 미쳐 있다(mainesthai)고 비
난하고, 그들을 바코스 비의에 참가한 사람들(bakcheuontes)에 비
유하면서 그들에게 우리를 성가시게 하지 말고 애를 먹이지도 말
라고 명하는 것처럼 말이다. 아닌 게 아니라 그들은 신들의 이름
들을 글자를 바꿔 수정한다(paragrammizousi). 마치 안티스테네스
가 가장 공통된 것[205]을 확장함으로써(hypoteinōn) 개별적인 것들[206]

---

203 = 3B.42.
204 즉, 『자연에 관하여』 제12권.

을 임의적 설정(thesis)에 귀속시키는 것처럼, 그리고 훨씬 더 이전에는 어떤 기만을 통해서 그렇게 하는 것처럼 말이다.

[9-15. 산문]

9.『라케다이몬인들의 정치 체제』(산문)[207]

10B.35. 아테나이오스『만찬 자리의 소피스트들』11, 463e (DK 88B33)

도시들마다 특유의(idioi) 음주 방식들이 있다. 크리티아스가『라케다이몬인들의 정치 체제』에서 다음과 같은 말들을 통해 제시하고 있는 것처럼 말이다. "키오스 사람과 타소스 사람은 큰 퀼릭스 잔(kylix)을 오른쪽으로 돌려 가며 마시고, 아티카 사람은 작은 퀼릭스 잔을 오른쪽으로 돌려 가며 마시고, 테살리아 사람은 자기가 원하는 사람에게 큰 잔에 건배 술을 제안한다(propinei). 그런데 라케다이몬 사람들은 각자 자기 쪽에 있는 잔을 마시고 포도주 따르는 노예(pais)는 술잔을 비웠을 때에만 〈채워 준다〉."

10B.36. 아테나이오스『만찬 자리의 소피스트들』11, 483b (DK

---

205 가장 공통된 이름(?) 혹은 생각(?).
206 개별적인 이름들(?).
207 cf. 4절.

88B34)[208]

코톤(kōthōn): 라코니아의 잔. 크세노폰이 『퀴로스의 교육』 1권[209]에서 이것을 언급한다. 그리고 크리티아스는 『라케다이몬인들의 정치 체제』에서 이렇게 쓴다. "이것들 말고도 생활 방식에 있어서 가장 자잘한 것들로는, 신발은 라코니아 것이 가장 좋고 외투도 걸치기에 가장 즐겁고 유용하다. 라코니아의 코톤은 군사 활동에 가장 알맞고 배낭 속에 넣고 다니기에도 가장 좋은 잔이다. 군사 활동에 적당한 까닭은 그들이 자주 깨끗지 않은 물을 마실 수밖에 없어서다. 그러니까 우선 마실 것이 그리 맑지(katadēlon) 않다는 것이다. 그다음으로는 코톤이 안쪽으로 구부러지는 가장자리(ambōnes)가 있어서 깨끗지 않은 것을 제 속에 남긴다."

10B.37. 아테나이오스 『만찬 자리의 소피스트들』 11, 486e (DK 88B35)[210]

크리티아스도 『라케다이몬인들의 정치 체제』에서. "밀레토스에서

---

208 플루타르코스 『뤼쿠르고스의 생애』 9.7 (DK 88B34)도 크리티아스에 대한 비슷한 내용의 보고를 담고 있다.

209 2.8.

210 여러 곳에서 만들어진 물건들에 관한 언급이 어떤 맥락에 속하는지는 확정하기 어렵다. 참고로 물건들의 기원을 밝히는 『애가』(10B.2)에서는 아름다운 결혼 침대의 기원이 밀레토스와 키오스라고 언급한 바 있다. 2인 마부석은 테베에서 시작했다고 말했고, 레나이아에 대한 언급은 없다. 귀족주의적 취향을 긍정적으로 언급하는 맥락인지, 아니면 스파르타인들이 경계했을 법한 사치와 과소비를 풍자하는 맥락인지 분명치 않지만, 저술의 성격상 후자 쪽이 더 가능성이 높아 보인다. cf. 10B.2.

만든 침대와 밀레토스에서 만든 2인 마부석(diphros), 키오스에서 만든 침대와 레나이아[211]에서 만든 식탁."

10B.38. 에우스타티오스, 호메로스 『오뒤세이아』 8.376에 관한 주석 (DK 88B36)[212]

이렇게 노는 것이 옛날의 습관이었고, 그들이 말하기로는 라케다이몬인들에게는 공 싸움(sphairomachia)이라는 경기(agōn)가 그 지역에서 성행하고 있었다. […] 그런데 공을 가지고 하는 이런 놀이도 춤의 한 형태라는 것 또한 주목할 만하다. 다음과 같이 쓴 사람도 보여 주는 것처럼 말이다. "집게 춤(thermaystris)은 다리를 가지고 추는 격렬한 춤이다."[213] 어쨌든 크리티아스는 이렇게 말한다. "위로 높이 뛰어올라 땅에 떨어지기 전까지 그들은 다리를 여러 번 교차하는 동작을 수행했는데, 바로 그것을 그들은 집게 춤을 춘다(thermaystizein)고 불렀다."

10B.39. 리바니오스 『연설들』 25.63-64 (DK 88B37)

---

211 에게해의 델로스섬에 인접한 작은 섬이다.
212 맥락: 파이아키아인들이 춤 실력을 뽐내는 대목에 관한 주석.
213 '테르마위스트리스'(thermaystris) 혹은 '테르마스트리스'(thermastris)는 본래 대장간에서 뜨거운 금속을 집는 데 쓰는 가위 모양의 집게를 뜻하는데, 그 집게 모양의 춤을 가리키는 말로 발전한 것이다. 여기서 크리티아스가 묘사하는 것처럼 아마도 공중에 도약하여 착지하기 전까지 여러 번 다리를 집게 모양으로 꼬는 동작을 시도하는 춤인 것으로 보인다.

라케다이몬인들은 헤일로테스들[214]에 대한 살인의 권한(exousia)을 자기 자신들에게 열어 놓는 사람들이며, 그들에 관해서 크리티아스가 다음과 같이 말하는 사람들이다. "라케다이몬에는 최대 수준의(malista)[215] 노예들도 자유인들도 있다." 크리티아스 자신이 말한 바로 그것 외에 다른 무엇이 있겠는가? "이 헤일로테스들에 대한 불신 때문에 스파르타인(Spartiatēs)은 집에 있을 때 그들의 방패에서 손잡이를 빼 버린다. 그런데 군사 행동 중에는 빨라야 할 필요가 자주 있어서 이런 일을 할 수가 없기 때문에, 그는 언제나 창을 들고서 돌아다닌다. 방패만 가지고 헤일로테스가 반란을 하려 할 때 이렇게 함으로써 헤일로테스보다 더 강하게 될 거라 여겨서다. 게다가 그들은 자물쇠들도 고안해 냈다. 그것들이 저들 쪽에서부터 오는 어떤 음모보다 더 강하다고 생각하는 것이다."

|64| 그런데 이것은 두려움과 함께 살 뿐만 아니라 예상 속의 무서운 사람들에 의해 한숨 돌리는 것조차 허용받지 못하는 사람들에게 속한 일이다. 그래서 그들은 아침 식사를 할 때, 잠잘 때,

---

214 헤일로테스(heilōtēs)들은 옛 스파르타, 즉 라코니아와 메세니아 인구의 대다수를 이루며 스파르타 시민들이 누리는 여가와 부를 지탱하는 농업 노동을 하면서 예속의 삶을 살던 사람들이다. 고래로 그들이 하나의 종족이었는지, 사회적 계급이었는지, 혹은 둘 다인지 논란이 되어 왔으며, 그들의 처지가 정확히 어땠는지에 관해서도 이견이 제시되어 왔다. 예컨대, 여기 크리티아스는 "최대 수준의 노예들"이었다고 보지만, 나중 시대 저자들 쪽에선 상당한 이견이 제기되었다. 제2 소피스트 시대의 폴룩스는 "자유인과 노예의 중간"에 해당하는 지위를 가졌다고 보는가 하면(『어휘집』 3.83), 동시대의 파우사니아스는 일종의 거류 외인들이었다고 주장한다.

215 혹은 '특히나'.

그리고 다른 뭔가를 하러 걸어갈 때 가노들(oiketai)에 대한 두려움 (deima)이 그들을 무장시킨다. 그런데 어떻게 바로 이 사람들이, 칼라이스크로스의 아들이여, 순수한 자유를 누릴 수 있겠는가? 그들의 노예들이 포세이돈과 함께 그들을 공격해서[216] 비슷한 상황에서 비슷하게 행동할 것임을 보여 주는 사례를 제시해 주었다고 한다면 말이다. 그렇다면 마치 그들의 왕들이 그리 자유롭지 못했는데 감독관들에겐 왕을 가둘 뿐만 아니라 죽이는 것도 허용되어 있던 것처럼, 그렇게 모든 스파르타인들은 가노들 쪽에서 오는 적대와 함께 살아감으로 해서 자유를 빼앗겼다.

10B.40. 알렉산드리아의 클레멘스 『학설집』 6.9 (DK 88B32)

다시 에우리피데스가 작품에서 "강고한 삶을 수행해 내는 (ekponoumenoi) 아버지와 어머니로부터 나온 자식들이 더 훌륭하다."라고 말했는데, 크리티아스는 쓴다. "보라, 나는 인간의 출생 시점(genetē)에서부터 시작한다. 어떻게 하면 몸이 가장 훌륭해지고 가장 힘 있게 될 수 있을까? 낳는 자(ho phyteuōn)가 몸을 단련하고 튼튼히 (errhōmenōs)[217] 먹고 자기 몸을 혹사시키고 또 장차 태어날 아이의 어머니는 자기 몸을 힘 있게 하고 단련을 하면 된다."

---

216 지진에 의해 촉발된 기원전 464년의 대 헤일로테스 반란을 넌지시 가리키는 것으로 보인다. 포세이돈은 지진을 관장하는 신이기도 하다. 10B.50에도 이 지진과 반란에 대한 언급이 나온다.

217 혹은 '씩씩하게'.

10. 『테살리아인들의 정치 체제』

10B.41. 아테나이오스 『만찬 자리의 소피스트들』 14, 662f (DK 88B31)

"테살리아인들은 희랍인들 가운데서 옷과 음식에 관해서 가장 호사스러운(polytelestatoi) 사람들이었다는 것이 널리 동의된다. 바로 그것이 그들이 희랍에 페르시아인들을 끌어들인 까닭이기도 했다. 이들의 사치와 호사를 부러워했던 것이다." 크리티아스도 그들의 『정치 체제』에서 그들의 호사에 관해 보고한다.[218]

10B.42. 폴룩스 『어휘집』 7.59 (DK 88B38)[219]

그들은 바지(anaxyrides)를 '스켈레아이'(skeleai: 반바지)라고도 부른다. 그 단어는 크리티아스의 『정치 체제들』에도 나온다.

11. 『경구집』(Aphorismoi)

10B.43. 갈레노스 『히포크라테스 「의사의 실습장에 관하여」 주석』 3, 18.B.656.2-8 Kühn (DK 88B39)[220]

---

218 테살리아가 480년에 페르시아에 쉽게 굴복한 것은 분명하지만(헤로도토스 『역사』 7.130-132) 그들을 끌어들였다고까지 말할 수 있을 만한 증거가 확인된 것은 없다.

219 출처가 『라케다이몬인들의 정치 체제』일 수도 있다.

220 10B.44(따라서 5B.3)로 이어짐. cf. 17B.18. 지성에 의한, 혹은 지성에 있어

그리고 그[즉, 아이피키아노스[221]]는 '지성'(gnōmē)[222]이라는 단어에 관해서도 말하면서 옛날 사람들에게서 그것이 '숙고'(ennoēsis)와 동등하게까지는 아닐지 몰라도 '정신'(nous)이나 '사유'(dianoia)와 동등하게 이야기되었다는 것을 언급한 바 있다. 그러니까 이것을 보여 주는 증거 자료들이 많은데 조금만 여기에 제시하겠다. 크리티아스는 『경구집』(Aphorismoi) 제1권에서 다음과 같이 쓰고 있다. "자신의 나머지 몸으로 감각하는(aisthanetai) 것들도 아니고 자기 지성(gnōmē)으로 아는(gignōskei) 것들도 아니다."

그리고 또. "인간들은 자기 지성으로써[223] 건강하다는 데 익숙해짐으로써[224] 알게 된다."

12. 『강연들』(Homiliai)[225]

서의 건강 언급은 그가 소크라테스 제자였음을 상기시키기에 충분하다. 맥락: 감각에 관해, 그것을 가리키는 다양한 용어들에 관해 논의하고 있으며, 퀸투스의 제자 아이피키아노스를 인용하고 있다.

221 기원후 150년경 소아시아에 살았던 희랍의 의사이며 철학자로서 갈레노스의 선생이었다. 퀸투스(하드리아누스 시대, 즉 2세기 초 로마의 절충주의학파에 속하는 해부학자요 의사)의 오랜 제자요 히포크라테스의 추종자로서 그는 그들의 가르침을 (적어도 일부는) 스토아적 의미로 해석했다.

222 혹은 '사유', '판단', '마음', '정신'. 이하 마찬가지.

223 혹은 '자기 지성에 있어서'.

224 혹은 '익숙해지면'.

225 편의상 관행상의 '강연들'로 표현하지만 엄밀히 말해 이것은 나중 시대의 의미이고, 고전 시대에 'homilia'는 '교제'나 '대화' 쪽에 더 가까웠을 것이다. 크리티아스 자신이 붙인 제목이라면 아마 이쪽으로 이해해야 할 것이다.

10B.44. 갈레노스 『히포크라테스 「의사의 실습장에 관하여」 주석』 3, 18.B.656.8-15 Kühn (DK 88B40)[226]

그리고 『강연들』(Homiliai) 두 권 중 앞 권에서도. "당신이 지성으로써[227] 유능하게(hikanos) 되도록 몸소 연습한다면(askēseias) 그럼으로써[228] 그것들에[229] 의해 불의를 당할 가능성이 가장 적어질 것이다."

그리고 『강연들』의 같은 권[즉, 제1권]과 제2권에서 그[즉, 크리티아스]는 자주 지성(gnōmē)을 감각들과 이분법적으로 구분하면서(antidihairōn), 안티폰이 『진리』의 두 권 중 앞 권에서 다음과 같이 이야기했던 것과 똑같이 말했다. "이것들[230]을 알고 나면 당신은 가장 멀리(makrotata) 〈보는 사람이〉 시각으로 보는 것들에 상응하는[231] 것은, 그리고 가장 멀리(makrotata)[232] 아는(gignōskōn)[233] 사람이 지성(gnōmē)으로 아는 것들에 상응하는 것은 아예 아무것도 없다는 것을 알게(hen ti ouden 〈on〉 autōn eisēi)[234] 될 것이다.[235]"

---

226 10B.43으로부터 이어짐. 5B.3과 일부 중복됨. cf. 17B.18.

227 혹은 '지성에 있어서'.

228 혹은 '그렇게'.

229 혹은 '그들에'. 아마도 딜스의 제안대로 감각들을 가리키는 것으로 보는 것이 맥락에 잘 어울린다.

230 추측건대, '(마음의 작용에 상응하는) 객관적인 실재란 아예 없다는 것'. 혹은 보다 안전하게는 '이 책에서 개진되는 것들'.

231 혹은 '해당하는'. 직역하면 '속하는'. 아래도 마찬가지. 텍스트를 딜스를 따라 'autōn'으로 고쳐 읽었다.

232 G는 사본의 'makrotata'를 'mikrotata'로 바꿔 읽는다. 그렇게 되면 번역도 '가장 작은[/미세한] 것들을'로 바뀐다.

233 혹은 '알아보는', '지각하는', '사유하는', '판단하는'.

234 딜스를 따라 'hen ti ouden 〈on〉 autōn eisēi'로 읽었다. 'hen ti ouden autōn

10B.45. 아일리우스 헤로디아누스[236] 『특이한 형태의 단어에 관하여』(*Peri Monērous Lexeōs*) 40.14 (DK 88B41)[237]

크리티아스의 『강연들』에서 '호르메'(hormē: 충동) 대신 쓴 "오르소테스"(orsotēs)는 부정확하다(parasēmon).[238]

10B.46. 플라톤 『카르미데스』 161b4-c9, 162a10-d3 (DK 88B41a)[239]

[전달자: 소크라테스; 피전달자: 동료]

---

eisēi'로 읽으면 '아예 어느 것 하나도 없다는 것을 알게' 대신 '아예 어느 것 하나도 알지 못하게'가 된다.

235 사본이 심하게 손상되어 있어서 본래 텍스트의 내용과 의미에 대해 이견이 분분하다. 나는 기본적으로 딜스의 보충을 따랐다.

236 마르쿠스 아우렐리우스 시대(161-180년) 로마의 문법학자. 알렉산드리아에서 태어나 로마로 옮겨 왔고 마르쿠스 아우렐리우스의 총애를 샀고 이후 문법학자들에게도 상당한 존경의 대상이었다. 호메로스와 아티카 희랍어의 악센트에 관한 저작 등 상당히 많은 저작을 썼고, 그 가운데 『특이한 형태의 단어에 관하여』(*Peri Monērous Lexeōs*)는 온전히 전해지는 유일한 작품이다.

237 앞의 두 단편들 10B.43, 10B.44와 더불어 2세기 중후반, 그러니까 헤로데스 안티쿠스와 비슷한 시대에 헤로데스만이 아니라 다른 지식인들도 여전히 크리티아스 저작에 상당한 관심이 있었다는 또 다른 증거라 할 수 있다.

238 아티카주의자의 눈에 이런 조야한 신조어가 어쩌면 당연하게도 거슬렸을 것이다. 필로스트라토스의 보고(10A.1)대로라면 크리티아스는 이 문제에 관한 한 고르기아스보다는 프로타고라스 계열(즉, 아티카주의자들이 더 선호할 만한 쪽)에 속하는데, 이런 신조어가 어떻게 그의 저작에 포함된 것인지 흥미로운 의문거리다.

239 맥락: 절제에 관해 자신이 제시한 두 정의가 기각된 후에 카르미데스가 셋째 정의를 제시하고 그것에 관해 소크라테스가 함께 논의하는 대목.

"[…] 그런데 절제에 관해서 다음과 같은 것이 당신에겐 어떻게 생각이 되는지 살펴봐 주세요. 방금 전에 막 기억이 났거든요. 이전에 누군가가 이야기하던 걸 들은 적이 있던 건데요. 절제란 자신의 일들[240]을 행함(to ta heautou prattein)일 거라는 말입니다."

그래서 내가 "짓궂은 사람(ō miare)," 하고 말했지요. "여기 크리티아스한테서 그걸 들었거나 |161c| 지혜로운 사람들 중에서 다른 누군가에게서 들은 거군요."

"다른 사람인 거 같네요." 하고 크리티아스가 말하더군요. "정말이지, 적어도 난 아니거든요."

"아니, 무슨 상관이 있나요, 소크라테스?" 하고 그가, 카르미데스가 말하더군요. "내가 누구한테 들었냐가."

"아무 상관없죠." 하고 내가 말했지요. "어쨌든 간에 누가 그걸 말했냐가 아니라 진실한 것이 이야기되는지 아닌지를 숙고해야 하니까요."

"이제 옳게 말씀하시네요." 하고 그가 말하더군요.

"아, 제우스에 맹세코, 그렇죠." 하고 내가 말했지요. "하지만 그것이 정말로 어떤지 우리가 발견하게 되면 난 놀랄 거예요. 어떤 수수께끼(ainigma)와도 같거든요."

[…][241]

---

240 혹은 '자기 것들'.

241 생략된 대목에서 소크라테스는 '자신의 일들을 행함'이 글을 교육하면서 자기 이름만 쓰고 읽으라고 가르친다든지, 국가가 각자에게 의술, 건축, 직조, 제화, 목욕용품 제작 등의 기술에 종사하게 하면서 각자 자기가 쓸 물건만 만들

"그러니까 방금 전에 내가 이야기했던 것처럼 자신의 일들을 행함이 절제라고 이야기하는 그 사람은 수수께끼를 냈던(ēinitteto) 거 같아요. 아마도 바로 요렇게 |162b| 단순한(euēthēs) 사람은 아니었을 테니까요. 아니면 바로 이 말을 하는 걸 당신이 들었다던 사람이 어떤 멍청한(ēlithios) 사람이었나요, 카르미데스?"

"천만에요." 하고 그가 말하더군요. "단언컨대 아주 지혜로운 사람으로 보였거든요."

"그렇담 무엇보다도 더더욱, 내가 보기엔, 그가 그걸 수수께끼로 던졌던 거네요. 자신의 일들을 행함이 대체 무엇인지를 알기가 어렵다고 보고서 말이죠."

"어쩌면 그럴 수도 있겠네요." 하고 그가 말하더군요.

"그럼 자신의 일들을 행함이 대체 무엇일까요? 말할 수 있겠어요?"

"제우스에 맹세코 난 도저히 모르겠네요." 하고 그가 말했어요. "하지만 어쩌면 그 이야기를 한 사람조차 자기가 무슨 뜻으로 한 말인지(enoei)[242] 아무것도 모른다는 게 아예 있을 수 없는 일이라곤 할 수 없겠네요." 그리고 이 이야기를 하면서 동시에 그는 살짝 웃으며 크리티아스 쪽을 쳐다보더군요.

|162c| 그리고 크리티아스는 진작부터 카르미데스뿐만 아니라

게 한다든지 하는 일을 가리키는 건 아닐 거 아니냐고 문제를 제기하면서 수수께끼 같다고 말한 이유를 밝힌다.

242 혹은 '그 말이 무슨 뜻인지'로 새길 수도 있다.

곁에 있는 사람들과도[243] 지지 않고 경쟁해 보겠다고(philotimōs ... echōn) 안달이 나 있는(agōniōn) 기색이 역력하더군요. 그전에는 간신히 자신을 다잡아 왔는데 그땐 그럴 수가 없게 되었던 거죠. 내가 추정했던 것, 즉 카르미데스가 절제에 관한 이 답변을 크리티아스한테서 들었으리라라는 것이 무엇보다도 특히 참이라고 내겐 보이거든요. 그런데 카르미데스는 그 답변에 대한 설명(logos)을 자신이 떠맡고 싶어 하지 않고 저 사람이 해 주었으면 싶어서 |162d| 저 사람을 슬며시 자극하면서(hypekinei) 저 사람 자신이 논박을 당한 것임을 보여 주려 했던 거죠. 그런데 저 사람은 그걸 참지 못했고 그에게 화가 난 걸로 내겐 보이더군요. 꼭 시인이 자기 시들을 형편없이 읊어 대는 배우에게 화난 것처럼 말이죠.[244]

---

243 '곁에 있는 사람들이 보는 앞에서'로 새기는 사람들도 있다.

244 급기야 시인 비유가 동원되기에 이르기까지, 절제의 셋째 정의가 크리티아스의 것임이 다소 장황하게 거론된다. 사실은 그저 비유에 그치는 것이 아니라 실제로 크리티아스는 시인이다. 동시에 그의 경쟁적 심성과 성마름이 드러나고 있는데, 이는 역사적 크리티아스의 성정이 반영된 것일 수 있다. 크리티아스의 이런 뾰족함이 노출되는 것은 서두에서 보여 준 저자 플라톤의 너그러운 묘사 태도가 변화된 것일 수도 있지만, 자기 견해가 온전히 대변되지 못한 데 대한 불만을 토로하는 지적인 민감성의 발로로 이해될 여지도 있다. 소크라테스와 이를테면 저작권 시비의 소지가 있을 수도 있겠지만, 아무튼 "자신의 일을 행함이 절제"라는 언명은 크리티아스의 것이라고 해도 좋을 것으로 보이고, 그의 저작들에 들어 있었다면 딜스의 판단대로 여기 『강연들』 어딘가에 있었을 법하다(DK 2권 395쪽).

13. 『사랑 혹은 덕들의 본성에 관하여』(*Peri Physeōs Erōtos ē Aretōn*)

10B.47. 갈레노스 『히포크라테스 용어 설명』 19.94 Kühn (DK 88B42)

'하릴없이 괴로워하는[245] 여인의'(dysaniēs): 크리티아스는 『사랑 혹은 덕들의(aretōn)[246] 본성에 관하여』에서 그 단어를 이렇게 설명한다. "하릴없이 괴로워하는 사람(dysanios)이란 작은 일들에도 괴로워하고(aniatai)[247] 큰일들에는 다른 인간들보다 더 많이 혹은 더 오랜 시간 동안 괴로워하는 사람이다."[248]

14. 『대중 연설의 서론들』(*Dēmēgorika Prooimia*) 및 기타 출처 미상 산문[249]

---

245 혹은 '짜증 내는'. 아래도 마찬가지.

246 사본의 '덕들의'(aretōn)를 '사랑들의'(erōtōn)로 바꿔 읽자는 프란츠(Franz)의 수정을 받아들이는 사람들도 있다. 수정을 받아들이면 크리티아스의 책 제목은 『사랑들의 본성에 관하여』(*Peri Physeōs Erōtōn*) 정도가 되겠다.

247 혹은 '짜증 내고'. 아래도 마찬가지.

248 안티폰(DK87B89)에도 같은 단어가 나온다. 하르포크라티온 『열 명 연설가 어휘 사전』 dysanios 항목의 내용은 다음과 같다. "'하릴없이 괴로워하는 사람' (dysanios): 안티폰. 모든 일에, 즉 작고 쉽게 무시할 만한 일에도 괴로워하는 사람."

249 헤르모게네스(10A.11)가 언급한 『대중 연설의 서론들』에 명백하게 속하는 것으로 확정할 수 있는 단편은 따로 없다. 여기 열거되는 단편들은 소속이 확실치 않은 산문 단편들이다. 이 가운데서도 이 『서론들』에 귀속될 만한 것들이 있을 수 있다.

10B.48. 아일리아누스 『잡다한 역사』 10.13 (DK 88B44)[250]

크리티아스는 아르킬로코스가 자기 자신을 아주 나쁘게 말했다고 비난한다. "저 사람이" 하고 그는 말한다. "희랍 사람들에게 자신에 대한 이런 의견(doxa)을 유포하지 않았다면, 그가 여자 노예 에니포의 아들이었다는 것도, 가난과 궁핍 때문에 파로스를 떠나 타소스로 갔다는 것도, 간 후에는 그곳 사람들에게 적이 되었다는 것도, 친구들과 적들에게 똑같이 험한 말을 했다는 것도 우리 자신이 들어 알지 못했을 테니까 말이다. 이것들 말고도" 하고 그는 말했다. "그에게서 알게 되지 않았더라면, 그가 간통자였다는 것도, 그가 호색한이요 방약무도한 사람(hybristēs)이었다는 것도, 그리고 이것들보다 훨씬 더 추한 것으로는, 그가 자기 방패를 버렸다는 것도 우리는 알지 못했을 것이다. 그러니까 아르킬로코스는 자기 자신에 대한 좋지 않은 증인이었다. 그만큼의 명망과 그만큼의 명성을 자신에게 남겼으면서도 말이다." 아르킬로코스에게 이런 비난을 하는 건 내가 아니라 크리티아스다.

10B.49. 아일리아누스 『잡다한 역사』 10.17 (DK 88B45)[251]

크리티아스는 말한다. 네오클레스의 아들 테미스토클레스가 정치 활동(politeuesthai)을 시작하기 전에는 아버지에게서 받은 재산

---

250 내용: 작가가 저작에서 자신을 어떻게 드러내야 하는가의 문제. 아르킬로코스의 자전적 서술에 대한 비난.

251 아일리아누스는 10B.48 대목 이후 좀 이따가 바로 다시 크리티아스로 돌아온다. 그가 크리티아스의 단일 저작을 앞에 갖고 있었을 수 있고, 그것은 『강연들』일 수 있다. 민주파 정치인들의 깨끗지 못한 금전적인 문제를 비판하는 대목이다.

(ousia) 3탈란톤[252]을 가지고 있었다. 그런데 그가 공적인 일들의 지도자가 되고 그러다가 망명을 떠나고 그의 재산이 몰수되었을 때는 100탈란톤이 넘는 재산을 가지고 있음이 발견되었다. 그리고 이와 비슷하게 클레온도 공적인 일들에 나서기 전에는 자기 것들 중 아무것도 부채 없는 (eleutheron) 것이 없었는데, 나중에는 50탈란톤의 가산(家産: oikos)[253]을 남겼다.[254]

10B.50. 플루타르코스 『키몬』 16.9 (DK 88B52)[255]

에피알테스[256]가 아테네에 맞선 도시를 돕지도 일으켜 세우지도 못하게 막고 엄중히 반대하면서 스파르타의 자부심이 땅에 떨어져 짓밟히게 내버려 두어야 한다고 했을 때, 키몬[257]은 자기 조국의 성장을 라케다이

---

252 아티카 1탈란톤은 60므나 = 6천 드라크마, 즉 6천일(16년 반)치 임금에 해당하는 금액이었다.

253 혹은 '집', '재산'.

254 429년 페리클레스 사망 이후 민주파 정치인들 가운데 가장 강력한 인사였던 저명한 대중 선동가 클레온은 422년 암피폴리스 전투에서 사망했다. 크리티아스는 테미스토클레스와는 아니지만 클레온과는 개인적인 면식이 있었을 것이다. 그렇다 해도 그 재판 평가액이 믿기 어려울 정도로 큰 것만큼은 부인하기 어렵다.

255 역시 아테네 정치 관련 내용을 다루는 플루타르코스의 보고. 『강연들』에서 나왔을 수 있다. 물론 『라케다이몬인들의 정치 체제』에서 나왔을 수도 있다. 464년 스파르타에 지진이 일어나고 헤일로테스 반란이 일어났을 때(위 10B.39 리바니오스의 『연설들』에 언급된 바 있다. 과장이 섞였을 테지만 지진으로 2만 명이나 사망했다고 전한다.) 반란 진압을 위해 동맹을 맺은 여러 희랍 국가들(아테네 포함)에 도움을 청한 상황.

256 5세기 아테네 이른 시기의 민주파 지도자. 460년대 말에 아레오파고스의 권한

194

몬인들의 이익보다 뒤에 놓고서 민중을 설득한 후에 많은 중무장 보병들과 함께 도우러 떠났다고 크리티아스는 말한다.[258]

10B.51. 아일리우스 아리스테데스 『수사 기술』 2.15 Schmid (DK 88B46)[259]

그[즉, 크세노폰]의 진술(logos)이 '내가 보기에는'(dokei d' emoi ge) 같은 단정적인(apophantikon) 단어로부터 시작했더라면, 그의 진술이 더 강고해져서 그 비슷한 것들 중 어떤 것보다 오히려 크리티아스의 것에[260] 속하는 것으로 보였을 것이다.[261]

을 축소하는 '근본적인 민주주의' 개혁을 주도했고 공직 참여자 일당 지급 제도를 도입했다. 그러나 461년에 (아마도 과두파 사람들에 의해) 암살당하고 아테네 정치의 주도권은 그의 핵심 측근이던 페리클레스에게로 넘어가게 된다.

257 5세기 중엽에 활동한 아테네 정치인이자 장군. 마라톤 전투의 승자 밀티아데스의 아들. 페르시아 전쟁 후 강력한 아테네 해상 제국 창출에 핵심 역할을 한 인물이다(보다 상세한 내용은 2B.59의 관련 주석을 참고할 것). 460년대 아테네에서 귀족으로서 보다 보수적인 분파의 지도자요 친 스파르타파였던 이 사람을 크리티아스가 선호하고 존경했던 것으로 보인다.

258 462년 키몬이 이끄는 4천가량의 중무장 보병이 파병되지만, 정치적 역관계로 인해 냉대를 받고 돌아올 수밖에 없게 되며(이로 인해 결국 461년 그는 물러나게 되고 도편 추방까지 당한다.), 이런 양국 간의 긴장은 460년의 전쟁[이른바 '제1차 펠로폰네소스 전쟁'(460-446년)] 발발로, 그리고 종국에는 우리가 잘 아는 (이른바 '제2차') 펠로폰네소스 전쟁으로 이어지게 된다.

259 맥락: 크세노폰 『향연』 서두의 '헌데 내가 보기에는'(all' emoi ge dokei)에 관해 논평하고 있다.

260 '그 비슷한 것들 중 어떤 것보다 오히려 크리티아스의 것에' 대신 '크리티아스의 것이나 그 비슷한 것들 중 어떤 것에'로 옮길 수도 있다.

261 두 희랍어 표현 사이의 차이가 선명하지는 않다. 단어상의 차이는 접속사 '알라'

10B.52. 아일리우스 아리스티데스 『수사 기술』 2.50 Schmid (DK 88B47)[262]

그런데 당신이 반대 방향으로 결합시켜서(syllabōn), 이를테면 "자기들 눈에 관직들과 명예들과 그 비슷한 능력들에 있어서 남들보다 뭔가 더 뛰어나다고 보이는 사람들을 선택하는 사람들은 내가 보기엔 옳게 행하는 게 아니다."와 같은 말을 했다고 하면, 그런 방식은 옛 소피스트들 가운데 누군가보다는 오히려 크리티아스에 속한다고 보였을 것이다.[263]

10B.53. 플라누데스[264] 『헤르모게네스에 관하여』 5.484 (DK

(alla)와 '데'(de)뿐이지만, 전자는 접속사로 시작하는 문장일 수밖에 없고, 후자는 다른 단어로 시작하는 문장이 되는데, 아리스티데스는 후자가 더 크리티아스 문체에 가깝다고 판단하는 것으로 보인다. 이렇게 보면, 접속사 없는 간결한 이행의 우아함을 크리티아스에게 귀속시키는 필로스트라토스의 보고 (10A.1)와 연관 지을 수도 있을 것이다. 그런데, 물론 그 이야기가 포함되긴 하겠지만, 작품 서두에 관한 논의라는 점을 더 고려하면, 서두를 어정쩡한 접속사로 시작하는 맥 빠진 스타일을 피하고 실질적인 내용을 담은 단어로 시작하는 것이 좋다는 제안으로 보는 것이 더 적절할 수 있다.

262 맥락: 앞 단편에서 약간 아래(『향연』 1.4)에 나오는 "만약에 장군들과 기마 부대 사령관들과 관직 지망자들로"에 관해 다루고 있다. 그 구절은 칼리아스가 길에서 우연히 소크라테스 일행을 만나 자신이 아우톨뤼코스 부자를 초청한 향연에 동석을 청하면서 자기 향연장이 "만약에 장군들과 기마 부대 사령관들과 관직 지망자들"로 채워지는 대신 소크라테스 일행처럼 영혼이 정화된 사람들로 채워지면 훨씬 더 빛날 거라고 말하는 대목이다.

263 아마도 에두르지 않고 이를테면 '돌직구'로 부정적 평가를 드러내는 스타일을 가리키는 것 같다.

264 막시모스 플라누데스(기원후 1255-1305년경)는 콘스탄티노플에서 활동한 비

196

88B51)[265]

예컨대, '퓌티아 경기의 경연에서'(tōi agōni tōn Pythiōn)처럼. 이 것은 일상적이고(koinon)[266] 쉽다(eutelēs)[267]. 그러나 크리티아스는 어순을 뒤집어서(anastrepsas) "경연에서, 그런데 퓌티아 경기의"(tōi tōn Pythiōn agōni)[268]라고 말했다.[269]

10B.54. 디온 크뤼소스토모스『연설들』21.3 (DK 88B48)[270]

아니면 당신은 30인 중 하나인 크리티아스가 다음과 같이 말했 다는 것을 알지 못하는가? "남성들 사이에서 가장 아름다운 형태는 여성이고, 그런가 하면 여성들 사이에서는 정반대다."라고 말이다.

잔틴 희랍의 수사이자 학자, 선집 작가, 번역가, 수학자, 문법학자, 신학자다. 그의 라틴어-희랍어 간 번역을 통해 희랍 동방과 라틴 서방이 서로 긴밀히 접촉할 수 있었다. 지금은 희랍 선집 집성자로 가장 잘 알려져 있다.

265 13세기 말에도 크리티아스 작품에 대한 관심이 살아 있었고 작품에 접근할 수 있었다는 것을 보여 주는 증거.

266 혹은 '흔하고'.

267 혹은 '값싸다', '사소하다'.

268 관사에 연루된 희랍어 어순에 관한 언급이다. 관사가 없고 인도 유럽어와 어 순이 반대인 우리말로 자연스럽게 옮기자면 사실상 두 표현에 차이를 가져오 기 어렵다. 원문의 의도와 내용을 다소나마 드러내기 위해 편의상 크리티아 스의 표현을 다소 부자연스럽게 처리했다.

269 일상어적 표현을 그대로 사용하지는 않았다는 보고다. 그런데 플라누데스가 잘못 본 것일 수도 있다. 비일상적 표현을 사용하려는 의도가 아니라 다른 의 미와 용법을 염두에 두었을 (즉, 속격 명사의 위치를 바꾸어 소유의 의미로 사용하고자 했을) 수도 있다.

270 맥락: 기원후 1세기 말-2세기 초의 디온은 당대 남성의 아름다움 부족을 꼬 집으면서 크리티아스를 끌어들인다.

그렇다면 아테네인들이 옛 법률들을 개정하기(metagrapsai) 위해 그를 입법자(nomothetēs)로 택한 것은 마땅한 일인데, 그는 그것들 가운데 어느 것 하나도 남겨 놓지 않았다.[271]

10B.55. 위-디오뉘시오스[272] 『수사 기술』 6 (DK 88B49)[273]

30인 중 하나인, 칼라이스크로스의 아들에 따르면 인간에게는 일단 태어난 후에는 "아무것도 확고한(bebaion) 것이 없다. 태어난 후에 죽게 된다는 것과 살아 있는 동안 미망(atē)[274]에서 벗어날 수 없다는 것 빼고는 말이다."[275]

10B.56. 필로스트라토스 『소피스트들의 생애』 서문 480 (DK 88B50)[276]

아버지들을 나는, 제우스께서 보는 앞에서 말하건대, 모든 사람

---

271 30인이 선출될 때 명목상 법률을 개정하기 위한 위원회로 출발했다는 것은 크세노폰 『헬레니카』에서도 보고된 바 있다(10A.15).

272 잘 알려진(즉, 기독교 철학에서 언급되는) 위-디오뉘시오스, 즉 아레오파고스의 디오뉘시오스의 차명 저자가 아니라 이 책에 계속 언급되어 온 할리카르나소스 출신 디오뉘시오스의 차명 저자를 가리킨다. 딜스에 따르면 기원후 3세기에 활동한 저자다.

273 이암보스 운율인 점에 비추어 볼 때 비극 가운데 하나에서 나왔을 것이다.

274 본래 경솔하게 범하는 죄에 대한 벌로서 신들이 보내는 맹목이나 망상, 혹은 그로 인해 유발되는 당혹스러움이나 얼빠짐을 가리킨다. 인격화되어 표상된 여신 아테를 가리키기도 한다.

275 영어권에서 자주 회자되는 '세상에 확실한 것은 죽음과 세금(death and taxes) 뿐'이라는 말(18세기 초 대니얼 디포와 크리스토퍼 불록 등이 출처라고 한다.)의 원래 버전쯤에 해당한다고 볼 수 있겠다.

의 경우에 다 쓰지는 않고 다만 유명한 사람들에게서 난 사람들의 경우에만 썼습니다. 소피스트인 크리티아스도 아버지들로 시작하지 않았고 호메로스의 경우만은 예외로 아버지와 함께 언급했다는 걸 난 잘 알고 있거든요. 호메로스의 아버지가 강[277]이었다는 놀랄 만한 일을 보여 주려 했었기 때문에 그랬지요.

10B.57. 폴룩스 『어휘집』 2.58 (DK 88B53 = DK 87B6)[278]

'간파하다'(diopteuein)[279]: 크리티아스와 안티폰. 안티폰은 '보이는'(eisoptoi)도.

10B.58. 폴룩스 『어휘집』 8.25 (DK 88B71)[280]

---

276 맥락: 책의 헌사에서 책을 헌정받는 사람인 집정관(후에 잠시 황제가 된) 안토니우스 고르디아누스(혹은 그의 아들 고르디아누스 2세)에게 이 책에 나오는 인물들의 아버지 이름을 일일이 기록하지 않는 까닭을 설명하고 있다.

277 고대 도시 스뮈르나(지금의 이즈미르) 옆을 흐르던 멜레스강을 가리킨다. 이 때문에 호메로스를 '멜레시게네스'(멜레스에게서 태어난)라 부르기도 한다.

278 = 5B.8. 폴룩스 사전에서 나온 단어 설명 단편들(DK 88B53-73)이 있는데, 대개 문헌학적 관심 영역에 해당하므로 기본적으로 생략하되, 안티폰과 함께 언급된 단편 하나(여기 10B.57)와, 저자 관련하여 주목할 만한 단편 하나(아래 10B.58)만 언급하기로 한다.

279 혹은 '꼼꼼히 살펴보다', '조사하다'.

280 한때 크세노폰의 것으로 잘못 귀속되던 '옛 과두주의자'의 문헌 『아테네인들의 정치 체제』 3.4-6(아래 10B.59)에 '디아디카제인'이 반복적으로 사용된다(7회). (참고로 이 문헌에 '아포디카제인'은 나오지 않지만 '엑디카제인'은 3.2에 두 번 나온다.) 이 점에 주목한 19세기 독일의 고전학자 뵈크(A. Böckh)나 DG의 주장에 따르면, 폴룩스의 '디아디카제인' 설명이 바로 이 문헌에 대

크리티아스는 '재판(dikē)을 해소함(apolysai)' 혹은 '승리한 재판이 아니라고 부정함(apophēnai)'을 가리켜 "아포디카사이"(apodikasai)[281]라고 말했다. 우리 자신도 '무죄 투표함'(apopsēphisasthai)을 말할 수 있듯이 말이다. 그리고 같은 사람이 '일 년 내내(dia) 판결함'을 가리켜 '디아디카제인'(diadikazein)[282]을 또한 말했다.

10B.59. 위-크세노폰 『아테네인들의 정치 체제』 3.4-6[283]

한 것일 가능성이 있고 이 문헌이 헤르모게네스의 문체 관련 보고(10A.11)와도 양립 불가능하지 않으므로, 오랫동안 정체가 불분명했던 '옛 과두주의자'는 크리티아스일 수 있다. 흥미롭게 검토해 볼 만한 문제다.

281 통상 '죄가 없다고 판결함' 혹은 '풀어 주라고 판결함'으로 이해되는 말이다. 그러니까 아마도 통상의 이해에 따르면 이 단어의 전치사 '아포'(apo-)를 피고에 대해 적용하여 죄가 없다고 '부정'하거나 석방하라는 의미의 '풀어' 주기가 내포되어 있다고 보는데, 크리티아스는 원고에 대해 적용하여 원고 측 재판의 승리를 '부정'하거나 재판의 정당성 내지 존재를 '풀어' 없애기가 내포되어 있다고 본 것이 아닐까 싶다.

282 통상 '(갈라 주는) 판결을 함'으로 이해되는 말이다. 그러니까 아마도 통상의 이해에 따르면 이 단어의 전치사 '디아'(dia-)가 '갈라 주는', '판가름해 주는' 정도여서 '판결함'(dikazein)의 내포를 보조 내지 강조하는 데 불과하지만, (폴룩스가 해석한) 크리티아스는 일 년 '내내 지속된다'라는 식의 실질적 의미를 내포한다고 분석한 것 같다.

283 맥락: 아테네에서는 치르고 다루어야 할 일들이 너무 많아서 개인이 평의회나 민회를 상대로 필요한 업무를 처리하기 어렵다는 점을 들어 민주정 아테네에 대해 반론을 제기하고 있다. 여기에 나오는 '일 년 내내(di' eniautou) 판가름이 이루어진다(diadikazesthai)'는 표현을 염두에 두고 폴룩스가 제 나름의 이해를 덧붙여 '일 년 내내'가 '디아디카제인' 안에 들어 있는 것으로 간주했을 가능성을 생각해 볼 만하다. 크리티아스의 것이라고 완전히 합의되어 있지는 않으므로 굵은 글씨 처리를 하지 않지만, 크리티아스의 저작으로 볼

|4| 누군가가 자기 배를 수선하지 않거나 공공건물에 뭔가를 지을 경우에도 판가름을 해 주어야(diadikazein)[284] 한다. 거기에다 또 디오뉘시아, 타르겔리아, 파나테나이아, 프로메티아, 헤파이스티아 축제를 거행하기 위한 합창 가무단 책임자들(chorēgoi)에 대해서도 판가름을 해 주어야(diadikasai) 한다. 그리고 삼단노선 책임자들(triērarchoi)이 매년 4백 명[285]씩 임명되며, 이들 가운데 원하는 사람들을 위해 판가름을 해 주어야(diadikasai) 할 일도 햇수만큼 되는 것이다. 거기에다 관리들을 심사하고 그들의 분쟁에 판가름을 해 주어야(diadikasai) 하며 고아들을 심사하고 죄수들의 교도관들을 임명해야 한다. |5| 그런데 이런 일들이 햇수만큼 있는 것이다.

그리고 군대에서나 다른 어떤 분야의 예기치 않은 잘못(exapinaion adikēma)이 일어날 때 간헐적으로 재판을 해야(dikasai) 한다. 어떤 사람들이 뜻밖의 방자한 행동(aēthes hybrisma)을 자행하든 불경을 저지르든 간에 말이다. 많은 것들이 남아 있지만 모두 생략하겠다. 공물(phoros)의 평가(taxeis) 말고는 가장 중요한 것이 다 이야기되었다. 이 일은 대개 4년마다 이루어진다.

자, 그렇다면 이제, 이것들 모두에 대해 판가름을 해 주어야

가능성은 남아 있다.

284 혹은 '분쟁에 판가름을 해 주어야', '분쟁을 재판으로 해결해 주어야'. 이하 마찬가지.

285 투키디데스 『역사』 2.13.8과 아리스토파네스 『아카르나이인들』 545에 나오는 배의 수를 참고하면, 4백 명이 아니라 3백 명이 되는 것이 더 정확하다고 한다.

(diadikazein) 하는 건 아니라고 생각해야 할까? |6| 이를테면, 무엇이 즉시 판가름이 이루어져야(diadikazesthai) 하는 게 아닌 것인지를 누군가가 이야기한다고 해 보자. 그런가 하면 이번에는 모든 것들이 일 년 내내(di' eniautou) 판가름이 이루어져야(diadikazesthai) 한다는 데 동의할 수밖에 없다고 하면 어떨까? 지금도 일 년 내내 재판을 하고(dikazontes) 있지만 인간들의 수가 많음으로 해서 불의를 저지르는 사람들을 멈추게 할 형편이 되지 못하니까 말이다.

15. 자연학[286] 그리고 '미니' 분리론

10B.60. 아리스토텔레스 『영혼론』 1.2, 405b5-8 (DK 88A23)[287]

다른 사람들은 크리티아스처럼 [영혼이] 피라고 주장하는데, 감각함이 영혼에 속하는 가장 고유한 것이고 이것은 기본적으로 피의 본성 때문이라고 상정하고 있기 때문에 그런 주장을 하는 것이다.

10B.61. 필로포노스 『아리스토텔레스 『영혼론』 주석』 서론 9.19-21 (DK 88A23)[288]

30인 가운데 하나인 크리티아스. 그는 영혼이 피라고 이야기했

---

286 자연학과 관련해서는 10B.22, 10B.23 참고.
287 맥락: 소크라테스 이전 철학자들의 영혼의 본성 논의에 대한 학설사의 끝에 레기움의 히폰과 크리티아스의 영혼론이 언급된다. 직전에 영혼이 물이라는 히폰의 주장이 보고되었다.

던 것이다. 그는 말하길 "왜냐하면 심장 주변의 피가 인간들에게 생각(noēma)이기 때문이다."

10B.62. 필로포노스 『아리스토텔레스 『영혼론』 주석』 서론 89.8-12 (DK 88A22)

그가 크리티아스라고 할 때 소크라테스의 제자이기도 했던 30인 중 하나인 사람을 이야기하는 건지 아니면 다른 누군가를 이야기하는 건지가 우리에겐 아무런 차이가 없다. 소피스트인 다른 크리티아스가 또한 있었는데, 알렉산드로스[289]가 이야기하는 바로는 유통되는 저작들도 그의 것이라고 한다. 30인에 속하는 사람은 운율에 맞는(emmetroi)[290] 『정치 체제들』 말고는 다른 어떤 것도 전혀 쓴 바 없기 때문이다.

---

288 포르퓌리오스 『스튁스에 관하여』(출처는 스토바이오스 『선집』 1.49.53)에 따르면 이 똑같은 언명이 엠페도클레스의 것으로 되어 있다(DK 31B105). 그러니까 영혼에 관한 이 언명은 크리티아스가 독창적으로 내세운 이론이라기보다 필요에 의해 인용하거나 시행에 편입한 것일 수 있다. 다른 곳에서 필로포노스는 크리티아스의 정체에 관한 논란을 소개한다.

289 기원후 2세기 말의 아프로디시아스의 알렉산드로스를 가리킨다. 그는 아리스토텔레스 주석가들 가운데 가장 잘 알려진 사람이다. 그의 『영혼론』 주석은 소실되었다. 그가 크리티아스 분리론을 주장한 유일한 고대 저자다.

290 이 말이 운문을 뜻하는 것이 아니라 제목에 포함되는 것으로 이해되기도 한다. 이런 이해가 맞다면 『적절한 정치체제들』이라는 별도 저작이 있었다고 볼 수 있게 된다.

16. 덕과 부(富)(구두 발언 자료)

10B.63. 위-플라톤『에뤽시아스』395e6-396a2, 396e5-397b7[291]

[전달자: 소크라테스]

그[즉, 에뤽시아스]가 뭔가 계속 더 이야기하고 싶어 했는데, 크리티아스가 끼어들어 말했어요. "당신이 직접 내게 말해 주세요, 에뤽시아스. 부유함이 좋은 거라고 생각하나요?"

"물론, 제우스에 맹세코 난 그렇게 생각합니다. 아니라면 정말이지 미친 거겠지요. 게다가 그것에 동의하지 않을 사람은 하나도 없을 거라고 난 생각해요."

"하지만" 하고 크리티아스가 말하더군요. "나도 어떤 사람들에겐 부유함이 나쁜 거라는 내 생각에 동의하도록 내가 만들지 못할 사람은 |396a| 하나도 없을 거라고 생각해요. 그러니까 그게 과연 좋은 거라고 한다면 우리 가운데 어떤 사람들에게 나쁜 것으로 나타날 리가 없겠죠."

[…]

"[…] 여기 에뤽시아스에게 기꺼이 물어보고 싶습니다. 부정의한 사람들과 정의로운 사람들이 있다고 그가 생각하는지를 말입니다."

"제우스에 맹세코" 하고 저 사람이 말하더군요. "무엇보다도 틀

---

291 몇 줄 뒤에 3B.50으로 이어짐. 그 대목은 크리티아스와 프로디코스가 부와
    덕에 관해 비슷한 입장을 공유하고 있다는 보고라 할 수 있다.

림없이 그렇습니다."

"그럼 이건 어떤가요? 불의를 행함(to adikein)은 나쁜 것이라고 당신은 생각하나요, 아니면 좋은 것이라고 생각하나요?"

"나쁜 것이라고 난 생각합니다."

"어떤 사람이 이웃 사람들의 아내들과 돈을 주고 간통을 한다면 불의를 행하는 걸 거라고 당신은 생각하나요, 아니면 아니라고 생각하나요?"

"불의를 행하는 걸 거라고 난 생각합니다."

"그렇다면" 하고 그가 말했어요. "부정의하기도 하고 그러고 싶어 하는 사람이 부유해서 그런 데 돈을 쓸 능력이 있다고 하면, |397a| 그는 나쁜 짓을 저지르지(examartanoi) 않을까요? 그런가 하면 그 사람이 끌어다 쓸 수 있는 아무런 자원도 갖고 있지 않아 부유하지 않다면 자기가 하고 싶어 하는 것들을 전혀 해낼 능력이 없을 거라서 나쁜 짓을 저지르지도 못할 겁니다. 그렇기 때문에 그 사람에게는 부유하지 않은 게 득이 되는(lysiteloi) 일이기도 할 겁니다. 자기가 하고 싶어 하는 것들을 덜 해낼 것인데, 그가 하고 싶어 하는 건 몹쓸 일들이니까 말입니다. 그리고 또 이번엔 아프다는 건 나쁜 거라고 말할 건가요, 아니면 좋은 거라고 말할 건가요?"

"나쁜 거라고 난 말할 겁니다."

"그럼 이건 어떤가요? 당신은 자제력이 없는(akrateis) 어떤 사람들이 있다고 생각하나요?" |397b|

"그렇다고 생각합니다."

"그렇다면 이 사람에겐 건강을 위해 음식과 마실 것과 즐겁다고 여겨지는 다른 것들을 멀리하는 게 더 나은데, 그 사람이 자제력 없음 때문에 그럴 수가 없다면, 이 사람에겐 이런 것들을 마련하기 위해 끌어올 자원이 없는 게, 필요한 것들이 많이 넘쳐나는 것(periousia)보다 오히려 더 낫지 않을까요? 그렇게 되면 그가 몹시 그러고 싶어 하더라도 그에겐 나쁜 짓을 저지를 만한 권능(exousia)[292]이 없을 테니까요."

---

292 혹은 '능력'.

제11장

에우튀데모스와 디오뉘소도로스

에우튀데모스와 디오뉘소도로스 형제는 플라톤 대화편의 구절들, 그것도 『에우튀데모스』의 구절들을 제외하면 거의 알려져 있지 않은 인물들이고 현대 논의도 이들에 대해 그리 우호적이지 않다.[1]

---

[1] 주요 현대 참고문헌 5개 가운데 2개, 즉 DG와 W에만 실려 있다. DK 번역 편집자 스프레이그(R.K. Sprague 1972b)는 DK에 없는 에우튀데모스를 굳이 부록(294-301쪽)으로 추가하여 23개 단편을 수록했다. DK의 딜스가 작업할 당시에는 플라톤이 자기 라이벌을 허구화했다는 가설이 유행했고 그 일환으로 딜스도 에우튀데모스가 안티스테네스를 모델로 한 허구적 인물이라는 당대의 중론을 받아들였을 것이라는 게 스프레이그의 추측이다. 그런 추측에 이어 스프레이그는 왜 크세니아데스 같은 한미한 인물은 넣으면서 아리스토텔레스의 두 구절로 역사성이 쉽게 추론될 수 있는 에우튀데모스를 제외하는가 하고 묻는다. 디오뉘소도로스를 제외한 것이 아쉽고 크세니아데스를 한미한 인물로 치부한 것도 선뜻 동의하기 어렵지만(사실 한미하다 할 정도로 홀대받긴 했지만 크세니아데스 또한 소피스트 목록에 추가할 만하다.), 에우튀데모스를 추가하기로 한 스프레이그의 선택 자체는 매우 훌륭하다.

이들에 대한 무시야말로 현대 논의가 아직도 플라톤적 전통의 그림자 아래(에서 확실성주의에 사로잡혀) 있다는 것을 극명하게 보여 주는 사례다. 하지만 크세노폰과 아리스토텔레스[2]에 등장하는 것만으로도 그들의 역사성은 비교적 분명히 확립될 수 있다.[3] 동생 에우튀데모스를 기준으로 말하자면, 아마도 475년경 키오스섬에서 태어났고, 투리이 식민 도시에 참여했으나 이후 망명에 들어가 희랍 본토에서 소피스트로 활동했던 것으로 보인다. 이런 추측들의 근거 자료인 플라톤의 『에우튀데모스』에서는 그들이 최근에[4] 아테네에 온 것으로 묘사된다. 그들은 노인이 다 되어서야 자기들

---

2 커퍼드의 추측에 따르면 아리스토텔레스는 플라톤 대화편에 담겨 있지 않은 소피스트적 논변들을 포함하는 에우튀데모스의 저작을 가지고 있었던 것으로 보인다.

3 도리옹(L.-A. Dorion 2000)은 딜스와 스프레이그를 절반씩만 받아들인다. 역사적 인물들이라는 점에서는 스프레이그를, 소크라테스와 동시대의 소피스트가 아니라는 점에서는 딜스를 따른다. 결국 이들이 플라톤과 동시대에 활동한 메가라학파 인물들이라는 것이 그의 결론이다. 그러나 그의 논변은 이들을 메가라학파로 보아야 하는 필연성을 적극적으로 확립하기에는 부족해 보인다. 그가 제시하는 증거들은 그저 메가라학파가 소피스트적이라는 점을 보여 줄 뿐이다. 설사 백번 양보해서 그의 논변이 충분하다 치더라도, 그렇다면 그는 플라톤이 왜 이들이 메가라학파임을 굳이 감추고 있는가를 설명해야 한다. 이를테면 이소크라테스를 거론할 때처럼 플라톤이 적어도 암시 정도는 해야 하지 않겠느냐는 말이다.

4 『에우튀데모스』의 극중 연대는 420년경 혹은 그 이후다. 프로타고라스가 사망했고 알키비아데스가 살아 있다는 단서를 이용해 420년과 404년 사이로 잡을 수 있겠지만, 그것 이상으로 좁혀 잡기에는 근거들이 상충하므로 보다 정확한 연대를 추정하기 어렵다. 상세한 내용은 김주일(2019) 197-199쪽[= 김주일(2008) 20-21쪽]을 참고할 것.

의 신기술, 즉 쟁론술(eristikē)에 착수한 "새로운 소피스트들"이라고 지칭된다(11A.1). 그러니까 연배만으로 보면 1세대 급이라 할 수 있지만 활동상으로는 2세대에 속하는 만학도 소피스트다. 마치 연배로는 엠페도클레스보다 앞서지만 활동상으로는 나중이었던 아낙사고라스처럼 말이다.

『에우튀데모스』에 펼쳐져 있는 그들의 '쟁론술'의 결과물들은 흔히 '궤변'(sophisma)이라 불리는 '나쁜 논변들'로 평가되곤 한다. 그러나 그곳의 논의들이 역사적 실재를 반영하는 것이라는 가정하에서 그리고 보다 중립적인 견지에서 보자면 그들이 그렇게밖에 논변을 만들 수 없었던 것은 아닐 것이며, 그렇게 하기로 작정하고 일부러 그런 논변을 만들고 보여 주었을 것이다. 그런 논변들의 특징적인 면모가 무엇이고, 왜 그런 논변을 산출, 유통시켰는지가 오히려 그들의 작업을 이해하는 데 관건이 되는 문제라 할 수 있다.

물론 아이러니가 개재되어 있겠지만, 소크라테스는 이들이 지닌 논박적 지혜를 배우기 위해 자신을 넘겨 줄 용의가 있노라며 이들을 추켜세운다. 이는 프로타고라스나 고르기아스 같은 소피스트들에 대한 소크라테스의 평가나 대응과도 비교해 볼 만하다. 『크라튈로스』 386d3-7(11B.9)에서는 에우튀데모스가 인간 척도설을 프로타고라스와 다르게 적용하는 모습으로 등장한다.

일견 플라톤이 이들을 시종일관 부정적으로 묘사하는 것으로 보이기도 하지만, 우리로서는 이들에게서 언어의 애매성에 민감하도록(혹은 한정어를 명민하게 다루도록) 훈련시키는 선생의 모습을 떠올릴 수 있다. 프로타고라스로부터 『이중 논변』으로 가는 길목에서 이 두 형제의 작업이 일정한 몫의 기여와 역할로 소피스트 운동의 향배에 영향을 주었을 수 있다. 그 작업에 재미와 장난의 요소가 분명히 개입되어 있지만, 그것이 왜 문제인지 근본에서부터 다시 성찰해 보아야 할 것이다. 작품(『에우튀데모스』) 속에서 시종 진중했던 크테시포스의 뾰족한 반응이 이런 유희에 대한 적절한 대응인지도 따져 볼 필요가 있다. 결국 에우튀데모스 형제의 도발적이고 문제적인 논변들은 진지함과 유희에 관한 성찰로 우리를 인도한다.

A. 삶과 행적

1. '새로운 소피스트'로 거듭난 에우튀데모스 형제의 완벽한 만능 싸움 기술: 중무장 전투술, 법정 연설 및 연설 작성 기술, 쟁론술

11A.1. 플라톤 『에우튀데모스』 271a1-272c1 (S 1, S 2)[5]

|271a| 크리톤: 누구였나요, 소크라테스, 어제 뤼케이온에서 당신이 함께 대화를 나누고 있던 사람이? 정말이지 큰 무리가 당신들 주변을 에워싸고 있어서 나로선 듣고 싶어 다가갔지만 아무 것도 분명히 들을 수가 없었어요. 그래도 고개를 빼고 슬쩍 보았

---

5 작품 서두.

더니 당신이 대화를 나누고 있던 사람은 외지인 가운데 한 사람 같더군요. 누구였나요?

소크라테스: 둘 중 어느 쪽 사람에 대해 묻는 건가요, 크리톤? 하나가 아니고 둘이었으니 말이죠.

크리톤: 당신부터 쳐서 오른쪽 셋째 자리에 앉아 있던 사람 말이에요. |271b| 당신과 그 사람 사이에는 악시오코스의 아들인 젊은이(meirakion)[6]가 있었고. 그리고 내가 보기에, 소크라테스, 그 아인 정말 많이 자란 것 같았고, 우리 아들 크리토불로스와 나이가 별반 차이가 안 나 보이더군요. 물론 우리 앤 호리호리한데 그 아인 잘 자라서 외모가 아름답고 훌륭했지만 말이죠.

소크라테스: 에우튀데모스예요, 크리톤, 당신이 묻는 그 사람 말이에요. 내 옆 왼쪽에 앉아 있던 사람은 그 사람의 형제 디오뉘소도로스고요. 이 사람도 이야기에 참여하고 있었지요.

크리톤: 두 사람 다 모르겠네요, 소크라테스. 그 사람들 또 다른 어떤 새로운(kainoi) |271c| 소피스트들인 것 같은데, 어디 출신인가요? 또 그들의 지혜가 무슨 지혜인가요?

소크라테스: 그들은 태어나기로는 이 근방 어딘가 키오스 출신인데, 투리이로 식민지를 개척해 갔다가 거기서 추방돼서 벌써 여러 해를 이 지역 주변에서 지내고 있지요. 그리고 당신이 물은 그것, 즉 그 두 사람의 지혜는 놀라운 지혜예요, 크리톤. 그 두 사람은 그야말로 온통 지혜로 가득 차 있지요(passophoi). 난 전에는 종

---

6 아래에서 밝혀지는 대로 이름은 클레이니아스다.

합 격투기 선수들(pankratiastai)이 뭔지 전혀 몰랐어요. 그 두 사람은 영락없이 한 쌍의 만능 싸움꾼(pammachō)이니 말이죠. 두 아카르나니아 출신의 형제 종합 격투기 선수와는 차원이 다르지요. 저 두 사람은 |271d| 몸으로만 싸울 수 있지만, 이 두 사람은 우선 몸에 있어서 그리고 모두를 이겨 내는 싸움에 있어서 가장 능란하지요(deinotatō). 이 사람들 스스로 무장을 한 채 싸우는 데 아주 지혜로울 뿐만 아니라 |272a| 다른 사람도 보수를 지불하기만 하면 그렇게 만들어 줄 수 있거든요. 게다가 법정에서의 싸움(hē en tois dikastēriois machē)으로 자웅을 겨루는(agōnisasthai) 데 있어서만이 아니라 법정에서 행할 만한 연설(logoi)을 행하는(legein) 법과 글로 쓰는(syngraphein) 법을 다른 사람에게 가르치는 데 있어서도 가장 강하지요. 전에는 이 두 사람이 이것들에 있어서만 능란했는데, 지금은 결국 거기에 종합 격투기 기술까지 마무리로 얹어 놓았지요. 그 두 사람이 해 보지 않은 나머지 한쪽 싸움을 이젠 완성해 내서 그 어느 누구도 그들을 상대해 보겠다고 나설(antarai) 수조차 없을 정도예요. 그 정도로 그들은 말로(en tois logois) 싸우는 데만이 아니라 |272b| 매번 이야기되는 것을, 그것이 거짓이든 참이든 간에, 논박해 내는(exelenchein) 데 능란하지요. 그러니 나는, 크리톤, 그 두 사람에게 나 자신을 넘겨줄(paradounai) 작정이에요. 그 두 사람은 짧은 시간 동안만으로도 다른 누구든 바로 이런 똑같은 것들에 있어서 능란하게 만들어 줄 수 있을 거라고 주장하니까 말이죠.

크리톤: 뭐라고요, 소크라테스? 그러기엔 나이가 벌써 많이 든

게 아닐까 걱정은 안 되나요?

소크라테스 : 조금도 안 돼요, 크리톤. 걱정 안 되기에 충분하고
도 안심이 되는 증거를 갖고 있어요. 이 두 사람이 거의 노인이 다
돼서 나 자신이 욕망해(epithymō) 마지않는 바로 이 지혜, 즉 쟁론
적(eristikē) 지혜[7]에 착수했거든요. 작년 혹은 재작년에는 그 두 사
람이 아직 그 방면으로 |272c| 지혜롭지 않았지요.

2. 미니 '소피스트 대회'[8]

11A.2. 플라톤『에우튀데모스』272e1-273a3

[전달자: 소크라테스; 청자: 크리톤; 대화자: 에우튀데모스와 클레이니아스
및 소크라테스와 디오뉘소도로스]

어떤 신의 인도로(kata theon ... tina) 나는 마침 당신이 나를 본
바로 거기 탈의실에 혼자 앉아 있다가 일어나야겠다는 생각을 이
미 하고 있던 참이었지요. 그런데 내가 일어나고 있는데 예의 그
신령스러운 신호[9]가 생겨나더군요. 그래서 다시 앉아 있었지요.
그러다 얼마 |273a| 안 가서 이 두 사람, 에우튀데모스와 디오뉘
소도로스가 들어오게 되었고 또 다른 제자들도, 내 눈엔 많아 보
였는데, 함께 왔어요. 두 사람은 들어와서 지붕 덮인 주랑을 거닐

---

7 혹은 '쟁론술'로 새기는 것도 불가능하지는 않다.
8 cf. 1A.5, 그리고 3A.6, 4A.10.
9 소크라테스 장 A의 7절이나 6B.23, 6A.49, 6A.55 등의 관련 내용을 참고할 것.

더군요(periepateitēn).[10]

11A.3. 플라톤 『에우튀데모스』 276b6-c1[11]

[전달자: 소크라테스; 청자: 크리톤; 대화자: 에우튀데모스와 클레이니아스 및 소크라테스와 디오뉘소도로스]

그런데 그[즉, 에우튀데모스]가 이런 말을 하자, 마치 합창 가무단이 선생의 신호를 받은 것처럼 디오뉘소도로스와 에우튀데모스의 추종자들이 동시에 왁자지껄하며 웃더군요.[12]

3. 디오뉘소도로스의 장군술

11A.4. 크세노폰 『소크라테스 회상』 3.1.1-3[13]

|1| 그[즉, 소크라테스]가 아름다운 것들을 열망하는 사람들(oregomenoi)에게 그들이 열망하는 것들을 돌보도록(epimeleis) 만들어 줌으로써 이로움을 주었다는(ōphelei) 것에 대해서 이제 죽 이야기하겠다.

언젠가 디오뉘소도로스가 이 나라에 왔는데 장군이 되는 법

---

10 『프로타고라스』의 '소피스트 대회' 묘사(1A.5, 3A.6, 4A.10)의 축소판에 해당한다. 플라톤은 거의 '코스프레'쯤의 느낌으로 묘사하고 있다.

11 11B.2에 포함.

12 이 구절 또한 '소피스트 대회' 이야기다. 합창 가무단 비유가 인상적인 1A.5 말미를 떠올리게 한다.

13 cf. 11B.1에서 소크라테스가 클레이니아스에게 소개하는 대목. 11B.13도 디오뉘소도로스 단독으로 나온 전승이다.

(stratēgein)을 가르치겠노라 공언한다는 말을 듣고, 그는 함께 있는 사람들 중 누군가에게 이야기했다. 이 사람이 이 나라에서 이런 명예를 얻었으면 하고 바라고 있다는 걸 그는 눈치채고 있었던(ēisthaneto) 것이다.[14]

|2| "정말이지 수치스러운(aischron) 일입니다, 젊은 친구, 나라에서 장군이 되기를 바라는 사람이 그걸 배울 수 있는데도 관심을 기울이지 않는다는(amelēsai) 게 말이에요. 그리고 이 사람이 나라에 의해 벌을 받는 건 누군가가 조각상 만드는 법을 배우지 않았는데도 조각상들을 만드는 일을 떠맡았을 때보다 훨씬 더 정의로운 일일 거예요. |3| 온 나라가 전쟁의 위험들 가운데서 장군에게 맡겨져 있는 상황에서 그가 제대로 행하면(katorthōn) 좋은 것들이 크고 그가 잘못하면(dihamartanōn) 해악이 크게 된다는 것이 그럴법하니까요(eikos). 그러니 그걸 배우는 데는 관심을 기울이지 않으면서 그걸 하라고 뽑히는 데는 관심을 기울이는 사람이 벌을 받는다는 게 어찌 정의롭지 않겠어요?"

바로 이런 이야기들을 하면서 그는 그 사람이 가서 배우도록 설득해 냈다.

---

14 이 젊은이가 크세노폰 자신일 수 있다.

B. 사상과 가르침

1. 덕의 전수(본업)와 시범

11B.1. 플라톤 『에우튀데모스』 273c1-d9, 274a6-b3 (S 3)

[전달자: 소크라테스; 청자: 크리톤; 대화자: 에우튀데모스와 클레이니아스 및 소크라테스와 디오뉘소도로스]

|273c| 그렇게 해서 난 그 두 사람에게 반갑게 인사하게 되었어요. 오랜만에 보는 거였거든요. 그러고는 클레이니아스에게 말을 건넸지요. "클레이니아스, 이 두 사내분, 에우튀데모스와 디오뉘소도로스는 그야말로 자잘한 것들이 아니라 대단한 것들에 있어서 지혜로워요. 전쟁에 관한 모든 것들, 즉 훌륭한 장군이 되려고 하는 사람이 필요로 하는 것들을 알고 있지요. 군대의 전술과 지휘만이 아니라 중무장하고 싸우기 위해 가르쳐야 하는 것들까지도 말이죠. 그리고 누군가가 그 사람에게 불의를 저지르는 경우에 법정에서 자신을 방어할 능력이 있도록 만들어 줄 수도 있지요."

|273d| 그런데 이런 말을 하자 그 두 사람이 날 가볍게 보았어요(katephronēthēn hyp' autōn). 그러다가[15] 두 사람 다 서로를 쳐다보고 웃더니 에우튀데모스가 말하더군요. "그것들을 우리가, 소크라테스, 지금도 업으로 삼고 있는(spoudazometha) 건 아니고요.

---

15 사본의 'oun'을 'goun'으로 고친 하이도르프의 제안대로라면 '어쨌거나'쯤이 된다. 굳이 고치는 수고는 필요 없다.

그것들은 그저 부업(parerga)으로 할 뿐이죠."

그 말에 놀라서 내가 말했지요. "당신들의 일(ergon)은 아마 아름다운 거겠네요. 그런 대단한 일들(pragmata)이 당신들에겐 부업이라면 말이에요. 그럼 신들 앞에서 부탁하건대, 그 아름다운 게 무엇인지 내게 말씀들 해 주세요."

"덕을" 하고 그가 말하더군요. "사람들 가운데 가장 아름답고 빠르게 넘겨줄 수 있다고 우린 생각하지요."

[…]

"그렇다면 난 당신들이 그런 소유물을 가지고 있는 게 대왕이 제국을 가지고 있는 것보다 훨씬 더 복받은 일이라고 여깁니다. 그런데 요것만큼은 내게 말씀들 해 주세요. 이 지혜를 시범 보여 줄 생각들이신지, 아니면 두 분 스스로 어떤 결정들을 해 놓았는지 말이에요."

"바로 그걸 위해 우리가 와 있는 거죠, 소크라테스. |274b| 누군가가 배울 의향이 있다면 시범 보이고 가르치려고 말이죠."

[2-6. 플라톤 『에우튀데모스』]

2. 배움(manthanein)에 관한 문제: 배우는 사람들은 누구고 무엇을 배우는가?[16]

11B.2. 플라톤 『에우튀데모스』 275d2-277c7 (S 4, S 5, S 6)[17]
[전달자: 소크라테스; 청자: 크리톤; 대화자: 에우튀데모스와 클레이니아스

및 소크라테스와 디오뉘소도로스][18]

어쨌거나 내가 기억하기로 에우튀데모스는 이 비슷한 어떤 이야기로 시작을 했어요. "클레이니아스, 사람들 가운데 배우는 사람들(hoi manthanontes)은 어느 쪽인가요, 지혜로운(sophoi) 사람들인가요, 아니면 무지한(amatheis) 사람들인가요?"

그러자 그 젊은이는 그 물음이 대단한(mega) 것이었기 때문에 얼굴을 붉히며 어찌 대응할 줄 몰라(aporēsas) 내 쪽을 쳐다보더군요. 그래서 나는 그가 동요된 상태라는 걸 알아차리고는 말했지요. "클레이니아스, 두려워 말고 |275e| 용기 있게 대답해요. 어느 쪽이라고 당신에게 보이는지. 아마도 가장 큰 혜택을 당신에게 베풀고들 계신 것 같으니까요."

그러는 사이에 디오뉘소도로스가 얼굴에 크게 미소를 띠며 내게 몸을 약간 기울여 귀에다 대고 말했어요. "당신에게 미리 말해 둡니다, 소크라테스. 이 젊은이가 어느 쪽으로 대답을 하든 논박을 받으리라는(exelenchthēsetai) 걸 말입니다."

---

16 즉, 배우는 사람들은 아는 자인가, 모르는 자인가? 아는 것을 배우는가, 모르는 것을 배우는가? cf. 6B.43의 말미에 이어지는 '메논의 역설' 대목(플라톤 『메논』 80d5-e5).

17 276b에 11A.3 포함. 3B.17로 이어짐.

18 맥락: 11B.1의 대화를 통해 두 소피스트가 시범을 보인다는 데 모두 합의한 후, 소크라테스는 모든 걸 다 시범 보일 수는 없으니 (이들에게서 배워야겠다고 설득되지 못한 사람까지도 설득하는 게 이들의 기술에 속한다는 걸 확인한 후) 바로 그 설득, 즉 철학과 덕(지혜 사랑과 덕 돌봄)으로의 권유를 시범 보이라고 요청한다. 그 시범 대화는 두 젊은이 크테시포스와 클레이니아스를 상대로 진행하기로 합의하고 두 소피스트가 권유 논변을 시작한다.

그리고 그가 이런 말을 하고 있는 도중에 클레이니아스가 대답을 해 버렸어요. 그래서 난 그 젊은이에게 주의를 하라는 충고조차 할 수 없었고, |276a| 그런 상태에서 그는 지혜로운 사람들이 배우는 사람들이라고 대답을 했지요.

그러자 에우튀데모스가 말했어요. "그런데 당신이 선생이라고 부르는 어떤 사람들이 있나요, 아니면 없나요?"

있다고 그가 동의하더군요.

"그렇다면 배우는 사람들의 선생들이 선생들이네요. 마치 키타라 연주자(kitharistēs)와 글 선생(grammatistēs)이 당신과 다른 소년들의 선생이었고 당신들은 학생이었던 것처럼 말이죠."

그가 동의했어요.

"그렇다면 당신들이 배우고 있었을 때 당신들이 배우고 있던 그것들을 아직 모르고 있었던 것이 틀림없지요?"

"모르고 있었죠." 그가 말했어요.

"그렇다면 |276b| 그것들을 모르고 있었을 때 당신들은 지혜로웠나요?"

"확실히 아니죠." 그가 말했어요.

"그렇다면 지혜롭지 않다면 무지했나요?"

"물론입니다."

"그러니까 당신들은 모르고 있던 것들을 배우고 있을 때 무지한 채로 배우고 있던 거네요."

그 젊은이가 고개를 끄덕이더군요.

"그러니까 무지한 사람들이 배우는 거네요, 클레이니아스, 당신이 생각하듯 지혜로운 사람들이 아니고."

그런데 그가 이런 말을 하자, 마치 합창 가무단이 선생의 신호를 받은 것처럼 디오뉘소도로스와 에우튀데모스의 추종자들이 동시에 왁자지껄하며 웃더군요.

|276c| 그리고 그 젊은이가 아름답고도 훌륭하게 숨을 돌릴 새도 없이 디오뉘소도로스가 넘겨받아서 말했어요. "어떤가요, 클레이니아스, 글 선생이 구술로 받아쓰게 할(apostomatizoi)[19] 때마다 소년들 가운데 어느 쪽이 구술로 받아쓴 것들을 배우고 있었나요? 지혜로운 소년들인가요, 아니면 무지한 소년들인가요?"

"지혜로운 소년들입니다." 클레이니아스가 말했어요.

"그렇다면 무지한 사람들이 아니라 지혜로운 사람들이 배우는 거고, 당신은 방금 에우튀데모스에게 잘 대답한 게 아니었네요."

|276d| 바로 그때 그 두 사람을 사랑하는 사람들(erastai)이 그 두 사람의 지혜에 경탄한 나머지 아주 크게 웃으며 법석을 떨더군요. 반면에 그들과 달리 우리는 아주 멍해져서(ekpeplēgmenoi) 잠자코 있었지요.

그러자 에우튀데모스가 우리가 멍해진 상태로 있다는 걸 알아채고는 우리가 자기에게 훨씬 더 탄복하게 만들 작정으로 그 젊

---

19 편의상 뒷부분을 생략하여 '구술로 받아쓰게 하다'로 옮겼지만, 온전하게는 '구술로 받아쓰게 하여 가르치다'라는 뜻이다. 다른 곳에서도 마찬가지. 선생이 자기가 외우고 있는 호메로스 등의 시구를 입으로 불러 주면 학생은 그걸 받아쓰거나 따라 부르며 외워서 결국 선생처럼 그걸 외워 읊을 수 있게 연습하는 일이 희랍 인문 교육의 기본 방식이었다.

은이를 놓아주지 않고 계속 물어 대더군요. 그것도 훌륭한 무용수들이 그러듯 같은 것에 관한 물음들을 이중으로 꼬아서(dipla estrephe) 말했어요. "배우는 사람들은 아는 것들을 배우나요, 아니면 알지 못하는 것들을 배우나요?"

그러자 디오뉘소도로스가 다시 내게 부드럽게 속삭였어요. |276e| "이것도, 소크라테스, 앞서의 것과 비슷한 또 하나의 것이죠."

"제우스시여," 하고 내가 말했지요. "정말이지, 앞서의 물음도 우리에겐 아름다운 걸로 보였습니다."

"우리가 묻는 것들은" 하고 그가 말했어요. "다 그렇게 피할 수 없는 것들(aphykta)이죠."

"바로 그래서" 하고 내가 말했지요. "학생들 사이에서 당신들이 유명한 거라는 생각이 드네요."

그러는 사이에 클레이니아스는 에우튀데모스에게 배우는 사람들은 알지 못하는 것들을 배우는 거라고 대답을 해 버렸어요. 그러자 저 사람은 |277a| 그에게 앞서 던졌던 것과 똑같은 방식의 질문을 하더군요. "어떤가요?" 하고 그가 말했어요. "당신은 글자들을 알고 있지 않나요?"

"예." 그가 말했어요.

"그럼 그것들 전부를 아는 것 아닌가요?"

그가 동의했어요.

"그럼 누군가가 뭔가를 구술로 받아쓰게 할 때 글자들을 구술로 받아쓰게 하는 거 아닌가요?"

그가 동의했어요.

"그렇다면 당신이 아는 것들 가운데 뭔가를 그가 구술로 받아쓰게 하는 거 아닌가요? 당신이 그것들 전부를 안다면 말이에요."

이것에 대해서도 그는 동의했어요.

"그럼 어떤가요?" 하고 그가 말했어요. "누군가가 구술로 받아쓰게 하는 것들을 당신이 배우는 게 아니고 글자들을 알지 못하는 사람이 배우는 건가요?"

"아니요. 그게 아니고 내가 배웁니다." 그가 말했어요.

"그렇다면 당신이 알고 있는 것들을" 하고 그가 말했어요. |277b| "당신은 배우고 있는 거네요. 당신이 글자들 전부를 알고 있다고 한다면 말이죠."

그가 동의했어요.

"그러니까 당신이 한 대답은 옳은 게 아니었네요." 그가 말했어요.

그러자 아직 이런 말들이 에우튀데모스에 의해 미처 다 이야기될 새도 없이 디오뉘소도로스가 공(sphaira)처럼 논변(logos)을 넘겨받아 다시 그 젊은이를 겨냥해서 말하더군요. "에우튀데모스가 당신을 속이고 있어요, 클레이니아스. 자, 내게 말해 보세요. 배운다는 건 누군가가 배우는 그것에 대한 앎을 받아들이는(lambanein) 것 아닌가요?"

클레이니아스가 동의했어요.

"그런데 안다는 건" 하고 그가 말했어요. "앎을 이미 가지고 있다는 것에 다름 아니지요?"

그가 동의했어요.

222

"그렇다면 알지 못한다는 건 |277c| 아직 앎을 갖고 있지 않다는 거네요?"

그가 그에게 동의했어요.

"그렇다면 뭔가를 받아들이는 사람들은 그걸 이미 갖고 있는 사람들인가요, 아니면 갖고 있지 않은 사람들인가요?"

"갖고 있지 않은 사람들이죠."

"그렇다면 알지 못하는 사람들도 이런 사람들, 즉 갖고 있지 않은 사람들에 속한다고 당신은 이미 동의한 거 아닌가요?"

그가 고개를 끄덕였어요.

"그렇다면 배우는 사람들은 갖고 있는 사람들이 아닌 받아들이는 사람들에 속하는 거네요."

그가 동의했어요.

"그렇다면 알지 못하는 사람들이" 하고 그가 말했어요. "배우는 거네요, 클레이니아스. 아는 사람들이 아니고."[20]

3. '…임'/'있음'(einai)에 관한 문제: 누군가의 변화(…임으로부터 … 아님, 혹은 … 아님으로부터 …임)를 바라는 건 죽기를 바라는 것인가? 거짓된 진술(= 있지/…이지 않은 것을 말하기)과 반론이란 가능한가? 거짓된 의견은, 무지는 가능한가?

---

20 이 대화에 관해 소크라테스가 클레이니아스에게 정리해 주는 대목은 3B.17에 수록되어 있다.

11B.3. 플라톤 『에우튀데모스』 283b4-284e6 (S 7, S 8)

[전달자: 소크라테스; 청자: 크리톤; 대화자: 디오뉘소도로스와 소크라테스 및 크테시포스와 에우튀데모스][21]

"내게 말해 보세요, 여기 이 젊은이가 지혜롭게 되기를 욕망한다고 말하는 소크라테스와 그 밖의 여러분," 하고 그[즉, 디오뉘소도로스]가 말했어요. "이런 말을 하면서 당신들은 장난을 하는(paizete) 건가요, 아니면 참으로 그걸 욕망하며 진지한(spoudazete) 건가요?"

그러자 나는 문득 이런 생각을 갖게 되었어요. 앞서 우리가 그 두 사람이 그 젊은이와 대화를 나누어 주었으면 하고 청하고 있을 때 그 두 사람은 우리가 장난을 하는 걸로 생각한 거고, 그 때문에 두 사람은 그걸 장난으로 대하고 진지하게 임하지 않은 거라는 생각을 말이죠. |283c| 그래서 이런 생각이 들었기에 나는 더더욱, 우리가 놀라울 정도로 진지하다고 말했지요.

그러자 디오뉘소도로스가 "하지만 주의하세요, 소크라테스." 하고 말했어요. "지금 당신이 이야기하는 것들을 부인하게 되지 않도록 말이에요."

---

21 맥락: 11B.2의 권유 논변 후에 소크라테스는 당황스러워하는 클레이니아스에게 '배운다'의 애매성에 기초한 소피스트적 '놀이'에 관해 설명해 주고(그것의 일부가 3B.17), 이젠 진지한 권유를 해 달라고 두 소피스트에게 부탁한다. 그러면서 먼저 그런 권유의 시범을, 클레이니아스를 상대로 보여 준다. 좋은 것의 소유와 사용을 나누고, 좋은 것의 옳은 사용에 의해 행복이 얻어지는데 옳은 사용을 담보해 주는 것이 앎/지혜라고 논변한다. 이제 두 소피스트의 차례다.

"이미 하고 있습니다." 하고 내가 말했지요. "그걸 절대 부인하게 될 일이 없으니까요."

"그럼 어떤가요?" 하고 그가 말했어요. "당신들은 그가 지혜롭게 되기를 바란다고 주장합니다."

"물론입니다."

"그런데 지금" 하고 그가 말했어요. "클레이니아스는 지혜로운가요, 아닌가요?"

"적어도 아직은 아니라고 그는 말하죠." 하고 내가 말했지요. "그는 허풍쟁이(alazōn)가 아니에요."

"그런데 당신들은" |283d| 하고 그가 말했어요. "그가 지혜롭게 되고 무지하지 않기를 바라나요?"

우리가 동의했어요.

"그렇다면 당신들은 그가 [지금] …이지[/있지] 않은(ouk estin) 그 사람이 되기(genesthai)를 바라는 반면, 그가 지금 …인[/있는] (esti nyn) 그 사람이 더 이상 아니기[/있지 않기](mēketi einai)를 바라는 거네요."

그러자 나는 그 말을 듣고서 혼란스러워졌고, 저 사람은 내가 혼란스러워하는 사이에 끼어들어 "그럼" 하고 말했어요. "당신들은 그가 지금 …인[/있는] 그 사람이 더 이상 아니기[/있지 않기]를 바라니까, 당신들은 그가 죽기를(apolōlenai) 바라는 것 같군요. 하지만 소년 애인(paidika)이 죽어 버리는(exolōlenai) 걸 아주 대단히 여기는 그런 사람들이 퍽이나 많은 값어치가 있는 친구들이자 사랑해 주는 사람들(erastai)이 되겠네요!"[22]

|283e| 그러자 크테시포스가 그 말을 듣고서 자기 소년 애인을 위하는 마음에 언짢아져서 말하더군요. "투리이 외지인이여," 하고 말했어요. "이런 말을 하는 게 외람되지 않은 거였다면 난 '당신 머리로 떨어지길'(soi eis kephalēn)이라고 말했을 거예요. 내가 이 사람이 죽어 버렸으면 하고 바랄 거라는, 나로서는 입에 담기조차 불경스럽다고 생각하는 그런 일(pragma)로 나와 다른 사람들을 깎아내리는 거짓된 말을 당신이 했으니까(katapseudēi) 말이에요."

"뭐라고요, 크테시포스?" 하고 에우튀데모스가 말했어요. "거짓된 말을 한다는 것(pseudesthai)이 가능하다고 정말 당신은 생각하나요?"

"제우스에 맹세코 그렇죠."라고 그가 말했어요. "내가 미친 게 아닌 한은."

"말(ho logos)[23]이 바로 그것에 관한 것이라고 할 때의 바로 그 일 (to pragma)을 말하면서(legonta)인가요, 말하지 않으면서인가요?"

|284a| "그걸 말하면서죠." 그가 말했어요.

"그렇다면 그가 그것을 말한다(legei)[24]고 하면, 그가 말하고 있는 바로 그것 말고 있는 것들(ta onta) 가운데 다른 걸 말하는 게 아니

---

22 이 소피스트들의 논의에 그저 한 번 웃고 말자거나 기죽이고 말자는 가벼움이나 과시욕만 있는 것인지는 따져볼 여지가 있다. '…이다'/'있다'의 언어적 애매성만이 아니라 변화 자체가 무엇인가 하는 보다 근본적인(혹은 존재론) 차원의 질문을 제기하는 논의로도 얼마든지 이해할 수 있다.

23 혹은 '진술'.

24 혹은 '진술한다'. 다른 곳에서도 마찬가지. 편의상 '말한다', '진술한다' 중 맥락에 더 어울리는 말을 임의로 택하기로 한다.

겠죠?"

"어찌 그럴 수 있겠습니까?" 크테시포스가 말했어요.

"실로, 그가 말하고 있는 바로 저것 또한 있는 것들 가운데 하나 죠, 다른 것들과 구별되는."

"물론이죠."

"그렇다면 저것을 말하는 사람은 있는 것(to on)을 말하는(legōn) 거 아닌가요?" 그가 말했어요.

"예."

"하지만 실로, 있는 것(to on)과 있는 것들(ta onta)을 말하는 사 람은 참된 것들(talēthē)을 말하지요(legei). 그러니까 디오뉘소도 로스는, 그가 있는 것들을 말한다고 한다면, 참된 것들을 말하고 있고 당신을 깎아내리는 어떤 거짓된 것도 말하고 있지 않아요 (ouden ... pseudetai)."

|284b| "그래요." 하고 그가 말했어요. "하지만 이것들[25]을 말하 는 사람은" 하고 크테시포스가 말했어요. "에우튀데모스, 있는 것 들(ta onta)을 말하는(legei)[26] 게 아니죠."

그러자 에우튀데모스가 "그런데 있지 않은 것들은" 하고 말했어 요. "다름 아니라, 있지 않죠?"

"있지 않죠."

"그럼 바로 그 있지 않은 것들은, 다름 아니라, 아무 데도(ouda-

---

25 즉, 디오뉘소도로스가 말하는 것들.
26 '있는 것들을 말한다'는 말은 '있는 것들 그대로를 말한다'는 뜻이기도 하다.

제11장 에우튀데모스와 디오뉘소도로스 227

mou) 있지 않죠?"

"물론, 아무 데도요."

"그럼 이것들, 즉 있지 않은 것들을 두고 누군가가 뭔가를 행할 (praxeien) 수가 있을까요? 누구라도 저것들, 즉 아무 데도 있지 않은 것들을 만들어 낼(poiēseien)[27] 수 있도록 말이죠."

"없다고 난 생각합니다." 하고 크테시포스가 말했어요.

"그럼 어떤가요? 연설가들이 대중 앞에서 말할 때 아무것도 행하지 않는 건가요?"

"물론 행하지요." 하고 그가 말했어요.

"그럼, |284c| 행한다면 만들기도 하는 거 아닌가요?"

"그렇죠."

"그렇다면 말하는 것은 행하는 것이자 만드는 것이겠네요."

그가 동의했어요.

"그렇다면 바로 그 있지 않은 것들을" 하고 그가 말했어요. "말하는 사람은 아무도 없습니다. (그건[28] 이미 뭔가를 만들고 있는 걸 테니까요. 그런데 당신은 있지 않은 것을 만들어 낼 수 있는 사람은 아무도 없다는 데 동의했지요.) 그러니까 당신의 이야기에 따르면 아무도 거짓된 것들을 말하는 사람은 없고, 디오뉘소도로스가 말을 한다고 하면 그는 참된 것들이자 있는 것들을 말하는 겁니다."

"제우스에 맹세코, 그렇죠," 하고 크테시포스가 말했어요. "에우

---

27 혹은 '작용을 가할'.
28 즉, 말[/진술]을 한다는 건.

튀데모스, 하지만 그가 어떤 식으로든 있는 것들을 말하긴 하지만, 적어도 그것들의 상태 그대로(hōs ge echei)는 아니죠."

"무슨 말인가요, 크테시포스?" 하고 디오뉘소도로스가 말했어요. |284d| "사물들(ta pragmata)[29]을 그것들의 상태 그대로 말하는 사람들이 있나요?"

"물론 있죠." 하고 그가 말했어요. "아름답고도 훌륭한 사람들이자 참된 것들을 말하는 사람들이 말입니다."

"그럼 어떤가요?" 하고 그가 말했어요. "좋은 것들은 좋은 상태인(eu echei) 반면 나쁜 것들은 나쁜 상태인 거 아닌가요?"

그가 그렇다고 동의했어요.

"그리고 아름답고도 훌륭한 사람들은 사물들을 상태 그대로 말한다는 데 당신은 동의하나요?"

"동의합니다."

"그렇다면, 크테시포스," 하고 그가 말했어요. "훌륭한 사람들이 상태 그대로 말을 한다고 하면 나쁜 것들(ta kaka)을 나쁘게(kakōs) 말한다(legousin)는 거네요."

"제우스에 맹세코" 하고 그가 말했어요. "심하게 그렇죠. 어쨌거나 나쁜 사람들을 그렇게 하지요. 당신이 내 말을 따른다면, 바로 그들 가운데 속하는 걸 당신은 주의하게 될 겁니다. |284e| 훌륭한 사람들이 당신을 나쁘게 말하지 않도록 말이죠. 이건 모쪼록 잘 알아 두어야(eu isth') 하는데, 훌륭한 사람들은 나쁜 사람들을

---

29 혹은 '사태들', '일들'. 다른 곳에서도 마찬가지.

나쁘게 말하거든요."

"그리고 그들은" 하고 에우튀데모스가 말했어요. "큰 사람들을 크게 말하고 뜨거운 사람들을 뜨겁게 말하나요?"

"분명 그렇죠." 하고 크테시포스가 말했어요. "어쨌거나 그들은 생기 없는(psychroi) 사람들을 생기 없게(psychrōs) 말하기도 하고 그 사람들이 생기 없게 대화한다고 주장하기도 합니다."

"당신은" 하고 디오뉘소도로스가 말했어요. "헐뜯고(loidorēi) 있군요, 크테시포스, 헐뜯고."

11B.4. 플라톤 『에우튀데모스』 285d3-286e7 (DK 80A19) (S 9)[30]

[전달자: 소크라테스; 청자: 크리톤; 대화자: 디오뉘소도로스와 크테시포스 및 소크라테스]

"[…] 하지만 나[즉, 크테시포스]는 화를 내는(chalepainō) 게 아니라 그[즉, 디오뉘소도로스]가 나에 대해 아름답지 않게 이야기한다고 여겨지는 것들에 대해 반론하는(antilegō) 겁니다. 그러니 당신은, 고상한 디오뉘소도로스," 하고 그가 말했네. "반론하는 걸 헐뜯는 거라고 부르지 마세요. 헐뜯는다는 건 뭔가 다른 거니까요."[31]

그러자 디오뉘소도로스가 "반론한다(antilegein)[32]는 게" 하고 말

---

30 중간의 대부분, 즉 285d7-286d3이 1B.23과 중복. 맥락: 11B.3의 마지막 말에 대해 이야기를 계속함.

31 이후부터 286d3까지 1B.23과 중복.

32 혹은 '반대 진술한다'.

했어요. "있다고[33] 여기고, 크테시포스, 당신은 그 논변들(logoi)[34]을 하고(poiēi)[35] 있는 건가요?"

|285e| "물론이죠." 하고 그가 말했어요. "그것도 무척이나요. 아니면 당신은, 디오뉘소도로스, 반론한다는 게 있다고 생각하지 않나요?"

"어쨌거나 당신은" 하고 그가 말했어요. "어떤 사람이 다른 사람에게 반론하는 걸 들었다는 걸 절대 보여 줄(apodeixais)[36] 수 없을 겁니다."

"그게 정말인가요?" 하고 그가 말했어요. "하지만 내가 당신에게 보여 주는지 어쩐지 우리가 지금 들어 봅시다(akouōmen nyn ei).[37] 크테시포스가 디오뉘소도로스에게 반론하는 걸 말이에요."

"이것에 대한 논변(logos)을 책임질 건가요(hyposchois)[38]?"

"물론이죠." 그가 말했어요.

"그럼 어떤가요?" 하고 그가 말했어요. "있는 것들 각각에 진술들

---

33 혹은 '있을 수 있다고'. 이하 마찬가지.

34 혹은 '진술들', '설명들'. 이하 마찬가지.

35 혹은 '만들고'.

36 혹은 '증명할', '논증할'.

37 T 사본을 따라 'akouōmen nyn ei'로 읽었다. B 사본을 따라 'akouō men nyn ei'로 읽으면 '하지만 내가 당신에게 보여 준다면 나는 듣고 있습니다.'가 되고, W 사본을 따라 'akouomen nyn ei'로 읽으면 '하지만 내가 당신에게 보여 준다면 우리는 듣고 있습니다.'가 되어 어색하다. OCT가 택한 독법은 배텀(Badham)의 수정 'akouōn men nyni'인데, 이 수정을 따르면 '하지만 나는 지금 들으면서 당신에게 보여 주고 있지요[/보여 주겠습니다].'로 새길 수 있다.

38 혹은 '논변[/설명] 부담을 질 건가요', '근거[/논변]를 제시할 수 있나요'.

(logoi)³⁹이 있나요?"

"물론이죠."

"그렇다면 각각의 것이 있다라는(hōs estin)⁴⁰ 건가요, 아니면 있지 않다라는(hōs ouk estin)⁴¹ 건가요?"

|286a| "있다라는 거죠."

"당신이 기억한다면" 하고 그가 말했어요. "크테시포스, 방금 전에도 우리는 있지 않다라고는(hōs ouk esti)⁴² 아무도 진술하지(legonta)⁴³ 못한다는 걸 보여 주었으니까요(epedeixamen). 있지 않은 것(to ... mē on)은 아무도 진술하지 못한다는 게 드러났거든요."

"그래서 그게 대체 이거와 뭔 상관인가요?" 하고 그가, 즉 크테시포스가 말했어요. "그렇다고 나도 당신도 조금이라도 덜 반론하고 있는 게 되나요?"

"자, 그럼" 하고 그가 말했어요. "우리 두 사람이 모두 같은 사물(pragma)⁴⁴에 대한 진술을 제시하면(logon ... legontes) 반론을 하는 게 될까요, 아니면 그렇게 되면 정말로 우리가 같은 것들을 진술하는 게 될까요?"

그는 후자에 동의했어요.

---

39 혹은 '설명들', '정의들'.
40 혹은 '있는 대로인', '있다고 하는'. 이하 마찬가지.
41 혹은 '있지 않은 대로인', '있지 않다고 하는'.
42 혹은 '있지 않은 대로는'.
43 혹은 '말하지'. 이하 마찬가지.
44 혹은 '사태'. 이하 마찬가지.

"하지만[45] 둘 중 아무도" 하고 그가 말했어요. "그 사물에 대한 |286b| 진술을 제시하지 않을 때 우리는 반론을 하는 걸까요? 아니면 그렇게 되면 우리 둘 중 아무도 그 사물을 아예 언급조차 안 하는 걸까요?"

이번에도 그는 후자에 동의하더군요.

"하지만 보세요,[46] 나는 그 사물에 대한 진술을 제시하는데 당신은 어떤 다른 사물에 대한 다른 진술을 제시한다고 할 때 우리는 반론을 하는 건가요? 아니면 나는 그 사물에 대해 진술하지만 당신은 아예 진술조차[47] 하지 않는 건가요? 그런데 진술하지 않는 사람이 어떻게 진술하는 사람에게 반론을 할 수 있을까요?"

그러자 크테시포스는 침묵했지만, 나는 그 논변(logos)[48]에 놀라서 "무슨 뜻으로 하는 말인가요(legeis), 디오뉘소도로스." 하고 말했지요. "아닌 게 |286c| 아니라 바로 이 논변을 나는 정말 많은 사람들에게서 자주 들었지만 매번 놀라지 않는 적이 없지요. 프로타고라스를 위시한 그 주변 사람들도 그걸 뻔질나게(sphodra) 이용했고 훨씬 이전 사람들도 그랬거든요. 그런데 나에겐 늘 그게 놀랄 만한 논변으로, 즉 다른 논변들을 거꾸러트릴(anatrepōn) 뿐만 아니라 스스로 자신도 거꾸러트리는 논변으로 보입니다. 그런

---

45 혹은 '그런가 하면'.
46 혹은 '그런가 하면'.
47 '그 사물에 대해'가 생략된 것으로 볼 수도 있지만, 아예 그런 생략 자체가 없는 것으로 볼 수도 있다. 전자가 쉬운 해석이지만, 후자가 음미해 볼 만하다.
48 혹은 '진술', '말'. 이하 마찬가지.

데 그것의[49] 진리를 당신에게서 가장 멋지게[50] 들을(peusesthai) 수 있을 거라는 생각이 드네요. 거짓된 것들을 진술한다는 건 없다[51]는 말 아닌가요? 당신의 논변이 이걸 뜻하는(dynatai) 거니까요. 안 그런가요? 아니, 누군가가 진술을 할 때면 참된 것들을 진술하거나, 아니면 진술하지 않거나(mē legein)[52] 하는 거 아닌가요?"

그가 동의하더군요.

|286d| "그렇다면 거짓된 것들을 진술하는 건 없지만, 생각하는 (doxazein)[53] 건 있는 건가요?"

"생각하는 것도 없지요." 그가 말했어요.[54]

"그렇다면 거짓된 생각[55](pseudēs ... doxa)도" 하고 내가 말했어요. "아예 없겠네요."

"없죠." 그가 말했어요.

"그렇다면 무지(amathia)도 무지한 사람들(amatheis anthrōpoi)도 없겠네요. 아니면, 이게 무지 아닐까요, 만약에 그런 게 있다면? 사물들에 대해 거짓을 말하는 것(pseudesthai) 말이에요."

"물론입니다." 그가 말했어요.

---

49 즉, 그것에 대한.
50 직역하면 '아름답게'.
51 혹은 '있을 수 없다'.
52 앞에 '참된 것들을'이 생략된 것으로 보는 것이 불가능하지는 않지만, 맥락상 '아예 진술하지 않거나'(mēde legein)로 이해하는 것이 더 적절할 것 같다.
53 혹은 '의견을 갖는', '믿음을 갖는'. 아래도 마찬가지.
54 여기까지가 1B.23과 중복되는 부분.
55 혹은 '의견', '믿음'.

"그런데 그게 없는 거네요." 내가 말했어요.

"없죠." 그가 말했어요.

"진술을 위해서, 디오뉘소도로스, 당신은 진술을 하고 있는 건가요? 엉뚱한 진술을 하려고? 아니면 당신은 사람들 가운데 아무도 무지한 사람은 없다고 진짜로 생각하나요?"

|286e| "아니, 당신이 논박해 보세요(elenxon)." 그가 말했어요.

"당신의 이야기에 따르면 이것, 즉 논박해 낸다(exelenxai)는 게 있을 수가 있나요? 아무도 거짓말을 하는 사람이 없는데?"

"없죠." 하고 에우튀데모스가 말했어요.

"그렇다면" 하고 내가 말했어요. "방금 전에 디오뉘소도로스가 논박해 내라고 시키지(ekeleuen)도 않은 거네요?"

"그야, 있지 않은 걸 누구라도 어떻게 시킬 수가 있겠어요? 당신은 시키나요?"

4. 영혼을 가짐(psychēn echein)과 뜻을 가짐(noein)에 관한 문제

11B.5. 플라톤 『에우튀데모스』 287b4-c4, d7-e1

[전달자: 소크라테스; 청자: 크리톤; 대화자: 소크라테스와 디오뉘소도로스]

"내가 작년에 뭔가 말했다면 그걸 지금 떠올릴 건가요? 지금 이야기되고 있는 것들(ta ... legomena)은 어떻게 다룰지(chrēi)[56] 모르고?"

---

56 혹은 '사용할지'. 이하 마찬가지.

"실은" 하고 내가 말했지요. "아주 어려운 말들[57]이기도 해서요. 그야 그럴 만도 하죠. 지혜로운 사람들에게서 이야기되는 것들이 니까요. 당신이 말하는 요 마지막 말도 다룬다(chrōmenos)[58]는 게 정말 어렵네요. '내가 어떻게 다룰지 모른다.'는 게 무슨 말인가요, 디오뉘소도로스? 아니면, 분명히 |287c| 내가 그 말을 논박해 낼 수 없다는 건가요? 이 구절(rhēma), 즉 '내가 그 말들을 어떻게 다룰지 모른다.'는 게 당신에겐 다른 무슨 뜻을 갖나요(noei)? 말해 주세요."

"아니, 당신이 말하는 그것은" 하고 그가 말했어요. "다루기가 아주 어렵지는 않으니,[59] 자, 이제 대답이나 하세요."

[…][60]

"그럼 뜻을 가진 것들(ta noounta)이 뜻을 가질(noein) 때 영혼을 가지고서(psychēn echonta) 그런가요, 아니면 영혼 없는 것들(ta apsycha)도 뜻을 가지나요?"

"영혼을 가지고서죠."

"그럼 영혼을 가지고 있는 어떤 구절(rhēma)을 아나요?" 그가 말했어요.

"제우스에 맹세코 난 모릅니다."

---

57 혹은 '논변들', '진술들'.
58 혹은 '대한다', '이용한다'.
59 사본의 'tōi'를 'g' ou'로 바꿔 읽은 배덤(Badham)의 수정을 따랐다.
60 누가 대답을 먼저 들어야 하는지, 즉 누가 질문을 이어 갈지에 관한 공방 끝에 소크라테스가 양보하고 디오뉘소도로스가 질문을 이어 간다.

|287e| "그럼 방금 그 구절이 나에게 무슨 뜻을 가지는가(hoti moi noei)를 물었던 건 뭐죠[61]?"

5. 앎에 관한 문제: '하나를 알면 모든 걸 다 안다. 그것도 언제나. 그것도 늘 똑같은 것(즉, 영혼)에 의해. (그리고 당신이 그것에 동의한다는 것까지도 보여 주겠다.)'

11B.6. 플라톤 『에우튀데모스』 293a8-294a10, 294e5-295a5, 295e4-296d4 (S 10, S 11)[62]

[전달자: 소크라테스; 청자: 크리톤; 대화자: 에우튀데모스와 소크라테스][63]

---

61 혹은 '왜죠'. 이 질문에 답하면서 소크라테스는 '잘못하는 일이란 없다.'는 앞서의 디오뉘소도로스의 논의 결과를 이용하여 디오뉘소도로스 입장의 자기 반박성을 드러낸다(287e-288a). 11B.4(= 1B.23)의 286c에서 소크라테스가 이미 이런 프로타고라스류 논변이 가진 취약성에 관해 언급한 바 있다. 같은 논점은 나중에 303e에서도 언급된다. 거기서 소크라테스는 두 소피스트가 남들의 입을 꿰매면서 자신들의 입도 꿰맨다고 말하면서 그들의 기술의 대단한 점은 빨리 흉내 낼 수 있게 한다, 즉 빨리 전수한다는 점이라고 비아냥댄다.

62 cf. 17B.5.

63 맥락: 11B.5 이후 소크라테스는 디오뉘소도로스적 입장의 자기 반박성을 비판하고, 이어 두 소피스트에게 격하게 반응하는 크테시포스를 다독이는 모양새를 취한다. 자청하고 나선 이 '말리는 시어머니' 역할이 곧 클레이니아스를 상대로 한 그의 둘째 권유 논변으로 이어지는데, 물론 플라톤의 설정이지만, '북 치고 장구 치는' 이런 이행에 두 형제가 침묵으로 방관하는 것이 흥미롭다. 진지한 권유로 돌아와 달라는 부탁을 재차 하면서 그 시범을 보인다는 것이 소크라테스의 명분이다. 앞선 획득-사용 구분 논의에 이어, 좋은 것을 만들 줄 알면서 만든 것을 사용할 줄도 아는 앎이 뭐냐의 문제를 다룬다. 여기서 잠깐 액자 밖으로 나와 권유 대화에 관해 반성이 이루어진 후, 대화 소개로 다시

그리고 그[즉, 에우튀데모스]는, 친구, 아주 호기 있게(megalo-phronōs) 이야기를 시작했지요. 이렇게 말이죠.

|293b| "소크라테스," 하고 그가 말했어요. "당신들이 아까부터 당혹스러워하고 있는(aporeite) 그 앎을 당신에게 가르쳐 줄까요(didaxō), 아니면 당신이 갖고 있다는 걸 보여 줄까요(epideixō)?"

"축복받은 분," 하고 내가 말했어요. "그런데 그게 당신에게 달려 있나요?"

"물론이죠." 그가 말했어요.

"그렇다면 제우스에 걸고 부탁건대 내가 갖고 있다는 걸 보여 주세요." 하고 내가 말했어요. "이 나이 먹은 사람이 배우는 것보다 그쪽이 훨씬 더 쉬운 일일 테니까요."

"자, 그럼 내게 대답해 보세요." 하고 그가 말했어요. "당신이 알고 있는(epistasai) 게 있나요?"

"물론이죠." 하고 내가 말했어요. "그것도 많이 알죠. 사소한 것들(smikra ge)이긴 하지만."[64]

"충분해요." 하고 그가 말했어요. "그럼 있는 것들 가운데 뭔가가 그것이 지금 어떤 것이다라고 할 때의 바로 그 어떤 것이 아닐 수 있다고 당신은 |293c| 생각하나요?"

돌아간다. 소크라테스는 정치술을 대답으로 고려하지만 산물의 문제에서 무한소급으로 막히게 되고, 결국 그 난경(aporia)을 해결해 줄 것이라는 기대를 받으며 소피스트들의 논의가 다시 이어진다.

64 소크라테스 장 B의 4절이 다루는 소크라테스의 무지 주장의 의미를 다시 새겨 볼 만하다.

"제우스에 맹세코 나로선 그렇게 생각하지 않습니다."

"그럼 당신은" 하고 그가 말했어요. "뭔가를 알고 있는 거 아닌가요?"

"난 알고 있지요."

"그럼 당신이 알고 있다고 한다면 당신은 아는 사람(epistēmōn) 아닌가요?"

"물론이죠. 적어도 바로 그것(toutou ge autou)에 대해서는."[65]

"아무 차이 없어요. 당신이 적어도 아는 사람인 한은 모든 것을 알아야 하는 게 필연적이지 않나요?"

"제우스에 맹세코 아니죠." 하고 내가 말했어요. "다른 많은 것들을 난 알지 못하니까 말이에요."

"그럼 뭔가를 알지 못한다면 당신은 아는 사람이 아니군요."

"적어도 그것에 대해서는 그렇죠, 친구." 내가 말했어요.

"그럼 조금이라도 덜" 하고 그가 말했어요. "당신이 아는 사람이 아니게 되는 건가요? 방금 당신은 아는 사람이라고 말했죠. 그러니까 이렇게 |293d| 당신 자신이 지금 어떤 사람이다라고 할 때의 바로 그 어떤 사람이면서 또다시 같은 관점에서[66] 동시에 그 어떤 사람이 아닌 게 되죠."

"좋아요," 하고 내가 말했어요. "에우튀데모스. 흔히들 하는 말로, 정말 아름다운 말들만 골라 하시니까요. 그럼 우리가 찾던 그

---

65 한정어를 붙이는 것에 대한 태도가 서로 부딪치고 있다.

66 즉, 아는 사람이라는 관점에서.

앎을 내가 어떻게 알고 있나요? 같은 것이 …이면서[/있으면서] …이지[/있지] 않다는 게 불가능하니까 내가 하나를 알고 있다고 하면 모든 것을 알고 있는 거고(내가 아는 사람이면서 동시에 알지 못하는 사람일 수가 없을 테니까요.), 또 모든 것을 알고 있으니까 내가 바로 저 앎도 갖고 있는 거겠군요. 이런 말을 하시는 건가요? 또 이게 당신들의 그 지혜로움(to sophon)인가요?"

|293e| "스스로 바로 당신 자신을 논박하고(exelencheis) 있군요, 소크라테스." 그가 말했어요.

"그런데 말이에요,[67]" 하고 내가 말했어요. "에우튀데모스, 당신 자신도 바로 이 똑같은 걸 겪고 있는 것 아닌가요? 단언컨대, 나로선 당신과 함께라면, 그리고 여기 이 친애하는 분[68] 디오뉘소도로스와 함께라면, 무슨 일을 겪더라도 아주 안달하지는 않을 거니까요. 내게 말해 주세요. 당신들 두 분 자신도 있는 것들 가운데 어떤 것들은 알고 어떤 것들은 알지 못하는 거 아닌가요?"

"천만에요, 소크라테스." 하고 디오뉘소도로스가 말했어요.

"그게 무슨 말씀들인지?" 하고 내가 말했어요. "그게 아니면 두 분은 아무것도 알지 못한다는 건가요?"

"웬걸, 아주 많이 알죠." 하고 그가 말했어요.

|294a| "그렇다면" 하고 내가 말했지요. "당신들 두 분은 아무 거라도 알기만 하면 모든 걸 안다는 거네요?"

---

67 혹은 '뭐라고요?'
68 직역하면 '머리'. 관용적인 표현이다.

"모든 걸 알죠." 하고 그가 말했어요. "게다가 당신도 그렇죠. 하나라도 알기만 하면 모든 걸 알죠."

"제우스시여!" 하고 내가 말했어요. "당신이 하는 이야기가 얼마나 놀라운 이야기이고 얼마나 대단한 좋음이 나타난 건지! 설마 다른 모든 사람들도 모든 걸 알거나 아무것도 모르거나 하는 건 아니겠죠?"

"아니, 실로 그들이" 하고 그가 말했어요. "어떤 것들은 알고 어떤 것들은 알지 못하는 게 아니고 아는 사람들이면서 동시에 모르는 사람들인 것도 아니니까요."

"그게 아님 뭐죠?" 하고 내가 말했지요.

"모든 사람들이" 하고 그가 말하더군요. "모든 것들을 알지요. 하나라도 안다고 하면 말이에요."

[…]⁶⁹

"아무것도" 하고 그가 말했어요. "못 하는 건 없죠."

"그런데 두 분은" 하고 내가 말했지요. "지금만 모든 것들을 아나요, 아니면 늘 알기도 하나요?"

"늘 알기도 하죠." 하고 그가 말하더군요.

"두 분이 아이였을 때도, 또 태어나자마자 곧바로도 모든 것들을 알고 있었나요?"

---

69 생략 부분에서는 소크라테스가 이들이 진지함을 확인했기 때문에 앎의 대상이 되는 것들(앎 내지 기술들)을 예시하며 그들이 안다고 말하는지를 확인한다. 목수 기술, 갖바치 기술, 별과 모래의 수, 다른 형제의 치아 수, 마지막에는 춤추기까지 모두 안다는 답변을 얻는다.

두 사람 다 동시에 그렇다고 말했어요. |295a| 그러자 우리에겐 그 일(to pragma)이 믿을 수 없는(apiston) 일로 여겨졌어요. 그리고 에우튀데모스가 "안 믿어지나요, 소크라테스?" 하고 말했어요.

"당신들이" 하고 내가 말했지요. "지혜롭다는 게 그럴법하다는 것만 빼고요."

"아니," 하고 그가 말하더군요. "당신이 나한테 대답을 해 줄 의향만 있다면, 난 당신도 이 놀라운 것들에 동의하고 있다는 걸 보여 주겠습니다(epideixō)."

[…][70]

"자, 그럼 다시 대답해 보세요." 하고 그가 말했어요. "당신은 당신이 아는 것들을 뭔가에 의해서 아나요, 아니면 그렇지 않은 가요?"

"내가" 하고 내가 말했지요. "바로 그 영혼에 의해서 알죠."

|296a| "여기 또," 하고 그가 말하더군요. "질문되고 있는 것들에다 덧붙여 대답을 하시는군(prosapokrinetai). 난 무엇에 의해서 냐를 묻는 게 아니라 뭔가에 의해서냐를 묻는 거거든요."

"또 내가" 하고 내가 말했지요. "필요 이상으로 대답을 했군요. 교양이 없어서(hypo apaideusias) 그래요. 그러니 좀 봐주세요. 이제부턴 단순하게(haplōs) 대답할 테니까요. 내가 아는 것들을 난

---

70 에우튀데모스의 질문에 대해 확인 질문을 되묻는 소크라테스의 태도를 문제 삼으며 서로 약간의 승강이를 벌이다가(이 대목은 17B.5에 상당 부분 수록되어 있다.) 소크라테스가 양보하기로 하고, 원래 하려던 질문으로 돌아와서 에우튀데모스가 다시 묻는다.

뭔가에 의해서 안다고 말이죠."

"바로 이 똑같은 것에 의해서" 하고 그가 말하더군요. "늘(aei) 그런가요, 아니면 이것에 의해서일 때도 있고 다른 것에 의해서일 때도 있나요?

"늘(aei), 내가 알 때면(hotan epistōmai)" 하고 내가 말했지요. "이것에 의해서죠."

"또, 그렇게" 하고 그가 말했어요. "곁다리로 덧붙여 말하는데 (paraphthengomenos) 그만두면 안 될까요?"

"아니, 요 '늘'이 우리를 조금이라도 걸어 넘어뜨리지(sphēlēi) 못하게 하고 싶어서요."

|296b| "우리가 아니라" 하고 그가 말하더군요. "혹 그러게 된다면 하는 말이지만, 그건 당신을 그러게 되겠죠. 그건 그렇고 대답이나 하세요. 실로 당신은 늘 이것에 의해서 아나요?"

"늘(aei)이죠." 하고 내가 말했지요. "'… 때면(hotan)'은 빼야 하니까."

"그럼 당신은 늘 이것에 의해서 아는 거네요. 그리고 당신이 늘 아니까 하는 말인데, 당신은 어떤 것들은 당신이 그것에 의해서 안다고 할 때의 바로 그것에 의해서 아는데, 다른 것들은 다른 것에 의해서 아나요, 아니면 그것에 의해서 모든 것들을 아나요?"

"이것에 의해서" 하고 내가 말했지요. "모든 것들을, 적어도 내가 아는 것들을 알죠."

"또 이러시네." 하고 그가 말하더군요. "같은 곁다리(paraphtheg-ma)가 또 나왔네요."

"아니, 뺄게요." 하고 내가 말했지요. "그 '적어도 내가 아는 것들'을 말이에요."

"아니, 하나도" 그가 말하더군요. "빼지 마세요. 당신에게 내가 필요한 건 아무것도 없거든요. |296c| 그냥 내게 대답해 주세요. 당신이 모든 것들(panta)을 알지 못한다면 모든 것들 다(hapanta)를 알 수 있을까요?"

"그건 별난 일이 되겠죠." 하고 내가 말했지요.

그러자 그가 말했어요. "자, 그럼 이제부터 당신이 원하는 게 무엇이든 덧붙이세요. 모든 것들 다를 안다고 당신이 동의하고 있으니까요."

"그런 거 같네요." 하고 내가 말했지요. "바로 요렇게 '내가 아는 것들'이 아무런 힘도 갖지 못하니까 말이죠. 그리고 모든 것들을 난 아는 거네요."

"그런데 당신이 그것에 의해 안다고 할 때의 그것에 의해 늘 안다는 데도 (뭐, 그게 당신이 알 때라고 하든 아니면 당신이 원하는 어떤 식으로 말하든 간에) 당신이 동의하지 않았나요? 늘, 그것도 모든 것들을 동시에 안다는 데 당신이 동의했으니까요. 그러니 당신이 아이일 때도 |296d| 알았고 태어날 때도 알았고 뱃속에 있었을 때도 알았던 게 분명합니다. 그리고 당신 자신이 태어나기 전에도, 또 하늘과 땅이 생겨나기 전에도 당신은 모든 것들 다를 알고 있었죠. 당신이 늘 안다고 한다면 말이죠. 그리고 제우스에 걸고 말하건대," 하고 그가 말하더군요. "당신 자신은 늘, 그리고 모든 것들 다를 알게 될 겁니다. 내가 원한다면 말이죠."[71]

6. '막장 논변': '당신의 개가 아버지다.' '요리사는 목 따고 잘라 삶고 구워야 제격이다.'

11B.7. 플라톤 『에우튀데모스』 298d7-e5 (S 13)

[전달자: 소크라테스; 청자: 크리톤; 대화자: 디오뉘소도로스와 크테시포스][72]

"그런데 당신이" 하고 디오뉘소도로스가 말했어요. "내게 대답하게 되면, 크테시포스, 당신은 곧바로 이것들에 동의하게 될 거예요. 자, 내게 말해 보세요. 당신에게 개가 있나요?"

"있죠. 그것도 아주 사나운(ponēros) 게." 크테시포스가 말했어요.

---

71 논의는 디오뉘소도로스를 은근 슬쩍 끌어들이는 소크라테스의 절묘한 반박으로 이어진다. 훌륭한 사람들이 부정의하다는 것을 자신이 어떻게 아는지를 끈질기게 묻는다. 결국 그걸 어디서 배웠을까를 묻게 되고 옆에서 아무데서도 배우지 않았다는 답을 디오뉘소도로스가 불쑥 던짐으로써 두 소피스트의 스텝이 엉키고 자중지란이 일어난다. 이야기가 다소 주제를 벗어나 자기가 정말 에우튀데모스의 형인가를 디오뉘소도로스가 묻는 데로 이어지고, 결국 이야기는 소크라테스의 동복 형제 파트로클레스로 번져 파트로클레스는 소크라테스의 형제이면서 형제가 아니라는 논변으로, 다시 또 소크라테스는 아버지가 없다는 논변으로 비화하게 된다. 거기에 크테시포스가 가세하여 결국 상대방의 아버지가 개라는 이야기까지 주고받게 된다. 비약도 많지만 흥미로운 논의들도 적지 않다. 예컨대, 298a의 '아버지와 다르면 아버지가 아니다. 그런데 소프로니스코스가 아버지와 다르니까 아버지가 아니다. 따라서 소크라테스는 아버지가 없다.' 같은 경우 플라톤 『소피스트』에서 논의되는 있지 않음과 다름의 문제를 떠올리게 해 준다. 여기서 일일이 다 수록하지 못하고 다음 절의 2개만 대표로 뽑아 놓지만, 여유를 가지고 찬찬히 살펴볼 만하다.

72 맥락: 11B.6에 이어지는 논의들이 상당히 이전투구 양상이 된 와중에(11B.6 말미의 주석에 묘사되어 있음.) 이 과정은 상대방의 아버지가 개라는 이야기까지 나온 직후다.

"그럼 |298e| 그것에게 강아지들이 있나요?"

"있죠." 하고 그가 말했어요. "그것도 또 다른 아주 비슷한[73] 것들이."

"그럼 그 개가 그것들의 아버지 아닌가요?"

"정말 내가 직접 봤죠." 하고 그가 말했어요. "그 녀석이 암캐에 올라타는 걸."

"그럼 어떤가요? 그 개는 당신 거 아닌가요?"

"물론이죠." 그가 말했어요.

"그렇다면 아버지인데 당신 거니까 그 개는 당신 아버지가 되고 당신은 강아지들의 형제가 되는 거 아닌가요?"

11B.8. 플라톤 『에우튀데모스』 301c6-e6 (S 18)

[전달자: 소크라테스; 청자: 크리톤; 대화자: 디오뉘소도로스와 소크라테스]

"그럼 당신은" 하고 그[즉, 디오뉘소도로스]가 말했어요. "각 장인들에게 적합한(prosēkei) 게 무엇인지 아나요? 우선 금속 벼리는 일(chalkeuein)은 누가 적합한가요? 아시나요?"

"알죠. 대장장이라는 거."

"그럼 도기 만드는 일은?"

"도공이죠."

"그럼 목 따고 가죽 벗기는 일과 고기를 잘게 잘라 삶고 굽는 일은?"

---

73 즉, 사나운.

|301d| "요리사[74]죠." 내가 말했지요.

"그렇다면 누군가가" 하고 그가 말하더군요. "적합한 일들을 행하고 있다면(prattēi) 옳게 행하는 거겠네요?"

"확실히 그렇죠."

"그런데 당신이 말하는 대로라면 요리사는 자르고 가죽 벗기는 일이 적합한 거죠? 이것에 동의한 건가요 아닌가요?"

"동의했죠." 하고 내가 말했어요. "하지만 부디 날 좀 봐 주시길."

"그러니까 분명" 하고 그가 말했어요. "누군가가 요리사를 목을 따고 잘게 잘라 삶고 구우면 적합한 일들을 하는(poiēsei) 거겠네요. 또 대장장이 자신을 누군가가 벼리고 도공을 도기로 만들면 이 사람도 적합한 일들을 행하는(praxei) 거겠네요."

|301e| "포세이돈이시여!" 하고 내가 말했어요. "벌써 당신은 당신의 지혜에 화룡점정을 하고 있군요. 그 지혜가 언제고 내게로 와서(paragenēsetai) 내 고유의(oikeia) 지혜가 될 수 있을까요?"

"당신 고유의 지혜가 된다 해서, 소크라테스," 하고 그가 말했어요. "당신이 그걸 알아볼 수나 있을까요?"

"당신이 원하기만 한다면야" 하고 내가 말했어요. "분명히 그렇죠."

---

74 혹은 '푸주한'. 당시에는 짐승 잡는 일과 그 고기로 요리 만드는 일을 한 사람이 하는 경우가 잦았다.

7. 각 사물에게 고유한 본질적 속성이 있는가의 문제

11B.9. 플라톤 『크라튈로스』 386d3-e5 (S 19)[75]

소크라테스: 하지만 내 생각에 당신은 에우튀데모스를 따라 모든 것들에게[76] 모든 것들이 동시에 그리고 늘 똑같이 있다고 생각하지도 않아요. 그런 경우 누구에게나 덕과 악(kakia)이 늘 똑같이 있다면 어떤 사람들은 쓸 만한데 어떤 사람들은 나쁘게 되는 일도 없을 테니까요.

헤르모게네스: 맞는 말입니다.

소크라테스: 그렇다면 모든 것들에게[77] 모든 것들이 동시에 그리고 늘 똑같이 있지도 않고, 있는 것들 각각이 각각에게[78] 고유하게 있지도 않다면,[79] 사물들은 그것들 자체가 자기들의 |386e| 어떤 확고한 본질(ousia)을 갖는 것들임이 분명해요. 우리와의 관계하에서 혹은 우리에 의해서, 즉 우리 상상(phantasma)에 의해서 이리저리 끌려다니는 것들이 아니라 그 자체로(kath' hauta) 자기들의 본질(즉, 바로 그런 방식으로 본성 지어졌다고 할 때의 그런 것)과 관계를 맺으면서 말이죠.

---

75 1B.12에 포함.
76 혹은 '누구에게나'.
77 혹은 '누구에게나'.
78 혹은 '각자에게'.
79 이 부분, 즉 "있는 것들 각각이 각자에게 고유하게 있지도 않다면"은 프로타고라스의 입장을 정리한 것이다. 이 인용문 앞에 이 입장에 대한 언급이 나온다. 그 언급은 프로타고라스의 해당 대목(1B.12)을 참고할 것.

헤르모게네스: 실상이 그렇다고 난 생각합니다, 소크라테스.

8. 분할과 결합의 문제: '삼단노선이 피레우스에 있다는 것을 안다.'

11B.10. 아리스토텔레스『수사학』2.24, 1401a25-29 (S 20)

[사이비 엔튀메마(enthymēma: 그럴법한 전제(들)을 기반으로 하는 추론)들의] 또 다른 말터(topos)는 분할되어 있는 것을 결합하여 말하거나, 결합되어 있는 것을 분할하여 말하는 것이다. 같은 것이 아닌데도 같은 것으로 여겨지는 일이 종종 있어서, 어느 쪽이 더 유용하든 간에 그쪽을 해야 하기 때문이다. 예컨대, "삼단노선이 피레우스에 있다는 것을 안다. 그가 각각을 알기 때문이다."와 같은 에우튀데모스의 논변이 바로 이렇다.[80]

11B.11. 아리스토텔레스『소피스트적 논박』20, 177b12-26 (S 20)

그리고 에우튀데모스의 논변이 있다. "당신은 지금(,)[81] 피레우스에 삼단노선들이 있다는 것을 알고 있는가, 시칠리아에 있는데?"[82] 그리고 또 "갖바치인 훌륭한 사람이[83] 나쁠 수 있는가?[84] 그런데 누

---

80 아래 11B.11과 주석 참고.

81 '지금'이 '피레우스'와 연결되는지, 아니면 '시칠리아'와 연결되는지에 따라 의미와 대답(즉, 진리치)이 바뀔 수 있다. 우리말도 쉼표를 넣느냐 빼느냐에 따라 달라진다.

82 '지금'의 구문상 애매성에 기반한 난제일 수도 있고, 아니면 단순히 위 11B.10에서의 질문이 더 구체적인 맥락을 만난 것뿐일 수도 있다. 후자라면 그 11B.10 구절에서의 '각각'은 삼단노선과 피레우스일 가능성이 높다.

군가가 훌륭한데 나쁜 갖바치일 수 있을 것이다. 따라서 훌륭한 갖바치가 나쁘다는 게 성립하게 될 것이다."

"그것들에 대한 앎들이 양호하다(spoudaiai)고 할 때의 그것들에 대해서 배울거리들(mathēmata)도 양호한 건가? 그런데 나쁜 것에 대한 앎은 양호하다. 따라서 나쁜 것은 양호한 배울거리다. 그렇지만 실로, 나쁜 것은 나쁘기도 하고 배울거리기도 하다. 그래서 나쁜 것은 나쁜 배울거리다. 그러나 나쁜 것들에 대한 앎은 양호하다."[85]

"지금(,) 당신은 태어났다고 말하는 건 참인가?[86] 그렇다면 지금 당신은 태어났다."[87] 아니면, 그것이 분리되었을 때는 다른 것을 의미하는가? 지금(,) 당신은 태어났다고 말하는 건 참인데 '지금 당신은 태어났다.'는 아니라고[88] 말이다.

"당신이 어떤 것들을 할 능력이 있다(dynasai)고 할 때 당신은 그것들을 할 능력이 있다. 바로 그와 같은 방식으로, 당신이 그것들을 할 능력이 있다고 할 때의 바로 그것들을 당신은 행할 수 있을까

---

83 혹은 '훌륭한 사람이 갖바치인데'.
84 그럴 수 없다는 대답이 기대되어 있다.
85 두 형제가 서로 반대 방향의 논변을 하던 것을 떠올리게 한다.
86 그렇다는 대답이 기대되어 있다.
87 위 피레우스 삼단노선 논변에서처럼 희랍어의 어순과 배열, 특히 '지금'(nyn)의 위치에 따른 난제다. 앞의 경우에서처럼 여기서도 우리말에서는 쉼표를 넣고 읽느냐 빼고 읽느냐(즉, '말하다'에 연결하느냐 '태어났다'에 연결하느냐) 사이의 애매성의 문제로 바뀐다.
88 혹은 '아니니까'로 새길 수도 있다. 이 경우에는 앞선 질문 문장을 '그것이 분리되었을 때는 다른 것을 의미하지 않는가?'로 새기게 될 것이다.

(poiēsais)?[89] 그런데 키타라 연주를 하고 있지 않을 때 당신은 키타라 연주를 할 능력(dynamis)을 갖고 있다. 그렇다면 키타라 연주를 하고 있지 않을 때 당신은 키타라 연주를 할 수 있을 것이다." 아니면, 그는 이것의 능력, 즉 '키타라 연주를 하고 있지 않을 때 키타라 연주를 할' 능력을 갖고 있는 것이 아니라, 그걸 행하고 있지 않을 때 '그걸 행할' 능력을 갖고 있는 것이다.

9. 쟁론적 철학자들과의 관계, 존재와 진리를 상대화(섹스투스의 보고)

11B.12. 섹스투스 엠피리쿠스 『학자들에 대한 반박』 7.13 (S 21)
그런데 논리학 부분과 관련해서는 그저 판토이데스와 알렉시노스와 에우불리데스와 브뤼손,[90] 그리고 디오뉘소도로스와 에우튀데모스가 목록에 들었다(katēnechthēsan).

11B.13. 섹스투스 엠피리쿠스 『학자들에 대한 반박』 7.48 (S 23)[91]
게다가 콜로폰 출신 크세노파네스와 코린토스 출신 크세니아데스와 스퀴티아 출신 아나카르시스와 프로타고라스와 디오뉘소도

---

89 그렇다는 대답이 기대되어 있다.

90 에우클레이데스가 창립한 메가라학파의 구성원들이다. 판토이데스와 알렉시노스는 기원전 3세기, 에우불리데스와 브뤼손은 4세기에 속한다. 시점을 거슬러 올라가며 열거하고 있다.

91 = 16B.7. cf. 11A.4도 디오뉘소도로스 단독으로 나온 전승.

로스는 그것[즉, 판단 기준]을 제거했다(aneilon)[92]. 그리고 이들 말고도 레온티니 출신 고르기아스와 키오스 출신 메트로도로스와 '행복주의자'(eudaimonikos) 아낙사르코스와 견유학파 모니모스가 제거했다.

11B.14. 섹스투스 엠피리쿠스 『학자들에 대한 반박』 7.64 (S 22)[93]
그리고 에우튀데모스와 디오뉘소도로스를 위시한 주변 사람들 역시 이러했다[즉, 판단 기준을 제거했다]고들 한다. 이들도 있는 것과 참된 것 모두를 어떤 것과의 관계하에 있는 것들에 속한다고 치부해 버렸던(apoleloipasin)[94] 것이다.

---

[92] 혹은 '거부했다'.
[93] 1B.8의 뒤에 붙어 있는 구절. 2B.5로 이어짐.
[94] 혹은 '내버려 두었던'.

제12장

『이암블리코스의 익명 저술』

기원후 3세기 말 신플라톤주의 철학자 이암블리코스의 『철학에의 권유』(*Protrepticus*)[1]는 여러 출처에서 나오는 구절들을 짜깁기한 책이다. 같은 제목의 아리스토텔레스 저서, 플라톤 『파이돈』, 혹은 저자를 알기 어려운 저작들 등 여러 출처에서 나온 자료들이 모여 있다. 이 장에서 우리가 다루게 될 문건은 그 책의 제20장에 들어 있는 저자 불명 자료다. 1889년 독일 문헌학자 프리드리히 블라스 (F. Blass)가 이 구절들이 펠로폰네소스 전쟁 무렵에 나온 윤리학과 정치학 관련 글의 발췌문임을 확인한 이래,[2] 잘 알려진 사람들

---

1 원래 표제는 '*Protreptikos epi Philosophian*'인데, 통상 그 희랍어 이름 대신 라틴어 이름으로 줄여 부른다. 이암블리코스의 『피타고라스 교설 개요』(혹은 『피타고라스주의에 관하여』)의 제2권, 즉 남아 있는 그의 작품 『피타고라스적 삶의 방식에 관하여』에 뒤이어 나오는 작품이었다.

2 블라스(F. Blass 1889). 그는 이 저술이 안티폰의 소실된 작품 『화합에 관하여』

을 저자로 특정하려는 노력들이 있어 왔지만 아직까지 저자에 관한 합의는 이루어지지 않았다.[3] 결정적인 증거나 논변은 아직 없고, 그저 5세기 말, 즉 400년경에 산출된 텍스트라는 것과, 어느 정도 연속적인 글이라는 것 정도에 대한 합의가 전부다.[4] 전통적으로 라틴어로 '아노뉘무스 이암블리키'(*Anonymus Iamblichi*), 즉 '이암블리코스의 익명 저술'로 불린다. 보다 정확히 부르자면 '이암블리코스 저술에 나오는 저자 불명 저술' 정도가 될 것이다. 여기서는 이름 사용의 편의를 위해 전통을 따라 '이암블리코스의 익명 저술'로 부르기로 한다.

저자는 불명이지만 이 작품이 지닌 자료적 가치에 대해, 그리고

(*Peri Homonoias*: cf. 5장 B의 3절)의 보존된 부분들이라는 가설을 제안했지만, 지금은 더 이상 받아들여지지 않는다.

3 블라스가 제안한 안티폰을 위시해서 안티스테네스, 프로타고라스, 히피아스, 크리티아스, 테라메네스, 데모크리토스 등(혹은 이들 중 누군가의 제자)이 물망에 오른 바 있다. 보다 상세한 내용은 콜(A.T. Cole 1961) 127쪽, 오그레이디(2008c) 142-143쪽과 호키(P.S. Horky 2020) 262-263쪽을 참고할 것. 그런데 최근 논자들까지도 포함하여 대부분의 논자들은 결정적인 주장을 유보하는 경향이 있다. 호키 자신도 카타우델라(Q. Cataudella 1932, 1950)의 데모크리토스 저자설에 상당히 우호적이면서도 결론을 유보한다. DG의 경우도 프로타고라스의 '위대한 연설'에 해당한다고 추정하면서도, 이 작품은 아티카 방언으로 되어 있는 반면 프로타고라스 산문 중에서 우리가 확보하고 있는 유일한 단편 (1B.65에 나오는)은 이오니아 방언으로 되어 있다는 점이 이 추정의 걸림돌 가운데 하나임을 토로하면서 최종적인 결론을 유보한다(310-311쪽). 같은 방향이면서 상대적으로 과감한 콜은 프로타고라스의 영향을 받은 데모크리토스의 저작을 정리한 문건으로 본다(155-156쪽).

4 서양 학계의 중론에 대한 세부 사항은 호키(2020) 263쪽을 참고할 것.

다음 장에 나올 『이중 논변』의 자료적 가치에 대해 현대 논자들은 상당히 긍정적이다.[5] 7개[6]의 구절로 이루어진 길지 않은 이 문건은 어느 정도 연속적인 논변을 제시한다. 우리가 어떻게 덕을 획득할 수 있는지, 어떻게 하면 우리 자신의 덕이 타인들에게 이로움을 주게 만들 수 있는지, 우리가 왜 절제를 실행해야 하고 법과 정의를 존중해야 하는지 등의 주제를 다룬다. 한마디로 말해 (법에 대한 복종이라는 보다 특수한 정치적 주제에 집중하는 마지막 부분 외에는) 대체로 이 책에서 우리가 다루고 있는 소피스트들 거의 모두에게 잘 해당되는 주제인 '어떻게 하면 삶에서 성공할 수 있을까?' 하는 문제를 다룬다.[7]

보다 구체적으로 정리하자면, 이 저작은 덕의 세 '부분', 즉 지혜, 용기, 말 잘함과 그것들의 성공적인 사회적 적용에 관한 일련의 잘 짜인 논변들로 이루어져 있다. 저자는 사람이 덕의 완성을 이루기 위해서는 천성(본성)이 일차적으로 갖춰야 할 조건이지만,

---

5 주요 현대 참고문헌 5개 모두에 실려 있다. 5개 문헌에 이른바 5대 소피스트라 할 만한 인물들이 모두 공통적으로 실려 있는데(히피아스를 뺀 G만 예외), 이렇게 5개 문헌에 공통으로 공유되는 나머지 사례가 바로 이 『이암블리코스의 익명 저술』과 다음 장의 『이중 논변』이다.

6 혹은 호키(2020)에 따르면 8개. 그는 딜스(DK)의 단편 7이 둘로 나뉘어야 한다고 주장한다(281–289쪽). 아래 단편 7의 첫 도입 단락 끝과 그 단편 7절 끝의 관련 주석 참고.

7 호키(2020)는 아예 『덕에 관하여』(Peri Aretēs)로 지칭하자고 제안한다. 그가 제시하는 다른 대안들로는 『법과 정의에 관하여』(Peri Nomou kai Dikaiosynēs), 『법에 관하여』(Peri Nomou), 『정의에 관하여』(Peri Dikaiosynēs) 등이 있다(271쪽 주석 45).

이는 운에 맡길 수밖에 없는 것이므로 자신이 할 수 있는 것으로서 지속적인 노력과 훈련이 필요함을 역설한다(12B.1). 그러면서 그는 사람이 확고한 명성을 얻으려면 덕의 연마에 매진해야 한다는 권유로 이행한다(12B.2). 이어 저자는 사람이 그렇게 연마한 덕을 선용하여 가장 많은 사람들에게 이로움을 주어야 하는데, 이는 그 사람이 공동체적 결속을 가능케 하는 법과 정의를 지원할 때 비로소 이루어진다고 주장한다(12B.3). 계속해서 저자는 진짜 훌륭한 사람이 되려면 돈에 대한 욕망과 생명에 대한 애착에 빠지지 않도록 자제력을 발휘하고 자기 자신의 덕으로써 명성을 추구해야 한다고 역설한다(12B.4). 이어 그는 생명에 대한 애착이 불필요함을 논변하는데, 생명에 집착해 보아야 결국 얻는 것은 더 나쁜 것인 노령뿐임을 그 이유로 제시한다(12B.5). 그러면서 그는 과도한 소유에 기반한 권력을 덕으로, 법에 대한 복종을 비겁함으로 여기지 말라고 권유하면서 플라톤 『국가』 2권 '귀게스의 반지'에 비견할 만한 '강철 인간' 사유 실험에 착수한다(12B.6). 결국 저자는 법 존중의 이익과 무법의 해악을 열거하면서, 인간 세상에 무법 상태의 다중을 압도할 능력을 가진 '강철 인간'은 없으므로 권력은 법과 정의를 통해 힘을 가지며 보존된다고 결론지음으로써 단편 6에서 시작한 가설적 사유 실험을 마무리한다(12B.7).

거칠게 단순화해서 말하자면, 이 저작에서 우리는 노모스에 대한, 달리 말해 법과 정의에 대한 명시적 옹호를 발견할 수 있다. 이는 앞서 우리가 살펴본 여러 기명 철학자들의 문제 제기에 대한 의미 있는 대답 가운데 하나라 할 수 있다. 안티폰, 히피아스 등의 노모스 비판이나 트라쉬마코스, 칼리클레스, 크리티아스 등의 도덕적 삶(혹은 타인을 배려하는 삶) 비판은 오늘 우리에게도 여전히 심중한 근본적 도전이라 할 수 있다. 뿐만 아니라 이들 대부분을 포함하여 '옛 과두주의자'[8]나 플라톤 등 상당수 유력 지식인들이 제기한 당대 민주주의에 대한 도전 또한 민주주의 쪽에 선 누군가가, 혹은 적어도 아테네 정치 체제에 관심이나 책임을 가진 누군가가 답해 주어야 하는 막중한 도전이다. 이 저작은 그런 도전들에 대해 나름 의미 있고 설득력을 가진 논거로써 답하려는 비교적 잘 정제된 대응의 시도라 할 만하다.[9]

『국가』 2권에서 글라우콘은 트라쉬마코스적 논의를 재론하면서 정의가 결국, 불의를 행하는 이익보다 불의를 당하는 피해가 더 크리라고 예상하는 약자들의 자기방어책 강구 와중에 나온 불가피한 선택 아니냐고 도전을 제기한다. 약자들은 그런 일종의 '사

---

8 한때 크세노폰의 것으로 잘못 알려졌던 '옛 과두주의자'의 문헌 『아테네인들의 정치 체제』 3.4-6이 수록된 10B.59를 참고할 것.

9 콜(1961)의 『이암블리코스의 익명 저술』 계통 추적은 그 텍스트의 원형에 해당하는 프로타고라스 사유의 전승이 세 갈래로 진행되었다고 추측한다. 첫째가 프로타고라스 『반론들』(Antilogiai) — 데모크리토스 『사람의 훌륭함에 관하여』(Peri Andragathias) — 『이암블리코스의 익명 저술』 — 이암블리코스 『철학에의 권유』 계열이고, 둘째가 프로타고라스 『반론들』 — 데모크리토스 『사람의 훌륭함에 관하여』 — 파나이티오스 『역할에 관하여』(Peri tou Kathēkontos) — 키케로 『의무론』 계열이며, 셋째가 프로타고라스 『반론들』 — 플라톤 『국가』 계열이다(156쪽). 이런 사유 전승의 다기성(多岐性)은, 물론 그 추적 작업의 엄밀성을 별도로 따져 봐야 할 일이지만, 덕과 정의를 거의 소크라테스와 플라톤, 아리스토텔레스의 전유물로 다루는 우리의 관행을 다시 생각하게 한다.

회 계약'적 자구책을 도모하지만, 귀게스의 반지를 소유한 초인간적 존재자가 있다면 그가 과연 그런 약자들의 계약을 인정할 이유가 있겠느냐는 것이다. 트라쉬마코스에서 시작한 논의가 이쯤 되면 니체의 '초인'(Übermensch) 논의를 떠올리게 하는 칼리클레스의, 강자의 힘에 기반한 자연적 정의 주장과 어울릴 만한 이야기가 된다. 이런 일련의 도전에 대해『이암블리코스의 익명 저술』저자는 인간 세상에 그런 '강철로 된' 초인이란 없으며, 설사 있다 하더라도 그는 법과 정의를 존중하고 그런 존중에 기반을 둘 때 신뢰와 안전을 담보하면서 제대로 된 주권자로 설 수 있다는 논의(12B.6-7)를 펴면서 이제까지 언급한 일체의 도전들에 답하려 시도한다. 당대 민주주의를 수세적으로 방어하는 데서 그치는 것이 아니라 일정한 비판적 거리와 자세를 취하면서도 민주주의가 어떻게 이런 도전들을 헤쳐 가면서 우리에게 행복한 삶을 가져다주는 장치로 기능할 수 있을지를 적극적으로 해명하려는 의미 있는 시도라 할 수 있다.

B. 텍스트

이암블리코스『철학에의 권유』95.13-104.14 (DK 89)

12B.1. 이암블리코스『철학에의 권유』95.13-24 (DK 89.1)[10]
|1| 누군가가 지혜든 용기든 유창한 말(euglōssia)이든 덕이든 (그

것 전체든 그것의 어떤 부분이든)¹¹ 최선의 완성(telos to beltiston)¹²을
이루어 내려(exergasasthai) 한다면, 다음과 같은 것들을 바탕으로(ek
tōnde)¹³ 이루어 낼(katergasasthai) 수 있다. |2| 우선 천성을 갖추어
야(phynai) 한다. 그런데 이것은 운(tychē)¹⁴에 의해 주어지지만, 다음
의 것들은 이미 그 인간 자신에게 달려(epi) 있다. 아름답고 훌륭한 것들
을 욕망하는 자(epithymētēs tōn kalōn kai agathōn)가 되되, 고생을
즐길(philoponos) 뿐만 아니라 가능한 한 빨리 배우며, 또한 오랜 시간
동안 그것들¹⁵을 지속적으로 추구하면서(syndiatelōn)¹⁶ 그런 자가 되는
것 말이다. |3| 이것들 가운데 뭐가 하나라도 빠지면, 도대체¹⁷ 최상의 완
성(telos to akron)을 이루어 낼 수가 없다. 반면에 이 모두를 가지고 있

---

10 "가르침은 천성과 훈련을 필요로 한다."는 프로타고라스의 1B.49(및 1B.50,
    그리고 프로타고라스 장 B 15, 16절에 있는 플라톤의 다른 '위대한 연설' 관련
    보고들, 즉 1B.52와 1B.48), 그리고 "더 많은 사람들이 천성으로부터보다는
    훈련을 통해 훌륭하게 된다."는 데모크리토스의 경구(DK 68B242)와 비교할
    만하다. 비교할 만하다. 앞으로 이 저작에 나오는 '퓌시스'(physis) 계열어를 옮
    길 때 문맥에 따라 '본성'(및 '자연')과 더불어 '천성'을 혼용하기로 한다.
11 앞에 나오는 모든 것들에 다 걸리는 것으로 보는 것도 불가능하지는 않지만,
    일단은 바로 앞의 '덕'에 걸리는 것으로 보는 것이 자연스럽다. 그 경우 앞의
    세 항목을 덕의 '부분'들로 보는 것이 자연스럽게 된다.
12 혹은 '최선의 목적[/결말/성과]'. 아래도 마찬가지.
13 '다음과 같은 것들을 바탕으로' 대신 '다음과 같은 것들로부터'나 '다음과 같은
    것들을 시작점으로 삼아', '다음과 같은 것들을 가지고'로 옮길 수도 있다.
14 혹은 '우연'.
15 아마도 아름답고 훌륭한 것들.
16 혹은 '계속 그것들과 더불어 지내면서'.
17 텍스트의 'oude'를 'ouden'으로 고친 카이벨(Kaibel)의 제안을 따르면 '어떤 것
    에 관해서든'으로 새길 수도 있다.

으면, 인간들에게 속한 무엇을 그가 연마하든(askēi) 간에 그것은 타의 추종을 불허하는 것(anyperblēton)이 된다.

12B.2. 이암블리코스 『철학에의 권유』 96.1-97.8 (DK 89.2)

|1| 그러니까 누군가가 사람들 사이에서 명성(doxa)을 얻기를, 그리고 자기 모습 그대로 보이기(phainesthai)[18]를 바라면, 어려서 곧바로 (autika)[19] 시작해서 늘 한결같이(homalōs), 그러니까 그때그때 달라지지 않는 방식으로 그 일에 매진해야(epichrēsthai) 한다. |2| 이것들[20] 각각이 오랜 동안 이루어진(synchronisthen) 것, 즉 곧바로 시작해서 함께 자라 완성된(eis telos) 것이면, 확고한 명성과 명예(kleos)를 얻는다. 이는 다음과 같은 이유 때문이다. 그때쯤이면 이미 그는 의심의 여지없이 신뢰를 받고(pisteuetai) 있을 뿐만 아니라 사람들의 시기(phthonos)도 일어나지 않기 때문이다. 시기, 그것 때문에 사람들은 어떤 것들은 띄워 주거나(auxousin)[21] 합당하게(eulogōs)[22] 드러내 주지(mēnyousi)[23] 못하며, 또 어떤 것들은 정의(to dikaion)에 반해 비난하면서 거짓되게 깎아내리기(katapseudontai) 마련이다. |3| 사람들에게 다른 누군가를 존경한다는 것(timan)은 즐거운(hēdy) 게 아닌데(그

---

18 혹은 '드러나기'.
19 혹은 '일찍'. 아래도 마찬가지.
20 아마도 아름답고 훌륭한 것들.
21 혹은 '추어주거나'.
22 혹은 '좋은 말로', '찬사로'.
23 혹은 '밝히지', '알리지'.

들 자신이 뭔가를 빼앗긴다고 생각하니까 그렇다.), 필연 자체에 굴복해서 오랜 시간에 걸쳐 조금씩 이끌려져서 결국 내키지 않음에도 불구하고 칭찬하게 된다. |4| 그런데 동시에 또한 그들은 의심치 않는다. 그[24]가 그렇게 보이는 대로의 그런 사람인지, 아니면 그가 덫을 놓고 기만으로 명성을 사냥하며 사람들을 오도하면서 자기가 행하는 것들을 미화하는지(kallōpizetai)를 말이다. 그런데 덕이 내가 앞서 말한 그런 방식으로 연마되면 그것 자체에다 신뢰(pistis)와 좋은 평판(eukleia)[25]을 만들어 넣어 주게 된다. |5| 사람들이 힘에(kata to ischyron)[26] 압도당하고(healōkotes)[27] 나면, 더 이상 시기를 부릴 능력도 없고(oute ... dynantai) 더 이상 기만당하고 있다고 생각하지도 않기 때문이다.

|6| 게다가 각각의 행위(ergon)[28]와 일(pragma)[29]에 많은 시간이 오랜 간격을 두고 함께하게 되면, 연마되는 것을 힘 있게 하지만(kratynei), 짧은 시간은 이것을 해낼 수 없다. |7| 그리고 말들[30]에 관한 기술(technēn ... tēn kata logous)은 짧은 시간에 들어서 배워도 선생 못지않게 될 수 있지만, 많은 행위들로 이루어지는(synistatai)[31] 것

---

24 앞에서 언급한, 그들이 어쩔 수 없이 존경하게 되고 칭찬하게 되는 '다른 누군가'를 가리킨다.

25 앞에서 사용한 번역어와 일관성을 유지하면서 직역하면 '좋은 명예'로 옮길 수 있는 말이다. 희랍어에서와 달리 우리말에서는 '좋은'이 군더더기가 되어 일관성을 유지하기 어렵다.

26 혹은 '힘의 측면에서', '힘 있는[/강한] 것에게'.

27 혹은 '사로잡히고'.

28 혹은 '성취', '업적'. 이하 마찬가지.

29 혹은 '활동'.

30 혹은 '논변들'. 이하 마찬가지.

인 덕은 늦게 시작해서는 혹은 짧은 시간 안에는 완성에(eis telos) 도달할 수 없다. 오히려 그것[32]과 더불어 양육되고 키워져야 한다. 나쁜 말들과 습성들은 멀리하되 다른 것들은 많은 시간과 돌봄(epimeleia)을 투여하여 실행하고 달성해 내면서, |8| 동시에, 짧은 시간에 얻은 좋은 평판(eudoxia)[33]에는 다음과 같은 어떤 단점이 수반된다. 즉, 갑작스럽게 짧은 시간에 부유해지거나 지혜로워지거나 훌륭해지거나 용감해지는 사람들을 사람들은 기꺼이[34] 받아들여 주지 않는다.

12B.3. 이암블리코스『철학에의 권유』97.16-98.12 (DK 89.3)

|1| 누군가가 이것들[35] 가운데 뭔가를 (유창한 말이든 지혜든 힘(ischys)[36]이든 간에) 욕구하여(orechtheis) 그것을 가다듬어(kater-gasamenos) 완성시켜(eis telos)[37] 갖고 있을 때마다, 그는 이것을 좋

---

31 혹은 '형성되는'.
32 즉, 덕. 혹은 말들에 관한 기술을 가리킬 수도 있다. 전자가 위치상으로도 가깝고 내용상으로도 적절하다. 말들에 관한 기술이 덕의 한 부분이라면 결국 덕은 말들에 관한 기술을 포함하게 된다.
33 앞에서 사용한 번역어와 일관성을 유지하면서 직역하면 '좋은 명성'으로 옮길 수 있는 말이다. '명예'(kleos)-'좋은 평판[/명예]'(eukleia)의 경우와 마찬가지로 이 경우에도 희랍어에서와 달리 우리말에서는 '좋은'이 군더더기가 되어 일관성을 유지하기 어렵다.
34 혹은 '달갑게', '즐겁게'.
35 아마도 아름답고 훌륭한 것들.
36 단편 1에서는 다른 둘과 함께 '힘' 대신 '용기'를 언급한 바 있는데, '힘'은 아마 그것을 가리키는 듯하다.
37 '가다듬어[/계발하여] 완성시켜' 대신 '얻어 내서 완성에 이르게 하여'로 옮길 수도 있다.

고 합법적인 것들을 위해 사용해야(katachrēsthai)[38] 한다. 그런데 누 군가가 가지고 있는 좋은 것을 부정의하고 무법적인 것들을 위해 사용 한다면(chrēsetai), 이런 일이야말로 모든 것들 가운데 가장 나쁜 것이 며 그것이 그에게 와 있는(pareinai) 것보다 그에게 없는(apeinai) 게 더 낫다. |2| 또 이것들 가운데 뭔가를 갖고 있으면서 그것들을 좋은 것 들을 위해 사용하는(katachrōmenos) 사람은 완벽하게 훌륭한 사람 (agathos teleōs)이 되는 것처럼, 반대로 사악한 것들을 위해 사용하는 (chrōmenos) 사람은 완벽하게 정말 나쁜 사람(pankakos teleōs)이 된다.

|3| 또한 우리는 덕 전체를 욕구하는 사람이 무슨 말이나 행위로부터 가장 훌륭하게 될 수 있을지를 숙고해야 한다. 그런데 가장 많은 사람들 에게 이로움을 주는(ōphelimos) 사람이 그런[39] 사람일 것이다. |4| 실 로, 누군가가 돈(chrēmata)[40]을 줌으로써 이웃 사람들에게 혜택을 주게 (euergetēsei) 된다면, 나중에 다시 그 돈을 거둬들이려 할 때에는 나쁜 사람이 될 수밖에 없게 될 것이다. 그다음으로, 그는 나눠 주고 선물을 주면서도[41] 거덜 나지 않을 만큼 풍부하게 돈을 모으지는 못할 것이다. 또 그다음으로, 돈을 모으고 난 후에는 이것이 다시 둘째 악이 된다. 부

---

38 혹은 '좋고 합법적인 것들에 적용해야'. 이하 마찬가지.

39 즉, 가장 훌륭한.

40 혹은 '재물', '재산', '소유물'. 이하 마찬가지. 이 장에서 이 단어는 주로 '돈'(혹 은 '재산')으로 옮긴다. 그러나 지금 이 맥락에서도 그렇듯, '재물'이나 '소유물' 등 보다 넓은 의미로 새겨야 할 수도 있다는 점을 유의할 필요가 있다.

41 혹은 '줌으로 해서'.

유한 상태에서 가난한 자가 되고 소유한 상태에서 아무것도 안 가진 자가 되면 말이다. |5| 그렇다면 돈을 나눠 주지 않으면서 어떻게 다른 무슨 방식으로 사람들에게 잘해 주는 자(eupoiētikos)가 될 수 있겠는가? 그것도 악(kakia)과 함께가 아니라 덕과 함께 어떻게 그럴 수가 있겠는가? 게다가 선물을 줄 경우에 어떻게 거덜 나지 않으면서 주는 일을 계속할 수가 있겠는가?[42] |6| 이 일은 다음과 같은 방식으로 이루어질 것이다. 즉, 그가 법들과 정의(to dikaion)를 지원한다면(epikouroiē) 이루어질 것이다. 이것이 국가들과 사람들을 함께 살게 하는 것(to synoikizon)이요 결속시키는 것(to synechon)이니까.

12B.4. 이암블리코스『철학에의 권유』98.17-99.15 (DK 89.4)

|1| 게다가 실로 모든 사람(anēr)은 유별나게 자제력이 가장 강해야(enkratestatos) 한다. 누군가가, 돈(즉, 그것과 상관하는 누구든 망치게 되기 마련인 그것)보다 강하면(kreissōn), 그리고 정의로운 일들에 전심을 다하고 덕을 추구하면서 영혼(psychē)[43]을 아끼지 않으면, 무엇보다도 가장 그런 자라 할 수 있을 것이다. 대부분의 사람들은 이 둘과 관련해서 자제력이 없기(akrateis) 때문이다. |2| 그런데 그들이 이런 상태에 처한 것은 다음과 같은 어떤 이유 때문이다. 그들은 한편으로 자신들의 영혼을 사랑한다(philopsychousi). 이것, 즉 자기 영혼(hē psychē)은

---

42   LM은 이 문장을 5절의 처음, 즉 '그렇다면 돈을 나눠 주지 …' 문장 앞으로 이 동시킬 것을 제안하며(148쪽), 호키(2020)도 수용한다(278쪽과 주석 82). 절실한 수정인지 의심스럽다.

43   이어지는 맥락에서 설명되듯이 이 말의 의미는 '목숨'이다.

자기 생명(hē zōē)[44]이기 때문이다. 그래서 그들은 자기 생명에 대한 애착(philia)[45]과 친숙함(synētheia)(그들이 바로 그것[46]과 더불어 양육된다(syntrephontai).)[47] 때문에 이것[48]을 아끼고 이것을 열망한다. 그들은 다른 한편으로 돈을 사랑한다(philochrēmatousi). 그들을 두렵게 하는 바로 그것들 때문이다. |3| 그런데 그것들은 무엇인가? 병들, 노령, 갑작스러운 처벌들(zēmiai), 즉 내가 말하려는 것은 법들에 기인한(ek tōn nomōn)[49] 처벌들이 아니라(이것들은 주의할 수 있고 피할 수 있으니까.) 다음과 같은 처벌들, 그러니까 화재, 친족과 가축의 죽음이나 다른 불행들(그중에는 신체들에 닥치는 것들도 있고, 영혼들에 닥치는 것들도 있으며, 돈에 닥치는 불행도 있다.)이다. |4| 그러니까 바로 이 모든 것들 때문에, 즉 이것들에다[50] 돈을 쓸 수 있게 되려고 사람은 누구나 부를 욕구한다. |5| 그리고 앞에 말한 것들 못지않게 사람들을 돈벌이로 내모는

---

44 혹은 '삶'. 이하 마찬가지.

45 혹은 '사랑'.

46 즉, 친숙함. '생명'을 가리키는 것도 문법적으로는 가능하지만 의미가 덜 분명하다.

47 '그들이 양육되는 수단에 대한 친숙함'으로 옮기기도 하는데(LM, 151쪽), 완전히 불가능하지는 않겠지만 문법적으로 꽤 부자연스럽다. DG는 '자기 생명에 대한 애착과 그들이 그것[즉, 생명]과 더불어 키우는 친숙함'으로 옮기는 듯한데, '쉰트레폰타이'(syntrephontai)를 중간태로 간주하는 기발한 번역이지만 유사 용례가 필요하다.

48 즉, 영혼.

49 혹은 '법들에 나오는'. DG의 해석대로라면 '송사들에 기인한'. 호키(2020)도 그 해석을 받아들이지만(280쪽과 주석 89), 굳이 그렇게 해석해야 할 필연성이 있는지 의심스럽다.

50 혹은 '이것들을 위해'.

다른 것들이 몇몇 있다. 즉, 서로를 상대로 한 명예 경쟁(philotimiai)과 질투(zēloi)[51]와 군림(dynasteiai)[52]이 그것인데, 그것들 때문에 그들은 돈을 소중히 여긴다. 돈이 그런 것들에 도움이 되니까 말이다. |6| 참으로 훌륭한 사람은 제 것 아닌(allotrios) 장식(kosmos)을 곁에 두르고서(perikeimenos)[53]가 아니라 자기 자신의 덕을 가지고 명성을 추구한다(thēratai).

12B.5. 이암블리코스 『철학에의 권유』 99.18-28 (DK 89.5)

|1| 그리고 영혼에 대한 사랑(philopsychia)에 관해서 우리는 다음과 같은 식으로 설득될(peistheiē)[54] 수 있을 것이다. 사람에게 나머지 시간 동안 다른 사람에 의해 죽는 경우가 아닌 한 불로뿐만 아니라 불사도 가능하다고 한다면, 그가 영혼을 아끼려 들 때 눈감아 줄 이유(syngnōmē)가 많이 있을 것이다. |2| 그런데 사람들에게 인생(bios)이 길어져 봤자 불사는 아니고 그저 더 나쁜 것인 노령이 있을 뿐이라면, 그것[55] 대신 불사의 〈명예〉[56]가 남는 것보다, 즉 가사적인 그것 대신 영원하고(aenaos) 늘 살아 있는(aei zōsa) 칭송(eulogia)이 남는 것보다 오

---

51 혹은 '선망', '경쟁(적 모방)'.
52 혹은 '권력 행사', '지배'.
53 혹은 '입혀 가지고서', '걸치고서', '바르고서'. 금박 같은 것을 '입힌다'고 할 때 흔히 쓰이는 동사다. 그러니까 이 대목은 '남의 것을(allotrios) 가져와 입힌 (perikeimenos) 장식(kosmos)을 가지고서'로 새길 수도 있다.
54 혹은 '확신할'.
55 즉, 영혼.
56 빌라모비츠가 'kleos'를 보충하였다.

히려 불명예를 무릅쓰고 이걸[57] 지켜 내려는(peripoiein) 것은 그 자체가 이미 크게 어리석은 일일 뿐만 아니라 사악한(ponēroi) 말들(logoi)[58]과 욕망에 너무 친숙해진 것(synētheia)[59]이다.

12B.6. 이암블리코스 『철학에의 권유』 100.5-101.6 (DK 89.6)

|1| 게다가 과도한 소유(pleonexia)[60]를 열망하면 안 되며, 과도한 소유에 기반한(epi tēi pleonexiāi)[61] 권력(kratos)을 덕으로, 법들에 복종하는 것을 비겁함으로 여겨서도 안 된다.[62] 이런 발상(dianoia)이야말로 가장 사악한 발상이며, 그것으로부터 좋은 것들과 대립하는 모든 것들, 즉 악(kakia)과 해(blabē)가 생겨난다. 사람들이 혼자서는 살아갈(zēn) 능력이 없는 본성을 타고났고(ephysan), 필연에 굴복하여 서로서로 함께 모여서 생계(zōē) 전체와 이것을 얻기 위한 기술적 수단들(technēmata)이 그들 손에 발견된다면, 그리고 무법 상태(anomia)에서는 그들이 서로와 더불어 삶을 영위할(diaitasthai) 수 없다고 한다면(이렇게 되면 그들에게는 앞서 혼자서 삶을 영위할 때보다 더 손실이 크게 될 테니까.), 바로 이런 필연들 때문에 법과 정의(to dikaion)가 사람들 사이에서 왕 노릇하는(embasileuein) 것이며,[63] 그것들이 절대 바뀌

---

57 즉, 영혼을.
58 혹은 '논변들'.
59 혹은 '친숙[/익숙]해진 증좌'.
60 혹은 '(응분의 것보다) 더 많이 가짐', '과도한 이득', '탐욕'. 이하 마찬가지.
61 혹은 '과도한 소유[/이득]를 얻을 수 있는'. 아래도 마찬가지.
62 칼리클레스의 자연적 정의 논의(8B.1)와 대조된다.
63 핀다로스 단편 169를 인용하는 것으로 보인다. 핀다로스의 그 시를 언급하는

지 않을 것이다. 이것들은 본성에 의해(physei)[64] 강하게(ischyra)[65] [우리] 안에서 결속되어(endedesthai) 있으니까.

|2| 아닌 게 아니라 누군가가 처음부터 다음과 같은 본성(physis)을 가지고 태어난다면, 즉 살이 상처 입지 않고 병도 없고 겪음도 없으며 (apathēs) 범상치 않게 크고 몸도 영혼도 강철로(adamantinos) 태어난다면, 이런 사람한테는 과도한 소유에 기반한 권력이 잘 어울릴 거라고(이런 사람은 법에 종속되지 않으면[66] 처벌을 피할 수 있을 테니까 말이다.) 누군가는 아마도 생각할 수 있겠다.[67] 하지만 이 사람은 옳게 생각하는 것이 아니다. |3| 이런 어떤 사람이 있다면(실제로는 있을 수 없는데), 법들 및 정의(to dikaion)와 동맹을 맺고 이것들에 권력을 실어 주며(kratynōn) 이것들 및 이것들의 조력자들을 위해 힘(ischys)을 행사하는 경우에는 이런 사람이 안전하게 되지만(sōizoito), 그렇지 않은 경우에는 살아남지 못할 테니까 말이다. |4| 왜냐하면 모든 사람들이 이런 본성을 가진 사람과 적으로 맞서게 되면, 자기들의 법 존중(eunomia)[68]과 다수성(to plēthos) 때문에 기술에 있어서든 능력에 있어서든 그

칼리클레스의 논의(8B.1)나 히피아스의 논의(4B.33)와 비교해 볼 만하다.

64 혹은 '자연에 의해', '본성[/자연]적으로'.

65 사본의 'ischyra'를 'ischyrāi'로 바꿔 읽자는 블라스(Blass)의 제안을 따르면 앞 단어와 붙여서 '강한 자연에 의해'로 새길 수 있다. 그러나 이것은 불필요한 수정으로 보인다.

66 혹은 '않음으로써'.

67 이 '초인' 논의는 프로디코스의 『헤라클레스의 선택』(3B.48)의 주인공이나 플라톤 『국가』 2권 '귀게스의 반지' 이야기의 주인공을 떠올리게 한다.

68 혹은 '준법', '좋은 법질서'.

런 사람을 압도하고 능가하게 될 것이니까 그렇다. |5| 이런 식으로 권력(kratos) 자체 또한 그것이 정말로 권력인 한은 법을 통해서(dia tou nomou) 그리고 정의 때문에(dia tēn dikēn) 보존된다(sōizomenon).

12B.7. 이암블리코스 『철학에의 권유』 101.11-104.14 (DK 89.7)
법 존중과 무법에 관해 이것들 또한 배우는 것이 적절하다. 그 둘이 얼마만큼 차이가 있는지, 그리고 법 존중은 공적으로든 사적으로든 최선인 반면 무법은 최악이라는 것 말이다. 무법으로부터는 〈가장 큰〉 해들이 곧바로 생겨나니까. 법 존중에 속하는 것들로서 어떤 것들이 생겨나는지를 먼저 살펴보는 것으로 시작해 보자.[69]

|1| 신뢰(pistis)가 법 존중으로부터 생겨나는 첫 결과물이다. 사람들 모두를 크게 이롭게 하는 신뢰가 말이다. 그리고 이것이 큰 좋음들 가운데 하나다.[70] 왜냐하면 그것[71]으로부터는 돈이 공동의 것이 되고 그런 식으로 적은 돈만 있어도 돌려 가며 누리므로 충분하지만, 이것[72]이 없으면 돈이 많아도 충분치 않기 때문이다. |2| 그리고 돈과 삶(bios)[73]에 영

---

69 DK는 이 단락을 괄호로 묶어 놓았다(403쪽). GW는 괄호 없이 단편에 수록하면서도 DK처럼 이암블리코스의 요약일 것이라고 추정한다(294쪽과 주석 318). DK보다 한 발 더 나아가 W(309쪽), DG(316쪽), LM(154쪽)은 이 단락을 이암블리코스에 속한 것으로 보고 아예 제외하며, 호키(2020)도 LM을 따른다(284-285쪽). 그런가 하면 G는 이 모든 이들과 반대로 아예 괄호를 무시하고 단편에 속하는 것으로 간주한다(868-869쪽). 아래 7절 처리 문제와 연관된다. 해당 부분의 주석을 참고할 것.

70 cf. 고르기아스 『팔라메데스를 위한 변명』(2B.14) 21.

71 즉, 법 존중. 혹은 '신뢰'로 볼 수도 있다.

72 즉, 법 존중. 혹은 '신뢰'로 볼 수도 있다.

향을 주는 운은 좋은 것이든 아니든 간에 법 존중을 기반으로 할 때 사람들에게 가장 유익하게 조종된다(kybernōntai)[74]. 왜냐하면 좋은 운을 가진 사람들이 그것[75]을 안전하게, 음모가 개재되지 않은 채로 이용할 뿐만 아니라, 나쁜 운을 가진 사람들도 법 존중을 기반으로 생겨나는 것들인 교류(epimixia)[76]와 신뢰 때문에 좋은 운을 가진 사람들로부터 도움을 받기 때문이다. |3| 또 법 존중 덕분에 사람들에게 있는 시간이 공적인 일(ta pragmata)[77]에는 매어 있지 않지만(argos), 자기 삶의 활동(ta erga tēs zōēs)[78]에는 작동이 된다(ergasimos). |4| 법 존중 속에서 사람들은 가장 즐겁지 않은 관심(phrontis)에서는 벗어나고 가장 즐거운 관심과는 함께하게 된다. 공적인 일에 대한 관심은 가장 즐겁지 않지만, 자기 활동(erga)에 대한 관심은 가장 즐거우니까.[79] |5| 또한 잠자러 갈 때(바로 그것이 사람들에게 나쁜 것들로부터 숨을 돌리는 기회(anapauma)인데) 그들은 두려움 없이, 그리고 고통스럽게 고민하는 일 없이 잠을 향해 가고, 잠에서 깨어날 때에도 또 다른 비슷한 경험을 한다. 갑작스러운 두려움에 빠지지 않으며, 가장 즐

---

73 혹은 '생계'.

74 혹은 '운용된다'.

75 즉, 법 존중.

76 혹은 '어울림', '거래', '관계', '사교'.

77 즉, 정치적인 일.

78 혹은 '생계 활동', '생업', '일상의 작업'. 아래도 마찬가지.

79 여기 언급이 모든 남자 시민이 정치 과정에 직접 참여할 권리를 갖는, 그래서 상당 시간을 공적인 일에 할애해야 하는 당대 아테네 민주주의에 대한 암묵적 비판으로 해석되기도 한다(예컨대, GW 294쪽 주석 319, W 336쪽).

거운 휴식(metallagē)으로부터 맞게 되는 하루가 〈엄청난 고통〉[80]이 되리라 예상하지도 않는다. 오히려 즐겁게(hēdeōs)[81] 자기 삶의 활동에 관해 고통스럽지 않은 관심을 기울이며, 좋은 것들을 대가로 받으리라는(antilēpsis) 데 대해 확신과 희망에 찬 기대들을 가지고 노고(ponoi)를 가볍게 만드는데, 법 존중이 그런 모든 것들의 원인 제공자(aitia)다. |6| 그리고 사람들에게 최대의 악들을 제공하는 것, 즉 몰락(katastrophē)과 노예화(doulōsis)를 가져오는 전쟁[82]도, 무법 상태에 있는(anomousi) 사람들에게는 더, 법을 존중하는(eunomoumenois) 사람들에게는 덜 닥치는 법이다. |7| 그리고 삶에 도움이 되는 다른 많은 좋은 것들이 또한 법 존중에 들어 있으며, 버거운 것들에 대한 위안(parapsychē)이 그것에서 나온다.

반면에 무법에서 나오는 악들은 다음과 같다.[83] |8| 우선, 사람들이

---

80 손상된 텍스트를 DK의 'tou gnōstēn' 대신 'boubrōstin'으로 읽자는 프리들랜더 (Friedländer)의 제안을 따랐다.

81 '아데오스'(adeōs)로 바꿔 읽자는 빌라모비츠의 제안을 받아들일 경우에는 '두려움 없이'. DG는 그 제안을 수용한다(317쪽과 404쪽 주석 20).

82 '사람들에게 최대의 악들을 제공하는 것, 즉 몰락과 노예화를 가져오는 전쟁' 대신 '몰락과 노예화를 가져옴으로써 사람들에게 최대의 악들을 제공하는 것인 전쟁'으로 옮길 수도 있다.

83 GW(294쪽), W(310쪽), DG(317쪽), G(870-871쪽)는 DK를 따라 단편에 그대로 둔다. LM은 이 문장과 다음 문장의 '우선'까지를 이암블리코스의 것으로 보아 제외하며(158쪽), 호키(2020)는 이를 따르는 데서 그치지 않고 여기서부터 끝까지의 대목을 별도의 '단편 8'로 구분한다(286-287쪽). 이 문제는 단편 7의 첫 단락 처리 문제와 연결되어 있는데, 적어도 여기 이 대목을 LM(이나 호키)처럼 다루어야 하는지는 의문스럽다. 우선 7절 전체를 들어내지 않는 한 이 문장만 제외한다는 것이 부자연스럽다. 게다가 '우선', '게다가' 등의 접속사

자기 활동을 할 여유가 없어지며(ascholoi), 자기 활동이 아니라 가장 즐겁지 않은 것, 즉 공적인 일들을 돌본다. 또 불신(apistia)과 교류 없음(amixia)[84] 때문에 돈을 공유하지(koinountai) 않고 비축하며(apothēsaurizousin), 그래서 돈이 아무리 많아도 희귀하게 된다. |9| 또한 운은 나쁜 것이든 좋은 것이든 반대의 것들에[85] 봉사한다. 무법 상태에서 좋은 운은 안전하지 않고 오히려 음모의 표적이 되며,[86] 나쁜 운은 축출되지 않고 오히려 불신과 교류 없음 때문에 강화되니까 말이다. |10| 바깥의 전쟁도 그런 똑같은 원인[87]으로부터 더 자주 촉발되고 국내의 내전(stasis) 역시 그러하며, 예전에는 발생하지 않다가도 그때[88]에는 일어난다(symbainei). 서로서로 음모들을 꾸미기 때문에 늘 공적인 일속에 연루되는 일이 일어나는데, 바로 그런 음모들 때문에 그들은 끊임

를 사용하여 열거할 뿐만 아니라 (가까이는 이곳 7절 첫 문장이나 11절 마지막 문장에서 보이는 것처럼) 열거한 사항을 정리하면서 다음 사항 논의로 이행하는 방식 또한 원저자에 속하는 것으로 볼 수 있기 때문이다. 그런 의미에서 나는 이 대목은 그대로 두어야 한다고 판단하며, 단편 7 첫 단락조차도 원저자의 것일 가능성을 완전히 배제할 수 없다면 DK처럼 괄호를 치든 G처럼 괄호를 없애든 간에 그대로 두는 것이 좋다고 생각한다.

84 혹은 '비사교성'.

85 즉, 법 존중의 경우에 발생하는 결과들과 반대의 것들에. LM은 공백을 설정하여 '나쁜 운은 〈더 나쁘게 되고〉 좋은 운은 반대의 목적에 봉사한다.'로 옮기는데(158쪽 주석 1과 159쪽), 이는 이 대목에 대한 몰이해에 기인한 불필요한 보충이다.

86 이것은 부유한 시민들을 상대로 협박하여 돈을 뜯어낼 목적으로 송사를 시작하는 아테네의 과잉 고발꾼들(sykophantai)에 대한 언급일 수도 있다.

87 즉, 불신과 교류 없음. 혹은 '무법'으로 보는 것도 불가능하지는 않겠다.

88 즉, 불신과 교류 없음[/무법]이 횡행할 때.

없이 서로를 경계하면서 서로 대항 음모를 맞세우게 되는 것이다. |11| 그리고 그들이 깨어 있을 때에도 관심을 기울이는 일(phrontides)이 그들에겐 즐겁지 않으며, 잠자러 갈 때에도 접대(hypodochē)[89]가 즐겁지 않고 오히려 두려움이 뒤따르며 깨어남은 두려움에 차고 놀라움을 일으키면서 사람을 악들에 대한 갑작스러운 기억으로 이끈다. 바로 이것들과 앞서 말한 다른 모든 악들이 무법으로부터 일어난다.

|12| 그리고 그토록 크고 무시무시한 악인 참주정(tyrannis) 또한 다른 어떤 것이 아닌 무법으로부터 생겨난다.[90] 사람들 가운데 어떤 사람들, 즉 옳지 않게 추론하는(symballontai)[91] 사람들은 참주(tyrannos)가 다른 어떤 것으로부터 세워지고 사람들이 자유(eleutheria)를 잃게 되는 게 그들 자신 탓이 아니라 세워진 참주에 의해 강제된 것이라고 생각하는데, 그들의 이런 추론(logizomenoi)은 옳지 않다. |13| 왕(basileus)이나 참주가 무법과 과도한 소유 외에 다른 어떤 것으로부터 생겨난다고 생각하는 사람은 누구든 어리석은 사람(mōros)이기 때문이다. 모든 사람들이 악덕(kakia)에 의지할 때 이것[92]이 생겨나니까 말이다. 사람들은 법들과 정의(dikē) 없이 살(zēn) 수 없기 때문이다. |14| 그러니까 이 둘이, 즉 법과 정의가 대중(to plēthos)에게서 떠날(eklipēi)[93]

---

89 혹은 '휴식', '머무름', '묶음', '기대'.
90 참주정이 극단적 민주주의의 특징인 무제한적인 권한 남용(exousia)의 결과라고 보는 플라톤 『국가』 8–9권의 논의와 유사하다고 볼 수도 있다(DG 405쪽 주석 22).
91 혹은 '추정하는'.
92 즉, 참주정.
93 혹은 '사라질'.

때 이것들에 대한 후원과 보호는 이미 한 개인에게로 돌아간다. 하긴, 대중에게 유익한(sympheron) 것인 법이 내쳐지는 게 아니고서야 달리 어떻게 일인 주권(monarchia)[94]이 한 개인에게 귀속될 수 있겠는가? |15| 정의를 해체하고 모두에게 공통이고 유익한 것인 법을 폐지하려는 사람은 다수 사람들에게서, 즉 한 사람이 여러 사람에게서, 이것들을 빼앗을(sylēsein) 양이면 강철로 되어 있어야(adamantinos)[95] 하니까 말이다. |16| 살로 이루어져 있어서(sarkinos) 나머지 사람들과 비슷한 사람이라면[96] 이런 일들은 해낼 능력이 없겠지만, 떠나 버린[97] 반대의 것들[98]을 다시 세움으로써 일인 통치자가 될 수 있을 것이다. 그렇기 때문에 어떤 사람들은 이런 일[99]이 일어나고 있는데도 불구하고 눈치를 채지 못한다.

|17| 그러니까 무법이 그토록 큰 악들의 원인이고 법 존중이 그토록 큰 좋음이라면, 법을 자기 고유의(oikeios) 삶(bios)의 인도자(hēgemōn)로 앞세우는 것 말고 달리 행복을 얻을(tychein) 수 있는 방도는 없다. 이것이 전 우주와 국가들과 개별 가정들과 각 개인 자신 스스로에게 있어서 어떤 것들을 행해야 하는지를 명하고 어떤 것들을 하면 안 되는지 만류하는 옳은 이성[100]이다.[101]

---

94 혹은 '일인정'.
95 혹은 '강철같이 단단해져야'.
96 혹은 '나머지 사람들과 비슷한 살로 이루어진 사람이라면'.
97 혹은 '사라져 버린'.
98 즉, 법들과 정의.
99 즉, 참주가 권력을 잡는 일.
100 혹은 '말', '논변', '근거'.

DK에는 이 17절이 포함되어 있지 않지만, 운터슈타이너는 포함시킨다. U 3권(1954) 138쪽. G, W, GW, DG 등은 DK를 따라 16절까지만 단편으로 간주한다. LM은 17절의 첫 문장만 포함시킨다(162-163쪽). 호키(2020)는 이 절의 행복에 대한 호소가 앞 단편들의 내용 어디와도 연관되지 않는다는 이유로 포함시키지 않는다(287쪽 주석 115). 그러나 갑작스럽게 우주적 시야를 끌어들이는 둘째 문장은 몰라도 첫 문장만큼은 단편에 포함시키기에 충분하다. 앞 단편들에 '행복'이라는 단어가 나오지 않았을 뿐 내용은 잘 어울린다.

제13장
『이중 논변』

이른바 『이중 논변』(*Dissoi Logoi*)은 일련의 도덕적, 정치적, 인식론적 명제들에 대한 찬반 논변의 집성으로 이루어진, 저자와 연대가 알려져 있지 않은 수사학 연습 자료다.[1] 도리스 방언으로 되어 있고 펠로폰네소스 전쟁 직후[2], 아마도 390년대쯤[3]에 쓰인 것으

---

1 실은 원래 제목도 알려져 있지 않으며, 통용되는 제목 "이중 논변"(*Dissoi Logoi*)은 엄밀하게 말하면 그저 현존 문헌의 첫 두 단어를 따서 붙인 편의적인 것에 불과하다. 스테파누스가 붙인 "논변들"(*Dialexeis*)이라는 제목 대신 베버(E. Weber 1897)가 처음 사용했다(33쪽).

2 1.8에 펠로폰네소스 전쟁이 가장 최근의 전쟁이라고 언급된다. 404년이 상한이라는 견해에 대해 마차리노(S. Mazzarino 1966)가 이의를 제기했고, 404년 '직후'라는 하한에 대해서는 이 저작의 연구사에서 획기적 기여를 한 로빈슨(T.M. Robinson 1979)이 이의를 제기한 바 있다(34-41쪽). 후자가 지지하는 403년에서 395년 사이라는 통설이 대체로 받아들여진다. 이와 관련한 최근의 반론으로 몰리넬리(S. Molinelli 2018)가 있다. 그는 도리스 방언의 통속화(koineization), 즉 통속 도리스 희랍어(Doric koinē)가 도리스 세계 전역에서 채택된 것이 4세

로 보이는 문헌이다.[4] 섹스투스 엠피리쿠스의 저작들 가운데서 발견되었고,[5] 1570년 스테파누스(H. Estienne)가 처음으로 디오게네스 라에르티오스(DL) 저작 출간본의 부록으로 출판했다.[6] 『이암블리코스의 익명 저술』이 어떤 주요 소피스트의 것이라 할 만한 작품이라면, 『이중 논변』은 여러 사람들의 논의를 합성한 작품에 가깝고 지적인 함량도 부족하다고 해서 보통 '이류'로 취급된다.[7] 그러니까 그것은 그것 자체의 철학적 기여보다는 5세기 소피스트적 저작의 모습을 엿볼 수 있다는 역사적 가치를 더 인정받는 작품인 셈이다.[8]

기 말부터라는 점 등을 근거로 저작 연대를 355년에서 338년 사이로 추정하면서, 그 작품의 언어가 원 텍스트의 후대 번역에 속하는 것이 아니라 원 텍스트의 언어라고 주장한다(22쪽, 44쪽).

3 혹시 더 뒤로 넓힌다면 380년대쯤일 수도 있겠다.

4 로빈슨(1979)은 403에서 395년 사이에 이오니아 출신의 소피스트가 도리스 희랍어 화자인 청중(아마도 메가라 및 시칠리아 혹은 남부 이탈리아 출신) 앞에서 행한 강의 노트(출판을 염두에 두지 않은)일 것으로 추정한다(41쪽, 51-52쪽, 54쪽).

5 14세기와 16세기 사이에 만들어진 섹스투스 엠피리쿠스의 22개 사본들의 끝에 남겨져 있었다.

6 통상 아홉 장으로 나뉘지만, 초간본은 다섯 장으로 나뉘어 출판되었다. 초간본 출판 및 사본과 관련한 세부 사항들은 월프스도르프(2020c) 294쪽과 주석 15를 참고할 것. 기종석(1993) 41-45쪽에도 관련 내용이 보다 상세히 정리되어 있다.

7 로빈슨(1979)은 그것이 프로타고라스의 영향을 크게 받고, 히피아스, 고르기아스, 소크라테스의 영향도 조금 받았으며, 여러 민속학자들의 영향도 받았을 것이라고 추측한다(51쪽).

8 이 작품과 앞 장 『이암블리코스의 익명 저술』의 자료적 가치에 대해 현대 논자들은 상당히 긍정적이다. 두 저작은 주요 현대 참고문헌 5개 모두에 실려 있다.

아홉 장 가운데 첫 네 장에서는 일련의 도덕적 성질, 즉 좋음과 나쁨(1장), 아름다움과 추함(2장), 정의로움과 부정의함(3장), 참/진실과 거짓(4장)에 관한 네 이중 논변이, 즉 각 쌍을 이루는 두 항목이 서로 별개임을 옹호하는 논변과 같은 것임을 옹호하는 논변이 차례로 개진된다. 5장에서는 미친 사람과 제정신인 사람이, 그리고 지혜로운 사람과 무지한 사람이 같은 것을 말하고 행한다는 것을 옹호하는 논변과 그것에 반대하는 논변이 개진된다. 이후 네 장에서는 당대의 논란거리인 네 쟁점, 즉 지혜와 덕이 가르쳐질 수 있는가(6장), 공직이 제비뽑기로 선발되어야 하는가(7장), 말 기술을 가진 사람이 모든 것을 알아야 하는가(8장), 기억이 우리에게 얼마나 유용한가[9](9장)가 각각 다루어진다. 이 마지막 네 장이 시범 연설의 기초가 될 수는 있겠지만 이중 논변의 형식을 갖추고 있지 않기에, 저자의 구도가 무엇이었는지가 불투명하다.[10]

『이중 논변』은 도리스 희랍어로 쓰여 있다. 주로 펠로폰네소스 반도와 시칠리아 및 남부 이탈리아 일부에서 사용된 희랍어 방언

그러나 나는 두 저작에서 자료적 가치 이상의 것을 탐색해 볼 가치가 있다고 생각한다.

9 혹은 '기억을 어떻게 잘 활용할 것인가', '기억법 예찬'.

10 구조와 내용이 1-6장은 반론적, 7장은 거의 독백적, 8-9장은 전적으로 독백적이다. 이 이원성에 대한 설명이 작품 통일성 문제의 관건이다. 기종석(1993)은 내용과 형식에 있어 내적 일관성과 통일성이 없다고 보는(63-64쪽) 데 반해, 월프스도르프(2020c)는 독백 부분, 특히 8-9장이 반론 부분, 즉 1-6장에서 제기된 일련의 난제들을 해결할 수 있는 숙련된 기술이 있음을 보여 주는 방식으로 통일성이 성취된다고 논변하면서, 저자는 자신이 이 기술을 갖고 있으며 청중들에게 그것을 가르쳐 줄 수 있다고 생각한다고 주장한다(300-304쪽).

이다. 이로 미루어 볼 때, 저자가 이런 지역 출신일 수도 있고, 혹은 저자가 이런 지역의 도리스 희랍어 쓰는 청중을 위해 쓴 것일 수도 있다. 저자가 누구인지에 관해 광범위한 추측과 사변이 펼쳐졌지만, 확고한 지지를 받는 제안은 아직 나오지 않았다.[11] 우선 이 작품의 '아류'적 내지 파생적 성격과 관련해서는 이 작품을 프로타고라스의 수사학적 저작과 연관 지어 보는 사람들이 적지 않다. 프로타고라스의 반론 탐색 촉구를 계승하는 저작이라는 것이다.[12] 그런가 하면 도리스 방언을 히피아스학파 영향의 증거로 해석할 여지도 있다. 기억법을 예찬하는 9장이 특히 이런 해석에 우호적인 근거가 될 수 있다.[13] 그런가 하면 고르기아스의 영향을 떠올리거나 소크라테스의 영향을 떠올리기도 한다.[14]

오늘 우리의 관점에서 이야기하자면, 저자가 누구인지, 독창성이 얼마나 들어 있는지 등의 질문은 오히려 상투적이다. 저자가 알려진 어떤 소피스트이든 유명 철학자이든 아니면 그들을 모방하는 이름 모를 누군가이든, 그게 뭐 대수인가? '독창적'이고 '철학

---

11 이 작품의 저자와 저작 연대에 관한 논의의 정리는 기종석(1993) 45-48쪽을 참고할 수 있다.

12 로빈슨은 '디소이 로고이'(Dissoi Logoi)를 '이중 논변'(Double Arguments) 대신 '대조 논변'(Contrasting Arguments)으로 옮긴다. 그러나 이미 지적했듯 반론적 구조의 모습이 아주 빈약한 나중 네 장에는 어울리지 않는다.

13 폴렌츠(M. Pohlenz 1913)가 이 점에 주목한 바 있다(72쪽 이하). 그러나 실제로는 이오니아 혹은 아티카 방언 형태의 단어들도 나오기 때문에 저자가 도리스 화자였는지 여부조차 논란이 된다.

14 전자와 관련해서는 특히 8장의 논의가, 그리고 후자와 관련해서는 특히 첫 장에 짧은 대화가 포함되어 있다는 점이 의미 있는 근거일 수 있다.

적'인 아이디어가 덜 들어 있는 상투적이고 표절 냄새가 나는 글이라고 한들, 그건 또 무슨 상관이라는 말인가? 이런 말들을 입에 올리는 대부분의 사람들이 숭경해 마지않는 '주류' 철학자 플라톤 자신이 바로 그 '표절' 시비에 휘말린 원조 격인데,[15] 정작 그 자신은 그런 것들에 개의치 않았던 게 꽤 '아이러니컬'(?)하다고나 할까. 그런 상투적이고 상식적인 질문들은 다 접어 두고라도, 이 글은 뭐니 뭐니 해도 독자에게 발상의 전환을 촉구하는 도전감 있는 신선한 텍스트다. 예컨대, 민주주의적이라는 이유로 추첨제를 옹호하는 입장에 대한 반론(7.5–6)은 전문가주의적 신념에 입각한 소크라테스 식의 외재적 반론(6A.50, 6B.67)과 대조되는, 민주정에 대한 기본적 애정과 관심이 깔린 내재적 반론이라 할 만하다. 당대의 대세인 민주정에 뼈아픈 추첨제 반대 논변을 제기하면서도 체제의 근본적 정신과 지향에 대한 존중과 공감을 유지하면서 대안과 방향을 제시하려는 태도를 보인다. 무조건 반대하거나 아니면 묻지 않고 지지하거나, 이렇게 두 부류의 행동 패턴만이 난무하는 강대강 대결의 우리 담론 세상에 이런 '이류 회색분자'(!)의 이야기는 여러모로 시사하는 바 크다.

독창성의 이름으로 주류와 일류를 좇는 우리의 이런 담론 관행의 한구석에는 사실 칭찬에 인색하게 하는 오늘 우리의 어두운 문화가 자리 잡고 있다. 가치를 인정하는 순간, 긍정적인 평가를 내리는 순간, 그 대상의 허점들이나 문제점들을 평가자가 공유하거

---

15 이 책의 첫 장 1B.6과 1B.7 등을 참고할 것.

나 대신 변명해야 하는 듯한 분위기, 혹은 전반적으로 부정적인 심증적 평가를 받는 대상(보통은 '아류'나 '마이너' 취급을 받는 대상)에 대해 남들과 달리 긍정적인 평가를 제시하는 일을 기피하는 분위기가 문제다. 이런 분위기 뒤에는 흑백 논리가 있다. 부분적 진실이나 부분적 허점, 이런 것들을 용인하기 어렵고 전부 아니면 전무 식으로 사물을 대하고 평가하는 태도 말이다. 남들이 백안시하는 무언가를 치켜세우는 일이 그 사람 자신을 남들이 그것에 주는 점수 이하의 인물로 전락시킬 거라는 생각을 우리가 암암리에 하고 있다면, 그건 아주 위험한 발상이다.[16] 남들이 90점, 100점을 주는 것들에만 우리가 배울 진리가 들어 있는 것이 아니다. 남들이 50점, 60점을 주는 것들에도 우리가 배울 것이 오히려 많을 수 있고, 경우에 따라서는 남들이 10점, 0점을 주는 것들에 우리가 찾고 키워야 할 보석 같은 진리가 담겨 있을 수도 있다.

우리의 가치 평가와 칭찬, 비난은 성찰과 검토를 동반한 소신 있는 것이어야 한다. 이제 우리는 남 눈치 보지 않고, 혹은 더 이상의 변명 의무를 지지 않으면서 다수의 의중과 다른 방향으로 무언가를 자유롭게 과감히 칭찬하거나 비난할 수 있는 분위기와 태도를 만들어 가야 한다. 『이암블리코스의 익명 저술』이나 『이중 논변』은 그런 의미에서 이중적으로, 즉 텍스트의 내용만이 아니라

---

16 그런 의미에서 소피스트들의 시범 연설 가운데 적어도 일부, 예컨대 고르기아스의 『헬레네 찬양』(2B.13) 같은 작품은 그런 대중의 밴드왜건에 대한 도전이요 문화적 균형감 회복을 위한 반론(안틸로기아), 즉 '반대를 위한 반대'에 속한다고 말할 수 있다.

그런 텍스트를 다루는 일 자체가 갖는 의미와 함축 때문에도 우리에게 아주 소중한 텍스트 자산이라 할 만하다. 반론(안틸로기아)의 기치를 프로타고라스가 내걸기 시작했다면, 그것을 인상적이고 효과적으로, 그리고 문학적/예술적으로 구현한 사람이 고르기아스요, 철학사에 길이 남을 전통적 가치를 그것에 부여한 사람이 소크라테스다. 이제 그런 전통들에 절충과 융합이라는 마지막 터치를 가한 것이 『이중 논변』이다.[17]

B. 텍스트

『이중 논변』(*Dissoi Logoi*)[18] 혹은 『논변들』(*Dialexeis*)[19] (DK 90)

13B.1. 『이중 논변』 1 (DK 90.1)

---

17 프로타고라스의 안틸로기아 전통이 여기 『이중 논변』에 이르기까지 줄곧 구현하고자 한 정신은, 앞서 프로타고라스 장 B 7절(반론 혹은 대립 논변)의 관련 주석에서도 이미 밝혔듯이, 회의주의적 태도와 매우 유사하다. 그 주석에 인용한 섹스투스 엠피리쿠스의 발언을 참고할 것. 『이중 논변』에 대한 회의주의적 해석의 최근 옹호로는 몰리넬리(2018) 286-295쪽을, 회의주의적 독해의 옹호자 목록은 287쪽 주석 868을 참고할 것. 이윤철(2019) 역시 『이중 논변』의 얼개를 분석, 정리하면서 이 텍스트가 통상의 견해처럼 상대주의를 지지하지 않고 오히려 부분적으로 반박하기도 하면서 퓌론식 회의주의 논변과 유사한 면모를 보이므로, 나중에 나올 그 퓌론주의에 영향을 준 원형적 텍스트로 간주할 수 있다고 해석한다.

18 베버(E. Weber) 판본(1897)에서 스테파누스의 제목 대신 처음 사용.

1. 좋음과 나쁨에 관하여(Peri agathō kai kakō)

|1| 이중 논변(dissoi logoi)이 희랍에서 철학하는 사람들(philoso-phountes)에 의해서 좋은 것(to agathon)과 나쁜 것(to kakon)[20]에 관해 이야기된다(legontai).[21] 어떤 사람들은 좋은 것과 나쁜 것이 서로 별개(allo men … allo de …)라고 말한다.[22] 반면에 어떤 사람들은 그것들[23]이 같은 것이라고,[24] 즉[25] 그것이[26] 어떤 사람들에게는 좋은 것인데 어떤 사람들에게는 나쁜 것이고, 같은 사람에게 어떤 때에는 좋은 것인

---

19 혹은 『담론들』. 스테파누스가 초간본 출판 시 붙인 제목.

20 제목에서(그리고 특별한 경우) 말고는 'to agathon'과 'to kakon'을 기본적으로 '좋음', '나쁨'이 아니라 '좋은 것', '나쁜 것'으로 옮긴다. 아래에서도 계속 '좋은 것', '나쁜 것'은 '좋음', '나쁨'으로(거꾸로도 가능), '좋은 것이다', '나쁜 것이다'는 '좋다', '나쁘다'로(단, 거꾸로는 늘 가능한 것은 아니다.) 옮길 수 있는 말들이다. 다음 절의 '아름다움', '추함', 그다음 절의 '정의로움', '부정의함' 등에도 마찬가지 이야기가 계속 적용된다.

21 원문의 어순 그대로 옮겼다. 우리말 어법만 고려하면 '희랍에서 철학하는 사람들이 좋은 것과 나쁜 것에 관해 이야기하는 이중 논변이 있다.'로 옮길 수도 있다. 그리고 이 첫 문장은 다음 문장(한글로는 두 문장)과 연결사로 연결되어 있고, 이것은 이어지는 두 장의 서두(2.1과 3.1)에서도 마찬가지다. 여기와 2.1에서는 '가르'(gar)가, 3.1에서는 '카이'(kai)가 있는데, 모두 '즉' 정도로 새길 수 있지만, 그 효과보다는 오해의 소지만 남기기 때문에 생략한다.

22 예컨대, 소크라테스.

23 즉, 좋은 것과 나쁜 것.

24 '그것들이 같은 것이라고' 대신 해석을 넣어 '같은 것이 그것들이라고[즉, 좋은 것이기도 나쁜 것이기도 하다고]'로 새길 수도 있다. 아래 2.1과 3.1에는 그런 방식으로 문장이 구성되어 있다.

25 직역하면 '그리고'.

26 즉, '같은 그것'.

데 어떤 때에는 나쁜 것이라고 말한다.[27]

|2| 그런데 나 자신은 후자 쪽 사람들에게 동의한다(potitithemai). 그리고 나는 인간적인 삶에 기반하여 고찰할 것인데, 이 삶은 음식, 마실 것, 성적 쾌락(aphrodisia)에 관심을 갖는다. 이것들은 아픈(asthenounti)[28] 사람에게는 나쁜 것이지만, 건강하고 그것들을 필요로 하는 사람에게는 좋은 것이니까 말이다. |3| 그리고 또한 이것들에 대한 자제력 없음(akrasia)은 자제력 없는 사람들에게는 나쁜 것이지만, 이것들을 팔아 돈을 버는 사람들에게는 좋은 것이다.[29] 게다가 병은 아픈 사람들에게는 나쁜 것이지만, 의사들에게는 좋은 것이다. 게다가 죽음은 죽는 사람들에게는 나쁜 것이지만, 장의사들과 무덤 만드는 사람들에게는 좋은 것이다. |4| 또 농사가 멋지게 소출을 내면 농부들에게는 좋은 것이지만, 무역상들(emporoi)에게는 나쁜 것이다. 또한 상선들이 깨지고(syntribesthai) 부서지는(parathrauesthai) 것이 선주에게는 나쁜 것이지만, 배 만드는 사람들에게는 좋은 것이다. |5| 게다가 쇠가 부식되고 무뎌지고 마모되는(syntribesthai) 것이 다른 사람들에게는 나쁜 것이지만, 대장장이에게는 좋은 것이다. 또 실로 항아리가 부서지는 것이

---

27 '좋은 것이다', '나쁜 것이다'로 옮긴 말들을 이 경우(즉, 주어가 중성 단수인 경우)에는 '좋다', '나쁘다'로 바꿔 쓸 수 있다. 아래에도 이런 경우들이 적지 않다. 그러나 그렇게 치환될 수 없는 곳(즉, 주어가 중성 단수가 아닌 경우) 역시 적지 않다. 따라서 원문의 정신은 지금 이 경우에도 후자가 아니라 전자에 가까울 것이라고 볼 수 있다.

28 혹은 '허약한'.

29 앞 문장도 그렇지만 특히 이 문장에 나오는 '좋은 것이다', '나쁜 것이다'는 '좋다', '나쁘다'로 바꿔 쓸 수 없다.

다른 사람들에게는 나쁜 것이지만, 도공들에게는 좋은 것이다. 신발들이 닳고 갈라지는 것이 다른 사람들에게는 나쁜 것이지만, 갖바치에게는 좋은 것이다.

|6| 이제[30] 겨룸들(agōnes), 즉 체육, 음악 및 전쟁의 겨룸들에서, 예컨대 체육 경기 중 운동장 달리기에서 승리는 이긴 사람들의 것으로는 좋은 것이지만, 진 사람들에게는 나쁜 것이다. |7| 그리고 레슬링 선수들, 권투 선수들과 다른 모든 음악가들의 경우도 마찬가지다. 예컨대, 키타라 치며 노래 부르기는 이긴 사람들의 것으로는 좋은 것이지만, 진 사람들에게는 나쁜 것이다. |8| 전쟁에서 (그것도 가장 최근의 것들을 맨 처음에 말하기로 하면) 아테네인들과 그 동맹자들을 상대로 이긴 라케다이몬인들의 승리[31]는 라케다이몬인들에게는 좋은 것이지만, 아테네인들과 그 동맹자들에게는 나쁜 것이다. 또 희랍인들이 페르시아인들을 이긴 승리[32]는 희랍인들에게는 좋은 것이지만, 이방인들(barbaroi)에게는 나쁜 것이다. |9| 게다가 일리온[33]의 함락은 아카이아인들[34]에게는 좋은 것이지만, 트로이인들에게는 나쁜 것이다. 테베인들과 아르고스인들이 겪은 일들[35]에 대해서도 마찬가지다.

---

30 혹은 '그렇다면'.

31 404년에 끝난 펠로폰네소스 전쟁을 가리킨다. 종전 후 얼마나 지난 시점에 이 저작이 쓰인 것인지는 분명치 않다.

32 479년에 끝난 페르시아 전쟁을 가리킨다.

33 즉, 트로이.

34 트로이 전쟁 당시의 희랍인들을 가리키는 호메로스적 용어다.

35 일곱 장군의 테베 공격으로 알려진 원정에서 아르고스가 테베를 정복한 전설적인 전쟁을 가리키는 것으로 보인다.

|10| 그리고 켄타우로스들(Kentauroi)[36]과 라피테스들(Lapithai)[37]의 전투[38]는 라피테스들에게는 좋은 것이지만, 켄타우로스들에게는 나쁜

---

36 켄타우로스들(혹은 켄타우로스족)은 희랍 신화에 나오는 상반신은 사람이고 하반신은 말인 상상의 종족으로서 비슷한 방식의 몸 구성을 가진 사튀로스들과 유사한데, 사튀로스들이 겁이 많은 편이고 위협적이라기보다는 재미를 주는 종족으로 상상되었다면, 이들은 거칠고 위험한 편이다. 이 두 종족 이야기에서 공히 말이 인간과 아주 가깝다는 것은 자연과 문화 사이에 확고한 선이 그어져야 한다는 데 유념할 필요가 있음을 부각한다. 이들은 테살리아 왕 익시온의 후예라고 한다. 신화에 따르면 어느 날 올림포스산에 가서 신들의 잔치에 동석한 익시온이 헤라를 보고 첫눈에 반하게 되고, 이를 눈치챈 제우스가 익시온을 속여 헤라의 모습을 본떠 만든 구름을 가져다주었는데 익시온은 헤라로 착각하고 몸을 섞었고, 그 사이에서 태어난 것이 켄타우로스다. 대초원에 무리를 지어 사는데, 대부분 성질이 난폭하고 음탕하다. 55살까지 살 수 있으나 대부분 40살이 되면 죽는데 피살되거나 전사하기 때문이며, 그만큼 난폭하다. 또 술을 좋아해서 취기에 추태를 부리기도 한다. 그래서 술의 신 디오뉘소스의 추종자 대열에 합류하는 자가 적지 않았다고 한다. 이것을 톡톡히 경험한 사람이 테살리아의 라피테스들의 왕 페이리투스(제우스의 아들로 익시온의 아내 디아의 몸에서 태어났다.)다. 그는 자기 결혼식 피로연에 켄타우로스들을 초대했는데, 인간 문화에 필수적인 술을 이들이 맛보고 취하게 되자 신부를 겁탈하려 들면서 이들과 라피테스들이 싸움을 벌이게 된다(이 싸움에 관해서는 아래 관련 주석 참고. 페이리투스에 관해서는 크리티아스 B 7절의 『페이리투스』주석 참고). 기원전 5세기 무렵에 오면 켄타우로스들은 (아마존들처럼) 희랍에서 남성이 가진 문화적, 정치적 우위에 대항하는 모든 세력들을 상징하게 된다.

37 라피테스들(혹은 라피테스족)은 테살리아 지방 펠리온산 근처에 살았던 전설적인 부족이다. 계보적으로 이들은 켄타우로스들과 친족 관계인 것으로 알려졌는데, 일설에 따르면 이들과 켄타우로스들은 아폴론과 요정 스틸베가 낳은 쌍둥이 형제라고 한다. 호메로스의 『일리아스』에 의하면 라피테스들은 트로이 전쟁에 40척의 선단을 파견했다고 한다.

38 결혼식 피로연에서 벌어진 라피테스들과 켄타우로스들 간의 싸움은 흔히 '켄

것이다. 게다가 신들과 기가스들(Gigantes)[39]이 벌였다고 이야기되는 전투와 승리[40]는 신들에게는 좋은 것이지만, 기가스들에게는 나쁜 것이다.

타우로마키아'라고 불린다. 라피테스들의 왕 페이리투스가 히포다메이아와 결혼하게 되는데, 결혼식에 켄타우로스들도 초대된다. 이때 이들이 술을 먹고 야성이 발동하여 자제력을 잃는데, 그 와중에 에우뤼티온이라는 켄타우로스가 신부 히포다메이아를 겁탈하려 한다. 이에 격분한 라피테스들이 이들과 집단 싸움을 벌이게 되고, 마침 결혼식에 초대받은 테세우스도 라피테스들 편에서 켄타우로스들을 격퇴한다. 결국 켄타우로스들은 패해서 테살리아에서 쫓겨나며, 남아 있던 자들은 훗날 헤라클레스에게 대부분 죽임을 당하게 된다.

39 기가스들(혹은 기가스족)은 괴물의 모습과 큰 힘을 가진 희랍 신화 상의 거인 종족으로서, 헤시오도스 『신통기』에 따르면 대지의 여신 가이아의 아들들이다. 크로노스가 아버지 우라노스를 거세하고 패권을 잡을 때 거세된 우라노스의 성기에서 떨어진 피가 대지에 떨어져 이들이 태어났다고 한다. 하반신은 뱀, 상반신은 거인의 모습이라고 한다.

40 신들과 기가스들 간의 싸움('기간토마키아')은 고대 서사시들에서 형성되어 많은 후대 작가들에 의해 다채롭게 윤색된다. 아버지 우라노스를 몰아내고 권력을 잡은 크로노스는 형제 괴물인 헤카톤케이레스, 퀴클롭스를 다시 타르타로스에 감금하고, 새로이 우라노스의 피를 받아 태어난 기가스들도 지하 세계에 가둔다. 결국 크로노스를 비롯한 티탄들은 크로노스의 막내아들 제우스 및 그 형제들(즉, 올림포스 신들)과 10년간의 거대한 전쟁을 벌이는데 이것이 '티타노마키아'이며, 이때는 크로노스가 패하여 지하세계에 감금된다. 티탄들의 어머니인 가이아는 올림포스 신들이 티탄들을 지하에 가둔 것에 불만을 품고 기가스들을 부추겨 제우스에게 맞서게 하고, 이들은 알퀴오네우스의 지도 아래 올림포스 신들과 싸움을 벌이게 되는데 이것이 '기간토마키아'다. 제우스와 다른 올림포스 신들은 기가스들의 공격을 받아 힘겨운 일전을 펼치는데, 헤라클레스가 있어야 이길 수 있다는 예언을 받고는 헤라클레스를 끌어들이게 되고, 헤라클레스가 알퀴오네우스를 비롯한 많은 기가스들을 화살로 죽이고, 결국 싸움은 올림포스 신들의 승리로 끝난다. 싸움에서 패한 기가스들은 지하에 묻히게 되는데 남부 이탈리아의 화산들 아래 감금되었다고 하며, 고대인들은 화산 활동이 기가스들이 화를 내는 것이라 믿었다고 한다.

|11| 그런데 좋은 것과 나쁜 것이 서로 별개요, 그 이름(tōnyma)[41]이 그렇듯 그 사물(to pragma)[42]도 다른 것이라는 내용의 다른 논변(allos … logos)이 이야기된다. 그런데 나 자신 또한 이런 방식으로 구분한다(dihaireumai). 그 둘 각각이 다른 것이 아니라 같은 것이라면(그건 놀라운 일일 것이다.), 좋은 것이 어떤 것이고 나쁜 것이 어떤 것인지 분명치 않다고 난 생각하니까. |12| 그리고 나는 그 사람도 이런 말[43]을 그가 할 때 누군가가 그에게 다음과 같이 물으면 대답할 수 없을 것이라고 생각한다.

"자, 내게 말해 보세요. 당신의 부모님이 당신에게[44] 뭔가 좋은 일을 해 주었나요?"

그는 말할 겁니다. 〈"그래요. 그것도 많은 큰일들을 해 주었지요."〉[45]

"그렇다면 좋은 것이 나쁜 것과 같은 것이라면, 당신은 많은 큰 나쁜 일들을 이분들에게 빚고 있는 겁니다. |13| 이건 어때요? 당신은 예전에 친척들에게 뭔가 좋은 일을 해 주었나요? 그렇다면 당신은 친척들에게 나쁜 일을 한 겁니다. 이건 어때요? 당신은 예전에 적들에게 나쁜 일을 했나요? 그렇다면 당신은 그들에게 많은 커다란 좋은 일들을 해 준 겁니다. |14| 자, 어서 내게 다음과 같은 것에 대해서도 대답하세요. 같

---

41 혹은 '단어'.

42 혹은 '일', '사태'. 이하 마찬가지. cf. 2.1에 '몸체'(sōma)가 사용된다.

43 즉, 좋은 것과 나쁜 것이 같은 것이라는 말.

44 딜스처럼 슐체(W. Schulze)의 수정을 받아들였다. 사본대로 읽으면 '당신의 부모님이 당신에게' 대신 '당신은 부모님에게'로 새길 수 있다.

45 딜스가 보충.

은 것이 좋은 것이면서 나쁜 것이라면, 당신은 거지들이 많은 나쁜 것들을 갖고 있기 때문에 그들을 동정하는(oiktireis) 것이고 동시에, 그들이 많은 좋은 것들을 누리고(prassonti) 있기 때문에 그들이 행복하다고 여기는 것에 다름 아니죠?"

|15| 그런데 대왕이 거지들과 비슷한 처지라는 것을 막을 것이 아무 것도 없다. 같은 것이 좋은 것이면서 나쁜 것이라면, 그에게 있는 많은 커다란 좋은 것들이 많은 커다란 나쁜 것들이니까. 그리고 이것들이 모든 것에 관해 이야기되었다고 치자. |16| 나는 먹는 것과 마시는 것과 성교하는 것(aphrodisiazen)에서 시작해서 하나하나에 대해 훑어보겠다. 같은 것이 좋은 것이면서 나쁜 것이라면, 아픈 사람들 자신들에게는 이것들을 행하는 것이 똑같이 좋은 것이니까.[46] 그리고 좋은 것이 나쁜 것과 같은 것이라면, 병든 사람들에게 병듦이 나쁜 것이면서 좋은 것이다. |17| 앞의 논변에서 이야기된 다른 모든 것들의 경우에도 마찬가지다. 그리고 나는 좋은 것이 무엇인지 말하고 있는 것이 아니다. 다만 이것을, 즉 같은 것이 나쁜 것이면서 좋은 것이 아니라 둘 각각이 〈다른 것〉[47]임을 가르쳐 주려(didaskein) 시도하고 있다.

---

46 딜스처럼 이 부분을 보충한 블라스의 제안을 따라 읽으면 다음과 같이 옮길 수 있다. '아픈 사람들에게는 이것들을 〈행하는 것이 나쁜 것이고, 다시〉 그들에게는 이것들을 행하는 것이 좋은 것이니까.'
47 딜스처럼 이 부분을 보충한 블라스의 제안을 따라 읽었다.

13B.2. 『이중 논변』 2 (DK 90.2)

2. 아름다움과 추함에 관하여[48]

|1| 그리고 아름다운 것(to kalon)과 추한 것(to aischron)에 관해서도 이중 논변이 이야기된다. 어떤 사람들은 아름다운 것과 추한 것이 서로 별개요, 그 이름이 그렇듯 그 몸체(sōma)[49]도 다른 것(diapheron)이라고 말한다. 반면에 어떤 사람들은 같은 것이 아름다운 것이면서 추한 것이라고 말한다.

---

48 '칼로스'(kalos)의 의미가 이 문건에서 자주 '아름답다'나 '훌륭하다'라는 적극적인 의미보다 '사회적으로 적절하다'(socially appropriate), 즉 '괜찮다', '봐줄 만하다', 받아들일 만하다', '문제 되지 않는다' 정도의 의미로 쓰이고, '추하다' 역시 이에 상응하는 '사회적으로 부적절하다'(socially inappropriate)는 의미로 쓰인다는 관찰을 제시하는 논자가 있는데, 특히 2.2 같은 곳이 예로 제시된다[월프스도르프(2020c) 294쪽 주석 17]. 그래서 서양 연구자들 가운데 '아름답다', '추하다' 대신 다른 번역어, 예컨대 로빈슨이 쓰는 'seemly'(어울린다, 적절하다, 점잖다), 'shameful'(수치스럽다)/'unseemly'(꼴사납다, 부적절하다, 보기 흉하다)를 택하는 사람들이 적지 않다. 극단적인 경우는 'right'(옳다), 'wrong'(그르다)을 택한 G다. 그러다가 다시 'good'(좋은), 'bad'(나쁜)을 혼용하기도 한다(885쪽의 2.22 번역). 여기서 다 다룰 수는 없지만 나는 월프스도르프 등의 관찰에 전적으로 동의하지는 않으며, 이 용어들에 그들이 읽는 것(즉, 용인)보다는 훨씬 더 적극적인 의미와 함축(즉, 권장)이 개중에는(예컨대, 2.14) 포함되어 있다고 생각한다. 여기서는 편의상 번역어를 '아름답다', '추하다'로 통일하되, 이런 사정들을 감안하면서 읽을 필요는 있겠다.

49 혹은 '본체', '대상', '지시체', '물체', '몸'. 혹은 이 말의 잘 쓰지 않는 번역어이기는 하지만 '실체'. cf. 1.11에서, 그리고 줄곧 '사물'(pragma)이라는 용어가 사용된다.

|2| 나로서는 다음과 같은 방식으로 해명을 시도해 보겠다. 예컨대, 꽃다운 나이의 아이에게는 자기를 사랑하는(erastēs) 쓸 만한 자에게 살갑게 대하는 것(charizesthai)[50]은 아름다운 것이지만, 자기를 사랑하지 않는 아름다운 자에게 그러는 것은[51] 추한 것이다.[52] |3| 그리고 여자들이 집안에서 목욕하는 것은 아름다운 것이지만, 레슬링장에서 그러는 것은 추한 것이다. (물론 남자들에게는 레슬링장이나 체육관에서 목욕하는 것이 아름다운 것이지만 말이다.) |4| 그리고 남편과 관계하는 것(synimen)이 은밀하게 담으로 가려지는 데서 행해지면 아름다운 것이지만, 바깥에서 누군가가 볼 수 있는 데서 행해지면 추한 것이다. |5| 그리고 그녀들이 남편과 관계하는 것은 아름다운 것이지만, 남의 남편과 그러는 것은 가장 추한 것이다. 또 남자에게도 자기 아내와 관계하는 것은 아름다운 것이지만, 남의 아내와 그러는 것은 추한 것이다. |6| 그리고 치장하는 것과 백연(白鉛)을 바르는 것과 금붙이를 두르는 것이 남자에게는 추한 것이지만, 여자에게는 아름다운 것이다. |7| 그리고 친구들에게 좋은 일을 해 주는 것은 아름다운 것이지만, 적들에게 그러는 것은 추한 것이다. 그리고 적들에게서 도망치는 것은 추한 것이지만, 경기장에서 경쟁자들(agōnistai)에게서 그러는 것은 아름다운 것이다. |8| 그

---

50 혹은 '기쁨을 주는 것'.

51 '자기를 사랑하지 않는 아름다운 자에게 그러는 것은' 대신 '자기를 사랑하지 않는 자에게 그러는 것은 비록 그자가 아름다운 자라 할지라도'로 새길 수도 있다.

52 플라톤의 『향연』(특히 파이드로스 연설과 파우사니아스 연설)과 『파이드로스』(특히 뤼시아스 연설과 소크라테스의 두 연설)에 이 주제와 연관된 논의들이 개진되어 있다.

리고 친구들과 동료 시민들을 살해하는 것은 추한 것이지만, 적들을 그러는 것은 아름다운 것이고, 모든 것들에 관해 그렇다.

|9| 나는 국가들과 민족들이 어떤 것들을 추하다고 간주하는가를 다루는 쪽으로 옮겨 가 보겠다. 예컨대, 라케다이몬인들에게 소녀들 (korai)이 벗고 훈련하는 것(gymnazesthai)[53]과 소매 없는 옷을 입거나 키톤(chitōn)[54] 없이 외투만 입고 공공장소에 나타나는 것(parerpen) 이 아름다운 것이다. 반면에 이오니아인들에게는 추한 것이다. |10| 〈전자의 사람들에게는〉[55] 아이들이 음악과 글자를 배우지 않는 것이 아름다운 것이지만, 이오니아인들에게는 이것들 모두를 알지 못하는 것 이 추한 것이다. |11| 테살리아인들에게는 말들과 노새들을 그 무리에 서 몸소[56] 잡아서 길들이는(damasai)[57] 것과 소들을 몸소 잡아서 죽이고(sphaxai) 가죽을 벗기고 토막을 내는 것이 아름다운 것이지만, 시칠리아에서는 추한 것이고 노예들의 일(erga)이다. |12| 마케도니아인들 에게는 소녀들이 남자와 결혼하기 전에 연애하고(erasthai) 남자와 상관하는(syngignesthai) 것은 아름다운 것이지만, 결혼하고 나서는 추한

---

53 이 사안은 맥락은 다르지만 아래 2.25에서 다시 거론된다.
54 상고 시대부터 헬레니즘 시대까지 남녀 모두 입던 기본적인 의복이다. 일종
   의 소매 없는 셔츠쯤에 해당하는데, 사각의 리넨 등을 어깨에 둘러 아래로 길
   게(남자는 고전 시대의 경우 무릎까지, 여자는 고대 내내 발목까지) 늘어뜨리
   고 어깨를 브로치로, 허리를 벨트로 고정했다. 외출 시에는 그 위에 통상 외투
   (himation)를 걸쳐 입었다. 이것의 로마 버전에 해당하는 것이 '투니카'(tunica)다.
55 '〈tois men〉'을 보충한 딜스를 받아들이지 않고, 빌라모비츠의 보충 '〈tēnois〉'
   를 받아들였다. 딜스 식으로 읽으면 '〈어떤 사람들에게는〉'이 된다.
56 '자신을 위해'로 새길 수도 있다.
57 '죽이는'으로 새길 수도 있다.

것이다. 반면에 희랍인들[58]에게는 둘 다 추한 것이다. |13| 트라키아인들에게는 소녀들이 문신하는(stizesthai) 것이 꾸미개(kosmos)[59]이지만, 다른 사람들에게는 문신들(stigmata)이 죄를 범한 사람들에게 주는 형벌이다. 그리고 스퀴타이인들은 사람[60]을 죽여서 그 머리에서 가죽을 벗겨 말 앞에 달고[61] 두개골은 금이나 은을 입혀 헌주를 부어 마시고 신들에게 헌주하는 사람이 있다면 그것을 아름다운 것으로 생각한다. 반면에 희랍인들 사이에서는 아무도 그런 일을 한 사람과 같은 집으로 함께 들어가는 것조차 하고 싶어 하지 않는다. |14| 그리고 마사게타이족(Massagetai)[62]은 자기 부모를 토막 내어 먹으며, 자식들 속에 묻히는 것이 가장 아름다운 매장이라고 생각한다.[63] 반면에 희랍에서는 누군가 이런 일을 하면 추하고 끔찍한 일들을 한다고 여겨 희랍 밖으로 쫓겨나

---

58 마케도니아인들은 희랍인들 축에 끼지 못했다는 것을 반영한다.

59 혹은 '돋우미'.

60 내용상 적을 가리키는 것으로 보인다.

61 스퀴타이인들의 이런 전쟁 관습은 헤로도토스 『역사』 4.64에 기록되어 있다. 그곳의 묘사에 따르면 '말 앞'이란 말의 고삐를 가리킨다.

62 헤로도토스에 의해 스퀴타이인들로 간주된 바 있는 힘센 유목 종족으로서(『역사』 1.201, 1.204.1), 정확한 장소는 논란의 여지가 있으나 대체로 카스피해 북동부의 스텝 지대(즉, 오늘날의 투르크메니스탄, 서부 우즈베키스탄, 남부 카자흐스탄)에 살았던 것으로 보인다. 게타이(당대의 발칸인들)와 연관이 있다고 폭넓게 믿어졌으며, 중앙아시아 언어들에서 접두어 '마사'(massa)는 '큰', '무거운', '강한'을 의미한다고 한다.

63 많이 회자되는 이 사례는 헤로도토스 『역사』 4.38에 언급되어 있는데, 거기서는 인도의 갈라티아족 사례로 나온다. 헤로도토스에서 마사게타이족이 직전에 다른 맥락에서 언급되었는데(4.36), 이 부근 대목을 참조하던 『이중 논변』 저자가 단순 착오를 범한 것일 수 있다(DG 406쪽 주석 44).

비참하게(kakōs) 죽는다. |15| 그리고 페르시아인들은 여자들처럼 남자들도 화장을 하는 것이 아름다운 것이라고 생각하며, 자기 딸, 어머니, 누이와 관계하는 것(synimen)도 아름다운 것이라고 생각한다. 반면에 희랍인들은 추한 것들일 뿐만 아니라 불법적인 일들이라고 생각한다. |16| 게다가 뤼디아인들에게는 소녀들이 창녀 노릇을 해서 돈을 벌어들여 그 돈으로 결혼하는 것이 아름다운 것이라고 생각하지만, 희랍인들 사이에서는 아무도 그런 소녀와 결혼하려 들지 않을 것이다. |17| 이집트인들은 다른 사람들[64]과 같지 않은 것들을 아름다운 것들로 생각한다. 여기서는 여자들이 옷감을 짜고 일을 하는 것(ergazesthai)[65]이 아름다운 것이지만 거기서는 남자들이 하는 반면, 여자들이 여기서는 남자들이 하는 바로 그런 행위들을 한다(prassen). 진흙은 손으로, 음식은 발로 반죽하는 것이 저 사람들에게는 아름다운 것이지만, 우리에게는 반대다.

|18| 내 생각에, 누군가가 모든 사람들에게 각자가 추하다고 생각하는(nomizonti)[66] 것들을 한군데에 모으라 하고, 다시 이것들이 모여 있

---

64 즉, 다른 곳 사람들.

65 혹은 '(뭔가를) 만들어 내는 것'. 딜스가 받아들인 바 있는 보충 '⟨eria⟩'를 적용하면 ⟨털실⟩을 만들어 내는 것(ergazesthai)이 된다. 나는 이런 보충 없이 읽었다. 중요한 것은 '만들어 낸다' 혹은 '(밭)일을 한다'(ergazesthai)가 다음에 나오는 '행위한다'(prassen)와 대비된다는 점이다. 아테네를 기준으로 말하면, 여자는 집안에서 뭔가 유형적인 것을 산출하는 반면, 남자는 바깥에서 공동체와 관련한 더 중요한 무형의 행위를 한다는 것이 대비의 초점인 것 같다. 물론 이 집트의 경우에는 성을 바꿔 말해야 하지만 말이다.

66 혹은 '믿는', '여기는'. 이하 마찬가지.

는 데서 각자가 아름답다고 생각하는(hagēntai) 것들을 골라잡으라 (laben) 시키면, 단 하나도 남는 것이 없을 것이고 모든 사람들이 모든 것들을 다 나누어 갖게(dialaben) 될 것이다. 모두가 똑같은 생각들을 하지(taúta nomizonti) 않으니까. |19| 나는 어떤 시를 또한 제시하겠다.

이렇게[67] [사물들을] 구분하면 가사자들을 위한 다른 법(nomos)[68]을 당신은 보게 될 것이다. 그 무엇이든 모든 면에서 아름다운 것은 없고 모든 면에서 추한 것도 없다. 오히려 때(kairos)가 같은 것들을[69] 취해서
추하게 만들고 다시 바꿔(diallaxas) 아름답게 만든다.[70]

|20| 요컨대, 모든 것들이 제때(kairos)에는 아름답지만 안 맞는 때(akairia)에는 추하다. 내가 대체 무엇을 해낸(diepraxamēn) 것인가? 나는 같은 것들이 추한 것들이면서 아름다운 것들임을 논증할(apodeixein) 것이라고 말했고, 그것을 이 모든 경우들에서 논증해 냈다.

|21| 그런데 추한 것과 아름다운 것에 관해서 둘 각각이 다른 것이라는 것 또한 이야기된다. 왜냐하면 같은 사물(pragma)[71]이 추한 것이면

---

67 '이렇게'를 '구분하면'이 아니라 '보게 될'로 연결할 수도 있다.
68 혹은 '관습', '규범'.
69 딜스의 수정 독법 'taúta'가 아니라 사본대로 'tauta'로 읽으면 '이것들을'.
70 3.11 클레오불리나의 시와 이 시는 이 작품에만 등장한다.
71 혹은 '일'.

서 아름다운 것이라고 말하는 사람들에게 누군가가 이렇게 묻는다면, 즉 아름다운 뭔가를 그들이 언젠가 해낸(ergastai)[72] 적이 있는지를 묻는다면, 그들은 추한 것도 해냈다는 것을 인정하게 될 것이기 때문이다. 추한 것도 아름다운 것도 같은 것이라면[73] 말이다. |22| 그리고 그들이 어떤 사람[74]이 아름답다[75]는 것을 안다면, 같은 이 사람이 그들에게는 추하기도 한 것이다.[76] 누군가가 희다(leukos)는 것을 안다면,[77] 같은 이 사람이 그들에게는 검기도 한 것이다. 그리고 신들을 섬기는 것이 그야말로 아름다운 것이라면, 신들을 섬기는 것이 또한 추한 것이기도 하다. 같은 것이 추한 것이면서 아름다운 것이라면 말이다. |23| 그리고 이것들은 모든 것들에 다 적용되는 것으로 내가 이야기한 것이라 치고, 나는 그들이 무슨 논변을 개진하는지 그들의 논변 쪽으로 방향을 돌리겠다. |24| 여자가 치장하는 것이 아름다운 것이라면, 여자가 치장하는 것이 〈또한〉 추한 것이〈기도 하〉[78]다. 같은 것이 추한 것이면서 아름다운 것이라면 말이다. 그리고 다른 것들도 마찬가지다. |25| 라케다이몬에서는 여자아이들(paides)이 벗고 훈련하는 것(gymnazesthai)이 아름다운

---

72 혹은 '만들어 낸'.
73 혹은 '같은 것이 추한 것이기도 아름다운 것이기도 하다면'.
74 혹은 '남자'.
75 혹은 '잘생겼다'.
76 즉, '추하기도 하다는 것을 안다'나 '추하기도 하다는 것을 인정해야 한다' 정도로 새길 수도 있다.
77 '누군가가 희다는 것을 안다면' 대신 '누군가가 그들이 보기에 희다면'으로 새길 수도 있다.
78 딜스의 보충 '〈kai〉'를 받아들여 읽었다.

것이고, 라케다이몬에서는 여자아이들이 벗고 훈련하는 것이 추한 것이며,[79] 다른 것들도 마찬가지다. |26| 그리고 그들은 말하기를, 어떤 사람들이 모든 곳의 민족들에게서 추한 것들을 모으고서, 이후 모두를 함께 불러 모아서 아름답다고 생각하는(nomizoi) 것들을 골라잡으라고 시키면, 모든 것들을 가져가서 아름다운 것 안에 놓을 것이다. 추한 것들이라고 모아 놓은 것들이 왔을 때의 모습이 아니라 아름답게 된다면, 나로서는 이상히 여기게 된다. |27| 어쨌든 그들이 말들이나 소들이나 양들이나 사람들을 데려왔으면, 다름 아닌 똑같은 것을 그들이 데려갔을 것이다. 왜냐하면 그들이 금을 가져왔으면 청동을 가져갔을 리 없고, 또 은을 가져왔으면 납을 가져갔을 리 없기 때문이다. |28| 그렇다면 그들이 추한 것들 대신에 아름다운 것들을 가져갈 것인가? 자, 그렇다면 누군가가 추한 〈사람〉을 데려왔다면, 그가 이 사람을 아름다운 사람으로 데려갈 것인가? 그들은 시인들을 증언자로 끌어들이는데(epagontai), 그들은 진실(alatheia)[80]을 위해서가 아니라 쾌락(hadona)을 위해서 시를 짓는다.[81]

13B.3. 『이중 논변』 3 (DK 90.3)

3. 정의로움과 부정의함에 관하여

---

79 같은 사안이 위 2.9에서 논의된 바 있는데, 맥락은 다르다.
80 혹은 '진리'.
81 아래 3장의 끝 3.17에 같은 내용이 등장한다.

|1| 그리고 정의로운 것(to dikaion)과 부정의한 것(to adikon)[82]에 관해서도 이중 논변이 이야기된다. 어떤 사람들은 정의로운 것과 부정의한 것이 서로 별개라고 말한다. 반면에 어떤 사람들은 같은 것이 정의로운 것이면서 부정의한 것이라고 말한다.

나로서는 후자를 옹호하려 시도해 보겠다. |2| 그리고[83] 우선 나는 거짓말하고 기만하는 것이 정의로운 것임을 주장하겠다. 적들에게는 이런 일들을 행하고 가장 친한 사람들, 예컨대 부모에게는 안 그러는 것은 추하고 사악한(ponēron) 것이라고 누군가가 입장을 내세울 수도 있을 것이다.[84] 예컨대, 자기 아버지나 어머니가 약을 마시거나 먹어야 하는데 그럴 의향이 없다면, 죽에든 음료에든 넣되 안에 들어 있다고 말하지 않고 주는 것이 정의로운 것 아닌가? |3| 그렇다면 이런 경우에 더 볼 것도 없이 부모에게 거짓말하고 기만하는 것이 정의로운 것 아닌가? 게다가 친구들의 재산을 훔치고 가장 친한 사람들에게 완력을 행사하는 것(biēsthai)도 정의로운 것 아닌가? |4| 예컨대, 집안사람들 가운데 누군

---

82 편의상 '정의롭다', '부정의하다'로 통일해서 옮기지만, 맥락에 따라서는 '정당하다', '부당하다' 혹은 '옳다', '그르다'로 새기는 것이 더 자연스러울 수도 있다.

83 논의의 자연스러운 흐름을 고려하면 이런 식의 병렬 접속사는 생략해야 하겠지만, 접속사가 지나치게 사용된 원문의 모습 그대로 옮기기 위해 그냥 두기로 한다. 이하 마찬가지.

84 딜스가 사본에 보충한 것을 받아들여 읽을 경우에는 다음과 같이 새기게 될 것이다. '적들에게 이런 일들을 행하는 것은 〈아름답고 정의로운 것이지만, 친구들에게 그러는 것은〉 추하고 사악한 것이라고 누군가가 입장을 내세울 수도 있을 것이다. 〈그런데 어떻게 적들에게 그렇게 하고〉 가장 친한 사람들, 예컨대 부모에게는 안 그러는 것이 〈아름답고 정의로울 수가 있는가?〉'라고 읽게 될 것이다. 이런 보충은 불필요하다.

가가 뭔가 고통스럽고 속이 상해서 검이나 밧줄이나 아니면 다른 어떤 것을 가지고 자살을 하려 할 경우에, 가능하다면 이것들을 그 사람 몰래 훔치는 것이 정의로운 것이고, 한 발 늦어서 이미 집어 들고 있는 상황에 맞닥뜨린 경우에는 완력으로 빼앗는 것이 정의로운 것 아닌가? |5| 적들을 노예로 삼고, 할 수만 있다면 그들의 국가 전체를 함락시켜 노예로 팔아버리는 것이 어찌 정의로운 것이 아니겠는가? 그리고 자기 동료 시민들의 공공건물들 벽을 뚫고 들어가는 것이 정의로운 것으로 보인다. 자기 아버지가 정적들의 손에 실각하여 사형당하기만 기다리며 갇혀 있는 경우에 벽을 뚫고 들어가 아버지를 몰래 빼내 구출하는 것이 정의로운 것 아닌가?

|6| 그리고 맹세를 어기는 일(epihorken)[85]이 있다. 누군가가 적들에 의해 붙잡혔는데, 풀려나면 자기 국가를 배반하기로 맹세하며 약속했다고 하면, 이 사람이 자기가 한 맹세를 지키는 것이 정의로운 일들을 행하는 것일까? |7| 나 자신은 그렇지 않다고 생각한다. 오히려 맹세를 깨고 자기 국가와 친구들과 조상 대대로 내려온 성소들을 구하는 것이 정의로운 것이다. 그러니까 더 볼 것도 없이 맹세를 어기는 일도 정의로운 것이다.

신전 절도(hierosylen)도 그렇다. |8| 개별 국가들에 속하는 재산은 논외로 하더라도, 희랍 공동의 재산, 즉 델피에 있는 것들과 올림피아에 있는 재산에 대해 말하자면, 이방인이 희랍을 정복하려 하는데 구할 방도가 돈에 있는 경우에, 그 재산을 가져와서 전쟁에 쓰는 것이 정의롭지

---

85 혹은 '거짓 맹세'.

않은가?

|9| 그리고 가장 친한 사람들을 죽이는 것이 정의로운 것이다. 오레스테스도 알크마이온도 그랬으며,[86] 신은 그들이 정의로운 행위를 했다고 신탁을 통해 선언했으니 말이다.

|10| 이제 기술들과 시인들에 속한 것들로 이야기의 방향을 돌려 보겠다. 비극 만들기와 그림 그리기에서 원물들(ta alēthina)과 비슷한 것들을 만듦으로써 가장 잘 기만할 수 있는 사람이 가장 훌륭한 사람이다. |11| 이제 나는 꽤 오래된 시들의 증언을 끌어들이고자 한다. 클레오불리나[87]의 시다.

나는 꼼짝 못 하게(biaiōs)[88] 도둑질하고 기만하는 사람을 본 적 있으며,

이렇게 꼼짝 못 할 힘을 갖고(biāi) 행위하는 것이 가장 정의로운 것

이다.

|12| 이건 오래전 것인데, 다음은 아이스퀼로스의 것들이다.

신은 정의로운 기만을 마다하지(apostatei) 않는다.

---

86 두 사람 모두 아버지를 상대로 죄를 범한 어머니를 살해한 것으로 유명한 신화상의 인물이다.

87 6세기 시인인 이 여인에 대해 알려진 것이 별로 없다. 이 시는 무엇을 가리키는지가 분명치 않은 잘 알려진 수수께끼다. 레슬링 선수를 가리키는 것이 답이라는 견해도 있다(GW, W). 2.19의 시와 이 시는 이 작품에만 등장한다.

88 'bia᾿ hōs'로 되어 있는 사본을 'biaiōs'로 고친 수정(Matth. d. Varis)을 받아들인 딜스를 따랐다.

〈그리고〉[89]

신이 거짓말들을 할 만한 때(kairos)라는 것을 존중하는 때가 있다.

|13| 그리고 이것에 대립하는 논변(antios logos)도 이야기된다. 정의로운 것과 부정의한 것이 그 이름이 그렇듯 그 사물도 다른, 별개의 것이라는 논변 말이다. 같은 것이 부정의한 것이면서 정의로운 것이라고 말하는 사람들에게 누군가가 이렇게 묻는다면, 즉 언제고 부모를 향해 뭔가 정의로운 것을 행한 적이 있는지를 묻는다면, 그들은 그렇다고 동의할 테니까 말이다. 그렇다면 그들은 부정의한 것을 행한 것이기도 하다. 같은 것이 부정의한 것이면서 정의로운 것이라는 데 그들이 동의하니까 말이다. |14| 자, 다른 것도 보자. 당신이 어떤 정의로운 사람을 알고 있다면, 그렇다면 당신은 같은 사람이 부정의하다는 것도 아는 것이다. (그리고 같은 이치에 따라 당신은 그가 크면서 작다는 것을 안다.) 그러니 실로[90] 많은 불의를 행했으니까 그가 한 행위 때문에 그는 죽어야 한다.[91]

---

89 딜스의 보충.

90 사본에 있는 'toi'를 살려 'kaitoi'로 읽었다. 띄어쓰기는 대의에 큰 영향을 주지 않는다고 본다.

91 사본을 거의 그대로 둔 채로 읽었다. 딜스도 많이 보충하지 않았다. 그러나 개정 증보판 저자 크란츠는 대폭 보충하는 제안을 하는데, 그 제안을 수용할 경우에는 다음과 같이 텍스트를 새기게 될 것이다. '그리고 "많은 불의를 행했으니까 그는 죽어야 한다."〈고 누군가가 말한다면, 많은 정의로운 것들을 행했으니까[/행했음에도 불구하고]〉 그는 죽어야 한다.'

|15| 이제 이것들에 관해서는 그것으로 충분하며, 같은 것이 정의로운 것이기도 부정의한 것이기도 하다는 것을 자기들이 논증하고 있다고 여기면서 그들이 무슨 말들을 하는지를 다루는 쪽으로 옮겨 가 보겠다. |16| 저 사람들의 논변이 참이라면, 적들의 재물을 훔치는 것이 정의롭다는 바로 그 이야기가 그것이 부정의하기도 하다는 것을 논증하며, 다른 것들도 마찬가지다. |17| 그들은 정의로운 것과 부정의한 것이 내재하지 않는 기술들을 끌어들인다(epagontai). 시인들은 진실(alatheia)[92]을 위해서가 아니라 사람들의 쾌락(hadona)을 위해서 시를 짓는다.[93]

13B.4. 『이중 논변』 4 (DK 90.4)

4. 참(alatheia)[94]과 거짓(pseudos)에 관하여

|1| 그리고 거짓된 것과 참된 것에 관해서도 이중 논변이 이야기된다. 그 가운데 하나는 거짓된 진술(logos)[95]과 참된 진술이 서로 별개라고 말한다. 반면에 어떤 논변들[96]은 그것들이 같다고[97] 말한다.

---

92 혹은 '진리'.
93 위 2장의 끝 2.28에 같은 내용이 등장한다.
94 혹은 '진실'.
95 혹은 '명제', '담론'. 이하 마찬가지. 이 말의 원어 '로고스'는 제목만이 아니라 이 문헌의 내용 곳곳에서 자주 '논변'으로 옮기던 말이다.
96 아예 생략된 말을 달리 보아 '어떤 사람들'로 옮길 수도 있다.
97 혹은 아예 주술을 바꿔 '같은 진술이 그것들이라고[즉, 거짓(된 진술)이기도

|2| 나로서는 후자의 논변을 제시한다(legō). 첫째는 그것들이 같은 단어들(onomata)[98]로써 이야기된다는 것이다.[99] 그다음으로는, 진술이 개진되었을 때 그 진술이 이야기되는 내용과 똑같은 일이 실제로 일어났다면 그 진술이 참인 반면, 실제로 일어나지 않았다면 같은 진술이 거짓이다. |3| 예컨대, 그것이[100] 누군가를 신전 절도로 고발한다고 해 보자. 그 행위(tōrgon)가 실제로 일어났다면 그 진술이 참이지만, 일어나지 않았다면 거짓이다. 그리고 항변하는 사람의 진술도 같다. 그리고 물론 법정 또한 같은 진술이 거짓이기도 참이기도 하다고 판가름한다(krinonti). |4| 그다음으로, 줄지어 앉아 있던 우리들이 "나는 입문자(mystas)[101]요."라고 말한다면, 우리 모두는 같은 것을 말하게 되겠지만, 나 혼자만 참되다. 내가 입문자니까. |5| 같은 진술이, 그것에 거짓이 따라붙을(parēi)[102] 때에는 거짓이 되지만, 참이 따라붙을 때에는 참이 된다. (마치 사람도 같은 것이 아이이기도 젊은이기도 장년(anēr)이기도

참(된 진술)이기도 하다고)'로 옮길 수도 있고, 실은 2.1과 3.1의 문장은 그런 방식으로 개진되었다. 참고로, GW와 W는 앞의 세 절에서 모두 '같은 것'을 주어로 삼았는데, 여기서만 술어로 삼는(W는 '차이가 없다'는 식으로 다소 피해 가는) 번역을 했다. (물론 DG와 G는 네 대목에서 모두 '같은 것'을 술어로 삼는 보수적인 선택을 했다. 2.1과 3.1의 경우 그것은 오역에 가깝다.) 아무튼 여기 구문은 1.1의 것과 형식이 대동소이하다.

98 직역에 가깝게는 '이름들'.

99 '것이다' 대신 '것 때문이다'로 새길 수도 있다.

100 즉, 어떤 진술이.

101 아마도 엘레우시스 비의의 입문자. 스테파누스는 '미마스'(Mimas)로 고쳐 읽었다. 저자의 이름이 드러나 있다고 본 것이다.

102 혹은 '와 있을'.

304

노인이기도 한 것처럼 말이다.[103])

|6| 그런데 거짓된(pseustas) 진술과 참된 진술이 별개라는 것, 그 이름이 다르니까 그렇다는 것 또한 이야기된다.[104] 같은 진술이 거짓이면서 참이라고 말하는 사람들에게 누군가가 그들 자신이 이야기하는 그 진술은 둘[105] 중 어느 쪽이냐고 묻는다고 할 경우에, "거짓"이라고 그들이 말하면 그것들[106]이 둘임이 분명하고, 반면에 "참"이라고 대답하면 같은 바로 이 진술이 거짓이기도 하다.[107] 그리고 누군가가 참되게 말하거나 증언을 했다면 같은 바로 이것들이 거짓이기도 하다. 그리고 어떤 사람이 참되다는 것을 안다면, 그는 같은 사람이 거짓되기도 하다는 것을 안다.

---

103 '마치 사람도 아이일 때 젊은이일 때 장년일 때 노인일 때 같은 것이듯 말이다.'로 옮길 수도 있다.

104 딜스의 보충을 받아들이지 않고 사본을 그대로 두고 읽었다. 딜스의 보충을 받아들이면 '그 이름이 다르니' 앞에 '〈그 사물이 그렇듯〉'을 추가하여 읽게 될 것이다.

105 즉, 거짓과 참.

106 즉, 거짓된 진술과 참된 진술.

107 많이 드는 예로, '이 문장은 거짓이다.'라는 문장은 그것이 참이면 그것은 거짓이고, 또 그것이 거짓이면 그것은 참이다. 자기 지시성으로 인한 이런 역설을 흔히 거짓말쟁이 역설이라 부른다. 이 역설에 이름을 부여하게 된 원조 역설이라 할 만한 것은 "모든 크레타 사람은 거짓말쟁이다."라고 말한 크레타 사람 에피메니데스의 역설이다. 이 역설이 완벽한 형태로 정식화된 것은 자기가 거짓말하고 있다고 말하는 사람은 참말을 하고 있는가, 거짓말을 하고 있는가 하는 질문을 던진 기원전 4세기 밀레토스 출신 에우불리데스에 의해서라고 알려져 있다.

|7| 이 논변을 기반으로 하여 그들은 다음과 같이 말한다. 일(to pragma)[108]이 일어나면 진술이 참이고, 안 일어나면 거짓이라고 말이다. 그러니까 차이가 나는 것은 〈그것들의 이름이 아니라 일이다. |8| 그리고 누군가가〉 이번엔 배심원들에게 〈물을 것이다.〉[109] 그들이 무슨 판가름을 내리는지 말이다. (그들은 일들(ta pragmata)이 일어나는 현장에 있지 않으니까 그렇다.) |9| 그런데 그들 자신[110]도 동의한다. 거짓이 섞여 들어가(anamemeiktai) 있는 진술은 거짓인 반면, 참이 섞여 들어가 있는 진술은 참이라고 말이다. 그런데 이것은 온전히 차이를 낳는다〈…〉[111]

13B.5. 『이중 논변』 5 (DK 90.5)

5. |1| 〈…〉[112] "미친 사람들과 제정신인[113](sōphronountes) 사람들

---

108 혹은 '사태'. 이제까지 주로 '사물'로 옮기던 말이다.

109 딜스의 보충. 딜스를 받아들이지 않고 간단히 중간에 한 단어 'eresthai'만 보충한 로빈슨(1979)의 제안대로 읽으면, '그러니까 차이 나는 것은 〈그것들의 이름이 아니라 일이다. 그리고 누군가가〉 이번엔 배심원들에게 〈물을 것이다.〉' 대신에 '그러니까 이번엔 배심원들에게 〈묻는 것이〉 차이를 낳는다[즉, 중요하다].'로 새길 수 있다.

110 아마도 배심원들 말고 참된 진술과 거짓된 진술이 같다고 말하는 사람들.

111 마지막 문장 자체도 온전한 것 같지 않을뿐더러, 사본들에 끊긴 흔적이 분명히 들어 있지는 않지만 텍스트 인용이 여기서 잠깐 끊기고 새로운 형식의 5장으로 이어지기 전에 약간의 누락이 들어 있는 것으로 보인다. 로빈슨(1979)은 마지막 문장에 보충적 해석을 가해 "그런데 이 견해는 〈원래 테제와〉 완전히 다르다."로 새긴다(125쪽).

112 4장 말미 이후 약간의 휴지 내지 누락이 있었다면 그것은 여기 서두에까지

306

이, 그리고 지혜로운 사람들과 무지한(amatheis) 사람들이 같은 것들을 말하고 행한다. |2| 우선 그들은 같은 단어들을 사용한다(onomazonti taúta)¹¹⁴. '땅', '사람', '말'[馬], '불', 그리고 다른 모든 단어들을 말이다. 그리고 그들은 같은 행위들을 한다(poieonti taúto). 그들은 앉고 먹고 마시고 눕고 또 다른 행위들을 똑같이 한다.

|3| 그리고 실로 같은 사물(pragma)이 더 크기도 더 작기도 하고, 더 많기도 더 적기도 하며, 더 무겁기도 더 가볍기도 하다. 이런 식으로 모든 것들은¹¹⁵ 같은 것들이 될 테니까 말이다. |4| 1탈란톤은 1므나보다 더 무겁고 2탈란톤보다 더 가볍다.¹¹⁶ 따라서 같은 것이 더 가볍기도 하고 더 무겁기도 하다. |5| 그리고 같은 사람이 살아 있기도 하고 살아 있지 않기도 하며, 같은 것들이 있기[/…이기]도 있지[/…이지] 않기도 하다(esti kai ouk esti). 여기 있는 것들은 리뷔아에 있지 않고, 리뷔아에 있는 것들은 퀴프로스에 있지 않으니까. 다른 것들에도 같은 논변(logos)¹¹⁷이 적용된다. 그래서 사물들(pragmata)은 있기[/…이기]도 있지[/…이지] 않기도 하다(kai enti … kai ouk enti).¹¹⁸"

이어져 약간의 서론 격 논의가 생략되지 않았을까 싶다.

113 혹은 '절제 있는'.

114 직역에 가깝게는 '같은 이름들로 부른다'.

115 혹은 '그것들은 모두'.

116 '탈란톤'과 '므나'는 무게의 단위다. 그래서 화폐 단위로 쓰이기도 한다. 화폐로서 그것들의 가치에 관해서는 1A.1의 52절 '므나' 관련 주석과 10B.49의 '탈란톤' 관련 주석을 참고할 것.

117 혹은 '이치', '진술'.

118 언명 자체만 놓고 보면 가까이는 고르기아스가, 멀리는 헤라클레이토스가 연상되는 듯하지만, 저자의 후속 논의의 취지나 정신을 감안할 때 어쩌면 프로

|6| 저것들을 ─ 즉, 미친 사람들과 〈제정신인 사람들,〉 지혜로운 사람들과 무지한 사람들이 같은 것들을 행하고 말한다는 것과, 그 논변에 따라 나오는 다른 것들을 ─ 말하는 사람들은 옳게 이야기하는 것이 아니다. |7| 누군가가 이들[119]에게 광기가 제정신과, 지혜가 무지와 다른지를 묻는다면 이들은 "그렇다."고 말할 테니까 말이다. |8| 양쪽 사람들 각각이 하는 행위들을 기반으로 해서도 이들이 동의하리라는 것[120]이 뻔히 (eu)[121] 드러나 있기(daloi) 때문이다. 그러니까 그들이 같은 것들을 행한다면, 지혜로운 사람들도 미친 것이고 미친 사람들도 지혜로운 것일 뿐만 아니라 모든 것들이 혼동에 빠지게 된다(syntarassontai).[122]

|9| 그들 가운데서 제정신인 사람들이 마땅한 상황에(en deonti)[123]

─────────

타고라스나 에우튀데모스 형제가 소환되는 대목일 수도 있다. 전자의 인간 척도설이나 후자의 엘레아적 진술들이 모두 '…임'/'있음'(einai)의 한정어 문제를 우리에게 환기하기 때문이다.

119 직역하면 '그들'이 되지만, 논변의 대상인 '그들'(즉, 5.8의 '양쪽 사람들')과 구분하기 위해 논변을 펼치는 주체인 '그들'은 이제부터 편의상 '이들'로 통일하여 옮기기로 한다.

120 형식상 주어는 '그들이 동의하리라는 것'이지만, 화자의 의도 속에 있는 내용상 주어는 '제정신과 광기가, 그리고 지혜와 무지가 다르다는 것'이라고 보아야 할 것이다. 예컨대, DG가 그런 방향을 취한다(329쪽).

121 즉, 효과적으로.

122 '그러니까'에 해당하는 단어 'oukoûn'의 악센트를 달리 읽어 'oúkoun'으로 보면 '그러니까 그들이 같은 것들을 행한다고 해도, 지혜로운 사람들도 미친 것이고 미친 사람들도 지혜로운 것일 뿐만 아니라 모든 것들이 혼동에 빠지게 된다는 것은 사실이 아니다.'로 옮길 수도 있다[로빈슨(1979) 128-129쪽, DG 329쪽 및 409쪽 주석 80].

123 혹은 '마땅한 때에', '알맞은[/해야 하는] 상황[/때]에'. 아래도 마찬가지. 고르기아스 『헬레네 찬양』(2B.13) 2의 '마땅한 것'(to deon)을 떠올리게 한다. cf.

말을 하는지, 아니면 미친 사람들이 그러는지, 라는 논의(logos)[124]가 제기되어야 한다. 누군가가 이들에게 물을 때면 이들은 다음과 같이 말하니까 말이다.[125] "그들이 같은 것들을 말하기는 한다. 다만 지혜로운 사람은 마땅한 상황에(en tōi deonti) 그렇게 하는 반면, 미친 사람들은 마땅하지 않은 상황에(hāi ou dei)[126] 그렇게 한다." |10| 그리고 이런 말을 하면서 이들은 작은 것(mikron), 즉 '마땅한 상황에'(hāi dei)와 '마땅하지 않은 상황에'((hāi) mē dei)를 덧붙여서(potithēnai) 결국 더 이상 그것[127]이 같은 것이 아니게[128] 하는[129] 것으로 보인다.

|11| 그런데 나 자신은 그렇게 작은 사물(to pragma)[130]이 덧붙여진다고 해서 사물들이 달라지는 것이 아니라 오히려 음조(harmonia)[131]

투키디데스 『역사』 1.22(17B.7)의 '마땅한 것들'을 말하는 것에 관한 언급.

124 저자가 계속 의식적으로 구사하는 여러 의미의 '로고스' 가운데 또 하나가 제시된 것이다. 우리말로 통일하지 못해 아쉬우며, 같은 용어임에 유의할 필요가 있다.

125 문장 서두의 접속사를 달리 읽어 '하지만 실로(alla gar) 누군가가 이들에게 물을 때면 이들은 다음과 같이 말한다.'로 옮길 수도 있다. 예컨대, G 329쪽과 몰리넬리(2018) 75쪽. 로빈슨 및 다른 주요 현대 참고문헌들은 모두 여기 번역처럼 옮겼다.

126 혹은 '마땅하지 않은 때에', '알맞지 않은[/하면 안 되는] 상황[/때]에'. 아래도 마찬가지.

127 생략된 주어는 '그들[즉, 양쪽 사람들]이 말하는 것'.

128 혹은 '같은 것'을 주어로 보면서 '그것이 같은 것이 아니게' 대신 '같은 것이 없게'로 옮길 수도 있다.

129 혹은 '되는'. 혹은 아예 해석 가능성 여부에 따라 '하려는'으로 옮기는 것도 불가능하지는 않다.

130 한정어를 가리키는 맥락을 고려하여 의역하면 '요소', 혹은 아예 '어구'.

131 즉, 악센트.

가 바뀔 때 달라진다고 생각한다. '글라우코스'(Glaûkos: 고유 명사)[132]와 '글라우코스'(glaukôs: 눈이 푸른)[133], '크산토스'(Xánthos: 고유 명사)[134]와 '크산토스'(xanthós: 금발의)[135], '크수토스'(Xoûthos: 고유 명사)와 '크수토스'(xouthós: 날렵한)[136]처럼 말이다. |12| 이것들은 음조가 바뀔 때 달라지지만, 어떤 것들은 길게 말하고 짧게 말함에 따라 달라진다. '튀로스'(Týros: 도시 이름)와 '튀:로스'(tȳrós: 치즈), '사코스'(sákos: 방패)와 '사:코스'(sākós: 엔담 친 구내)[137]처럼 말이다. 그리고 다른 것들은 글자가 바뀜으로써 달라진다. '카르토스'(kártos: 힘)와 '크라토스'(kratós: 머리의)[138], '오노스'(ónos: 당나귀)와 '노오스'(nóos: 마음)[139]처럼 말이다.

---

132 이제부터 여러 희랍어 단어들의 악센트와 장단이 거론된다. 이하 편의상 희랍어의 악센트는 양음(揚音: acute) 악센트[ˊ]와 곡절(circumflex) 악센트[ˆ]를 불문하고 음사한 우리말의 해당 음절 위에 방점을 찍어 표시하고, 희랍어 장음은 우리말의 해당 음절 뒤에 ':'로 표시하기로 한다.

133 원래 의미는 '빛나는'. 나중에 색에 대해 쓰여 '연푸른', '잿빛의', '청록색의'를 뜻하게 되고 자주 눈의 색깔에 대해 쓰인다.

134 사람 이름으로도 많이 쓰이고, 『일리아스』에 나오는 아킬레우스의 말 이름도 '크산토스'였다.

135 혹은 일반적 의미로는 '노란'.

136 혹은 '황금색의'.

137 혹은 '성역'. 성역을 가리킬 때는 보통 신을 위한 장소인 '나오스'(naos)와 대비되어 영웅을 위한 장소에 사용되곤 했다. 도리스 방언의 특수성이 반영되어 있다. 아티카 희랍어에서는 'sēkós'(세:코스)여서 애매성이 작동하지 않는다.

138 주격 명사로 쓰이는 '힘'이라는 뜻의 단어도 있으나 여기에 의도된 단어는 아니다. 의미가 바뀌는 것은 이 단어를 'kara'(머리)의 속격으로 볼 때다.

139 혹은 '지성'.

|13| 아무것도 제거하지 않았는데도 그런 정도로 차이가 나는 것을 보면, 뭔가를 덧붙이거나 제거한다면 과연 어떻게 될까? 그럼 이런 것이 어떤 것인지 보여 주겠다. |14| 열[10]에서 하나[1]를 제거한다면, 더 이상 열이 아니고 하나조차 아니게 될 것이며,[140] 다른 것들도 마찬가지다.[141]

|15| 그리고 같은 사람이 있기[/…이기]도 있지[/…이지] 않기도 하다(kai ēmen kai mē ēmen)[142]는 것과 관련해서 나는 묻는다. "그는 특정의 관점에서(ti)[143] 있는[/…인] 것인가, 아니면 모든 관점에서(ta panta)[144] 있는[/…인] 것인가?" 그 경우에 그는 있는[/…인] 것이 아니라고 주장하면 '모든 관점에서'라고 말하는 셈이어서 거짓이 된다. 이 모든 것들은 특정의 관점에서(pēi) 있는[/…인] 것이다.

13B.6. 『이중 논변』 6 (DK 90.6)

6.[145] |1| 지혜와 덕이 가르쳐질 수도(didakton) 없고 배워질 수도

---

140 저자는 여기서, 열에서 하나를 빼면 다른 수가 된다('더 이상 열이 아니다.')는 것만이 아니라 아예 의미 있는 수가 아니게 된다('하나조차 아니게 된다.')고 이야기한다. 이를테면 축구팀(열하나)에서 하나를 빼면 그냥 다른 팀이 되는 정도가 아니라 축구팀 자체가 아니게 되는 것처럼 열을 하나의 단위로 통합된 사물로 취급하는 것으로 보인다.

141 여기 5.11-14의 내용은 플라톤이 『크라튈로스』 431d-432d에 제시하게 되는 내용과 유사하다.

142 위 5.5를 참고할 것.

143 혹은 '뭔가와 관련해서'.

144 혹은 '모든 것들과 관련해서'. 아래도 마찬가지.

(mathēton) 없는 것이라는, 참되지도 새롭지도 않은 어떤 진술
(logos)[146]이 이야기된다.[147] 그런데 이런 주장을 하는 사람들은 다음과
같은 논증들(apodeixeis)[148]을 이용한다. |2| 당신이 뭔가를 다른 사람
에게 넘겨주면(paradoiēs), 당신 자신은 그것을 계속 가지고 있을 수
없으리라는 것, 그것이 한 논증이다. |3| 그리고 또 다른 논증은 그것이
가르쳐질 수 있는 것이라면 인정된(apodedegmenoi)[149] 선생들이 있
으리라는 것이다. 음악의 경우처럼 말이다.[150] |4| 그리고 셋째 논증은
희랍에 살던 지혜로운 사람들이 자신들의 자식들과 친구들을 가르쳤으
리라는 것이다.[151] |5| 그리고 넷째 논증은 몇몇 사람들이 이미 소피스트
들 곁에 왔었는데 아무런 혜택을 보지 못했다는 것이다. |6| 그리고 다

---

145 스테파누스는 이 자리에 '〈지혜들과 덕들에 관하여, 그것들이 가르쳐질 수 있
    는 것인지〉'라는 제목을 보충해 넣었다.

146 이렇게 문장(내지 명제) 수준의 '진술' 대신 다른 곳에서처럼 '논변'으로 옮길
    수도 있는데, 그 경우는 아래에서 쓰이는 '논증'과 다르지 않은 수준의 담론을
    가리킨다고 이해하는 셈이다.

147 원문의 어순에 충실하게 옮기면 다음과 같다. '참되지도 새롭지도 않은 어떤
    진술이 이야기된다. 지혜와 덕이 가르쳐질 수도 없고 배워질 수도 없다는 진
    술이 말이다.'

148 혹은 '증명들'. 아래도 마찬가지.

149 혹은 '인증된', '증명된'.

150 플라톤 『프로타고라스』 319a-d에서 소크라테스가 이런 유의 논변을 제시하
    고, 프로타고라스는 모두가 각자의 능력만큼 덕의 선생이기 때문에 아무도
    선생으로 보이지 않는다는 논변(327e-328b)을 통해 반론을 제시한다.

151 플라톤 『프로타고라스』 319d-320b에서 소크라테스가 이런 유의 논변을 제시
    하고, 그것에 대해 프로타고라스가 326e-328c에서 반론을 제시한다. 위 주석
    에 언급한 둘째 논증의 반론은 이 반론에 포함되어 있다.

셋째 논증은 많은 사람들이 소피스트들과 함께 지내지 않고도 특기할 만한 사람들이 되었다는 것이다.

|7| 그런데 나 자신은 이 논변(logos)[152]이 무척이나 순진하다 (euēthē)[153]고 생각한다. 나는 선생들이 자기도 알고 있는 글자들을 가르치고 있고, 키타라 연주자들도 그렇게 키타라 연주를 가르치고 있다는 것을 아니까 하는 말이다.[154] 그리고 둘째 논증, 즉 인정된 선생들이 없다는 것에 대해서 말하자면, 소피스트들이 지혜와 덕 말고 대체 무엇을 가르치는가? |8| 그리고 아낙사고라스주의자들과 피타고라스주의자들은 무엇이었던가? 그리고 셋째 것에 대해서 말하자면,[155] 폴뤼클레이토스[156]는 자기 아들에게 조각상 만들기를 가르쳤다(edidaxe).[157] |9| 그리고 설사 누군가가 가르치지 못했다고 해도 그건 아무것도 보여 주지

---

152 이렇게 옮기면 이제까지 언급된 '논증들'을 가리키는 것으로 보는 셈이다. 그런가 하면 이해를 달리하여 1절에서처럼 '진술'로 새길 수도 있다.

153 혹은 '소박하다'.

154 첫째 논증에 대한 반론이다.

155 혹은 '셋째로'.

156 아르고스 출신 폴뤼클레이토스는 5세기 말 가장 위대한 조각가들 가운데 하나였다.

157 위 주석에서도 언급한 플라톤 『프로타고라스』 328c에서 프로타고라스는 이 셋째 논증에 대한 (여기와는 다소 다른) 반론을 제시하면서 바로 이 폴뤼클레이토스의 자식 교육을 언급한다. 흥미롭게도 거기서는 자식들이 아버지만 못하다는 것의 사례로 나온다. 이것으로 보아도 플라톤이 재현한 '위대한 연설'이나 그에 이어진 논의의 일부는 프로타고라스 자신에게서 유래했을 가능성이 높다. 플라톤이 프로타고라스 논변의 이런 세부 사항에까지 주의를 기울이지 않아서 이런 편차가 생겼을 수 있으니 말이다(DG 410쪽 주석 93 참조).

않는다(ou samēion). 반면에 그가 가르칠 수 있었다면, 그건 가르침이 가능하다는 증거(tekmarion)가 된다. |10| 그리고 넷째 것은[158] 지혜로운[159] 소피스트들에게서 지혜로운 사람들이 생겨나지 않는 경우에 관한 것이다. 과연 많은 사람들이 글자들을 배우고도(mathontes)[160] 배우지 못했다(ouk emathon).

|11| 그런데 어떤 천성(physis)[161]이 있다.[162] 바로 그것에 의해 누군가가 소피스트들에게서 배우지 않고도 좋은 천성을(euphyēs) 타고나기만 하면, 우리가 그들에게서 단어들(ta onymata)[163]을 또한 배우는 바로 그 사람들에게서 조금만 배워도, 많은 것들을 쉽게 파악하기(synarpaxai)에 충분히 유능하게 되는 천성이 말이다. 그리고 많게든 적게든 이것들 가운데 뭔가를 어떤 사람은 아버지에게서, 어떤 사람은 어머니에게서 배운다. |12| 그런데 우리가 단어들을 배운다는 것을 누군가가 믿지 못하고 오히려 태어남과 동시에 안다고 믿으면, 다음과 같은 것들로부터 알게 하라. 누군가가 태어나자마자 갓난아이로 페르시아에 보내져서 희랍 말 한마디 안 듣고 거기서 양육되면, 그는 페르시아 말을 하게 될 것이다. 누군가가 아이를 거기서 여기로 데려오면, 아이는 희랍

---

158 혹은 '넷째로'.

159 딜스는 샨츠(M. Schanz)의 제안을 따라 '지혜로운'(sophōn)을 삭제했지만, 여기서는 사본대로 읽었다.

160 즉, 배움에 뛰어들었지만, 혹은 배우려 했지만.

161 혹은 '본성'. 이하 마찬가지.

162 플라톤과 별도 전거로 전해지는 프로타고라스의 실제 '위대한 연설'에 이 논의가 강조되어 있다(1B.49).

163 혹은 직역하면 '이름들'. 아래도 마찬가지.

말을 하게 될 것이다. 이렇게 우리는 단어들을 배운다. 가르쳐 준 선생들을 알지 못하지만 말이다.[164]

|13| 이렇게 내 논변(logos)이 이야기되었고, 당신은 그 처음과 끝과 중간을 갖고 있다. 그리고 나는 그것들이 가르쳐질 수 있는 것이라고 말하고 있는 것이 아니다. 다만 저 논증들(apodeixies)이 내게 만족스럽다[165]는 것을 말하고 있을 뿐이다.

13B.7. 『이중 논변』 7 (DK 90.7)[166]

7. |1| 어떤 대중 연설가들(damagorountes)은 공직들(archai)이 제

---

164 플라톤 『프로타고라스』 327e-328a에서 프로타고라스도 여기 둘째, 셋째 논증에 해당하는 논변들에 대한 반론을 펴면서 희랍 말의 선생을 찾기가 어렵다는 논의를 펼친다.

165 노스(North)의 수정 독법 'ouk' 대신 사본대로 'hoti'로 읽었다. 노스의 수정을 받아들인 딜스를 따라 읽으면 '저 논증들이 내게 만족스럽지 않다'로 새기게 된다. 그 경우에는 '저 논증들'이 6.7-12 대신 6.2-6에서 개진된 논증들을 가리킨다고 볼 수 있겠다. 결국 대의는 다르지 않지만 강조의 초점이 달라진다. 운터슈타이너[U 3권(1954) 182-183쪽 및 관련 주석]와 커퍼드(1981a, 131쪽 주석 1), W가 사본을 유지하고, 로빈슨(1979)을 비롯, GW와 DG, G, LM, 그리고 최근의 몰리넬리(2018)까지 대부분의 주요 현대 참고문헌들은 사본 수정을 따른다. '논증'(apodeixis)이라는 용어가 전반부의 가르쳐질 수 없다 쪽 논변을 가리켰음을 사본 수정의 이유로 들지만(DG 410쪽 주석 95), '논변'(logos)이 '논증'(apodeixis)과 상호 교환 가능하게 쓰이고 있었을 가능성(6.7과 6.13 등)을 고려하면 결정적인 이유로 보기 어렵다.

166 제비뽑기에 의한 공직자 선출에 대한 반론은 크세노폰이 『소크라테스 회상』 1.2.9(6A.50)에서 보고하는 소크라테스의 논의에도 들어 있고, 아리스토텔레스 『수사학』 2.2(6B.67)에도 제비뽑기에 대한 비판적 논의에 관한 보고가 있다.

비뽑기(klaros)로 선발되어야 한다고 말하는데, 그들의 이런 생각은 최선이 아니다.[167] |2| 누군가가 이런 말을 하는 사람에게 묻는다고 해 보자. "그럼 왜 당신은 가노들(oiketai)에게 일들(erga)을 부과하면서 제비뽑기로 하지 않는가? 그렇게 되면 소몰이꾼은 제비를 뽑아 요리사로 나오면 요리를 하게 되고, 요리사는 소를 몰아야 하고 다른 것도 비슷하게 될 것이다. |3| 그리고 어째서 우리는 대장장이들과 갖바치들, 목수들과 금 세공인들을 함께 모아 제비를 뽑게 해서, 각자가 아는 기술 대신에 제비를 뽑아 나오게 된 기술이 무엇이든 그 기술을 실행하도록 강제하지 않는가?" |4| 음악 경연들(agōnes tas mōsikas)에서도 똑같은 식으로 하면, 경연자들(agōnistai)을 상대로 제비를 뽑게 해서 각자가 뽑아 나오는 것이 무엇이든 그것으로 경연을 하게(agōnizesthai) 할 수 있을 것이다. 피리 연주자가 마침 얻어걸려(tychon)[168] 키타라를 연주하게 될 수 있고 키타라 연주자가 피리를 연주하게 될 수 있다. 그리고 전쟁에서 궁수들과 중무장 보병들이 기마병이 되고, 기마병은 활을 쏘게 되어 결국 모두가 자기가 알지 못하고 할 능력도 없는 것들을 하게 될 것이다.

|5| 그들은 이것이 좋은 것일 뿐만 아니라 대단히 민주주의적(damotikon)[169]인 것이기도 하다고 말한다. 나로서는 그것이 조금도 민주주의적인 것이라고 생각하지 않는다. 국가들에는 민중[170]을 싫어하는(misodamoi) 사람들이 있는데, 제비가 그들을 뽑게 되면 그들은 민중

---

167 즉, 형편없는 생각이다. 완서법(緩敍法: litotēs)이 들어 있는 표현이다.
168 혹은 '우연에 따라'.
169 혹은 '민중적', '인민중심적'.
170 혹은 '인민', '민주정'. 아래도 마찬가지

(damos)을 파멸시킬 것이기 때문이다. |6| 오히려 민중 스스로 지켜보면서 자신들에게 선의를 가진(eunōs) 모든 사람들을 선택해서, 적격인(epitadeiōs) 사람들을 장군으로, 또 다른 [적격인] 사람들을 법 수호자(nomophylaken)로 선택하고, 다른 것들도 마찬가지로 해야 한다.

13B.8. 『이중 논변』 8 (DK 90.8)

8. |1| 짧은 문답으로 대화할(dialegesthai) 능력이 있음(dynasthai),[171] 사물들(ta pragmata)의 진리[172]를 앎(epistasthai)[173], 재판에서 옳게 변론함(dikasasthai orthōs),[174] 대중 집회에서 연설할

---

[171] 플라톤 『프로타고라스』 329b(1B.45)나 335b-c(1B.46)에서는 프로타고라스가 '긴 이야기'만이 아니라 이런 담론에도 능함이 소크라테스의 입을 통해 이야기된다.

[172] 혹은 '진실'. 이하 마찬가지. 프로타고라스와 안티폰이 『진리』라는 표제의 저술을 남겼다. 전자는 1B.4, 1B.5, 1B.13, 후자는 5장 B의 2절 참고.

[173] 이 단편에서 '알다'에 해당하는 원어 동사로 지금 나온 '에피스타스타이'(epistasthai)가 주로 사용된다. 아래에서 '에이데나이'(eidenai) 동사가 2-3절에 2회, 7절에 2회, 9절에 2회 나오지만, 매번 곧바로 '에피스타스타이' 동사로 되돌아온다. 이하 별다른 표시가 없는 한 '알다'는 '에피스타스타이'를 옮긴 것으로 보아도 좋다. 이 단편에서 '에이데나이'는 주로 대상을 목적어로 삼는 방식으로 쓰이는 데 반해, '에피스타스타이'는 주로 '…할 줄 안다'의 의미로 쓰이면서도 '에이데나이' 식 용법 또한 포괄하고 있다.

[174] 혹은 '법정 연설을 제대로 함'. 딜스는 다수 사본의 'didaskasasthai'(가르침 받음)를 'dikazen epistasthai'(판결할 줄 앎)로 바꿔 읽은 빌라모비츠의 제안을 받아들였지만, 나는 F2 사본의 'dikasasthai'(재판에서 변론함)를 받아들였다. 연관 구절인 8.9와 같은 방식으로 읽어야 한다는 점과 내용을 고려한 것이다. 예컨대, 알키다마스 『소피스트들에 관하여』(15B.20) 9절, 11절, 13절 등을 보

수 있음(damagorein hoion t' ēmen), 말들의 기술들(logōn technai)
을 앎, 모든 것들(ta hapanta)[175]의 본성(physis)[176]에 관해서[177] 그것들
이 어떠한지 그리고 어떻게 생겨났는지를 가르침(didasken)이 〈같은〉
사람과 같은 기술에 속한다고 나는 생각한다.[178]

|2| 그리고 우선 모든 것들의 본성에 관해서 아는(eidōs) 사람이 어떻
게 모든 것들에 관해서 옳게 행위할(prassen) 능력 또한 갖게 되지 않
겠는가? |3| 게다가 말들의 기술들을 아는(eidōs) 사람은 모든 것들에
관해서 옳게 말할 줄도 앎(epistaseitai) 것이다. |4| 옳게 말하려는 사
람은 자기가 아는 것들에 관해서 말해야 하니까(dei). 그러니까(gar) 그
는 모든 것들에 〈관해서〉 알게 될 것이다.[179] |5| 그는 모든 말들의 기술

면, 그리고 특히 '겨룸들'을 언급하는 24절을 보면, 대중 연설과 나란히 놓인
것이 법정 연설, 즉 변론임이 분명해진다. 그런가 하면 딜스를 받아들여 옮
기면 '옳게 판결할 줄 앎'이 된다. 이 경우에는 8,9의 중간태가 다소 어색해진
다. 로빈슨(1979)과 GW, DG, 몰리넬리(2018)가 이렇게 읽고 W와 LM은 딜
스 식으로 읽으며, G는 이곳은 변론으로, 9절은 판결로 읽어 어법에 어울리
지 않는다.

175 혹은 '만물'. 아래도 마찬가지.

176 혹은 '자연'.

177 '만물의 본성에 관하여'(peri physios tōn hapantōn)는 소크라테스 이전 자연
철학자들의 책 제목 '자연에 관하여'(Pery Physeōs)를 암시하는 것으로 보인
다. 그리고 소피스트들 가운데서는 특히 박학다식으로 알려진 히피아스가 이
것과 잘 연관된다. 아래 '모든 것들에 관해서 안다' 관련 주석을 참고할 것.

178 소피스트적 훈련 내지 교육의 대강이 잘 드러나 있는 대목이다. 표현과 정신
이 모두 고르기아스 『헬레네 찬양』(2B.13) 2를 떠올리게 한다. 이하에서 계속
확인하게 되겠지만, 저자는, 특히 이 단편은 소피스트들에게서 진리 탐구와
말 잘함의 분리를 본 플라톤의 관찰 내지 보고와 매우 다른 메시지를 제시하
고 있다.

들을 아는데 모든 말들은 모든 〈있는 것들〉에 관한 것이니까. |6| 그런데 옳게 말하려는 사람은 어떤 것들에 관해서 말하든[180] 〈사물들을〉[181] 알아야 한다. 그리고[182] 그[183]는 국가가 좋은 것들은 행하고 나쁜 것들은 피하도록 제대로(orthōs)[184] 가르칠 줄 알아야[185] 한다. |7| 이것들을 알면

---

179 직역하면 '그는 모든 것들에 〈관해서〉 알게 될 것이기 때문이다.'가 된다. '모든 것들에 관해서 안다'는 것이 플라톤에 따르면 소피스트들의 캐치프레이즈 비슷한 것이었다. 예컨대, 히피아스는 온갖 주제에 관해 박학다식하다고 자타가 인정하는 것으로 보고되며(4장 B의 5.1절), 어떤 주제에 관한 어떤 질문에 대해서도 대답할 수 있다고 공언하는 모습이 묘사되기도 한다(4B.10). 에우튀데모스 형제도 언제나 모든 것을 안다고 자처하는 것으로 묘사되지만, 그들은 그것이 자신들에게만이 아니라 누구에게든 해당된다고 논변한다(11B.6). 지금 이 단편의 논변은 알 듯 모를 듯한 논의로 이루어져 있는데, 아마도 히피아스 쪽보다 에우튀데모스 형제 쪽 분위기와 더 어울리는 듯하다. 모든 것들을 안다는 것 자체가 중요하기보다 안다는 것이 가진 문제적 성격을 포착하고 그것을 의식적으로 드러내고 아포리아를 함께 음미하려는 목적이 더 강하지 않은가 싶다.
180 '어떤 것들에 관해서 말하든'을 '옳게 말하려는 사람은' 앞에 놓고 새길 수도 있다.
181 '알아야 한다' 뒤에(우리말에서는 앞이지만) 딜스는 아래 8.10을 참고해서 '〈사물들을〉'(ta pragmata)을 보충해서 읽는다. 사본의 이 자리에는 '알아야 한다'의 목적어에 해당하는 말을 포함해서 4-5행 정도가 누락되어 있다.
182 '즉'이나 '그래서' 등으로 해석을 넣어 새길 수도 있지만, 이는 앞의 누락이 매우 적다는 전제하에서 가능하다.
183 생략된 주어는 앞 문장의 주어와 같을 수도 있고, 누락 대목이 길다면 다를 수도 있다. 후자라면 8.1을 참고해서 '대중 집회에서 잘 연설하려는[/연설할 수 있는] 사람' 정도를 상정할 수 있겠다.
184 혹은 '올바로'. 아래에서도 마찬가지.
185 해석하기에 따라서는 '가르칠 줄 알아야' 대신 '가르쳐야'로 새기는 것도 가능하다.

(eidōs) 그는 이것들과 다른 것들도 알게(eidēsei) 될 것이다. 그가 모든 것들을 알게(epistaseitai) 될 테니까. 이것들이 모든 것들에 속하며, 필요할(chrē) 때면 저것들, 즉 마땅한 것들(ta deonta)이 같은 것과 관련해서[186] 그에게 제공될(parexetai) 테니까.[187] |8| 그리고 피리를 불 줄 모르더라도[188] 그것을 하는 게 마땅할(deēi)[189] 때가 되면 언제든 그는 피리를 불 능력이 있게 될 것이다. |9| 그리고 재판에서 변론할(dikazesthai)[190] 줄 아는 사람은 정의로운 것(to dikaion)을 제대로 알아야 한다. 재판들(dikai)이 이것에 관련되니까. 이것을 알면(eidōs) 이것과 반대되는(hypenantion)[191] 것도 〈이것들과〉 다른 것들도 알게(eidēsei) 될 것이

---

186 혹은 '같은 것을 목표로'.

187 이 저작에서 아마도 가장 난해하고 수정 제안과 이견이 많은 구절 가운데 하나일 것이다. 여기서는 로빈슨(1979)의 수정(138-139쪽)을 받아들였다. '이것들', 즉 대중 연설가가 국가에 조언을 제대로 하는 데 필수적인 앎을 가지면, 필요가 생기게 될 때마다 자연스럽게 '저것들', 즉 다른 비필수적인 앎, 그러니까 그때그때 (연설 상황에) '마땅한 것들'도 그에게 제공될 것이라고 낙관하는 내용으로 보인다. 한편 딜스를 따라 읽으면 다음과 같이 번역된다. '저것들[즉, 이것들(아는 것들)과 다른 것들]이 [이것들(아는 것들)과] 똑같이 모든 것에[/모든 사람들에] 속하며, 같은 것을 염두에 두는[/같은 것에 관계하는] 사람은 해야 한다면(chrē) 마땅한 것들을 행할(prasseitai) 테니까.'

188 딜스처럼 사본의 'kàn mē'를 고쳐 'kai men'으로 읽으면 '모르더라도' 대신 '알면'으로 새길 수 있다. 너무 단순하고 평이하게 텍스트를 수정하는 것이어서 받아들이기가 오히려 어렵게 느껴진다. 원래대로 읽는 것이 이 맥락의 대의를 더 잘 살리는 독법인 것으로 보인다.

189 혹은 '해야 할'.

190 8.1의 독해에 따라 '판결할'로 새기는 사람들도 있지만, 중간태의 기본 의미는 판결이 아니라 변론이다.

191 이것이 논리학 용어라면 대당 사각형의 '소반대대당'(subcontrary)에 해당하

320

다. |10| 그리고 그는 모든 법들을 또한 알아야(epistasthai) 한다. 하지만 사물들(ta pragmata)[192]을 알지 못하면 법들도 알지 못할 것이다. |11| 왜냐하면,[193] 음악의 법[194]을 누가 아는가? 음악도 아는 바로 그 사람이 안다.[195] 음악을 모르는 사람은 법도 모른다. |12| 〈실로〉 적어도 사물들의 진리를 아는 사람의 경우, 그가 모든 것들을 안다고 하는 논변(logos)[196]은 쉽게 따라 나온다(eupetēs). |13| 그리고 짧은 〈문답으로 대화할(dialegesthai) 능력이 있는(dynasthai)〉 사람은 질문을 받으면 모든 것들에 관해서 대답해 주어야 한다. 따라서 그는 모든 것들을 알아야 한다.

는 말이다. 즉, 논리학에서는 특칭 긍정 명제('어떤 S는 P다.')와 특칭 부정 명제('어떤 S는 P가 아니다.') 사이의 관계처럼 두 명제가 함께 참일 수는 있지만 함께 거짓일 수는 없는 관계를 가리킬 때 쓰인다. 여기 용어 사용이 이렇게 엄밀한 논리학을 염두에 둔 것이라면, 정의와 부정의의 관계가 소반대대당의 관계, 즉 함께 참일 수 있지만 함께 거짓일 수는 없는 관계라는 함축을 읽어 낼 수도 있겠다.

192 혹은 '일들'.

193 혹은 '예컨대'.

194 혹은 '가락'. 아래도 마찬가지. '노모스'는 음악 용어로 쓰이기도 하는데, 그 경우 선율, 가락, 곡조 등을 가리킨다. 플라톤은 『법률』에서 이런 애매성을 가지고 언어유희를 즐긴다. 특히 법률의 전문 내지 서곡(prooimion)을 이야기하는 4권 말(722d-724a)에 잘 드러나 있다.

195 즉, 음악을 아는 바로 그 사람이 음악의 법(가락)도 안다.

196 혹은 '진술'.

13B.9. 『이중 논변』 9 (DK 90.9)

9. |1| 삶을 위해 발견된 것 가운데 가장 위대하고 가장 아름다운 발견물(exeurēma)은 기억(mnama)이다.[197] 그것은 모든 것들에, 즉 지혜사랑(philosophia)뿐만 아니라 지혜(sophia)에도 유용하다. |2| 〈첫째는〉[198] 이것이다. 당신이 주의를 기울이면 당신의 정신(gnōmē)[199]은 이것[200]을 통과해 감으로써 당신이 배운 것을 전체로서[201] 더 잘 감각하게 될 것이다. |3| 그리고 둘째는 당신이 [뭔가를] 들으면 그것을 놓고 계속 연습하라는 것(meletan)이다. 같은 것들을 여러 번 듣고 말함으로써 그것들이[202] 기억 속으로 들어와 있게(paregeneto) 되니까 말이다. |4| 셋째는 당신이 [뭔가를] 들으면 그것을 당신이 알고 있는 것들과 관련지으라는(katathesthai) 것이다. 예컨대, 다음과 같이, 즉 '크뤼시포스'(Chrysippos)를 기억해야 할 경우 그것을 '크뤼소스'(chrysos: 금) 및

---

197 '삶을 위한 가장 위대하고 가장 아름다운 발견물은 기억임이 발견된다.'로 옮길 수도 있다.

198 샨츠의 보충 '〈praton〉'을 딜스가 받아들인 것이다.

199 혹은 '의식'.

200 사본의 'toutōn'(이것들)을 'toutō'(이것)로 바꾼 오렐리(Orelli)의 수정을 따랐다.

201 혹은 '당신이 배운 것 전체를'. 딜스는 이 대목을 아래 9.3으로 옮긴다. 나는 사본 그대로 두고 읽었다. 딜스를 따라 읽는 경우에는 '이것들을 통과해 감으로써 더 잘 감각하게 될 것이다.'가 된다.

202 딜스는 이 생략된 주어 자리에 9.2의 '당신이 배운 것을 전체로서'를 옮겨 놓는다. 그 독법을 따라 옮기면, '그것들이' 대신 '당신이 배운 것이 전체로서'가 된다.

'히포스'(hippos: 말)와 관련지으라는 것이다. |5| 또 다른 예로는 '퓌릴람페스'(Pyrilampēs)를 '퓌르'(pyr: 불) 및 '람페인'(lampein: 빛남)과 관련지으라는 것이다. 이것들은 이름들[203]에 관련된 것이다. |6| 그런가 하면 사물들의 경우에는 다음과 같이, 즉 용기에 관해서는 아레스 및 아킬레우스와 관련짓고, 대장일에 관해서는 헤파이스토스와, 비겁함에 관해서는 에페이오스[204]와 관련지으라는 것이다.[205] ⟨…⟩[206]

---

203 즉, 단어들.

204 에페이오스는 트로이 함락 때 사용된 목마를 만든 사람인데, 『일리아스』에는 23권 653-699행의 파트로클로스 장례 경기 장면에만 등장한다. 거기서 그는 호기롭게 권투 시합의 우승자가 되지만, 시합 전 포부를 밝히는 언명 가운데 권투에는 대적할 사람이 없다고 자부하면서도 전사로서는 부족함을 인정한다(667-671). 전투에 무능함이라는 이런 전승에 반영된 그의 비겁함은 덜 알려져 있기는 하지만 다른 전승들에서도 확인된다. 상세한 내용은 몰리넬리(2018) 266쪽과 주석 814를 참고할 것.

205 히피아스의 기억술에 관해서는 한 번 듣고 50개 이름을 기억한다는 4B.15를 참고할 것. 그런데 왜 이런 추상 개념들이 굳이 기억해야 할 대상으로 언급되는지는 따져볼 만한 일이다.

206 사본들이 전해 주는 텍스트는 여기서 중단된다.

제14장

뤼코프론

뤼코프론은 『형이상학』 등에서 아리스토텔레스가 자주 언급하는 소피스트다.[1] 그의 교설과 관련한 아리스토텔레스의 인용과 언급 말고는 플라톤 둘째 편지에 디오뉘시오스 2세의 궁정에 있었다는 전기적 언급 외에 뤼코프론에 관해 달리 알려진 바가 없다. 대략 360년 전후에 시라쿠사에서 활동했을 것을 감안하면 늦어도 400년대 전후에는 출생했을 것이다. 아리스토텔레스가 고르기아스, 알키다마스와 함께 그를 예로 들곤 하는 것으로 보아 아마도 고르기아스학파에 속한 것으로 보인다. 그러니까 5세기 말에서 4세기 전반 무렵에 살았던 고르기아스 추종자라는 것 정도가 그의 삶에 관해 우리가 알 수 있는 거의 전부다.

---

1 총 6회 언급된다. 『형이상학』 8권(14B1), 『자연학』 1권(14B.3), 『정치학』 3권 (14B.5), 단편 91(14B.6), 『소피스트적 논박』 15(14B.7), 『수사학』 3권(14B.9).

다른 소피스트들에게서도 그랬지만 여기서도 아리스토텔레스의 관심은 대체로 그의 '정의'(定義)들, 혁신적 언어 사용, 수사학적 기법들을 향해 있었던 것으로 보인다. 아닌 게 아니라 신조어에 가깝게 희소어를 기발하게 용도 변경한다든지, 서사시인들이 즐겨 쓰던 '바후브리히'(bahuvrīhi) 복합어[2]를 새로 만들어 구사한다든지 하는 면모(14B.9)는 분명 고르기아스적 문체 실험을 닮은 것이라 할 수 있는데, 이는 그의 담론 내지 연설에 고풍스러운 시적 면모나 청자에게 생생하고 인상적으로 다가갈 만한 강렬한 충격 효과를 부여했을 것이다. 그러나 언어에 대한 그의 관심과 탐색이 그런 외적 효과나 문체 실험에 머물지 않았을 가능성이 열려 있다. 그가 제창한 것으로 보이는 '…이다' 제거 실험(14B.3, 14B.4)은 단순히 언어 차원의 문제가 아니라 프로타고라스에게서 연원한 인식론적, 형이상학적 문제의식을 이어받아 자신의 하나-여럿 문제로 발전시키면서 보다 근본적인 사유의 혁신을 도모하는 것이었을 수 있다.

그런가 하면 근현대 학자들은 법에 대한 그의 '정의'(14B.5)에 기반하여 그를 사회 계약론의 중요한 선구자, 즉 "최초의 사회 계약론자"[3]로 여겼다. 하지만 현대 연구자들에게 그는 상대적으로 큰 관심 대상은 아니다.[4] 그를 '소 고르기아스'(a lesser Gorgias)로 평가

---

2 아래 14B.9의 해당 주석을 참고할 것.

3 이 말을 꺼내면서 정작 지옴비니(S. Giombini 2016) 자신은 이 타이틀 가운데 연대상 '최초' 여부는 다른 평가의 여지가 있다고 유보한다.

4 주요 현대 참고문헌 5개 가운데 GW와 LM 2개에만 실려 있으며 U에도 수록되

하기도 하지만,[5] 굳이 '소 고르기아스' 내지 고르기아스의 계승자를 꼽자고 치면 뤼코프론을 꼽을 것이 아니라 아마도 다음 장의 알키다마스를 꼽아야 할 것이다. 물론 뤼코프론이 고르기아스학파에 속한 인물이었지만, 그가 이 책에 들어오게 되는 건 고르기아스의 적통 계승자라는 것 때문이라기보다는 그가 당대 담론 세상에 내어놓은 독특한 생각 때문이라 해야 할 것이다. 근대 학자들이 관심 가졌던, 법은 정의의 보증인이라는 생각 말이다.

그것은 다음 장에 나오게 될 알키다마스의 권위주의적 법 이야기와는 상당히 결이 다르다. 그것은 법과 국가 시스템이 정의를 보장하는 최소한의 장치라는 생각, 다시 말해 법과 국가 시스템의 주된 목적이 시민을 정의롭고 훌륭하게 만드는 데 있는 것이 아니라 상호 불의를 예방하는 데 있다는 생각으로서, 일종의 계약론적, 도구주의적, 관습주의적 접근에 속한다.[6] 정의에 대한 외재적

어 있다. LM은 알키다마스를 제외하고 있으므로, 결국 뤼코프론과 알키다마스 둘 다를 실은 건 GW가 유일하다. 뤼코프론은 심지어 *OCD*에도 언급되어 있지 않다. 거기엔 테살리아의 참주 뤼코프론(406-390년경 참주)과 헬레니즘 시대의 비극시인 뤼코프론만 언급된다.

5 LM 120쪽.

6 예컨대, 포퍼(K. Popper 1962)는 뤼코프론이 정부의 활동을 그 시민들의 물리적 보호 역할에만 한정하자는 "보호주의적" 사회 계약의 창안자로 간주한다(14-15쪽). 그리고 거스리(W.K.C. Guthrie 1971)는 뤼코프론이 공동체 구성원에게 법이 정당하게 강제되는 유일한 목적은 타인에게 해를 끼치는 일의 방지라는 밀의 입장에 동의하리라고 해석한다(140쪽). 법의 기능에 대한 이런 최소주의적 혹은 '자유주의적' 접근에 반대하면서 멀건(R.G. Mulgan 1979)은 당대 사회 계약론의 주된 전통이 법의 범위에 대한 제한이 아니라 법의 정당화(즉, 개인의 자기 이익이라는 근거에 기반한, 법에 대한 복종의 정당화)에 있었고 그

접근이 플라톤적 라인에 선 아리스토텔레스에게는 부정적으로 들렸을 수 있지만, 실은 그런 접근이 정의의 출발점 아니던가? 법과 정의에 관한 소극적, 최소주의적 접근이 가진 긍정적 의미를 음미해 볼 필요가 있다. 법과 정의에 관한 플라톤류의 적극적, 간섭주의적 접근은 타인의 자유보다 타인의 객관적 이익이 우선이라는 생각에 기반해 있기에, 때로는 위험한 간섭과 보편주의를 가장한 제국주의적 강요를 초래할 수도 있다는 점에서 말이다.

그런데 뤼코프론이 법이 보편적 기준이라는 생각 자체를 거부했다는 증거는 없다. 그는 해를 끼치지 않음이라는 단일 원칙에 호소하면서 상당히 프로타고라스적 입장에 다가서 있다. 법이 어

것에 대한 접근 방식은 그런 계약론적 아이디어에 반대하는 안티폰이나 히피아스 역시 마찬가지였다고 주장한다(122쪽). 그는 심지어 뤼코프론의 언명을 전달하는 아리스토텔레스의 해석에 이의를 제기하면서(125-127쪽) 민주정 아테네는 그렇게 특징적으로 자유주의적이지 않았다고, 즉 아테네가 보인 현상적 언론 자유의 모습은 개인의 자유와 권리에 대한 분명한 관심에 기반한 것이 아니라고 주장한다(127-128쪽). 거스리(1979)나 지옴비니(2016)가 잘 평가한 것처럼, 멀건의 주장마따나 아리스토텔레스가 오해했을 수 있고 그의 해석을 꼭 받아들여야 하는 것은 아닐지는 몰라도, 우리보다 훨씬 더 뤼코프론을 잘 알고 있었을 아리스토텔레스가 여전히 우리에게는 신빙할 만한 자료이며 그 자료에 대한 최소주의적 내지 자유주의적 해석을 뒤집을 만한 강력한 논거는 제시되지 않았다. 그런데 지옴비니는 한 걸음 더 나아가 뤼코프론의 수사학 관련 단편들보다 존재론과 정치학 관련 단편들에 주목하면서 그가 소 소피스트가 아니라 소 소크라테스주의자, 특히 메가라학파의 일원이었을 것이라고 주장한다. 그러나 이런 주장은 존재론과 정치학에 관련된 진지한 입장 표명이 소피스트와 어울리지 않는다는 선입견에 기반한 것이라 할 수 있으며, 이 책에서 우리는 소피스트임에 대한 이런 선입견에 반하는 증거들을 확인해 온 바 있다.

떤 특별한 것이라는 생각(예컨대, 플라톤)보다 법은 그저 수단일 뿐이라는 태도를 취한다. 이렇게 보면 트라쉬마코스나 칼리클레스의 입장과도 크게 어긋나 보이지 않는다. 물론 사회가 합의의 산물이라는 생각까지 그에게 귀속되는 것은 아닐 수 있다. 그건 프로타고라스에 나오는데, 사회와 도덕이 인간이 만들어 낸 것이라는 생각을 하던 프로타고라스나 그런 생각의 공유자들은, 말하자면 공리주의자들의 선배 격이라 할 수 있을 것이다. 그런데 고르기아스 계열에서 이런 유의 정치철학적 아이디어가 발전되어 나왔다는 것만으로도 충분히 흥미롭다. 여기서도 우리는 파괴와 해체가 소피스트의 최종 목적이 아님을 재확인하게 된다. 마치 20세기의 '레드 콤플렉스'가 그랬듯 주류 철학이 '정신 안보'를 위해 '궤변과 파괴'를 일삼는 '뿔 달린' 위험인물들이라고 규정하며 '소피스트 콤플렉스'를 조장한 건 아닐까?

좋은 태생에 관한 언명(14B.6)도 '말 속에'를 '말 속에만'이나 '말 속에나'로 읽을 경우 좋은 태생이란 그저 의견과 말에서 그럴 뿐 태생의 구별이 가져올 실제적 차이는 없다는 언명으로 읽을 수 있다. 희랍인과 이방인은 차이가 없다는 안티폰과 같은 라인에 서는 이런 평등주의적 입장이 당대에 적어도 귀족층이나 지식층에서는 소수였을 가능성이 높다. 혹은 '말 속에'를 문자 그대로 중립적으로 받아들여 좋은 태생이 가진 위엄은 말에서 잘 드러난다는 언명으로 읽을 수도 있다. 이 경우에는 겉모양이 아니라 언행에서 좋은 태생임을 잘 드러내야 한다는 메시지가 된다. 어느 쪽으로 해석하든 이 언명은, 소피스트는 겉모양으로 보이는 데만 충실할 뿐 실제에 관심 없다는 통념적 선입견과는 사뭇 결이 다른 면모를 우리에게 제공한다.

A. 삶과 행적

1. 시라쿠사의 디오뉘시오스 2세 및 플라톤과의 교류

14A.1. 플라톤 『둘째 편지』[7] 314c7-d7[8]

[발신자: 플라톤, 수신자: 디오뉘시오스]

폴뤽세노스[9]에 관해서 당신은 의아해했습니다. |314d| 내가 왜 당신에게 그를 보냈을까 하고 말입니다. 그런데 나는 뤼코프론에 관해서도 또 당신 곁에 있는 다른 사람들에 관해서도 오래전부

---

7 위작 여부에 관한 논란이 있는 작품이며, 학자들 사이에 의견도 비교적 팽팽한 편이다. 위작 심증을 완전히 물리치기는 어렵지만 결정적으로 위작이라고 단정하기는 어렵다. 진작이라면 쓴 시점은 편지 내용에 언급된 올림피아 제전(310d)을 어떻게 보느냐에 따라 363년쯤이거나 358년쯤일 것이다. 위작 시비와 저작 연대에 관해서는 강철웅-김주일-이정호(2021) 15쪽[= (2009) 40-41쪽]을 참고할 것.

8 LM은 "이 구절에 따르면 뤼코프론은 4세기 전반에 살았을 것이다. 그러나 이 전승은 종종 의심스럽다고 간주된다."고 촌평했다(123쪽 주석 1). 물론 이 자료가 위작 시비로부터 자유롭지 않지만 360년 전후가 그의 활동 연대일 것이라는 부수적인 전기(傳記)적 정보의 신빙성까지 의심할 이유는 없을 것이다.

9 폴뤽세노스는 메가라학파에 속하는 철학자로 메가라 출신 브뤼손의 제자였다(플라톤 『열셋째 편지』 860c). 알렉산드로스에 따르면 그는 소피스트이며 '제3인 논변'의 창안자로 언급되어 있다[『아리스토텔레스 『형이상학』 주석』(990b15) 등].

터 같은 이야기를 해 왔거니와 지금도 같은 이야기를 하려 합니다. 대화를 나누는 것(to dialechthenai)과 관련해서 본성에서만이 아니라 논변들의 방식(methodos)에 있어서도 당신이 그들보다 정말로 많이 뛰어나다고 말입니다. 그리고 그들 가운데 누구라도, 몇몇 사람들이 생각하듯, 스스로 내켜서 논박당하지는 않을 거고, 마지못해 그렇게 될 겁니다. 그럼에도 불구하고 당신은 아주 적당히 그들을 대접하기도 하고 선물을 주기도 한 것으로 보입니다. 이 사람들에 관해서는 이것들로 됐습니다. 이런 사람들에 관해서는 그것만으로도 충분히 많습니다.

B. 사상과 가르침

1. '앎이란 영혼과 안다는 행위의 공존': 하나-여럿 문제 제기

14B.1. 아리스토텔레스 『형이상학』 H(8).6, 1045b7-12 (DK 83A1)

이런 난점(aporia)[즉, 하나가 어떻게 성립하는가에 관련된 난점] 때문에 어떤 사람들은 관여(methexis)를 이야기하며, 관여의 원인(aitia)이 무엇인지, 그리고 관여한다는 것(to metechein)이 무엇인지 난문을 제기한다(aporousin). 반면에 어떤 사람들은 영혼의[10] 공존

---

10 보니츠(Bonitz)는 '영혼의'(psychēs)를 삭제할 것을 제안했다. 굳이 그래야 할

(synousia)[11]을 이야기한다. 뤼코프론이 "앎(epistēmē)은 안다는 행위(to epistasthai)[12]와 영혼(psychē)의 공존이다."([synousian] einai tēn epistēmēn tou epistasthai kai tēs psychēs.)라고 말할 때처럼 말이다. 다른 어떤 사람들은 삶(to zēn)이란 영혼의 몸과의 결합(synthesis) 혹은 결속(syndesmos)이라고 말한다.

14B.2. 아프로디시아스의 알렉산드로스, 아리스토텔레스『형이상학』H(8).6, 1045b10-11에 관한 주석 (DK 83A1)[13]

그런데 어떤 사람들은 영혼의 공존을 이야기한다. 소피스트 뤼코프론이 "앎(epistēmē)은 안다는 행위(to epistasthai)와 영혼

절박성은 없어 보인다.

11 혹은 '교제'. 이하 마찬가지.

12 혹은 '안다는 활동'. 원문에는 이런 '행위'나 '활동'이라는 추상어가 들어 있지는 않고, 그냥 '안다는 것'으로 되어 있다. 이하 마찬가지.

13 알렉산드로스가 새로 한 일은 'tou epistasthai'의 위치만 살짝 바꾼 것뿐이다. 그러니까 엄밀히 말하면 번역이 바뀌지 않아도 된다. 만약에 번역의 변경을 그가 의도했다면, 변경 후의 언명은 '앎은 공존을 안다는 행위에 속하면서 영혼에 속하는 것이다.' 정도가 될 것이다. 오닐(W. O'Neill 1972)은 그 방향을 택한 것으로 보인다(68쪽). 하지만 아마도 그의 제안은 의미의 변경이라기보다 어순의 변경이 아닐까 싶다. 그렇다면 여기서 알렉산드로스의 머릿속에서 일어난 일은 다음과 같지 않을까 추측해 볼 만하다. 뤼코프론의 언명은 "앎은 공존이다, 안다는 행위와 영혼의." 혹은 "앎은 공존이다, 안다는 행위에 속하면서 영혼에 속하는."(결국, "앎은 안다는 행위가 영혼과 공존함"으로 주어가 안다는 행위 쪽으로 쏠림.) 그것에 대한 알렉산드로스의 변경은 '앎은 안다는 행위의 공존이면서 영혼의 (공존이다).' 혹은 '앎은 안다는 행위에 속하는 공존이면서 영혼에 속하는 (공존이다).'(결국, '앎은 안다는 행위와 영혼 양자의 공존'으로 주어가 둘 다에 균형적으로 배분.)

(psychē)의 공존이다."(tēn epistēmēn … synousian tou epistasthai kai psychēs.)¹⁴라고 말할 때처럼 말이다. 그러나 이런 어떤 식으로 쓰였더라면 더 아름답고 분명했을 것이다. '앎은 안다는 행위에 속하면서 영혼에 속하는¹⁵ 공존이다.'(tēn epistēmēn tou epistasthai synousian kai psychēs.)¹⁶ 왜냐하면 앎과 영혼이 하나라는 것의 원인이 무엇인가라는 질문을 받고서 뤼코프론이 "공존이다."라고 이야기했기 때문이다.

2. '…이다'의 제거: 하나-여럿(다중 서술) 문제 해결 제안

14B.3. 아리스토텔레스『자연학』1.2, 185b25-31 (DK 83A2)

옛날 사람들 가운데 나중 사람들[즉, 엘레아학파와 헤라클레이토스]도 어떻게 하면 그들에게 있어서 같은 것이 동시에 하나이자 여럿이 되지 않을 수 있을까 하면서 부산을 떨었다(ethorybounto). 그 때문에 어떤 사람들은 뤼코프론처럼 '…이다'(esti)를 빼 버렸고, 어떤 사람들은 말투를 변형하려 했다. '그 사람이 흰 사람이다(leukos estin)¹⁷'가 아니라 '희어졌다'(leleukōtai)로, '걷는 사람이다'

---

14 원문의 순서대로 옮기면 "앎은 공존이다, 안다는 행위와 영혼의." 혹은 "앎은 공존이다, 안다는 행위에 속하면서 영혼에 속하는."

15 혹은 '대한'.

16 '앎은 공존을 안다는 행위에 속하면서 영혼에 속하는 것이다.'로 옮길 수도 있다. 혹은 알렉산드로스가 아예 번역을 달리하려던 것이 아니라 같은 뜻인데 말의 순서만 바꾸려던 것일 수도 있다. 그는 아리스토텔레스에 기록된 뤼코프론의 문장에서 '공존'이라는 말을 '안다는 것'과 '영혼'의 사이에 놓이게 바꾸었다.

(badizōn estin)[18]가 아니라 '걷는다'(badizei)[19]로 말이다.

14B.4. 다마스키오스 『제일 원리들에 관한 난문들과 해법들』 126.2[20]

그런 종류의 뭔가[즉, 관여]가 사물들(ta pragmata) 가운데 있고, 어떤 것이 다른 것에 관여하지만(metechei) 각각이 그 자체로 존립하는(hestēken) 건 아니라는 것, 즉 각각이 다른 것들로부터 떨어져 홀로 있게 되어(memonōmenon) 오직 그것이 무엇이다라고 할 때의 그 무엇(ho esti)으로만 불리는 것으로 존립하는 건 아니라는 것, 실은 바로 그런 것을 프로타고라스가 보여 주려(hypotithesthai) 시도하고 있고, 뤼코프론이 천명했던(apephēnato) 것도 그런 것인데, 바로 그것을 그 논변이 보여 주게 될 것이다. 적절하게 시험되고 난 후의 그 논변이 말이다.

3. 법은 상호적 정의의 보증인

14B.5. 아리스토텔레스 『정치학』 3.9, 1280b8-12 (DK 83A3)[21]

---

17 혹은 '희다'.

18 혹은 '걷고 있는 중이다'.

19 혹은 '걷고 있다'.

20 = 1B.27. 프로타고라스와 뤼코프론을 연결하는 신플라톤주의자의 발언.

21 맥락: 불의를 당하지 않으려고 동맹을 맺을 때 사람들의 관심사는 상대방이 부정의하지 않게 되느냐 여부, 즉 폴리스적 덕이 아니다. 서로에게서 불의를 당하지 않는 것만이 관심사다. 좋은 법질서를 가진 진정한 공동체에 주의를

[덕에 관심을 기울이지 않으면] 공동체(koinōnia)는 동맹(sym-machia)이, 즉 서로 떨어져 사는 동맹자들의 다른 동맹들과는 장소에서만 차이가 나는 동맹이 된다. 그리고 법은 협약(synthēkē)이 되며, 소피스트 뤼코프론이 말한 것처럼 "사람들 상호간(allēlois)[22] 정의로운 것들[23]의 보증인"이 된다. 그러나 그 시민들을 훌륭하고 정의롭게 만들 만한 것은 아니다.

4. 좋은 태생에 관한 언급

14B.6. 아리스토텔레스 단편 91 Rose (스토바이오스 『선집』 4.29. 24) (DK 83A4)

내가 하려는 이야기는 이런 것이다. 그것[즉, 좋은 태생(eugeneia)]은 귀중하고 괜찮은(tōn timiōn … spoudaiōn) 것인가, 아니면 소피스트 뤼코프론이 쓴 것처럼 전적으로 공허한 어떤 것(kenon ti pampan)인가? 저 사람은 그것을 다른 좋은 것들과 견주면서(antipa-raballōn) 말하기를, "그런데 좋은 태생(eugeneia)의 아름다움(to kallos)은 분명하지 않고(aphanes),[24] 그 위엄(to semnon)은 말 속에 (en logōi) 있다."[25] 그것에 대한 선호는 의견에 대해서만 성립하고

기울이는 자들은 덕에 관심을 갖는다. 덕에 관심을 기울이지 않으면 공동체는 그저 동맹일 뿐이다.

22 혹은 '사람들 사이에서 서로에 대한[/서로를 위한]'.

23 즉, 정의로운 행위들.

24 혹은 '뻔히 보이지[/드러나 있지] 않고'.

진실과 관련해서는 태생이 한미한 사람들이 태생이 좋은 사람들과 아무런 차이가 없다는 이유로 그렇게 말한 것이다.

5. 뤼라 찬양: 이야깃거리 부족 시 임기응변적 주제 전환[26]

14B.7. 아리스토텔레스 『소피스트적 논박』 15, 174b30-33 (DK 83A6)[27]

때로는 이야기된 것과 다른 것들에 대해서, 그것을 우리가 [어떤 의미로든] 받아들여서(eklabontas) 다루어야 하는 경우도 있다. 놓여 있는 것에 대해 누군가가 다룰 수가 없을 때 말이다. 뤼라를 찬양하라고 제안받았을 때 뤼코프론이 한 게 바로 그것이다.

14B.8. 아프로디시아스의 알렉산드로스, 아리스토텔레스 『소피스트적 논박』 15, 174b30-33에 관한 주석 (DK 83A6)

아니 오히려, 어떤 사람들에게서 뤼라를 칭찬하지 않으면 안 되게 강제되었을 때, 그런데 많은 이야기들을 풍족히 갖고 있지 않은 경우에, 그는 여기 감각되는 뤼라를 잠깐 칭찬한 후에 하늘에

---

25 고르기아스는 『헬레네 찬양』(2B.13) 8에서 "말은 가장 작고 가장 안 보이는(apha-nestaton) 물체(sōma)"라고 말한 바 있다.

26 cf. 17장 B 5절(소금 찬양).

27 이 뤼라 찬양 이야기는 고르기아스적 담론 정신과 상당히 결이 다르다. 찬양 대상을 아예 자기에게 유리한 쪽으로 바꾸라는 이야기는 고르기아스가 하던 이야기와 사뭇 차이가 난다. 선생의 이야기를 곧이곧대로 받아 적지 않고 비판적으로 이어 가며 바꿔 가는 모습이 엿보인다.

있는 뤼라를 언급했다. 하늘에 많은 별들로 이루어진 한 별자리가 있는데, 뤼라라는 이름으로 불리고 있었던 것이다. 그 뤼라에 대해서 그는 많은 좋은 이야기들을 발견해 냈다.

6. 복합어와 희소어/신조어 사용: 고르기아스적 문체

14B.9. 아리스토텔레스 『수사학』 3.3, 1405b35-37, 1406a5-6 (DK 83A5)[28]

표현(lexis)에 있어서 생기 없는 것들(psychra)[29]은 네 가지 경우에 생겨난다. 하나는 복합어들(dipla onomata)[30]에서 생긴다. 예컨대, 뤼코프론은 "꼭대기-광대한(megalokoryphos)[31] 땅의 얼굴-많은(polyprosōpos) 하늘", "길-좁은(stenoporos) 곶"을 이야기한다. [...][32] 이것들은 모두 복합어라는 것(diplōsis) 때문에 시적(poiētika)으로 보이는 것이다.[33]

---

28 15B.18에 포함. 그곳에 전체 맥락이 들어 있음. cf. 2B.76.

29 혹은 직역에 가깝게는 '살풍경한 것들', '싸늘한 것들'.

30 직역하면 '이중적인 이름들'.

31 한 단어임을 드러내기 위해 편의상 붙임표 '-'를 적용한다. 다른 곳에서도 마찬가지다.

32 이 부분에서 고르기아스와 알키다마스가 인용된다. 고르기아스 장 2B.76, 알키다마스 장 15B.18을 참고할 것.

33 고르기아스와 알키다마스의 사례들(15B.18)과 비교하면 확연하게, 여기 사례들은 이른바 '바후브리히(bahuvrīhi) 복합어'에 해당한다. 흔히 '소유 복합어' (possessive compounds)라고도 불리는 바후브리히 복합어는, 마치 옛 북유럽이나 앵글로 색슨 시(대표적인 것이 『베오울프』에 등장하는 완곡 대칭법

그러니까 이것이 한 원인이고, 또 다른 원인 하나는 낯선 말들 (glōttai)을 사용하는 것이다. 예컨대, 뤼코프론은 크세륵세스를 "괴괴망측한(pelōros)[34] 사내"라고, 또 스키론을 "약탈자(sinis)[35] 사내"라고 말한다.[36]

(kenning) 혹은 '은유 복합어'(metaphorical compounds)가 그렇듯, 대상의 본
질적 특징을 특유의 감각으로 포착해서 간명하게 표현해 내는 (서사)시적 기
발함의 대표적인 장치라 할 수 있다. 산스크리트어로 '바후브리히'는 '쌀-많은'
이라는 뜻이다. 이 복합어에 관한 일반적인 설명은 맥도넬(A.A. MacDonell
1927) 175-178쪽을 참고할 것.

34 통상은 시에만 나오고 사람에게 잘 사용되지도 않는 형용사를 뤼코프론은 뜬
금없이 유명한 페르시아 왕을 묘사하며 사용한 것이다.

35 희랍 신화에서 스키론과 시니스(Sinis)[혹은 시네스(Sinēs)]는 테세우스가 트로
이젠에서 아테네로 오는 길에 죽인, 코린토스의 도둑들이다. 시니스의 이름을
딴 '시니스'(약탈자)라는 말은 시에만, 그것도 명사로만 나오는 낯선 말인데,
뤼코프론은 그걸 형용사로 바꿔 다른 도둑 스키론을 묘사하는 말로 사용한 것
이다.

36 이후 알키다마스가 인용된다. 15B.18을 참고할 것.

제15장

알키다마스

소아시아 아이올리스의 엘라이아[1] 출신인 알키다마스는 420년 경에 태어나 360년경까지 산, 2세대 소피스트의 대표적 인물 가운데 하나다.[2] 고르기아스의 제자인 그는 『수다』에 따르면 고르기아스학파 수장 자리를 이어받아(15A.2) 아테네에서 수사학을 가르쳤다. 그는 저명한 고르기아스 추종자인 이소크라테스(436-338년)와 라이벌이었으며, 그의 가장 탁월한 제자인 연설가 아이스키네스(389-314년)[3](15A.3)는 이소크라테스의 제자[4] 데모스테네스

---

1 페르가몬의 항구 역할을 한 아이올리스의 고대 도시다. 지금 터키 이즈미르 지방의 마을 제이틴다그(Zeytindağ) 근처에 있었다고 한다.
2 현대 연구에서는 그다지 우호적인 대접을 받고 있지 못하다. 주요 현대 참고문헌 5개 가운데 DG와 GW 2개에만 실려 있다.
3 필로스트라토스는 그가 둘째 소피스트술을 시작한 것으로 기록한다(17A.10).
4 아래 15A.4에 따르면 정확히는 이소크라테스의 제자의 제자.

(384-322년)와 2세대 라이벌 관계를 형성한다. A절의 세 종류 전승은 모두 알키다마스-이소크라테스 간의 라이벌 관계를 중심으로 펼쳐진다.

주로 이소크라테스를 겨냥한 논쟁적 담론인 『소피스트들에 관하여』에서 그는 "말하기의 철학(philosophia hē tou legein)에 종사"(15B.20의 15절)하는 사람을 자처하면서 고르기아스에게서 이어받은 즉흥 연설 전통을 꿋꿋이 견지한다. 그러니까 5세기 말과 4세기 초에 아테네와 테살리아 등에서 가르치던 고르기아스가 세운 전통의 핵심은 적통 제자 알키다마스에 의해 계승된 셈이다. 고르기아스의 다른 제자인 이소크라테스가 쓰기(손으로 쓰는 말)를 대변하는 사람이라면 알키다마스는 말하기(입으로 하는 말)를 대변하는 사람이다. 쓰기 문명이 보편화된 사회에서 '말들의 기술'(logōn technē)을 두고 전개된 쓰기 대 말하기 싸움에서 말하기를 옹호한 사람이었던 것이다.

그런데 그가 '말하기 철학'의 대변자였다고 해서 그가 아예 글을 안 썼으리라는 귀결이 곧바로 따라 나오는 것은 아니다. 『오뒤세우스』에 대한 위작론은 별도의 고려들이 필요하다. 『소피스트에 관하여』에서 행한 그의 쓰기 비판에는 일정한 아이러니가 들어 있으며 절대 불가론은 아니다. 쓰기는 비판적 의식을 가지고서 얼마든지 이용할 수 있다는 것이 그의 입장이라 할 수 있다. 『오뒤세우스』는 피고 팔라메데스 항변 연설의 시범인, 선생 고르기아스의 『팔라메데스를 위한 변명』(2B.14)과 좋은 짝을 이루는 원고 오뒤세우스 고발 연설의 시범이라 할 만하다. 연설 말미의 "본보기"

(paradeigma: 15B.21의 29절)는 사실 저자 자신의 연설 자체에도 적용되기를 의도하며 사용한 이중적 용어라 할 만하다. 신화 전통을 개작하는 이야기가 그 연설 속에 들어 있지만, 실은 그의 전 연설 자체가 주류 전통에 대한 하나의 수정 시도이면서 동시에 선생 고르기아스가 세운 수정적 논의 전통에 대한 또 다른 수정 시도이기도 하다.

다른 작품 가운데 수사학 교과서인 『뮤즈의 전당』은 단편들로만 남아 있지만, 나중에 나온 『호메로스와 헤시오도스의 경연』의 맹아를 담고 있었던 것으로 보인다(15B.10). 보다 철학적인 관심사는 『메세니아 연설』에서 개진된 것으로 전해지는 노예제 비난에 잘 드러나 있다(15B.1, 15B.2). 뤼코프론에서도 그랬듯 알키다마스에서도 평등주의적 사유의 흔적이 역력하다. 그리고 그것은 아마도 전쟁이 종식되고 인류가 널리 평화를 누리기를 희구하는 그의 근본적인 갈망과 긴밀히 연결되어 있는 것으로 보인다(15B.3). 알키다마스는 선생 고르기아스에 비해 훨씬 더 개방적이고 진취적이며 '글로벌'하다. 고르기아스의 『장례 연설』(2B.24)을 보면, 고르기아스는 5세기 희랍인들에게 일반적이던 희랍주의나 이방인 혐오(xenophobia) 혹은 그것의 짝이자 축소판인 자국(자기 폴리스) 우선주의로부터 완전히 자유롭지는 못했던 것으로 보인다. 이와 대조적으로, 알키다마스는 메세니아가 300여 년간의 긴 노예(헤일로테스) 노릇에서 해방되는 역사적 장정의 한복판에서 인상적인 연설로써 그 장정에 동참하고 있었다(15B.1). 그의 외침은 우리에게도 여전히 신선하고 쟁쟁하다. "신은 모든 인간을 자유인으로 해방했고, 자연은 그 누구도 노예로 만들지 않았다."

A. 삶과 행적

1. 학통: 고르기아스의 직계 제자

15A.1. 『수다』 A.1283 (알키다마스 항목) (66 Bekker)
아시아의 엘라이아 출신 알키다마스, 철학자, 음악에 대해
(mousika) 쓴(gegraphotos) 디오클레스의(Diokleous) 아들,[5] 레온티
니 출신 고르기아스의 제자.

15A.2. 『수다』 Γ.388 (고르기아스 항목) (247 Bekker) (DK 82A2)[6]
고르기아스, [⋯] 아그리겐툼 출신 폴로스와 페리클레스와 이
소크라테스와 그의 학파 수장 자리를 계승하기도(kai tēn scholēn
diedexato) 했던 엘라이아 출신 알키다마스의 선생.

---

5 아버지에게로 귀속시킨 저작은 아마도 『무세이온』(Mouseion: 이 책에서는 편의
   상 '뮤즈의 전당'으로 옮긴다.)을 가리키는 것으로 보이며, 사전 편집자든 필사
   자든 누군가의 실수로 아버지의 것으로 기록되었을 것이다.

6 = 2A.10.

2. 즉흥 연설 전통: 아이스키네스의 선생

15A.3. 『수다』 AI.347 (아이스키네스 항목) (46 Bekker)[7]

아테네 출신 연설가 아이스키네스, […] 엘라이아 출신 알키다마스의 수사학 제자(mathētēs … kata tēn rhētorikēn). […] 그[즉, 아이스키네스]는 신 지핀 듯(hōs enthousiōn) 즉흥 연설을 하기(schediazein) 때문에 모든 사람들 가운데서 최초로 '신적으로 말하는군요.'라는 말(to theiōs legeis)을 들었다.

3. 제자의 라이벌 데모스테네스에게 준 간접적 영향

15A.4. 『수다』 Δ.454 (데모스테네스 항목) (272-273 Bekker)

데모스테네스, […] 이소크라테스의 제자 이사이오스[8]에게 배웠으며(diēkouse), 아테네에서 소피스트로 활동하던(sophisteuontos) 암피폴리스 출신 조일로스와 폴뤼크라테스와 고르기아스의 제자

---

7 즉흥 연설은, 필로스트라토스의 보고에 따르면, 그의 선생 고르기아스의 특기였고(2A.1의 1.9.3) 고르기아스가 처음 시작했다(2A.6).

8 420년경 출생하여 340년대에 사망한 아테네의 연설 작성가이며, 아티카 10대 연설가 가운데 한 사람으로 불린다. 여기서도 언급되듯 이소크라테스의 제자였다고 하는데, 뤼시아의 연설들도 공부했던 것이 분명하다. 또한 여기 언급처럼 나중에 데모스테네스를 가르쳤으며, 연설 작성가의 '기술 교범'(technē)을 썼다. 대략 64개의 연설 제목이 고대에 알려졌는데, 그중 50개가 진본으로 간주되고 11개만이 온전하게 전해진다. 대개 상속에 관련된 것이다. 상속에 특화된 연설 작성가로 보이며, 디오뉘시오스는 이소크라테스 및 뤼시아스와 함께 아티카 연설의 더 오랜 문체를 보여 주기 위해 그의 문체를 선택한 바 있다.

알키다마스 및 실로 바로 그 이소크라테스의 연설들을 사용했다.

B. 사상과 가르침

■ 순서: 연설들 → 자연학 →『무세이온』이나 교범, 표현 → 글로
된 저작

1.『메세니아 연설』

15B.1. 아리스토텔레스『수사학』1.13, 1373b18에 관한 주석
(CAG Vol. 21.2, 74쪽)[9]

[b18] "그리고 알키다마스도『메세니아 연설』에서 말할 때 이런
의미를 염두에 둔 것이다."[10]: 메세니아 사람들이 라케다이몬인들

---

9 cf. 15B.2. 맥락: 메세니아는 비옥한 땅을 가져서 상대적으로 부유하고 기후가
   좋다는 것 때문에 상고 시대부터 이미 이웃 스파르타의 침입과 지배를 받는 운명
   이 되었고 기회가 될 때마다 반기를 들곤 했다. 두 차례의 큰 독립 전쟁(8세기 말
   과 7세기 초) 말고도 고전 시대에도 464년의 봉기가 있었다. 그러다가 371년 레
   욱트라 전투에서 스파르타에 심각한 패배를 안긴 테베의 장군 에파메이논다스
   가 여세를 몰아 메세니아를 침공하여 스파르타의 지배로부터 해방하고 각지로
   망명한 메세니아 사람들을 다시 불러 모아 369년에 도시 메세네를 수도로 재건
   하게 되며, 이는 결국 366년 평화 조약 체결로 공고해진다. 알키다마스의『메세
   니아 연설』은 아마 이즈음에 행해졌을 것이다.
10 아래 15B.2에 나오는 아리스토텔레스 텍스트 구절을 설명하기 전에 인용하고
   있다.

에게 반기를 들고 나서서 더 이상은 복종해서 노예 노릇하지 않겠다고 하고 있을 때, 알키다마스는 이들을 대변해서 열변을 토해 가며(meletāi) 말한다. "신은 모든 사람들을 자유롭도록(eleutheroi)[11] 놓아주었다(aphēke)[12]. 자연은 그 누구도 노예로 만들지 않았다."[13]

15B.2. 아리스토텔레스 『수사학』 1.13, 1373b6-11, 14-18a[14]

공통된 법이란 자연에 따른 (ho kata physin) 법이다. 설사 서로 간에 아무 공유 관계(koinōnia)[15]도 없고 계약(synthēkē)도 없다 해도, 자연에 의해(physei) 공통되게 정의롭다거나 부정의하다고 모두가 촉으로 직감하는(manteuontai) 뭔가가 있는 것이다. 예컨대, 소포클레스의 안티고네가 폴뤼네이케스를 묻어 주는 일이 설사 금지되어 있더라도 정의로운 일이라고 이야기할 때도 이것이 자연에 의해 정의로운 일이라고 여기고 있음이 분명하다. […][16]

---

11 혹은 '자유인으로'.

12 혹은 '풀어 주었다', '보내 주었다'.

13 원문의 순서 그대로 옮기면 다음과 같다. '자유인들로 놓아주었다, 모두를 신은. 어떤 노예도 자연은 만들지 않았다.'

14 cf. 15B.1. 물론 발언의 맥락에 대한 설명에 어느 정도까지는 아리스토텔레스의 해석이 들어가 있을 수 있다는 점을 감안해야 하지만, 알키다마스의 이 발언의 배후에 계급이나 국가 등의 경계를 넘어선 자연법적 사고가 자리 잡고 있었을 개연성은 상당히 높아 보인다. 그리고 그런 자연법적 사고가 보편적 자연 법칙에 대한 엠페도클레스의 자연학적 통찰에서도 일부 영향을 받았을 가능성도 엿보인다. 사제 관계로 보아 충분히 가능한 일이다.

15 혹은 '공동체'.

16 『안티고네』 456-457이 인용되는데, 생략한다. 생략된 구절에 관해서는 인용자 아리스토텔레스 논의의 보다 포괄적인 맥락이 수록된 17B.10과 보다 포괄적

그리고 엠페도클레스도 영혼이 들어 있는 것을 죽여서는 안 된다는 것에 관해서 말할 때 바로 이런 의미를 염두에 둔 것이다. 이것이 어떤 사람들에겐 정의로운데 다른 사람들에겐 정의롭지 않은 게 아니라

   "오히려 모두에게 적법한 것(to ... pantōn nomimon)[17]은 널리 다스리는
   에테르를 통해서도 한정 없는 햇빛을 통해서도 끝없이 펼쳐져 있다."[18]

는 것이다.
   그리고 알키다마스도『메세니아 연설』에서 말할 때 이런 의미를 염두에 둔 것이다. ⟨"신은 모든 사람들을 자유롭도록(eleutheroi)[19] 놓아주었다(aphēke). 자연은 그 누구도 노예로 만들지 않았다."⟩[20]

   15B.3. 아리스토텔레스『수사학』2.23, 1397a7-12
   한 말터(topos)는 반대되는 것들로부터 보여 주는 것들에 대한

인『안티고네』대목이 수록된 17B.9를 참고할 것.

17 혹은 '만물의 법칙'.

18 DK 31B35.『정화』에 속하는 대목이다.

19 혹은 '자유인으로'.

20 삼각 괄호 부분은 텍스트에는 빠져 있다. 위 15B.1에서 무명의 주석가가 제시한 내용을 토대로 원래 아리스토텔레스 텍스트에 들어 있었을 것으로 추정하여 넣은 것이다.

것이다. 반대되는 것에게 반대되는 것이 속하는지를 살펴보되, 속하지 않으면 반박하고, 속하면 증명을 제시해야 한다. 예컨대, 절제 있음은 좋은 것이다. 방종은 해로운 것이기 때문이다. 혹은 『메세니아 연설』에서처럼, "전쟁이 우리가 당면한 나쁜 것들의 원인이라면, 평화와 더불어 바로잡아야 한다."

2. 『죽음 찬양』

15B.4. 키케로 『투스쿨룸 대화』 1.116.2-7

예컨대, 최고의 명성을 가진 옛 수사가(rhetor)인 알키다마스는 심지어 죽음 찬양까지도 썼다. 그것은 인간에게 속한 나쁜 것들의 열거로 이루어져 있다. 그에게[21] 철학자들에 의해 꽤 정교하게 짜인 추론들은 빠져 있었지만, 연설의 풍부함(ubertas orationis)은 빠져 있지 않았다.

3. 찬양들: 죽음, 가난, 견유학파 프로테우스, 화류계 여인 나이스 찬양

15B.5. 메난드로스(연설가)[22] 『시범 연설들에 관하여』 3.346.9-18

---

21 혹은 '그 저작에'.

22 연설가 메난드로스(혹은 라오디케아 출신 메난드로스)는 기원후 3세기 말에 활동한 것으로 보이는 희랍의 연설가요 주석가다. 헤르모게네스와 메누키아누스(더 나이 든 쪽)에 관한 주석을 썼다. 시범 연설들에 관한 주석 둘이 그의

Spengel

찬양들 가운데 어떤 것들은 평판이 좋은(endoxa) 것들에 대한 것이고, 어떤 것들은 평판이 나쁜(adoxa) 것들에 대한 것이며, 또 다른 어떤 것들은 노골적으로 역설적(paradoxa)이다. [⋯] 역설적인 것들 가운데 알키다마스의 『죽음 찬양』이나 『가난 찬양』 혹은 『견유학파 프로테우스 찬양』이 포함될 만하다.

15B.6. 아테나이오스 『만찬 자리의 소피스트들』 13, 592c

고르기아스의 제자인 엘라이아 출신 알키다마스는 몸소 화류계 여인인 『나이스의 찬양』을 지었다.

4. 자연학

15B.7. 아리스토텔레스 『수사학』 2.23, 1398b10-20[23]

그리고 알키다마스가 모든 사람들은 지혜로운(sophoi) 사람들을 존경한다고 할 때도 그렇다. "어쨌거나 파로스 사람들은 아르킬로코스가 독설가(blasphēmos)임에도, 그리고 키오스 사람들은 호메로스가 동료 시민(politēs)이 아닌데도, 그리고 뮈틸레네 사람들은 사포가 여자

이름으로 통용되는데, 첫째 것은 찬가, 기도, 국가 및 도시 찬양 등을 다루고, 아마도 다른 작가의 것일 둘째 것은 덜 정교하나 더 활달한 작품으로서 의전적 연설들의 규칙들과 여러 의식과 행사, 축제를 위한 규칙들을 제시한다.

23 메세니아 연설과 비슷한 느낌의 발언. 맥락: 귀납으로부터 논증하는 말터의 예시.

인데도 존경했고, 전혀 문학에 조예가 있지(philologoi) 않았음에도 불구하고 라케다이몬 사람들은 킬론을 원로원의 일원으로 선출했으며, 이 탈리아 사람들은 피타고라스를 존경했고, 람프사코스 사람들은 아낙사고라스가 외국인인데도 장례를 치러 주었고 지금도 여전히 존경하고 있으며, 아테네 사람들은 솔론의 법들을, 그리고 라케다이몬 사람들은 뤼쿠르고스의 법들을 따르게 되면서 행복해졌고, 테베에서는 그 지도자들(prostatai)[24]이 지혜를 사랑하는 사람들이 되면서 동시에 국가가 행복해졌다."라고 말이다.

15B.8. 디오게네스 라에르티오스 『유명한 철학자들의 생애와 사상』 8.56[25]

알키다마스는 그의 『자연에 관하여』(physikos)에서 말하기를, "제논과 엠페도클레스는 같은 무렵에 파르메니데스의 제자였다(akousai). 그러다가 나중에 떠났는데, 제논은 자기 고유의 철학을 하게 된 반면에 엠페도클레스는 아낙사고라스와 피타고라스의 제자가 되었다. 후자에게서는 삶과 자세(schēma)[26]의 위엄(semnotēs)을, 전자에게서는 자연 탐구(physiologia)를 선망했다(zēlōsai)."

---

24 짧았던 테베의 영광 시절(371-361년) 지도자였던 에파메이논다스와 펠로피다스 등을 가리키는 듯하다.

25 엠페도클레스 장.

26 혹은 '태도'.

5. 『뮤즈의 전당』(*Mouseion*)[27](단편)

15B.9. 스토바이오스 『선집』 4.52.22[28]

애초에 태어나지 않는 것이 땅 위에 사는 자들에겐 최선이지만,

일단 태어났다면 어떻게 해서든 최대한 빨리 하데스의 문들을 통과할

(perēsai) 것.

15B.10. 『호메로스와 헤시오도스의 경연』[29] 232-240[30]

---

27 '무세이온'(Mouseion)이라는 제목의 뜻이 정확히 무엇인지는 분명치 않지
  만, '뮤즈들의 전당' 비슷한 것으로 상정할 만하다. 우리말에서는 편의상 복
  수를 빼고 칭하기로 한다. '호메로스에 관하여'라고 불릴 만한 내용을 포함했
  을 것이고, 아마 알키다마스의 기술의 여러 면모들을 전시해 주는 그야말로
  '박람서' 내지 '박물서'였을 것 같다. 아래 아리스토텔레스 『수사학』의 예시들
  (15B.18) 중에도 이 단어에 대한 언급이 나온다.

28 '실레노스의 지혜'로 흔히 알려져 있는 금언이다. 내용으로 보아서는 『죽음 찬
  양』에 속한다고 보아도 좋을 만한 대목이다. 소포클레스가 『콜로노스의 오이
  디푸스』 1225-1227에서 합창 가무단이 부르는 노래에 같은 내용의 가사를 넣
  기도 했다.

29 호메로스와 헤시오도스 간 가상의 시 경연을 그리는 기원후 2세기의 희랍어 이
  야기다. 헤시오도스가 『일과 날』 648-662에서 언급한 경연(호메로스 언급은
  없다.)을 확장한 이야기로서, 경연 결과 헤시오도스가 청동 봉헌 삼각대를 상으
  로 받았고, 그것을 헬리콘산의 뮤즈들에게 헌정했다고 한다. 니체(F. Nietzsche
  1870)도 언급한 바 있듯 이 이야기는 알키다마스의 『뮤즈의 전당』에서 파생된
  것일 가능성이 있다. 니체의 이 가설은 이후 20세기 연구자들에 의해 뒷받침
  되었다. 이야기의 출처만이 아니라 이야기 집성의 배경과 의도까지도 천착하
  는 연구인 우덴(J. Uden 2010)에 따르면 이 저작에는 희랍적 담론 세계에 숟
  가락을 얹고 싶어 은근히 황제로서의 권위로 학자들을 누르려는 하드리아누
  스의 치기와 욕심을 풍자하려는 의도가 담겨 있다. 고전의 모티브를 살린 담론

[…] 그[즉, 헤시오도스]의

시신(nekros)이 이틀 후 돌고래들에 의해 뭍으로 실려 왔을 때,

어떤 지역 축제(heortē)가 그곳 사람들 사이에서 아리아드네를 기리

　기 위해 열리고 있었는데,

|235| 그들 모두가 바닷가로 달려와서 그 몸(sōma)을 알아보고는

그것에는 애도를 표한 후 묻어 주고 살인자들을 찾아 나섰다.

그리고 그들은 동료 시민들의 분노를 두려워하면서

고깃배를 끌어내려 크레타로 항해해 갔다.

그런데 항해 도중에 제우스가 그들을 벼락으로 쳐서 바다 속에 빠트

　려버렸다.

|240| 알키다마스가 『뮤즈의 전당』에서 그렇게 말한다.

전통을 이어 가면서도 당대 사회, 문화적 맥락에 적실한 자신의 이야기로 발
전시킨다는 점이 인상적인데, 이런 전통의 주요 매개자로 알키다마스가 자리
해 있는 셈이다.

30　텍스트는 바시노(P. Bassino 2018)를 토대로 함. 맥락: 헤시오도스가 자기들의
누이를 유혹했다고 생각한 어떤 젊은이들이 헤시오도스를 에우보이아섬 맞
은편 로크리스의 오이노에[이 지명을 '오졸라이 로크리스인들'(Ozolai Lokroi)
과 연결하는 투키디데스의 언급(3.95-96)과 관련하여 논란이 분분하다. 투키
디데스를 따르면 피살 장소는 희랍 서부 나우팍토스 동쪽의 도시 오이네온
(Oineōn)이 되는데, 나는 투키디데스를 받아들이지 않았다. 이 논란과 투키디
데스를 받아들이지 않는 이유에 관해서는 데비아시(A. Debiasi 2012) 483-484
참조.]에서 살해한 이야기가 막 개진되었다. 살해 후 그들은 시신을 로크리스
와 에우보이아섬 사이 바다에 던졌다. 알키다마스는 그 경연 자체에 대한 맺
음말로서 이 이야기를 해야만 했다.

6. 수사학 교범

15B.11. 할리카르나소스의 디오뉘시오스『암마이오스에게 보내는 편지』1.2[31]

그들[즉, 정치 연설들에 대한 탐구자들]이 다음과 같이 상정하지 않았으면 합니다. 소요학파 철학이 수사학적 원칙들(parangelmata) 모두를 포괄했다고, 그리고 테오도로스와 트라쉬마코스와 안티폰 및 그들 주변 사람들도, 이소크라테스와 아낙시메네스와 알키다마스도, 또 이 사람들과 함께 살았던 기술적 원칙들(parangelmata technika)의 저자들과 수사학적 연설들 경연의 경연자들(agōnistai)도, 테오덱테스와 필리스코스와 이사이오스와 케피소도로스와 휘페레이데스와 뤼쿠르고스와 아이스키네스 및 그들 주변 사람들도 진지한 탐구를 할 만한 어떤 것도 발견하지 못했다고 말입니다.

15B.12. 플루타르코스『데모스테네스』5.7

그런데 헤르미포스는 쓴 사람을 알 수 없는 비망록(hypomnēmata)을 마주쳤다고 말한다. 거기엔 데모스테네스가 플라톤과 함께 공부했고(syeschlakenai)[32] 그에게서 자기 연설들을 위한 혜택 대부분을 입었다고 쓰여 있었다. 그리고 그[33]는 시라쿠사 출신 칼리아스,

---

31 5A.12에 포함. 7B.6과 동일.
32 혹은 '플라톤의 제자였고'.

352

그리고 다른 어떤 사람들에게서 데모크리토스가 이소크라테스의 기술들과 알키다마스의 기술들을 얻어 완전히 숙달했다는 이야기를 크테시비오스가 하고 있다고 언급했다.

15B.13. 디오게네스 라에르티오스 『유명한 철학자들의 생애와 사상』 9.54[34]

알키다마스는 담론을 넷으로 말한다. 긍정, 부정, 질문, 인사(prosagoreusis)[35]로.

15B.14. 체체스 『킬리아데스』 12.566-572[36]

연설의 덕이 본래 넷이라고 말한다.

연설가 이소크라테스 자신과 알키다마스가,

또한 테오덱테스와 미누키아노스가,

이들과 더불어 또한 할리카르나소스 출신 디오뉘시오스가,

|570| 필로스트라토스와 다른 수많은 연설가들이 그렇게 말한다.

분명함(saphes), 호방함(megaloprepeia), 간결함(syntomon), 설득력(pithanon).

수사적 문채들(rhētorika schēmata)의 우아함(hōraiotēs)과 더불어서.

---

33 즉, 헤르미포스.

34 1A.1에 포함.

35 혹은 '부름', '호칭'.

36 텍스트: 키슬링 판본(Kiessling 1826)에 의거함(462쪽).

15B.15. 체체스 『헤르모게네스에 대한 주석』 4.34.6-9 Cramer[37]

기술에 관해 가르치는 이야기(logos)는

어쨌거나 배우기를 바라는 사람에게 잘 받아들여질 만하고(eu-lēptos)[38] 분명해야(saphēs) 하며,

기술에 기반한 마법사로서 잘 조탁되어 있어야(synkekrotēme-nos)[39] 한다.

기술 비평가(technoelenchos)인 알키다마스도 그렇게 썼듯이 말이다.

15B.16. 체체스 『헤르모게네스에 대한 주석』 4.58.29-59.6 Cramer[40]

명백한(phaneron) 사안(pragma)[41]에서 서사[42]를 제시하는(dihēgeis-thai) 것은 알맞지 않으며

사태(pragmata)가 그럴법하지 않은(adoxa)[43] 경우에도 마찬가지다.

---

37 DG에도 언급되지 않는 단편. 이 책에 처음 수록함. 텍스트: 크레이머(J.A. Cramer 1837: 1-148쪽에 체체스의 헤로모게네스에 대한 운문 주석 수록). cf. 4.65.7 Cramer에 '소피스트'가 언급된다.

38 혹은 '잘 받아들여지고'.

39 혹은 '훈련되어 있어야'. 본래 망치로 두드리거나 용접하여 함께 붙인다는 뜻의 말이다.

40 이런 말 기술에 대한 플라톤의 비판이 들어 있는 17장의 『파이드로스』 수사학사 대목(17A.48)과 비교해 볼 필요가 있다.

41 혹은 '일'.

42 혹은 '사건 진술'.

43 혹은 '예상과 어긋나는'. 혹은 이 맥락에서는 아마 아니겠지만 '명예롭지 않은'

서론(prooimion) 다음에 언제나 서사들(dihēgēseis)을 놓는 것은 아니고 증명들(pisteis) 다음에 놓기도 한다고 말하는 사람들도 있다.

그런데 결어들(epilogoi)에는 안 된다고 하면서, 저 사람들은 이렇게 말한다.

우리가 서사들을, 즉 바로 이 사람들이

증명들 다음에 놓는다고[44] 말하는 그 서사들을 결어들에도 놓는다고 말이다.

혹은 우리는, 알키다마스처럼, 당신에게 보충 서사들(paradihēgē-seis)을 놓으라고[45] 말한다.

그게 서술 자체의 되짚기(epanalēpseis)가 됐든

요약(anakephalaiōsis) 내지 재진술(deuterologia)이 됐든 간에.

7. 그의 표현이 들어간 단편들, 그리고 그의 표현에 관한 평가적 언급

15B.17. 플라톤 『향연』 196c1-3[46]

누구나 다 에로스에게는 무슨 일에든 자발적으로 봉사하니까요. '국가의 왕인 법들'[47]은, 서로 상대방과 자발적으로 동의하는 것들을

이나 '한미한', '명성이 없는'이라는 뜻으로도 쓰이는 말이다.

44 혹은 '놓으라고'.

45 혹은 '놓는다고'.

46 맥락: 고르기아스 장 2B.80 아가톤 연설 속에 들어 있다.

정의롭다고 말하지요.[48]

15B.18. 아리스토텔레스 『수사학』 3.3, 1405b35-1406b15[49]

표현(lexis)에 있어서 생기 없는 것들(psychra)[50]은 네 가지 경우에 생겨난다. 하나는 복합어들(dipla onomata)[51]에서 생긴다. 예컨대, 뤼코프론은 "꼭대기-광대한(megalokoryphos)[52] 땅의 얼굴-많은 (polyprosōpos) 하늘", "길-좁은(stenoporos) 곳"을 이야기한다.[53] 그리고 고르기아스는 "거지-뮤즈[54]-아첨꾼들(ptōchomousokolokes)", "거짓으로-맹세한-자들(epihorkēsantes)과 제대로-맹세-잘-지킨-자들(kateuhorkēsantes)"[55]이라는 단어들을 말했다.[56] |1406a|

---

47 아리스토텔레스는 『수사학』(아래 15B.18)에서 이 표현이 알키다마스의 것이라고 보고한다.

48 '서로 상대방과 자발적으로 동의하는 것들, 즉 '국가의 왕인 법들'을 사람들은 정의롭다고 말하지요.'로 옮길 수도 있다.

49 cf. 고르기아스 2B.76, 2B.77, 뤼코프론 14B.9. 그 두 곳을 아우르는 전체 맥락이 여기에 들어 있음. 표현 단편인데 평가가 첨부됨.

50 혹은 직역에 가깝게는 '살풍경한 것들', '싸늘한 것들'.

51 직역하면 '이중적인 이름들'.

52 한 단어임을 드러내기 위해 편의상 붙임표 '-'를 적용한다. 다른 곳에서도 마찬가지다.

53 뤼코프론 장 14B.9에도 수록.

54 혹은 '시인'.

55 혹은 '거짓으로-맹세했고 제대로-맹세-잘-지킨 거지-뮤즈-아첨꾼들'. 텍스트에 관한 논란이 많다. 사본은 'ptōchomousos kolax, epihorkēsantas kai kateuhorkēsantas'인데, 사본을 그대로 읽되 첫 두 단어를 붙여 읽는 수정만 가했다. 필요한 최소한의 수정이다. 아리스토텔레스는 생기 없는 표현이라고(즉, 굳이 필요도 없는 '제대로'(kata)를 왜 덧붙였느냐고) 불평하지만, 고르기아스

356

그리고 알키다마스는 "영혼은 기백으로 가득 찼고(menous plērou-menē), 얼굴은 불-빛깔(pyrichrōs)이 되어 간다." 그리고 "그는 그들의 열심이 결과를-가져오게(telesphoros) 될 것이라 생각했다." "그는 말들로 하는 설득이 결과를-가져오게(telesphoros) 했다." "진청-빛깔의(kyavochrōs) 바다 밑바닥"을 이야기한다. 이것들은 모두 복합어라는 것(diplōsis) 때문에 시적(poiētika)으로 보이는 것이다.

그러니까 이것이 한 원인이고, 또 다른 원인 하나는 낯선 말들을 사용하는 것이다. 예컨대, 뤼코프론은 크세륵세스를 "괴괴망측한(pelōros) 사내"라고, 또 스키론을 "약탈자(sinis) 사내"라고 말한다. 그리고 알키다마스는 "시에 장난감(athyrma)을"[57]과 "자연의 건방짐(atasthalia)"과 "생각의 섞이지 않은 분노(akratōi tēs dianoias orgēi)가 돋워져서(tethēgmenon)"라고 말한다.

셋째로는, 형용어들(epitheta)을 길거나 때맞지[58] 않거나 자주 사용하는 데서 생겨난다. 시에서는 '흰 우유'를 말하는 것이 적절하지만, 연설(logos)에서는 어떤 것들은 덜 적절하고, 또 어떤 것들은

___

자신이 개발한 균등 대칭(parisōsis)을 구사한 예로 읽을 수도 있다. 한편, 크란츠의 수정 제안을 따라 두 단어로 된 'kai' 빠진 'kat' euhorkēsas'로 읽는 방법을 따르면, 즉 'ptōchomousoskolax, epihorkēsantas [kai] kat' euhorkēsantas'라고 읽으면, 여기 구절은 다음과 같이 옮겨질 수 있다. '맹세-잘 지킨-사람인 것처럼(kat' euhorkēsas) 거짓으로-맹세한(epihorkēsantes) 거지-뮤즈-아첨꾼들(ptōchomousokolokes)'.

56 고르기아스 장 2B.76에도 수록.
57 아래 넷째 유형의 사례에 더 갖추어진 문장이 다시 나온다.
58 혹은 '상황에 맞지'.

과도하게 사용되면 정체를 시험하는 상황으로 몰고 가(exelenchei) 결국 시라는 게 드러나게 만든다. 물론 형용어들을 사용해야 하긴 하나(익숙한 것을 탈피하게 해 주어 문체를 이색적이게(xenikē) 하니까.), 적정 수준을 잘 가늠해야 한다. 그러지 않을 경우의 해악이 되는대로 이야기하는 것보다 더 크기 때문이다. 후자는 장점이 없을 뿐이지만, 전자는 해악이 있으니까. 그렇기 때문에 알키다마스의 말들은 생기가 없어 보인다. 형용어들을 양념으로(hēdysmati)가 아니라 주된 요리로(edesmati)[59] 그토록 자주 꽤나 길게 노골적으로 사용하니까. 예컨대, 그는 '땀'이 아니라 "축축한 땀"을, '이스트미아 경기(Isthmia)에'가 아니라 "이스트미아 경기의 축제(panēgyris)에"를, '법'이 아니라 "국가의 왕인 법"을, '달려서'(dromōi)가 아니라 "영혼의 충동이 달음질쳐서(dromaiāi tēi tēs psychēs hormēi)"를, '뮤즈의 전당'(mouseion)이 아니라 "자연의 뮤즈의 전당을 넘겨받아"[60]를, "영혼의 얼굴-찌푸린(skythrōpos)[61] 걱정(phrontis)"을, '인기를 만들어 내는 사람' 대신 "전(全)-대중적인(pandēmos) 인기(charis)를 만들어 내는 사람(dēmiourgos)"을, "청

---

59 '양념으로(hēdysmati)가 아니라 주된 요리로(edesmati)'는 아리스토텔레스 자신이 고르기아스적 표현(즉, 균등 대칭)을 흉내 내어 언어 유희를 구사하고 있다.

60 5절에 나오는 그의 책 제목이 바로 이 '무세이온'이라는 점과 어떤 식으로든 연관이 있을 것이다. 여기서는 '자연의'라는 형용어가 군더더기라는 맥락에서 사용된 것으로 보인다.

61 혹은 '뚱한-얼굴의', '우울한-얼굴의'. 두 단어의 복합어로 보통은 '슬픈' 혹은 '화난'의 뜻으로 사용되었다.

중의 쾌락을 관리[62]하는 사람(oikonomos)"을, '나뭇가지로 숨겼다' 가 아니라 "숲의 나뭇가지로 숨겼다"를, '자기 몸을 가렸다' 대신 "자기 몸의 수치를 가렸다"를 말한다. 또 "그의 영혼의 욕망이 반사-모방적(antimimos)이다"라고 말한다[63](이것은 복합어이면서 동시에 형용어여서 시가 된다.). 또한 그는 "악의 과도함이 제자리를-넘었다(exedros)"고 말한다.

그렇기 때문에 그들은 부적절하게(tēi aprepeiāi) 시적으로 말함으로써 우스움과 생기 없음을 만들어 내고, 수다스러움 때문에 불분명함(asaphes)을 만들어 낸다. 이미 알고 있는 사람에게 말을 계속 쏘아 대면, 생겨나는 어둠에 가려져 분명함이 파괴되기 때문이다. 그런데 어떤 것이 이름은 없고 말(logos)[64]이 쉽게 조합될 때, 사람들은 '시간-닳게-하다[65]'(chronotribein)와 같은 복합어를 사용한다. |1406b| 그러나 많이 사용하면 완전히 시적으로 된다. 그렇기 때문에 복합어를 사용하는 문체는 디튀람보스 시인들에게 가장 유용하다(이 사람들은 소리로 가득 차 있으니까.). 그리고 낯선 말들은 서사시인들에게 가장 유용하다(장중하고 제멋에 겨운 면이 있으니까.). 그리고 은유는 이암보스 시인들에게 가장 유용하다

---

62 혹은 '분배'.
63 혹은 ""반새[/역]-모방적(antimimos)인, 그의 영혼의 욕망"이라고 말한다'. 아니면 아예 구문 파악을 달리하여 '욕망을 "영혼의 반새[/역]-모방(antimimos)"이라고 말한다'로 새길 수도 있다.
64 혹은 '정의(定義)'.
65 혹은 '시간-보내어-없애다'.

(앞에서도 말했듯 지금 이것들을 사용하는 게 그들이니까.).

게다가 넷째 생기 없음은 은유들(metaphorai)에서 생겨난다. 그건 부적절한(aprepeis) 은유들도 있어서인데, 어떤 은유들은 우습기 때문에(희극 작가들도 은유들을 사용하니까.), 또 다른 어떤 은유들은 너무 장중하고 비극적이기 때문에 부적절하다. 그리고 멀리서 가져오면 불분명해진다(asapheis). 예컨대, 고르기아스가 "창백하고(chlōra) 핏기 없는(anaima) 활동들(ta pragmata)", "당신은 이것들을 수치로[66] 뿌리고 불행으로[67] 거뒀군요."라고 말하는 경우처럼 말이다. 지나치게 시적으로 말을 하니까 그렇다.[68] 그리고 알키다마스는 철학을 "법에 대항하는 요새(epiteichisma)"라고 말하고, 『오뒤세이아』를 "인생의 아름다운 거울"이라고 말하며, "그런 장난감(athyrma)을 시에 조금도 가져오지 않고서"를 말한다. 이것들은 모두 이미 말한 이유들 때문에 설득력이 없는(apithana) 것이다.[69]

15B.19. 할리카르나소스의 디오뉘시오스 『이사이오스』 19.1-15 (DK 82A32 포함)[70]

그런데 나는 이제 다른 연설가들에 관해서도 이야기를 하고 싶다. 그들이 저명하고 대단히 이름을 언급할 만한데도 불구하고 내

---

66 직역에 가깝게는 '수치스럽게'.
67 직역에 가깝게는 '나쁘게'.
68 고르기아스 장 2B.77에도 수록.
69 이 뒤에 이어지는 내용은 고르기아스 장 2B.77에서 확인할 수 있다.
70 2B.71 포함.

가 그들을 빼놓았다거나 수고로부터 재빨리 도망가서 일들의 가장 쉬운 부분을 선택함으로 해서 그들에 관한 고찰을 그냥 지나쳐 버린 것이라고 누군가가 모르는 상태에서 판단하지 않도록 말이다. 나는 모든 사람들이 아는 그 사람들을 모르지도 않을뿐더러, 그들을 위해 글을 쓰는 것을 꺼리지도[71] 않는다. 그 글쓰기가 조금이라도 유용한 것을 산출할 것 같기만 하면 말이다. 하지만 시적인 정교함(kataskeuē)[72]과[73] 앞서 이야기한 바로 이 고양됨(meteōron)[74]과 장중함(pompikon)에 있어서 아무도 이소크라테스보다 더 낮지 않았다는 것을 염두에 두었기 때문에 나는 내가 알기로 이 장르들(ideai)에서 덜 성공적인 사람들을 일부러 빼놓았다. 예컨대, 레온티니 출신 고르기아스는 적정 수준(to metrion)을 벗어나고 있고 많은 곳에서 유치하게(paidariōdē) 되고 있다는 것을, 그리고 그의 제자(akoustēs) 알키다마스는 표현(lexis)에 있어서 더[75] 투박하고(pachyteros)[76] 공허하다(kenoteros)는 것을, [···][77] 보았기 때문이다.

---

71 혹은 '주저하지도'.

72 혹은 '장치'.

73 '과' 대신 '즉'으로 새길 수도 있다.

74 혹은 '숭고함'. 때로는 '휩셀론'(hypsēlon: 숭고함)과 대비되는 '과장됨'을 뜻하기도 하지만 여기서는 좋은 의미로 쓰였다.

75 혹은 '꽤나'.

76 혹은 '두꺼워서'.

77 이 생략 부분에는 뷔잔티온 출신 테오도로스와 람프사코스 출신 아낙시메네스가 비슷한 분량으로 언급된다. 이후 저자는 테오덱테스, 테오폼포스, 나우크라테스, 에포로스, 필리스코스, 케피소도로스 등을 이름만 열거한다.

[8-9. 글로 남은 저작들]

8. 『소피스트들에 관하여』

15B.20. 알키다마스 『써 놓은 연설들을 쓰는 사람들에 관하여 혹은 소피스트들에 관하여』[78]

|1| '소피스트들'이라 불리는 사람들 가운데 어떤 사람들은 탐구 (historia)와 교육(paideia)[79]은 소홀히 한 터여서 말하는 능력을 가짐 (dynasthai legein)[80]에 있어 문외한들(idiōtai)과도 같이 미숙한 상태(apeirōs echousi)[81]인 반면에, 연설들을 쓰는 훈련[82]은 해 놓은 (memeletēkotes) 터라서 책들을 통해 자신들의 지혜를 보여 줌으로써 무게를 잡고(symnynontai) 긍지도 대단하며, 수사학의 극히 미소한 부

---

78 흔히 『소피스트들에 관하여』로 줄여 부름. 텍스트: 블라스(F. Blass 1872) 185-197쪽 및 TLG. 번역은 반 후크(L. Van Hook 1919)를 참고할 수 있다. 391년 경에 이소크라테스가 쓴 『소피스트들에 대한 반박』에 대한 대응일 수 있다. 이 글의 주된 작업인, 쓰기에 대한 공격은 4세기를 대표할 만한 수사학 선생이었으면서도 연설가로는 소질이 없어서 연설 작성가(logographos)에 머문 이소크라테스를 향한 것일 가능성이 높다. 쓰기를 공격하며 말하기를 중시하는 연설 자체를 쓰고 있다는 것이 이 글이 의식적으로 구사하고 있는 아이러니다. 고르기아스의 학맥이 이소크라테스가 아닌 알키다마스로 이어진 이유가 무엇인지에 대한 하나의 대답을 얻을 수 있는 저작이다. 고르기아스의 즉흥 연설 전통에 관해서는 2A.1의 1.9.3, 그리고 2장 B의 4절과 16절을 참고할 것.

79 혹은 '교양', '교양 교육[/훈련]'.

80 저자는 굳이 '능력'(dynamis)이라는 명사 대신 동사를 사용하였다.

81 혹은 '무경험 상태'.

82 혹은 '연습'. 이하 마찬가지.

분(polloston meros)을 얻어 놓고는 그 기술 전체의 능력을 제 것이라 주장합니다(amphisbētousi). 이런 이유 때문에 나는 써 놓은 연설들에 대한 고발을 제기하려 시도하겠습니다. |2| 그들의 능력이 나 자신과는 맞지 않는 별스러운(allotria emautou)[83] 것이라고 생각해서가 아니라, 다른 것들에 더 많은 긍지를 갖고 있고 쓰기(to graphein)는 부차적인 일로서만 훈련해야(meletan) 한다고 생각해섭니다. 또한 바로 이런 일에다 삶을 낭비하는 사람들은 수사학과 철학에 아주 못 미쳐 있는 것이라고 난 상정하고 있고, 이들은 소피스트들이라기보다는 시인들이라고 불러야 훨씬 더 정당한 일이 될 거라고 생각하기 때문입니다.[84]

|3| 자, 이제 우선, 누군가는 다음과 같은 것으로부터 쓰기를 비난할 수도 있겠습니다. 그것이 잘 공략된다(euepitheton)는 것, 쉽다는 것, 아무 본성에게나 가용하다는 것, 그런 것들로부터 말입니다. 이유는 이렇습니다. 무슨 주제에 관해서든 즉석에서 알맞게(epieikōs) 말하는 것, 그리고 머릿속 추론들(enthymēmata)[85]을 빠르게, 또 단어들을 막힘없이 구사하는 것, 그리고 사물들의 때(kairos)와 사람들의 욕망들을 잘 맞춰(eustochōs) 따라가는 것, 그리고 적절한(prosēkōn) 말(logos)을 하는 것은 누구나 타고나는 것도[86] 아니고 무슨 교육을 받든지 다 도

---

83 혹은 '나 자신과는 상극인'.

84 알키다마스도 경쟁자 이소크라테스처럼 철학이라는 타이틀을 자처하고 있다 (아래 29절에서도 그렇다.)는 점이 흥미롭게 주목할 만한 대목이다. 이소크라 테스는 철학자를 자처하며 반대편 진영(아마도 플라톤 진영)을 '소피스트들'로 칭하며 그들의 무용성을 질타하고 있다(『소피스트들에 대한 반박』).

85 혹은 '그럴법한 전제들을 기반으로 하는 추론들'.

86 직역하면 '자연 전체에 속하는 것도'.

달할 수 있는[87] 것도 아닙니다. |4| 반면에, 긴 시간을 두고 쓰고 여유 있을 때 고치는 것, 그리고 앞선 소피스트들의 저작들을 옆에 놓고 여러 곳으로부터 같은 곳으로 추론들을 모아서 잘 이야기된 것들의 장점들(epitychiai)을 모방하는 것, 그리고 어떤 것들은 문외한들의 조언을 토대로 고치고, 또 어떤 것들은 자기가 혼자서 여러 번 곰곰이 살펴서 명백히 하고(anakatharai) 고쳐 쓰는(metagrapsai) 것은 본디 교육받지 않은 사람들에게조차 쉬운 일인 법이죠. |5| 훌륭하고 아름다운 것들은 모두 희소하고 어렵고(chalepa)[88] 수고를 통해서 생겨나기 마련이지만, 비천하고 보잘것없는 것들은 획득(ktēsis)도 쉽지요. 그래서 쓰기는 말하기(to legein)보다 우리에게 더 접근이 쉬워서 그것의 획득 또한 덜 가치가 있다고 우리가 생각하는 게 그럴법할(eikotōs) 겁니다.

|6| 그다음으로, 말하는 데 능란한 사람들에게는 온전한 정신이라면 아무도 그들이 영혼의 상태를 조금만 바꾸고도 제대로 모양을 갖춰서(epieikōs) 연설을 쓰지는 못할 거라는 의심을 할 리가 없지만, 쓰는 훈련이 되어 있는 사람들에게는 아무도 같은 능력을 가지고 말도 할 수 있으리라고 신뢰하지는 못할 겁니다. 일들 가운데서 어려운 것들을 완성하는 사람들은 더 쉬운 것들로 주의를 돌렸을 때 일들을 해내는 데 막힘 없이 대처하는 데 반해, 쉬운 것들을 훈련한 사람들에게는 더 어려운 일들에 대한 대처가 녹록지 않고(antitypos) 고된 일이 되니까요.

---

87 직역하면 '아무 교육에나 해당되는'.
88 통상 '어렵다' 앞에 '상대하기', '다루기', '대하기' 정도의 말을 넣어서 이해하는 말이다. '아름다운 것들은 어렵다.'(chalepa ta kala)는 잘 알려진 희랍 속담을 인용하고 있다.

그건 다음과 같은 예들로부터 누구든 알 수 있을 겁니다. |7| 예컨대, 큰 짐을 들 수 있는 사람은 더 가벼운 것들로 옮겨서도 쉽게 일에 착수할 수 있겠지만, 능력이 가벼운 것들에까지만 도달하는 사람은 더 무거운 것들은 전혀 나를 수 없을 겁니다. 그리고 또한 발 빠른 주자는 더 느린 주자들 옆에서 쉽게 따라가며 달릴 수가 있겠지만, 느린 주자는 더 빠른 주자들과 보조를 맞춰 달릴 수 없을 겁니다. 게다가 이것들 말고도, 멀리 표적을 보고 창을 던지거나 활을 쏠 수 있는 사람은 가까운 것들도 쉽게 맞추겠지만, 가까운 것들을 맞출 줄 아는 사람이 먼 것들도 맞출 수 있을지는 아직 분명치 않습니다. |8| 그러니까 같은 방식으로 연설들(logoi)에 관련해서도 즉석에서 연설들을 아름답게 구사하는 사람이 시간을 두고 여유 있게 쓰는 데 있어서 특출한 연설 작성가가 되리라는 건 불분명하지 않지만, 쓰는 데 시간을 보내며 연습한(tas diatribas poioumenos) 사람이 즉흥적인(autoschediastikoi) 연설들 쪽으로 옮겨 가면 마음(gnōmē)이 막막함(aporia)과 헤맴과 혼란스러움으로 가득 차게 될 겁니다.

|9| 그런데 나는 인간들의 삶에 있어서도 말하기는 언제나 시종일관 유용한(chrēsimon) 것이지만 쓰기 능력이 삶에[89] 때맞춰(eukairos) 기여하는 일은 드물다고 생각합니다. 하긴, 누가 모르겠습니까? 즉석에서 말하기(legein … ek tou parautika)는 대중 연설하는 사람들에게도 법정 연설하는(dikazomenoi) 사람들에게도 사적인 사교를 하는 사람들에게도 필수적이고, 예기치 않게 일들에 있어서 중요한[90] 때들(kairoi

---

89　혹은 '인간에게'로 새기는 것도 불가능하지는 않다.

pragmatōn)이 자주 생긴다는 것, 즉 침묵하는 사람들은 경멸받기 쉬운 데 반해, 말하는 사람들은 신과 같은 견해를 가진 자들이라고 남들에 의해 존경받는 걸 우리가 보는 그런 일들이 자주 일어난다는 걸 말입니다. |10| 잘못을 저지르는 사람들을 훈계하거나 불행에 빠진 사람들을 위로하거나 성내고 있는 사람들을 누그러트리거나 갑자기 제기된 비난들을 해소하거나 해야 할 때, 말하기 능력은 인간들의 필요에 부응하여 도움이 될 수가 있습니다. 반면에 쓰기는 여유가 필요하고 결정적인 기회(kairoi)[91]에 속하는 시간들을 더 길게 만듭니다. 겨룸들(agōnes)[92]을 하는 상황에서 결정적인 기회는 신속하게 도움을 필요로 하는데, 쓰기는 여유를 가지고 천천히 연설들을 완성해 내거든요. 그러니까 누가 제정신이라면 결정적인 기회를 그렇게나 심하게 저버리는 이 능력을 부러워하겠습니까? |11| 그리고 포고자(kēryx)가 "시민들 중에 누가 연설하길 원합니까?" 하고 알리고 있는데, 혹은 법정에서 물시계는 이미 흘러가고 있는데, 연설가는 연설을 작문하고 외우러 서판 쪽으로 가게 된다고 한다면 어떻게 우습지 않겠습니까? 참으로, 우리가 만약 국가의 참주라면 법정을 소집하기도 하고 공적인 일들에 관해 조언하는 일이 우리에게 달려 있으니까 우리가 연설들을 쓰고 나서 다른 시민들더

---

90   형용사가 별도로 있지는 않지만 '카이로스'(kairos)를 우리말 문맥에서 더 잘 새기기 위해 보충한다. 아래에서는 때때로 '(중요한) 때' 대신 '결정적인 기회'로 옮기기도 할 것이다.

91   혹은 '때'.

92   특히 법정 다툼들을 염두에 두었을 테지만, 민회에서의 심의 연설들의 경쟁들을 가리킬 수도 있을 것이다. 이하 마찬가지. 24절에서는 '소송 상대방들'이 언급되기도 한다.

러 들으러 오라고 알릴 수 있겠지요. 하지만 다른 사람들이 이것들을 주재하고 있으니 우리가 이런 상황과 정확히 반대되는 방식의 어떤 다른 말 훈련(meletē)을 한다는 건 순진한(euēthes) 게 아닐까요? |12| 단어들을 정교하게 다듬은 연설들이 연설이라기보다는 오히려 시를 닮은 것들이라고 해도[93] 임기응변(to automaton)도 진실을 더 많이 닮음(pleon alētheiais homoion)[94]도 결여하고 있고 부러 고안하여 지어낸 상태에서 작문한다는 인상을 주기 때문에 듣는 사람들의 마음을 불신(apistia)과 시기(phthonos)로 가득 차게 하거든요. |13| 그 가장 큰 증거는 이겁니다. 법정용 연설들을 쓰는 사람들은 정확함(akribeiai)을 피하고 즉흥 연설하는 사람들(autoschediazontes)의 개진 방식들(hermēneiai)을 모방하며, 또한 써 놓은 연설들과 가장 덜 닮게 연설들을 마련할 때 가장 아름답게 쓰는 걸로 간주된다는 겁니다. 그런데 연설 작성가들에게도 이것이, 즉 '즉흥 연설하는 사람들을 모방할 때'라는 게 알맞음(epieikeia)[95]의 기준(peras)이라고 할 때, 교육에 있어서도 어떻게 저것을, 즉 이런 종류의 연설들로 우리가 충분히 이르게 되는 데 출발점이 될 것을 특히나 존중하지 않을 수 있겠습니까?

|14| 그리고 난 다음과 같은 것 때문에도 써 놓은 연설들을 가치 없

---

93 'ei gar'를 'kai gar'로 고쳐 읽자는 블라스의 제안을 받아들이지 않고 사본대로 읽었다. 수정을 받아들이면 '단어들을 정교하게 다듬은 (그래서 연설이라기보다는 오히려 시를 닮은) 연설들의 경우도' 정도로 옮길 수 있겠다.

94 'homoion'을 삭제하고 'pleōn alētheias'로 읽자는 블라스의 수정 제안을 받아들이지 않고 사본 그대로 읽었다. 수정의 의도는 아마도 '진실로 가득 참'으로 읽으려는 것으로 보인다.

95 혹은 '제대로 됨'.

는 것으로 치부해야 한다고 생각합니다. 그걸 추구하는 사람들의 삶을 일관성 없게(anōmalos)[96] 만든다는 것 말입니다. 본래 모든 대상들(pragmata)에 관해서 써 놓은 연설들에 능숙하다(epistasthai)는 건 불가능한 일들 가운데 하나인 법이니까요. 그리고 누군가가 일부는 즉석에서 말하고 일부는 짜진 틀을 이용할 경우에 연설이 비일관적이어서 연설하는 자에게 비난을 안겨줄 수밖에 없고, 어떤 면에서는 연기(hypokrisis) 및 시 음송(rhaptōidia)과 비슷하게 보이고 어떤 면에서는 저들의 정확함에 비해 비천하고 보잘것없는 것으로 보일 수밖에 없습니다.

|15| 말하기의 철학(philosophia hē tou legein)에 종사하면서 남들에게 가르칠 수 있다고 공언하는 사람이 서판이나 책을 갖고 있을 때는 자신의 지혜를 보여 줄 수 있지만 이것들을 조금이라도 이용하지 못하는(amoiros)[97] 상태가 될 때는 교육받지 못한 사람들보다 더 나은 어떤 것도 제시하지 못한다는 건 이상한 일이고, 시간이 주어지면 연설을 내놓을 수가 있지만 제안된 것에 관해 곧바로 논의가 이루어질 때는 문외한들보다 더 소리를 못 낸다는 것도 이상한 일이며, 말들의 기술들(logōn technai)을 공언하면서도 말하기의 작은 능력이라도 자신 속에 갖고 있지 않음이 분명하다는 것도 이상한 일이지요.[98] 쓰기 훈련 또한 말하기의 극도의 막막함을 초래하거든요(paradidōsin). |16| 누

---

96 혹은 '불규칙하게'.
97 직역하면 '나눠 갖지 못하는'.
98 이소크라테스에 대한 인신공격이 함축되어 있다.

군가가 조금씩 연설들을 만들어 내고 정확함과 리듬을 가지고서 말들을 조합하며 천천히 사유(dianoia)의 움직임(kinēsis)을 이용하면서 개진을 해내는 데 익숙해지면, 익숙한 것들에 반대되는 것들을 행할 때는 마음이 막막함과 소란스러움으로 가득 차게 되고,[99] 무슨 일에 대해서든 마음이 편치 않게 되고 목소리가 잘 안 나오는(ischophōnoi)[100] 사람들과 조금도 차이 없게 되며, 영혼의 명민함이 느슨하게 되면서 온전하고 부드럽게(philanthrōpōs) 연설들을 다루는 일을 전혀 못 하게 될 수밖에 없거든요. |17| 오히려 마치 긴 시간 동안 족쇄에 묶여 있다가 풀려난 사람들이 남들과 비슷하게 길을 걸을 수가 없고 묶여 있을 때 그런 자세와 리듬으로 걸을 수밖에 없었던 바로 그 자세와 리듬으로 되돌아가는 것과 꼭 마찬가지 방식으로, 쓰기도 마음의 이행 과정을 느리게 하면서 말하기와 반대되는 습관 속에서 연습(askēsis)을 하기 때문에, 영혼이 어찌할 바를 모르고 족쇄에 묶인(desmōtis) 상태가 되게 하며 즉흥 연설을 하는 사람들 속에 있는 온갖 유창함을 가로막습니다.

|18| 써지는 연설들(graptoi logoi)의 배움은 어렵고 기억은 수고가 들며 겨룸들(agōnes)[101]에서 망각은 수치스럽게 된다고 난 생각합니다. 모든 사람들이 큰 것들보다 작은 것들을, 적은 것들보다 많은 것들을 배

---

99 8절에서의 논점이 반복되고 있다.

100 나중에 위-플루타르코스의 『이소크라테스의 생애』 837a에서도 이 장식적 형용어가 이소크라테스에 대해 사용된다.

101 일차적으로는 재판을 가리키지만, 민회에서의 정치적 논쟁을 가리킬 수도 있다. 이 점은 아래 24절에서 아주 분명해진다.

우고 기억하는 게 더 어렵다는 데 동의할 테니까요. 그런데[102] 즉흥 연설들(autoschediasmoi)과 관련해서는 추론들에 대해서만 마음이 주목하게 되어 있으며 단어들은 즉석에서 사용해서 보여 주어야 합니다. 반면에 써지는 연설들에서는 추론들만이 아니라 단어들과 음절들에 대해서도 꼼꼼히 기억하고 배우는 것이 필수적입니다. |19| 그런데 연설들 안에 추론들은 적고 크게 들어 있는 반면, 단어들과 구절들은 많고 사소하고 서로 조금만 차이 나는 것들입니다. 그리고 추론들 각각은 한 번만 보여지는 반면, 단어들은 우리가 같은 걸 여러 번 사용할 수밖에 없도록 강제됩니다. 그렇기 때문에 추론들에 대한 기억은 원활하지만 (euporos), 단어들에 대해서는[103] 배움은 획득하기 어렵고 지키기도 어렵습니다. |20| 그리고 또한 즉흥 연설들과 관련해서는 망각들이 가져오는 수치가 불분명합니다. 연설의 개진이 풀어 가기가 쉽고 단어들은 정확히 맞춰 갈고 닦여 있지(synexesmena) 않아서 설사 추론들 가운데 뭔가가 기억을 벗어나더라도 연설가가 그걸 뛰어넘어 그다음에 이어지는 추론들을 붙잡음으로써 자기 연설에 아무런 수치를 안기지 않는다는 게 어렵지 않거든요. 그러다가 그 추론들이 나중에 기억이 나면 다시 보여 주기가 쉽지요. |21| 반면에 써 놓은 것들로 연설을 하는 사람들에게는 초조함(agōnia)으로 인해 조금이라도 뭔가를 빼먹거나 뒤바꾸게 되면 무슨 말을 해야 할지 막막해지고 이리저리 마구 헤매며 할 말을 찾게 되는 일이 생겨날 수밖에 없고, 긴 시간을 머뭇대기도 하고 침묵으로 자

---

102 혹은 '그러니까'.
103 혹은 '단어들로는'.

기 연설을 중단하는 일도 잦으며 모양 빠지고 우스우며 구제 불가능한 난경에 빠지게 됩니다.

|22| 그리고 나는 듣는 사람들의 욕망들을 다루는 일도 즉흥 연설하는 사람들이 써 놓은 것들로 연설하는 사람들보다 더 잘한다고 생각합니다. 후자들이 작문에 공을 들인 건 겨루는 상황이 있기 오래전이기 때문에 제때(kairoi)[104]를 못 맞추는 경우가 있거든요. 듣는 사람들의 욕망보다 더 길게 연설을 해서 그들을 짜증나게 하거나 아니면 사람들이 아직 듣고 싶어 하는데도 앞서서 연설을 그만두거나 하니까요. |23| 인간의 선견지명이 이야기되는 것들의 길이에 대해 듣는 사람들의 판단이 어떤 식이 될지에 대해 미리 정확하게 알 정도로 장차의 일을 제대로 맞춘다는 건 어렵고 아마도 불가능에 가깝거든요. 반면에 즉흥 연설들에서는 연설들을 그들의 능력을 살피며 거기에 맞춰서 조절하는 게 연설하는 사람에게 달리게 되어, 긴 걸 간략히 줄일 수도 있고 간략히 줄여져 있던 걸 길게 늘여 보여 줄 수도 있지요.

|24| 그런데 이것들과는 별도로, 양편 각각이 겨룸들 자체에서 나오는 추론들을 같은 방식으로 구사할 능력도 없다는 걸 우리는 봅니다. 써지지 않은 것들을 연설하는 사람들에게는 소송 상대방들(antikikoi)[105]로부터 어떤 추론을 얻거나 스스로 사유(dianoia)의 집중(syntonia)을 통해 자기들 자신들로부터 뭔가를 사유해 내거나 할 때 질서 있게 배치하

---

104 혹은 '때', '기회'.

105 이 단어로 미루어 볼 때 이제까지 거론된 '겨룸들'(agōnes)은 주로, 적어도 일차적으로는 송사를 염두에 둔 것으로 보인다.

는 게 순탄하거든요. 무엇에 관해서든 그들은 즉석에서 단어들을 가지고 보여 주며 계획했던 것들보다 더 많은 이야기들을 할 때에도 연설을 불균형하거나 혼란스럽게 만드는 일이 전혀 없거든요. |25| 반면에 써지는 연설들을 가지고 겨루는 사람들에게는 준비된 것과 별개로 어떤 추론이 주어질 때 잘 들어맞게 집어넣어 알맞게 사용하기가 어렵습니다. 단어들을 공들여 만드는 일의 정확성이 저절로 됨(automatismoi)[106]을 허용하지 않고, 우연히 얻게 된 추론들을 아예 사용하지 못하거나, 혹 사용한다고 해도 단어들의 전체 구조를 해체하고 파괴해서 일부는 정확히, 일부는 되는대로(eikēi)[107] 이야기함으로써 이야기의 개진이 혼란스럽고 부조화하게 만들 수밖에 없게 되거든요. |26| 이런데도 불구하고 이런 훈련을, 즉 저절로 생겨나는 좋은 것들을 사용하는 데 방해가 되고 겨룸을 행하는 사람들에게 우연이 주는 것보다도 못한 도움을 제공하는 훈련을, 그리고 다른 기술들을 더 좋은 상태로 인간들의 삶을 이끄는 데 익숙해져 있는데 그것 자체는 저절로 생겨나는 이점들(euporēmata)에 대해서조차 방해가 되는 그런 훈련을 받아들일 사람이, 제대로 분별을 하는 사람이라면 누가 있겠습니까?

|27| 그런데 나는 써 놓은 연설들은 연설들이라고 불리는 건 전혀 정당하지 않고 그저 연설들의 모상(eidōla)이요 외형(schēmata)이요 모방물(mimēmata)이라고 불려 마땅하다고 생각하며, 우리는 그것들에 대해 마치 청동 조각상들과 돌로 된 신상들과 그려진(gegrammena)[108]

---

106 혹은 '임기응변'.
107 혹은 '아무렇게나'. 이하 마찬가지.

동물들에 대해서 가지는 것과 똑같은 의견을 가질 수 있을 것이고, 그러는 게 그럴법합니다. 이것들이 실제 몸들의 모방물이며, 바라보기에는 즐김이 있지만 인간들의 삶에는 아무런 쓰임새(chrēsis)도 제공하지 않는 것과 |28| 꼭 마찬가지 방식으로, 써 놓은 연설도 하나의 외형과 배열을 이용한 것이어서 책에서 볼 때는 어떤 감흥들(ekplēxeis)이 있지만 결정적인 기회에 당면해서는 유동적이지 않아서(akinētos) 그걸 소유한(kektēmenoi)[109] 사람들에게 아무 이로움도 주지 못하거든요. 오히려 아름다운 조각상들보다 실제 몸들이 좋은 모양새들(euprepeiai)은 훨씬 덜 갖고 있지만 기능들(erga)에서는 이로움을 주는 것처럼, 연설의 경우에도 사유(dianoia) 그 자체로부터 직접 곧바로 이야기되어 나오는 연설은 영혼이 들어 있고(empsychos) 살아 있으며 대상들에 밀착해 있고(hepetai) 실제 몸들과 닮아 있는 반면, 써 놓은 연설은 연설의 모상(eikōn)과 닮은 본성을 갖고 있어서 일체의 활력(energeia)을 나눠 갖고 있지 못합니다.

|29| 그런데 아마도 누군가는 말할 수도 있겠습니다. 쓰는 능력은 비난하면서 자신이 이 능력을 통해서 시범들(epideixeis)을 보이고 있음이 분명하고, 또 자신도 이런 추구(pragmateia)를 통해 희랍인들 사이에서 유명해지기를 도모하면서도 이런 추구를 앞서 비방하는데 이건 불합리한 거라고 말입니다. 게다가 철학에 연루되어 시간을 보내면서 즉흥적인 연설들을 칭찬하고 행운을 선견지명보다 중요시하고 되

---

108 이 동사는 앞서 우리가 '써 놓은'이라고 옮긴 바로 그 동사다.
109 혹은 '얻은'.

는대로 연설하는 사람들이 준비하며 쓰는 사람들보다 더 현명하다고 생각한다는 건 불합리한 거라고 말입니다.[110] |30| 그런데 나는 우선, 쓰는 능력을 전면적으로 평가 절하하는 게 아니라 즉흥 연설 능력(autoschediastikē (dynamis))보다 열등하다고 생각해서, 그리고 말하는 능력을 갖는 것(to dynasthai legein)에 대해 가장 신경 써서 돌봐야(pleistēn epimeleian … poieisthai) 한다고 생각해서, 이 연설들(logoi)을 말했던 겁니다. 그다음으로, 내가 쓰기를 이용하는 건 이것에서 내가 아주 대단한 자부심을 가져서가 아니라[111] 이 능력을 가졌다고 무게를 잡는 사람들에게 우리가 조금만 수고를 들이면 그들의 연설들을 무색게 할 수도 무장 해제할 수도 있으리라는 걸 보여 주려는 겁니다. |31| 이것들 말고도 나는 내 시범들이 대중들에게 공표되게 하기 위해서도 쓰기에 손을 댑니다. 나는 우리를 자주 만나는 사람들의 경우에는, 무엇이 제시되든지 간에 그것에 대해서 우리가 시의적절하고(eukairōs) 뮤즈의 기술에 맞게(mousikōs) 말할 수 있을 때마다 그들에게 예의 저 방식으로[112] 우리를 시험해 주기를 청하는 반면에, 한참만에야 비로소 들으러 오는 사람들, 그리고 이전에는 우리를 만난 적이 없는 사람들에게는 써 놓은 것들 가운데 뭔가를 보여 주려고 시도하거든요. 그들은 남들에게서 써 놓은 연설들을 듣는 데 익숙해져 있기 때문에 아마도 우리가 즉흥 연설하는 걸 들으면 우리에게 마땅한 것보다 박

---

110 저자는 위 1절에서도 철학이라는 타이틀을 자처한 바 있다.
111 혹은 '이것을 아주 대단히 중요하다고 여겨서가 아니라'.
112 즉, 즉흥 연설의 방식으로.

한 평가를 하게 될 테니까요. |32| 그리고 이것들 말고도, 사유에 있어서 생길 법한 진보(epidosis)의 표지들이, 써 놓은 연설들로부터는 아주 명백하게 알아볼 수가 있지요. 우리가 이전보다 지금 즉흥 연설을 더 잘하고 있는지 아닌지는 판가름하기가 쉽지 않거든요. 앞서 행해진 연설들에 대한 기억들은 유지하기가 어려우니까요. 반면에 써 놓은 것들을 보면 마치 거울 속에서 바라보듯 영혼의 진보들을 알아보기가 쉽지요. 게다가 우리 자신들의 기억거리들(mnēmeia)을 남기기를 진지하게 추구하고 공명심(philotimia)에 탐닉하려 할 경우에도 우리는 연설들을 쓰기를 시도할 겁니다.

|33| 하지만 우리가 즉흥 연설 능력을 쓰는 능력보다 더 중시한다고 해서 되는대로 연설하는 걸 권하고 있다고 믿는 것 또한 적절하지 않습니다. 연설가들은 추론들과 순서(taxis)는 선견지명을 가지고 이용하되 단어들을 보여 주는(dēlōsis) 건 즉석에서 해야 한다고 우리는 생각하거든요. 써 놓은 연설들의 정확성이, 즉석에서 연설하는 사람들의 보여 줌(dēlōseis)이 때맞음(eukairia)[113]을 가진 만큼의 이로움을 주지 못하거든요. |34| 그러니까 그저 유능한 연설 작가(poiētēs logōn)[114]가 되는 것만이(hama kai)[115] 아니라 능란한 연설가(rhētōr … deinos) 되기를 욕망하는(epithymei) 사람, 그리고 단어들을 가지고 정확하게 이야기하

---

113 혹은 '시의적절함'.

114 혹은 '말들의 제작자'.

115 TLG에는 'alla mē'로 되어 있다. 이것이 사본이라면 '되는 것이 아니라'로 읽게 된다. 블라스 판본의 독법이 의미도 더 좋기도 하므로 블라스 판본을 따르기로 한다.

는 것보다 오히려 때(kairoi)[116]를 아름답게 구사하기를 원하는 사람, 그리고 시기심을 경쟁자로 갖기보다는 오히려 듣는 사람들의 선의를 조력자로 갖기를 더 진지하게 추구하는 사람, 게다가 자기 판단력을 유연하게 하고 기억을 순탄하게 하며 망각은 어디에서도 보이지 않게 만들기를 원하는 사람, 그리고 말들[117]의 능력(hē dynamis tōn logōn)을 삶의 소용(hē chreia tou biou)에 들어맞는(symmetros) 것으로 소유하는 데 열심인(prothymos) 사람은 누구든 |35| 늘 시종일관 즉흥 연설하는 훈련을 하는 데 진력할 것이고, 쓰기는 놀이(paidia)[118]와 부업(parergon)으로 돌볼 때 분별을 잘하는 사람들에게서 분별을 잘한다는 평가를 받을 것이라는 게 그럴법하지 않나요?

9. 『오뒤세우스』

15B.21. 알키다마스『오뒤세우스: 팔라메데스에 대한 반역죄 고발』[119]

---

116 혹은 '시의(적절함)'.

117 혹은 '연설들'.

118 비슷한 용어[즉, '재밋거리'(paignion)]를 선생 고르기아스도『헬레네 찬양』(2B.13) 말미에서 사용한 바 있다.

119 텍스트: 블라스(F. Blass 1872) 174-184 및 TLG. 오랫동안 널리 위작으로 치부되어 온 저작이지만 옹호자도 적지 않다. 그가 썼다면, 피고 팔라메데스의 항변 연설의 시범인, 선생 고르기아스의『팔라메데스를 위한 변명』(2B.14)과 좋은 짝을 이루는 오뒤세우스의 고발 연설의 시범이라 할 수 있다. 문체가 『소피스트들에 관하여』와 사뭇 다르고, 그곳에서의 쓰기 비판 정신에도 안 맞는 것 아니냐는 반대에 직면하는 작품이지만, 재판이라는 상황은 얼마든 문체를 달라지게 할 수 있고, 그가 앞선 작품에서 행한 쓰기 비판에는 아이러

|1| 여러 번 나는 이미 생각도 해 봤고 궁금했습니다. 희랍인 여러분, 여러분에게 말하는 사람들의 의도들(gnōmai)이 말입니다. 그들이 이리로 쉽게 와서는 여러분에게 우리 공동체에 아무런 이로움(ōpheleia)도 가져오지 못할 조언들을 하고 있지만, 여러분 서로 간에는 욕설들(loidoriai)만 난무하게 되고, 떠오르는 것이면 무엇에 관해서건 때에 맞지 않는(akairoi) 말들을 되는대로(eikēi) 소비해 버리고(analiskousin) 있는데, 도대체 뭘 바라고 그러는 건지 그 의도들이 궁금했습니다. |2| 그들은 각자 자기들의 평판(doxa)을 조금이나마 얻기를 바란다면서[120] 연설을 하고,[121] 어떤 사람들은 심지어 양편 중에 더 많이 받아 낼 수 있겠다고 생각하는 쪽으로부터 보수까지 받아 가면서 동조 연설을 하기도(synagoreuousi) 합니다. 그리고 진영 가운데서[122] 누군가가 자신을 위해 재물을 벌어들이면서 잘못된 일을 하거나 공공의 이익(to koinon)을 해칠 경우에는 이들 가운데 관심을 갖는(phrontizōn) 사람이 아무도 없

니가 들어 있고 절대 불가론은 아니었다(즉, 얼마든지 비판하면서 이용할 수 있다는 것이 그의 입장이기도 했다.)는 점을 고려할 때 해소 가능한 반론들이다. 이 작품의 배경을 이루는 팔라메데스-오뒤세우스 간의 송사에 관해서는 고르기아스 장 2B.14의 안내를 참고할 것. 『오뒤세우스』의 구조(DG): (1) 1-4절: 서론 ‖ (2) 5-28절: 서사 ① 5-7절: 사건 개요 ② 8-12절: 증거 제시 ③ 13-21절: 증거 내지 여담 1 ('아버지와 팔라메데스가 이 원정 자체를 일으킨 장본인이다.' = 역사 다시 쓰기) ④ 22-28절: 증거 내지 여담 2 ('팔라메데스의 발명도 상당수가 허위이고, 그가 한 발명도 국가에 불이익이고 적에게 이롭다.') ‖ (3) 29절: 결어.

120 혹은 '바라면서'.

121 혹은 아예 이해를 달리하여 '그들이 각자 자기들의 의견(doxa)을 말할 때는 뭔가 얻고 싶은 게 있어서 그러는 것이고'로 옮길 수도 있다.

122 이 재판은 트로이 전쟁 수행 중인 희랍군 진영 내에서 벌어지고 있다.

는 걸 우리가 보는 반면에, 우리 중 누군가가 적들로부터 포로를 잡아 오거나 상(賞)을 받아서 어떤 사람이 다른 사람보다 더 많이 받았을 경우에는 이것들을 두고, 즉 이것들에 대한 열의(spoudai) 때문에[123] 우리 서로 간에 큰 불화를 벌입니다. |3| 나로서는 훌륭하고 정의로운 사람이라면 단 한 사람 때문에 공명심(philotimia)을 발휘하면서[124] 사적인 증오[125]에도 사적인 동지애(philetairia)에도 관심을 기울이면(phrontizein) 안 되고, 다중에게 이익이 되는 것이 아니라 돈을 더 중시하면 안 된다고 생각합니다. …[126] 그런데 나는 오랜 수고들(ponoi)과 논변들은 제쳐 두고(paralipōn)[127], 여기 팔라메데스를 재판에 세우는 게 정의로운 일이라 생각하고 그렇게 하려 시도할 겁니다.

|4| 사안은 여러분도 알다시피 반역죄입니다. 그것에 대한 형벌은 다른 것들의 열 배로 정해져 있지요. 그렇지만 여러분 모두가 알다시피 나와 이 사람에게는 무슨 일에 관해서든 그 어떤 증오도 불화도 생겨난 적이 전혀 없는데, 불화나 모욕이 가장 많이 일어나기 마련인 레슬링장에서도 향연장에서도 생겨난 적이 전혀 없습니다. 그런데 내가 고발하려는 이 사람은 철학적이면서(philosophos) 능란하기도(deinos) 해서 여

---

123 '즉 이것들에 대한 열의 때문에' 대신 '이들이 보이는 열의 때문에'로 옮기는 것(DG처럼)도 불가능하지는 않다.

124 이해하기에 따라서는 '단 한 사람 때문에 공명심을 발휘하면서'가 '사적인 동지애에도'에만 연결될 수도 있다.

125 오뒤세우스 자신이 바로 이 개인적 증오에 기반한 송사를 벌이고 있다는 것이 이 발언이 함축한 아이러니 가운데 하나다.

126 블라스는 여기에 공백이 있다고 상정한다.

127 혹은 '생략하고'.

378

러분은 주의를 기울이고 지금 이야기되는 것들에 관해 소홀히 대하지 않는 것이 적절할(eikotōs)[128] 겁니다.

|5| 우리들 가운데 어떤 사람들은 배로, 어떤 사람들은 참호로 피해 들어가고, 적들은 막사를 공격하기 시작하면서 도대체 장차 일어날 악의 끝이 어디로 향하게 될지 완전히 막막했던 그때 우리가 어떤 위험에 빠지게 되었는지 여러분 스스로도 아마 잘 알 겁니다. 여러분을 위해 상황을 설명하자면 다음과 같습니다. 나와 디오메데스는 마침 문 근처의 같은 곳에 배치되어 있었고, 근처에 팔라메데스와 플뤼포이테스[129]가 있었습니다. |6| 우리가 적들과 근접전을 벌이고 있을 때 적 진영에서 궁수 한 명이 달려 나와 이 사람을 겨냥해 쏘았지만 화살은 이 사람을 맞추지 못하고 내 주변에 떨어졌지요. 그러자 이 사람은 그를 향해 창을 던지고 그 사람은 그걸 집어 들고 자기 진영으로 가더군요. 나는 화살을 집어 에우뤼바테스에게 주어 테우크로스가 사용할 수 있게 주라고 했습니다.[130] 전투가 잠시 소강상태가 되자 그가 나에게 화살이 깃털 아래에 글자들을 갖고 있는 걸 보여 주게 됩니다. |7| 이 일로 나는 놀라서 스테넬로스[131]와 디오메데스를 불러 그들에게 그 화살에 들어 있는 것들을

---

128 혹은 '그럴법할'.

129 페이리투스의 아들인 폴뤼포이테스는 『일리아스』에서 가끔 언급되는 '이륜' 영웅에 속하는 사람으로 라피테스들의 지도자였다.

130 에우뤼바테스는 오뒤세우스의 전령이고, 아이아스의 이복형제인 테우크로스는 잘 알려진 '사생아 궁수'였다.

131 아카이아 지도자들 가운데 한 사람이며, '에피고노이'('테베를 공격한 일곱 영웅'의 아들들) 가운데 하나로도, 그리고 헬레네의 구혼자들 가운데 하나로도 알려져 있다.

보여 주었습니다. 써 놓은 글귀(graphē)는 다음과 같은 것들을 드러냈지요. "알렉산드로스[132]가 팔라메데스에게. 당신이 텔레포스와 합의했던 것들 전부가 당신의 것이 될 것이고, 당신이 요구한 대로 내 아버지는 당신에게 카산드라를 아내로 주려 합니다. 하지만 당신 쪽 할 일이 속히 행해지게 하세요." 안에 이렇게 쓰여 있더군요. 그러니 이제 그 화살을 받은 사람들인 당신들이 나와서 증언해 주세요.

[증인들][133]

|8| 그게 참이었다는 걸 보여 주려 했으면 바로 그 화살도 여러분에게 보여 주었을 텐데, 실은 소란 중에 테우크로스가 자기도 모르게 그걸 다시 쏘아 버리고 말았답니다. 하지만 나는 나머지 일들이 어떠했는지도 죽 개진해야겠습니다. 그래야 전우인 사람에게, 그것도 이전에 이미 여러분 사이에서 유명한 사람에게 가장 수치스러운 혐의를 씌워 무턱대고(eikēi) 사형 판결을 내리는 일도 없을 테니까요.[134] |9| 우리는 여기로 원정을 오기 전에 오랜 시간을 같은 곳에 있었는데 우리 중 아무

---

132 흔히 파리스라는 이름으로 더 잘 알려져 있는, 트로이 왕 프리아모스의 아들. 헬레네를 납치하여 트로이 전쟁을 일으킨 장본인이다.

133 실제 재판에서라면 이 지점에서 증인들의 증언이 있었을 것이다. 아테네 법정에서 증인들은 선서 진술을 할 뿐 심문을 받지는 않았다. 남겨진 법정 연설 사본들에서 대개 이런 증언은 거의 인용되지 않으며, 대신 이 지점에 증인들의 증언이 있었다고 기록만 하고 넘어간다.

134 주어는 표현되어 있지 않지만, '여러분이' 혹은 '우리가' 쯤이 생략되어 있다고 보면 되겠다.

도 이 사람이 자기 방패에 표시(sēmeion)를 갖고 있는 걸 본 적이 없었어요. 그런데 여기 배를 내린 다음에 그는 삼지창을 거기에 그려 넣었더군요. 무엇 때문일까요? 그걸 새겨 넣음으로써 그가 분명히 눈에 띄게 되어 합의에 따라 적이 이 사람에게 활을 쏘고 이 사람은 그 사람에게 창을 던질 수 있게 하려는 거죠. |10| 그가 창을 던진 것도 이런 연유에서라고 추정하는 게 그럴법합니다(eikotōs). 그 창에도 언제 어느 시각에 그가 반역을 수행하리라는 게 적힌 글귀들이 있었다고 난 주장하거든요. 그렇게 함으로써 서로에게서 보내지는 것들이 신뢰할 만하게 되었고, 이 사람이 저들에게, 그리고 저들이 이 사람에게 전령을 통해서가 아니라 이런 형식을 통해 전갈을 보냈던 거죠. |11| 게다가 다음과 같은 것도 우리 살펴봅시다. 우리가 사용할 무기들이 희소하니까 적들이 어떤 무기를 던져서 그걸 얻게 된 사람은 지휘관들에게 가져다주자는 결정을 우리가 투표로 했었지요. 그래서 다른 사람들은 그 결정을 잘 따랐지만 이 사람은 화살들을 다섯 개나 얻었는데도 눈에 띄게 여러분에게 단 하나도 가져온 적이 없으니, 이것 때문에도 사형으로 처벌받아 마땅할 거라고 난 생각합니다. |12| 여러분은, 희랍인들이여, 이런 일들(tauta)이 소피스트 자신의[135] 사유(dianoia)[136]와 정신(phronēma)[137]에 속한다고[138] 정말로 결론 내리고 있는 겁니까? 그가 이런 일들을 가장

---

135 혹은 '소피스트인 그의'.

136 혹은 '발상', '사고방식', '지성'.

137 혹은 '의도', '목적'.

138 이 원문은 언뜻 보면 이해가 가지 않는 듯하다. 그래서 DG는 아베추(Avezzú)의 여백 보충 제안을 받아들여 '이 영리한 친구(소피스트)의 마음과 분별력에

덜 행했어야 할 그런 사람들을 향해 철학을 하고(philosophōn) 있으니 말입니다.[139] 지금 현재의 일들과 우리의 이 원정 전체가 벌어진 것의 원인 제공자(aition)[140]가 바로 그의 아버지와 이 사람 자신이었다는 걸 내가 보여 주겠습니다. 그런데 일어난 일들을 말하려면 꽤나 긴 이야기들(makroteroi logoi)[141]을 통해서 할 수밖에 없겠네요.[142]

|13| 이 사람의 아버지는 이름이 나우플리오스이고 고기잡이를 직업(technē)으로 가진 가난한 사람입니다. 이 사람은 희랍인들 가운데 가장 많은 사람들을 파멸시켰고 그들의 배들로부터 많은 재물[143]을 빼앗

서 〈벗어났을 거라고〉'로 읽는다. 하지만 나는 원문 그대로 두고 읽을 수 있다고 생각한다. '자신'을 텍스트에서 읽어 내고 이것을 '진정한 소피스트'로 새기는 방향을 생각해 볼 수 있을 것이다. '소피스트' 개념이 어떻게 사용되는가를 가늠할 수 있는 중요한 대목이어서 수정에는 신중함이 필요하다.

139 '소피스트'라는 말과 '철학을 한다' 내지 '지혜를 추구한다' 혹은 (아마도 이 문맥에서는 이것에 더 가까울 텐데) '솜씨를 부린다'는 말이 함께 사용된다는 점 (앞 4절을 참고할 것.), 그리고 오뒤세우스 자신이 사실은 이런 말을 적용할 만한 최적의 사람이라는 데 아이러니가 있다는 점이 특기할 만하다. 특정 소피스트에 대한 부정적인 언급이 등장하는 21절도 참고할 것.

140 혹은 '탓'.

141 혹은 '더 긴 이야기들'.

142 앞으로 개진될 이야기들은 당대에 알려진 역사 내지 받아들여진 신화 전통에 대한 개작에 해당하는 것들이다. 통상의 버전에 따르면 나우플리오스는 아르고스 근처의 나우플리아에 이름을 부여한 창건자인 아주 존경받는 왕이었고 아르고호 원정 참여자였으며, 그가 해적질 내지 난폭한 행동을 했다면 그건 오뒤세우스의 모략으로 죽은 아들에 대해 복수하려고 희랍군에 행한 것뿐이었다. 알키다마스는 당대 재판 연설의 서사 부분에서 행해졌을 법한 왜곡들을 패러디하는 것일 수 있다. 알레오스가 바다에 빠트리라고 한 그의 딸 아우게를 나우플리오스가 구출하는 데 도움을 준 것은 물론 전통에 속한다.

143 혹은 '돈'.

앉으며 선원들에게 아주 많은 악을 행했고 온갖 못된 짓은 남김없이 행한 바 있습니다. 내 연설이 진행되는 과정에서 일어난 일들의 진실들을 듣고서 그걸 여러분은 알게 될 겁니다. |14| 테게아의 왕 알레오스가 델피에 왔을 때 신에 의해 그에게 다음과 같은 신탁이 선포되었습니다. 그의 딸에게서 자식이 태어나게 되면 이 사람에 의해 그의 아들들이 죽임을 당하리라고 말입니다. 이 말을 듣고 알레오스는 속히 집에 도착해서 딸을 아테나의 사제로 만들었습니다. 언제고 남자와 동침하게 될 때는 그녀가 죽게 되리라고 말하면서 말이죠. |15| 그런데 어쩌다 보니 우연히 헤라클레스가 아우게아스를 공격하러 엘리스로 원정을 가다가 알레오스가 그를 손님으로 맞아 아테나 신전에서 대접을 하게 되는데, 헤라클레스가 신전에서 그의 딸을 보고 취기에 동침을 하게 되었습니다. 그녀가 임신한 걸 알게 된 아버지 알레오스는 이 사람의 아버지를 불러오게 했지요. 그가 뱃사람이자 능란하다는 걸 들었거든요. 나우플리오스가 도착하자 알레오스는 자기 딸을 그에게 내주면서 바다에 던지라고 합니다. |16| 나오플리오스는 그녀를 넘겨받아 데려가다가 그들이 파르테니온산[144]에 이르게 되었을 때 그녀가 텔레포스를 낳게 됩니다. 알레오스가 그에게 명했던 것들을 무시하고 그는 그녀와 아이를 뮈시아[145]로 데려다가 그곳의 왕 테우트라스에게 팔았지요. 아이가 없던 테우트라스는 아우게를 아내로 삼고 그녀의 아이에게 텔레포스라는 이름을 지어 주고 자기 아들로 삼게 되며 일리온으로 보내 프리아모스에게 교육을 시키라

---

144 테게아와 나우플리아 사이에 있던 산이다.
145 소아시아 북쪽 트로이 근처 지역이다.

고 주게 됩니다.

|17| 시간이 흘러 알렉산드로스가 희랍에 가고 싶은 욕망이 생기게 되었습니다. 델피의 신전을 보고 싶기도 했지만, 동시에 헬레네의 아름다움에 대해서도 들었던 게 분명하고, 텔레포스의 탄생에 대해서도 그 일이 어디서 일어났고 어떤 식으로 누구에 의해 팔렸는지를 듣기도 한 터였거든요.[146] 그래서 이런 이유들 때문에 알렉산드로스가 이렇게 집을 떠나 희랍으로 가게 되었습니다. 그런데 바로 이 시점에 때맞춰 몰로스의 아들들이 메넬라오스에게 그들 사이를 서로 중재해서 그들의 재산을 나눠 달라고 부탁하러 크레타에서부터 왔습니다.[147] 아버지가 죽자 그들이 서로 아버지의 재산을 놓고 다투게 되었거든요. |18| 자, 좋습니다. 그럼 무슨 일이 일어나게 되나요? 그는 배를 타고 가는 게 좋겠다고 마음먹었고, 자기 아내와 그녀의 형제들[148]에게 자기가 크레타에서 돌아올 때까지 외지 손님들에게 아무 부족한 것이 없게끔 돌봐 주라고 명하고는 떠났습니다. 그런데 알렉산드로스는 그의 아내를 유혹해서 그 집에서 가져갈 수 있는 최대한의 많은 것들을 가지고서 배를 타고 떠났지

---

146 텔레포스의 소식이 어떻게 파리스가 희랍 여행을 하고 싶어 하는 이유가 되는지는 분명치 않다. 오뒤세우스가 갖다 붙이는 파리스의 여행 동기에는 다소 억지가 끼어들어 있는 것 같다. 이것 역시 작가의 패러디의 일환일 것이다.

147 생략이 들어 있다. 파리스가 도착한 후 스파르타에 왔다는 말이다. 몰로스는 크레타의 왕 미노스의 아들인 데우칼리온의 사생아 아들(혹은 어떤 버전에 따르면 미노스의 아들)이었다. 그는 이도메네우스(헬레네의 구혼자 중 한 사람이었고 트로이 전쟁에 참여한 사람)의 마부 메리오네스의 아버지다.

148 즉, 카스토르와 폴뤼데우케스. 이 둘을 흔히 '디오스쿠로이'(Dioskouroi: 제우스의 아들들)라 불렀다.

요. 외지 손님을 돌봐 주는 제우스도 다른 어떤 신도 두려워하지 않고, 무법적이고 야만스러운 일들을, 당대의 모든 사람들과 자손들이 듣기에도 믿을 수 없는 일들을 해치운 후에 말입니다. |19| 그가 돈과 여자를 챙겨 다시 아시아에 돌아갔을 때, 당신[149]은 누군가에게 도움을 주거나 이웃들에게 소리쳐 경고하거나 지원군을 모집하거나 한 적이 있었나요? 당신은 할 말이 없을 거예요. 그저 희랍인들이 이방인들에게 무도한 일을 당했는데도(hybristhentes) 본체만체했지요. |20| 희랍인들이 납치에 대해 듣게 되고 메넬라오스가 알아차리게 되었을 때 메넬라오스는 군대를 모아 우리들 가운데서 이 사람 저 사람을 서로 다른 도시들로 보내서 군대를 요청하게 했지요. 게다가 그는 여기 이 사람[150]을 키오스에 있는 오이노피온에게, 그리고 퀴프로스에 있는 키뉘라스에게 보냈습니다.[151] 팔라메데스는 키뉘라스에게 우리의 군사 원정에 참가하지 말라고 설득했을 뿐만 아니라 그에게서 많은 선물들을 받고서[152] 배를 타고 떠났습니다. |21| 그리고 아가멤논에게는 아무런 가치도 없었던 청동 흉갑을 주고 나머지 돈은 자신이 챙겼습니다. 그러고서는 키뉘라스가 100척의 배를 보낼 거라고 보고했지요. 그런데 그에게서 배라곤 단 한

---

149 즉, 팔라메데스.

150 즉, 팔라메데스.

151 디오뉘소스가 아리아드네에게서 얻은 아들인 오이노피온은 키오스의 건립자였고 그 섬에 포도 재배를 도입한 사람이다. 퀴프로스 출신 키뉘라스는 아가멤논에게 훌륭한 흉갑을 선물로 보냈다고 『일리아스』 11.20 이하에 기록된 바있지만, 지원을 요청받았다는 시사는 나타나 있지 않다.

152 즉, 군사 원정에서 빠질 방법을 도모해 주겠다는 명목으로 키뉘라스에게서 재물을 받았다는 혐의를 제기하는 것이다.

척도 오지 않았다는 걸 여러분 자신이 보고 있습니다. 그래서 난 이것들 때문에도 그가 사형으로 처벌받아 마땅할 거라고 생각합니다. 친구들에 대해 수치스러운 일들을 꾸미는 걸로 밝혀진 그런 소피스트는 그야말로 벌을 받아 마땅한 거라고 한다면 말이죠.[153]

|22| 전투 대형(taxeis … polemikai), 글자들, 수들, 척도들(metra), 무게들(stathmoi), 장기놀이들, 주사위, 음악, 화폐, 봉화들(pyrsoi)[154]을 발견해 냈다고 주장하면서 그들이 젊은이들을 기만하고 홀려서 (parapeithōn) 어떤 일들에 있어서 철학함(philosophein)을 시도했는지를 꼼꼼히 검토하는(katamathein)[155] 것은 그래 볼 가치가 있는 일입니다.[156] 그리고 여러분 사이에서 눈에 띄게 거짓말을 하고 있다는 게 금방 논박이 될 때도 그는 수치스러워하지조차 않습니다. |23| 우리 모두들 가운데 가장 연장자인 여기 이 네스토르가, 그것도 직접 페이리투스의 결혼식 때 라피테스들과 함께 켄타우로스들과 진용과 대형을 이루어 싸웠거든요.[157] 그리고 메네스테우스[158]는, 포세이돈의 아들 에우몰포스[159]가 트라키아인들의 군대를 이끌고 아테네인들을 공격해 왔을 때,

---

153 12절의 '소피스트' 언급과 연관 지어 이해될 필요가 있다.

154 혹은 '불 신호들', '등대들'.

155 혹은 '관찰하는', '배우는'.

156 12절에 이어 여기서도 '소피스트'와 '철학함'이 함께 등장한다. 발견물의 목록은 고르기아스 『팔라메데스를 위한 변명』 30에도 나온다.

157 페이리투스와 라피테스들 관련한 상세한 설화는 10장 B 7절의 관련 주석들을 참고할 것.

158 호메로스 『일리아스』의 이야기에 나오는 트로이의 아테네 군대의 지휘관이며, 이야기에서 크게 두각을 나타내지 못하는 게 특기할 만한 사람이다.

159 이름이 '노래 잘 부르는 사람'이라는 뜻을 가진 에우몰포스는 에우몰포스 자

대형과 부대를 조직하고 진용을 짜는 일을 처음으로 했다고 이야기가 됩니다. 그러니까 이건 팔라메데스의 발견물이 아니라 이전에 다른 사람들의 발견물입니다. |24| 그리고 실로 글자들은 오르페우스가 뮤즈들에게서 배워 도입한 겁니다. 그의 묘석에 쓰인 다음과 같은 새김글도 보여 주는 것처럼 말입니다.

> 뮤즈들의 추종자(propolos) 오르페우스를 트라키아인들이 여기 묻노라.
> 높은 데서 다스리는 제우스가 연기 나는 번개로 죽인 그를.
> 오이아그로스의 소중한 아들이요, 헤라클레스를 가르쳤고,
> 인간들을 위해 글자들과 지혜를 발견해 낸 그를.

|25| 그리고 음악은 헤라클레스가 죽인, 칼리오페의 아들 리노스가 발견했습니다. 또 수들은 실로 에우몰포스 자손들(Eumolpidai) 중 한 사람인 아테네 출신 무사이오스가 발견했습니다. 다음과 같은 그의 시들도 보여 주는 것처럼 말입니다.

손들(에우몰피다이)이라는 엘레우시스족(즉, 엘레우시스 비의를 지키는 엘레우시스의 사제 가문)의 신화적 조상이었다. 그의 출생과 에티오피아와 트라키아에서의 모험들에 관한 고대의 다양한 이야기들은 엘레우시스의 히에로판테스(hierophantēs: 엘레우시스 비의의 대사제)와, 엘레우시스족들을 이끌고 아테네인들에게 맞섰던 같은 이름의 트라키아 왕 사이에서 어떻게든 조화를 찾아보려는 노력의 일환이라 할 수 있다.

스물네 운각(metra)으로 이루어진, 여섯 부분의 운율(orthion) …
백 명의 사람들이 열 번째 세대까지 사는 것 …

|26| 그리고 화폐는 이방인들 가운데서 가장 계산적이고(logiōtatoi) 능란한 사람들인 페니키아인들이 발견한 것 아닌가요? 그들이 통짜인 금속 덩어리(holosphyron)를 똑같은 부분으로 나눠서, 처음으로 무게에 따라서, 즉 무게가 더 많거나 더 적음을 보여 주면서, 각인(charaktēr)을 찍어 냈으니까요. 이 사람은 바로 그들에게 갔다가 돌아와서 똑같은 방식(rhythmos)을 자기 걸로 고안해 내놓고 있지요(sophizetai). 그러니까 이 사람이 그 발견자라고 자처하는 이 모든 것들이 이 사람보다 더 오래된 것들임이 분명합니다.

|27| 물론 척도들과 무게들은 그가 발견했지요. 무역상들과 시장 상인들에게 기만과 거짓 맹세를 하게 한 것이죠. 그리고 장기놀이들이야말로 게으른 사람들에게 불화와 욕설을 하게 만드는 것이죠. 그리고 또 그는 주사위들을 도입했는데(katedeixe), 이게 최대의 악이죠. 진 사람들에겐 고통과 대가를, 이긴 사람들에겐 웃음과 비난을 안기지요. 주사위들에서 생겨나는 것들은 무익하게(anonēta) 되고 대부분의 것들은 즉석에서 소비되거든요. |28| 그는 또 봉화들을 고안해 냈습니다(esophsato). 그러나 그가 만들려고 마음먹은 것들은 우리에게 나쁜 것이 되고 적들에겐 유용한 것이 되게 하려는 것이었습니다. 그런데 남자[160]의 덕은 자기 지도자들(hēgemones)[161]에게 주의를 기울여[162] 명

---

160 혹은 '사나이', '사람'으로 옮길 수도 있다. 아래도 마찬가지.

령받는 것을 행하고,[163] 모든 면에서 다중을 만족시키며(areskein),[164] 그 어디에서든 자신을 훌륭한 남자로 제공하는 것입니다.[165] 친구들에게는 잘하고 적들에게는 못되게 하면서 말입니다.[166] 이 사람은 그 모든 것들과 반대되는 것들을 할 줄을 알지요(epistatai). 적들에게는 이로움을 주고 친구들에게는 해를 끼치는 걸 말입니다.

|29| 나로서는 여러분이 그[167]에 관해서 공동으로(koinēi) 숙고한 후에 결정을 내리되 그를 손안에 잡고서 놓아 주지 않는 것이 적절하다고[168] 봅니다(axiō). 그런데 여러분이 그가 가진 말들의 능란함(hē deinotēs tōn logōn) 때문에 그를 가엾게 여겨 놓아준다면, 놀랄 만한 불법(paranomia)이 이 군대 안에 생겨나게 될 겁니다. 그들 각자는 팔

---

161 혹은 '지휘관들'. 사실 설정 상황에는 오히려 '지휘관들'이 더 알맞다. 그러나 저자는 더 보편적인 맥락까지 고려하며 연설을 만들고 있다.

162 혹은 '기울이고'.

163 혹은 '행하여'.

164 혹은 '다중의 마음에 들며'.

165 열거되는 사항을 내용상 몇 개로 분류할지는 해석의 문제에 속한다. '기울여'를 '기울이고'로 옮기면 가장 많게는 네 개가 열거된 것이다. 나는 크게 세 가지가 열거된다고 이해한다.

166 나는 이 대목이 열거되는 셋 가운데 마지막에 걸린다고 이해한다. 앞의 것들 전부에 걸린다고 보는 것도 가능하다. 아무튼 저자는 연설 말미에서 '남자의 덕'을 논하면서 고르기아스적 덕 논의(2B.27)를 상기시킬 뿐만 아니라, 민주정 내에서의 개인(혹은 설정 상황 내에서는 전쟁을 치르는 군영 내에서의 병사)들이 함께 지켜 내고 가꿔 가야 할 '대중적' 덕을 추켜세우고 있다. 남녀노소 등 구별이 개재되는 않는 보편적 인간의 덕, 적과 친구를 나누지 않는 보편적 정의 등 소크라테스학파 사람들이 강조하는 덕 논의와 대조적이다.

167 혹은 '그것'.

168 혹은 '마땅하다고'.

라메데스도 명백히(periphanōs) 그토록 큰 잘못을 저지르고도 그 어떤 대가도 치르지 않았다는 걸 알고서 자신들도 불의를 저지르려 시도할 겁니다. 그러니까 여러분이 지각(nous)이 있다면 여러분 자신에게 최선인 것들에 투표를 하게 될 거고, 이 사람에게 복수를 행함으로써 나머지 사람들[169]을 위한 본보기(paradeigma)를 세우게 될 겁니다.

---

169 혹은 '나머지 것들'.

제16장

크세니아데스

개별 소피스트를 다루는 장의 마지막 인물로 등장하게 된 코린
토스 출신 크세니아데스는 주로 섹스투스 엠피리쿠스에 의해 인용
된 소피스트다.[1] 그는 현대 연구서에서 거의 다루어지지 않으며,[2]
섹스투스 자료만, 그것도 전부가 아닌 일부만 고려 대상이 되어
왔다.[3] 그러나 이제까지 별로 주목되지 않은 DL의 자료들(견유학
파 디오게네스 관련 장의 언급들)을 함께 들여다볼 필요가 있다.

섹스투스가 언급하는 코린토스 출신 크세니아데스가 DL(6.30,

---

1 아래 인용 자료(16B.1-7)에서 드러나듯 섹스투스는 그를 총 7회(『학자들에 대
  한 반박』 7.48, 53, 388, 399, 8.4-5와 『퓌론주의 개요』 2.18, 76)에 걸쳐 언급하
  는데, 자주 크세노파네스나 모니모스와 연결한다.
2 주요 현대 참고문헌 5개 가운데 LM에만 실려 있으며 U에도 수록되어 있다.
3 LM도 섹스투스만, 그것도 섹스투스 인용문 7개 전부가 아닌 4개만 언급한다.
  LM보다 풍부하게 크세니아데스를 다루는 브런슈익(J. Brunschwig 2002)이 참
  고할 만하다.

36, 74 등[4])이 언급하는 코린토스 출신 크세니아데스와 동일 인물인가에 관해 회의적인 입장이 가능하고, 이를 DL의 보고들을 받아들이지 않는 주된 논거로 삼는 것도 일견 이해할 만한 일이다. DL의 그 인물은 견유학파 디오게네스를 노예로 산 사람으로 나오는데, 설사 데모크리토스가 거론했다(16B.1과 16A.2)는 우리의 이 크세니아데스의 활동 연대를 상대적으로 늦은 시점(4세기 초)으로 잡는다고 해 봤자 DL의 그 인물과는 연대가 맞지 않는다는 게 회의론의 골자다.[5] 아닌 게 아니라 엄격하게 따지자면 4세기 중엽이 절정기인 디오게네스의 연대와 460년경 출생한 데모크리토스의 연대가 아주 완벽하게 어울리지는 않는다. 하지만 데모크리토스가 크세니아데스를 언급하는 일이 디오게네스가 대략 30대 초반인 370년대 말 어느 시점에 일어났다고 보면 아예 불가능한 것만도 아니다.[6] 크세니아데스는 대략 4세기 초에 활동한 것으로 보인다.[7]

그에 관한 DL의 일화는 자식 교육을 위해 "디오게네스를 산"(Diogenēn eōnēmenos: 16A.3) 사람 이야기(16A.1)와 철학, 즉 덕으로의 권유 이야기(16A.3)로 나뉜다. 학자들의 논의에서도 보통 후자(즉, 모니모스와의 관계)는 잘 거론되지 않는다.[8] 이 이야기들은

---

4 각각 아래 16A.1, 16B.8, 16B.9에 수록.

5 LM 132쪽.

6 연대 추정과 관련한 상세한 내용은 아래 16A.1의 관련 주석을 참고할 것.

7 딜스는 데모크리토스보다 약간 앞선 인물로 보아 거의 1세대급 연대를 그에게 할당한다.

8 LM에도 그 구절에 관한 언급은 없다.

소피스트들이 덕스럽게 사는 것, 덕 교육 등에 무관심할 것이라는 선입견에 대한 반례를 우리에게 제공한다. B절의 자료들에서 섹스투스가 전해 주는 그의 가르침[9]은 그가 마치 가치 허무주의에 빠져 살았을 것 같은 인상을 주지만, 실상은 그렇지 않았던 것이다. 철학적 반성들이, 그리고 그 결과로 나온 회의주의나 허무주의적 색깔의 사유들이 그들의 삶을 (통 속에서 산 디오게네스에서 잘 드러나듯) 반통념적이거나 반관행적이게 했을지는 몰라도, 반드시 반도덕적이거나 반사회적, 비교육적인 삶으로 이행케 했으리라는 어림짐작만큼은 무색하게 하는 자료들이라 할 수 있다. 한마디로, "디오게네스를 산" 크세니아데스는 회의주의자와 교육의 연결이라는 흥미로운 철학적 주제를 음미하고 반성하게 할 만한 소피스트다.

소략하긴 하지만 DL 디오게네스 장의 자료들(16B.8, 16B.9)은 그가 디오게네스와 어떻게 소통했는지를 짐작하게 해 준다. '세상이 거꾸로네.'라는 16B.8의 언급은 웃음기를 띤 것일 수도 있고 사뭇 진지한 것일 수도 있다. 직설적으로 쏘아붙이는 대신 비극을 인용하며 넌지시 자기 할 말을 내놓는 선비적 소통 방식을 보여 준다. 두 사람의 소통이 원활하고 생산적인 것이었음은 '신령이 집안에 들어왔다.'는 크세니아데스의 평가(16B.9)에서도 드러나지

---

9 브런슈익(2002)은 크세니아데스 사유가 일종의 인식론적 허무주의(첫째 테제, 그리고 둘째 테제가 그것을 세부적으로 분명히 드러낸다.)와 존재론적 허무주의(셋째, 넷째 테제는 하나의 존재론적 테제의 두 부분이다.)의 병치라고 정리한다.

만, DL 모니모스 장의 자료(16A.3)와 섹스투스의 자료들(16B.6, 16B.7)에서 드러나는 인적 네트워크 확장(즉, 또 다른 제자와의 연결)에서도 잘 확인된다. 이런 여러 이야기들로 미루어 볼 때, 그가 대변하는 소피스트적 사유는 그것이 설사 전면적인 회의와 허무를 함축하는 것이라 해도 반드시 소피스트를 고답적이고 고립되는 방향으로만 유도하는 건 아니었던 것으로 보인다. 오히려 이 소피스트는, 그리고 최종적으로 그가 대변하는 소피스트 운동은 앞뒤 여러 철학자들과 활발하게 소통하면서 철학 이야기를 더욱 흥미롭고 긴장감 넘치게 발전시켜 가도록 자극하는 동력을 그런 회의와 허무로부터 전달받았던 게 아닌가 싶다.

이제까지 다룬 개별 소피스트들 가운데 프로타고라스와 고르기아스를 위시한 다섯 주요 소피스트, 이어 그 대척점에 서 있는 소크라테스, 그리고 그 주변의 굵직한 3인방(트라쉬마코스, 칼리클레스, 크리티아스)까지 다 빼고서 나머지 덜 유명한 기명 소피스트들만 갖고 다소 거칠게 단순화, 도식화해서 정리해 보자. 우선 9장의 에우에노스는 프로타고라스의 반론 전통을 비판적으로 계승하면서도 고르기아스적 설득 전통을 교육과 연계시키며 발전적으로 이어간 인물이었다. 그런가 하면 11장의 에우튀데모스 형제는 프로타고라스 논의를 이으며 결국 『이중 논변』으로 가는 길목에서 인상적인 기여를 한 인물들이었다. 다시 14장의 뤼코프론과 15장의 알키다마스는 확실히 고르기아스의 학통과 가르침을 계승한 인물들이었다. 여기 크세니아데스를 주로 프로타고라스 전통과 연관 짓는 시각도 있지만,[10] 그는 그렇게 어느 한쪽 편에 서 있다기보다 오히려 소피스트 담론의 다기적 발전의 마지막 단계에서 담론의 균형과 조화를 상기시키며 화룡점정을 가하는 인물이라 할 수 있다. 그의 말 속에는 모든 게 참이라는 프로타고라스와 아무것도 없다고 하는 고르기아스, 뒤집기의 달인인 이 두 사람의 언명이 묘하게 섞여 있다. '모든 게 다 거짓이다!' 모두에게 한 방 먹이는 이야기다. 두 사람의 이야기를 잘 섞어 자신의 테제를 세우면서도 둘 다를 뒤집는, 아니 앞선 철학자들 모두를 뒤집는, 그러면서 자기 자신도 뒤집는, 그야말로 소피스트적인 화두를 우리 앞에 마지막으로 하나 툭 던져 놓은 셈이다.

A. 삶과 행적

1. 견유학파 노예 디오게네스와 자식 교육[11]

※ 16A.1. 디오게네스 라에르티오스 『유명한 철학자들의 생애와 사상』 6.29-31[12]

---

10 LM 132쪽.

11 cf. B의 5절.

12 cf. 16B.8 및 16B.9와 연결됨. DL 6권의 견유학파 디오게네스 관련 장(그리고 모니모스 장에 간략히)에 나오는 내용이다. LM은 크세니아데스를 상대적으로 늦은 연대(4세기 초)에 놓는다고 해도 연대가 어울리지 않는다는 이유로 이 보고들을 무시한다(9권 132쪽). 물론 엄격하게 연대들을 고려하면 시노페의 디오게네스(404년?/412년?-323년)의 절정기가 대략 4세기 중엽이라고 볼

|29| […] 메니포스가 『디오게네스의 판매』에서 말하는 바에 따르면 그[즉, 견유학파 디오게네스]는 잡혀서 팔려 나가게 되는 상황에서 무엇을 할 줄 아느냐는 질문을 받았다. 그는 답했다. "사람들을 다스리는 거요." 그리고 경매사(kēryx)에게 말했다. "경매사 양반, 누구든 자기 주인을 사겠다는 사람이 있는지를 좀." 앉으려다 제지당하자 말했다. "아무 상관도 없어요. 물고기들도 어떻게 누워 있든 팔려 나가니까." |30| 또 그는 항아리와 접시를 사려고 할 때는 우리가 제대로 소리가 나나 울려 보면서, 정작 사람은 우리가 그저 눈으로만 보고 만족한다는 게 이상한 일이라고 말했다. 그는 자기를 산 크세니아데스에게 비록 자기가 노예이긴 하지만 자기 말을 따라야 한다고 이야기했다. 왜냐하면 의사나 키잡이가 노예라고 할 때에도 그의 말을 따를 것 아니겠냐는 것이다. 그런데 에우불로스는 『디오게네스의 판매』라는 제목의 책에서 그가 크세니아데스의 아들들을 바로 그렇게[13] 이끌었다고 말한다. […]

때 데모크리토스(460년경-370년경)의 연대와 아주 완벽하게 어울리지는 않지만, 370년대 말의 어느 시점엔가 일어난 일이라고 보면(디오게네스가 대략 30대 초반) 아예 불가능한 것도 아니다. 브런슈익(2002)의 추정도 비슷한 취지를 갖는다(159쪽 주석 3). 그는 자식의 교육을 맡겼다(DL 6.30, 74 등)는 데서 두 사람을 비슷한 연배로 놓아 디오게네스의 출생 연대를 410년경으로 추정하였다. 또 다른 가능성으로 그는 섹스투스가 언급하는 크세니아데스가 DL이 언급하는 크세니아데스의 할아버지일 가능성도 있고 그 경우엔 전자가 데모크리토스의 동년배일 것으로 추측한다. 이쪽이든 저쪽이든 아무튼 LM보다는 브런슈익 쪽이 더 그럴듯하다.

13 '바로 그렇게' 대신 그냥 '다음과 같이'로 읽을 수도 있다. 여기 생략된 '다음'에는 디오게네스가 크세니아데스의 아들들을 교육한 방식이 언급되는데, 그는

|31| […] 같은 사람[14]이 말하는 바에 따르면 그는 크세니아데스의 집에서 늙어 갔을 뿐만 아니라 죽고 나서도 그의 아들들이 장례를 지내 주었다. […]

2. 데모크리토스의 언급(연대 관련)

16A.2. 섹스투스 엠피리쿠스 『학자들에 대한 반박』 7.53 (DK 81)[15]
그리고 코린토스 출신 크세니아데스는, 데모크리토스도 그를 언급한 바 있는데, […]

3. 견유학파 노예 모니모스와 덕에로의 권유[16]

16A.3. 디오게네스 라에르티오스 『유명한 철학자들의 생애와 사상』 6.82[17]
시라쿠사 출신 모니모스는 디오게네스의 제자였지만, 소시크라테스에 따르면 코린토스의 어떤 환전상의 가노였다. 디오게네스를 산(eōnēmenos) 크세니아데스가 이 사람에게 자주 찾아와서 행

다른 배울거리들 다음으로 말타기, 활쏘기, 돌 던지기, 창 던지기를 가르쳤고, 이후 레슬링장에서는 체육 교사에게 혈색과 몸의 좋은 상태 유지에 필요한 만큼의 체력 단련만 허용했다는 내용이다.

14 즉, 에우불로스.
15 16B.1에 포함.
16 cf. B의 4절.
17 모니모스 장. cf. 16B.6 및 16B.7과 연결됨.

위들(erga)과 말들(logoi) 모두에서 그가 가진 덕(aretē)을 상세히 이야기해 줌으로써 이 모니모스를 그 사람에 대한 사랑(erōs)에 빠지게 했다.

B. 사상과 가르침

1. 네 핵심 테제 및 감각에 관한 회의

16B.1. 섹스투스 엠피리쿠스 『학자들에 대한 반박』 7.53 (DK 81 포함)[18]

그리고 코린토스 출신 크세니아데스는, 데모크리토스도 그를 언급한 바 있는데, 모든 것들(panta)이 거짓되다(pseudē)[19]고, 그리고 모든 인상(phantasia)[20]과 의견(doxa)[21]은 거짓을 말한다(pseudesthai)[22]고, 그리고 생성되는 모든 것은 있지 않은 것으로부터 생성된다고, 그리고 소멸하는 모든 것은 있지 않은 것으로 소멸한다고 말했던 사람이다.

---

18 16A.2 포함. 네 핵심 테제. 첫 두 테제의 관계(감각 거짓 → 만물 거짓). 이 대목에 대한 탁월한 번역과 해석을 보여 주는 브런슈익(2002), 특히 159-162쪽을 참고할 것.

19 혹은 '거짓이다'. 이하 마찬가지.

20 혹은 '나타남', '현상', '상상'. 이하 마찬가지.

21 혹은 '판단'.

22 혹은 '실수한다'. 혹은 아예 방향을 달리하여 '기만한다', '거짓말을 한다'.

그는 잠재적으로(dynamei) 크세노파네스와 같은 입장(stasis)을 견지하고 있다.[23] 거짓된 것과 차이 나는 어떤 참된[24] 것이 있지 않고 오히려 모든 것들이 거짓되며 그 때문에 파악 불가능(akatalēptōn)하다면, 이것들에 대한 판가름을 할 수 있는(diakritikon) 그 어떤 판단 기준(kritērion)도 있지 않게 될 것이기 때문이다.[25]

그런데 모든 것들이 거짓되고 그 때문에 파악 불가능하다[26]는 것은 감각들(aisthēseis)에 대한 비방(diabolē)으로부터 논증된다(deiknytai). 모든 사물들(pragmata)에 대한 보다 상위의 (epanabebēkos) 판단 기준이 거짓되다면, 필연적으로 모든 것들 또한 거짓되니까 말이다. 그런데 모든 사물들에 대한 보다 상위의 판단 기준은 감각들이다. 그리고 그것들이 거짓되다고 논증되고 있다. 따라서 모든 사물들은 거짓되다.

---

23 DK는 여기까지만 인용했다. 이유에 해당하는 다음 문장에는 '파악 불가능', '판단 기준' 등 헬레니즘 시대의 어휘가 들어 있기 때문에 크세니아데스의 입장을 간접적으로 표현하는 것으로 보기에 무리가 있어서일 것이다. 그렇기는 하나, 왜 크세노파네스와 동일한 입장이라고 볼 수 있는지에 관한 섹스투스 자신의 이유는 들어 볼 필요가 있으며(여기에도 물론 그 자신의 회의주의적 태도가 끼어들어 있다는 점이 감안되어야 한다.), 이를 통해 간접적으로나마 여기 제시된 네 테제에 대한 배경적 이해를 늘릴 수 있을 것이다.

24 혹은 '참인'. 다른 곳에서도 마찬가지.

25 LM은 이 단락만 D에서 제외하고 R에 포함시킨다.

26 브런슈익(2002)은 앞 단락과의 평행 때문에 잘못 끼어들어 온 '그 때문에 파악 불가능하다' 부분을 삭제해야 한다고 주장한다(160쪽 주석 5).

2. 첫째 테제의 위상과 보고자의 비판

16B.2. 섹스투스 엠피리쿠스 『학자들에 대한 반박』 7.399[27]

모든 인상들이 거짓되고 참된 것은 아무것도 없다면,[28] '참된 것은 아무것도 없다.'는 것은 참되다. 따라서 참된 것은 아무것도 없다면, 참된 것은 있다. 그리고 바로 이런 식으로 크세니아데스 및 주변 사람들은 자기들이 내세운 입론(prothesis)과 반대 쪽으로 이끌려 갔던(periēchthēsan) 것이다. 모든 인상들이 거짓되고 존재하는 것들(ta onta) 속에 참된 것은 아예 아무것도 속해 있지 (hyparchein) 않다고 이야기하면서 말이다.

3. 둘째 테제의 위상과 보고자의 비판

16B.3. 섹스투스 엠피리쿠스 『학자들에 대한 반박』 7.388[29]

인상이 판단 기준임을 받아들여야(apoleipteon)[30] 한다면, 프로타고라스가 이야기했듯이 모든 인상이 참되다고 이야기해야 하거

---

27 둘째와 첫째 테제(모든 인상의 거짓, 참된 것 없음) → 첫째 테제의 참('참된 것 없다.'가 참) → 참된 것 있음(앞선 테제의 전복). 셋째 단계는 비판자의 것일 수도 있다.

28 혹은 '아무것도 참되지 않다면'.

29 둘째 테제(모든 인상의 거짓). 프로타고라스와의 대립각.

30 'apoleipteon'(N)으로 읽었다. 이 단어의 본뜻은 '(논란의 여지가 없는 것으로) 남겨 둔다'는 뜻이다. 다른 독법 'apolēpteon'(L, E, ς)을 받아들이면 비슷하게 '받아야'가 되겠지만, 본디 함축된 뜻은 '(받아야 할 몫을) 받는다'는 뜻이다.

나, 아니면 코린토스 출신 크세니아데스가 주장했듯이 모든 인상이 거짓되다고 이야기해야 한다.

16B.4. 섹스투스 엠피리쿠스 『퓌론주의 개요』 2.18[31]

그러니 판단 기준(kritērion)에 관해 다룬(dialabontōn) 사람들 가운데 어떤 사람들, 예컨대 스토아학파 사람들 및 다른 어떤 사람들은 그것이 있다고 천명했고, 다른 어떤 사람들, 예컨대 다른 사람들도 그렇지만 특히나 코린토스 출신 크세니아데스와 콜로폰 출신 크세노파네스는 [...][32] 그것이 없다고 천명했다. 반면에 우리 [즉, 퓌론주의자들]는 그것이 있는지 없는지에 대해 판단을 유보했다(epeschomen).

16B.5. 섹스투스 엠피리쿠스 『퓌론주의 개요』 2.76[33]

하지만 우리가 모든 인상을 신뢰한다고 한다면 분명 크세니아데스의 인상도 신뢰해야 할 것이다. 그 인상에 따라 그는 모든 인상들은 신뢰할 수 없다고 이야기하곤 했다.

4. 다른 철학자들, 특히 모니모스와의 관계[34]

---

31 둘째 테제(판단 기준 부인)의 위상. 크세노파네스와 연결.
32 크세노파네스 단편이 인용된다.
33 둘째 테제(인상 불신)에 대한 비판(자기 반박성).
34 cf. A의 3절.

16B.6. 섹스투스 엠피리쿠스 『학자들에 대한 반박』 8.4-5[35]

|4| 참된 것[36]에 관해 탐구한 사람들 가운데 어떤 사람들은 참된 것은 아무것도 없다고[37] 주장하고, 어떤 사람들은 있다고 주장하며, 있다고 주장하는 사람들 가운데서 어떤 사람들은 사유되는 것들만이 참되다고 말했고, 어떤 사람들은 감각되는 것들만이 참되다고 말했으며, 또 다른 어떤 사람들은 감각되는 것들과 사유되는 것들 공히 참되다고 말했다. |5| 그래서 코린토스 출신 크세니아데스는 위에서 우리가 보여 주었던 것처럼[38] 참된 것은 아무것도 없다고 주장한다. 그리고 아마 모든 것들이 허상(typhos)[39]이라고 말했을 때의 견유학파 모니모스도 그렇다. 이때 허상이란 바로 있지 않은 것들을 있다고 여기는 생각(oiēsis)이다.

16B.7. 섹스투스 엠피리쿠스 『학자들에 대한 반박』 7.48[40]

게다가 콜로폰 출신 크세노파네스와 코린토스 출신 크세니아데스와 스퀴티아 출신 아나카르시스와 프로타고라스와 디오뉘소도

---

35 첫째 테제 관련 부연 설명(참된 것의 후보를 사유 대상과 감각 대상으로 나누어 고찰). 양쪽 다 부인하는 크세니아데스의 입장을 모든 것이 허상이라는 모니모스의 테제와 연결.

36 혹은 '참'. 다른 곳에서도 마찬가지.

37 혹은 '아무것도 참이 아니라고'.

38 위에 인용된 7.53(16B.1)과 7.388(16B.3)을 가리킨다.

39 혹은 '환상'. 원래 '튀포스'(typhos)는 인사불성이 수반되는 네 종류의 열을 가리키는 데 사용되던 말이다.

40 = 11B.13. 둘째 테제(판단 기준 부인) → 프로타고라스, 디오뉘소도로스 및 고르기아스와 연결. 특히 모니모스와 연결.

로스는 그것[즉, 판단 기준]을 제거했다(aneilon)[41]. 그리고 이들 말고도 레온티니 출신 고르기아스와 키오스 출신 메트로도로스와 '행복주의자'(eudaimonikos) 아낙사르코스와 견유학파 모니모스가 제거했다.

5. 디오게네스와의 소통[42]

16B.8. 디오게네스 라에르티오스 『유명한 철학자들의 생애와 사상』 6.36[43]

|36| 그[즉, 디오게네스]는 자기를 산 크세니아데스에게 말한다. "자, 당신이 명령대로 행하는지 어디 한번 봅시다." 크세니아데스가 "강물 줄기들이 위로 흘러가는구나."[44]라고 읊어 대자, 그가 말했다. "그런데 당신이 병든 상태에서 의사를 샀더라면, 그때도 그의 말을 따르지 않고 강물 줄기들이 위로 흘러가는구나, 라고 읊어 댔을까요?"

16B.9. 디오게네스 라에르티오스 『유명한 철학자들의 생애와 사상』 6.74[45]

---

41 혹은 '거부했다'.

42 cf. A의 1절.

43 디오게네스 장. cf. 16A.1과 연결됨.

44 에우리피데스 『메데이아』 410의 인용.

45 디오게네스 장. cf. 16A.1과 연결됨.

그리고 팔릴 때도 그[즉, 디오게네스]는 아주 당당하게 견뎠다. 아이기나로 항해하던 중에 스키르팔로스[46]가 이끄는 해적들에게 잡혀서 크레타로 끌려가 팔려 나가게 되었던 것이다. 그때 경매사가 무엇을 할 줄 아느냐고 묻자 그가 말했다. "사람들을 다스리는 거요." 그러고는 자줏빛 가장자리 장식이 멋지게 달린 옷을 입은 어떤 코린토스 사람, 즉 앞에 말한 크세니아데스를 가리키며 말했다. "이 사람에게 날 파세요. 이 사람이 주인이 없구만." 그렇게 해서 크세니아데스가 그를 사게 되었고 코린토스로 데려와서 자기 자식들을 훈육하게 했고 자기 온 집안을 그의 손에 맡겼다. 그는 이렇게 모든 방면에서 그 집안을 건사했다. 그래서 크세니아데스는 다음과 같이 이야기하고 다닐 정도였다. **"훌륭한 신령(daimōn)이 내 집안에 들어온 거죠."**

---

[46] '당대에 성공적인 도둑으로 이름을 떨친 하르팔로스가 그런 상태의 행운을 그토록 오래 누리며 살았기 때문에 신들에 대한 살아 있는 증인이었다는 게 견유학파 디오게네스에 대한 흔한 이야기였다.'는 키케로 『신들의 본성에 관하여』 3.34의 언급이 이름만 바뀌었을 뿐 지금 이 대목을 가리킨다고 흔히 간주된다. 그런가 하면 알렉산더 대왕 밑에 있던 부정직한 재무 담당자(왕의 어릴적 친구)의 이름도 하르팔로스였는데, 큰돈을 세 번이나 횡령했고 처음에는 용서를 받았지만 결국 324년에 아테네로 망명하여 파란 많은 삶을 이어갔다고 한다.

제17장

소피스트 일반

지금까지 우리는 16명의 소피스트 내지 소피스트적 저자의 행적과 사유를 탐색해 왔다. 이제 이 장은 각 개별 소피스트에게서 드러나는 것들과 대비되는, 혹은 그것들을 보완할 만한 소피스트 일반의 이야기, 특히 첫째, 소피스트 일반을 '규정' 내지 '정의'하는 이야기, 둘째, 소피스트들의 일반적인 목소리를 대변하는(그런데 어느 개별 소피스트에게 특별히 귀속되지 않거나 귀속되기 어려운) 이야기를 담아낸다. A절에는 바깥쪽에서 소피스트를 바라보며 규정하고 평가하는 유의 첫째 이야기가, B절에는 소피스트 진영 내부로부터 퍼져 나온, 그들 자신의 목소리가 담긴 둘째 이야기가 담긴다.[1]

---

1 앞 장들에 정리, 수록된 자료들 가운데 플라톤의 작품에 나오는 것들 중 일부는 표면적인 내용과 맥락을 고려하여 개별 소피스트에 속하는 것으로 분류되기는

소피스트의 조건 내지 자격으로 거론될 만한 것으로 다음과 같은 것들이 있다.

1) 도시 간 왕래
2) 보수
3) 교육(교육에 대한 관심)[2]
　　3-1) 덕 교육(덕 교육에 대한 관심)
　　3-2) 말 잘하기 교육(말 잘하기 교육에 대한 관심)
4) 저작
5) 개인적 카리스마

이 가운데 우선 5)는 역사에 등재되기 위한 일반적 조건(즉, 너무 넓은 조건)이기도 하고 취향과 선택의 문제(즉, 너무 좁은 조건)이기도 하므로 배제할 수 있다.

소크라테스는 나머지 1)부터 4)까지 중에서 3)에만 일부 중복 지점이 있다. 5)는 개인에 따라 판단이 다르겠지만, 대체로는 그가 5)를 만족시키는 것으로 보는 것이 합당할 것이다. 플라톤이 주장

했지만, 어쩌면 이 장에 들어오는 게 더 적당한 것들도 있을 수 있다. 플라톤의 필요에 의해 특정 소피스트를 다루면서 거론되었지만, 실제로는 해당 소피스트에게 귀속되는 내용이라기보다 소피스트 일반에 귀속될 만한 내용인데 마침 특정 소피스트를 다루는 드라마 맥락에 이용되었을 가능성도 얼마든지 있기 때문이다.

2 괄호에 묶이기 전의 것을 '엄밀 버전'으로, 괄호 안의 것을 '확장 버전'으로 칭하자.

하는 바에 따르면 소크라테스는 3)의 엄밀 버전에 해당되지 않고, 게다가 특히 2)에 해당되지 않으므로 소피스트와 다르다.

그런데 소피스트임을 규정하는 조건은 플라톤적 프리즘을 걷어 내고 보면 3)이, 그것도 3)의 확장 버전이 핵심이다. 우선, 3)을 자기 규정 조건(즉, 자신을 선생으로 자처함이라는 조건)이 들어간 엄밀 버전으로 보는 대신, '교육에 대한 관심'으로 넓혀서 바라보아야 한다. 자기 규정 조건을 넣는다면 고르기아스 역시 덕 교육을 자처하지 않고 오히려 소크라테스와 유사한 태도를 취하므로, 3)의 엄밀 버전에 들어맞지 않는다. 그러니까 우리가 소피스트 목록에 고르기아스를 넣는다고 선택하는 순간 우리는 3)에서 자기 규정 조건을 빼는 셈이다.

소크라테스도 선생을 자처하지는 않지만 자기 나름대로 교육을 중시하고 교육에 매진한 인물이다. 그리고 교육 대상에 해당하는 두 핵심 항목, 즉 덕과 말(로고스)이야말로 그의 주요 관심사다. 따라서 느슨하게 해석한 3) 조건에 소크라테스는 누구보다도 잘 어울린다. 단지 교육에 대한 접근 태도와 교육의 방식에 있어서 다른 소피스트들과 현격한 차이를 보일 뿐이다. 그리고 거기엔 근본적으로 자신의 앎 여부에 대한 회의가 깔려 있다. 앎을 부인하고 자기 앎, 즉 자신의 무지에 대한 앎을 선포하는 그의 근본적 입장 때문이다.

둘째, 3)을 이렇게 이해하고 나면, 다른 조건들은 3)에 어떻게 접근하느냐에 부수되는 차이일 뿐이다. 2)와 4)는 소크라테스적 접근 방식에 따르면 거부하는 게 자연스러운 것들이다. 가르침을 자처하지 않는데 돈을 받는다는 것은 부자연스럽고, 앎을 자처하지 않는데 저작을 남긴다는 것 또한 자기모순에 가깝다.

셋째, 1)은 역사적 소피스트들의 태생적 우연에 가깝다. 물론 외국인임이 소피스트들의 거리낌 없는(자유로운) 행보를 가능케 했을 수는 있지만, 국적(즉, 아테네 시민이 아님)이 이들의 활동에 핵심적인 것인지는 상당히 의심스럽다. 물론 이들이 대개 자국의 외교 사절이었다는 점이 중요한 고려 사항일 수는 있다. 그만큼 국가에 대한 의무 내지 자국 이익에 대한 민감성 등이 그들의 사유와 행동을 일정한 방향으로 끌고 갔을 수 있다.[3] 그러나 그들의 사유와 행동을 규정하고 이해하는 데 있어서 이런 국적, 여행 등의 변수는 본질적이라 말하기 어렵다. 그들을 묶는 데는 3)과 같은 적극적 조건이 우선되어야 한다.

소피스트들은 어떤 사람들인가? 이제까지 살펴본 자료들을 토대로 대강 윤곽을 잡아 보자면, 그들은 덕과 말에 철학적 반성을 가한 선생들이다. 플라톤에 따르면 소피스트란 도시를 넘나들며(여행) 주로 젊은이들을 상대로(사냥꾼) 덕을 함양하고 말 잘하게 하는 교육을 베푼다고 표방하며(덕과 말에 대한 교육) 돈을 받고 가르치며(보수) 글도 많이 남긴(저작) 선생 그룹이다. 즉, 글과 쟁론 중심의 선생들이다. 그러나 우리가 이 책에서 탐색하고 확인해 온

---

3 그런데 사실 이것은 엄밀하게 따지면 실상과 멀다. 누군가의 공적 임무가 꼭 그의 정치·사회사상의 방향을 어느 한 방향으로만 유도하는 것은 아니기 때문이다. 국익을 위해 사절 임무를 수행하면서도 자국 이기주의가 가진 문제점을 더 의식하게 되는 일도 얼마든지 가능하다.

바에 따르면 소피스트들은 덕과 말이 삶과 실천에 갖는 지대한 영향을 의식하고 그것에 철학적 반성(특히 근본적 회의를 포함한)을 가하며 특히 젊은이들을 상대로 그것을 말로 나누는 데 주력한 독자적인, 그리고 상호 경쟁하는 선생들이다. 즉, 말과 반론 경쟁 중심의 선생들이다.

A. 소피스트 개념과 소피스트 기술 등에 관한 언급들

[1-3. 소피스트 개념: '소피스트'의 용례 → 의미 이행 역사 → 정의 내지 성격 규정]

1. '소피스트' 호칭 용례

17A.1. 핀다로스 『이스트미아 경기 승자 축가』 5.26-29[4]
영웅들 가운데 훌륭한 전사들이 또한[5]
이야기(logos)[6]를 얻었고(ekerdanan), 뤼라로만이 아니라

---

4 기원전 478년경의 작품. 핀다로스가 람폰의 아들들을 위해 지은 시 3개 가운데 마지막 것이다. '소피스트'(sophistēs)라는 말이 처음 등장한 자리(5.28)로 유명하다. 지혜로운 시인을 의미하는 것으로 보인다.
5 '또한'(kai)의 연결을 달리하여 '영웅들 가운데서도 훌륭한 전사들이'로 옮길 수도 있다.
6 명성이나 칭송을 가리키는 듯하다.

풍부한 음색의 피리 소리로 칭송된다(kleontai),

수많은 시간 동안. 소피스트들[7]에게 연습거리를(meletan)

던져 준다, 제우스 덕분에 숭앙받는 이 영웅들이.

17A.2. 크세노폰 『소크라테스 회상』 1.1.11 (DK 79.2a)[8]

다른 사람들 대다수가 그러는 것처럼 다음과 같은 탐색을 하면서 만물의 본성에 관하여(peri tēs tōn pantōn physeōs)[9] 대화를 나누는 것(dielegeto)조차 그[즉, 소크라테스]는 하지 않았으니까. 즉, 소피스트들[10]의 이른바 '우주'(kosmos)가 어떻게 생겨났는가,[11] 그리고 각 천체 현상들이 어떤 필연들에 의해 일어나는가 하는 물음을 던지면서 말이다.

17A.3. 디오게네스 라에르티오스 『유명한 철학자들의 생애와 사상』 1.1[12]

어떤 사람들은 철학 활동(ergon)이 이방인들에게서 시작되었다고 말하기도 한다. 페르시아인들에게는 마고스들(Magoi)[13]이, 바

---

7 뜻만 생각하면 '지혜로운(솜씨 있는) 시인들'로 새길 수도 있겠다.

8 6B.4에 포함. 자연철학자들을 지칭하는 용례.

9 혹은 '만물의 자연에 관하여'. '자연에 관하여'(peri physeōs)가 자연철학자들의 일반적인 저서 제목이었다.

10 흔히 자연철학자들이라고 부르는 사람들이 '소피스트들'이라 지칭되고 있다.

11 두 사본이 '어떻게 생겨났는가(ephy)'로 읽고, 나머지 사본들은 '어떤 상태인가(echei)'로 읽는다.

12 DL 서론. 철학 혹은 종교와 관련된 지혜와 느슨하게 연결하여 사용된 용례.

빌로니아인들이나 아시리아인들에게는 칼다이아인들(Chaldaioi)[14]
이, 인도인들에게는 귐노소피스트들(Gymnosophistai: 맨몸의 소
피스트들)[15]이, 켈트인들 혹은 갈라티아인들에게는 소위 드뤼이
데스들(Drydes: 떡갈나무를 아는 사람들)[16] 혹은 셈노테오스들
(Semnotheoi: 신에게 거룩한 사람들)이 있었다는 것인데, 아리스토
텔레스가 『마고스들에 관하여』[17]에서, 그리고 소티온이 『철학자들
의 계보』 23권에서 말하는 바에 따르면 그렇다고 그들은 말한다.

---

13 조로아스터교 사제들. 상세한 내용은 프로타고라스 장 1A.2의 관련 주석 참
    고. 성서에서는 예수 탄생 이야기에 등장하는 세 명의 '동방박사들'이 바로 이
    들이다(『마태복음』 2.1-12).

14 혹은 '점성가들'로 번역되기도 한다. 기원전 첫 번째 천년기 동안 메소포타미
    아 지역에 살던 족속이다. 기원전 9세기경에 메소포타미아 남부로 이주하기
    시작했다고 한다. 사실 성서로부터 가장 잘 알려져 있는 족속이다. 히브리 성
    서의 족장 아브라함이 태어난 도시가 바로 이 칼다이아인들의, 즉 칼다이아
    (개역 성서 표기로는 '갈데아')의 우르였다. 아브라함 일족이 이 우르를 떠나
    가나안 땅으로 들어가게 되며(『창세기』 11.31), 이 이야기가 성서가 전하는 이
    스라엘 민족과의 언약의 중요한 한 시발점이 된다.

15 기원후 1세기 플루타르코스가 알렉산더 대왕이 인더스 강변에서 만난 10명의
    '귐노소피스트들'을 만난 이야기를 쓰면서 사용한 말이다.

16 고대 켈트족 가운데 지식 계급의 구성원들을 가리키는 명칭. 떡갈나무 숲에
    자주 들어갔고 사제, 선생, 재판관 노릇을 했던 것으로 보인다. 카이사르에 따
    르면 갈리아[영어로 골(Gaul). 여기 언급되는 갈라티아는 트라키아에서 이주
    해 온 갈리아족의 이름을 따서 명명되었다.]에 존경받는 두 집단이 있었는데,
    하나가 이 드뤼이데스들이고 다른 하나가 기사 계급이었다고 한다(『갈리아 전
    쟁기』 6.13.1-4).

17 이 저작은 전해져 있지 않다.

2. '소피스트' 호칭의 의미는 어떻게 바뀌었는가?[18]

17A.4. 이소크라테스 『재산 맞교환』 313[19]

우리 조상들이 살던 시절엔 이렇지 않았습니다. 오히려 그들은 소위 '소피스트들'(hoi … kaloumenoi sophistai)은 경탄스러워하고 (ethaumazon) 그들과 함께하는 사람들을 부러워한(ezēloun) 반면, 과잉 고발꾼들(sykophantai)[20]은 대부분의 악들의 원인 제공자라고 생각했습니다. 그 가장 큰 증거는 다음과 같습니다. 그들은 시민들 가운데 이 칭호(epōnymia)[21]를 최초로 얻은 사람인 솔론이 국가의 우두머리(prostatēs)가 되는 게 적절하다고 여겼던 반면, 과잉 고발꾼들에 관해서는 다른 패악들(kakourgiai)에 관해서보다 더 가혹한 법들을 적용했던 것입니다.

17A.5. 플루타르코스 『델피에 있는 글자 E에 관하여』 3, 385d-e[22]
[화자: 람프리아스]

사람들 말로는 지혜로운 사람들을 어떤 사람들은 '소피스트들'이라 불렀는데 그들은 다섯이다. 킬론, 탈레스, 솔론, 비아스, 피타코스.

---

18 가장 이른 시기 소위 '소피스트들'로부터 5세기 '소피스트들'로 '소피스트'의 의미가 이행하는 과정에 관한 보고들.

19 솔론이 '소피스트'라는 칭호를 얻은 첫 시민이라는 보고.

20 혹은 '소송 남용자들'.

21 즉, '소피스트'라는 칭호.

22 현자들 5인을 '소피스트'로 지칭.

17A.6. 디오게네스 라에르티오스 『유명한 철학자들의 생애와 사상』 1.12[23]

폰토스 출신 헤라클레이데스가 『숨 쉬지 않는 여인에 관하여』[24] 에서 말하는 바에 따르면 '지혜 사랑'[25]이라는 단어를 처음 사용하며 자신을 '지혜를 사랑하는 자'[26]로 부른 사람은 피타고라스다. 시퀴온에서 시퀴온 혹은 플리우스[27]의 참주인 레온과 대화하면서 그랬다고 한다. 신 말고는 아무도 지혜롭지 않기 때문이라는 것이다. 그런데 너무 빨리 이것이 '지혜'로 불리게 되고 이것을 공언하는 사람, 즉 영혼의 정점에 완벽하게 이른 사람은 '지혜로운 사람'으로, 지혜를 반기는(aspazomenos) 사람은 '지혜를 사랑하는 사람'으로 불리게 되었다. 그런데 지혜로운 사람들은 '소피스트들'이라고도 불렸다. 그리고 그들만이 아니라 시인들도 '소피스트들'이라고 불렸다. 크라티노스[28]도 『아르킬로코스들』에서 호메로스와 헤

---

23 서론. 과거에는 지혜로운 자들을, 그리고 시인들(호메로스, 헤시오도스)도 '소피스트'라고 칭했다는 보고.

24 전해지지는 않지만 고대에 아주 유명했던 이야기여서 아예 책 이름까지 바뀌어 전해진다. 원래 저작은 『병들에 관하여』 혹은 『병들의 원인들』이었을 것으로 추정된다. 이야기인즉슨, 한 여인이 숨도 쉬지 않고 맥박도 없는 상태를 상당 기간(보고에 따라 7일부터 30일까지 다양하다.) 유지한 후에 소생하여 다시 살아났다고 한다. 반 데어 아이크(P. Van der Eijk 2009) 237-238쪽.

25 혹은 '철학'.

26 혹은 '철학자'.

27 두 도시(폴리스) 모두 펠로폰네소스반도 북부의 코린토스와 아카이아 사이에 위치한 도시였다.

28 크라티노스(519-422년)는 아테네의 구희극 시인이었다.

시오도스를 위시한 그 주변 사람들을 칭찬하면서 그렇게 부르고 있는 것처럼 말이다.

17A.7. 이소크라테스『재산 맞교환』 268 (DK 82B1 포함)[29]

따라서 나는 젊은이들에게 얼마간의 시간 동안 이런 배울거리들(paideiai)[30]을 익히는 데 시간을 보내라고 조언하고 싶습니다. 하지만 이런 것들로 인해 자신들의 [영혼][31]이 바싹 메말라 버리게 내버려 두지 말라고, 또한 옛 소피스트들의 담론들(logoi)[32]에 빠져들지도 말라고 조언하고 싶습니다.[33] 그들 가운데 어떤 사람은 있는 것들의 수가 무한하다고 주장했고,[34] 엠페도클레스는 넷인데 그것들 사이에 불화와 사랑이 있다고 했으며, 이온은 셋을 넘지 않는다고 했고, 알크마이온은 둘뿐이라 했으며, 파르메니데스와 멜리소스는 하나라 했고, 고르기아스는 아예 아무것도 없다고[35] 했습니다.

---

29 = 2B.7. 철학자들, 즉 아낙사고라스, 엠페도클레스, 파르메니데스, 멜리소스 및 고르기아스를 '옛 소피스트들'로 지칭.

30 혹은 '교과들', '교양들'.

31 혹은 '본성'.

32 혹은 '논변들'.

33 젊은이들에게 일정 기간 철학 탐구가 필요하지만 일정 기간이 넘어서까지 철학에 머물면 안 된다는 생각은 플라톤『고르기아스』의 칼리클레스도 표명한 바 있다(484c).

34 "모든 것이 모든 것들 안에 들어 있다."고 주장한 아낙사고라스를 가리키는 것으로 보인다.

35 혹은 '아니라고'.

17A.8. 플루타르코스 『테미스토클레스』 2.4[36]

그렇다면 누군가는 테미스토클레스가 프레아리오이[37] 출신 므네시필로스의 추종자(zēlōtēs)였다고 이야기하는 사람들의 말에 오히려 주의를 기울일 수도 있겠다. 므네시필로스는 연설가도 아니고 소위 자연철학자들에 속하지도 않고 오히려 당시 지혜로 불리던 것, 그런데 실제로는 정치적 능란함(deinotēs)과 실제적 수완인 것을 업으로 삼았고 마치 솔론에서부터 계승되어 온 분파(hairesis)인 것처럼 그것을 유지했다. 그 이후 사람들은 그것을 법정에서의 기술들과 섞고 적용 영역을 실행에서부터 연설들로 옮겨 놓게 되는데, 그들이 '소피스트들'이라 불렸다.

17A.9. 아일리우스 아리스티데스 『연설』 3.311 (플라톤에 대한 반론: 네 사람에 대한 옹호) (DK 79.1)[38]

애초에 그들[즉, 연설의 비판자들]은 '철학'(philosophia)이라는 이름[39] 자체가 희랍인들에게서 어떻게 쓰였고 무슨 의미였는지도,

---

36 소위 지혜, 즉 정치적 능란함과 실제적 수완을 실행한 사람이 테미스토클레스의 선생이었는데, 이것을 법정 기술과 섞고 연설 연습 쪽으로 바꾼 사람들이 '소피스트'로 불렸다는 보고.

37 고대 아티카의 구역(dēmos) 이름.

38 6A.48 포함. 이 자료에 대해 맥코미스키(2002)는 일반적이고 중립적이던 '소피스트'라는 호칭이 플라톤에게서 "근본적인 이행"이 일어나서 결국 수치를 자아내는 이름으로 변했음을 잘 보여 주는 보고로 규정하면서, 플라톤의 소피스트 묘사들은 '소피스트'라는 용어를 자신의 투쟁 대상인 순회 교사들만을 지칭하도록 제한한 "기만적으로 구체적"인 것이어서 현존 텍스트들이 보고와 잘 맞지 않는다고 비판한다(3쪽).

아니, 일반적으로 이것들에 관련된 일들 가운데 아무것도 알지 못하는 것으로 내겐 보입니다. 헤로도토스는 솔론을 '소피스트'라고, 또 피타고라스를 그렇게 부르지 않았나요?[40] 안드로티온은 일곱 '소피스트들'을 언급하지 않았나요? 바로 지혜로운 자들(sophoi)이라는 뜻으로 말이에요. 그리고 또 이번에는 바로 이 유명한(ho pany) 소크라테스를 '소피스트'로 언급하지 않았나요? 그리고 또 이소크라테스는 쟁론에 관련된 사람들과 변증가들(이라고 스스로 주장을 할 만한 사람들)은 '소피스트들'로,[41] 자신은 '철학자'로, 그리고 연설가들과 정치적 활동(hexis)에 관련된 사람들은 '철학자들'로 언급하지 않았나요?[42] 이 사람과 함께 지내던 사람들 가운데 몇몇도 같은 이름을 사용하고요. 뤼시아스는 플라톤을 '소피스트'라고, 또 아이스키네스를 그렇게 부르지 않나요? "이 사람이야말로 그렇게 하지요, 고발하면서(katēgorōn)."라고 누군가는 말할 수도 있겠네요. 하지만 다른 사람들은 저 다른 사람들[43]을 고발하고 있던 건 아니면서도, 그들을 같은 이 이름으로 부르긴 했지요.[44] 게다가, 플라톤까지도 고발하면서 '소피스트'라고 부르는 게 허용되

---

39 혹은 '용어'. 이하 마찬가지.
40 『역사』 1.29, 6.95.
41 예컨대, 『소피스트 반박』 1-8.
42 예컨대, 『축제 연설』(*Panēgyrikos*) 47.
43 즉, 흔히 사람들이 말하는 소피스트들.
44 어순을 약간 자유롭게 바꾸어 다음과 같이 옮길 수도 있다. '하지만 다른 사람들은 저 다른 사람들을 같은 이 이름으로 부르긴 했지만 그들을 고발하면서 한 건 아니지요.'

었다(exēn)면[45] 누군가가 바로 이 사람들[46]을 뭐라고 부를 수 있을까요? 하지만 내 생각에 '소피스트'도 제법(epieikōs) 공통된 이름이었고, '철학'도 이것, 즉 아름다움에 대한 모종의 사랑(philokalia tis)과 담론들과 관련된 시간 보내기(diatribē peri logous)를 뜻했었지요(ēdynato). 요즘의 이런 방식이 아니라 일반적인 의미에서 교육(paideia)[47] 말입니다. [···] 그리고 플라톤은 소피스트를 늘 어떤 식으로든 비난하고 있고 그 이름을 그야말로 가장 심하게 공격한 사람이라고 내게 보입니다. 그런데 이렇게 한 까닭은 그가 다중들만이 아니라 자기 당대의 사람들을 다 깔보았기 때문이죠. 그렇지만 그가 완전히 좋은 의미로 말하기(euphēmia) 위해 이 용어(prosēgoriāi)를 사용하기도 했던 건 분명합니다. 어쨌거나 가장 지혜롭다고 그가 생각하는, 또 진리 전체가 그분 곁에 있다고 그가 생각하는 그 신,[48] 바로 그 신을 그는 어디에선가 '완벽한 소피스트'(teleos sophistēs)라고 부른 적이 있습니다.[49]

17A.10. 필로스트라토스 『소피스트들의 생애』 1. 서론 481[50]

---

45 혹은 '부를 수가 있다면'.

46 즉, 방금 전에 '저 다른 사람들'이라 지칭했던 사람들.

47 혹은 '교양'.

48 즉, 하데스.

49 『크라튈로스』 403e. 그리고 하데스를 지칭하지는 않지만, 디오티마를 지칭하면서 완전히 폄하적이지만은 않게 사용된 '완벽한 소피스트'라는 표현은 『향연』에도 등장한다(208c). 『향연』의 세 '소피스트' 용례 중 나머지 둘은 203d(17A.15)와 177b(17B.6)에 나온다. '진정한 소피스트'를 언급하는 17A.11도 참고할 것.

그런데 옛 소피스트술(archaia sophistikē)은 철학적 주제들(ta philosophoumena)을 제안하는(hypotithemenē)[51] 경우에도 그것들을 장황하고 길게 개진하곤 했다(diēiei). 용기에 관해서 대화를 나누고 정의에 관해서, 그리고 영웅들과 신들, 그리고 우주의 형상(idea)이 어떻게 빚어져 있는지(aposchēmatistai)에 관해서 대화를 나누기 때문이다. 반면에 저것 다음의 소피스트술, 즉 새로운 것이라 부르면 안 되고(옛것이니까.) 오히려 둘째 것이라 불러야 하는 그것은 가난한 사람들과 부유한 사람들과 무용을 떨치는 사람들(aristeis)과 참주들, 그리고 역사가 인도하는 주목할 만한 주제들로 제안된 것들(hypotheseis)을 유형화하여 다루었다(hypetypōsato). 그런데 옛것은 레온티니 출신 고르기아스가 테살리아에서 시작한(ērxe) 반면,[52] 둘째 것은 아트로메토스의 아들 아이스키네스가 아테네 정치로부터 망명하여 카리아와 로도스에 들어가고 나서 시작하게 되었다.[53] 그리고 후자 쪽 사람들은 기술 교범에 따라(kata technēn) 주제들(hypotheseis)을 다룬 반면 고르기아스에게서 나온 사람들은 그렇다고 여겨지는 것에 따라(kata to

---

50 2A.6과 일부 중복. cf. 17A.38.

51 혹은 '제시하는', '가르치는', '가정하는'. 아래에서도 마찬가지.

52 cf. 플라톤 『메논』 서두(70b: 2A.21).

53 336년 데모스테네스에게 명예의 금관을 주자는 크테시폰의 추천이 있었고 데모스테네스와 숙명의 라이벌이던 아이스키네스는 이 추천이 불법적이라며 크테시폰을 고발했는데, 6년 뒤인 330년에 열린 재판에서 5분의 1의 찬성표조차 못 얻는 참패를 겪고 무거운 벌금형을 견뎌 내기 어려워 결국 망명길에 오르게 된다.

418

doxan)[54] 주제들을 다루었다.

3. 소피스트란 무엇인가?: '소피스트'의 정의[55]

17A.11. 플라톤 『소피스트』 231c9 - 232a7, 268c8 - d5 (DK 79.2 포함)[56]

엘레아인 손님: 자, 그럼 우선 멈춰서 이를테면 숨 돌리기를 해 봅시다. 그리고 |231d| 쉬는 동안에 우리끼리 결산을 해 봅시다 (dialogizōmetha). 이제 우리에게 소피스트가 얼마만큼 나타났는 지를 말입니다. 내 기억으로는 첫째로 그는 젊고 부유한 사람들을 쫓는 보수 받는 사냥꾼(thēreutēs)으로 발견되었지요.

테아이테토스: 그렇습니다.

손님: 그리고 둘째로는 영혼의 배울거리들(mathēmata)에 관련 된 모종의 수입상(emporos)[57]이었지요.

테아이테토스: 딱 맞습니다.

---

54 혹은 '마음에 맞는 것에 따라'.

55 플라톤이 묘사하는 '소피스트 대회', 즉 일종의 소피스트 그룹 일람은 플라톤 『프로타고라스』 314e3-316a2에 프로타고라스(314e3-315b8), 히피아스 (315b9-c7), 프로디코스(315c8-316a2) 순으로 나온다. 여기서 별도로 절을 설 정하여 일람하면 좋겠지만, 지면의 제약으로 생략한다. 이 지점에서 1A.5, 4A.10, 3A.6 순으로 한 호흡에 읽으면서 왜 고르기아스는 참석하지 않았는지 등을 생각해 보는 것도 좋겠다.

56 소피스트의 일곱 가지 정의. cf. "영혼을 양육하는 물건들의 무역상 혹은 행상" (『프로타고라스』 313c).

57 혹은 '무역상'.

손님: 그리고 셋째로는 바로 그것들에 관련된 행상(kapēlos)으로 나타나지 않았나요?

테아이테토스: 그랬습니다. 그리고 우리에게 넷째는 그 배울거리들에 관련된 직판자(autopōlēs)였지요.

손님: 제대로 기억해 냈군요. 다섯째는 내가 기억해 내 볼게요. |231e| 쟁론 기술(eristikē technē)을 제 것으로 삼아, 말들에 관련된 경쟁에 나선 모종의 경연자(athlētēs)였지요.

테아이테토스: 예, 그랬지요.

손님: 그런데 바로 여섯째는 논란의 여지가 있긴 했지만 그에게 배울거리들에 방해가 되는 의견들을 정화하는, 영혼과 관련된 정화자(kathartēs)임을 허용하기로 정했지요.

테아이테토스: 물론 그랬습니다.

|232a| 손님: 그럼 당신은 알겠습니까? 누군가가 많은 것들에 대해 아는 자로 나타나면서도 한 기술의 이름으로 불린다면 그 나타남(phantasma)이 뭔가 온전치 못한 게 있다는 것, 그리고 어떤 기술과 관련해서 그것을 겪고 있는 사람은 이 모든 배울거리들이 지향하는 저것을 알아볼 수 없다는 것, 그래서 그것들을 가지고 있는 사람을 한 이름 대신 여러 이름들을 가지고 부른다는 것을 말입니다.

테아이테토스: 그게 정말로 그런 어떤 식으로 되어 있는 거 같네요.[58]

[…]

---

58 이 뒤에 이어지는 대목은 아래 17A.19에 수록.

손님: 반대되는 말을 만드는 기술(enantiopoiologikē)의, 의뭉 떠는 부분(eirōnikon meros)의, 의견적인 기술(doxastikē)의 모사적인 것(mimētikon), 그리고 유사 닮음을 만드는 부류(phantastikon genos)의, |268d| 모상 제작술(eidōlopoiikē)로부터 나와 제작의 부분인데 신적인 것이 아니라 인간적인 것을 제작하는 부분, 그리고 말로써 볼거리를 만드는 부분(en logois to thaumatopoiikon morion)으로 구분된(aphōrismenon) 자, 바로 이런 가계와 혈통으로부터 진정한(ontōs) 소피스트[59]가 나왔다고 주장하는 사람이 있다면, 그는 가장 참된 말을 하게 될 것 같습니다.

테아이테토스: 예, 확실히 그렇습니다.

4. 소피스트에 관한 표상들: 플라톤적 정의에 속하는 것들 및 여타 표상들

4.1. 도시를 전전하는 떠돌이

17A.12. 플라톤『티마이오스』19e2-8[60]

[화자: 소크라테스][61]

---

59 cf. 17A.9의 '완벽한 소피스트'.

60 맥코미스키(2002)는 플라톤의 (기본적으로 부정적인) 소피스트관을 드러내는 특징적인 구절들을 열거하면서『소피스트』223b, 233c(17A.19),『메논』91c(17A.28),『프로타고라스』312a,『국가』493a(17A.26)와 함께 여기 이『티마이오스』19e를 적시한다(2쪽).

이번엔 소피스트들의 부류로 말할 것 같으면, 그들이 다른 많은 아름다운 논변들에는 아주 경험이 많다고 난 생각하지만, 어쩌면 그들은, 이 도시 저도시를 돌아다니는(planētos) 데다 어디서도 자기 집에 정착해 살아 본 적이 없어서, 철학자이자 동시에 정치가이기도 한 사람들을 잘 포착 못 하지(astochon)나 않을까 저어됩니다. 그들이 전쟁과 전투에서 각 사람들을 상대로 행동으로 실행도 하고 말로 협상도 할 텐데, 그럴 때 그들이 얼마만큼의 행동들과 말들을, 또 어떤 종류의 행동들과 말들을 행하고 말하게 될 것인지 감을 못 잡지 않을까 말입니다.

4.2. 덕 판매상: '돈 받고 누구에게나!'[62]

17A.13. 플라톤 『소크라테스의 변명』 19d8-20a6[63]

하지만 실로 이것들 가운데 어떤 것도 진실이 아니며, 내가 사람들을 교육하는 일에 손을 대어 |19e| 돈을 받는다는 말을 여러분이 누군가에게서 들었다면 그것 역시 진실이 아닙니다. 물론 나는 누군가가 레온티니 출신 고르기아스나 케오스 출신 프로디코스,

---

61 맥락: 진행하고 있는 정치 체제에 관한 논의를 자신이 잘 따라갈 능력이 있는지 모르겠다고 이야기하면서 소크라테스는 자신도 그렇지만 시인들도 어려워할 것이라고 말한 후 소피스트들도 못할 것이라는 이야기로 들어가게 된다.

62 17A.28에 따르면 보수는 공평함 내지 개방성과 연결된다. 보수 받는 것에 관한 안티폰의 당당한 입장(5A.14의 1.6.11-12)이나 이것에 관한 필로스트라토스의 우호적 옹호(5A.6의 499절) 등도 참고할 만하다.

63 9A.1에 포함.

엘리스 출신 히피아스처럼 사람들을 교육할 수 있다면, 이거야말로 멋진 일이라고 생각합니다. 이들 각자는, 여러분, 각 도시들로 가서 젊은이들을 설득할 수 있거든요. 그 젊은이들은 자기 시민들 가운데 누구와 교제를 나누길 바라든 그 사람과 거저로 교제를 나눌 수 있는데, |20a| 그런 젊은이들에게 이들은 저들과의 교제를 그만두고 자기들과 교제하면서 돈을 지불하라고 또 감사까지 하라고 설득합니다.[64]

하긴 또 다른, 파로스 출신의 지혜로운 사람이 이곳에 있지요. 이 지역을 방문 중이라는 말을 내가 직접 들었어요. 소피스트들에게 다른 사람들 모두가 지불한 것보다 더 많은 돈을 지불한 사람을 마침 만났거든요. 히포니코스의 아들 칼리아스 말입니다.

17A.14. 플라톤 『대 히피아스』 282c6-d3[65]

[화자: 소크라테스; 청자: 히피아스]

그런데 저 옛사람들[66] 가운데 아무도 도대체가 돈을 보수로 받아 내거나 온갖 종류의 인간들 앞에서 자기 지혜의 시범들을 보여 주는 걸 적절하다고 여기지 않았습니다. 그들은 그토록 숙맥

---

64 보수를 받는 것에 대한 이런 비아냥은 심지어 '왕에게 선물을 바치듯 한다'는 식의 빈정거림까지 보일 정도다(17A.48).

65 4A.5, 17B.1, 2A.8, 3A.13으로부터 이어짐. 이후 1A.9, 4A.6, 17B.2, 6B.18로 이어짐.

66 고르기아스, 프로디코스, 히피아스, 프로타고라스 등의 소피스트들과 대조되는 피타코스, 비아스, 탈레스 등 옛 현자들을 가리킨다.

(euētheis)이어서 돈이 상당히 가치 있다는 걸 눈치채지 못했습니다.

4.3. 사냥꾼, 모사꾼, 기만자(돌팔이, 마법사, 주술사)

17A.15. 플라톤 『향연』 203d4-8

[화자: 디오티마; 전달자: 소크라테스; 청자: 다른 향연 참석자들][67]

그런가 하면 [에로스는] 또한 아버지를 닮아서 아름다운 것들과 좋은 것들을 얻을 계책을 꾸밉니다. 용감하고 담차고 맹렬하며 늘 뭔가 수를 짜내는 능란한 사냥꾼(deinos thēreutēs)이지요. 사리분별을 욕망하고 그걸 얻을 기략이 풍부합니다. 전 생애에 걸쳐 지혜를 사랑하며, 능란한 마법사(goēs)요 주술사(pharmakeus)요 소피스트입니다.[68]

17A.16. 플라톤 『카르미데스』 173a8-c7

[화자: 소크라테스; 청자: 크리티아스]

절제가 지금 우리가 정의하고 있는 대로의 것이어서 우리를 최

---

67 맥락: 소크라테스가 디오티마 연설 중 에로스 신의 기원을 이야기하는 대목. 직전에는 가난과 맨발 등 어머니 페니아(가난)를 닮은 특성을 이야기했다. 이제는 아버지 포로스(풍요) 신을 닮은 특성을 이야기하게 된다. 여기 인용되지 않은, 어머니를 닮은 특성 이야기에 소크라테스를 떠올리게 하는 것들이 상당히 담겨 있어서 흥미롭다.

68 『향연』의 세 '소피스트' 용례 중 나머지 둘은 208c(17A.9 말미의 관련 주석 참고)와 177b(17B.6)에 나온다. 이 용례들에 관해서는 독립적인 고찰이 필요하므로 다른 기회에 다루기로 한다.

대한 다스리고 있다고 해 봅시다. |173b| 모든 것들을 앎들에 따라 행하게 될 거여서 아무도 실제로는 아니면서 조타수라고 공언하면서 우리를 기만하지 않을 것이고, 의사도 장군도 다른 어느 누구도 자기가 모르는 뭔가를 아는 체하면서 우리의 주목을 피해 가지 못할 것 아닌가요? 또 이런 상황들로부터 결국 우리는 몸이 지금보다 더 건강하게 되고, 바다에서든 전쟁에서든 위험을 겪으면서도 안전하게 되며, 참된 장인들을 고용하기 때문에 우리의 모든 도구들과 옷과 신발 |173c| 일체와 우리의 모든 물건들도, 그리고 다른 많은 것들도 기술에 의해 만들어져 있게 될 것 아닌가요? 그리고 당신이 원한다면, 예언술도 장차 일어나게 될 것에 대한 앎이라고 인정해 봅시다. 그러면 절제가 그것을 감독하면서 돌팔이들(alazones)은 막고 참된 예언자들은 장차 일어날 일들에 대한 선포자로 우리 앞에 세우게 될 겁니다.

17A.17. 디오게네스 라에르티오스 『유명한 철학자들의 생애와 사상』 3.52[69]

그런데 플라톤은 자기가 파악한 것들에 관해서는 스스로 천명하고(apophainetai) 거짓된 것들은 논박하며 불분명한 것들에 관해서는 판단을 유보한다. 그리고 그에게 좋다고 여겨지는 것들에 관해서는 네 등장인물, 즉 소크라테스, 티마이오스, 아테네인 손님, 엘레아인 손님을 통해 천명한다. 그런데 그 손님들은 어떤 사람들

---

69 플라톤 장.

이 상정하는 것처럼 플라톤과 파르메니데스가 아니라 이름 없는 가공인물이다. 물론 소크라테스의 발언들과 티마이오스의 발언들 역시 그걸 이야기하면서 플라톤이 자기 교설을 풀어내는 것이니까 말이다.[70] 그런가 하면 거짓된 것들에 관해서는 예컨대 트라쉬마코스, 칼리클레스, 폴로스, 고르기아스 및 프로타고라스, 게다가 히피아스, 에우튀데모스 등을 끌어들여 논박당하게 한다.

17A.18. 크세노폰 『사냥에 관하여』 13.8-9 (DK 79.2a)

|8| 소피스트들은 기만하기(exapatan) 위해 이야기를 하고 자신들의 이득을 위해 글을 쓰며 누구에게든 아무 이로움도 주지 않는다. 그들 가운데 지혜로운(sophos) 사람은 전혀 없었고 지금도 아무도 없다. 그저 소피스트라고 불리는 것만으로도 그들 각자에겐 충분히 만족스럽다. 그것은 적어도 분별을 잘하는 사람들 사이에서는 비난거리(oneidos)인데 말이다. |9| 그러니까 소피스트들에 대한 내 조언은 다음과 같다. 소피스트들을 조심하라. 그리고 철학자들의 추론(enthymēmata)을 무시하지 말라.

4.4. 쟁론가(내지 논박자)[71]

---

70 혹은 '물론 소크라테스의 발언들과 티마이오스의 발언들은 그걸 이야기하면서 플라톤이 자기 교설을 풀어내는 것이지만 말이다.'로 옮길 수도 있다.

71 cf. 아래 7절과 8절.

17A.19. 플라톤 『소피스트』 232b1-233d2[72]

엘레아인 손님: 그럼 우리가 탐구하면서 게으름 때문에 그런 일 [즉, 한 기술의 이름으로 불리는데 하나가 아닌 많은 것들을 아는 자로 보이는 일]을 겪지 않도록 합시다. 우선 소피스트에 관해 이 야기된 것들 가운데 하나를 다시 취해 봅시다. 그를 가장 잘 드러 내는(mēnyon) 것으로 내게 분명해 보이는(katephanē) 것 하나가 있었거든요.

테아이테토스: 어떤 거죠?

손님: 그가 반론에 능하다(antilogikos)고 우리가 말했었죠, 아마.

테아이테토스: 그랬죠.

손님: 이건 어떤가요? 그가 다른 사람들에게 바로 이것에 대한 선생이 된다고도 말하지 않았나요?

테아이테토스: 물론입니다.

손님: 자, 그럼 이런 사람들이 도대체 무엇에 관해 다른 사람들 을 반론에 능하도록 만들어 준다고 주장하기도 하는 건지 살펴봅 시다. 그런데 우리의 그 고찰(skepsis)을 처음에 다음과 같은 어떤 식으로 시작해 봅시다. |232c| 자, 그들이 다른 사람들로 하여금 이걸 행하기에 충분한 능력을 갖추도록 해 주는 게, 다중들에게 불분명한(aphanē) 신적인 것들에 관해서인가요?

테아이테토스: 어쨌거나 바로 그들에 관해서 이런 것들이 이야 기되긴 하지요.

---

72 17A.11의 232a로부터 이어짐. 1B.3 및 1B.31 포함.

손님: 땅과 하늘에 속한, 그리고 그 비슷한 것들에 관련되는 것들에 속한 분명한(phanera) 것들은 어떤가요?

테아이테토스: 물론 그것들도죠.

손님: 게다가 사적인 모임들에서도 모든 것들에 대한 생성과 존재(ousia)에 관해서 뭔가가 이야기될 때마다 그들 자신이 반박하는(anteipein) 데 능란할 뿐만 아니라 다른 사람들도 그들 자신이 능력 있는 바로 그것들에 대해 능란하도록 만들어 준다는 걸 우리는 이해하고 있지요?

테아이테토스: 전적으로 그렇습니다.

|232d| 손님: 그럼 이번에는 법률들과 정치적인 일들(ta politika)[73] 일반에 관해서는 어떤가요? 이것들에 관해서 논쟁을 벌이는 데 능하도록(amphisbētētikoi) 만들어 준다고 그들은 약속하지(hypischnountai) 않나요?[74]

테아이테토스: 그들이 이걸 약속하지 않는다면 그들과 대화를 나누려 할 사람은 사실상 아무도 없을 테니까요.

손님: 모든 기술들과 각각의 기술 하나하나에 관한 것들에 대해, 각각의 기술자 자신을 상대로 무슨 반박들을 해야 하는지는, 배우기를 원하는 사람을 위해 써져서, 말하자면 공적인 영역에 이미 공표되어 있지요(katabeblētai).[75]

---

73 혹은 '국가에 관한 일들'.

74 공적인 영역과 사적인 영역 모두에 능하다는 것이 소피스트들이 공유하는 능력이라는 점은 『대 히피아스』 서두에 다루어져 있다. 그 대목을 다루는 4A.5 및 여타의 이어지는 대목들과 비교해 볼 것.

테아이테토스: 레슬링이라든지 다른 기술들에 관한 프로타고라스의 저술들을 |232e| 말씀하시는 것 같네요.

손님: 그래요. 다른 많은 사람들의 것도 그렇고요, 복받은 친구. 하지만 반론 기술(antilogikē technē)이라는 것은, 한마디로, 모든 것들에 관해 논쟁(amphisbētēsis)[76]하는 데 충분한 어떤 능력인 것 같은데, 그렇지 않나요?

테아이테토스: 어쨌거나 거의 아무것도 남겨 두지 않는 것으로 보이긴 합니다.

손님: 신들 앞에서 묻는데, 소년이여, 당신은 이게 가능한 일이라고 생각하나요? 아마도 당신네들 젊은이들은 그걸 더 날카롭게 볼 수 있을 테고 우린 더 흐릿하게 볼 거여서 하는 말이에요.

|233a| 테아이테토스: 어떤 걸, 그러니까 무얼 특히 염두에 두고 이야기하는 건가요? 방금 물으신 걸 내가 제대로 이해 못 하고 있는 게 아닌가 싶어서요.

손님: 인간들 중 누군가가 모든 걸 안다는 게 가능한 것인지를 물은 겁니다.

테아이테토스: 만약 그렇다고 한다면 우리 족속은 축복받은 족속이겠지요, 손님.

손님: 그렇다면 도대체 어떻게 누군가가 그 자신이 알지 못하는

---

75 레슬링 용어를 이용한 언어 유희일 가능성이 농후하다. 보다 구상적으로 옮기면 '이미 메다꽂아져 더 이상 일어나지 못하는 상태다'가 될 것이다.

76 혹은 '반박'.

자이면서 아는 사람에 대해 뭔가 건강한(hygies) 이야기를 하면서 반박할 수가[77] 있겠습니까?

테아이테토스: 전혀 그럴 수 없지요.

손님: 그렇다면 도대체 소피스트술이 가진 능력(sophistikē dynamis)[78]의 놀라움이 뭘까요?

테아이테토스: 무엇에 관해서 말하는 건가요?

|233b| 손님: 도대체 어떤 방식으로 그들이 젊은이들에게 생각(doxa)을, 즉 그들 자신이 모든 것들에 있어서 모든 사람들 가운데 가장 지혜롭다는 생각을 갖게 해 줄 능력이 있는지에 대해서죠. 그들이 옳게 반론을 하지도 않고 저들에게 그렇게 보이지도 않는다면, 그리고 설사 그렇게 보인다고 해도 그들이 이번에는 그들의 논쟁(amphisbētēsis) 때문에 더 현명하다고는 조금이라도 여겨지지 않는다고 한다면, 당신의 바로 그 말마따나, 그들에게 돈을 주면서 바로 이것들에 대한 제자가 될 용의가 있을 자는 단연코 아무도 없으리라는 게 분명하거든요.

테아이테토스: 물론 단연코 없겠죠.

손님: 그런데 지금 사람들은 그럴 용의가 있죠?

테아이테토스: 그렇죠. 아주 많이.

|233c| 손님: 그건, 내 생각에, 바로 그것들에 관해 그들이 반론하고 있다고 할 때의 바로 그것들에 대해 그들 자신이 알고 있

---

77 혹은 '능력이'.
78 혹은 '소피스트적[/소피스트가 가진] 능력'.

는 상태라고 여겨지기 때문이죠.

테아이테토스: 어떻게 아니겠습니까?

손님: 그런데 그들은 모든 것들에 대해 이걸 하고 있습니다. 우린 그렇게 주장하고 있지요?

테아이테토스: 그렇죠.

손님: 그러니까 제자들에게 그들은 모든 것들에 있어서 지혜롭다고 나타나는(phainontai)[79] 거네요.

테아이테토스: 물론이죠.

손님: 실제로는 그렇지 않은데도 말이죠. 이거야말로 불가능하다고 드러난 바 있으니 말입니다.

테아이테토스: 어찌 불가능한 게 아닐 수 있겠습니까?

손님: 그러니까 소피스트는 진실이 아니라, 모든 것들에 관해서 의견에 속하는[80] 모종의 앎(doxastikē … tis … epistēmē)을 가지고 있는 자로 우리에게 나타난(anapephantai) 겁니다.

|233d| 테아이테토스: 전적으로 그렇습니다. 그리고 지금 이야기된 것이 그들에 관해 가장 옳게 이야기된 것 같습니다.

4.5. '더 약한 논변을 더 강한 논변으로'[81]

---

79 혹은 '보이는'.

80 혹은 '기반한'.

81 17A.37의 키케로 『브루투스』에서는 더 약한 논변을 더 강한 논변으로 만드는 소피스트들에 대항하는 인물로서 소크라테스가 등장한다.

17A.20. 아리스토파네스 『구름』 112-115 (DK 80C2)[82]

[화자: 스트렙시아데스(아버지); 청자: 페이디피데스(아들)]

그들[즉, 소피스트들]에겐 두 논변[83]이 다 있다고들 하더구나.

더 강한 논변(그게 뭐든 말이지.)과 더 약한 논변, 이렇게 말이야.

이 두 논변 가운데 하나, 즉 더 약한 논변이

이긴다고 하더라. 더 부정의한 것들을 이야기하면서도 말이지.

17A.21. 아리스토텔레스 『수사학』 2.24, 1402a21-28 (DK 82A21)[84]

그리고 다른 경우들에도 비슷하다. 고발 혐의에 대해 책임이 있거나(enochos) 책임이 없거나 둘 중 하나일 수밖에 없기 때문이다. 그러니까 양쪽이 다 그럴법해(eikota) 보이지만, 한쪽은 실제로 그럴법한 반면 다른 한쪽은 무조건적으로가 아니라 앞에 말한 조건하에서만 그렇다. 더 약한 논변을 더 강하게 만든다는 것[85]이 바로 이런 것이다. 그렇기 때문에 사람들이 프로타고라스의 공언(epangelma)에 거부감을 가졌던 것도 정당하다. 그것은 그저 거짓일 뿐만 아니라, 참되지 않고 그럴법해 보이는 것이며 수사학과 쟁론술(eristikē) 말고는 그 어떤 기술에서도 나오지 않기

---

82 = 1B.33.

83 혹은 '담론'. 이하 마찬가지.

84 = 1B.34.

85 프로타고라스의 것으로 돌려진 이 활동 또한 플라톤 『변명』에 언급된 소크라테스에 대한 비난거리이기도 하다. 6장의 관련 대목(6A.44 등)을 참고할 것.

때문이다.

17A.22. 디오게네스 라에르티오스 『유명한 철학자들의 생애와 사상』 2.20[86]

그리고 아리스토파네스는 그[즉, 소크라테스]가 더 약한 논변을 더 강하게 만든다고 희극에서 이야기한다.

17A.23. 플라톤 『소크라테스의 변명』 18b4-c3[87]

하지만 여러분, 저 사람들이 더 무섭습니다(deinoteroi). 여러분 가운데 다수를 어린 시절부터 곁에 붙들어 놓고 설득을 하려 했을 뿐만 아니라 나에 대해 조금이라도 더 진실한 게 없는 고발을 했던 저 사람들이 말입니다. 고발 내용인즉슨 소크라테스라는 어떤 지혜로운 사람(sophos anēr)이 있는데, 천상의 것들에 관해 사색하는 사람(ta ... meteora phrontistēs)인 데다가 지하의 온갖 것들을 탐색하기도 했으며(ta hypo gēs hapanta anezētēkōs), |18c| 더 약한 논변을 더 강한 논변으로 만드는 사람(ton hēttō logon kreittō poiōn)이라는 것이었습니다. 아테네인 여러분, 이런 소문을 퍼트린 이 사람들이야말로 나에 대한 무서운 고발자들입니다.

4.6. 무신론자

---

86 6A.1에 포함.

87 ≒ 6A.44. 17A.25와 일부 중복.

17A.24. 플라톤 『법률』 10권 908b4-e3

[화자: 아테네인 손님; 청자: 클레이니아스와 메길로스][88]

신들이 아예 없다고 믿으면서도 자연적으로 성격이 정의롭게 형성된 사람의 경우는 나쁜 사람들을 미워할 뿐만 아니라, 부정의를 못마땅해하기 때문에 그런 행동들을 하는 데로 스스로 나아가는 걸 허용하지 않을 뿐만 아니라 사람들 중에서 |908c| 정의롭지 않은 사람들은 피하고 정의로운 사람들은 반기게 됩니다. 반면에 만물이 신들 없이 버려져 있다(erēma)는 생각을 하는 데다가 쾌락과 고통에 대한 자제력이 없기까지 한, 그러면서 기억력이 강하고 배움이 기민한 사람들의 경우에는, 신들이 없다고 생각하는 건 이들 양쪽 모두가 공통으로 겪는 증세(pathos)일 테지만, 그들이 다른 사람들에게 주는 손상으로 볼 때는 전자는 더 적게 후자는 더 많이 해악을 끼치게 될 겁니다. 전자는 말에 있어서 신들과 제사와 맹세에 관해 온갖 거리낌 없는 언사(parrhēsia)로 가득 차 있고 남들을 비웃음으로써 |908d| 다른 사람들을 자기와 비슷하게 만들어 놓으려 할 수도 있습니다. 제대로 처벌받지 않으면 말이죠. 반면에 후자는 전자와 같은 생각을 하고 있으면서도 좋은 재능을 타고났다(euphyēs)고 불리며 기만(dolos)과 속임수(enedra)로 가득 차 있어서, 이들로부터 많은 사람들이 예언자로 만들어지고 온갖 술수와 관련해서 전문가가 되며, 이들로부터 참주들, 대

---

88 맥락: 신에 대해 불경한 사람들의 세 종류가 있고, 각각이 다시 두 종류로 나뉜다. 첫째 종류는 신이 없다고 믿는 자들인데 거기에도 두 종류가 있다.

중 선동가들, 장군들이 나올 때도 있고, 자기들 고유의 비의(秘儀)들을 도모하는 사람들도 나오고, '소피스트'라 불리는 사람들의 장치들(mechanai)도 나옵니다. 이 사람들의 |908e| 종류는 많이 생겨날 수 있는데, 법률들을 제정할 만한 건 둘입니다. 그중 하나는 아이러니적인 종류로서 한두 번 죽을 만한 잘못이 아니고 다른 하나는 권고와 구금이 동시에 필요합니다.

17A.25. 플라톤 『소크라테스의 변명』 18b7-c4[89]

고발 내용인즉슨 소크라테스라는 어떤 지혜로운 사람이 있는데, 천상의 것들에 관해 사색하는 사람인 데다가 지하의 온갖 것들을 탐색하기도 했으며, |18c| 더 약한 논변을 더 강한 논변으로 만드는 사람이라는 것이었습니다. 아테네인 여러분, 이런 소문을 퍼트린 이 사람들이야말로 나에 대한 무서운 고발자들입니다. 듣는 사람들은 이런 것들을 탐구하는 사람들이 신들도 안 믿는다(oude theous nomizein)고 생각하거든요.

4.7. 대중에게 영합하는 교육자

17A.26. 플라톤 『국가』 6권 493a6-e1
[전달자: 소크라테스][90]

---

89 17A.23 ≒ 6A.44와 일부 중복.
90 맥락: 철학자의 본성에 관한 논의. 유명한 배 비유(488a-489a)를 통해 철학자

"이들[즉, 정치가들][91]이 '소피스트들'이라 부르며 맞수들(anti-technoi)로 여기는, 보수를 받고 일하는(mistharnountes) 이들 사적인 선생들(idiōtai) 각각은 다중의 이런 의견들(dogmata), 즉 그들이 한데 모여 좋다고 결정한 의견들 외에 다른 것들을 교육하지(paideuein) 않으며, 이걸 '지혜'라 부릅니다. 이는 마치 애완동물(thremma)을 키우다가 크고 힘이 세지고 있는 그것의 분노들(orgai)과 |493b| 욕망들(epithymiai)을 누군가가 깨닫게 되었을(katemanthanen) 때와 꼭 같은 상황이지요. 그것에게 어떻게 다가가서 어떻게 만져야[92] 하는지, 어떤 때 그리고 어떤 것들로 인해 그것이 가장 다루기 어렵게 되거나 가장 순하게 되는지, 어떤 상황들에서 그것이 각각의 소리들을 내는 습성이 있으며 이번엔 다른 것이 어떤 소리들을 낼 때 그것이 순해지기도 하고 사나워지기도 하는지를 말이죠. 그것과 함께 지내며 시간을 보냄으로써 이 모든 것들을 깨닫게 되고서 그걸 '지혜'라고 부르기도 하고 기술이랍시고 모아 얽어[93] 놓고서 가르침으로 향하게 될 겁니다. 실제로는 이 의견들과 욕망들 가운데 무엇이 아름답거나 추한지, |493c| 좋거나 나쁜지, 정의롭거나 부정의한지 아무것도 알지 못하면서

가, 즉 훌륭한 사람이 국가에서 다중에 의해 쓸모없다는 평가를 받으며 존경받지 못하는 상황을 드러내고 철학자의 본성이 타락하는 사례들을 이야기한다. 493a에서부터는 인민(민중)을 크고 힘이 세진 애완동물에 비유하기 시작한다.

91 인민으로 보는 해석도 있다.

92 혹은 '붙잡아야'.

93 혹은 '체계화해'.

도 말이죠. 그리고 이 모든 것들을 그 커다란 동물의 의견들에 따라 이름 붙이게 될 겁니다. 그것이 즐거워하는 것들은 '좋다'고, 짜증내는[94] 것들은 '나쁘다'고 부르면서, 그리고 그것들에 관해서 그 어떤 다른 근거(logos)[95]도 갖고 있지 않고 오히려 불가피한 것들(anankaia)을 '정의롭고 아름답다'고 부르지만, 불가피한 것과 좋은 것의 본성이 실제로 얼마만큼 차이가 나는지 본 적도 없고 다른 사람에게 보여 줄 능력도 없을 겁니다. 바로 이런 상태인데도 그가, 제우스 앞에서 묻건대, 당신에게는 얼토당토않은(atopos) 교육자(paideutēs)라고 여겨지지 않나요?"

"내겐 그렇게 여겨지네요."라고 그[즉, 아데이만토스]가 말하더군요.

"그럼 회화에서든 음악에서든 아니면 바로 그 정치에서든, 온갖 부류가 함께 모여 있는 다중의 |493d| 분노와 쾌락들을 알아차린 것을 지혜라고 생각하는 사람이 이 사람과 조금이라도 차이가 있다고 당신은 생각하나요? 누군가가 이들에게 시든 어떤 다른 제작물이든 국가에 대한 봉사든 과시하면서 이들과 교제하는데, 불가피한 것들을 넘어서 다중이 자기를 주재하게(kyrioi) 만들면서 할 경우에는, 그에게는 이들이 칭찬하는 것들을 행할 수밖에 없게 하는 이른바 '디오메데스의 불가피성'(Diomēdeia ... anankē)[96]이 있게 됩니다. 하지만 이것들이 참으로 좋은 것들이기도 아름다운 것

---

94 혹은 '싫어하는'.
95 혹은 '설명'. 아래에서도 마찬가지.

들이기도 하다는 것에 대해서, 이제까지 누군가가 언제고 그것들에 대한 근거를 우습지 않게 제시하는 걸 당신은 들어 본 적이 있나요?"

|493e| "근데 내 생각엔" 하고 그가 말하더군요. "앞으로도 듣지 못할 겁니다."

4.8. 미동(美童)

17A.27. 크세노폰 『소크라테스 회상』 1.6.13 (DK 79.2a)[97]

지혜에 대해서도 마찬가지다. 사람들은 마치 미동(美童)들(pornoi)처럼 돈을 바라고 지혜들을 파는 사람들을 '소피스트들'이라고 부른다.

4.9. 덕과 지혜의 선생 대 해악과 파멸(극과 극의 반응)

---

96 『수다』 Δ.1164(298 Bekker) '디오메데스의 불가피성'(Diomēdeios anankē) 항목에 따르면 튀데우스의 아들 혹은 트라키아 사람 디오메데스가 손님들에게 자신의 추한 딸들과(혹은, 다른 버전에 따르면, 말과) 잠을 자도록 시키면서 듣지 않으면 죽이겠다고 강요했다는 데서 나온 속담이라고 한다. 이어 『수다』가 전하는 또 다른 버전에 따르면 어떤 사람들 말로는 오뒤세우스와 디오메데스가 팔라디온(팔라스 아테나의 신상)을 훔쳐 돌아오던 밤길에 오뒤세우스가 앞서 가는 디오메데스를 칼로 찔러 죽이려다 달그림자에 비치는 바람에 발각이 되고, 디오메데스는 오뒤세우스를 앞서 가게 하면서 칼등으로 등을 계속 쑤셔 대면서 진영으로 돌아왔다는 데서 나온 속담이라고 한다.

97 맥락: 안티스테네스를 향해 프로디코스와 히피아스에게 칼리아스를 '팔아넘긴' 행위를 비아냥거리는 대목.

438

17A.28. 플라톤 『메논』 91a1-c5[98]

소크라테스: […] 아뉘토스, 이 사람[즉, 메논]은 한참 전부터 내게 이야기하고 있거든요. 이 지혜와 덕을 욕망한다고 말입니다. 그 지혜와 덕을 갖고서 사람들이 가정과 국가를 아름답게 경영하고 자기 부모들을 보살피며 훌륭한 사람에게 값할 만하게 동료 시민들과 외지인들을 맞아들이기도 하고 돌려보내기도 할 줄 아는 그런 지혜와 덕 말이죠. 그러니 이 |91b| 덕에 대해 숙고해 보세요. 어떤 사람들에게 이 사람을 보내면 우리가 이 덕에 있어서 제대로 보내게 되는 게 될지를 말입니다. 아니면, 덕의 선생이라고 공언하며 또한 이것에 대해 보수를 정하고 받아 냄으로써 자기들이 희랍인들 가운데 배우길 원하는 누구에게나 공평하다(koinoi)[99]고 천명하는 이 사람들 곁으로 가야 한다는 게 방금 전 논의에 따라 분명한가요?

아뉘토스: 그래, 이 사람들이란 게 어떤 사람들을 이야기하는

---

98 약간의 간격을 두고 1A.7로 이어짐. 물론 아뉘토스가 가진 특별한 배경이나 시대 상황(즉, 아마도 404년 쿠데타를 경험한 후의 민주파 인사가 느낄 만한 심정)이 작용한 다소 극단적인 반응이겠지만, 소피스트에 대한 비난과 경계의 일단이 드러나는 대사. 소피스트가 되려 한다고 드러내어 말하기를 부끄러워하는 이야기(플라톤 『프로타고라스』 312a에 재현) 등 소피스트에 대한 당대의 부정적 인식을 보여 주는 사례들은 여기에 언급한 것들 외에도 많다. 특히 플라톤이 집단으로서의 그들을 진지한 철학적 고려의 대상으로라기보다 모욕하고 비웃는 데 사용하는 대표 사례가 매키라한(R.D. McKirahan 2010)이 짚은 바에 따르면 지금 이곳과 플라톤 『소피스트』 221c-226a다(375쪽 및 주 18). 후자는 따로 인용하지 않는다.

99 혹은 '열려 있다', '공통되다'.

건가요, 소크라테스?

소크라테스: 사람들이 '소피스트'라고 부르는 사람들이 이 사람들이라는 걸 당신도 분명 아실 텐데요.

|91c| 아뉘토스: 헤라클레스시여! 말조심하세요, 소크라테스. 친척이 됐든 친구가 됐든 이 도시 사람이든 외지인이든 아무튼 적어도 내 사람들 중에선 아무도 이런 사람들 곁에 가서 험한 일을 당할(lōbēthēnai) 정도의 그런 광기(mania)에 사로잡히지 않길 바랍니다. 이 사람들은 함께하는 사람들에게 분명한 해악(lōbē)이요 파멸(diaphthora)이거든요.

5. 소피스트술의 위상: 소피스트술과 수사학, 특히 양자의 관계와 위상

5.1. 플라톤: 사이비 기술로서의 소피스트술과 수사술

17A.29. 플라톤 『고르기아스』 462b1-465e1[100]

소크라테스: 자, 그럼 이제 둘 가운데 원하는 하나를 하세요. 물어보든가 아니면 대답하든가.

폴로스: 아, 물론 그러겠습니다. 그러니 내게 대답해 주세요, 소크라테스. 고르기아스가 수사학에 관하여 난처한 상황이라고

---

100 cf. 플라톤의 5세기 수사학사(특히 수사학 이론사/교육사)가 담긴 보다 중립적인 논의인 17A.48.

(aporein) 당신이 생각하니 말인데, 당신 자신은 그걸 뭐라고 주장합니까?

소크라테스: 무슨 기술이라고 내가 주장하는지를 묻는 건가요?

폴로스: 바로 그렇습니다.

소크라테스: 아무 기술도 아니라고 난 생각해요, 폴로스, 당신에게 진실을 이야기하자면 말이에요.

폴로스: 그럼 수사학이 뭐라고 당신은 생각하나요?

소크라테스: 내가 직접 최근에 읽은 저술(syngramma)에서 당신 자신이 주장하는 대로라면 |462c| 기술을 만들어 낸 일(pragma)[101]이죠.

폴로스: 당신이 말하려는 그게 뭐죠?

소크라테스: 내가 말하려는 건 일종의 요령(empeiria)[102]이죠.

폴로스: 그러니까 수사학이 요령이라고 당신은 생각하는 거네요?

소크라테스: 바로 그렇게 난 생각해요, 당신이 뭔가 다른 걸 이야기하려는 게 아니라면.

폴로스: 무엇의 요령인가요?

소크라테스: 일종의 기쁨(charis)과 쾌락(hēdonē)을 만들어 냄(apergasia)의 요령이죠.

폴로스: 그렇다면 수사학이 아름다운 것이라고 당신은 생각하

---

101 혹은 '사태', '사물'.
102 혹은 '숙련'.

는 거네요? 사람들에게 기쁨을 줄(charizesthai) 수 있는 것이라고 말이죠.

소크라테스: 뭐라고요, 폴로스? 그게 뭐라고 내가 주장하는지를 이미 내게서 들은 터라서 |462d| 그다음 질문을 하고 있는 건가요? 그게 아름답다고 내가 생각하지 않느냐고 말이에요.

폴로스: 그게 일종의 요령이라고 당신이 주장한다는 걸 내가 들은 거 아닌가요?

소크라테스: 그렇다면 당신이 기쁨 주는 걸 존중하니까 말인데, 내게 뭔가 작은 기쁨을 주고 싶나요?

폴로스: 나로선 그러고 싶네요.

소크라테스: 이제 내게 물어봐 주세요. 요리술(opsopoiia)이 무슨 기술이라 생각하느냐고.

폴로스: 그럼 물을게요. 요리술은 무슨 기술인가요?

소크라테스: 아무 기술도 아니죠, 폴로스.

폴로스: 아님 뭔가요? 말해 주세요.

소크라테스: 그럼 말할게요. 일종의 요령이죠.

폴로스: 무엇의 요령인가요? 말해 주세요.

소크라테스: 그럼 말할게요. 기쁨과 쾌락을 |462e| 만들어 냄의 요령이죠, 폴로스.[103]

---

103 도즈(1959a)는 '소크라테스: 아무 기술도 아니죠, 폴로스. — 폴로스: 아님 뭔가요? 말해 주세요. — 소크라테스: 그럼 말할게요. 일종의 요령이죠. — 폴로스: 무엇의 요령인가요? 말해 주세요. — 소크라테스: 그럼 말할게요. 기쁨과 쾌락을 만들어 냄의 요령이죠, 폴로스.' 대신 대사 할당을 다음과 같이 달

폴로스: 그렇다면 요리술과 수사학은 같은 거네요?

소크라테스: 전혀 그렇지 않아요. 하지만 같은 활동(epitēdeusis)의 부분(morion)이긴 하죠.

폴로스: 그 활동이라는 게 뭘 말하는 건가요?

소크라테스: 진실을 말하는 게 외람된 일이 아닌가 저어되네요. 고르기아스를 위하는 마음에서 말하기가 주저되거든요. 내가 자기의 활동(epitēdeuma)[104]을 희화화한다고(diakōmōidein) 그가 생각하지나 않을까 해서 말이죠. 그런데 나로서는 이것이 고르기아스가 |463a| 몸담고 있는(epitēdeuei)[105] 수사학인지는 알지 못합니다. 방금도 우리가 한 논의로부터 우리에게 분명해진 게 아무것도 없었거든요. 도대체 이분이 무슨 생각을 하는지가 말이에요. 다만 나 자신이 수사학이라고 부르는 것은 아름다운 것들에 전혀 속하지 않는 어떤 일(pragma)[106]의 부분이지요.

고르기아스: 무엇의 부분이라는 거죠, 소크라테스? 말해 주세요. 조금도 나를 보고 부끄러워하지 말고요.

소크라테스: 그러니까 내 생각에, 고르기아스, 그건 일종의 기

리할 것을 제안한 바 있다. '소크라테스: 아무 기술도 아니죠, 폴로스. '아님 뭔가요?'라고 물어봐 주세요. ― 폴로스: 그럼 그렇게 묻습니다. ― 소크라테스: 일종의 요령이죠. '무엇의 요령인가요?'라고 물어봐 주세요. ― 폴로스: 그럼 그렇게 묻습니다. ― 소크라테스: 기쁨과 쾌락을 만들어 냄의 요령이죠, 폴로스.'

104 혹은 '추구', '일'.

105 혹은 '일삼고 있는'.

106 혹은 '활동'. 아래도 마찬가지.

술적인 활동(ti epitēdeuma technikon)은 아니지만 어림짐작을 잘하고(stochastikē) 용감하며(andreia) 본성상 사람들과 사귀는 데 능란한 영혼에 속한 활동이에요. 나는 그것의 |463b| 핵심을 잡아 아첨(kolakeia)이라 부르죠. 내가 보기에 이 활동(epitēdeusis)에 속하는 다른 많은 부분들이 있지만 요리술도 그중 하나입니다. 그건 기술로 보이지만 내 논변[107]에 따르면 기술이 아니라 요령이요 기량(tribē)이죠. 나는 수사학도 그리고 바로 그 화장술(kommōtikē)과 소피스트술(sophistikē)도 이것의 부분이라고 부릅니다. 이 네 부분이 네 가지 일(pragma)에 대응하죠. 그러니까 폴로스가 묻고 싶어 하면 묻게 하세요. |463c| 그는 수사학이 아첨의 어떤 부분이라고 나 자신이 주장하는지를 아직 듣지 못했고 내가 아직 대답하지 않았다는 걸 눈치채지 못한 채 묻고 있거든요, 그것이 아름다운 거라고 내가 생각하는지를 말이에요. 하지만 나는 수사학이 아름다운 것이라고 생각하는지 아니면 추한 것이라고 생각하는지 그에게 대답하지 않을 겁니다. 그게 무엇인지 내가 우선 대답하기 전에는 말이에요. 폴로스, 그건 정당하지(dikaion) 않으니까요. 그러니 묻고 싶다면 물어 보세요. 수사학이 아첨의 어떤 부분이라고 내가 주장하는지를.

폴로스: 그럼 그렇게 묻습니다. 그러니 어떤 부분인지 대답해 주세요.

|463d| 소크라테스: 대답한다고 해서 당신이 이해할(mathois)

---

107 혹은 '정의', '이야기'.

수 있을까요? 수사학은 내 이야기에 따르면 정치술(politikē)의 한 부분의 모상(模像: eidōlon)입니다.

폴로스: 그렇다면 어떤가요? 그게 아름다운 거라고 말하는 건가요, 아니면 추한 거라고 말하는 건가요?

소크라테스: 나로선 추한 거라고 말합니다. 나쁜 것들을 추하다고 난 부르거든요. 내가 무슨 이야기를 하려는 건지 당신이 이미 알고 있다고 생각하고 당신에게 대답하는 게 마땅하니까요.

고르기아스: 제우스에 맹세코, 소크라테스, 나 자신도 당신이 무슨 이야기를 하려는 건지 이해하지 못하겠네요.

|463e| 소크라테스: 그야 그럴 만도 하죠, 고르기아스. 내가 아직 아무것도 분명히 이야기하지 않았으니까요. 그런데 여기 이 폴로스는 젊고 날카롭네요(oxys).

고르기아스: 아니, 이 사람은 그냥 내버려 두고 내게 말해 주세요. 수사학이 정치술의 한 부분의 모상이라는 건 무슨 이야긴가요?

소크라테스: 아니, 수사학이 뭐라고 내게 보이는지만큼은 내가 직접 제시하려 시도해 보겠습니다. 그게 이게 아니면 여기 이 폴로스가 |464a| 논박하겠지요(elenxei). 당신이 몸과 영혼이라고 부르는 뭔가가 아마 있을 거 같은데요?

고르기아스: 어찌 아니겠습니까?

소크라테스: 그렇다면 이 둘 각각에게도 어떤 좋은 상태(euhexia)라는 게 있다고 생각하지 않나요?

고르기아스: 나로선 그렇게 생각합니다.

소크라테스: 그럼 좋은 상태로 보이지만 실제로는 아닌 건 어떤

가요? 다음과 같은 걸 이야기하는 겁니다. 많은 사람들이 몸을 좋은 상태로 갖고 있는 것으로 보이지만 실제로 좋은 상태가 아니라는 걸 의사와 체육 선생들 가운데 누군가가 아닌 한 아무도 쉽게 감지하지(aisthoito) 못할 수가 있지요.

고르기아스: 맞는 말입니다.

소크라테스: 그런 유의 것이 몸에도 있고 영혼에도 있다고 나는 이야기합니다. 몸과 영혼이 좋은 상태인 것처럼 보이게 만들지만 |464b| 실은 조금도 더 그런 상태가 아니게 하는 그런 것 말이에요.

고르기아스: 그렇죠.

소크라테스: 자, 그럼 내가 할 수 있는 한 내가 무슨 이야기를 하려는 건지 더 분명히 보여 주겠습니다(epideixō). 두 가지 일(pragma)이 있고 그것들에 대해 두 기술을 난 이야기합니다. 영혼에 대한 기술은 정치술이라 부르는 반면, 몸에 대한 기술은 당신을 위해 즉석에서 하나의 이름을 붙여 줄 수는 없지만 몸의 보살핌(therapeia)은 하나인데 그것의 부분이 둘이라고, 하나는 체육술(gymnastikē), 다른 하나는 의술(iatrikē)이라고 나는 이야기합니다. 그런데 정치술 가운데 체육술에 대응하는 게 입법술(nomothetikē)이고 의술에 짝으로 대응하는(antistophon) 게 정의(dikaiosynē)[108]죠. |464c| 이 두 쌍 각각은, 즉 의술은 체육술과, 그리고 정의는 입법술과, 같은 것에 관련되기 때문에 서로 공유하는 것들이 있지요(epikoinōnousi). 하지만 서로 어느 정도 차이도 나지요. 자, 이제

---

108 혹은 '사법술'.

446

이것들이 넷이고 늘 최선의 것(to beltiston)을 향해 한 쌍은 몸을, 다른 쌍은 영혼을 보살피는데, 이걸 아첨술(kolakeutikē)이 감지하고(aisthomenē)(여기서 감지한다고 내가 이야기하는 건 안다(gnousa)는 게 아니라 어림짐작한다(stochasamenē)는 말이지요.) 자신을 넷으로 나누어(dianeimasa) 각 부분의 탈을 쓰고(hypodousa) |464d| 자기가 바로 그것인 척합니다(prospoieitai). 그러면서도 최선의 것에는 조금도 신경을 쓰지(phrontizei) 않고 그때그때 가장 즐거운 것(to aei hēdiston)을 미끼 삼아 어리석음을 사냥하며(thēreutai) 기만하지요(exapatāi). 자기가 가장 가치 있는 것으로 보이게 말이죠. 그러니까 요리술은 의술의 탈을 쓰고 몸에 최선인 음식들이 뭔지 아는 척을 하지요. 그래서 아이들 앞에서 혹은 아이들처럼 생각 없는(anoētoi) 어른들 앞에서 요리사와 의사가 쓸 만한 음식들과 |464e| 몹쓸 음식들에 관해 의사와 요리사 가운데 어느 쪽이 전문가인지를 겨뤄야(diagōnizesthai) 하는 경우에 의사는 굶어 죽게 될 지경에 이르는 거죠.

그러니까 내가 그것 자체를 아첨이라 부르면서 |465a| 그런 유의 것이 추한 것이라고 주장하는 겁니다, 폴로스. (이건 당신한테 하는 말이거든요.) 최선의 것은 아랑곳하지 않은 채 즐거운 것(to hēdy)을 어림잡으니까요. 그게 기술이 아니라 요령이라는 게 내 주장이에요. 적용되는(prospherei) 것들에 대해 그것들이 본성상 어떤 것들인지에 대한 아무런 근거(logos)[109]도 갖고 있지 않아

---

109 혹은 '설명'.

서 각각의 원인(aitia)을 말할 수도 없을 정도니까요. 나로선 근거 없는 일(alogon pragma)이라면 어떤 것도 기술이라 부르지 않습니다. 이것들에 관해서 당신이 이의가 있다면(amphisbēteis) 근거 제시 부담을 질(hyposchein logon) 용의가 있어요.

|465b| 그러니까 내가 이야기하는 바에 따르면 요리술은 의술의 탈을 쓴(hypokeitai) 아첨이고, 화장술은 바로 이와 똑같은 방식으로 체육술의 탈을 쓴 아첨이지요. 형태와 색깔과 윤기와 옷차림에 있어서 못되고(panourgos)[110] 기만적이며 비천하고 자유인답지 못한. 그래서 사람들로 하여금 제 것 아닌 아름다움(allotrion kallos)을 끌어다 대느라 정작 체육술을 통한 제 고유의(oikeion) 아름다움은 게을리하게 만들 정도죠. 자, 긴 이야기를 하지 않기 위해 당신에게 마치 기하학자들처럼 말하려 합니다. (이쯤 되면 |465c| 아마도 당신이 이야기를 잘 따라올 수 있을 테니까 하는 말입니다.) 화장술이 체육술에 대해 갖는 관계는 요리술이 의술에 대해 갖는 관계와 같다고 말입니다. 아니, 이렇게 이야기하는 게 더 좋겠네요. 화장술이 체육술에 대해 갖는 관계는 소피스트술이 입법술에 대해 갖는 관계와 같고, 요리술이 의술에 대해 갖는 관계는 수사학이 정의에 대해 갖는 관계와 같다고 말입니다. 그럼에도 불구하고, 내가 계속 이야기하려 하는 것처럼, 소피스트들과 연설가들[111]은 본성상 이렇게 구분이 되기는 하지만 워낙 서로 가깝기(engys) 때문에 같은 곳에 같은 것들에 관련되는 사람들로 서로 섞

---

110 혹은 '삐뚤어지고'.

이게(phyrontai) 되어, 그들이 서로를, 또 다른 사람들이 이 사람들을 어떻게 대해야 할지 모르게 됩니다. 그야말로 영혼이 몸을 |465d| 감독하는(epestatei) 게 아니라 몸이 자신을 감독하게 되면, 그래서 영혼이 관찰해서(katetheōreito) 요리술과 의술을 분간해 주는 게 아니라 몸 자신이 자기에게 오는 기쁨을 가지고 어림 계산을 하게(stathmōmenon) 되면, 아낙사고라스가 말한 상황이 만연하게 될 테니까요, 친애하는 폴로스. 당신 자신이 이런 것들에 대해 경험이 있으니 하는 말입니다. "모든 것들이 함께"(homou … panta chrēmata) 같은 곳에 섞여 있게 되겠지요. 의술에 관한 것들과 건강에 관한 것들과 요리술에 관한 것들이 다 구분되지 않고 말입니다.

자, 이제 수사학이 뭐라고 나 자신이 주장하는지에 대해 당신은 들었습니다. |465e| 몸에서 요리술이 처한 위치에 상응하는 영혼에서의 짝(antistrophon)이라고 말입니다.

5.2. 아리스토텔레스(분리 대응)

17A.30. 아리스토텔레스『수사학』1.1, 1354a1-12
수사학은 변증술에 상응하는 짝(antistrophos)이다. 양자 모두 모든 사람들이 어떤 식으로든 알아볼(gnōrizein) 수 있는 공통된 것들(koina)에 관련되며 어떤 특정한 앎(epistēmē)에 관련되는 게 아

---

111 혹은 '수사가들'.

니기 때문이다. 그렇기 때문에 모든 사람들이 어떤 식으로 둘 다에 관여한다. 모두가 어느 정도까지는 논변을 검토하는 일도 옹호하는 일도 시도하며, 항변하는 일도 고발하는 일도 시도하니까 말이다.

그런데 많은 사람들 가운데 어떤 사람들은 이것들을 되는대로 (eikēi) 하고 또 어떤 사람들은 습관으로부터 이미 익숙해졌기 때문에 행한다. 그런데 이 둘 다가 가능하므로 그것들을 체계적으로 (hodōi) 할 수도 있을 것임이 분명하다. 익숙함 때문에 성공하는 사람이든 저절로 성공하는 사람이든 무엇 때문에 그들이 성공하는지 그 원인을 살필(theōrein)[112] 수 있기 때문이다. 그런 것은 이미 기술에 속하는 일(ergon)이라고 모두가 동의할 것이다.

17A.31. 아리스토텔레스 『수사학』 1.1, 1355b8-21

자, 이제 수사학이 특정 부류의 어떤 것을 대상으로 하지 않고 대상이 변증술과 마찬가지라는 점과 그것이 유용하다는 점은 분명하다. 그리고 그것의 일(ergon)은 설득해 내는(peisai) 것이 아니라 각각의 경우와 관련해서 존재하는 설득력 있는(pithana) 것들을 알아내는(idein) 것이라는 점 또한 분명하다. 다른 모든 기술들에서도 그런 것처럼 말이다. (예컨대, 의술의 일도 건강을 만들어 내는 것이 아니라 그렇게 될 때까지 할 수 있는 만큼 앞으로 나아가는 것이다. 건강을 회복한다는 것이 불가능한 사람들조차 그럼에도 불구하고 멋지게 보살필 수가 있으니까 말이다.) 이것들에 덧붙여 설

---

112 혹은 '관조할'.

득력 있는 것과 설득력 있어 보이는 것을 알아내는 것이 같은 기술에 속한다는 점 또한 분명하다. 연역 추론(syllogismos)인 것과 연역 추론으로 보이는 것을 알아내는 것이 변증술에 속하는 것과 마찬가지로 말이다. 소피스트술은 능력(dynamis)이 아니라 의도(prohairesis)에 있는 것이다.[113] 다만 차이는 여기서는 앎에 따른 연설가도 있고 의도에 따른 연설가도 있겠지만, 저기서는 의도에 따르면 소피스트이고 의도가 아니라 능력에 따르면 변증가라는 것이다.

17A.32. 아리스토텔레스『소피스트적 논박』1, 165a20-25 (DK 79.3)

그런데 어떤 사람들에게는 지혜롭지만 그렇게 보이지(dokein) 않는 것보다 지혜롭게 보이는 것이 더 유익하기 때문에(소피스트

---

113 '안틸로기아'(반론) 내지 '안틸로기케'(반론술)가 '에리스티케'(쟁론술)와 교환 가능한 말로 사용되는 맥락들이 물론 있지만, 커퍼드(1981a)가 잘 지적한 대로 이런 맥락들이 양자의 동일성을 곧장 보장해 주는 것은 아니다. 전자는 특정의 논변 방법이나 기술을 가리키지만, 후자는 오히려 논변의 정신이나 의도를 가리킨다. 플라톤이『소피스트』등에서 소피스트를 철학자와 구분하려 할 때도 특정의 논변 방법보다 돈을 받고 판다, 기만한다 등 논변의 정신이나 의도, 목표에 주목하는 경향이 농후하다. 이 인용문에서 잘 보여지듯, 제자 아리스토텔레스도 비슷한 경향을 이어받았다. 이런 플라톤적인 접근 방식을 걷어 내고 중립적인 관점에서 바라보게 되면, 소피스트들이 내세운 안틸로기아가 플라톤이 중시하는 논박(엘렝코스) 내지 변증술(디알렉티케)과 겹치거나 조화될 수 있는 측면이 상당히 존재한다는 것을, 새삼스러운 것도 아니지만 '발견'할 수 있게 된다.

술은 지혜로 보이는데 실제로는 아니며, 소피스트는 실제 지혜가 아니라 지혜로 보이는 것으로부터 돈을 버는 사람이니까 그렇다.) 이 사람들에게는 지혜로운 사람의 일을 행하되 그렇게 보이지 않는 것보다는 오히려 그 일을 행하는 것으로 보이는 것이 또한 필수적 (anankaion)임이 분명하다.

17A.33. 아리스토텔레스 『형이상학』 Γ(4).2, 1004b15-27

그런 것처럼, 있는 것인 한에서 있는 것에도 어떤 고유한 것들이 있고 바로 이것들에 대해 진리(to alēthes)를 탐색하는 (episkepsasthai)[114] 것이 철학자의 일이다. 그것을 보여 주는 표지 (sēmeion)는 다음과 같다. 변증가들(dialektikoi)과 소피스트들은 철학자와 같은 외형(schēma)을 두르고 있다. 이유는 이렇다. 소피스트술(sophistikē)은 외양만의(phainomenē monon) 지혜이고 변증가들은 모든 것들에 관해 변증하는데(dialegontai)[115] 모든 것들에 공통되는 건 있는[/…인] 것이다. 그리고 그들이 이것들[116]에 관해 변증하는 건 분명 이것들이 철학에 고유한 것들이기 때문이다. 이유인즉슨 소피스트술과 변증술은 철학이 관련을 맺는 것과 똑같은 유(類: genos)에 관련을 맺지만, 철학은 그 능력의 성격(tropos)[117]에 있어서 후자와 다르고, 삶의 선택(prohairesis)[118]에 있어서 전자

---

114 혹은 '숙고하는'.
115 혹은 '대화하는데'. 아래도 마찬가지.
116 즉, 있는 모든 것들.
117 혹은 '양상', '작동 방식'.

와 다르기 때문이다. 변증술은 철학이 그것들에 관한 파악 기술 (gnōristikē)인 바로 그것들에 관한 시험 기술(peirastikē)이며, 소피스트술은 외양상 철학이지만 실제로는 아니다.

17A.34. 디오게네스 라에르티오스 『유명한 철학자들의 생애와 사상』 8.57 (DK 31A1)

아리스토텔레스는 『소피스트』에서 엠페도클레스가 맨 처음 수사학을 발견했고(heurein) 제논이 변증술을 발견했다고 말한다.[119]

17A.35. 아리스토텔레스 『수사학』 2.23, 1397b23-29

그리고 테세우스의 행위[120]가 잘못이 아니었다면 알렉산드로스[121]의 행위도 잘못이 아니었고, 튄다레오스의 아들들[122]의 행위가 잘못이 아니었다면 알렉산드로스의 행위도 잘못이 아니었다. 그리고 파트로클로스를 죽인 헥토르의 행위가 잘못이 아니었다면 아킬레우스를 죽인 알렉산드로스의 행위도 잘못이 아니었다. 그리

---

118 혹은 '태도'.

119 DL의 엠페도클레스 장에 나오는 대목이다. 같은 내용의 보고를 그는 제논 장에서도 반복한다. "같은 사람[즉, 플라톤]이 『소피스트』에서 〈그리고 『파이드로스』에서 그를 언급하며〉 또 그[즉, 제논]를 엘레아의 팔라메데스라고 부른다. 아리스토텔레스는 그가 변증술의 발견자(heuretēs)였다고 말한다. 엠페도클레스가 수사학의 발견자였던 것처럼 말이다."(DK 29A1: DL 9.25)

120 즉, 헬레네의 납치.

121 헬레네를 납치한 파리스의 다른 이름.

122 다른 사람들과 약혼한 여인들을 납치한 카스토르와 폴뤼데우케스.

고 다른 전문가들이 열등한 자가 아니라면 철학자들도 열등한 자가 아니다. 그리고 자주 처형된다(thanatountai)[123]는 이유로 장군들이 열등하다고 하지 않는다면 소피스트들도 열등하지 않다.[124] 그리고 "한 개인이 당신들[125]의 명성을 염려해야 한다면 당신들도 희랍의 명성을 염려해야 한다."

17A.36. 아리스토텔레스 『소피스트적 논박』 34, 184a1-8[126]

바로 그것 때문에, 배우는 사람들을 위해 그들이 베푼 가르침(didaskalia)은 빠르긴 하지만 비기술적(atechnos)[127]이었다. 그들은 자기들이 기술(technē)이 아니라 기술로부터 나오는 것들(ta apo tēs technēs)[128]을 제공하면서 교육하고 있는(paideuein) 것이라고 여겼기(hypelambanon) 때문이다. 마치 누군가가 발이 조금도 아프지

---

123 '패배한다'(hēttōntai)로 고쳐 읽는 사람도 있다. 예컨대, 코프-샌디스(E.M. Cope & J.E. Sandys 1877) 2권 249쪽. 커퍼드(1981a, 21쪽), 그리말디(W.M. A. Grimaldi 1988, 300쪽) 등은 텍스트 수정에 반대한다.

124 어쩌다가 제자들이 끼치는 해악 때문에 소피스트들이 비난받을 때가 있다는 것을 가리키는 것 같다. 고르기아스가 비슷한 취지의 논변을 한다(플라톤 『고르기아스』 456c-457c: 2B.40). 커퍼드(1981a)에 따르면 아리스토텔레스의 의도는 소피스트라는 직업이 장군보다야 덜하겠지만 아무튼 위험한 직업임을 말하려는 것이다(22쪽). 소피스트들에 대한 당대인들의 부정적 시각에 관해서는 플라톤 『프로타고라스』에 나오는 프로타고라스의 '위장막' 관련 발언(1B.47)을 참고할 것.

125 아테네인들.

126 고르기아스 장 2B.41의 후반부와 중복.

127 혹은 '비체계적'.

128 즉, 기술의 결과물들.

않게 해 줄 앎을 전수해 주겠다(paradōsein)고 공언하고서, 나중에는 갖바치 기술은 가르쳐 주지 않고 그 비슷한 것들을 어떻게 획득할 수 있을지도 가르쳐 주지 않고 그저 여러 종류의 다양한 신발들을 주는 경우처럼 말이다.

5.3. 키케로

17A.37. 키케로 『브루투스』 8.30-31[129]

|30| 그러나 주의를 기울여 모종의 방식으로 만든 연설(oratio)이 얼마만큼의 힘(vis)을 갖는지가 알려졌을 때 연설을 가르칠(dicendi) 많은 선생들 또한[130] 갑자기 나타났다. 그 당시에 레온티니 출신 고르기아스, 칼케돈 출신 트라쉬마코스, 압데라 출신 프로타고라스, 케오스 출신 프로디코스, 엘리스 출신 히피아스가 크게 존경받고 있었다. 그리고 같은 시절에 다른 많은 사람들이 아주 거만한 말들로써 자신들이 어떤 식으로 더 약한 논거(causa inferior)가(바로 그런 식으로 그들이 표현하고 있었다.[131]) 말을 통해

---

129 = 6A.45. 7A.4 포함. cf. 위 4.5절.

130 '또한'(etiam)의 지시 관계를 달리 보아 '알려졌을 때 연설을 가르칠 많은 선생들 또한' 대신 '알려졌을 때에도 연설을 가르칠 많은 연설 선생들이'로 옮길 수도 있다.

131 '더 약한 논거'(causa inferior)와 '더 강한 논거'(causa superior)라는 라틴어 표현은 아마도 희랍어 표현 '더 약한 논변'(hēttōn logos)과 '더 강한 논변'(kreittōn logos)을 옮긴 것들일 것이다. 예컨대, 아울루스 겔리우스의 보고(1A.4)를 참고할 것.

더 강한 논거(causa superior)로 될 수 있는지를 가르친다고 공언하고 있었다. |31| 이 사람들에게 소크라테스는 자신을 맞세웠다. 그는 논변(disputandum)[132]의 어떤 정교함(subtilitas)[133]을 가지고서 그들의 교설(instituta)[134]을 물리치는 데 익숙해 있었던 것이다. 이 사람의 매우 풍부한 연설들로부터 가장 학식 있는 사람들이 나타났다. 그리고 그때 처음으로 철학이, 더 오래전에 있었던, 자연에 관한 저 철학이 아니라 좋은 것들과 나쁜 것들, 그리고 인간들의 삶과 성격에 관해 논의하는 이 철학이 발견되었다고 이야기된다.

5.4. 필로스트라토스

17A.38. 필로스트라토스 『소피스트들의 생애』 1. 서론 480, 483, 484[135]

옛 소피스트술은 철학하는[136] 수사학(rhētorikē ... philosophousa)이라고 간주해야 한다. 철학하는 사람들이 대화를 나누는 바로 그것들에 대해 대화를 나누니까 그렇다. 그런데 저들은 어떤 것들

---

132 혹은 '논쟁'.
133 메이휴(2011)는 이 '논변의 정교함'이 특히 프로디코스의 '언어의 정교함'과 비교되고 있다고 해석하면서(109-110쪽) 이 단편을 프로디코스의 단편 모음에 수록한 바 있다. 나는 이 단편을 소크라테스 장에 수록하여 다루었다 (6A.45).
134 혹은 '입장'.
135 cf. 17A.10.
136 혹은 '지혜를 사랑하는'. 이하 마찬가지.

에 대해 질문들을 던져 놓고 가만히 앉아서 탐구되고 있는 것들에 있어서 조금씩 조금씩 앞으로 나아가면서 아직 모른다고 말하는데 반해, 옛 소피스트는 그것들을 안다고 여기고 이야기를 한다. 어쨌든 그는 '안다'(oida)와 '알겠다'(gignōskō)와 '오랫동안 숙고해 왔다'(palai dieskemmai)와 '인간에겐 확고한 게 아무것도 없다(bebaion anthrōpōi ouden).'를 자기 연설들의 서론으로 삼는다. 그런데 이런 종류의 서론들은 연설들이 고상함(eugeneia)과 포부(phronēma)[137]와 존재하는 것에 대한 명확한 파악을 갖고 있다는 소리를 미리부터 울려 퍼지게 한다. [⋯]

아테네인들은 소피스트들과 관련하여 능란함을 보면서, 그들이 부정의한 논변으로 정의로운 논변을 압도하고 곧음(to euthy)에 반해 힘을 가진다고 여겨, 그들을 법정으로부터 차단했다. 바로 그래서 아이스키네스와 데모스테네스가 서로에게 그것(auto)[138]으로 비난을 가했던 것인데, 그것이 비난거리라고 여겨서가 아니라 배심원들에게 의혹을 사는 혐의점이 되어 버린다고 여겨서 그렇게 했다. 그들은 사적으로는 그것으로부터 오히려 찬탄을 받을 만하다고 여겼기 때문이다. [⋯]

옛사람들은 연설가들 가운데 빼어나게 연설을 잘해서 유명해진

---

137 혹은 '자신감', '기개'.
138 즉, 부정의한 논변으로 정의로운 논변을 이겨 낸다는 것, 결국 상대방이 소피스트라는 것. cf. 위의 4.5절. 예컨대, 아이스키네스는 『티마르코스에 대한 반박』 170에서, 데모스테네스는 『금관에 관하여』 276에서 상대방에게 그런 비난을 가한다.

사람들만이 아니라 철학자들 가운데 유창하게 이야기를 풀어내는 사람들도 '소피스트들'이라 불렀다.

[6-8. 언어 유희, 반론, 논변 혐오]

6. 이름(단어)의 옳음에 관한 관심과 언어 유희: 소피스트들의 행태와 습성

17A.39. 아리스토텔레스 『수사학』 3.2, 1404b37-1405a1

명사들[139]로 말할 것 같으면, 소피스트에게는 다의어들[140]이 유용하고(그들은 그것들을 가지고 온갖 짓궂은 일들을 하니까 말이다.), 시인에게는 동의어가 유용하다. 예컨대, '길을 가다'(poreuesthai)와 '걷다'(badizein) 같은 게 통용되면서(kyria) 동의어인 말들이다.

17A.40. 플라톤 『크라튈로스』 391b4-c7[141]

소크라테스: 그렇다면 다음으로 우리는, 당신이 알고 싶어 한다면, 어떤 옳음이 도대체 그것[즉, 이름]에 속하는지 탐구해 보아야겠네요.

헤르모게네스: 물론 알고 싶지요.

---

139 혹은 '단어들'.
140 혹은 '동음이의어들'.
141 마지막 부분(391c2-7)은 프로타고라스 장의 1B.57, 1B.5에도 인용.

소크라테스: 그렇다면 고찰해 보세요.

헤르모게네스: 그런데 어떻게 고찰해야 하죠?

소크라테스: 가장 옳은 고찰은, 친구, 알고 있는 사람들과 함께 하는 고찰이지요. 저들에게 돈을 지불하고 감사를 표하면서 말이죠. 이들은 소피스트들이에요. |391c| 당신의 형제 칼리아스도 바로 그들에게 많은 돈을 지불하고서 지혜롭다고 여겨지고 있지요. 그런데 당신은 아버지에게서 물려받은 것들에 대한 통제권이 없으니 당신의 형제[142]에게 그가 프로타고라스에게서 배운, 그런 것들에 관한 옳음(orthotēs)을 당신에게 가르쳐 달라고 애원하고 간청해야겠지요.

헤르모게네스: 정말이지, 소크라테스, 내가 간청한다는 건 이상합니다. 내가 프로타고라스의 『진리』는[143] 아예 받아들이지 않으면서 그런 『진리』에[144] 말해진 것들은 뭔가 가치가 있는 양 소중해한다면 말입니다.

7. 반론술: 쟁론 대 대화, 유희 대 진리 추구

17A.41. 플라톤 『파이드로스』 261b6-e5[145]

---

142 즉, 칼리아스.

143 혹은 '진리는'.

144 혹은 '그런 진리에 의해'.

145 6B.48로부터 몇 줄 뒤에 이어짐. 2B.37(= 7B.30)과 앞부분 중복.

소크라테스: 아니, 그렇다면 당신은 연설들에 관한 기술들[146]로 네스토르와 오뒤세우스의 것들만 들은 거네요. 그 두 사람이 일리온[147]에서 한가로움을 누리면서 썼던 것들 말이죠. 팔라메데스의 기술들은 들어 본 적이 없나요?[148]

|261c| 파이드로스: 제우스에 걸고 말하건대, 네스토르의 것들조차도 나로선 들어 본 적이 없어요. 당신이 내세우는 네스토르라는 어떤 사람이 고르기아스를 가리키는 게 아니라면, 그리고 오뒤세우스라는 어떤 사람이 트라쉬마코스와 테오도로스를 가리키는 게 아니라면 말입니다.

소크라테스: 아마 그럴지도 모르죠. 하지만 그 사람들은 그냥 내버려 두고 당신이 직접 말해 보세요. 법정에서 소송 당사자들은 뭘 하나요? 반론을 하는(antilegousin) 거 아닌가요? 아니면 우리가 뭐라고 말할까요?

파이드로스: 바로 그거예요.

소크라테스: 정의로운 것과 부정의한 것에 관해선가요?

파이드로스: 그렇죠.

소크라테스: 그럼 기술로 이것을 행하는 사람은 |261d| 같은 사람들에게 같은 것이 어떤 때는 정의롭게, 그가 원하는 또 다른 어

---

146 혹은 '체계들', '교범들', '규칙들'. 이하 마찬가지.

147 즉, 트로이.

148 네스토르와 오뒤세우스는 호메로스에 나오는, 연설 능력으로 잘 알려진 영웅들이다. 팔라메데스는 호메로스에 등장하지 않지만, 흔히 영리한 발명가로 회자된다.

떤 때는 부정의하게 나타나도록(phanēnai) 만들게 되지 않을까요?

파이드로스: 물론입니다.

소크라테스: 그럼 민회 연설(dēmēgoria)에서도 그는 국가에게 같은 것들이 어떤 때는 좋게, 다른 때는 이번엔 그 반대로 보이게 만들까요?

파이드로스: 그렇습니다.

소크라테스: 그럼 엘레아 출신 팔라메데스[149]가 기술을 가지고 말을 함으로 해서 듣는 사람들에게 같은 것들이 비슷하면서 안 비슷하다고, 하나이면서 여럿이라고, 가만히 있으면서 움직여지고 있다고 나타날 정도라는 걸 우리가 알지 않나요?

파이드로스: 물론 알죠.

소크라테스: 그러니까 반론술(antilogikē)은 법정과 |261e| 민회 연설에서만이 아니라, 그것이 정말 기술이라고 한다면 그것은 이야기로 이루어지는 모든 것들(panta ta legomena)과 관련되는 하나의 어떤 기술인 것 같습니다. 그 기술에 의해서 누군가가 가능한 것들 가운데 어떤 것이든 가능한 것들 가운데 어떤 것과도 비슷하게 만들(homoioun) 수 있고, 다른 사람이 비슷하게 만들어 놓고서 그걸 감추고 있을 때에도 그걸 백일하에 드러나게 할 수 있는 그런 기술 말입니다.

---

149 즉, 제논.

17A.42. 플루타르코스 『페리클레스』 4.3 (DK 29A4)[150]

페리클레스는 엘레아학파 제논의 제자(diēkouse)이기도 했다. 제논은 파르메니데스처럼 자연에 관해 논의하고(pragmateuomenou) 반론(antilogia)을 통해서 당혹스러운 상태(aporia)로 갈 수밖에 없게 만드는 모종의 논박술(elenktikē)을 실행했던(exaskēsantos) 사람이다. 플리우스 출신 티몬도 다음과 같은 표현을 통해 말했던 것처럼 말이다.

이중의 혀를 가진 자(amphoteroglōssos)요 모든 것들의 비난자
(epilēptōr)
제논의 큰 힘은 쉽게 소진되지 않는다.

17A.43. 플라톤 『국가』 5권 454a1-b2

[전달자: 소크라테스]

|454a| "글라우콘, 반론 기술(antilogikē technē)의 능력(dynamis)은 정말 대단해요(gennaia)." 내가 말했어요.

"왜 그렇죠?"

"내가 보기에 많은 사람들이 심지어 본의 아니게까지 그 속에 빠져들고서(empiptein) 자기들이 쟁론(erizein)이 아니라 대화[151]

---

150 반론 내지 변증의 전통에서 제논이 했던 역할에 관한 논의로는 강철웅(2016) 311-324쪽을 참고할 것.

151 혹은 '변증'. 이하 마찬가지.

를 한다(dialegesthai)고 생각하기 때문이죠. 이야기되고 있는 것(to legomenon)을 종들에 따라(kata eidē) 나누어 가면서(dihairoumenoi) 숙고할(episopein) 능력(dynasthai)은 없고, 오히려 서로에 대해 대화(dialektos)가 아니라 쟁론(eris)을 구사하면서 단어(onoma) 자체에 대한 반대(enatiōsis)를 추구하기 때문에 그러는 거죠." 내가 말했어요.

"실로 이런 경험(pathos)은 많은 사람에게 일어나지요. 하지만 설마 지금 우리에게까지 이게 해당되는 건 아니겠죠?" 그가 말했어요.

|454b| "전적으로 해당되죠. 어쨌든 우리가 본의 아니게 반론(antilogia)에 손을 대게(haptesthai) 된 거 같네요." 내가 말했어요.

17A.44. 플라톤『테아이테토스』164b8-165a3

소크라테스: 그럼 누군가가 앎과 감각이 같은 거라고 주장한다면 불가능한 어떤 일이 일어나게 되는 것으로 보이는군요.

|164e| 테아이테토스: 그런 것 같네요.

소크라테스: 그렇다면 둘 각각이 서로 다른 거라고 말해야겠군요.

테아이테토스: 그래야 할 거 같네요.

|164c| 소크라테스: 그럼 대체 앎이란 뭘까요? 다시 처음으로 돌아가서 이야기해야 할 거 같군요. 하지만 우리가 대체 뭘 하려는 건가요, 테아이테토스?

테아이테토스: 무엇에 관한 말씀인지?

소크라테스: 내가 보기에 우린 별 볼일 없는 품종의 수탉마냥 이기기도 전에 논변에서 뛰어 내려와 환성을 질러 대고 있는 것 같아요.

테아이테토스: 대체 어째서죠?

소크라테스: 반론에 능한 사람처럼(antilogikōs) 우리는 단어들에 대한 일치와 관련해서 서로 합의하고서는 그런 어떤 방식으로 그 논변을 이겨 내는 것만으로 흡족해하는 것 같고, 경기자들(agōnistai)이 아니라 지혜를 사랑하는 자들이라고 공언하면서도 |164d| 우리 자신도 모르게 저 능수능란한(deinoi) 사람들과 똑같은 일들을 하고 있지요.

테아이테토스: 무슨 이야기를 하는 건지 아직 이해 못 하겠네요.

소크라테스: 아니, 그것들에 관해 내가 염두에 두고 있는 바로 그것을 내가 직접 보여 주려 해 볼게요. 우리는 누군가가 뭔가를 배워서 기억하고 있을 때 그것을 알지 못하는 건가를 물었고, 뭔가를 보고서 눈을 감은 사람은 기억은 하고 있는데 보고 있지는 않다는 걸 논증함으로써(apodeixantes), 그가 알지는 못하는데도 동시에 기억은 하고 있다는 걸 논증했지요. 그런데 이건 불가능하다고 우리는 말했지요. 바로 이렇게 프로타고라스의 이야기(mythos)는 무너졌고 앎과 감각이 같은 것임에 대한 당신의 이야기도 무너졌지요.

|164e| 테아이테토스: 그런 것 같네요.

소크라테스: 내 생각에는, 친구여, 다른 쪽 이야기(mythos)의 아버지가 살아 있다면 그럴 일은 조금도 없을 거고 오히려 많은 옹

464

호를 해 주었을 거예요. 그런데 지금 우리는 고아인 그 이야기를 진흙탕에서 뭉개어 버리고 있지요. 프로타고라스가 남겨 놓은 보호자들조차(여기 이 테오도로스도 그중 한 분이지만) 도와줄 의향이 없거든요. 자, 그러니 우리가 직접 정의(正義)를 위해 그를 도와주어야겠네요(boēthein).

테오도로스: 내가 아니라, 소크라테스, 오히려 |165a| 히포니코스의 아들 칼리아스가 저 사람의 자식들의 보호자니까요. 그런데 나는[152] 어쩌면 너무 빨리 증명 없이 주장뿐인 논변들(psiloi logoi)로부터 기하학으로 방향을 바꾼 거 같군요. 하지만 당신이 그에게 도움을 준다면 난[153] 당신에게 감사하게 될 겁니다.

17A.45. 플라톤 『국가』 7권 537e1-5, 538c6-e5, 539a3-d7

[전달자: 소크라테스]

|537e| "당신은 알아차리고(ennoeis) 있지 않나요?" 하고 내가 말했어요. "오늘날 대화하는 것(dialegesthai)[154]과 관련해서 생겨나고 있는 악(kakon)[155]이 얼마만큼이나 생겨나고 있는지 말이에요."

"어떤 악 말인가요?" 그[즉, 글라우콘]가 말했어요.

"아마도 사람들이 불법(paranomia)으로" 하고 내가 말했어요. "가득 차 있는 것 같아요."

---

152 직역은 '우리는'.

153 직역은 '우린'.

154 혹은 '변증하는 것'.

155 '악'(kakon) 대신 '아름다움'(kalon)으로 읽는 사본(A)도 있다.

"그건 정말 그래요." 그가 말했어요.

[…]

"이런 거죠. 아마도 우리에겐 어린 시절부터 정의로운 것들과 아름다운 것들에 관한 신념들(dogmata)[156]이 있어요. 마치 부모에 의해서 양육되듯 우리는 그 신념들 속에서 양육되었지요. 그것들에 복종하기도(peitharchountes) 하고 그것들을 존중하기도(timōntes) 하면서 말이죠."

"있죠."

|538d| "그렇다면 이것들과 반대되는 다른 관행들(epitēdeumata)도 또한 있지 않나요? 쾌락들을 지니고 있고, 우리 영혼에 아첨하며 자기들 쪽으로 끌어당기지만 어떤 식으로든 절도 있는 사람들을 설득하지 못하는 관행들 말이에요. 오히려 이들은 조상 대대로 내려온 것들(ta patria)을 존중하며 복종하지요."

"그렇습니다." 그가 말했어요.

"그럼 이건 어떤가요? 이런 상태에 있는 사람한테 물음(erōtēma)이 와서 아름다운 것(to kalon)은 무엇인가, 라고 물을 때, 그가 입법자에게서 들은 것으로 대답을 하고 이에 대해 논변(logos)이 논박을 하는데(exelenchēi), 논변이 여러 번 여러 가지 방식으로 논박함으로써(elenchōn) 결국 그를 넘어뜨려(katabalēi) 이것이 추한 것이라기보다 조금이라도 더 아름다운 것이라고 할 수는 없다는 |538e| 의견(doxa) 쪽으로 가게 할 때, 그리고 정의로운 것과 좋은

---

156 혹은 '신조들', '의견들', '믿음들', '가르침들'.

466

것과 그가 가장 존중해 온 것들에 관해서도 이와 똑같았을 때를 생각해 보세요. 이런 일이 있은 후에 그가 그것들에 대한 존중(timē)과 복종(peitharchia)에 관해 무슨 일을 행하게 될 거라고 당신은 생각하나요?" 내가 말했어요.

"계속해서 똑같이 존중하지도 복종하지도 않으리라는 것이 필연적입니다." 그가 말했어요.

[…]

"그렇다면 내 생각에 그는 준법적인(nomimos) 사람이었다가 불법적인(paranomos) 사람이 되었다고 여겨질(doxei) 거예요."

"그게 필연적입니다."

"그러니까 이런 식으로 논변들에 손을 대는(haptomenoi) 사람들에게 이런 경험(pathos)이 있을 법하지(eikos) 않나요? 또 방금 내가 말했듯 많은 관용(syngnōmē)을 베풀 만하지 않나요?" 내가 물었지요.

"예. 연민(eleos)마저 들 정도죠." 그가 대답했어요.

"그렇다면 서른 살 된 사람들에 대한 당신의 이런 연민이 안 생기게 하려면, 온갖 방식으로 조심하면서 논변들에 손을 대게 해야 하지 않을까요?

"물론입니다." 그가 대답했어요.

"그렇다면 하나의 커다란 조심은 이런 것 아닐까요? 즉, 그들이 젊었을(neoi) 때 |539b| 그것들[157]을 맛보지(geuesthai) 않게 하

---

157 즉, 논변들.

는 것 말이죠. 내 생각에 당신은 다음과 같은 걸 놓치지 않았을 거예요. 즉, 청년들(meirakiskoi)이 처음으로 논변들을 맛보게 되면, 매번 반론(antilogia)을 위해 이용하면서 그것들을 놀이로(hōs paidiāi) 남용하고, 논박하는 자들(hoi exelenchontes)을 모방하면서 (mimoumenoi) 직접 남들을 논박하죠(elenchousi). 어린 강아지들 (skylakia)처럼 잡아당기고 찢어발기기(sparattein)를 즐기면서 (chairontes) 말이죠. 그때그때 가까이 있는 사람들을 논변으로 그렇게 하죠."

"지나칠 정도로 그렇게 하죠." 그가 말했어요.

"그렇다면 많은 사람들을 직접 논박하기도 하고 많은 사람들에 게서 |539c| 논박당하기도 하는 바로 그때, 그들은 이전에 믿었던 바로 그것들 가운데 어떤 것도 믿지(hēgeisthai) 않는 지경으로 급전직하하지요. 그리고 바로 이런 것들로 해서 그들 자신만이 아니라 철학에 관련되는 것 전체가 남들에게 비방거리가 되어 버렸어요."

"아주 맞는 말씀입니다." 그가 말했어요.

"그런가 하면, 나이가 더 든 사람은 이런 광기(mania)에는 관여할(metechein) 의향이 없을 것이고, 유희를 위해 유희하며(paidias charin paizōn)[158] 반론하는(antilegōn) 자보다는 대화하며 진리를 숙고할 의향이 있는 자를 더 모방하려 할 것이며, 그 자신이 더 절도 있게 될 뿐만 아니라 |539d| 자기 행실이 더 불명예스러운 쪽으

---

158 『고르기아스』 500b-c 참고.

로가 아니라 더 존중받을 만하게 만들 거예요." 내가 말했어요.

"옳습니다." 그가 말했어요.

"그렇다면 앞에서 이야기된 것들도 모두 이것을 조심하기 위해 이야기된 것 아닌가요? 즉, 논변들에 참여케 할 사람들은 본성이 절도 있고 안정적이어야 한다는 것, 지금처럼 임의로 아무나 전혀 적합하지 않은 사람이 그것을 향해 가면 안 된다는 것 말이죠."

"물론 그렇죠." 그가 말했어요.

8. 반론과 논변 기술, 논변 혐오 및 인간 혐오, 호승심 대 진리 추구

17A.46. 플라톤 『파이돈』 89d1-e4, 90b4-91c6[159]

[전달자: 파이돈; 피전달자: 에케크라테스; 대화자: 소크라테스와 파이돈][160]

|89d| "사람들이 인간 혐오자(misanthrōpoi)가 될 때 그러는 것처럼[161] 우리가 논변 혐오자(misologoi)가 되지 않도록 하자는 거죠. 누군가가 겪을 만한 악으로서" 하고 그[즉, 소크라테스]가 말

---

159 형식상으로는 아니지만 내용상 소크라테스와 고르기아스 사이의 쟁점을 보여 주는 구절. 소크라테스 장에 수록하기는 어렵지만 소크라테스 장 및 고르기아스 장과 비교하며 읽을 필요가 있는 구절이다. 이곳에 사람과 논변에 대해 사용되는 서너 개 긍정적인 형용사들은 플라톤이 선생의 이름을 떠올리게 할 의도를 갖고 자기 선생을 향해 올리는 진지한 찬사라 할 만하다.

160 맥락: 파이돈이 소크라테스와 심미아스, 케베스와의 대화를 한참 전달하고 있다가 중간에 잠깐(88b-89a) 대화 밖으로 나와 에케크라테스와 대화에 관해 이야기를 나누고는 다시 대화 전달로 막 들어간 상황. 즉, 지금 이 주제에 관한 논의가 뭔가 중요한 것이리라는 암시가 든 일종의 숨고르기 후의 이야기.

161 혹은 '사람들이 인간 혐오자가 되는 것처럼', '인간 혐오자가 생겨날 때처럼'.

했지요. "논변들(logoi)을 혐오하게(misēsas) 되는 것보다 더 큰 악이란 없으니까요. 그런데 논변 혐오와 인간 혐오는 같은 방식으로 생겨납니다. 인간 혐오 역시, 기술(tecnē)[162]을 갖고 있지 않아서 누군가를 철석같이 믿고(pisteusai) 그 사람이 그야말로 완벽하게 참되고(alēthēs)[163] 온전하고(hygiēs) 믿을 만하다(pistos)고 생각했다가, 얼마 되지 않아 이 사람이 사악하고(ponēros) 믿을 만하지 못하다(apistos)는 걸 발견하게 되고, 또 다른 사람에게서도 똑같은 일을 겪는 데서부터 빠져들게 되는 거거든요. 그리고 이런 일을 자주, 그것도 특히나 |89e| 자기와 가장 친하고 뜻도 맞는다고 여기는 사람들한테서 겪다 보면, 결국 자주 빡치다가 모두를 혐오하게 되는 데다가 온전한 것이라곤 그 누구에게도 아예 없다고 생각하게 되는 거죠. 당신은 이런 일이 일어난다는 걸 경험해 본 적이 있지 않나요?"

"물론 있지요." 하고 내가 말했어요.

[…]

"그래요. 그럴 거 같아요." 하고 그가 말했어요. "하지만 그런 점에서는 논변들이 사람들과 비슷하지 않지요. 방금 전엔 당신이 앞장서 끌고 가니 난 그저 따라갔던 것뿐인데, 오히려 다음과 같은 점에서 비슷하지요. 누군가가 논변들에 대한 기술(hē peri tous logous technē)을 갖고 있지 않은 상태에서 어떤 논변이 참되다고

---

162 이 기술의 정체는 아래에서 드러난다.
163 혹은 '진실하고'.

믿었다가, 얼마 되지 않아 그것이 그에게 거짓되다는 생각이 (어떤 때는 실제로도 그렇지만, 어떤 때는 실제로는 그렇지 않은데도) 들게 되고, 다른 논변에 대해서도 자꾸 똑같은 일을 겪게 된다고 할 때처럼 말이죠. 특히나 |90c| 반론적 논변들(antilogikoi logoi)로 줄창 시간을 보낸 사람들은 결국, 당신도 알다시피, 자기들이 가장 지혜롭게 되었다고 생각하고, 사물들 가운데서든 논변들 가운데서든 그 어떤 것에도 온전한 것이라거나 확고한(bebaios) 것이라 곤 아무것도 없고 오히려 존재하는 모든 것들은 그야말로 에우리 포스[164]에서와 딱 마찬가지로 이리저리 왔다 갔다 휘둘리면서(anō katō strephetai) 잠시라도 어떤 것 안에서도 머무르지(menei) 않는다는 걸 자기들만이 깨달았다고 생각하지요." 그가 말했어요.

"정말 맞는 말씀이네요." 내가 말했지요.

"그렇다면, 파이돈," 하고 그가 말했어요. "어떤 참되고 확고한 논변이 정말로 있고 그걸 깨달을 수도 있는데도 |90d| 누군가가, 같은 논변들이면서 어떤 때는 참되게 보이고 또 어떤 때는 그렇지 않게 보이는 그런 어떤 논변들과 더불어 지내왔기 때문에, 자신을 탓하거나 자신의 기술 없음(atechnia)을 탓하는 대신에 결국엔 자기가 괴로우니까 잘됐다 싶어(hasmenos)[165] 탓을 자신에게서 논변들 쪽으로 밀어내 버리고는 이후로 남은 삶을 줄창 논변들을 혐오

---

164 에게해의 에우보이아섬과 희랍 본토의 보이오티아 지방 사이에 위치한 해협 (주요 항구는 가장 좁은 지점에 있는 칼키스)이며, 파도가 변화무쌍하고 위협 적인 것으로 잘 알려져 있다.

165 혹은 '냅다'.

하고 헐뜯으며 보내게 되고, 존재하는 것들의 진리와 앎은 빼앗긴 채 보내게 된다면 그건 불쌍한 경험(pathos)이 되지 않을까요?"

"제우스에 걸고 말하는데," 하고 내가 말했지요. "정말 불쌍하죠."

"그럼 무엇보다도" 하고 그가 말하더군요. "이걸 조심합시다. 그리고 |90e| 논변들 가운데 온전한 것이라곤 아무것도 없다는 생각이 우리 영혼 속에 들어오게 내버려 두지 말고, 오히려 그것보다는 훨씬 더, 우리 자신이 아직 온전한 상태가 아니라 오히려 온전한 상태가 되도록 용기를 가져야 하고 열심을 내야 한다(prothymēteon)는 생각이 들어오게 합시다. 당신과 다른 사람들은 이후의 전 삶을 위해서, |91a| 나는 바로 이 죽음을 위해서 말이죠. 지금 나 자신이 바로 이것[166]에 관해 지혜를 사랑하는(philosophōs) 상태가 아니라 마치 아주 교육 못 받은(apideutoi)[167] 사람들처럼 호승심을 가진(philonikōs) 상태에 있는 것 같거든요. 저 사람들 역시 어떤 것에 관해 논쟁을 벌일(amphisbētōsin) 때에는 논변이 주제로 삼고 있는 것들이 실제로 어떠하냐에는 신경 쓰지 않으면서도 자신들이 입론으로 세운 것들이 곁에 있는 사람들에게 받아들여질 수 있게 하는 데는 열심을 보이니까요. 그리고 난 지금 저들과 다음과 같은 점만큼만 차이가 나게 될 것 같습니다. 내가 이야기하는 것들이 곁에 있는 사람들에게 참되다고 여겨지게 되도록 하는 데는, 부차적이라면 모를까 열심을 낼 게 아니고, 오히려 나 자

---

166 즉, 죽음.
167 혹은 '교양 없는'.

472

신에게 최대한 그렇다고 여겨지게 되도록 하는 데 열심을 낼 거니까요. |91b| 난, 친애하는 벗이여, 이렇게 계산하거든요. (얼마나 내가 욕심이 과한지(pleonektikōs) 보세요.) 내가 이야기하는 것들이 마침 참되다면 설득된다는 게 정말 멋진 일이고, 죽은 후에 아무 것도 없다면 그래도 어쨌거나 죽기 전의 바로 이 시간 동안만큼은 내가 비탄에 빠짐으로써 곁에 있는 사람들에게 불쾌하게(ahēdēs) 되는 일이 적어질 거고,[168] 나의 이 무지는 나와 계속 끝까지 가는 (syndiatelei) 게 아니라(그렇게 된다면 나쁜 일이거든요.) 얼마 후엔 소멸한다(apoleitai)고 말이죠. 그러니까 난," 하고 그가 말했어요. "심미아스와 케베스, 이렇게 준비가 된 상태에서 그 논변[169]을 향해 갑니다. 하지만 당신들은 |91c| 만약에 내 말을 따르겠다면,[170] 소크라테스에게는 조금만 신경 쓰고 오히려 진리에 대해서는 훨씬 더 많이 신경 쓰면서, 뭔가 내가 참된 이야기를 하는 걸로 당신들에게 여겨지면 동의를 하고 그렇지 않으면 온갖 논변을 다 동원해서 반박하세요(antiteinete). 내가 열심(prothymia)으로 인해 나 자신만이 아니라 당신들까지도 한꺼번에 기만하고서 마치 벌처럼 당신들 안에 박힌 내 침(kentron)을 남겨 두고 떠나지(enkatalipōn) 않도록 조심하면서 말이에요."

---

168 '파스칼의 내기' 논변을 연상케 하는 논의다.

169 즉, 당신들의 논변.

170 혹은 '내 말에 설득이 된다면'.

17A.47. 플라톤『파이돈』101b10-102a3

[전달자: 파이돈; 대화자: 소크라테스와 심미아스-케베스]

"그럼 이건 어떤가요? 하나에 하나가 덧붙여질(prostethentos) 때 그 덧붙임(prosthesis)이 |101c| 둘이 됨의 원인이라거나, 혹은 하나가 쪼개질(diaschisthentos) 때 그 쪼개짐(schisis)이 그렇다고 이야기하는 걸 당신은 조심하지 않을까요? 그리고 당신은 크게 외칠 겁니다. 각 사물(hekaston)[171]이 분유하는(metaschēi) 각 사물 고유의 본질(ousia)을 분유함 말고 각 사물이 다른 어떤 방식으로 생겨나는지 당신은 알지 못한다고, 그래서 이 경우에도 둘임(duas)을 분유함 말고 둘이 됨의 다른 어떤 원인(aitia)을 갖고 있지 않다고, 그리고 둘이 되려는 것들은 이것을, 그리고 하나가 되려는 것은 하나임(monas)을 분유해야 한다고 말이죠. 그리고 당신은 이 쪼개짐과 덧붙여짐 그리고 그 비슷한 다른 정교한 사항들은 당신 자신보다 더 지혜로운 사람들더러 대답하라 맡기며 그냥 내버려 둘 겁니다. |101d| 그리고 당신은 속담마따나 당신 자신의 그림자를, 즉 미숙함(apeiria)[172]을 두려워해서 우리 가정(hypothesis)의 저 안전함에 의지하면서 그렇게 대답할 겁니다. 그런데 누군가가 그 가정을 물고 늘어진다면 당신은 그냥 내버려 두고 그 가정에서 도출된(hormēthenta) 것들이 당신에게서 서로 합치하는지

---

171 '사물'에 해당하는 단어가 따로 들어 있지는 않지만 편의상 넣어 읽었다. 직역하면 '각각의 것'. 이하 마찬가지.

172 혹은 '무경험'.

(symphōnei) 아니면 어긋나는지(diaphōnei)를 살펴보기 전까지는 대답하지 않을 겁니다. 그리고 당신이 그 가정 자체에 대해 설명을 해야 할 때는, 이번에는 더 상위의 것들 가운데 최선으로 보이는 다른 가정을 가정해서 똑같이 설명하게 될 거고, 충분한 어떤 것에 다다를 때까지 그렇게 할 겁니다. |101e| 그러면서 당신은 반론에 능한 사람들(hoi antilogikoi)이 그러듯 시작점(archē)에 관해서 나누는 이야기와 그것으로부터 도출된 것들에 관해서 나누는 이야기를 뒤섞어 놓지는(phyroio) 않을 겁니다. 적어도 존재하는 것들 가운데 뭔가를 발견하고 싶다면 말이죠. 저들에겐 아마도 이것에 관한 이야기(logos)가 하나도 없을 뿐만 아니라 일말의 관심(phrontis)조차 없거든요. 지혜에 의해 모든 것들을 함께 섞어 놓으면서도(kykōntes) 스스로 자신들에게 만족스러울 수 있을 만큼 유능한(hikanoi) 거죠. 반면에 당신은 적어도 당신이 지혜를 사랑하는 사람들 가운데 하나라면 |102a| 내가 이야기하는 대로 할 거라고 난 생각합니다."

"정말 맞는 말씀입니다."라고 심미아스와 케베스가 동시에 말하더군요.

9. 5세기 수사학사, 특히 수사학 이론사 및 교육사

17A.48. 플라톤 『파이드로스』 266c1-268a1 (DK 80A26)[173]

---

173 7A.5 포함. 이후 차례로 9B.2, 2B.44, 3B.8, 4B.11, 1B.55, 7B.18 포함. 소피

소크라테스: […] 그런데 이제, 당신과 뤼시아스에게서 배운 사람들은 뭐라고 불러야 하나요? 아니면 바로 그 말들의 기술(hē logōn technē)이라는 게 이건가요? 트라쉬마코스와 다른 사람들이 바로 그걸 구사해서 자신들은 말하는 데 지혜로워져 있고 남들도 그들에게 마치 왕들에게 그러듯 선물을 가져올 용의만 있다면 그렇게 만들어 주는 그 기술 말이에요.

파이드로스: 그들이 왕 같은 사람들이긴 하지만 당신이 묻고 있는 바로 그것들에 대해 아는 사람들은 아니죠. 오히려 당신이 이 부류를 변증에 능하다(dialektikon)고 부를 때 제대로 부르는 거라고 적어도 내겐 생각이 되네요. 반면에 수사에 능하다(rhētorikon)는 건 여전히 우리를 피해 빠져나가는 걸로 보이고요.

|266d| 소크라테스: 무슨 말인가요? 이것들에 포함되지 않으면서도 기술로 포착되는 거라면 아마도 뭔가 아름다운 것일 텐데요? 아무튼 어느 모로 보나 그것을 당신도 나도 무시하면 안 되고 수사학의 남은 부분이 무엇인지도 이야기해야 합니다.

파이드로스: 내가 보기엔 그야말로 대단히 많지요, 소크라테스. 말들의 기술에 관해 써 놓은 책들에 들어 있는 것들이 말입니다.

소크라테스: 아주 멋지게 상기시켜 주었군요. 내 기억에, 연설 (logos)의 시작에서는 서론(prooimion)이 첫 번째로 이야기되어야

스트와 수사학에 대한 폄하가 담긴 17A.29나 연설의 차례에 관한 내용을 언급하는 15B.16을 참고할 것. 그리고 2B.70의 39절에는 여기 '연설의 장인'에 관한 언급이 나온다. 맥락: 소크라테스는 자신이 중시하는 모음과 나눔에 능한 사람을 변증가(dialektikoi)라 불러 왔다.

한다고 하던데, 이런 것들을 이야기하는 거죠? 아닌가요? 그 기술의 세련된 부분들이라는 게?

|266e| 파이드로스: 그렇습니다.

소크라테스: 그리고 두 번째로는 어떤 서사(dihēgēsis) 및 그에 따른 증언(martyria)이, 세 번째로는 증거들(tekmēria)[174]이, 네 번째로는 그럴법한(eikota) 것들이 나와야 하고요. 그리고 내가 기억하기로, 가장 훌륭한 연설의 장인(logodaidalos)인 저 뷔잔티온 사람은 확증(pistōsis)과 추가 확증(epipistōsis)[175]을 이야기하지요.

파이드로스: 그 쓸 만한 사람 테오도로스 말인가요?

|267a| 소크라테스: 물론입니다. 그리고 고발과 항변에서 논박(elenchos)과 추가 논박(epexelenchos)을 어떻게 해야 하는지도[176] 그는 이야기하지요. 그런데 아주 아름다운 파로스 출신 에우에노스는 우리가 논의의 장에 끌어들이지 않나요? 처음으로 암시(hypodēlōsis)와 간접 칭찬들(parepainoi)을 발견한 사람 말이에요. 그리고 어떤 사람들은 그가 간접 비난들(parapsogoi)을 기억을 위해 운율에 맞춰서 이야기하기(legein)도 한다더라고요. 지혜로운 사람이거든요. 그런데 테이시아스와 고르기아스는 가만히 쉬게 둘까요? 그들은 참된 것들(ta alēthē)보다 우선해서 그럴법한 것들(ta eikota)을 더 소중히 여겨야 할(timētea) 것으로 보았고(eidon), 또

---

174 혹은 '증명들'.
175 혹은 '심화 확증'. 아래도 마찬가지.
176 혹은 '고발과 항변에서는 논박과 추가 논박을 해야 한다는 것도'.

이야기(logos)[177]의 힘(rhōmē)을 통해서 작은 것들은 큰 것으로, 큰 것들은 작은 것으로, |267b| 또 새로운 것들은 오래되게, 그 반대 것들은 새롭게 보이도록(phainesthai) 만들며, 무엇에 관해서든 이야기들을 압축해서 펼치는 법(syntomia … logōn)도 무한히 길게(apeira mēkē) 이야기하는 법도 발견해 냈지요(aneuron). 그런데 언젠가 프로디코스가 이것들에 대해 내게서 듣더니 웃더군요.[178] 그러더니 자기만이 말들의 기술이 필요로 하는 것들을 발견했다고 말하더군요. 길어도 안 되고 짧아도 안 되고 적당해야 한다고 말이죠.

파이드로스: 정말 가장 지혜롭군요, 당신은, 프로디코스!

소크라테스: 그런데 히피아스는 우리가 이야기 안 하나요? 내 생각엔 그에게 찬성표를 던질 생각일 거 같은데 말이에요. 그 엘리스 출신 손님이 말이죠.

프로디코스: 왜 안 그러겠어요?

소크라테스: 그런데 이번엔 폴로스의 말들의 뮤즈의 전당들(mouseia logōn),[179] 예컨대 |267c| 단어 반복(diplasiologia)과 금언조(gnōmologia)와 비유조(eikonologia) 같은 것들에 대해서는 우리가 뭐라고 의사 표명을 할까요(phrasōmen)? 멋진 표현을 만들어 내는 데 쓰라고 그에게 리큄니오스가 제공했던 단어들에 대해서는 또 뭐라고 할까요?[180]

---

177 혹은 '말', '논변'.

178 혹은 '이것들을 듣더니 날 비웃더군요.'로 옮기는 것도 가능하다.

179 알키다마스에게 이 비슷한 제목의 저서가 있었다. 15장 B의 5절을 참고할 것. 여기도 책 제목일 가능성이 있다.

파이드로스: 그런데 프로타고라스에도 정말로 그 비슷한 어떤 것들이 있지 않았나요, 소크라테스?

소크라테스: 바로 모종의 말의 옳음(orthoepeia)[181]이란 거죠, 어린 친구,[182] 다른 많은 아름다운 것들도 있고요. 게다가 노령과 가난 쪽으로 이야기를 끌고 가서 제대로 동정을 자아내는 연설들(logoi)로 말할 것 같으면, 내가 보기에 예의 그 칼케돈 사람의 힘(sthenos)[183]이 기술로 그 연설들을 장악했던(kekratēkenai) 것 같네요. 그 자신도 말했던 것처럼, 이 사람은 "많은 사람들을 분노에 사로잡히게 하는(orgisai)" 데도 |267d| "이미 분노에 사로잡힌 사람들에게" 다시 "주문을 외워(epāidōn) 홀리는(kēlein)[184]" 데도 동시에(hama) 능수능란했지요(deinos). 그는 어떤 소재를 가지고서든 비방을 하는 데도 비방에서 벗어나게 하는 데도 최강이지요(kratistos). 그런데 연설들의 끝(telos)에 대해서는 그들 모두가 공히 같은 생각인 것 같네요. 어떤 사람들은 그걸 재요약(epanodos)이라고 부르는

---

180 할리카르나소스의 디오뉘시오스(기원전 30년경 전성기)도 이 두 사람을 고르기아스의 제자로 함께 언급한 바 있다(2B.64). 이 책에서는 고르기아스 계열을 대표할 만한 제자 소피스트로 이 두 사람 대신 알키다마스에게 장을 할애했다. 이 책의 문을 조금 더 연다면 폴로스가 아마도 입장하게 될 첫 순번 대기자가 아닐까 싶다.

181 혹은 '옳은 말 쓰기'. 이것 역시 책 제목일 가능성도 있다.

182 혹은 '소년이여'.

183 '예의 그 기운찬 칼케돈 사람'이라고 의역해도 되는데 굳이 직역한 이유에 관해서는 7B.18의 해당 주석을 참고할 것.

184 혹은 이 맥락만 보면 '구슬리는'이 더 어울리는 번역어다. 다른 곳에서도 주목해야 하는 용어여서 자연스러움보다 통일성을 취하기로 한다.

데, 다른 사람들은 또 서로서로 다른 이름들을 붙이지요.

파이드로스: 말미에 각각의 것들을 요점만 말해서 듣는 사람들에게 이야기된 것들에 관해 상기시켜 주는 것을 이야기하는 건가요?

소크라테스: 그거 이야기하는 거예요. 그리고 당신 자신이 말들의 기술에 관해서 다른 뭔가 말할 걸 갖고 있다면….

파이드로스: 그저 소소한 것들이어서 이야기할 만한 것들은 아니에요.

|268a| 소크라테스: 그럼 소소한 것들은 그냥 내버려 둡시다.

B. 소피스트적인 사상이나 운동을 대변하는 발언들[185]

1. 진보된 최신 첨단의 지혜/기술로서의 소피스트술: 공적, 사적 영역 모두에 유능함(옛 지혜자들과의 비교)[186]

17B.1. 플라톤 『대 히피아스』 281c3-282b4[187]

---

185 망라적이거나 요점적인 것이 아니라 보완적인 부분이다. 대체로 앞의 개별 소피스트들에게 귀속되지 않는(혹은 누군가는 그 귀속에 대해 의심을 가질 수도 있는) '소피스트적' 발언이나 태도를, 대표성과 교육적 가치를 염두에 두고 제한적으로만 등재, 소개하기로 한다.

186 cf. 17A.19.

187 4A.5로부터 이어짐. 이후 2A.8, 3A.13, 17A.14, 1A.9, 4A.6, 17B.2, 6B.18로 이어짐.

소크라테스: […]¹⁸⁸ 그런데요, 히피아스, 지혜에 대해서 그 이름이 크게 불리고 있는 저 옛사람들이, 즉 피타코스와 비아스, 그리고 밀레토스의 탈레스와 그의 주변 사람들, 그리고 아낙사고라스에까지 이어지는 더 나중 사람들까지도, 모두 다 혹은 그들 중 상당수가 정치적인 활동들(politikai praxeis)을 멀리한 게 분명한데 그 까닭이 도대체 뭘까요?

히피아스: 그들이, 소크라테스, 무능해서(adynatoi) |281d| 현명(phronēsis)을 가지고 공적인 일들과 사적인 일들 둘 다에 손을 뻗칠(exikneisthai) 만한 충분한 능력이 없었다는 것 말고 뭐가 있을 거라고 당신은 생각하나요?

소크라테스: 그럼, 제우스에 걸고 묻는데, 다른 기술들이 진보를 이룬(epidedōkasi) 터여서 지금 장인들에 비해 옛 장인들이 형편없는 것과 꼭 마찬가지로, 당신들 소피스트들의 기술도 진보를 이룬 터여서 옛사람들 가운데 지혜에 관련된 사람들이 당신들에 비해 형편없는 거라고 우리 말할까요?

히피아스: 물론이에요, 아주 제대로 이야기하셨네요.

소크라테스: 그렇다면 이제, 히피아스, 비아스가 다시 살아나서 우리에게 온다면, |282a| 당신들과 비교되어 비웃음을 사겠네요. 마치 다이달로스도 지금 태어나서 그가 그런 명망을 갖게 된 연유가 된 것들과 비슷한 것들을 만들어 낸다면 웃음거리가 될 거라고 조각가들이 말하는 것처럼 말이죠.

---

188 생략된 부분에 히피아스에 관한 언급이 나온다(4A.5).

히피아스: 바로 그래요, 소크라테스, 당신이 이야기하는 대로예요. 하지만 나 자신은 옛사람들과 우리보다 앞선 사람들을 지금 사람들보다 더 앞세워서 그리고 더 많이 찬양하는 게 버릇이 되어 있습니다. 살아 있는 사람들에게선 시기(phthonos)를 조심하고 죽은 사람들에게선 분노(mēnis)를 두려워해서죠.[189]

|282b| 소크라테스: 당신 참, 히피아스, 단어 구사도 생각도 아름답게 하고 있네요, 내가 보기엔. 당신 말이 맞다고, 그리고 사적인 일들과 더불어 공적인 일들까지 행할 능력을 갖추는(dynasthai)데 있어서 당신들의 기술이 정말로 진보를 이룬 상태라고, 당신 주장에 나도 증인으로 한마디 보탤 수 있겠네요.[190]

2. 자신을 위한 지혜: 보수

17B.2. 플라톤 『대 히피아스』 282e9-283b3[191]

---

189 '시기'의 원어 '프토노스'(phthonos)는 일상어에 속하지만, '분노'의 원어 '메니스'(mēnis)는 매우 비일상적 혹은 의고적(호메로스적)인 단어다. 당대인들에게도 그랬겠지만, 『일리아스』 첫마디를 떠올리게 한다. 시기에 관해서는 히피아스에게 귀속되는 발언이 전해진다(DK 86B16: 4B.38). 히피아스가 유념해서 다룬 것으로 보이는 시기-비방 쌍은 특히 플라톤 『변명』의 단골손님이기도 하다. 인간의 시기-신의 분노 쌍은 고르기아스(DK 82B6: 2B.23)에도 등장한다.

190 이후 고르기아스(2A.8), 프로디코스(3A.13), 소피스트 일반(17A.14), 프로타고라스(1A.9)에 대한 언급이 이루어지고 이에 대한 히피아스의 반응(4A.6) 후에 소크라테스의 발언(17B.2)으로 이어진다.

191 4A.5, 17B.1, 2A.8, 3A.13, 17A.14, 1A.9, 4A.6으로부터 이어짐. 6B.18

[화자: 소크라테스; 청자: 히피아스]

그야말로 아름답고 큰 증거(tekmērion)를 이야기하셨네요, 히피아스. |283a| 옛사람들과 비교해서 당신 자신과 지금 사람들의 지혜가 얼마나 월등한가에 대한 증거 말이에요. 당신 이야기에 따르면 이전 사람들의 무식(amathia)이 크지요.[192] 당신들에게 일어난 일과 정반대의 일이 아낙사고라스에게 일어났다고들 하니까요. 그에게 많은 돈이 남겨졌는데 그가 소홀히 해서 전부를 잃게 되었다는, 그러니까 그 정도로 그는 지성 없이(anoēta)[193] 지혜를 행사했다(sophizesthai)[194]는 거죠. 다른 옛사람들에 관해서도 그 비슷한 다른 이야기들을 하고요. 그러니까 내겐 당신이 이것을, 이전 사람들에 비해 요즘 사람들이 가진 지혜에 관해서 아름다운 증거로서 드러내는 걸로 생각됩니다. |283b| 그리고 많은 사람들이 생각을 같이하지요(syndokei). **지혜로운 사람 자신은 무엇보다도 자신을 위해 지혜로워야 한다**[195]는 것 말입니다. 그리고 이것의 기준은 바로, 누가 돈을 가장 많이 버느냐는 겁니다.

포함. cf. 소크라테스 장 B의 5절, 특히 6B.18.

192 'peri Anaxagorou legetai'를 삭제하자는 스탈바움의 제안을 받아들였다. 원래 사본대로 읽으면 '무식이 크지요' 대신 '무식이 크다고 아낙사고라스와 관련해서 이야기가 되지요'가 된다.

193 아낙사고라스가 늘 강조해 마지않던 것으로 보이는 '누스'(nous), 즉 지성이 정작 그에게 없었다는 언어 유희다.

194 혹은 '소피스트 노릇을 했다'.

195 이 말이 소크라테스의 입에서 나왔다는 것이 의미심장하다. 소크라테스와 다중이, 혹은 소피스트들이 같은 말을 서로 다른 뜻으로 했을 수 있다. 그런 까닭에 소크라테스 장 6B.18에도 포함시켰다.

3. 문답: 되묻지 말고 문답을 진전시키라

17B.3. 플라톤 『에우튀데모스』 295b6-c11[196]

[전달자: 소크라테스; 청자: 크리톤; 대화자: 에우튀데모스와 소크라테스]

"부끄럽지 않나요." 하고 그[즉, 에우튀데모스]가 말했어요. "소크라테스, 질문을 받았는데 되레 질문을 하고 있는 게?"

"좋아요." 하고 내가 말했지요. "하지만 내가 어떻게 해야 할까요? 당신이 시키는 대로 할 테니까요. 당신이 뭘 묻는지 알지 못할 때도 되묻지 말고 그냥 대답을 하라고 나한테 시키는 건가요?"

|295c| "내가 무슨 말을 하는지 분명 조금이나마 짚이는 (hypolambaneis) 게 있을 테니까요." 그가 말하더군요.

"그야 물론 그렇죠." 내가 말했어요.

"그러니까 짚이는 바에 대해서 대답하세요."

"그럼 어떤가요?" 하고 내가 말했지요. "당신은 이런 방향으로 생각하면서 묻는데 나는 저런 방향으로 넘겨짚게 되어 결국 그것에 대해 대답을 한다면, 당신은 내가 경우에 맞는 대답을 전혀 못 하게 되더라도 만족스러운가요?"

"나로선 그래요." 하고 그가 말하더군요. "물론 내가 보기에 당신은 아니겠지만 말이에요."

---

196 cf. 11B.6의 맥락 속에 있는 대화.

"그럼 제우스에 맹세코 난 대답을 하지 않겠습니다." 하고 내가 말했지요. "물어보기(pythōmai) 전엔 말이에요."

"당신은" 하고 그가 말했어요. "내내 짚이는 게 있는 것들에 대해 대답을 하지 않겠다는 거네요. 허튼소리나 하면서(phlyareis) 정도 이상으로 구닥다리인(archaioteros ... tou deontos) 걸 보면."

4. 반론: 반론을 맞세우라

17B.4. 에우리피데스 『안티오페』 단편 189 (단편 21.1-2 TLG)[197]

합창 가무단: 누군가가 말하는 데 지혜롭다면(legein ... sophos), 어떤 일(pragma)[198]로부터든 이중 논변(dissoi logoi)의 경연(agōn)을 마련할(theit') 수 있을 겁니다.

17B.5. 플라톤 『파이드로스』 272c10-11[199]

[화자: 소크라테스; 청자: 파이드로스]

어쨌거나, 파이드로스, 늑대의 입장도 말해 주는 것이 정의롭다 (dikaion)고들 하지요.[200]

---

197 cf. 1B 5절의 1B.28, 1B.29, 1B.30, 그리고 커퍼드(1981a) 84쪽.

198 혹은 '사물'.

199 cf. 6A.46.

200 밀(J.S. Mill)은 『자유론』(*On Liberty*)(1859)에서 담론이 생생하고 건강한 활력을 유지하려면 반론과 대조되어야 하고 주류 담론에 대해 가용한 반론이 없다면 일부러 '악마의 대변자'(devil's advocate)를 세워서라도 반론과의 대조를 꾀해야 한다고 주장한 바 있다. 소피스트들이 연습하고 실행하고 유포했던

5. 하찮은 것에 대한 찬양(찬양의 산문화)[201]

17B.6. 플라톤 『향연』 177b4-c1 (DK 84B1)[202]

[화자: 파이드로스; 전달자: 에뤽시마코스; 청자: 다른 향연 참석자들]

또 그러고 싶다면 쓸 만한(chrēstoi) 소피스트들을 살펴볼 수도 있겠는데, 그들은 헤라클레스와 다른 이들에 대한 칭찬들(epainoi)을 산문으로 짓고 있지요. 가장 훌륭한(beltistoi) 프로디코스 같은 사람이 말이에요. 이건 그다지 놀라운 일이 아니지만, 나는 언젠가 지혜로운 사람이 쓴 어떤 책을 접한 적이 있는데 거기엔 소금이 그 이로움과 관련해서 놀랄 만큼 칭찬을 받는 내용이 들어 있더군요. 또 이런 다른 |177c| 숱한 것들이 찬양된 바 있다는 걸 당신은 알 수 있을 거예요.

6. 그럴법함과 진실

17B.7. 투키디데스 『역사』 1.20-22[203]

|20| 그러니까 내가 발견해 낸 옛날 일들이 이런 것들인데, 모

안틸로기아야말로 바로 그런 지적 훈련과 연마의 유력한 모델이다.

201 cf. 14장 B 5절(뤼라 찬양).

202 3B.43과 일부 중복. 『향연』의 세 '소피스트' 용례 중 나머지 둘은 203d(17A.15)와 208c(이것에 관해서는 17A.9 말미의 관련 주석을 참고할 것.)에 나온다.

203 맥락: 펠로폰네소스 전쟁의 역사를 기록하는 책의 서두에서 저자가 자신의 역사 서술의 정신과 방법에 관해, 자기 저작의 가치와 위상에 관해 밝히고 있다.

든 증거(tekmērion) 하나하나를 낱낱이 다 신뢰하기란 어렵다. 사람들은 심지어 자기 나라에 대한 것들조차, 앞서 산 사람들에게서 전해 들은 것들을 별다른 검증 없이(abasanistōs) 서로에게서 들은 그대로 받아들이기 때문이다. […]

[3] 또한 지금 벌어지고 있고 아직 시간에 의해 망각되지 않은 다른 일들 가운데서도 다른 희랍인들이 옳지 않게 생각하고 있는 것들이 여전히 많다. […] 이렇게 다중은 진실에 대한 탐색(hē zētēsis tēs alētheias)을 공들여 하지 않으며 당장에 접하는 것들을 쉽게 받아들이는 경향이 있다.

|21| 그렇지만 언급된 증거들로부터 누군가가 무엇보다도 내가 개진한 것들만큼을 믿는다면 그리 잘못하는 일이 아닐 것이다. 그것들에 관해서 더 크게 장식하면서 노래하는 시인들의 말에 휘둘려 더 많은 것을 믿지도 않고, 보다 진실에 가깝게 가려 하기보다는 청중의 이목을 더 잘 끌기 위해 글을 짓는 연설 작성가들(logographoi)의 말에 휘둘리지도 않는 것이기에 그렇다. 그것들은 검증될 수 없고(anexelenkta) 그것들 대부분이 시간이 많이 흘렀기에 이젠 신뢰할 수 없게(apistōs) 설화적인 부류(to mythōdes)[204]로 완전히 이행해 버렸는데, 그렇게 충분히 오래된 일들인 점을 감안하면 가장 분명한 표지들(sēmeia)[205]로부터 발견이 이루어진 것이라고 생각할 수 있는 것이다. […]

---

204 혹은 '신화적 성격을 띤 것'.
205 혹은 '신호들'.

|22| 각 사람들이 전쟁을 앞두고서 혹은 이미 전쟁에 들어서서 연설로 말한 것들에 대해 말하자면, 이야기된 것들을 꼭 그대로 정확히 기억해 내기란 그것들을 들은 나 자신에게도 다른 어딘가로부터 듣고 내게 알려준 사람들에게도 어려운 일이었다. 그래서 각 사람들이 매번 곁에 있는 것들에 관해 마땅한 것들(ta deonta)²⁰⁶을 가장 잘 말한다고 내게 보이는 대로 이야기가 되었고, 그렇게 이야기를 하면서 나는, 실제로(alēthōs) 이야기된 것들의 전체 대의(sympasa gnōmē)에 가능한 한 가깝게 붙어 있으려고 노력했다.

[2] 그런가 하면 전쟁 중에 실제로 행해진 것들에 대해서는 마침 마주치게 된 출처로부터 알아내서 쓰는 것이 적절치 않고, 내게 드는 생각대로 쓰는 것 또한 적절치 않다고 나는 생각했다. 오히려 내가 직접 곁에 있던 것들이든 남들에게서 들은 것들이든 간에 각각에 관해 가능한 한 정확하게(akribeiāi) 검토해서(epexelthōn) 쓰는 게 적절하다고 생각했다.

[3] 그러면서도 발견은 큰 수고 끝에 이루어졌다. 각 사건들 곁에 있던 사람들은 똑같은 것들에 관해 똑같은 이야기를 하지 않고 양편 중 어느 한쪽에 대한 호의에 의존하거나 기억에 의존하여 이야기를 하고 있었기 때문이다. [4] 그리고 그것들이 설화적인 부류가 아니어서 듣기에 덜 즐겁게(aterpesteron) 보일 수도 있을 것

---

206 고르기아스 『헬레네 찬양』(2B.13) 2에 '마땅한 것'을 말하는 것에 관한 언급이 나온다. 『이중 논변』 5.9-10(13B.5)에도 '마땅한 상황[/때]'에 말하는 것에 관한 논의가 나온다.

이다. 하지만 이미 일어난 일들과, 인간 세상의 이치에 따라 언젠가는 똑같이 혹은 비슷하게 다시 일어나게 될 일들에 대해 분명한 것(to saphes)을 살펴보고 싶어 하는 사람들이 그것들을 이롭다고 판단한다면, 그것으로 족할 것이다. 이 책은 당장 듣기 위한 경연용 연설(agōnisma es to parachrēma akouein)로서가 아니라 오히려 영원히 간직할 소유물(ktēma ... es aei)로서 썼다.[207]

7. 신과 종교[208]

17B.8. 에우리피데스『벨레로폰』단편 286
누군가가 정말로 하늘에 신들이 있다고 말하는가?
그들은 있지 않다. 있지 않다. 인간들 가운데 누군가가
어리석게도 옛 논변을 이용할 의향이 없다면 말이다.

[8-9. 법(관습)과 자연(본성)]

8. 법과 자연 1: 자연으로서의 법(자연적 정의)

17B.9. 소포클레스『안티고네』450-460a

---

207 혹은 '이 책은 당장 소용될 경연용 연설이 아니라 오히려 영원히 간직할 소유물이라는 말을 듣기 위해 썼다.'

208 cf. 프로타고라스『신들에 관하여』(1장 B의 11절), 프로디코스의 신과 종교의 기원 논의(3장 B의 13절), 크리티아스『시쉬포스』(10장 B의 8절).

[화자: 안티고네; 청자: 크레온]

나에게 이런 명령들을 내린 게 제우스가 아니었고,

저 아래 신들과 함께 사는 디케도

인간들 사이에 저런 법들을 정해 주지 않았으니까요.

난 당신의 명령들(kērygmath')이 다음과 같은 정도의 힘을 갖고

있다고 생각하지도 않았어요. 써지지 않고 흔들리지 않는, 신들의

법령들(nomima)을 가사자가 어길 수 있을 정도의 힘 말이에요.

이것들은 그저 어제 오늘이 아니라

언제고 늘 살아 있으며, 어디서 나왔는지는 아무도 모르니까요.

내가 이것들로 인해 신들 사이에서 대가를 치르게

되는 것은 그 어떤 인간의 포부(phronēma)를

두려워해서가 아니에요.

17B.10. 아리스토텔레스 『수사학』 1.13, 1373b2-13

정의로운 일들과 부정의한 일들은 두 법과 관련해서, 그리고
두 가지 방식으로 있는 사람들과 관련해서 규정되어 있다. 내 말
은, 어떤 법은 특수하고(idios) 어떤 법은 공통된다(koinos)는 것이
다. 특수한 법이란 각 사람 집단이 자신들과 관련해서 규정해 놓
은 것으로, 써지지 않은 법과 써진 법으로 나뉘는 반면, 공통된 법
이란 자연에 따른(kata physin) 법이다. 설사 서로 간에 아무 공유
관계(koinōnia)[209]도 없고 계약(synthēkē)도 없다 해도, 자연에 의해

---

209 혹은 '공동체'.

(physei) 공통되게 정의롭다거나 부정의하다고 모두가 촉으로 직감하는(manteuontai) 뭔가가 있는 것이다. 예컨대, 소포클레스의 안티고네가 폴뤼네이케스를 묻어 주는 일이 설사 금지되어 있더라도 정의로운 일이라고 이야기할 때도 이것이 자연에 의해 정의로운 일이라고 여기고 있음이 분명하다.

"이것²¹⁰은 그저 어제 오늘이 아니라

언제고 늘 살아 있으며, 어디서 나왔는지는 아무도 모르니까."²¹¹

라고 말이다.

9. 법과 자연 2: 관습으로서의 법(사회 계약)

17B.11. 플라톤 『국가』 2권, 358e4-359b7²¹²

[화자: 글라우콘; 청자이자 전달자: 소크라테스]

---

210 소포클레스의 원문(17B.9)에는 '이것들'로 되어 있으며, 직전에 안티고네 자신이 언급한 '신들의 써지지 않은 법령들', 즉 신적 불문율(不文律)들을 가리킨다.

211 소포클레스 『안티고네』 456-457(17B.9).

212 7B.25에 포함. 나는 이 대목을 기본적으로 트라쉬마코스 장에 포함시킨다. 그러나 설사 그런 귀속이 문제가 있다고 하더라도 적어도 어떤 소피스트(들)에 귀속될 수 있음은 거의 분명하므로 여기에 그 일부를 다시 등재하기로 한다. GW는 무명 저자에게 귀속시킨다(309-310쪽). 맥락: 7B.25의 맥락 안내를 참고할 것.

그들은 말하길, 자연적으로는(pephykenai) 불의를 행하는 게 좋은 것이고 불의를 당하는 게 나쁜 것인데, 불의를 당하는 것의 나쁨이 불의를 행하는 것의 좋음을 훨씬 더 넘어선다(hyperballein)는 겁니다. 그래서 서로에게 불의를 행하기도 하고 당하기도 하면서 둘 다를 맛보게(geuōntai) 되면, |359a| 하나는 피하고 다른 하나는 취할 능력을 갖고 있지 않은 사람들로서는 불의를 행하지도 불의를 당하지도 말자고 서로와 더불어 계약을 맺는(synthesthai) 게 득이 된다는 생각이 드는 거죠. 그리고 바로 그것으로부터 자기들의 법들(nomoi), 즉[213] 계약들(synthēkai)을 정하기(tithesthai) 시작했고, 법에 의한 명령(epitagma)을 합법적(nomimon)이고 정의로운 것이라 부르게 되었으며, 바로 이것이 정의의 기원(genesis)[214]이자 본질(ousia)이라는 겁니다. 가장 좋은 것은 불의를 행하고도 대가를 치르지 않는 것이고 가장 나쁜 것은 불의를 당하고도 갚아줄 능력이 없는 것인데, 그 둘의 중간이라는 거죠. |359b| 정의로운 것은 이 양자의 중간에 있는 것인데, 좋은 것으로서 반기는(agapasthai) 게 아니라 불의를 행할 힘이 없어서(arrhōstia) 존중되는 것뿐이라는 겁니다. 그걸 행할 능력이 있는 사람, 즉 진정한 사내(hōs alēthōs anēr)는 도대체 그 어느 누구와도 불의를 행하지도 불의를 당하지도 말자는 계약을 맺지(synthesthai) 않을 테니까요. 그건 미친 짓일 거라고 말이죠. 그러니까 정의의 본성(physis)이란

---

213 직역은 '법들과'.
214 보다 직역에 가깝게는 '생성'.

게 바로 이것이고 이러하며, 이런 것들로부터 그런 본성을 가지게
된 겁니다. 그 논변[215]에 따르면 말입니다.

10. 정치 체제에 관한 논의

17B.12. 헤로도토스 『역사』 3.80-82[216]

|80| 5일이 지나 소란이 잦아들었을 때 마고스들에 맞서 일어선
사람들은 사태 전반에 관해 숙의하게 되어 다음의 연설들(logoi)이
행해졌는데, 희랍인들 중 일부는 믿지 못하지만 실제로 행해진 것
이었다. /2/ 오타네스는 다음과 같이 이야기하면서 페르시아인들
모두에게 공적인 일들을 맡길 것을 촉구했다. "더 이상 한 사람이
우리의[217] 일인 지배자(mounarchos)가 되는 건 좋지 않다고 난 생

---

215 358c에서 말한 '트라쉬마코스의 논변'을 가리킨다.

216 맥락: 기원전 522년 페르시아에서 폭정을 행한 캄뷔세스 2세가 이집트 원정
으로 장기간 자리를 비운 틈을 타 마고스들(스메르디스와 파티제이테스 형제)
이 반란을 일으켜 정권을 장악했다. 이에 다리우스를 포함한 일곱 귀족이 이
들로부터 다시 정권을 탈환하려는 시도를 벌이게 되는데, 그 시도에 성공한
후에 그들이 함께 모여 향후 어떤 정치 체제를 채택할지를 두고 논의하게 된
다. 커퍼드(1981a)는 여기 기록된 논쟁이 "그 방식과 내용 모두에 있어서 기
원전 522년 페르시아가 아니라 5세기 아테네 소피스트들의 논쟁에 속한다."
고 보았다(150쪽). 커퍼드의 확신이 얼마나 정당한 것인지는 물론 논란의 여
지가 있지만, 적어도 정치 철학의 역사와 소피스트 철학의 역사에서 무시할
수 없는 구절임은 분명해 보이므로 이곳에 등재할 가치는 충분하다.

217 '한 사람이 우리의' 대신 '우리 가운데 한 사람'로 새길 수도 있다. 그가 자
신을 소수 귀족으로 동일시하는 것으로 볼 것인지, 아니면 다수 대중과 동일
시하는 것으로 볼 것인지의 문제와 연결되어 있겠는데, 나는 후자가 더 적절

각합니다. 즐겁지도 좋지도 않거든요. 여러분은 캄뷔세스의 방자함(hybris)이 어느 정도에 달했는지 알고 있고, 마고스의 방자함도 직접 경험해 보았으니까요(meteschēkate). /3/ 책임도 지지 않으면서(aneuthynos) 자기가 원하는 일들을 하는 게 허용되는(exesti) 일인 지배(mounarchia)가 어떻게 적절한 일(chrēma katērtēmenon)일 수 있을까요? 모든 사람들 가운데 가장 훌륭한 사람이라 해도 이런 자리에 서게 되면 평상시 생각들에서 벗어나게 될 테니까요. 가용한 좋은 것들에 의해 그 사람 안에서 방자함이 생겨나게 되고 시기(phthonos)가 인간 안에서 처음부터 자라나기 마련이니까요. /4/ 그 둘을 가짐으로써 그는 완전한 해악을 갖게 되지요. 방자함에 배가 불러 많은 주제넘은 일들을 행하기도 하고 또 어떤 일들은 시기로 인해 행하기도 하니까요. 물론 참주인 사람은 모든 좋은 것들을 갖고 있으니 시기가 없어야(aphthonos) 하겠지만, 실상은 그가 시민들에 대해 이와 정반대 상태가 되어 있기 십상입니다. 가장 훌륭한 사람들이 성공하며 사는 걸 그는 시기하고, 자기 시민들 가운데 가장 저열한(kakistoi)[218] 사람들을 보고 좋아라 하며, 비방들에 귀를 기울이는 데는 가장 뛰어나거든요. /5/ 그리고 그는 그 누구보다도 가장 일관성이 없습니다(anarmostotaton)[219]. 당신이 적정 수준으로 그에게 경탄하면 그는 극도로 보살핌을 받

하다고 판단한다.
218 직역하면 '가장 나쁜'.
219 직역하면 '부조화합니다'.

지 못한다는 것 때문에 언짢아하고, 그렇다고 누군가가 극도로 보살핌을 베풀면 아첨꾼이라고 해서 언짢아합니다. 그런데 무엇보다도 가장 중대한 걸 말하자면 이렇습니다. 그는 조상 때부터의 관습들(nomaia)을 뒤흔들고(kineei) 여자들을 욕보이며(biazetai) 사람들을 재판도 하지 않은 채(akritous)[220] 죽입니다. /6/ 그러나 다중(plēthos)이 다스리면 첫째로는 모든 것들 가운데 가장 아름다운 이름, 즉 평등(isonomiē)을 갖게 되고, 둘째로는 일인 지배자가 행하는 것들 가운데 그 어떤 것도 행하지 않게 됩니다. 추첨(palos)으로 관직들(archai)을 맡게 되는데, 그것도 책임을 지는(hypeuthynos) 관직을 맡게 되며, 모든 의결들(bouleumata)은 공동체에(es to koinon)[221] 귀속됩니다. 따라서 나는 우리가 일인 지배를 버리고 다중에게 높은 위상을 부여할(aexein) 것을 의견으로 제안합니다. 모든 것들이 대중(to poly)에게 달려 있으니까요.[222]"

|81| 오타네스는 이런 의견을 제시한 반면, 메가뷔조스는 다음과 같이 말하면서 소수 지배(oligarchiē)[223]에 맡길 것을 촉구했다. "참주정을 반대하며 오타네스가 말한 것들에는 나도 동의하지만, 다중에게 권력(to kratos)을 주자고 촉구한 것들은 가장 좋은 의견을 빗맞힌(hēmartēke) 겁니다. 쓸모없는 군중(homilos ... achrēios)보다 더 이해력 없고 더 방자한 건 아무것도 없거든요. /2/ 실로

---

220 혹은 '마구잡이로'.
221 혹은 '공적인 것으로'.
222 혹은 '다중 안에 모든 것들이 있으니까요.'
223 혹은 '과두정'. 이하 마찬가지.

사람들이 참주의 방자함을 피하려다가 훈육받지 않은(akolastos) 민중(dēmos)의 방자함 속으로 떨어지는 건 어떤 식으로도 용인할 수 없는 일(anascheton)이지요. 그가 뭔가를 행할 때는 그게 뭐든 알면서 행하지만 민중에겐 앎(gignōskein)이 들어 있지 않거든요. 하긴, 아름다움에 대해 전혀 자기 나름으로 가르침을 받지도 보지도 않은 사람이, 마치 불어난 강물처럼 생각(noos) 없이 일들에 냅다 뛰어드는 사람이 어떻게 알 수가 있을까요? /3/ 그러니 이제 페르시아인들에게 나쁜 마음을 먹고 있는 사람들은 민중을 이용하라 하고, 우리는 가장 훌륭한 사람들의 무리(homiliē)를 선별해 내서 이들에게 권력을 부여합시다. 바로 이들 가운데 우리 자신도 있게 될 것이고, 가장 훌륭한 사람들의 조언들(bouleumata)이 가장 훌륭하다는 게 그럴법하니까요(oikos)."

|82| 메가뷔조스는 바로 이런 의견을 제시한 반면, 세 번째로 다리우스(다레이오스)가 다음과 같이 말하면서 의견을 피력했다. "메가뷔조스가 다중에 대해서 말한 것들은 옳게 말한 거라고 난 생각하지만, 소수 지배에 관해서 말한 것들은 옳지 않게 말한 거라고 생각합니다. 셋이 제안되어 있고 그것들 모두가 이론(logos) 상으로는 가장 훌륭한 것들, 즉 가장 훌륭한 민중과 소수 지배와 일인 지배자라면, 나는 이 마지막 것이 단연 가장 앞선다고 주장합니다. /2/ 훌륭한 사람 하나보다[224] 더 좋은 것은 아무것도 말할

---

[224] 의미를 생각하여 '훌륭한 사람 하나가 다스리는 것보다'로 풀어 이해할 수도 있다.

수 없을 테니까요. 그런[225] 의견을 이용해서 그는 나무랄 데 없이 (amōmētōs) 다중을 다스릴(epitropeuoi) 것이고 적들을 향한 계획들은 아주 잘 숨기게 될 거니까요. /3/ 그런데 소수 지배에서는 공동체를 겨냥해서(es to koinon)[226] 훌륭함을 뽐내려는[227] 많은 사람들 사이에서 사적인 강고한 적대가 생겨나게 되는 경향이 있습니다. 각자는 자신이 일인자가 되고 자기 의견들로 압도하게 되기를 바라기 때문에 서로에 대한 큰 적대 상태에 들어가게 되고, 이로부터 내분이, 내분으로부터 살인이 일어나며 살인으로부터 결국 일인 지배가 생겨나게 되는데, 이로써 이것이 얼마만큼이나 가장 훌륭한 것인지가 분명히 보여지니까요. /4/ 그런가 하면 민중이 다스릴 때도 나쁨(kakotēs)이 생겨나지 않는다는 게 불가능합니다. 그런데 공동체에 나쁨이 생겨날 때 나쁜 사람들 사이에서 적대는 생겨나지 않고 친애가 강고해지지요. 공동체에 나쁜 짓을 하려는 (kakountes) 사람들은 함께 뜻을 모아 행동을 하니까요. 이런 상황은 누군가가 민중의 앞에 나서서 이런 사람들을 제지할 때까지 계속됩니다. 그런 것들로 인해 바로 이 사람이 민중에 의해 경탄의 대상이 되고, 경탄의 대상임으로 해서 진짜 일인 지배자라는[228] 게

---

225 즉, 훌륭한.

226 '공동체를 겨냥해서' 대신 '공공연히'로 새겨 뒤에 나오는 '생겨나게' 앞에 붙이는 번역도 가능하다.

227 혹은 보다 직역에 가깝게는 '덕을 연마하려는'.

228 의미를 생각하여 '진짜 일인 지배자가 될 만한 사람이라는'으로 풀어 이해할 수도 있다.

분명하게 되며, 이로써 이 사람 또한 일인 지배가 가장 뛰어난 것임을 보여 줍니다. /5/ 모든 걸 한마디로 요약해서 말하자면, 자유는 어디서부터 우리에게 생겨난 것이며 누가 주었나요? 민중으로부터인가요, 아니면 소수 지배로부터인가요, 아니면 일인 지배자로부터인가요? 그러니까 나는 우리가 한 사람을 통해 자유로워졌으니까 그런 상태를 유지해야 하고 이것과 더불어 조상 전래의 좋은 관습들(nomoi)[229]을 해체시키지 않아야 한다는 의견을 갖고 있습니다. 그렇다고 더 나아지는 게 아니거든요."[230]

11. 민주주의: 공적 의사 결정의 방식과 태도[231]

17B.13. 페리클레스 「장례 연설」(431년) (투키디데스 『역사』 2.37, 40)[232]

---

229 혹은 '법률들'.

230 이어지는 대목(3.83-87)에서 페르시아 일곱 귀족의 최종 선택은 다리우스가 주창한 일인 지배가 되고 다리우스가 그 일인 지배자가 된다. 계략에 의해 다리우스가 일인 지배자 경선에서 승리하는 이야기도 그렇거니와, 그전에 네 명의 찬성으로 다리우스 제안이 채택되자 민주정을 제안한 오타네스가 일인 지배자 경선에서 사퇴하는 이야기는 결국 독자의 관심을 자연스럽게 5세기 역사적 아테네의 선택으로 이끈다. 이야기의 세팅과 내용이 6세기 페르시아의 선택으로 되어 있지만, 독자들은 그곳에서 당대 자기들의 이야기를 읽어 내기 마련인 것이다.

231 5세기 아테네의 선택은 411년과 404년 두 차례의 일시적 외도를 빼면 줄곧 (17B.12에서 오타네스가 제안한 바 있던) 민주주의를 향해 있었다.

232 맥락: 펠로폰네소스 전쟁 첫 해인 431년 겨울 케라메이코스에서 거행된 장례 행사에서 전몰자를 추모하며 페리클레스가 행한 연설을 투키디데스가 재현

|37| 우리가 누리고 있는 정치 체제(politeia)는 이웃 나라 사람들의 법들(nomoi)을 본뜬(zēlousa) 것이 아닙니다. 오히려 우리는 다른 사람들을 모방하는 사람들(mimoumenoi)이라기보다 우리들 자신이 어떤 사람들에게 본(paradeigma)입니다. 그리고 이름은, 소수가 아니라 다수의 손에서 다스려지기(oikein) 때문에 민주주의(dēmokratia)라고 불리지요. 법들에 관해서는, 사적인 분쟁(idia diaphora)에 대해서는 모두가 똑같은 것(to ison)을 공유하지만(metesti), 사회적 요구(axiōsis)에 대해서는 각자가 뭔가에 있어서 어떻게 이름을 날리는가에 따라서, 즉 계층(meros)에 대한 고려가 아니라 덕에 대한 고려를 통해 공적인 일들(ta koina)에 우선적으로 배치합니다(protimatai). 또 가난에 대해서도, 국가에 뭔가 좋은 것을 행할 수만 있다면 그의 평판(axiōma)이 별 볼일 없다는 게 아무런 장애가 되지 않습니다. [⋯]

|40| [⋯] 이런 일들[즉, 정치적인/공적인 일들]에 조금도 관여하지 않는 사람을 자기 일에만 신경 쓰는(apragmōn) 사람이 아니라 아무짝에도 쓸모없는(achreios) 사람으로 여기는 건 우리밖에 없습니다. 또 우리는 그런 일들을 우리 스스로 결정하거나 제대로 숙고하려고 시도합니다. 토론(logos)[233]이 실행(ergon)에 해로운

한다. 투키디데스 자신이 밝힌 바에 따르면 원래의 발언 그대로가 모사되었다기보다는 시의에 '마땅한' 것들로 가공되어 재현된 것이다(17B.7). 여기 수록된 것은 2.35-46에 재현된 연설 가운데 일부다. 참고할 만한 연설 전문 번역은 이정호(2021)의 부록 157-189쪽[= 이정호(2008) 119-144쪽)]에서 찾을 수 있다.

게 아니라, 오히려 실행을 통해 해야 할 것들을 향해 가기 전에 토론으로 미리 가르침을 얻지 못하는 게 더 해로운 것이라고 우리는 생각하니까요.

12. 민주주의와 힘(능력), 정의와 이익, 이상과 현실[234]

17B.14. '뮈틸레네 논쟁'(427년) (투키디데스 『역사』 3.36-38, 40-42, 44, 46-47, 49)[235]

|36| […] /6/ 그래서 곧 민회가 소집되어 서로 다른 견해들이 양편 각각에서 이야기가 되었고, 클레아이네토스의 아들 클레온이 나서게 된다. 그는 뮈틸레네인들을 죽이자는 앞서의 결의를 얻

---

233 혹은 '담론'. 이하 마찬가지.

234 전달되는 이야기의 내용 못지않게 사실상 (적어도 부분적으로는) 이 이야기의 주체가 전달자인 저자 투키디데스라는 것에 유의할 필요가 있다. cf. 17B.7.

235 현실의 힘(능력)을 내세우며 민주주의와 도덕이라는 이상의 가치에 의문을 제기하는 클레온 대 토론과 민주주의와 도덕을 옹호하며 관용을 베풀자는 디오도토스의 대결. 맥락: 델로스 동맹의 구성원 중에 공물을 바치지 않는 국가였던 뮈틸레네가 다른 동맹국들과 같은 처지가 되는 것을 경계했고 펠로폰네소스 전쟁의 혼란기를 틈타 (그러나 군사적인 만반의 준비는 되지 않은 채) 선제적으로 반란을 일으켰고 금방 실패하여 아테네와 협상을 시도하는 처지가 되었다(428-427년). 무조건 항복에 가까운 조건을 내세우며 뮈틸레네를 몰아세우던 아테네는 민회에서 가혹한 보복(모든 남자 시민을 죽이고 여자와 아이는 노예로 판다는)을 결정하고 이를 실행하기 위해 삼단노선을 보낸다 (427년). 이튿날 그 결정의 가혹함에 대해 논란을 벌이는 두 번째 논쟁이 벌어지는데, 이것이 이른바 '뮈틸레네 논쟁'이다.

어 낸 장본인이기도 한데, 다른 면에서도 시민들 가운데 가장 강제력을 가졌지만(biaiotatos) 특히나 그 당시로선 단연 인민에게 가장 큰 설득력을 가진(pithanōtatos) 사람이기도 했다. 그런 그가 다시 나와 다음과 같이 이야기했다.

|37| "다른 때에도 이미 여러 번 나는 민주주의가 남들을 지배하는 데 무능력하다는 걸 깨달은 바 있었지만, 이번에 여러분이 뮈틸레네인들에 관해 마음을 바꾸는 걸 보고는 특히나 그랬습니다. /2/ 서로 간의 일상적 관계에 있어서 두려움이 없고 음모가 없기 때문에 여러분은 동맹국 사람들을 향해서도 똑같은 식으로 대하고 있으며, 여러분이 그들에 의해 말로써 설득되어 실수를 저지르거나 동정심(oiktos)으로 양보하거나 하게 될 경우에, 그렇게 부드러워지는(malakizesthai)²³⁶ 것은 여러분에게 위험한 것일 뿐, 그렇다고 동맹국 사람들이 그걸 감사히 여기지는 않는다는 걸 여러분은 생각하지 못하고 있습니다. 여러분이 갖고 있는 제국(archē)은 참주정(tyrannis)이며 여러분이 상대하는 자들은 마지못해 통치를 받는, 음모를 꾸미는 자들이라는 것, 즉 그들이 여러분에게 복종하는 건 여러분 자신이 손해를 봐 가면서까지 호의를 베푸는 것 때문이 아니라, 여러분이 저들의 선의(eunoia)로써가 아니라 힘(ischys)으로써 저들보다 우월하기(perigenēsthē) 때문이라는 것을 여러분은 제대로 살펴보지 못하고 있습니다. […]

|38| […] /6/ 그리고 여러분 각자는 무엇보다도 스스로 말하

---

236 혹은 '유약하게 되는'.

는 능력을 갖기를 바라고 있고, 그렇지 못할 경우엔 그렇게 연설하는 사람들과 맞서 겨루면서(antagōnizomenoi) 판단(gnōmē)에 있어서 뒤지지 않는다고 여겨지기를, 어떤 날카로운 연설이 나올 때 그게 나오기도 전에 미리 칭찬하고, 이야기 내용들로부터 뒤따라 나올 것들을 미리 파악하는 데 느린 만큼이나 이야기 내용을 미리 알아챌 준비가 되어 있기를 여러분은 바라고 있습니다. /7/ 말하자면, 우리가 살고 있는 곳에 있는 것과는 다른 뭔가를 찾으면서, 곁에 있는 것들에 관해서 충분히 생각하는 일조차 하지 않으면서 말이죠. 단적으로 말해, 여러분은 국가에 관해 숙의하는 (bouleuomenoi)[237] 사람들이라기보다는 오히려 들음이 주는 쾌락에 져서 소피스트들의 관객(theatai)[238]으로 앉아 있는 사람들 같습니다. […]

|40| […] /3/ 우리와 같은 사람들에게 받은 연민(eleos)을 되돌려 주는 것은 정당하지만(dikaios), 동정을 되돌려 주지 않고 불가피하게 늘 적이 되어 있는 사람들에게 그러는 것은 정당하지 않습니다. 또한 말(logos)[239]로 즐거움을 주는 연설가들은 더 작은 다른 일들에서야 경연을 벌일 수 있겠지만, 다음과 같은 일, 즉 국가는 짧게 쾌락을 얻고 큰 대가를 치르는 데 반해 그들 자신은 말을 잘하는 것으로부터 잘 대접받는 반대급부를 얻게 될 일에서는 안 됩

---

237 혹은 '조언하는'.
238 혹은 '구경꾼'.
239 혹은 '논변', '연설', '토론'. 아래도 마찬가지.

니다. 그리고 공정성(epieikeia)[240]이란 예전과 똑같아서 조금이라도 덜 적대적이 될 여지가 없는 사람들을 향해서가 아니라 오히려 앞으로도 친구(epitēdeioi)가 될 사람들을 향해서 주어지는 법입니다.

/4/ 이제 한마디로 줄여 말합니다. 여러분이 내 말을 따르면 뮈틸레네인들에게 정의로운 일들(ta ... dikaia)을 행하면서 동시에 유익한[241] 일들(ta symphora)을 행하게 될 겁니다. 하지만 달리 판단한다면 이들의 환심은 사지 못하고 오히려 여러분 자신이 대가를 치르도록 만들게 될 겁니다. 이들이 반란을 일으킨 게 옳은(orthōs) 거였다면 여러분이 지배하는 건 온당치(chreōn) 못한 게 될 테니까요. 그런데 알맞은 일이 아닌데도 불구하고 여러분이 이걸 하는 게 적절하다고 생각한다면, 실로 그럴법함을 따라(para to eikos)[242] 유익하게(symphorōs) 이 사람들을 벌주어야 합니다. 아니면 제국을 포기하고 위험 없이 올곧은 사람 노릇을 해야(andragathizezthai)[243] 합니다. […]"

|41| 클레온이 이런 말들을 했다. 그 사람 다음으로 에우크라테

---

240 혹은 '온당함', '형평'.

241 누구에게 유익한지가 굳이 언급되지 않았다. 너무도 분명하니까 그랬을 것이다. 혹시라도 '그들과 여러분 모두에게'를 넣어 읽는 사람이 있다면, 그건 클레온의 진심이 아니라 남들에게 보이고자 하는 표면적인 치레에 해당하는 것일 수 있겠다.

242 혹은 '합당함을 따라'. 말 자체만으로는 '그럴법함[/합당함]을 넘어'로 옮기는 것도 가능하다. 그리고 투키디데스가 2.62에서는 이 표현을 그런 의미로 사용하고 있다.

243 아래 멜로스 대화에서 아테네 사절들도 이것, 즉 '올곧은 사람 노릇'을 고려 사항에서 배제하려 하고 있다(5.101: 17B.15).

스의 아들 디오도토스가 나서게 된다. 그는 전번 민회에서도 뮈틸 레네인들을 죽이는 데 대해 누구보다도 강하게 반론을 펼쳤던 사람인데, 이번에도 다시 나와서 다음과 같이 이야기했다.

|42| "[…] /2/ 말들(logoi)이 일들(pragmata)의 선생이 되면 안 된다고 주장하는 사람이 있다면 그는 이해력이 없거나 아니면 사적으로 뭔가 이해관계가 걸려 있거나 한 겁니다. 장차 일어날 분명치 않은 일에 관해서 다른 어떤 것을 가지고 보여 주는(phrasai) 것이 가능하다고 여긴다면 이해력이 없는 거고, 추한 어떤 것을 하자고 설득해 내고 싶어 하면서 자기가 아름답지 않은 것에 관해 말을 잘할 능력은 없을 거 같은데 비방만 잘하면 반대 발언할 (anterountes) 사람들과 들을 사람들을 놀라 자빠지게 할 수는 있겠다고 생각한다면 그건 그에게 이해관계가 걸려 있는 거니까요.

/3/ 그리고 돈을 받고 어떤 시범 연설을 하는 걸 비난하는 사람들 또한 누구보다 가장 다루기 어려운 사람들입니다. 그들이 문제 삼는 게 무지라면 설득에 성공하지 못한 사람은 부정의하다기보다는 오히려 이해력이 없다는 쪽의 평판을 받고 물러날 것이고, 부정의 혐의를 받게 된다면 설득에 성공한다 해도 의혹을 사게 되는 데다가 설득에 성공 못 하면 몰이해에 덧붙여 부정의하기도 하다고 간주될 거거든요. /4/ 이런 상황에서 국가는 이로움을 얻지 못합니다. 두려움으로 인해 조언자들을 빼앗기게 되거든요. […]

/5/ 훌륭한 시민이라면 반대 발언할 사람들을 놀래킬 게 아니라 동등한 상황에서 이야기를 더 잘하는 것으로 두각을 나타내야 합니다. 또 절제 있는 국가라면 가장 많이 조언을 잘하는 사람에

게 명예를 덧붙여 주지 않지만 그렇다고 이미 누리고 있는 명예를 줄이지도 않을 거고, 조언이 받아들여지지 못하게 된 사람을 어떤 식으로든 벌하지 않고 심지어 불명예스럽게 하지도 않을 겁니다. /6/ 이렇게 함으로써 성공적인 사람은 훨씬 더 큰 명예를 얻겠다는 생각에 인기를 위해 자기 판단에 어긋나게 뭔가 이야기하려 하는 일이 거의 없을 것이고, 성공하지 못한 사람도 같은 방법으로 뭔가 환심을 사서 스스로 다중을 자기편으로 끌어들이고 싶어 하는 일이 거의 없을 거니까요. […]

|44| […] 우리가 절제가 있다면, 우리의 겨룸(agōn)은 저들의 부정의에 관해서가 아니라 우리의 잘 숙고함(euboulia)²⁴⁴에 관련해서 이루어지게 됩니다. […]

|46| […] /4/ […] 우리는 법률들에 대한 능란함(deinotēs)으로부터가 아니라 일들에 대한 돌봄으로부터 수호(phylakē)를 이루어낸다고 생각해야 합니다. /5/ 그런데 지금 우리는 그것과 정반대로 행동하고 있습니다. 자유로운 누군가가²⁴⁵ 강압에 의해 통치되다가 으레 그럴법하듯(eikotōs) 독립(autonomia)을 위해 반란을 일으켰을 때 우리가 진압을 하게 되면, 우리는 가혹하게 보복해야 한다고 생각하지요. /6/ 그런데 자유로운 사람들이 반란을 일으킬 때 심하게 징벌해서는 안 되고 오히려 반란을 일으키기 전에 심히

---

244 프로타고라스가 교육 목표로 삼았던 것이기도 하고(플라톤 『프로타고라스』 319a: 1B.47), 트라쉬마코스는 부정의를 이것으로 연결한 바 있다(플라톤 『국가』 1권 348d: 7B.24).

245 즉, 어떤 국가가.

주의를 기울여 지켜보고 그런 생각에조차 이르지 않게끔 미리 막아야 하며, 진압하고 나서는 가능한 한 적은 수의 사람에게 책임을 물어야 합니다.

|47| […] /5/ 그리고 이와 관련하여 제국의 유지를 위해서는 죽여서는 안 되는 사람들을 정의롭게 죽이기보다는 우리가 자발적으로 불의를 당하는 것이 훨씬 더 유익하다고 난 생각합니다. 클레온의 생각, 즉 보복에 정의로움과 유익함이 같이 있다는 생각에 대해 말할 것 같으면, 그 상황에서 둘이 동시에 생겨난다는 것은 가능하지 않다는 게 드러나고 있습니다. […]"

|49| 디오도토스가 이런 말들을 했다. 서로 가장 반대되는 이 두 견해가 말해지고 나서 아테네인들은 그럼에도 불구하고 의견의 겨룸에 들어가서 거수 표결에서 거의 동수가 되었지만, 디오도토스의 견해가 이겼다.

17B.15. '멜로스 대화'(416년) (투키디데스 『역사』 5.84, 89-95, 98, 100-102, 104-107, 111-113)[246]

---

246 에게해의 섬 멜로스는 조상 때부터 스파르타와 연계되어 있음에도 불구하고 펠로폰네소스 전쟁에서 중립을 선언하지만, 아테네가 416년 여름에 침공하여 멜로스인들에게 항복하고 공물을 바칠 것을 요구한다. 결국 멜로스가 거부하여 아테네인들이 도시를 포위 공격하고 겨울에 멜로스는 항복하게 되며, '멜로스 학살'이라고 불리게 될 가혹한(즉, 뮈틸레네에서와 같은) 보복 조치가 실행된다. 이 포위 공격 전에 있었던 아테네인들과 멜로스인들 사이의 협상을 극화하여 재현한 것이 이른바 '멜로스 대화'다. 사실상 이 '대화'는 '무늬만' 대화다. 마라(G.M. Mara 2008)도 지적하듯, "그들이 주고받은 말은, 양자가

|84| […] /2/ 멜로스인들은 라케다이몬인들에게서 이주해 온 사람들인데, 나머지 섬 주민들처럼 아테네인들에게 복종하기를 거부하고 처음에는 양쪽 중 어느 쪽에도 속하지 않은 채 거리를 유지하고 있다가, 나중에 아테네인들이 그들의 땅을 약탈하면서 그들에게 압박을 가해 오자 전의를 공공연히 드러내게 되었다. /3/ 그래서 뤼코메데스의 아들 클레오메데스와 테이시마코스의 아들 테이시아스가 장군들로서 앞서 말한 병력을 갖추고 그들의 땅 안에 진을 쳤고, 그 땅에 어떤 위해를 가하기 전에 먼저 사절들을 보내 대화(logoi)를 하게 했다. […]

|89| 아테네인 사절들: 그러니 이제 우리는 우리 자신들이 나서서 미사여구를 구사하면서, 메디아인을 쳐부쉈으니 우리가 지배하는 게 정의롭다든지, 아니면 불의[247]를 당해서 이렇게 공격에 나섰다든지 하는 식으로, 그래 봤자 어차피 설득도 안 될(apiston) 장황한 말들을 내놓지도 않을 것이고, 여러분 또한 라케다이몬인들에게서 이주해 온 사람들인데도 그들 진영에 가담하지 않았다느니, 아니면 우리에게 아무런 불의도 행한 적이 없다느니 하는 이야기를 함으로써 우리를 설득하겠다고 생각하지 않기를 기대합니다. 대신 우리들 양쪽 각각이 실제로 마음먹고 있는 것들에 기반해서 여러분이 가능한 것들을 실행하기를 기대합니다. 인간 세

목소리를 낼 동등한 특권을 갖는, 그래서 결국엔 더 강한 논변의 위력 안 쓰는 위력(forceless force)에 의해 해결을 볼 수 있도록 하는 담론적 개방성이 확보되어 있지 않기 때문이다."(47쪽)

247 즉, (부당한) 위해. 아래도 마찬가지.

상에서 정의(dikaia)는 강제력(anankē)이 대등한 상황에서나 말로 판가름되지, 우세한(prouchontes) 자들은 할 능력이 되는 것들을 행하고 약한 자들은 그러라고 길을 내주는 법이라는 걸 우리도 알고 여러분도 아니까요.

|90| 멜로스인 의원들: 정말이지, 적어도 우리 생각으로 편리한(chrēsimon) 건 말이죠(여러분이 이렇게 정의(to dikaion)를 넘어서 이익(to sympheron)을 이야기하자고 제안하니까 어쩔 수 없이 하는 말입니다만), 여러분이 공동의 선(to koinon agathon)을 파괴하지 않고 오히려 매번 위험에 처하게 되는 자에게 공정과 정의(ta eikota kai dikaia)가 있는 것, 그리고 그가 정확성에 못 미치더라도 조금이나마 누군가를 설득해 내면 이로움을 얻게 되는 것이 편리합니다. 이건 여러분에게도 조금도 덜하지 않게 편리합니다. 여러분이 넘어지면 여러분은 남들을 위해 커다란 보복에 대한 본보기가 될 것이니 말입니다.

|91| 아테네인 사절들: […] /2/ […] 우리는 우리 제국의 이로움(ōphelia)을 위해서 여기 와 있을 뿐만 아니라 여러분의 국가의 안녕(sōtēria)을 위해서 지금 이 말들을 하려는 것인데, 그걸 우리가 분명히 보여 주겠습니다. 우리는 수고를 들이지 않고 여러분을 지배하게 되고 여러분은 양쪽 모두의 편익을 위해 안녕을 유지하게 되길 바라면서 말입니다.

|92| 멜로스인 의원들: 대체 어떻게, 지배하는 게 여러분에게 편리한 것처럼, 노예가 되는 게 우리에게 편리할 수 있을까요?

|93| 아테네인 사절들: 가장 끔찍한 일들을 당하기 전에 복종

하는 게 여러분에게 편리할 거고, 우리는 여러분을 죽이지 않는 게 이득이 될 테니까요.

|94| 멜로스인 의원들: 그러니까 우리가 조용히 거리를 유지하면서 적이 되는 대신 친구가 되고 양쪽 어디에도 동맹자가 되지 않는 걸 여러분은 받아들일 수 없다는 건가요?

|95| 아테네인 사절들: 여러분의 적대보다 오히려 여러분의 우정이 우리를 해롭게 하니까요. 여러분의 우정은 우리의 약함의, 그리고 여러분의 증오는 우리의 힘(dynamis)[248]의 실례로서 우리의 통치를 받는 자들에게 드러나게 되지요. [⋯]

|98| 멜로스인 의원들: 여러분은 우리가 말한 저것에 안전 (asphaleia)이 달려 있다고 생각하지 않나요? 이제 다시 여기서도, 여러분이 우리더러 정의로운 담론들은 그만두게 하고 여러분의 이익에 복종하라고 설득을 하고 있으니, 꼭 그처럼 우리도 우리에게 편리한 것을 알려 주면서 여러분에게도 똑같은 것이 되는 게 아닐까라는 기대하에 설득하려 시도해야 하겠기에 하는 말입니다. [⋯]

|100| 멜로스인 의원들: 그렇다면 아마도 실로, 여러분은 제국이 멈추지 않게 하겠다고, 또 노예 노릇하는 사람들은 이젠 벗어나겠다고, 그토록 큰 모험들을 하고 있다고 할 때, 아직 자유로운 우리들로서 노예가 되기 전에 할 수 있는 모든 걸 다해 보지 않는다면 그건 아주 비천하고 비겁한 일이겠네요.

|101| 아테네인 사절들: 적어도 여러분이 절제를 가지고 숙고

---

248 혹은 '능력'. 이하 마찬가지.

해 본다면 그렇지 않지요. 여러분의 겨룸은 대등한 상태에서 올곧은 사람 노릇(andragathia)[249]에 관해서, 수치를 당하지 않음에 관해서 이루어지는 것이 아니라 오히려 안녕에 관해서, 훨씬 더 강한 자들에게 항거하지 않음에 관해서 숙고가 이루어지고 있는 거니까요.

|102| 멜로스인 의원들: 하지만 전쟁의 승부가 때로는 양쪽 각각의 수가 차이가 남에 따라서 이루어지는 것보다 더 공평한 운을 받아들일 때도 있다는 걸 우리는 알지요. 또한 우리에게 항복한다는 건 곧바로 희망이 없게 되는 거지만, 행동을 하게 되면 그것과 함께 제대로 설 수 있으리라는 희망도 계속 남게 되죠. [⋯]

|104| 멜로스인 의원들: 여러분이 모쪼록 알아주면 좋겠는데요. 우리도 대등한 상황이 아닐 바에야 여러분의 힘(dynamis)과 운에 대항하여 겨룬다는 것이 어렵다는 건 알고 있습니다. 하지만 우리는 부정의한 자들에게 경건한 자들로 맞서고 있기 때문에 신들 편에서부터 오는 운이 여러분만 못하지 않으리라 믿으며, 힘이 모자란 것에 대해서는 우리에겐 강제력(anankē)을 가진 라케다이몬인들의 동맹이, 즉 다른 어떤 것 때문이 아니더라도 적어도 동족이라는 것 때문에, 즉 수치심 때문에라도 우리를 도와주러 올 수밖에 없는 그 동맹이 힘을 보태어 주리라 믿습니다. 그러니 우리가 자신감을 갖는 것도 아주 그렇게 근거가 없지만은 않은 거죠.

---

249 뮈틸레네 논쟁에 등장한 다른 현실주의자 클레온도 자기 연설을 마무리하면서(3.40.4: 위 17B.14) 이것을 강하게 배격한 바 있다.

|105| 아테네인 사절들: 그런데 신들 편에서의 호의로 말할 것 같으면, 우리도 빠지지 않는다고 생각해요. 우리가 옳다고 표방하거나 행동하는 것이 신들에 대한 인간들의 믿음과 자신들 서로를 향한 인간들의 바람에서 조금도 벗어나 있지 않거든요. /2/ 신들에 대해서는 의견을 가지고, 인간들에 대해서는 확실성을 가지고 우리는 믿거든요. 그들은 그들이 힘을 가지는(kratēi) 곳 어디에서든 내내 필연적인 자연(physis anankaia)에 의해 지배한다는 걸 말이죠. 우리가 그 법을 제정한 것도 아니고 제정되어 있던 그걸 처음 이용한 것도 아니며, 다만 이미 있던 것들을 넘겨받아서 앞으로도 영원히 있게 될 것으로 남기게 될 것으로서 그것을 그저 이용하고 있는 것뿐입니다. 여러분도 그리고 다른 어느 누구도 우리가 가진 것과 같은 힘 가운데 있게 되면 우리와 똑같은 행동을 하게 되리라는 걸 알면서 말이죠.[250] /3/ 그래서 신들에 관해서는 이런 식으로 그럴법함에 기반해서(ek tou eikotos) 우리는 불리한 처지에 놓일 거라는 두려움을 갖고 있지 않습니다. 그런가 하면 라케다이몬인들에 대한 생각에 대해, 즉 수치스러움 때문에라도 여러분을 도와주러 올 거라는 그들에 대해 여러분이 갖고 있는 생각에 대해 말할 것 같으면, 여러분의 순진무구함(apeirokakon)[251]을 우린 축복하지만 그 분별없음(aphron)을 부러워하지는 않습니다. /4/ 라케

---

250 누구나 귀게스의 반지를 갖게 되면 그 힘을 행사하며 도덕 내지 정의는 무시할 거라는 『국가』 2권 글라우콘의 트라쉬마코스적 논변을 떠올리게 한다.

251 또 다른 현실주의자 트라쉬마코스가 약간 말만 달리하여 정의를 '순진함'(euēthes)과 연결시켜 공박한 바 있다(『국가』 1권 348c: 7B.24).

다이몬인들은 자기 자신들 서로 간에는, 그리고 자기들 나라의 법규에 관한 한은 덕을 아주 잘 행사하지만, 남들과 관련해서는 그들이 어떻게 처신하는지에 대해 누구라도 많은 말들을 할 수는 있지만 한마디로 말해서 우리가 아는 사람들 가운데 그들이야말로 가장 명백하게 즐거운 것들이 아름다운 것들이고 이익이 되는 것들이 정의롭다고 생각하는 사람들이라는 것을 가장 잘 보여 줄 수 있을 겁니다. 하지만 이런 사고방식(dianoia)은 여러분이 지금 근거 없이(alogos) 기대하는 안녕과는 방향이 잘 들어맞지 않지요.

|106| 멜로스인 의원들: 바로 그 점 때문에 우리가 특히나 그들의 이익 추구를 믿고 있는 겁니다. 자기들의 식민지 이주민들인 멜로스인들을 배신해서 희랍인들 가운데 선의를 가진 사람들에게 불신을 사고 적들에게는 이로움을 주기를 원하지 않으리라는 걸 믿는 거죠.

|107| 아테네인 사절들: 그렇다면 여러분은 이익은 안전과 더불어 있고 정의와 아름다움은 위험과 더불어 행해진다고 생각하지 않는 거네요. 바로 그 위험이란 걸 라케다이몬인들은 일반적으로 되도록 덜 감수하려 하는데 말이죠. […]

|111| 아테네인 사절들: […] /2/ 그런데 우린, 여러분이 안녕에 관해 숙고하겠다고 말해 놓고서 이런 긴 이야기를 나누는 가운데서 사람들이 그걸 믿고서 안녕에 이를 수 있겠다고 생각할 만한 그런 거라곤 아무것도 말하지 않았다는 데 주목하게 되는군요. 하지만 여러분의 가장 강한 주장은 희망하는 것들이 장차 이루어지리라는 건데, 여러분에게 실제로 주어진 것들은 여러분에게 맞서

이미 놓여 있는 것들을 이겨 내기엔 턱없이 모자라지요. […]

/3/ 정말이지, 여러분이 설마하니 수치스러운(aischra) 것들과 눈앞의 위험들 가운데서 인간들을 가장 많이 파멸로 이끄는 바로 그 수치심(aischynē) 쪽으로 방향을 틀지는 않겠기에 하는 말입니다. 자기가 어떤 것들을 향해 가고 있는지 미리부터 보고 있는 많은 사람들이 있는데, 수치스러움(to aischron)이라고 불리는 것이 매혹적인 그 이름의 힘을 가지고 그들을 끌어당겨 그들이 그 말 (rhēma)의 작용(ergon)에 굴복해서 치유 불가능한 재난들에 자발적으로 빠져들게 되고 수치심을 운에 의해서보다 오히려 몰지각 (anoia)과 함께 얻음으로써 그 수치심이 더 수치스럽게 되니까요. /4/ […] 대등한 사람들에게는 양보하지 않고 더 우월한 사람들과는 아름다운 관계를 유지하며 더 열등한 사람들에게는 온건한 (metrioi) 사람들이 가장[252] 성공적일 수 있을 겁니다. […]"

|112| 그러고는 아테네인들은 회담장을[253] 물러났는데, 멜로스인들은 자기들끼리만 있게 되자 앞서 그들이 대답했던 것들과 비슷한 결정을 내리게 되고 다음과 같이 대답했다. /2/ "우리가 내린 결정은 맨 처음 결정과 다르지 않고, 아테네인들이여, 또 우리는 이미 700년 동안 터 잡고 산 국가로부터 한순간에 자유를 빼앗는 일도 하지 않을 겁니다. […]"

|113| 멜로스인들은 이렇게 대답했고, 아테네인들은 회담장을

---

252 혹은 '대개'.
253 직역하면 '대화들로부터'. 아래도 마찬가지.

막 떠나가면서 다음과 같이 말했다. "하지만 어쨌거나 여러분의 이런 결정들을 토대로 판단컨대 우리가 보기에는 여러분만이 장차 일어날 일들을 눈앞에 보고 있는 일들보다 더 확실하다고 판정하고 있고, 분명하지 않은 일들도 바람을 통해 이미 일어나고 있는 것으로 바라보고 있습니다. 라케다이몬인들과 운과 희망에 가장 크게 명운을 걸고 가장 크게 신뢰를 둠으로써 결국 여러분은 걸려 넘어지고 말 겁니다."

13. 출생과 신분[254]

17B.16. 에우리피데스 『알렉산드로스』 단편 13 Karamanou[255] (스토바이오스 4.29.2)

[화자: 합창 가무단]

우리가 가사자들 사이에서(broteios) 좋은 태생(eugeneia)을 칭송

---

[254] 뤼코프론에 따르면 좋은 태생은 의견에 의존하며 실제로는 태생 좋은 사람들과 태생 나쁜 사람들 사이에 아무런 차이도 없다(14B.6.). 그런가 하면 소크라테스는 사람으로, 그것도 남자로, 그것도 희랍인으로 태어난 것을 행운의 여신에게 입은 세 가지 은덕으로 꼽았다고 전해진다(6B.72). 이런 소크라테스의 관점은 방금 언급한 뤼코프론의 입장만이 아니라, 희랍인과 이방인 사이에 자연적 차이가 없다는 안티폰의 입장(5B.22)이나 자연은 누구도 노예로 만들지 않았다는 알키다마스의 입장(15B.2.)과도 대비된다. 선생 고르기아스조차 다분히 희랍 중심주의에 기울어 있었다(2B.16, 2B.24, 2B.18, 2B.20 등)는 점에서는 소크라테스와 크게 다르지 않은데, 이에 비하면 알키다마스의 논의는 상당히 진보적 색채를 띤 것이었다.

[255] 카라마누(I. Karamanou 2017) 88-89쪽.

한다면,

우리 이야기(logos)[256]는 군더더기 말(perissomythos)이 될 겁니다.

오래전 맨 처음에 우리가 태어났을 때

낳아 주는 어머니 대지는 가사자들을 따로

구별해 놓았어요. 땅은 모두에게 똑같은 외모를

키워주었지요. 우리는 각자에게 고유한 어떤 것도 갖지 않았고요.

태생 좋음과 태생 나쁨은 하나의 족속(mia … gona)입니다.

그런데 그걸 시간이 관행(nomos)으로 콧대 높게(gauros)[257] 만들
었지요.

현명과 빠른 이해력이 좋은 태생이고,

그걸 주는 건 신이지요, 부가 아니라.

14. 여성과 가족: 가부장주의 비판[258]

17B.17. 에우리피데스 『메데이아』 410-420

[화자: 합창 가무단]

성스러운 강의 물줄기들은 거꾸로 흘러 올라가고,

도의(dika)와 모든 것들이 다시 뒤집히고 있지요.

남자들의 계획들은 기만적이고, 신들을 두고 행한

---

256 혹은 '논의', '담론', '연설'.

257 혹은 '자랑스럽게'.

258 cf. 『이중 논변』 2.17, 헤로도토스 『역사』 2.35, 아리스토파네스 『뤼시스트라타』,
  『민회의 여인들』.

맹세(pistis)는 더 이상 확고하지 않아요.

소문은 내 삶이 좋은 평판을 갖도록 바꿔 놓을 거예요.

명예가 여성에게 옵니다.

더 이상 나쁘게 들리는

소문이 여자들의 발목을 잡지 않을 거예요.

15. 자연과 관습, 그리고 기술: 의학 저작에서의 소피스트적 발언

17B.18. 히포크라테스『기술에 관하여』2[259]

|2| /1/ 일반적으로, 있지 않은 기술이란 하나도 없다고 난 생각한다. 있는 것들 가운데 어떤 것이 있지 않은 것이라고 생각하는 것은 불합리한(alogon) 것이기도 하기 때문이다. 누가, 적어도 있지 않은 것들의 무슨 실재(ousiē)를 바라보고서(theēsamenos) 있다고(hōs estin)[260] 알릴(apangeileien) 수 있겠는가? 과연 있는 것들을 보듯 있지 않은 것들을 볼(idein) 수가 있다면, 어떻게 누구든 그것들이 있다는 것을 눈으로 볼 수도 있고 지성(gnōmē)으로 사유할(noēsai) 수도 있는 것들이 있지 않은 것들이라고 생각

---

259 안티폰 철학(그리고 아마도 크리티아스 철학)에 대한 대응으로 볼 여지가 있는, 히포크라테스 저작집에 속하는 텍스트(DK는 DK 87B1에 대한 참조용으로 수록). 고르기아스 철학에도, 그리고 궁극적으로는 파르메니데스 철학에도 연결될 수 있는 내용이다. 5세기의 어떤 소피스트나 수사가가 썼을 것으로 보인다. cf. 5B.3과 10B.44.

260 혹은 '어떻게 있는지'.

할 수가 있을지 난 알지 못한다.[261] /2/ 오히려 그것은 어쩌면 다음과 같은 것이라고 할 수 있지 않을까? 있는 것들은 어떤 경우에든 (aei) 보이기도 하고 알려지기도 하는 반면, 있지 않은 것들은 보이지도 알려지지도 않는다. 그러니까 기술들은 이미 가르쳐져 있기에(dedeigmenōn ēdē) 알려지며, 적어도 어떤 형상(eidos)[262]으로부터 나온 것으로 보이지 않는[263] 기술이란 하나도 없다. /3/ 적어도 내가 생각하기에는 그것들이 얻게 되는 이름들(onomata) 또한 그것들의 형상들 때문이다. 이름들로부터 형상들이 돋아 나온다(blastanein)고 생각하는 것은 불가능한 것은 말할 것도 없고 불합리하기 때문이다. 이름들은 자연의 관습(physios nomothetēmata)[264]인 반면, 형상들은 자연의 관습이 아니라 산물(blastēmata)[265]이기 때문이다.[266]

---

261 용어와 착상이 안티폰(5B.3)을 염두에 둔 것이라고 짐작해 볼 수 있다.

262 혹은 '종류'.

263 '어떤 형상으로부터 나온 것으로 보이지 않는' 대신 '어떤 형상에 기반하여 우리가 보지 않는'.

264 혹은 '자연의 법으로 정해진 것'.

265 혹은 '자손', '싹'.

266 곰페르츠(Gomperz)는 '자연의'에 해당하는 'physios'의 위치를 '관습'(nomothetēmata)이 아니라 뒤의 '산물'(blastēmata) 쪽에만 붙이자고 제안한 바 있다. 그의 제안대로 읽으면 '이름들은 관습(nomothetēmata)인 반면, 형상들은 관습이 아니라 자연의 산물(blastēmata physios)이기 때문이다.'가 된다. 이런 텍스트 수정은 불필요할 뿐만 아니라 원문의 의미도 상당히 축소하거나 왜곡한다.

17B.19. 히포크라테스『공기, 물, 장소에 관하여』14[267]

그리고 종족들 사이에서 조금 차이 나는 것들은 생략하고 넘어
갈 것이고, 자연적으로든(physei) 관습적으로든(nomōi) 크게 차
이 나는 것들에 대해서는 그것들이 어떠한지에 관해 이야기하
겠다. 그리고 우선 마크로케팔로이(Makrokephaloi)[268]족에 관해
서 이야기하겠다. 다른 종족들 가운데 이들만큼이나 비슷하지 않
은 머리를 가진 종족은 없다. 처음에는 관습이 그들의 머리 길이
의 가장 큰 원인이었지만, 지금은 관습과 더불어 자연도 한몫한다
(symballetai). 이유인즉슨 이렇다. 그들은 머리가 가장 긴 사람들
이 가장 고상하다고 여긴다. 그런데 관습에 관련된 상황은 다음
과 같다. 어린 아이가 태어나자마자 그들은 아이가 유연하고 그의
머리가 아직 섬섬한(hapalē) 상태일 때 손으로 머리의 모양을 만들
어 주고(anaplassousi), 붕대와 여타의 적당한 기법들(technēmata),
즉 머리의 구형을 망가트리고 세로로 자라게 하는 기법들을 적용
하여 세로로 길게 자라게끔 강제한다(anankazousin). 이렇게 처음
에는 관습이 작용해서 억지로(hypo biēs) 그런 본성(physis)이 생겨
나도록 하지만, 시간이 가면서 그것이 자연스럽게(en physei) 되어

---

267 자연이 관습에 의해 영향 받는다는 논의. cf. 안티폰 B 3절의『화합에 관하여』,
특히 5B.60 '스키아포데스'(Skiapodes). 아리스토파네스『새들』1553에 관한
주석가가 언급하는, 큰 발을 햇빛 가리개로 쓰는 종족도 여기서 언급된 종족
처럼 습관/관습으로부터 자연적 특성을 얻게 된 유사 사례라 할 수 있다. cf.
5B.61 '마크로케팔로이'(Makrokephaloi).

268 '머리가 긴 사람들'이라는 뜻.

더 이상 관습이 강제하지 않아도 될 정도가 된다. 씨(gonos)가 온 몸으로부터 오는데, 건강한 부분으로부터는 건강한 씨가, 병든 부분으로부터는 병든 씨가 오기 때문이다. 그래서 대머리들로부터는 대머리들이, 빛나는(glaukoi)[269] 눈을 가진 사람들로부터는 빛나는 눈을 가진 사람들이, 비뚤어진 눈을 가진 사람들로부터는 대개 사팔눈을 가진 사람들이 태어나고, 다른 모습에 관해서도 같은 이치가 적용된다면, 머리가 긴 사람으로부터 머리가 긴 사람이 태어나는 것을 무엇이 막겠는가? 하지만 이제 그들은 더 이상 이전과 같은 방식으로 태어나지 않는다. 인간들의 교류(homiliē) 때문에 관습은 더 이상 힘을 발휘하지 못한다.

---

269 혹은 '푸른'. 다음도 마찬가지.

참고문헌

1. 소피스트 일반 (주요 인용 문헌)

1.1. 일차 자료

Attic Inscriptions Online. [https://www.atticinscriptions.com/] [= AIO]

Bachmann, L. (1828), *Anecdota Graeca e Codd. Mss. Bibl. Reg. Parisin.*, Vol. 1, J. C. Hinrichs. 『희랍 일화집』

Bekker, I. (1814), *Anecdota Graeca*, Vol. 1, *Lexica Segueriana*, G. C. Nauckium. 『희랍 일화집』

Bekker, I. (1854), *Suidae Lexicon*, G. Reimer. 『수다』

Bohler, A. (1903), *Sophistae Anonymi Protreptici: Fragmenta Instaurata Illustrata*, Gustav Fock.

Burnet, J. (1924) (ed.), *Plato: Euthyphro, Apology of Socrates, Crito*, Oxford.

Commentaria in Aristotelem Graeca, Berlin, 1882–1909. [= *CAG*] [21.2는 http://www.archive.org/stream/commentariaina21pt12akaduoft#pa

ge/n321/mode/2up에 있음.]

Cooper, J. M. (1997) (ed.), *Plato: Complete Works*, Hackett.

Cramer, J. A. (1839), *Anecdota Graeca e Codd. Manuscriptis Bibliothecae Regiae Parisiensis,.*Vol. 1, Oxford. 『파리 일화집』

Diels, H. & W. Kranz (1951, 1952), *Die Fragmente der Vorsokratiker*, 6th ed., Weidmann, Vol. I–III. [= DK]

Dillon, J. & T. Gergel (2003) (trs.), *The Greek Sophists*, Penguin. [= DG]

Dodds, E. R. (1959a), *Plato, Gorgias: A Revised Text with Introduction and Commentary*, Oxford.

Dorandi, T. (2013) (ed.), *Diogenes Laertius: Lives of Eminent Philosophers* Cambridge Classical Texts and Commentaries, Cambridge. [디오게네스 라에르티오스, 『유명한 철학자들의 생애와 사상』 = DL]

Gagarin, M. & P. Woodruff (1995) (trs. & eds.), *Early Greek Political Thought from Homer to the Sophists*, Cambridge. [= GW]

Graham, D. W. (2010), *The Texts of Early Greek Philosophy: The Complete Fragments and Selected Testimonies of the Major Presocratics*, Part 2, Sophists, Cambridge. [= G]

Green, P. (2006) (tr.), *Diodorus Siculus, Books 11–12.37.1: Greek History, 480–431 BC, the Alternative Version*, Texas.

Harris-McCoy, D. E. (2012), *Artemidorus, Oneirocritica: Text, Translation, and Commentary*, Oxford.

Jackson, R., K. Lycos, & H. Tarrant (1998) (trs., & notes), *Olympiodorus: Commentary on Plato's Gorgias*, Brill.

Jerome (2005), *Chronicle*, 188–332. [http://www.tertullian.org/fathers/jerome_chronicle_06_latin_part2.htm]

Jones, W. H. S. (tr.) (1918), *Pausanias: Description of Greece*, 5 Vols.

Loeb Classical Library, Harvard.

Laks, A. & G. W. Most (2016) (eds. & trs.), *Early Greek Philosophy*, Vol. 8 & 9, Sophists, Part 1 & Part 2, Loeb Classical Library, Harvard. [= LM]

Latte, K., P. A. Hansen, & I. C. Cunningham (2005–2020) (eds.), *Hesychii Alexandrini Lexicon*, Vol. 1-4, De Gruyter.

Lewis, D. M., L. H. Jeffery, E. Erxleben & K. Hallof (1981–1998) (eds.), *Inscriptiones Graecae*. Vol. I, *Inscriptiones Atticae Euclidis Anno Anteriores*, Editio tertia, De Gruyter. [= IG]

Marcovich, M. (1999) (ed.), *Diogenes Laertius: Vitae Philosophorum*, B.G. Teubner, Vol. I: Libri I–X.

Mirhady D. C. & Y. L. Too (2000) (trs.), *Isocrates I*, Texas.

Penella, R. J. (2010) (tr.), *The Private Orations of Themistius*, California.

Smith, M. F. (1993), *Diogenes of Oinoanda: The Epicurean Inscription. Edited with Introduction, Translation, and Notes*, Bibliopolis.

Snell, B. (1971) (ed.), *Tragicorum Graecorum Fragmenta*, Göttingen.

Snell, B. & H. Maehler (1980) (eds.), *Pindari Carmina cum Fragmentis*, Teubner.

Sprague, R. K. (1972a) (ed.), *The Older Sophists*, South Carolina. [= S]

Suda On Line: Byzantine Lexicography, vetted edition completed 2014, ed. by D. Whitehead, W. Hutton, C. P. Roth, P. Rourke, and E. Vandiver; contrib. by A. Adler, R. A. Finkel, and R. Scaife. [= SOL] [https://www.cs.uky.edu/~raphael/sol/sol-html/] 『수다』 아들러(Adler) 번호 항목 검색은 https://lexicon.katabiblon.com/suda/index.php?]

Tarrant, H. (1997), "Olympiodorus and History," in A. Nobbs et al.

(eds.), *Ancient History in a Modern University*, Grand Rapids MI, 417-425.

Untersteiner, M. (1949-1967), *Sofisti: Testimonianze e Frammenti*, Vol. 1-4, Bompiani, 1967/1949/1954/1962. [Italian edition. rep. 2009] [= U]

Untersteiner, M. (1996), *I Sofisti*, Mondadori.

Waterfield, R. (2000), *The First Philosophers: The Presocratics and Sophists*, Oxford. [= W]

1.2. 이차 자료

강철웅 (2016), 『설득과 비판: 초기 희랍의 철학 담론 전통』, 후마니타스.

강철웅 외 (2013), 『서양고대철학 1: 철학의 탄생으로부터 플라톤까지』, 길.

김대오 (2013), 「소피스트(1)」, in 강철웅 외 (2013), 227-244.

전헌상 (2013b), 「소피스트(2)」, in 강철웅 외 (2013), 245-272.

Barrett, H. (1987), *The Sophists: Rhetoric, Democracy, and Plato's Idea of Sophistry*, Chandler & Sharp.

Broadie, S. (2003), "The Sophists and Socrates," in D. Sedley (ed.), *The Cambridge Companion to Greek and Roman Philosophy*, Cambridge, 73-97.

De Romilly, J. (1992), *The Great Sophists in Periclean Athens*, Oxford.

Guthrie, W. K. C. (1971), *The Sophists*, Cambridge.

Jennings, V. & A. Katsaros (2007) (eds.), *The World of Ion of Chios*, Mnemosyne, Bibliotheca Classica Batava Supplementum, Brill.

Johnson, C. N. (2005), *Socrates and the Immoralists*, Lexington Books.

Kerferd, G. B. (1981a), *The Sophistic Movement*, Cambridge. [국역: 조지 커퍼드 (김남두 역), 『소피스트 운동』, 아카넷, 2003.]

Kerferd, G. B. (1981b) (ed.), *The Sophists and Their Legacy*, Franz Steiner Verlag.

Mara, G. M. (2008), *The Civic Conversations of Thucydides and Plato: Classical Political Philosophy and the Limits of Democracy*, State University of New York Press.

McCoy, M. (2008), *Plato on the Rhetoric of Philosophers and Sophists*, Cambridge.

Nails, D. (2002), *The People of Plato: A Prosopography of Plato and Other Socratics*, Hackett.

O'Grady, P. (2008a) (ed.), *The Sophists: An Introduction*, Duckworth.

Reames, R. & E. Schiappa (eds.) (2017), *Logos without Rhetoric: The Arts of Language Before Plato*, South Carolina.

Rotstein, A. (2010), *The Idea of Iambos*, Oxford.

Schiappa, E. (1990), "Did Plato Coin Rhetorike?", *The American Journal of Philology* 111 (4), 457-470.

Schironi, F. (2009), *From Alexandria to Babylon: Near Eastern Languages and Hellenistic Erudition in the Oxyrhynchus Glossary (P. Oxy. 1802 + 4812)*, De Gruyter.

Wolfsdorf, D. C. (2020a) (ed.), *Early Greek Ethics*, Oxford.

2. 개별 소피스트 (각 장별 주요 인용 문헌)

2.1. 프로타고라스

강성훈 (2009), 「플라톤의 『프로타고라스』에서 시모니데스의 시 해석 1: 프로타고라스의 질문과 의도」, 『서양고전학연구』 37, 105-140.

강성훈 (2010), 「플라톤의 『프로타고라스』에서 시모니데스의 시 해석 2:

소크라테스의 세 가지 해석」, 『서양고전학연구』 41, 5-47.

강성훈 (2013), 「덕의 가르침 가능성과 덕의 단일성: 대화편 『프로타고라스』에서 '위대한 연설'과 그에 대한 반응」, 『서양고전학연구』 50, 33-72.

강성훈 (2021) 역, 『플라톤: 프로타고라스』, 아카넷. [= 이제이북스판(2011)]

김요한 (2014), 「프로타고라스, 안티폰, 데모크리토스의 양심 개념의 단초에 관한 연구」, 『철학논총』 77, 65-85.

이윤철 (2008), 「프로타고라스에 있어서 'ouk estin antilegein' 언명의 의미와 역할」, 『철학논구』 36, 65-91.

이윤철 (2013), 「프로타고라스의 자연주의적 언어론」, 『철학사상』 48, 57-95.

이윤철 (2014), 「아리스토텔레스의 '인간척도설' 단편 논의: 무오류주의와 상대주의」, 『철학사상』 53, 101-164.

정준영 (1997), 「『테아이테토스』편에서 논의된 프로타고라스의 인간척도설과 상충의 문제」, 『서양고전학연구』 11, 163-192.

편상범 (2005), 「프로타고라스의 인간척도설」, 『철학』 84, 33-62.

Bernays, J. (1850), "Die Kataballontes des Protagoras," *Rheinisches Museum für Philologier* 7, 464-468. rpr. in H. Usener (ed.), *Gesammelte Abhandlungen*, 1885, Vol. 1, 117-121.

Grenfell, B. P. & A. S. Hunt (1899) (eds. & trs), *The Oxyrhynchus Papyri*, Part II, Oxford.

Gronewald, M. (1968), 'Ein Neues Protagoras-Fragment', *Zeitschrift für Papyrologie und Epigraphik* 2, 1-2.

Lee, Mi-Kyoung (2005), *Epistemology After Protagoras: Responses to Relativism in Plato, Aristotle, and Democritus*, Oxford.

Muir, J. V. (1982), "Protagoras and Education at Thourioi," *Greece &*

Rome 29 (1), 17-24.

O'Sullivan, N. (1995), "Pericles and Protagoras," *Greece & Rome 42* (1), 15-23.

Untersteiner, M. (1947-1948), "Le "Antilogie" di Protagora," *Antiquitas* 2/3, 34-44.

Vickers, M. (1990), "Golden Greece: Relative Values, Minae, and Temple Inventories," *American Journal of Archaeology* 94 (4), 613-625.

Woodruff, P. (1985), "Didymus on Protagoras and the Protagoreans," *Journal of the History of Philosophy* 23 (4), 483-497.

Zilioli, U. (2007), *Protagoras and the Challenge of Relativism: Plato's Subtlest Enemy*, Ashgate.

2.2. 고르기아스

강철웅 (2017), 「고르기아스에서 설득과 진리: 파르메니데스적 로고스 전통에 대한 소피스트적 수용의 한 국면」, 『철학연구』116, 251-281.

김귀룡 (2008), 「고르기아스의 "비존재 또는 자연에 관하여" 분석」, 『동서철학연구』47, 137-153.

김남두 (2005), 「고르기아스의 『헬레네 찬사』에서 말의 힘」, 『서양고전학연구』24, 241-264.

김인곤 (2021) 역, 『플라톤: 고르기아스』, 아카넷. [= 이제이북스판(2011)]

박승권 (2018), 「고대 회의주의의 기원으로서 고르기아스: 『이지 않음에 관하여』와 섹스투스의 고르기아스 평가를 중심으로」, 『범한철학』91, 103-125.

양태범 (2007), 「고르기아스의 세 명제와 에피데익티케 논증」, 『철학』91, 77-106.

양태범 (2013), 「역사적인 고르기아스에게 있어서 자연철학과 수사술의 관계」, 『해석학연구』 32, 125-161.

전헌상 (2018a), 「syngnomē와 epieikeia: 아리스토텔레스 윤리학에서의 용서의 기초」, 『철학논집』 54, 53-78.

Donadi, F. (2016), *Gorgias: Helenae Encomium*, Bibliotheca Scriptorum Graecorum et Romanorum Teubneriana, De Gruyter.

Enos, R. L. (1992), "Why Gorgias of Leontini Traveled to Athens: A Study of Recent Epigraphical Evidence," *Rhetoric Review* 11 (1), 1-15.

Kaibel, G. (1878), *Epigrammata Graeca ex lapidibus conlecta*, Reimer Verlag. [『희랍 경구시집』]

Kennedy, G. (1972), "Gorgias," in R. K. Sprague (1972a), 30-67.

MacDowell, D. M. (1982), *Gorgias: Encomium of Helen*, Bristol.

McComiskey, B. (2002), *Gorgias and the New Sophistic Rhetoric*, Southern Illinois.

Morgan, K. A. (1994), "Socrates and Gorgias at Delphi and Olympia: *Phaedrus* 235d6-236b4", *The Classical Quarterly* 44 (2), 375-386.

Sachs, J. (2008) (tr.), *Plato: Gorgias and Aristotle: Rhetoric*, Focus Publishing.

Zeyl, D. J. (1997) (tr.), "Gorgias," in J. M. Cooper (1997), 791-869.

2.3. 프로디코스

Arena, V. (2020), "The God Liber and Republican Notions of *Libertas* in the Late Roman Republic," in C. Balmaceda, (ed.), *Libertas and Res Publica in the Roman Republic: Ideas of Freedom and Roman Politics*, Brill, 55-83.

Gray, V. (2006), "The Linguistic Philosophies of Prodicus in Xenophon's

'Choice of Heracles'?" *The Classical Quarterly* 56 (2), 426–435.

Kouloumentas, S. (2018), "Prodicus on the Rise of Civilization: Religion, Agriculture, and Culture Heroes," *Philosophie Antique* 18, 127–152. [https://journals.openedition.org/philosant/1026]

Manetti, D. (2005), "Physician Contemporaries of Hippocrates: Problems in Identifying the Physician Known as Herodicus," *Studies in Ancient Medicine* 31, 295–313.

Mayhew, R. (2011), *Prodicus the Sophist: Texts, Translations, and Commetary*, Oxford. [= Mh]

Sansone, D. (2004), "Heracles at the Y," *The Journal of Hellenic Studies* 124, 125–142.

Wolfsdorf, D. C. (2011), "Prodicus on the Correctness of Names: The Case of ΤΕΡΨΙΣ, ΧΑΡΑ and ΕΥΦΡΟΣΥΝΗ," *Journal of Hellenic Studies* 131, 131–145.

2.4. 히피아스

강철웅 (2021a) 역, 『플라톤: 미노스·사랑하는 사람들』, 아카넷.

이한규 (2006), 「히피아스의 '노모스-퓌시스 안티테제'에 대한 연구」, 『철학』 86, 7–29.

Dušanić, S. (2008), "Hippias the Elean: The Revolutionary Activities and Political Attitudes of a Sophist," *Aevum* 82, 41–50.

O'Grady, P. (2008b), "Hippias," in P. O'Grady (2008a), 56–70.

2.5. 안티폰

김남두 (1988), 「소피스트 안티폰에 있어서 法과 自然」, 『서양고전학연구』 2, 123–139.

전헌상 (2013a), 「개연성 논증과 안티폰의 『사부 논변』」, 『철학사상』 50, 3-31.

Grenfell, B. P. & A. S. Hunt (1903) (eds. & trs.), *The Oxyrhynchus Papyri*, Part III, Oxford.

Maidment, K. J. (1941) (tr.), *Minor Attic Orators*, Vol. 1. *Antiphon, Andocides*, Loeb Classical Library, Harvard.

Morrison, J. S. (1972), "Antiphon," in R. K. Sprague (1972a), 106-240. [= M]

Pendrick, G. J. (2002), *Antiphon the Sophist: The Fragments*, Cambridge. [= P]

Saunders, T. J. (1978), "Antiphon the Sophist on Natural Laws (B44DK)," *Proceedings of the Aristotelian Society* 78, 215-236.

2.6. 소크라테스

강철웅 (2006), 「플라톤의 『변명』에 나오는 소크라테스의 무지 주장의 문제」, 『철학논집』 12, 63-98.

강철웅 (2013), 『아폴론 대 델로스 잠수부, 그 철학적 대화의 시작: 담론 형식과 매체의 측면에서 본 헤라클레이토스 철학』, 『철학연구』 101, 1-35.

강철웅 (2020a) 역, 『플라톤: 향연』, 아카넷. [= 이제이북스판(2014a)]

강철웅 (2020b) 역, 『플라톤: 소크라테스의 변명』, 아카넷. [= 이제이북스판(2014b)]

강철웅 (2021b), 「플라톤의 『에우튀프론』에서 소크라테스적 인간애와 소통-교육」, 『철학연구』 132, 1-31.

전헌상 (2018b), 「『고르기아스』에서의 소크라테스의 참된 정치술」, 『철학사상』 69, 69-95.

Edmonds, L. (2006), "What Was Socrates Called?" *The Classical Quarterly* NS 56 (2), 414-425.

Fletcher, R. (2007), "Legwork: Ion's Socrates," in V. Jennings & A. Katsaros (2007), 319-330.

Giannantoni, G. (1971), *Socrate. Tutte le Testimonianze: Da Aristofane e Senofonte ai Padri Cristiani*, Bari. [= Soc]

Giannantoni, G. (1990), *Socratis et Socraticorum Reliquiae*, Vol. 1, Naples. [= *SSR*]

Graham, D. W. (2008), "Socrates on Samos," *The Classical Quarterly* 58 (1), 308-313.

Jacoby, F. (1947), "Some Remarks on Ion of Chios," *The Classical Quarterly* 41 (1/2), 1-17.

Ralkowski, M. A. (2019), *Plato's Trial of Athens*, Bloomsbury.

Scott, D. (2006), *Plato's* Meno, Cambridge.

Wolfsdorf, D. C. (2020b), "The Ethical Philosophy of the Historical Socrates," in D. C. Wolfsdorf (2020a), 169-194.

2.7. 트라쉬마코스

Barney, R. (2004), "Callicles and Thrasymachus," Stanford Ency-clopedia of Philosophy. [https://plato.stanford.edu/entries/callicles-thrasymachus/]

Blanshard, A. (2007), "Trapped between Athens and Chios: A Relationship in Fragments," in V. Jennings & A. Katsaros (2007), 155-175.

Everson, S. (1998), "The Incoherence of Thrasymachus," *Oxford Studies in Ancient Philosophy* 16, 99-131.

Hourani, C. F. (1962), "Thrasymachus' Definition of Justice in Plato's *Republic*," *Phronesis* 7, 110-120.

Kerferd, G. B. (1947), "The doctrine of Thrasymachus in Plato's *Republic*," *Durham University Journal* 40, 19-27.

Nicholson, P. P. (1974), "Unravelling Thrasymachus' Argument in the *Republic*," *Phronesis* 19, 210-232.

Rauhut, N., "Thrasymachus," Internet Encyclopedia of Philosophy. [https://www.iep.utm.edu/thrasymachus/]

White, S. A. (1995), "Thrasymachus the Diplomat," *Classical Philology* 90 (4), 307-327.

2.8. 칼리클레스

박성우 (2003), 「소크라테스는 칼리클레스와 화해할 수 있을까?」, 『서양고전학연구』 20, 81-118.

이한규 (2008), 「칼리클레스 자연법 사상의 재해석」, 『원광법학』 24 (1), 325-352.

Dodds, E. R. (1959b), "Socrates, Callicles, and Nietzsche," in E. R. Dodds (1959a), 387-391.

Groarke, L. (2008), "Callicles," in P. O'Grady (2008a), 101-110.

2.9. 에우에노스

Bowra, C. M. (1934). "Simonides in the Theognidea," *The Classical Review* 48 (1), 2-4.

Gerber, D. E. (1988), "The Measure of Bacchus Euenus Fr. 2 West, Gent.-Pr. = Anth. Pal. 11,49," *Mnemosyne* 41 (1/2), 39-45.

Radermacher, L. (1951), "Euenuc Parius," in his *Artium Scriptores: Reste*

der Voraristotelischen Rhetorik, R. M. Rohrer, 127-128. [영역은
https://www.sfu.ca/anewradermacher/xx--evenus-parius.html에
수록되어 있음.]

West, M. L. (1992), *Iambi et Elegi Graeci ante Alexandrum Cantati*, Vol.
II, editio altera, Oxford, 63-67. [= Ws]

2.10. 크리티아스

Dihle, A. (1977), "Das Satyrspiel 'Sisyphus'," *Hermes* 105, 28-42.

Gottesman, A. (2020), "The *Sōphrosynē* of Critias: Aristocratic Ethics
After the Thirty Tyrants," in D. C. Wolfsdorf (2020a), 243-261.

Kahn, C. H. (1981), "The Origins of Social Contract Theory," in G. B.
Kerferd (1981b), 92-108.

Kahn, C. H. (1997), "Greek Religion and Philosophy in the Sisyphus
Fragment," *Phronesis* 42 (3), 247-262.

O'Sullivan, P. (2012), "Sophistic Ethics, Old Atheism, and "Critias" on
Religion," *The Classical World* 105 (2), 167-185.

Whitmarsh, T. (2014), "Atheistic Aesthetics: The Sisyphus Fragment,
Poetics and the Creativity of Drama," *The Cambridge Classical
Journal* 60, 109-126.

2.11. 에우튀데모스와 디오뉘소도로스

김주일 (2019) 역, 『플라톤: 에우튀데모스』, 아카넷. [이제이북스판(2008)]

Dorion, L.-A. (2000), "Euthydème et Dionysodore sont-ils des
Mégariques?" in T. M. Robinson & L. Brisson (eds.), *Plato:
Euthydemus, Lysis, Charmides. Proceedings of the V Symposium
Platonicum*, Academia Verlag, 2000, 35-50.

Sprague, R. K. (1972b), "Euthydemus of Chios," in R. K. Sprague (1972a), 294–301.

2.12. 『이암블리코스의 익명 저술』

Blass, F. (1889), *De Antiphonte Sophista Iamblichi Auctore*, Kiel.

Cataudella, Q. (1932), "L'Anonymis Iamblichi e Democrito," *Studi Italiani di Filologia Classica* 10, 5–22.

Cataudella, Q. (1950), "Chi è L'Anonimo di Giamblico?" *Revue des Études Grecques* 63, 74–106.

Cole, A. T. (1961), "Anonymus Iamblichi and His Place in Greek Political Theory," *Harvard Studies in Classical Philology* 65, 127–163.

Horky, P. S. (2020), "Anonymus Iamblichi, *On Excellence (Peri Aretēs)*: A Lost Defense of Democracy," in D. C. Wolfsdorf (2020a), 262–292.

O'Grady, P. (2008c), "The *Anonymus Iamblichi*," in P. O'Grady (2008a), 138–147.

2.13. 『이중 논변』

기종석 (1993), 「Dissoi Logoi에 관한 연구」, 『서양고전학연구』 7, 37–69.

이윤철 (2019), 「『이중 논변』: 퓌론주의의 원형적 가능성」, 『철학논총』 96, 365–406.

Mazzarino, S. (1966), *Il Pensiero Storico Classico*, Vol. 1, Laterza.

Molinelli, S. (2018), *Dissoi Logoi: A New Commented Edition*, Durham theses, Durham University. [http://etheses.dur.ac.uk/12451/]

Pohlenz, M. (1913), *Aus Platons Werdezeit*, Berlin.

Robinson, T. M. (1979), *Contrasting Arguments: An Edition of the Dissoi*

Logoi, Arno Press.

Weber, E. (1897) (ed.), "Dissoi Logoi: Eine Ausgabe der sogenannten Diolexeis," in C. Wachsmuth (ed.), *Philologisch-historische Beiträge*, Teubner, 33–51.

Wolfsdorf, D. C. (2020c), "On the Unity of the *Dissoi Logoi*," in D. C. Wolfsdorf (2020a), 293–324.

2.14. 뤼코프론

강철웅, 김주일, 이정호 (2021) 역, 『플라톤: 편지들』, 아카넷. [= 이제이북 스판(2009)]

Giombini, S. (2016), "Lycophron: a Minor Sophist or a Minor Socratic?" *Philosophical Inquiry*, 40 (1–2), 74–94.

Guthrie, W. K. C. (1979), "Reply to R. G. Mulgan," *Journal of the History of Ideas* 40 (1), 128.

Mulgan, R. G. (1979), "Lycophron and Greek Theories of Social Contract," *Journal of the History of Ideas* 40 (1), 121–128.

O'Neill, W. (1972), "Lycophron," in R. K. Sprague (1972a), 68–69.

Popper, K. (1962), *The Open Society and Its Enemies*, 4th ed. Routledge.

2.15. 알키다마스

Bassino, P. (2018), *The Certamen Homeri Et Hesiodi: A Commentary*, De Gruyter.

Blass, F. (1872), *Antiphontis Orationes et Fragmenta: Adiunctis Gorgiae Antisthenis Alcidamantis Declamationibus*, Lipsiae: Teubner.

Cramer, J. A. (1837), *Anecdota Graeca e Codd. Manuscriptis Bibliothecarum Oxoniensium*, Vol 4, Oxford.

Debiasi, A. (2012), "Homer agōnistēs in Chalcis," in F. Montanari, A. Rengakos & C. C. Tsagalis (eds.), *Homeric Contexts: Neoanalysis and the Interpretation of Oral Poetry*, De Gruyter, 471–500.

Kiessling, Theophilus (= Kiessling, Gottlieb) (1826) (ed.), *Ioannis Tzetzae Historiarum Variarum Chiliades*, Lipsiae, C.G. Vogelii, Facsimile Publisher 2016.

Nietzsche, F. (1870), "Der Florentinische Tractat über Homer und Hesiod, ihr Geschlecht und ihren Wettkampf," *Rheinisches Museum für Philologie* Neue Folge 25, 528–540.

Uden, J. (2010), "The Contest of Homer and Hesiod and the Ambitions of Hadrian," *The Journal of Hellenic Studies* 130, 121–135.

Van Hook, L. (1919) (tr.), "Alcidamas: On the Sophists," *Classical Weekly* 12. [http://www.attalus.org/translate/alcidamas.html]

2.16. 크세니아데스

Brunschwig, J. (2002), "Democritus and Xeniades," in V. Caston, & D. W. Graham (2002), 159–167.

2.17. 소피스트 일반 (제17장에 한정)

이정호 (2021) 역, 『플라톤: 메넥세노스』, 아카넷. [= 이제이북스판(2008)]

Cope, E. M. & J. E. Sandys (1877) (eds.), *Aristotle: Rhetoric*, Vols. 1–3, Cambridge, 2010.

Grimaldi, W. M. A. (1988) *Aristotle, Rhetoric II: A Commentary*, Fordham.

Karamanou, I. (2017), *Euripides, Alexandros: Introduction, Text and Commentary*, De Gruyter.

Mara, G. M. (2008), *The Civic Conversations of Thucydides and Plato: Classical Political Philosophy and the Limits of Democracy*, State University of New York Press.

McKirahan, R. D. (2010), *Philosophy Before Socrates: An Introduction with Texts and Commentary*, 2nd ed., Hackett.

Mill, J. S. (1859), *On Liberty*, in S. Collini, (ed.), *Mill: On Liberty with the Subjection of Women and Chapters on Socialism*, Cambridge, 1989.

Van der Eijk, P. (2009), "The Woman Not Breathing," in W. Fortenbaugh & E. Pender (Eds.), *Heraclides of Pontus: Discussion*, Transaction Publishers, 237–250.

3. 기타 주요 인용 문헌

Burnet, J. (1964), *Greek Philosophy*, Macmillian.

Cross, R. C. & A. D. Woozley (1964), *Plato's Republic. A Philosophical Commentary*, Macmillian.

Dunn, J. (2005), *Setting the People Free: The Story of Democracy*, Atlantic Books. [국역: 존 던 (강철웅, 문지영 역), 『민주주의의 수수께끼』, 후마니타스, 2015.]

Grote, G. (1888), *A History of Greece*, J. Murnay.

Hornblower, S., A. Spawforth & E. Eidinow (2012) (eds.), *The Oxford Classical Dictionary*, 4th ed., Oxford. [= OCD]

Kirk, G. S., J. E. Raven & M. Schofield (1983), *The Presocratic Philosophers*, 2nd ed., Cambridge. [= KRS]

Liddell, H. G. & R. Scott (rev. & aug. by H. S. Jones) (1961), *A Greek-*

English Lexicon, 9th ed., Oxford. [= LSJ]

Long, A. A. & D. Sedley (1987), *The Hellenistic Philosophers*, Cambridge. [= LS]

Lynch, J. P. (1972), *Aristotle's School: A Study of a Greek Educational Institution*, California.

MacDonell, A. A. (1927), *Sanskrit Grammar for Students*, 3rd ed., Oxford.

Ong, W. J. (2002), *Orality and Literacy: The Technologizing of the Word*, 2nd ed., Routledge. [1st ed.: 1982]

Russell, B. (1946), *History of Western Philosophy*, Routledge Classics, Routledge, 2004.

Strauss, L. (1952), *Natural Right and History*, Chicago.

Taylor, A. E. (1960) *Plato, the Man and His Work*, Methuen.

Wilamowitz-Moellendorff, U. v. (1920), *Platon* I, Weidmann.

Zeller, E. (1889), *Outlines of the History of Greek Philosophy*, H. Holt.

부록
··········

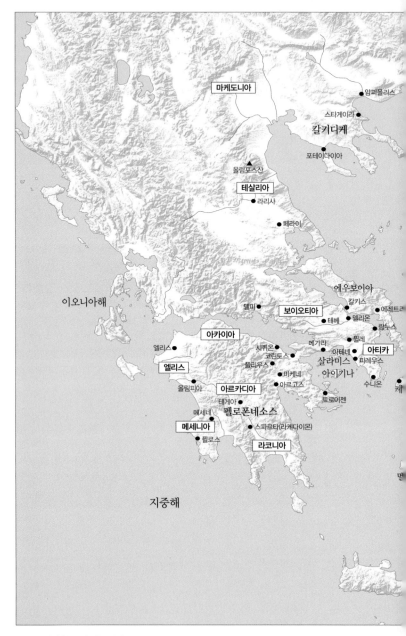

마케도니아

암피폴리스
스타게이라
칼키디케
포테이다이아

올림포스산
테살리아
라리사

페라이

이오니아해

에우보이아
델피
보이오티아
칼키스
에레트리아
테베
델리온
람누스
아카이아
시퀴온
메가라
퓔레
엘리스
코린토스
아테네
아티카
플리우스
살라미스
피레우스
엘리스
미케네
아이기나
올림피아
아르카디아
아르고스
수니온
테게아
케
펠로폰네소스
트로이젠
메세네
메세니아
스파르타(라케다이몬)
퓔로스
라코니아

지중해

멜

지도 1 희랍 본토와 이오니아

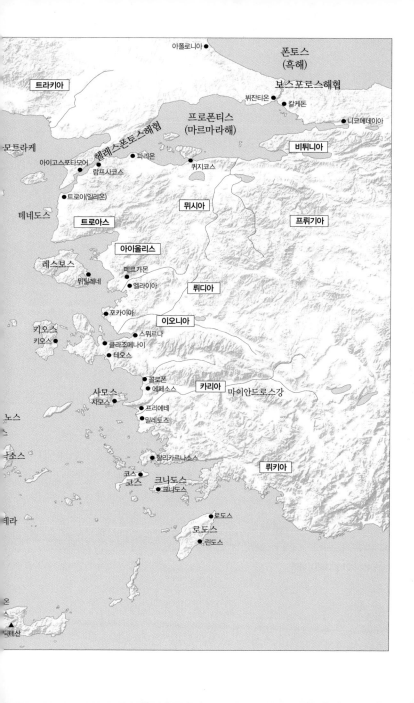

아폴로니아

폰토스
(흑해)

트라키아

보스포로스해협

뷔잔티온 칼케돈

니코메데이아

프로폰티스
(마르마라해)

비튀니아

헬레스폰토스해협

몬트라케

아이고스포타모어 파리온

람프사코스

퀴지코스

트로이(일리온)

뮈시아

프뤼기아

테네도스

트로아스

아이올리스

레스보스

페르가몬

뮈틸레네

엘라이아

뤼디아

포카이아

이오니아

키오스

스뮈르나

키오스

클라조메나이

테오스

콜로폰

카리아

에페소스

마이안드로스강

사모스

프리에네

사모스

밀레토스

노스
스

할리카르나소스

뤼키아

콕소스

코스

크니도스

코스

크니도스

로도스

로도스

린도스

오
스
스
딕테산

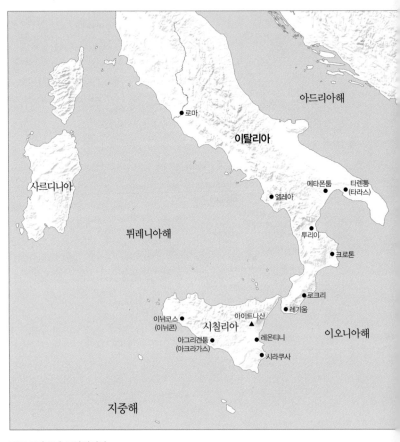

지도 2 마그나 그라이키아

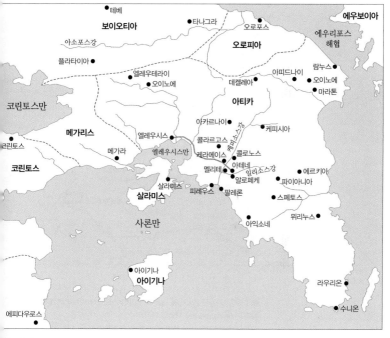

테베

보이오티아

타나그라

오로포스

에우보이아

에우리포스
해협

아소포스강

오로피아

플라타이아

람누스

엘레우테라이

오이노에

데켈레아

아피드나이

오이노에

마라톤

코린토스만

아티카

메가리스

아카르나이

케피시아

엘레우시스

콜라르고스

케피소스강

콜로노스

코린토스

메가라

엘레우시스만

케라메이스

아테네

일리소스강

에르키아

코린토스

멜리테

알로페케

파이아니아

살라미스

피래우스

팔레론

스페토스

살라미스

아익소네

뮈리누스

사론만

라우리온

아이기나

아이기나

에피다우로스

수니온

표 3 아티카

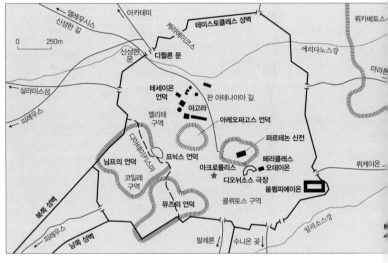

지도 4 아테네

* ★ : 나중 (기원전 2세기)에 헤로데스 아티쿠스 오데이온이 세워지는 자리
* 성벽 내 (intra muros) 지역의 범위:
  ── : 테미스토클레스 성벽 (470년경) 215헥타르
  ── ── : 디아테이키스마 (Diateichisma : 횡단 성벽) 건설 (290년경) 후 185헥[

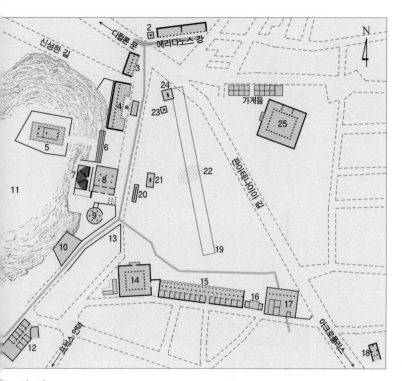

도 5 아고라

1. 스토아 포이킬레(채색 주랑)
2. 아프로디테 우라니아의 제단
3. 스토아 바실레이오스(바실레우스의 주랑)
4. 제우스 엘레우테리오스의 스토아
5. 헤파이스테이온(헤파이스토스 신전)
6. 쉬네드리온(회의장)
7. 불레우테리온(평의회장)
8. 메트로온(기록물 보관소, 옛 불레우테리온)
9. 톨로스(원형 청사)
10. 스트라테게이온(장군들이 만나는 장소)
11. 콜로노스 아고라이오스(아고라 언덕)*
12. 데스모테리온(감옥)
13. 아고라 경계석

14. 아이아케이온('헬리아이아'로 알려졌던 지붕 없는 건물)**
15. 남쪽 스토아 I
16. 남동쪽 샘집
17. 화폐 주조소
18. 엘레우시니온(엘레우시스 성소)
19. 경주로
20. 건국영웅상
21. 제우스 아고라이오스의 제단
22. 옛 오르케스트라
23. 에스카라(제물을 태우는 제단)
24. 12신 제단
25. 법정(아탈로스의 스토아 자리에 있던 지붕 없는 건물)

* 11번 콜로노스 아고라이오스는 '테세이온 언덕'이라 불리기도 한다. 근처에 있는 5번 헤파이스테이온이 한때 테세이온(테세우스 사당)으로 알려졌던 데서 연유한 이름이다.

** 4번 아이아케이온은 한동안 헬리아이아(최고 법정)로 알려졌던 곳이다. 최근의 고고학적 연구들은 이곳이 지붕으로 덮인 건물이 있던 자리라기보다 영웅 아이아코스의 것으로 추정되는 울타리만 있는 성소였다(기원전 4세기 초 무렵에는 국가의 곡물 저장소였다)는 쪽으로 기울어 있다.

2. 연대표

일러두기

1. 요즘 달력과 달라 해가 넘어가기 전후에 해당하는 연대는 편의상 두 연도를 일일이 중복 표시하지 않고 어느 하나로 표기함. 예) 470/469 → 469
2. *표시는 불확실한 추정상 연대를 가리킴.
3. 괄호 안의 인명은 해당 사건의 주도자.

2.1. 주요 사건 연대

기원전

776	올림피아 경기 시작.
735*	제1차 메세니아 전쟁(~715*). 스파르타가 메세니아를 정복하여 헤일로테스들로 삼음.
660*	메세니아 헤일로테스들이 아르고스인들 및 아르카디아인들의 조력을 받아 반란을 일으켜 제2차 메세니아 전쟁 발발(~650*). 스파르타가 메세니아 반란 세력을 성공적으로 진압하여 메세니아를 완전

히 복속시키고 강한 군사 국가가 됨.

624*   탈레스 출생(~*546). 드라콘이 아테네 법 입법.

594   솔론의 개혁.

585   탈레스가 일식 예언.

560   페이시스트라토스가 호위대 보유(=참주정의 시작(~510)).

556*   시모니데스 출생(~468).

546   페르시아 왕 퀴로스가 소아시아(희랍 식민 도시 국가들을 포함한) 장악.

527   페이시스트라토스 사망. 두 아들 히피아스와 히파르코스가 권력 승계.

525   아이스퀼로스 출생(~456).

518*   핀다로스 출생(~438*).

515*   파르메니데스 출생(~450 이후).

514   하르모디오스와 아리스토게이톤이 히파르코스 암살.

510   스파르타에 의해 히피아스가 추방됨(=참주정 몰락. '고전기의 시작점').

508   클레이스테네스의 개혁(='민주정의 도입').

499   소아시아 희랍 식민 도시 국가들이 페르시아(다리우스 1세)에 대항 하여 봉기(~494).

496   소포클레스 출생(~405).

495   페리클레스 출생(~429).

494   소아시아의 마지막 저항 국가였던 밀레토스가 함락됨(=소아시아 독립 전쟁이 실패로 종료).

490   제1차 페르시아 전쟁(다리우스). 마라톤 전투(희랍 승리. 밀티아 데스).

490*   프로타고라스 출생(~420*).

484*   헤로도토스 출생(~425*).

483*   고르기아스 출생(~376*).

482	아테네가 함대 구축(=살라미스 해전 승리로 이어지는 계기).
480	제2차 페르시아 전쟁(~479. 크세륵세스). 테르모필라이 전투(희랍 패배. 레오니다스). 살라미스 해전(희랍 승리. 테미스토클레스). 에우리피데스 출생(~405).
480*	안티폰 출생(~411). 아낙사고라스가 아테네에 입국.
479	플라타이아 전투(희랍 승리).
478	아테네 주도로 페르시아에 대항하는 델로스 동맹 결성.
475*	에우튀데모스 출생.
470*	프로디코스 출생(~399 이후). 히피아스 출생(~385*).
469	소크라테스 출생(~399).
462	에피알테스의 민주적 정치 개혁.
461	페리클레스가 장군에 선출됨(='페리클레스 시대' 개막(~429)). 제1차 펠로폰네소스 전쟁(~445).
460*	프로타고라스가 소피스트로 활동 시작(~420*). 크리티아스 출생(~403). 데모크리토스 출생(~370*). 투키디데스 출생(~400*).
458	이집트 원정. 피레우스(페이라이에우스) 항과 아테네를 연결하는 성벽 건설 시작. 아이스퀼로스 『오레스테이아』 3부작 상연.
455*	트라쉬마코스 출생(~400 이후).
454	델로스 동맹 금고가 델로스에서 아테네로 이전됨(='아테네 제국'의 출발).
451	시민권 자격 기준 강화.
450*	알키비아데스 출생(~404). 아낙사고라스 재판. 아리스토파네스 출생(~386*). 플라톤 『파르메니데스』의 극중 연대(파르메니데스와 제논이 아테네를 방문하는 것으로 설정됨).
447	파르테논 신전 건립 시작(~432. 페이디아스).
445	제1차 펠로폰네소스 전쟁 종결. 아테네와 스파르타 간 30년 평화 협정 체결.
445*	칼리클레스 출생(~404).
444	프로타고라스가 투리이 식민지 입법에 참여.

441	사모스 반란. 소포클레스『안티고네』상연.
440	사모스 원정(소크라테스 참가?).
438	페이디아스가 공금 횡령으로 고발당해 아테네를 떠남.
436	이소크라테스 출생(~338).
432	포테이다이아 반란. 소크라테스가 알키비아데스와 함께 포테이다이아 원정 참가하여(~429) 알키비아데스의 목숨 구함. 파르테논 신전 완공. 아테네에서 '메가라 법령'(제1차 펠로폰네소스 전쟁 막바지에 아테네를 배신한 메가라에 대한 무역 봉쇄 조치) 통과로 메가라 경제가 크게 위축됨. 플라톤『프로타고라스』의 극중 연대('소피스트 대회').
431	(제2차) 펠로폰네소스 전쟁 발발(~404). 페리클레스의 전몰자 추모 연설. 에우리피데스『메데이아』상연.
431*	크세노폰 출생(~355*).
430*	카이레폰이 델피에 가서 소크라테스보다 지혜로운 사람이 있는지 신탁에 질문.
430	아테네에 역병 퍼짐. 페리클레스가 벌금형 선고받고 관직 박탈당함.
429	페리클레스가 관직에 재선출됨. 페리클레스가 역병으로 사망하고 신흥 세력인 클레온 등이 실력자가 됨. 포테이다이아 함락됨. 소크라테스가 포테이다이아에서 아테네로 귀환.
428	레스보스섬의 뮈틸레네가 아테네에 대항하여 반란을 일으킴.
427	뮈틸레네가 함락되고 보복당함. 클레온의 전면 학살 발의가 민회에서 통과되고 실행 절차에 들어가나, 다음날 철회 결정이 내려지고 학살은 실행 직전 중지됨(투키디데스 '뮈틸레네 논쟁'의 배경). 코르퀴라에 내전 발발. 고르기아스 레온티니 파견 사절로 아테네 방문. 플라톤 출생(~347).
425	스팍테리아 전투로 스파르타 병사 120명이 생포됨.
424	소크라테스가 델리온 전투(아테네 패배)에 참가(크세노폰을 구출).
423	아리스토파네스『구름』상연.
422	소크라테스가 암피폴리스 전투(아테네 패배. 클레온 사망. 스파르

타의 브라시다스도 사망)에 참가. 암피폴리스 전투 패배로 장군이었던 투키디데스가 추방됨.

421 아테네와 스파르타의 니키아스 평화 협정(=펠로폰네소스 전쟁의 첫째 국면, 즉 '아르키다모스 전쟁'의 종결(~414)).

420* 프로타고라스 재판 및 사망. 알키다마스 출생(~360*).

416 아테네가 복속 강요에 저항하는 중립국 멜로스를 정복하고 학살로 보복(투키디데스 '멜로스 대화'의 배경). 알키비아데스가 올림피아 제전 마차 경기에서 우승, 장군에 선출. 플라톤 『향연』의 극중 연대.

415 알키비아데스가 아테네 민회를 설득하여 스파르타와의 평화 협정 깨고 스파르타의 동맹국인 시칠리아 원정 시작(~413). 원정 전날 발생한 신성모독 사건에 연루된 혐의로 소환 도중 스파르타로 망명.

415* 고르기아스가 테살리아의 라리사에서 활동(~380*).

414 펠로폰네소스 전쟁의 둘째 국면(~404).

413 아테네의 시칠리아 원정군 전멸.

412 여러 도시 국가들이 아테네에 대항하여 반기 들기 시작. 알키비아데스가 스파르타 왕 아기스 2세가 자신을 살해하려 한다는 소식 듣고 페르시아로 망명.

411 아테네에 4백인 과두정 쿠데타 발생. 안티폰 사망.

410 아테네에 민주정 복원. 알키비아데스가 장군으로 아테네 해군 지휘하여 퀴지코스 해전에서 승리.

407 알키비아데스가 망명 끝내고 아테네로 금의환향. 종교적 추문 혐의 벗음.

407* 플라톤이 소크라테스 문하 젊은이 그룹에 합류.

406 아르기누사이 해전(아테네 승리). 소크라테스가 생존자 구출에 실패한 장군들을 일괄 재판에 회부한 민회의 불법적 결정에 반대. 알키비아데스의 보좌관 안티오코스가 노티온 해전에서 패배.

405 아이고스포타모이 전투(아테네 패배. 스파르타 장군 뤼산드로스).

404 펠로폰네소스 전쟁 종료(아테네 항복). 아테네-피레우스 간 성벽 파괴. 친스파르타계 30인 참주의 공포 정치(~403. 크리티아스 주도).

소크라테스가 30인 참주의 레온 체포 살해 명령에 협조 거부. 30인 참주 중 하나인 테라메네스가 새로운 억압 정책에 반대하다가 처형됨(소크라테스가 제지하려 시도?). 알키비아데스가 페르시아로 망명 기도하다가 30인 참주 및 스파르타의 사주로 프뤼기아에서 살해됨.

403   30인 참주정이 8개월 만에 붕괴되고 민주정 회복. 크리티아스와 카르미데스 사망. 망명했던 민주파 카이레폰과 아뉘토스 귀환. 사면 법령 통과.

401   민주파가 엘레우시스로 피신해 있던 잔류 과두파를 살육.

400*   『이암블리코스의 익명 저술』 발간. 『이중 논변』 발간. 뤼코프론 출생.

399   소크라테스 재판과 죽음. 크세노폰이 스파르타의 용병이 됨.

394   아테네 장군 코논이 페르시아 해군 지휘하여 크니도스에서 스파르타 함대 격파(=아테네 쇠락이 반전되는 계기. 386년까지 잠깐 중흥기를 맞음).

393   코논 주도로 성격 재건 및 새 함대 구성하여 여러 도시들이 아테네와 동맹 맺으려 하게 됨.

389   아이스키네스 출생(~314).

387   플라톤이 아카데미 설립.

386   '대왕의 평화'(페르시아 왕 아르탁세륵세스가 모든 희랍 도시들이 자율적이어야 한다며 영구 동맹 수립을 불허한 조치)로 동맹 수립 관련한 상황이 갑작스럽게 종료됨.

384   데모스테네스 출생(~322). 아리스토텔레스 출생(~322).

380*   고르기아스가 페라이로 이주하여 사망 시까지 체류(~376*).

376*   고르기아스 사망.

371   레욱트라 전투(테베 승리. 에파메이논다스)로 희랍의 헤게모니가 스파르타에서 테베로 이동.

370   에파메이논다스가 이끄는 테베가 메세니아를 침공하여 해방하고 결국 수도 메세네 중심으로 메세니아가 재건됨.

347   플라톤 사망. 스페우시포스가 아카데미 수장직 승계.

338   마케도니아의 필리포스가 카이로네이아에서 희랍 동맹국들을 격파.

336	필리포스 사망. 알렉산더가 권력 승계.
334	아리스토텔레스가 뤼케이온 설립.
323	알렉산더 사망. 아테네가 반란 일으킴.
322	마케도니아가 최종적으로 아테네를 굴복시킴(=민주주의의 끝). 알렉산더 사후 아테네의 반마케도니아 감정 격화로 아리스토텔레스가 아테네를 떠나 에우보이아섬 칼키스에 거주하다가 사망.

2.2. 소피스트들의 출신지와 생몰(혹은 활동) 연대

프로타고라스: 압데라 490*-420*
고르기아스: 레온티니(시칠리아섬) 483*-376*
프로디코스: 율리스(케오스섬) 470*-?(399 이후)
히피아스: 엘리스 470*-385*
안티폰: 람누스(아테네) 480*-411
소크라테스: 알로페케(아테네) 469-399
트라쉬마코스: 칼케돈 455*-?(400 이후)
칼리클레스: 아카르나이(아테네) 445*-404
에우에노스: 파로스섬 5세기 말 활동
크리티아스: 아테네 460*-403
에우튀데모스: 키오스섬 475*-?
『이암블리코스의 익명 저술』: 400*
『이중 논변』: 390년대
뤼코프론: 시라쿠사 360년경 활동 400*(?)-?
알키다마스: 엘라이아(아이올리스) 420*-360*
크세니아데스: 코린토스 4세기 초 활동

3. DK-강철웅(K) 대조표

제1장 프로타고라스

DK 29A29	1B.69, 1B.69s
DK 68B156	1B.19
DK 80A1	1A.1, 1A.15, 1B.1, 1B.22, 1B.28
DK 80A2	1A.14, 1A.2
DK 80A5	1B.47
DK 80A6	1A.8
DK 80A7	1B.45
DK 80A8	1A.3, 1A.7
DK 80A10	1B.66
DK 80A11	1A.6
DK 80A12	1A.12, 1B.40
DK 80A14	1B.9
DK 80A15	1B.26
DK 80A16	1B.16
DK 80A17	1B.18
DK 80A19	1B.20, 1B.23, 1B.25
DK 80A20	1B.29, 1B.30
DK 80A21	1B.34, 1B.35
DK 80A21a	1B.15
DK 80A22	1B.14
DK 80A23	1B.42, 1B.43
DK 80A24	1B.5, 1B.57
DK 80A25	1B.63, 1B.64
DK 80A26	1B.55
DK 80A27	1B.58
DK 80A28	1B.59
DK 80A29	1B.60

DK 80A30	1B.62		2B.31
		DK 82A1a	2A.6, 2B.50
DK 80B1	1B.10, 1B.11,	DK 82A2	2A.10, 2B.33,
	1B.12		2B.67
DK 80B2	1B.7	DK 82A3	2A.4, 2A.6,
DK 80B3	1B.49		2B.32
DK 80B4	1B.38, 1B.39	DK 82A4	2A.7, 2B.64,
DK 80B5	1B.6		2B.68
DK 80B6	1B.36, 1B.37	DK 82A5	2A.15
DK 80B7	1B.67	DK 82A5a	2A.19, 2A.20
DK 80B7a 추록	1B.68	DK 82A6	2A.2
DK 80B8	1B.3	DK 82A7	2A.31, 2A.33,
DK 80B9	1B.65		2A.34, 2A.35,
DK 80B10	1B.50		2B.34
DK 80B11	1B.51	DK 82A8	2A.32
DK 80B12	1B.54	DK 82A9	2A.9
		DK 82A10	2A.25, 2A.3
DK 80C1	1B.48	DK 82A11	2A.26
DK 80C2	1B.33	DK 82A12	2A.28
DK 80C3	1B.61	DK 82A13	2A.27
		DK 82A14	2A.5
DK 84B3	1B.70	DK 82A15	2A.29
		DK 82A15a	2A.36
DK 85A9	1B.70	DK 82A16	2A.12
		DK 82A17	2A.14
		DK 82A18	2A.23

제2장 고르기아스

		DK 82A19	2A.21, 2B.48,
			2B.58
DK 82A1	2A.1, 2B.16,	DK 82A20	2B.35

DK 82A21	2B.30	DK 82B11	2B.13
DK 82A22	2B.39	DK 82B11a	2B.14
DK 82A22a 추록	2A.24	DK 82B12	2B.47
DK 82A23	2B.77	DK 82B13	2B.51
DK 82A24	2A.6, 2B.50	DK 82B14	2B.37, 2B.41
DK 82A25	2B.44, 2B.45	DK 82B15	2B.76
DK 80A26	2B.38, 2B.44,	DK 82B16	2B.77
	2B.49	DK 82B17	2B.17
DK 82A27	2B.42, 2B.43	DK 82B18	2B.28
DK 82A28	2B.36s	DK 82B19	2B.27
DK 82A29	2B.66	DK 82B20	2B.59
DK 82A30	2B.70	DK 82B21	2B.60
DK 82A31	2B.75	DK 82B22	2B.61
DK 82A32	2A.13, 2B.69,	DK 82B23	2B.56
	2B.71	DK 82B24	2B.57
DK 82A34	2B.3	DK 82B25	2B.53
DK 82A35	2A.22, 2B.78	DK 82B26	2B.55
		DK 82B27	2B.52
DK 82B1	2B.6, 2B.7	DK 82B28	2B.8
DK 82B3	2B.5	DK 82B29	2B.54
DK 82B4	2B.11	DK 82B30	2B.62
DK 82B5	2B.10	DK 82B31	2B.12
DK 82B5a	2B.25, 2B.26		
DK 82B5b	2B.24	DK 82C1	2B.80
DK 82B6	2B.23	DK 82C2	2B.81
DK 82B7	2B.18		
DK 82B8	2B.19	DK 84A9	2B.74
DK 82B8a	2B.20		
DK 82B10	2B.22	DK 84B3	2B.9.(b)

제3장 프로디코스

DK 80A1	3A.11
DK 80A3	3A.4
DK 80A26	3B.8
DK 84A1	3A.1
DK 84A1a	3A.17, 3B.45, 3B.46
DK 84A2	3A.6
DK 84A3	3A.13
DK 84A3a	3A.32
DK 84A4a	3A.34
DK 84A4b	3A.29
DK 84A5	3A.22
DK 84A6	3A.23
DK 84A7	3A.27
DK 84A8	3A.26
DK 84A9	3B.7
DK 84A10	3B.2, 3B.40, 3B.41
DK 84A11	3A.20
DK 84A12	3B.3, 3B.4
DK 84A13	3B.12
DK 84A14	3B.13
DK 84A15	3B.16
DK 84A16	3B.17
DK 84A17	3B.20
DK 84A18	3B.18

DK 84A19	3B.9, 3B.10
DK 84B1	3B.43, 3B.44
DK 84B2	3B.48
DK 84B3	3B.28, 3B.29
DK 84B4	3B.25
DK 84B5	3B.32, 3B.34, 3B.35, 3B.37, 3B.38, 3B.39
DK 84B6	3B.1
DK 84B7	3B.15
DK 84B8	3B.50
DK 84B9	3B.52
DK 84B10	3B.30
DK 84B11	3B.23s
DK 85A6	3B.23
DK 85A9	3B.29

제4장 히피아스

DK 11A1	4B.29
DK 80A26	4B.11
DK 82A9	4A.8
DK 86A1	4A.1, 4B.1, 4B.9

DK 86A2	4A.2, 4B.4	**제5장 안티폰**	
DK 86A3	4A.4		
DK 86A6	4A.5	DK 85A13	5A.16
DK 86A8	4B.2, 4B.8, 4B.10		
DK 86A9	4B.15	DK 87A1	5A.1
DK 86A10	4B.23	DK 87A2	5A.3
DK 86A11	4B.15	DK 87A3	5A.14
DK 86A13	4A.11, 4A.12	DK 87A5	5A.15
DK 86A14	4B.30	DK 87A6	5A.4, 5A.6
		DK 87A7	5A.8
DK 86B1	4B.3	DK 87A8	5B.100
DK 86B2	4B.5	DK 87A9	5B.93
DK 86B3	4B.6		
DK 86B4	4B.7	DK 87B1	5B.3
DK 86B6	4B.21	DK 87B2	5B.4
DK 86B7	4B.29	DK 87B3	5B.5
DK 86B8	4B.26	DK 87B4	5B.6
DK 86B9	4B.24	DK 87B5	5B.7
DK 86B10	4B.12	DK 87B6	5B.8
DK 86B11	4B.28	DK 87B7	5B.9
DK 86B12	4B.19	DK 87B8	5B.10
DK 86B14	4B.25	DK 87B9	5B.12
DK 86B15	4B.18, 4B.27	DK 87B10	5B.13, 5B.13s
DK 86B16	4B.38	DK 87B11	5B.14
DK 86B17	4B.37	DK 87B12	5B.15
DK 86B18	4B.22	DK 87B13	5B.16, 5B.17
DK 86B21	4B.20	DK 87B14	5B.2
		DK 87B15	5B.19, 5B.20,
DK 86C1	4B.33		5B.23

DK 87B16	5B.27	DK 87B44A	5B.24
DK 87B17	5B.28	DK 87B44B	5B.22
DK 87B18	5B.29, 5B.29s	DK 87B44C	5B.25
DK 87B19	5B.30, 5B.30s	DK 87B45	5B.60
DK 87B20	5B.31	DK 87B46	5B.61
DK 87B21	5B.32	DK 87B47	5B.62
DK 87B22	5B.33	DK 87B48	5B.59
DK 87B23	5B.35	DK 87B49	5B.68
DK 87B24	5B.36	DK 87B50	5B.65
DK 87B24a	5B.34, 5B.58	DK 87B51	5B.63
DK 87B25	5B.37	DK 87B52	5B.64
DK 87B26	5B.38	DK 87B53	5B.67
DK 87B27	5B.39	DK 87B53a	5B.66
DK 87B28	5B.40	DK 87B54	5B.73
DK 87B29	5B.41	DK 87B55	5B.77
DK 87B30	5B.42	DK 87B56	5B.78
DK 87B31	5B.43	DK 87B57	5B.79
DK 87B32	5B.44	DK 87B58	5B.80
DK 87B33	5B.45	DK 87B59	5B.81
DK 87B34	5B.51	DK 87B60	5B.70
DK 87B35	5B.46	DK 87B61	5B.71
DK 87B36	5B.47	DK 87B62	5B.72
DK 87B37	5B.48	DK 87B63	5B.57
DK 87B38	5B.49	DK 87B64	5B.75
DK 87B39	5B.50	DK 87B65	5B.74
DK 87B40	5B.53	DK 87B66	5B.69
DK 87B41	5B.55	DK 87B67	5B.82
DK 87B42	5B.54	DK 87B67a	5B.83
DK 87B43	5B.56, 5B.56s	DK 87B68	5B.84

DK 87B69	5B.85
DK 87B70	5B.76
DK 87B71	5B.86
DK 87B72	5B.87
DK 87B73	5B.88
DK 87B74	5B.89
DK 87B75	5B.90
DK 87B76	5B.92
DK 87B77	5B.91
DK 87B78	5B.99
DK 87B79	5B.98
DK 87B80	5B.95
DK 87B80	5B.94
DK 87B81	5B.97
DK 87B81a	5B.102
DK 87B93	5A.2
DK 88B53	5B.8

제6장 소크라테스

DK 79.1	6A.48
DK 79.2a	6B.4
DK 82B14	6B.48
DK 84A5	6A.15

DK 88A1	6A.35

제7장 트라쉬마코스

DK 80A26	7A.5
DK 82A30	7B.9
DK 82A32	7B.11
DK 82B5a	7B.8
DK 82B14	7B.30
DK 85A1	7A.1, 7B.1, 7B.10
DK 85A2	7B.29
DK 85A3	7A.2
DK 85A4	7A.3
DK 85A5	7B.15
DK 85A6	7A.7
DK 85A7	7A.8, 7A.9
DK 85A8	7A.10
DK 85A9	7B.28
DK 85A10	7A.6, 7B.22
DK 85A11	7B.12
DK 85A12	7B.7
DK 85A13	7B.4
DK 85A14	7B.34

DK 85B1	7B.5, 7B.20
DK 85B2	7B.21
DK 85B3	7B.3
DK 85B4	7B.17
DK 85B5	7B.13
DK 85B6	7B.18, 7B.19
DK 85B7	7B.2
DK 85B7a	7B.33
DK 85B8	7B.27

제8장 칼리클레스

제9장 에우에노스

제10장 크리티아스

DK 59A33	10B.26
DK 68B16	10B.3
DK 82A1	10A.8
DK 85A13	10A.10
DK 87B6	10B.57

DK 88A1	10A.1
DK 88A2	10A.2, 10A.12
DK 88A11	10A.14
DK 88A14	10A.4
DK 88A15	10A.3
DK 88A16	10A.5
DK 88A17	10A.6, 10A.7
DK 88A18	10A.9
DK 88A19	10A.11
DK 88A22	10B.62
DK 88A23	10B.60, 10B.61
DK 88B1	10B.1
DK 88B2	10B.2
DK 88B3	10B.3
DK 88B4	10B.4
DK 88B5	10B.5
DK 88B6	10B.6
DK 88B7	10B.7, 10B.8
DK 88B8	10B.9
DK 88B9	10B.10
DK 88B10	10B.11
DK 88B12	10B.12
DK 88B12a	10B.13
DK 88B13	10B.14
DK 88B14	10B.15
DK 88B15	10B.16
DK 88B15a	10B.17, 10B.19
DK 88B16	10B.18

DK 88B17	10B.21	DK 88B47	10B.52
DK 88B18	10B.22	DK 88B48	10B.54
DK 88B19	10B.24	DK 88B49	10B.55
DK 88B20	10B.25	DK 88B50	10B.56
DK 88B21	10B.27	DK 88B51	10B.53
DK 88B22	10B.28	DK 88B52	10B.50
DK 88B23	10B.31	DK 88B53	10B.57
DK 88B24	10B.32	DK 88B71	10B.58
DK 88B25	10B.33		
DK 88B26	10B.23		
DK 88B27	10B.20		

제11장 에우튀데모스와 디오뉘소도로스

DK 88B28	10B.29
DK 88B29	10B.30
DK 88B31	10B.41
DK 88B32	10B.40
DK 88B33	10B.35

DK 80A19   11B.4

제12장 『이암블리코스의 익명 저술』

DK 88B34	10B.36		
DK 88B35	10B.37		
DK 88B36	10B.38	DK 89.1	12B.1
DK 88B37	10B.39	DK 89.2	12B.2
DK 88B38	10B.42	DK 89.3	12B.3
DK 88B39	10B.43	DK 89.4	12B.4
DK 88B40	10B.44	DK 89.5	12B.5
DK 88B41	10B.45	DK 89.6	12B.6
DK 88B41a	10B.46	DK 89.7	12B.7
DK 88B42	10B.47		
DK 88B44	10B.48		
DK 88B45	10B.49		
DK 88B46	10B.51		

제13장 『이중 논변』

DK 90.1	13B.1
DK 90.2	13B.2
DK 90.3	13B.3
DK 90.4	13B.4
DK 90.5	13B.5
DK 90.6	13B.6
DK 90.7	13B.7
DK 90.8	13B.8
DK 90.9	13B.9

제14장 뤼코프론

DK 83A1	14B.1, 14B.2
DK 83A2	14B.3
DK 83A3	14B.5
DK 83A4	14B.6
DK 83A5	14B.9
DK 83A6	14B.7, 14B.8

제15장 알키다마스

DK 82A2	15A.2
DK 82A32	15B.19

제16장 크세니아데스

DK 81	16A.2, 16B.1

제17장 소피스트 일반

DK 29A4	17A.42
DK 31A1	17A.34
DK 79.1	17A.9
DK 79.2	17A.11
DK 79.2a	17A.18, 17A.2, 17A.27
DK 79.3	17A.32
DK 80A26	17A.48
DK 80C2	17A.20
DK 82A21	17A.21
DK 82B1	17A.7
DK 84B1	17B.6

4. 출처 찾아보기

일러두기

• 저자명이 여러 부분으로 되어 있을 경우 출신지나 별호 등 부차적인 정보에 괄호를 치고, 주로 알려진 저자명을 표제 항목으로 간주하여 배열한다.

• 작품 제목이 없는 단편은 해당 저자의 작품들 뒤에 단편 번호 순으로 배열한다. 같은 저자에 딸린 위작과 무명 주석은 해당 저자의 작품과 단편 뒤에 별도 항목으로 설정하며 위작, 주석 순으로 배열한다. (예: 아리스토텔레스(제목 달린 작품 – 작품 제목 없는 단편) – 위-아리스토텔레스 – 아리스토텔레스『...』...에 관한 주석) 기명 주석은 별도의 독립 저자로 다룬다.

• 무명 저작들(무명 주석, 선집, 사전류 등)은 다른 저자명에 준하는 표제 항목으로 간주하여 배열한다.

• 파피루스 자료는 '파피루스' 항목의 자리에 따로 모아 파피루스 이름 순으로 배열한다.

• 해당 출처에 관한 상세한 안내가 등장하는 곳은 '☆'로 표시한다. 이 안내는 대개 첫 출현 자리에 등장하므로 1장이나 2장 등 책 앞부분에 상대적으로 많이 나온다.

갈레노스

스트라본

『지리』 8, 356쪽   10B.15

『시리아어로 된 희랍 금언집』 1, 34쪽 Smith Lewis   1B.54
    1, 35쪽 Smith Lewis   2B.8

심플리키오스

『아리스토텔레스 『자연학』 주석』 9.741.1   9B.9
    54.20-55.11   5B.17
    1108.18   1B.69

(람프사코스의) 아낙시메네스

『수사학 교범』 서론 15.1-3   9A.5

아라토스 『현상들』 172에 관한 주석 369.27 Maaß   4B.18

아르테미도로스

『꿈들에 대한 해석』 1.4   9B.15
    1.15   9B.12.(b)
    2.14   5B.99☆

아리스토텔레스

『니코마코스 윤리학』 7.2, 1145b21-27   6B.59
    7.10, 1152a29-33   9B.11
『소피스트적 논박』 1, 165a20-25   17A.32
    12, 173a7-18   8B.2
    14, 173b17-25   1B.59
    15, 174b30-33   14B.7
    20, 177b12-26   11B.11

테르툴리아누스
『영혼에 관하여』 46.10 · 5A.10
『호교론』 46.16 · 4A.13

테미스티오스
『아리스토텔레스 『자연학』 주석』 38.1-8 · 5B.21
『연설들』 23, 289d · 3A.8☆
  30, 349a1-b5 · 3B.39

(말리우스) 테오도루스
『운율들에 관하여』 6.589, 220 Keil · 10B.3☆

테오프라스토스
『불에 관하여』 단편 73 · 2B.10

투키디데스
『역사』 1.20-22 · 17B.7
  2.37, 40 (페리클레스 『장례 연설』) · 17B.13
  3.36-38, 40-42, 44, 46-47, 49 ('뮈틸레네 논쟁') · · · · · · · · · · · 17B.14
  5.84, 89-95, 98, 100-102, 104-107, 111-113
    ('멜로스 대화') · 17B.15
  8.68 · 5A.20

투키디데스 4.135에 관한 주석 · 3A.31, 5A.5

『파리 일화집』 1.171.31 Cramer · 1B.49

파우사니아스
『희랍 땅 순례기』 1.22.8 · 6A.3

위-플라톤

5. 찾아보기-일반 용어

일러두기

- 자료들이 의식적으로 다루는 수사학 용어는 '♣'로 표시하고, 일반 용어 찾아보기 뒤에 '수사학 용어 목록'이라는 이름으로 따로 목록만 정리한다. 단, 수사학 용어 일반을 망라하기보다는, 수사학 고유의 기술적 용어임이 비교적 분명한 용어이면서 원 자료에 의식적으로 출현하는 용어를 중심으로 목록화한다.

- 일반 용어 찾아보기의 적용 범위는 기본적으로 자료 본문(즉, 단편)이다. 머리글과 각 장의 안내에 나오는 용례는 필요한 만큼 포함시킨다. 그러나 주석 등 기타 장소에 나오는 용례는 기본적으로 범위에서 제외한다.

- 같은 개념에 속하는 파생 형태(예: 명사형과 동사형, 형용사형과 부사형 등)나, 같은 우리말에 여러 원어들이 대응하는 경우는 특별한 필요가 있는 경우 외에는 기본적으로 같은 항목에 분류한다.

- 표제어로 등장하는 희랍어는 아티카 방언으로 표기하며, 다른 지역 방언은 용례 뒤 괄호 안에 원래 방언의 형태를 기본형으로 표시한다. 여타 이형(異形) 용어를 표시하는 데도 괄호가 사용된다. 괄호는 생략된 말을 표시하기 위해 사용될 수도 있다.

- 해당 용어의 구분된 쓰임새를 나누어 제시하기 위해 '—'를 사용한다.

- 우리말 개념에 대응하는 고전 원어(희랍어 혹은 라틴어) 개념을 병기한다. 그러나 자료 본문에서 대체로 그런 개념적 대응이 있다는 것을 가리키기 위해 참고용으로 제시되는 것일 뿐이며, 열거되는 모든 용례에 대응이 언제나 성립된다는 것을 가리키지는 않는다. 라틴어의 경우에만 해당 단어 뒤에 '@'를 덧붙여 구분하며, 연관된 희랍어 단

어는 참조 표시('cf')를 통해 밝힌다. 우리말과 원어 사이의 대응이 명시적이지 않거나 텍스트적 기반이 약한 경우는 해당 자리나 단어 뒤에 '*'로 표시한다. 아주 드물게, 고 전어가 아닌 현대 유럽어(대개 영어)를 참고용으로 병기하는 경우도 있는데, 이런 경 우는 해당 현대어를 이탤릭으로 표시하여 구분한다. 요컨대, 표제어에 병기된 유럽어 단어 가운데 '@'가 붙어 있으면 라틴어, 이탤릭으로 되어 있으면 현대어이며, 나머지 경우는 모두 희랍어다.

- 외국어 나열 시 순서는 내용상 필요한 몇몇 경우 외에는 기본적으로 관사나 전치사를 뺀 첫 실사 단어의 영어 알파벳 순서를 따른다.
- 해당 용어의 자리는 단편 번호나 장절로 표시한다. 해당 단편이 길거나 다른 이유로 쉽게 찾기 어려운 경우 괄호를 써서 보다 상세한 자리 표시를 적용한다. 이것 외에 해 당 용례에 관한 보다 상세한 정보 제시(예컨대, 이형 용어나 한글 표현 적시, 연관된 중요 단어 적시 등)를 위해 이런 자리 표시 뒤 괄호가 사용될 수 있다.
- 해당 용어에 관한 상세한 안내가 등장하는 곳은 '☆'로 표시한다.

한글-희랍어

(ㄱ)

가난 penia 2B.14, 3B.13, 6장 안내, 6A.26, 6A.41, 7B.18, 7B.19, 10B.48, 15B.5, 17A.48, 17B.13 cf. 막막함, 부, 돈

가난한 penēs 2A.23, 5장 안내, 5B.73, 6장 안내, 6A.1, 6A.23, 6A.33, 10A.13, 10B.30, 12B.3, 15B.21, 17A.10 cf. 부자

가노 oiketēs 6A.1(31절), 10B.39(64절), 13B.7(2절), 16A.3 cf. 노예

가림막 parapetasma 1B.47 cf. 위장막

가르쳐지는, 가르쳐질[/가르칠] 수 있는, *가르쳐진 didaktos 2B.29, 2B.30, 3B.51, 13장 안내, 13B.6 cf. 배워지는

가리키다, 지시하다, 의미하다, 신호를 보여 주다, 신호를 보내다 sēmainein
— 가리키다 3B.21, 3B.22(가리켜진 것들 ta sēmainomena)
— 지시하다 3B.9(지시체 sēmainomenon)
— 의미하다 11B.11

— 신호를 보여 주다 6B.19(주석 212)

— 신호를 보내다 6B.23(2절)

가짜 소피스트들 hypoxyloi sophistai 2장 주석 595, 2B.73 cf. 진정한 소피스트

♣각운 homoioteleuton 2A.11, 2B.23, 2B.68, 2B.69(주석 614), 2B.70 및 주석 623☆, 7B.9 cf. 두운

간결한 brevis ㉤ 10A.6

간결한 strongylos 5A.16, 7A.2, 7B.4, 10장 안내*, 10A.10, 10B.51(주석 261)*

간결함 syntomon 15B.14

♣간접 비난 parapsogos 9장 안내, 9B.2, 17A.48(267a)

♣간접 칭찬 parepainos 9장 안내, 9B.2, 9B.3, 17A.48(267a)

감각, 지각 aisthēsis

— 감각 1A.1(51절), 1B.4, 1B.9, 1B.10, 1B.11(주석 186), 1B.13, 1B.15, 1B.16, 1B.17, 1B.20, 2A.1(6절), 2A.26, 2A.27, 2B.5(81절), 5B.3, 6B.3, 10B.44, 16B.1, 17A.44

— 지각 1B.11

감각 기관 aisthētērion 1B.20

감각되는, 감각될 수 있는 aisthētos cf. 사유되는

— 감각되는 1B.18(감각되지 않게), 1B.67, 2B.5(85절), 2B.11, 6B.7, 10B.22, 14B.8, 16B.6

— 감각될 수 있는 2B.5(83절)

감각하다, 지각하다, 감지하다, 경험하다, 알다, *눈치채다, 알아차리다 aisthanesthai

— 감각하다 1B.17, 1B.18(감각되고 있는), 2B.4(25절), 5B.106, 10B.43, 10B.60, 13B.9

— 지각하다 1B.11

— 감지하다 4B.34, 6B.57, 7B.20, 17A.29(464a, 464c)

— 경험하다 17A.46

— 알다 4B.35

강철로 된, *강철 같이 단단한 adamantinos 12장 안내, 12B.6(2절), 12B.7(15절)

'강철 인간' adamantinos anthrōpos 12장 안내 cf. '귀게스의 반지'

거리낌 없이 할 말 다 하다, 까놓고 이야기하다 parrhēsiazesthai

— 거리낌 없이 할 말 다 하다 6B.42, 8B.8, 8B.9

— 까놓고 이야기하다 8B.4

거리낌 없이 할 말 다 함, 거리낌 없는 언사, 파레시아 parrhēsia cf. 자유

— 거리낌 없이 할 말 다 함 8B.4(주석 34), 8B.7

— 거리낌 없는 언사 17A.24

— 파레시아 8장 안내

개진 방식, 개진 hermēneia

— 개진 방식 2B.63, 5A.16, 7B.4, 7B.5, 10A.9, 10A.10, 15B.20(13절)

— 개진 15B.20[20절(연설의 개진), 25절(이야기의 개진)]

개진 방식 hermēneuomenon 5A.6

거꾸러트리다, *넘어트리다 anatrepein 1장 안내(주석 14), 1B.23(286c),
      11B.4(286c)

거짓될 능력이 있는, 거짓말을 하는 데 능력이 있는 dynatos pseudesthai

— 거짓될 능력이 있는 6B.60(367b)

— 거짓말을 하는 데 능력이 있는 6B.60(367b)

거짓될 능력이 없는 adynatos pseudesthai 6B.60(367b)

거짓을 말하는 데 능력이 있는 dynatos pseudē legein 6B.60(367c)

거창한 이야기를 거창하게 개진하기 to ta megala megalōs hemēneuein 2A.1

검증될 수 없는 anexelenktos 17B.7 cf. 논박하다

검증 없는 abasanistos 17B.7 cf. 논박, 시험하다

검토, *심문, *시험, *성찰 exetasis 6장 안내 cf. 논박

검토 없는, *심문/시험/성찰되지 않는 anexetastos 6B.39

검토하다, *개진하다 diexienai 2B.13(15절)

검토하다 epexerchesthai 17B.7

검토하다, *심문하다, *시험하다, *성찰하다 exetazein

— 검토하다 2B.4(26절), 5B.29, 5B.29s, 6B.16, 6B.19(주석 211, 주석 213),

6B.20, 6B.33, 6B.38, 6B.39, 6B.41, 17A.30 cf. 논박

— 탐색하다 5A.12

검토하다 skopein 2B.39

겨루다, 상(賞)을 놓고 겨루다, 자웅을 겨루다, 겨룸을 행하다, 경연을 하다,
경쟁하다 agōnizesthai cf. 경연

— 겨루다 3B.23(주석 138)*, 4B.32, 5B.96, 6B.60, 15B.20(22절, 25절),
17B.15(104절)

— 상(賞)을 놓고 겨루다 1B.15(167e)

— 자웅을 겨루다 3B.1, 4B.10, 11A.1

— 겨룸을 행하다 15B.20(26절)

— 경연을 하다 13B.7

— 경쟁하다 5A.20

겨루다 diagōnizesthai 17A.29(464d)

겪다, 당하다, 경험하다 paschein cf. 경험

— 겪다 1B.15, 1B.47, 1B.61, 2B.13(9절), 2B.14(20절, 32절), 3B.12, 3B.51,
3B.52, 3B.53, 4B.13, 4B.38, 5B.1, 5B.19, 5B.21, 5B.80, 6A.1(41절, 43절),
6A.36, 6B.16, 6B.41, 6B.42, 6B.47, 6B.61, 6B.68, 6B.73, 7B.20, 9B.10.
(b), 10A.13, 10B.25, 10B.26, 11B.6, 17A.11, 17A.19, 17A.46

— 당하다 1B.47, 2B.14(18절), 2B.27, 5B.24, 6B.61, 7B.23, 17B.15(93절)

— 경험하다 2B.80, 5B.11, 6A.31, 8A.7, 12B.7

겪음 없는, 경험 안 된 apathēs cf. 경험하다

— 겪음 없는 12B.6(2절)

— 경험 안 된 5B.7

결어(結語), *맺음말 epilogos [peroratio ㉣, conclusio ㉣] 15B.16

경연, 겨룸, 경쟁, 경쟁 무대, 겨루며 추구하는 바, 경기, 재판, 아곤 agōn cf.
논변 경연, 겨루다, 경쟁심

— 경연 1장 안내, 1A.1(주석 31, 52절), 2B.13(13절), 5A.12, 6A.10(주석 88),
7A.2, 10B.53, 13B.7, 15장 안내, 15B.10, 15B.11, 17B.4, 17B.14(40절)

— 겨룸 5B.68, 13B.1(6절), 13B.8(주석 174), 15B.20[10절, 18절, 22절(겨루

는 상황), 24절], 17B.14(44절, 49절), 17B.15(101절)

— 경쟁 머리말 3절, 5절, 1장 안내(주석 14), 2장 안내, 2A.32(덕의 경쟁),
2B.47, 2B.59(주석 569), 3B.1, 3B.23(주석 138), 5A.4, 5B.68, 6B.45

— 경쟁 무대 5A.20

— 겨루며 추구하는 바 10A.1

— 경기 10B.38

— 재판 5A.20(2절: 인민에 의해 재판에) cf. 정의 dikē

— 아곤 1장 안내(주석 14), 2B.19(주석 398), 2장 주석 508, 2B.47(주석 519),
4B.10[주석 68: 아곤(자웅 겨루기)]

경연용 연설, 겨룸, *싸움, *경쟁 agōnisma cf. 겨루다

— 경연용 연설 7B.7

— 겨룸, *싸움, *경쟁 2B.19

경연자, 겨루는 자, 경기자, 경쟁자 agōnistēs

— 경연자 5A.12, 7B.6, 7B.31, 13B.7, 15B.11

— 겨루는 자 5A.16, 7B.4, 10A.10

— 경기자 17A.44

— 경쟁자 13B.2

경연자, *경기자 athlētēs 17A.11

경쟁심 hamilla 2B.13(19절) cf. 공명심, 경연, 경쟁을 벌이다, 경쟁자로 삼다

경쟁을 벌이다, 경쟁자로 삼다, 호승심을 갖다, 호승심을 발휘하다, *열망하
다 philonikein cf. 경쟁자로 삼다 philoneikein, 호승심을 가진

— 경쟁을 벌이다 7B.20

— 경쟁자로 삼다 5A.15, 6A.1(46절)

— 호승심을 갖다 6B.40, 17A.46

— 호승심을 발휘하다, *열망하다 6B.40

경쟁자로 삼다, 승부를 벌이다, *반박하다 philoneikein cf. 경쟁을 벌이다,
호승심을 가진

— 경쟁자로 삼다, *반박하다 5A.15, 6A.1(46절)

— 승부를 벌이다 2B.12

경험, 요령, *숙련 empeiria cf. 기량

— 경험 2B.35

— 요령, *숙련 17A.29

경험, 겪음, 상황 pathēma cf. 겪다

— 경험 2B.13(9절)

— 겪음 8B.1

— 상황 6B.29

경험, 겪음, (겪은) 일, (겪는) 증세, 정념, 현상, 불행 pathos cf. 겪다, 정념

— 경험 5B.7, 17A.43, 17A.45, 17A.46

— 겪음 1B.13

— (겪은) 일 6B.42(522b: 그런 일을 겪게 될), 13B.1

— (겪는) 증세 17A.24

— 정념, *감정 2B.56, 5A.4

— 현상 1A.13, 4B.15

— 불행 1B.66

경험 부족, 무경험, 미숙함 apeiria

— 경험 부족 1B.15

— 무경험 2B.35

— 미숙함 17A.47

경험이 부족한, 경험 없는, 경험하지 않은, 미경험인, 무경험인, 미숙한
  apeiros

— 경험이 부족한 6A.1(29절)

— 경험 없는 2B.23, 8B.1(484d)

— 경험하지 않은 3B.48(23절)

— 미경험인 3A.19

— 무경험인 8B.1(484d)

— 미숙한 15B.20(1절)

경험 있는, 경험한, 경험적인 empeiros

— 경험 있는 3A.19, 8B.1(484d), 17A.12(경험이 많다고), 17A.29(465d)

— 경험한 4B.28, 6B.40, 8B.1(484d: 경험해 보아야)

— 경험적인 empeiros 2B.35

계보 이야기 genealogia 3A.9, 4B.16, 7B.26

계약 symbolaion 7B.23(343d), 8B.1(484d), 12장 안내* cf. 약정, 사회 계약, 사회 계약론

계약, 협약, 조약, 작문 synthēkē

— 계약 7B.25(359a), 12장 안내*, 15B.2, 17B.10, 17B.11

— 협약 14B.5

— 조약 6B.69

— 작문 5A.3 cf. 짓다

계약을 맺다, 약정하다 syntithesthai

— 계약을 맺다 7B.25, 17B.11

— 약정하다 4B.34

고르기아스 식 담론/문채/어법/연설/표현

— 고르기아스 식 담론 2A.36(주석 179), 2B.66(주석 597)

— 고르기아스 식 문채 Gorgieia schēmata 2장 주석 660, 2B.79(고르기아스적 문채)

— 고르기아스 식 어법 2B.35(주석 462),

— 고르기아스 식 연설 10A.7(주석 38)

— 고르기아스 식 표현 Gorgieia rhēmata 2장 주석 594, 주석 660

고르기아스 식으로 말하기 gorgiazein 2A.1(3절 주석 28: 고르기아스 식 말하기)☆, 2A.22, 2B.78, 10A.1(주석 8), 10A.7 cf. 히피아스처럼 말하기, 크리티아스처럼 말하기

고르기아스 식으로 말하다, 고르기아스처럼 말하다, 고르기아스(쟁이) 노릇하다, *고르기아스 풍으로 (작품을) 쓰다, *고르기아스 흉내를 내다 gorgiazein

— 고르기아스 식으로 말하다 2A.1(3절)☆

— 고르기아스처럼 말하다 2A.37(주석 186)☆, 2A.38, 4A.14

— 고르기아스(쟁이) 노릇하다 2A.37(주석 186)☆

고르기아스의 아이러니 *Gorgian irony* 2장 안내

고생 없는, 수고를 들이지 않는, 노동을 안 하는 aponos

— 고생 없는 3B.48(24절)

— 노동을 안 하는 3B.48(31절)

— 수고를 들이지 않는 17B.15(91절)

고생을 즐기는 philoponos 12B.1(2절)

고생하다, 노동하다, 고된 노동을 하다, 수고를 들이다, 겪다 ponein

— 고생하다 3B.52(368b)

— 노동하다 3B.48(25절, 30절), 10B.6(27행)

— 고된 노동을 하다 3B.49

— 수고를 들이다 15B.20(30절)

— 겪다 2B.14(20절)

고통 achos 5A.6(498절)

고통, 괴로움 lypē cf. 쾌락

— 고통 2B.13(8절, 10절), 3B.52(366d, 368c), 5B.63, 5B.68, 9B.6, 9B.12. (a), 9B.12.(b), 15B.21(27절), 17A.24(908c)

— 괴로움 3B.53

고통 받는 사람들을 말들을 통해 치료해 주다 tous lypoumenous dia logōn therapeuein 5A.4

고통 받는 사람들을 위안해 주다 tous lypoumenous paramytheisthai 5A.7

고통 받다, 고통스럽다 lypeisthai

— 고통 받다 5A.4(고통 받는 사람들 hoi lypoumenoi), 5A.7(고통 받는 사람들 hoi lypoumenoi)

— 고통스럽다 5B.22(3절), 6B.19(21e), 7B.20, 13B.3(4절)

고통스러운 algeinos 3B.52(368d)

고통스러운 lypēros 5B.68(고통스러움 to lypēron), 9B.10.(a), 9B.10.(b), 9B.10.(c) cf. 즐거운

고통스러운 odynēros 6A.22(주석 107)

고통 없는, 고통스러운 일 없는, 고통스럽지 않은, 괴로움을 주지 않는 alypos

— 고통 없는 2B.14(30절), 10B.1

— 고통스러운 일 없는 12B.7[5절(고통스럽게 고민하는 일 없이)]

— 고통스럽지 않은 12B.7[5절(고통스럽지 않은 관심을 기울이며)]

— 괴로움을 주지 않는 2B.14(32절: 괴로움을 주는 자가 아니고)

고통 없애는 기술 technē alypias 5A.4

고통 없음 anōdynia 1B.65(anōdyniē)

고통에 공감하다 synalgein 6A.22(4절)

고통을 겪다 odynasthai 3B.52(366d)

고통을 없애 주는 강의 nēpenthēs akroasis 5A.6(498절)☆

고통을 주다, 고통스럽게 하다, 고통스러워하다 lypein cf. 즐기다

— 고통을 주다 5B.24(4절), 10B.6(24행)

— 고통스럽게 하다 2B.13(14절)

— 고통스러워하다 2B.13(18절)

골라 모으다, *나눠 모으다 dialegein 6B.31 cf. 대화하다

공명심, 명예 사랑, 명예 경쟁, *야망 philotimia cf. 경쟁심, 경연, 호승심을
    가진

— 공명심, *야망 2A.11, 2B.13(4절), 15B.20(32절), 15B.21(3절)

— 명예 사랑 1A.1(55절), 1B.1

— 명예 경쟁 2B.59(주석 569)*, 12B.4

공명심을 발동하다 philotimeisthai 3B.47

공언, *약속 epangelma 1B.34, 1B.47(319a)

공언하다, *약속하다 epangelleisthai 1B.47(319a: 내가 하고 있는 공언),
    2B.30(95b), 2B.35(447b, 448a, 449b), 2B.41, 3A.21, 3B.8(주석 107),
    11A.4(1절), 13B.8(4절 주석 179), 15B.20(15절: 말들의 기술들을 공언하
    면서도), 17A.6, 17A.36 cf. 약속

공적으로, 공적인 영역에서 dēmosiāi cf. 사적으로

— 공적으로 2A.1(5절), 2A.8, 2B.16(5절), 3A.13, 3A.16, 4A.5, 6A.18,
    6B.42(522b), 8B.1(484d)

— 공적인 영역에서 6B.14

공적으로 koinēi 12B.7

공적 의무 이행 leitourgia 2A.23

공적인, *대중적인, *인민의 dēmosios 1B.53, 2A.1(5절), 2A.8, 2B.16(5절), 2B.37, 3A.13, 3A.16, 4A.5, 6A.18, 6B.42(522b), 6B.48, 7B.23(343e, 344a), 7B.30, 8B.1(484d), 17B.1(282b) cf. 사적인, 인민, 민주주의

공적인 경비 지출, *공공 예산 사용 dēmosia dapanē 1B.53

공적인 돌봄 dēmosia epimeleia 1B.53

공적인 모임들, *대중적인 모임들 dēmosioi syllogoi 2B.37, 6B.48, 7B.30 cf. 사적인 모임들

공적인 부담 eisphora 7B.23(343d)

공적인 비용으로 publice ⓐ 6A.54

공적인 일, 공적인 장 ta pragmata cf. 일, 자기 삶의 활동, 사적인 일들, 자신의 일들

— 공적인 일 12B.7[3절, 4절(pragmata), 8절(pragmata), 10절(pragmata)], 17B.12(80절)

— 공적인 장 5A.6(아테네인들의)

공적인 일들 ta koina 머리말 1절, 2A.23, 6B.63(12절), 10B.49, 15B.20(11절), 17B.1(281d), 17B.13(37절) cf. 사적인 일들, 자신의 일들

공적인 일들 ta dēmosia 17B.1(282b)

공적인 일들의 돌봄 hē tōn koinōn epimeleia 6B.63(12절)

공정성, 알맞음, *온당함, *형평 epieikeia cf. 알맞게, 그럴법함

— 공정성 1A.12, 10A.11, 17B.14(40절)

— 알맞음 15B.20(13절)

공정성 to epieikes 2B.23☆

♣공통의 말터들 communes loci ⓐ [koinoi topoi 희] 1B.36, 1B.37, 2B.45(46절), 2B.46, 3B.2, 4B.36, 7B.16

공통된 법 koinos nomos 2B.23(가장 신적이고 가장 공통된 법), 15B.2, 17B.10 cf. 특수한 법

공평한 koinos 3B.12(337a), 17A.28, 17B.15(102절) ['공통된' 등 여타 용례 생략] cf. 동등한

과두정, 소수 지배, 올리가르키아, *소수정 oligarchia cf. 민주주의, 참주정
— 과두정 5A.21, 5B.1(2절), 6A.21(32c), 6A.51, 8장 안내, 10장 안내, 10A.1, 10A.13, 10A.15
— 소수 지배 17B.12(81절, 82절: oligarchiē)
— 올리가르키아 Oligarchia [의인화] 10장 안내, 10A.18
과잉 고발꾼, *소송 남용자 sykophantēs 12B.7(주석 86), 17A.4 cf. 소송 남용
과장 alazoneia 6장 안내 cf. 허풍쟁이, 떠벌려대다
관객, *바라보는 자, *구경꾼 theatēs 17B.14(38절) cf. 바라보다, 놀랍게 바라보는 자, 관조
관용, 눈감아 줄 이유 syngnōmē
— 관용 17A.45
— 눈감아 줄 이유 12B.5
관조, 바라보기, *관찰, *구경, *이론 theōria cf. 거울, 관찰하다
— 관조 6A.1(21절)
— 바라보기 15B.20(27절)
관찰되지 않은 atheōrētos 5B.82 cf. 안 보인, 관조, 바라보다
관찰하다 athrein 1A.12 cf. 관조, 바라보다
관찰하다, *보다 horan 1B.24, 10A.13 ['보다' 용례 생략]
관찰하다 katatheōrein 17A.29(465d) cf. 관조, 바라보다
광기 mania 1B.8, 1B.52, 2B.13(17절), 2B.14(25절), 3B.15, 3B.42, 6B.9, 6B.16, 9B.6, 9B.7, 10B.17, 10B.34, 13B.5, 17A.28, 17A.45 cf. 미치다, 신 지피다, 신 지핀, 제정신이다
교양, 교육, 배울거리 paideia cf. 유희, 기술
— 교양 1A.5(주석 87)
— 교육 1B.15(167a), 1B.63(338e), 2A.10, 2A.32, 2B.33, 2B.67, 6A.1(33절), 6A.52(31절), 6B.74(343a), 15B.20(1절, 3절, 13절), 17A.9
— 배울거리, *교과 2B.7, 17A.7
교양교육 paideutikē 6B.41
교양 없음 apaideusia 11B.6(296a)

교양을 위한 epi paideiāi 1A.5(주석 87)☆ cf. 전문적인

교육, 교양 paideusis

― 교육 1A.2(2절), 2B.41, 3B.48(34절), 5B.70, 10A.13(39절)

― 교양 1B.47(349a)

교육받지 않은, 교육 못 받은, *교양 없는 apaideutos

― 교육받지 않은 2B.66

― 교육 못 받은 17A.46(91a)

구조, 질서, 순서, 배열, 대형(隊形), 평가, *체계, *성향, *성격 taxis

― 구조 2B.13(14절)☆

― 질서 15B.20(24절)

― 순서 4A.2, 15B.20(33절)

― 배열 15B.20(28절)

― 대형(隊形) 2B.14(30절), 15B.21(22절, 23절)

― 평가 10B.59

구조 지어지지 않은 aschēmatistos 5B.21 cf. 유형

권능, 권한, 무제한적인 권한 남용, *마음 놓고 행동할 수 있게 허용됨, *방종 exousia 10B.63(397b) cf. 능력

― 권능 10B.63(397b)

― 권한 10B.39

― 무제한적인 권한 남용 12B.7(주석 90)

권한 licentia ㉾ 2B.70

궤변, *교변(巧辯) sophisma 머리말 3장(주석 17), 1장 안내, 1A.1(52절), 11장 안내, 14장 안내

'귀게스의 반지' Gygou daktylion 7B.23(주석 112, 주석 114), 7B.25(주석 119), 12장 안내, 12B.6(주석 67), 17B.15(105절 주석 250) cf. '강철 인간'

귀납 inductio ㉾ 6B.37

귀납적 논변 epaktikos logos 6B.35☆

♣균등 대칭, *양적 균형 parisōsis, parison

― parisōsis 2B.67, 2B.70 및 주석 623☆, 2B.74(균등 대칭 구문), 2B.76(주석

652), 3B.7(균등 대칭 구문), 5A.3, 7B.9, 15B.18(주석 55, 주석 59)

— parison 2A.11, 2B.23, 2B.68, 2B.69(주석 614)

✽균등 병렬, *균등 문절 병렬 isokōlon 2B.68, 2B.70(주석 623)☆

그럴법하지 않은, *예상과 어긋나는 adoxos 15B.16☆

그럴법하지 않은, *합당하지 않은 apeikōs 5A.6(499절: 여간 그럴법한 일이
　　아니었던 ouk apeikos)

그럴법한, 있을 법한, 적절한, 공정한, 어울리는, 제격인, *개연적인, *합당
　　한 eikōs (부사 eikotōs) cf. 설득력 있는, 합리적인

— 그럴법한 1A.6(kata to eikos), 1B.34, 2B.13(5절), 2B.14(9절), 2B.44,
　　2B.48, 2B.66, 3B.1(305e: 그럴법한 근거에 기반해서 ek tou eikotos
　　logou), 3B.36, 4A.11, 5A.6(498절), 5B.1(2절), 5B.70, 6B.26(337a),
　　7B.25(358c), 10A.12「157e(그럴법한 근거들에 기반하여 ek tōn eikotōn),
　　158a], 11A.4(2절), 11B.6(295a), 11B.10, 15B.20(5절, 27절, 35절),
　　15B.21(10절), 17A.21, 17A.48(266e, 267a), 17B.12(81절: oikos),
　　17B.14(46절), ['그럴법함'의 용례들]

— 있을 법한 5B.26(2절), 17A.45(539a)

— 적절한 2B.13(7절), 15B.21(4절)

— 공정한 17B.15(90절: 공정)

— 어울리는 2B.14(28절)

— 제격인 6B.26(338a)

그럴법한 것들, 공정 ta eikota

— 그럴법한 것들 2B.44, 17A.48(266e, 267a)

— 공정 17B.15(90절)

✽그럴법함, *개연성, *합당함 to eikos 1B.42, 2A.5(주석 62, 주석 63), 17B.
　　14(40절), 17B.15(105절) cf. 공정성

그렇다고 여겨지는 것에 따른, *마음에 맞는 것에 따른 kata to doxan 2A.6,
　　17A.10 cf. 기술에 따른

근엄함 austēron 5A.16, 7B.4, 10A.10 cf. 위엄

근엄한 문체 austēra lexis 7장 안내, 7B.5, 7B.20(주석 91) cf. 유려한 문체,

중간 문체

글 선생, *문법 선생 grammatistēs 3B.51(398e), 3B.52(366e), 11B.2(276a, 276c) cf. 비평가, 체육 선생

금언적인 polygnōmōn 10A.1

♣금언조 gnōmologia 1B.55, 17A.48

기능, 일, 실행, 실제 행동, 행동, 행위, 작용, 활동, 작품, *업적 ergon cf. 덕, 일, 부업

— 기능 머리말 3절(주 14)☆, 2B.27, 4A.2, 6B.52, 15B.20(28절)

— 일 2B.13(주석 299☆, 8절), 3B.48(32절), 5A.14, 5B.77, 5B.78, 6B.45, 11B.1, 13B.2(11절), 13B.7, 17A.30, 17A.31

— 실행 2B.13(1절)☆, 3A.9, 4B.16, 7B.26, 17B.13(40절)

— 실제 행동 2B.13(7절), 6B.47

— 행동 2B.14(5절, 6절, 34절), 5B.105(행동 방식: ergōn tropoi), 6A.21, 6B.57, 10B.33(10행), 17A.12

— 행위 2B.14(36절: 불법적인 행위), 12B.2(6절, 7절), 12B.3, 13B.4(3절), 16A.3

— 작용 17B.15(111절)

— 활동 12B.7(3절, 4절, 5절, 8절), 17A.3

— 작품 1A.7, 3B.48(31절), 4B.3, 4B.8, 10B.2

— 위업 8B.1(484b)

기량 tribē 17A.29 cf. 경험

기만 apatē 2B.56, 3B.12, 3B.42, 10B.34, 12B.2(4절), 13B.3(12절), 15B.21(27절) cf. 마법, 주술, 속임수, 술수

기만 apatēma 2B.13(10절)

기만 dolos 17A.24(908d)

기만 exapatē 5B.86

기만적인, 매혹적인, *홀릴 만한 apatēlos

— 기만적인 3A.21

— 매혹적인 2B.50, 3B.45

기만적인 doleros 4B.32(369c)

기만적인 dolios 17B.17

기만하다 apatan 2B.4(17절: 기만이다), 2B.13(8절), 2B.14(33절), 2B.56, 12B.2(5절), 17A.29(465b: 기만적이며)

기만하다, 유혹하다 exapatan
— 기만하다 2B.28, 3B.48(27절), 5A.14(12절), 5B.86, 6B.29(372d), 6B.47(17b), 13B.3(2절, 3절, 10절, 11절), 15B.21(22절), 17A.16, 17A.18 (8절), 17A.29(464d), 17A.31(주석 113)*, 17A.46(91c)
— 유혹하다 15B.21(18절)

기법, 정교함, (공들인) 작품, 조건 kataskeuē cf. 준비하다 kataskeuazein
— 기법, *장치 2B.68
— 정교함, *정교화 2B.71, 15B.19
— (공들인) 작품 2B.64(작품을 공들여 만들어 내며: kataskeuēn poiōn)
— 조건, *상황 1B.9

기법, 기술적 수단 technēma
— 기법 4B.8, 17B.19
— 기술적 수단 12B.6(1절)

기술, 기술 교범, 교범, 수사학 교범, 직업, 작품 technē cf. 전문적인
— 기술 1B.31(232e), 1B.50, 2B.13(13절), 2B.35(448c), 2B.41, 4B.8, 5A.4, 5A.6(기술적인), 5B.19, 17A.19(232e), 17A.36
— 기술 교범, *교과서, *체계 2A.4, 2A.5(주석 62), 2A.6, 2장 주석 447, 2B.51, 7B.3, 15A.4(주석 8), 17A.10
— 교범 5A.4, 7A.1, 7B.1, 9A.5
— 수사학 교범 2B.1, 2B.23, 7B.3(주석 49)
— 직업, *업계 7A.10, 15B.21(13절)
— 작품 2A.31(7절)

기술 교범 .artes ⓔ 2A.5

기술 교범 저자 technographos 2A.5(주석 62), 2장 주석 447

기술로부터 나오는 것들, *기술의 결과물들 ta apo tēs technēs 2B.41, 17A.36

기술 비평가 technoelenchos 15B.15

기술 없음 atechnia 17A.46(90d)

기술에 따른, 기술 교범에 따른 kata technēn

— 기술에 따른 2B.35(448c) cf. 운에 따른

— 기술 교범에 따른 2A.6, 17A.10 cf. 그렇다고 여겨지는 것에 따른

기술을 연마하다 philotechnein 1B.48(321e)

기술자, 전문가 technitēs cf. 장인

— 기술자 3B.48(32절)

— 전문가 17A.35

기술적 원칙 parangelma technikon 5A.12, 7B.6, 15B.11 cf. 수사학적 원칙

기술적인, 기술에 속하는, 기술에 의거한 entechnos cf. 비기술적인 atechnos

— 기술적인 1B.48(321d)

— 기술에 속하는 7B.13

— 기술에 의거한 2B.51

기술적인 technikos, ek technēs

— technikos 5A.4, 5A.12, 7B.6, 15B.11, 17A.29(463a)

— ek technēs 5A.6

기술적 지혜 entechnos sophia 1B.48(321d) cf. 정치술, 정치적 지혜

기술적 활동 epitēdeuma technikon 17A.29(463a)

긴 신화, *긴 설화 mythos makros 1A.2(4절) cf. '위대한 연설'

긴 이야기, 길게 이야기하기, 일장 연설 makrologia cf. 장황한 이야기, 짧은
이야기

— 긴 이야기 1B.46, 6B.29(373a), 6B.45(335b), 6B.74(주석 324), 13B.8(주석
171)

— 길게 이야기하기 2B.35(449c)

— 일장 연설 6장 안내

긴 이야기들을 말하다 makrous logous eipein 1B.45(길고 아름다운 이야기들
을 말하기에)

긴 이야기를 하다 makrologein 17A.29(465b)

(ㄴ)

난처한, 일어나기 어려운, 궁핍한 aporos cf. 막막함

— 난처한 5A.4

— 일어나기 어려운 2B.14(10절, 11절)

— 궁핍한 2B.14(30절)

♣남유(濫喻), *용어 오용, *비유 남용 katachrēsis 2B.67

낯선 말, 언사 glōtta

— 낯선 말, *방언 14B.9, 15B.18

— 언사 3B.46

낯선 말을 동원하는 ekphylos 10A.1

넘어트리다 hyperballein 7B.2(『넘어트리는 논변들』Hyperballontes)

넘어트리다, 걸어 넘어트리다, 젬병이다 sphallein

— 넘어트리다 1B.15(167e)

— 걸어 넘어트리다 11B.6(296a)

— 젬병이다, *갈팡질팡하다, *실수하다, *좌절하다 sphallesthai 6B.29
(372b)☆

넘어트리다, 반박하다, 공표하다 kataballein cf. 거꾸러트리다, 반박하다

— 넘어트리다 1장 안내(주석 14: 넘어트리는 논변들)☆, 1B.2(주석 126),
17A.45(538d)

— 반박하다 『반박들』Kataballontes] 1A.1(51절 주석 34), 1B.2, 1B.8

— 공표하다 1B.3☆, 1B.31(232d), 17A.19(232d)

노고, 수고, 고생, 노역, *노동 ponos cf. 땀, 수행해 내다

— 노고 2B.13(17절), 2B.50, 3B.45, 3B.48(32절), 5B.68, 12B.7(5절)

— 수고 3B.48(28절), 15B.19, 15B.20(5절), 15B.21(3절)

— 고생 2B.14(19절, 20절), 2B.80(197d), 3B.52(366d, 366e 주석 225),
6A.13(219e)

— 노역 10B.19

노령(기), 노년(기) gēras 1B.8, 2A.27, 2A.28, 3B.48, 3B.52, 4A.2, 4A.4,
6A.1, 6A.55, 7B.18, 7B.19, 12장 안내, 12B.4, 12B.5, 17A.48

노령에 접어들다 gēraskein 2A.1, 10A.8

노예, 노예적인 andrapodōdēs

― 노예 8B.1(483b)

― 노예적인 6B.9

노예 andrapodon 6A.1(33절), 6B.59

노예 dmōs 10B.6(13행)

노예 doulos 2B.14(11절), 2B.27(72a), 2B.28, 2B.30(주석 442), 2B.36(452e), 2B.38, 5A.14(2절), 5B.102, 6B.36(540b, 540c), 6B.59, 6B.68(50e), 6B.72(주석 319), 8B.1(484a), 10B.33(7행), 10B.39(63절, 64절), 10B.48, 13B.2(11절: dōlos), 15장 안내, 15B.1, 15B.2, 16장 안내, 16A.1(30절), 17B.14(주석 235), 17장 주석 254 cf. 자유인, 주인, 가노

노예, 아이 pais

― 노예 2B.81, 10B.35

― 아이 10B.1 ['노예'의 의미로 사용된 용례로 한정함]

노예 노릇하다, 노예가 되다, 노예다 douleuein

― 노예 노릇하다 7B.21, 8B.4(491e), 15B.1, 17B.15(100절)

― 노예가 되다 17B.15(92절, 100절)

― 노예다 6A.1(19절: 노예였고)

노예로 만들다, 노예로 삼다, 노예로 팔아넘기다 douloun

― 노예로 만들다 5A.6(498절)

― 노예로 삼다 8B.4(492a)

― 노예로 팔아넘기다 7B.23(344b)

노예로 삼다, 노예로 팔아넘기다 andrapodizein

― 노예로 삼다 13B.3(5절)

―노예로 팔아넘기다 7B.23(344b)

노예 상태 douleia 6A.22(4절)

노예에게 어울리는 douloprepēs 6A.52(30절)

노예화 doulōsis 12B.7(6절)

✿논박, 검증, 증거 elenchos cf. 추가 논박, 검토, 반론

— 논박 1B.59, 2B.4(주석 200), 3B.17(주석 121), 6장 안내, 6A.49(주석 158), 6B.12(주석 200), 6B.19(주석 211), 6B.41, 9B.2, 17A.48

— 검증 2B.14(29절, 34절)

— 증거 5B.11, 6A.13(220a)

논박술 elenktikē 17A.42

논박의 정신에서 나오는 elenktikos 5A.4

논박하다 elenchein, dielenchein cf. 검토, 시험하다

— elenchein 1B.67, 2B.13(2절, 3절), 2B.14(30절), 6B.19, 6B.26, 6B.40(458a), 6B.41, 6B.57, 7B.22, 8B.2, 11B.4, 15B.21(22절), 17A.17 (논박 당하게), 17A.29(464a), 17A.31(주석 113), 17A.45

— dielenchein 6A.1(38절), 6B.40(457e), 17A.17(논박하며)

논박하다, 시험하다 exelenchein 10B.46, 15B.18 cf. 검증될 수 없는

— 논박하다 6B.47, 11A.1, 11B.2, 11B.4, 11B.5, 11B.6(293e), 14A.1, 17A.45

— 시험하다 15B.18

논변 경연, 연설 경연, 담론 경쟁 logōn agōn(es) cf. 경연

— 논변 경연 1장 안내, 1A.1(52절), 17B.4

— 연설 경연 5A.12, 7B.6, 15B.11

— 담론 경쟁 머리말 3절, 1B.32, 6B.45

논변들에 대한 기술, *말들에 대한 기술 hē peri tous logous technē 17A.46 (90b) cf. 연설들에 관한 기술들, 말들의 기술

논변들을 발견하다 tous logous heuriskein 6A.1(29절) cf. 논증들을 발견하다

논변들을 혐오하다 logous misein 17A.46(89d, 90d) cf. 논변 혐오

논변들의 방식 hē methodos tōn logōn 14A.1

✤논변 발견 heuresis 5A.4 [책 제목: 2B.1(주석 191)]

✤논변 발견 inventio ⓛ [책 제목: 2B.49, 6B.37]

논변의 정교함 subtilitas disputandum 6A.45☆, 17A.37☆ cf. 정교함 kompseia, 자잘한 이야기, 지나친 정교함

논변 혐오 misologia 6장 안내, 17A.46(89d) cf. 인간 혐오

논변 혐오자 misologos 17A.46(89d) cf. 인간 혐오자

논변 형식, *담론 형태 to eidos tōn logōn 1장 안내, 1A.1(53절), 6A.42

논쟁 amphisbētēsis 1B.31(232e), 17A.19(232e, 233b) cf. 쟁론, 재산권을 주장하는 연설문

논쟁 controversia ㉯ 2B.45, 5B.97(『논쟁집』)

논쟁 dialogismos 3B.52(367a)

논쟁을 벌이는 데 능한 amphisbētētikos 1B.31(232d), 17A.19(232d) cf. 쟁론

논쟁하다, 논쟁을 벌이다, 반박하다, 이의를 제기하다, 이의가 있다, 제 것이라 주장하다 amphisbētein

— 논쟁하다 3B.12[337a(논쟁은 하되), 337b(논쟁은)]

— 논쟁을 벌이다 6B.40(457d: 논쟁이 벌어져서), 17A.46(91a)

— 반박하다 1B.15(167d 및 주석 217)☆

— 이의를 제기하다 6A.10

— 이의가 있다 17A.29(465a)

— 제 것이라 주장하다 15B.20

논쟁하다 pragmatologein 1A.1(52절)

논증들을 발견하다 apodeixeis heuriskein 2B.6 cf. 논변들을 발견하다

놀거리, *잔칫거리, *흥겨운 재담 festivitas ㉯ 2B.69 cf. 유희, 재밋거리

늑대 lykos 6A.46, 6A.47(주석 147), 6B.26(주석 224), 6B.41(주석 248), 17B.5

능란한, 능수능란한, 명민한, 무시무시하게 잘 하는, 무서운, 끔찍한, 놀라운, 이상스러운 deinos cf. 다능한

— 능란한 1B.31(232c), 1B.63(339a), 2B.30, 2B.43, 3B.1, 5A.4, 5A.6, 5A.13, 5A.16, 6A.1(19절), 6B.47, 7B.4, 10A.1, 10A.10, 11A.1(271d, 272a, 272b), 15B.20(6절, 34절), 15B.21(4절, 15절, 26절), 17A.15, 17A.19(232c), 17A.29(463a)

— 능수능란한 7B.18, 17A.44, 17A.48(267d)

— 명민한 6B.26☆, 6B.27

— 무시무시하게 잘 하는 2B.80(198c: 무시무시하게 말을 잘 하는 deinos legein)

— 무서운 2B.13(17절), 2B.14(28절, 36절), 2B.23, 3B.13, 4B.37, 5A.6, 6A.44, 6B.20, 6B.26(주석 224), 10B.33(32행), 10B.39, 17A.23, 17A.25
— 끔찍한 1B.42, 1B.47(317b), 2B.13(7절), 3B.4, 3B.52(368c), 6B.59, 10B.29, 13B.2(14절), 17B.15.(93절)
— 놀라운 4B.30
— 이상스러운 4B.10

능란함, 재능, *수완 deinotēs
— 능란함 5A.3, 5A.6, 5A.20, 15B.21(29절), 17A.8, 17A.38, 17B.14(46절)
— 재능 2장 안내(주석 2), 2A.7

능란한 연설가 deinos rhētōr 3B.1(능란한 사람들 가운데 하나, 즉 어떤 연설가), 5A.6, 15B.20(34절)

능력, 힘, 권력, 잠재성, 의미 dynamis cf. 권능, 의도, (... 할) 능력이 있다
— 능력 1A.13, 1B.31(232e), 1B.48(320d, 320e, 321c), 1B.52, 2A.10, 2B.13 [4절, 12절, 19절(신적인 능력)], 2B.14(14절), 2B.33, 2B.36, 2B.39(수사학의 능력), 2B.40[456c(그 기술이 가진 능력), 457b], 2B.67, 3A.16, 3B.36, 5A.4(말들의 능력), 5B.19, 5B.21, 7B.2, 7B.5, 7B.19(연설이 가진 능력 dynamis tou logou), 7B.25, 8장 안내, 8B.1(483c), 10B.52, 11B.11, 12B.6(4절), 15B.20[1절(기술 전체의 능력) 및 주석 80, 2절, 6절, 7절, 9절(쓰기 능력), 10절(말하기 능력), 15절(말하기의 능력), 23절, 29절(쓰는 능력), 30절(쓰는 능력, 즉흥 연설 능력, 이 능력을), 33절(즉흥 연설 능력, 쓰는 능력), 34절(말들의 능력)], 17A.19(232e, 233a), 17A.31, 17A.33, 17A.43
— 힘 머리말 2절, 머리말 4절, 1A.1(52절: 알맞은 때가 가진 힘), 2장 안내, 2A.5(주석 63), 2B.13[10절(주문의 힘) 및 주석 322, 14절(말의 힘) 및 주석 333], 2B.35(기술의 힘), 2B.38(주석 484, 주석 486), 2B.39(주석 487), 3장 안내(주석 5), 11B.6(296c), 17B.15[95절, 104절, 105절, 111절(이름의 힘)]
— 권력, *영향력 2A.15, 5B.101, 10A.13(24절, 25절)
— 잠재성 16B.1(잠재적으로 dynamei)
— 의미 1B.9(의미상으로는 dynamei), 1B.43(의미상으로는 dynamei),

4B.15(285d)

능력 부족 astheneia 5A.4

능력 없는, 무능력한, 무능한 adynatos

— 능력 없는 2B.14(6절: 행할 능력이 없는), 3B.21(이야기를 할 능력이 없다),
6B.42(522c: 자신을 도울 능력도 없는), 6B.60(367b: 거짓될 능력이 없는),
7B.25(359a: 갚아 줄 능력이 없는), 8B.1(483d: 능력이 덜한 adynatōteros),
12B.6(1절: 살아갈 능력이 없는), 17B.1(281d: 충분한 능력이 없었다는),
17B.11(359a: 갚아 줄 능력이 없는)

— 무능력한 3B.48(31절), 17B.14(37절)

— 무능한 17B.1(281c)

(...할) 능력이 있다, (...할) 능력을 가지다, (...할) 능력을 갖추다, (...할) 능
력이 되다, (...할) 권력을 가지다, 힘이 있다, ...할 수 있다, 의미하다, 뜻
하다 dynasthai cf. 능력

— (...할) 능력이 있다 1A.2(자기들의 능력이), 1A.12(관찰할 능력도 없다
고), 1B.15(167c 인도할 능력이 있을), 1B.24(말하는 능력이 있다면),
1B.47(317a: 달아날 능력은 없고), 1B.48(322d: 염치와 정의를 나눠 가
질 능력이 없는), 2B.13[8절, 19절(막아낼 능력이 있겠습니까)], 2B.14
[5절(그럴 능력이 없을, 능력이 된다 해도), 13절(행할 능력이 있었다고 해
도), 14절(강제할 능력도 없습니다), 21절(배반할 능력이 있다 해도, 그
럴 능력이 없을)], 2B.36(설득할 능력이 있는, 만들어 낼 능력이 있다는),
2B.40(457b: 그걸 할 능력이 있으리라는), 3B.52(366d: 말할 능력은 없고),
5A.20(도움을 줄 능력이 있는), 5B.1(1절: 벌 줄 능력이 있었지만, 그렇게
할 능력이 없었을), 5B.80(자신을 이길 능력이 있는가를), 6B.26(336e: 우리
가 능력이 없는), 6B.53(행할 능력이 없고, 그럴 능력이 없고), 6B.63(획득
할 능력이 있다면), 6B.67(경기할 능력이 있는), 7B.25(359b: 행할 능력이
있는), 8B.4(492a: 확보할 능력이 없는), 10B.63(397a: 해낼 능력이 없을),
11B.11, 12B.2(5절: 시기를 부릴 능력도 없고), 12B.7(16절: 해낼 능력이
없겠지만), 13B.7(4절: 할 능력도 없는), 13B.8[1절(대화할 능력이 있음),
8절(불 능력이 있게), 13절(대화할 능력이 있는)], 15B.20(24절 구사할 능

력도 없다는), 17A.43(숙고할 능력은 없고), 17B.11(359b: 행할 능력이 있
는), 17B.14(42절: 말을 잘할 능력은 없을)
— (...할) 능력을 가지다 2B.19(능력을 가진), 3B.48(28절: 정복할 능력을 갖
기를), 3B.51(398e: 행할 능력을 갖게), 6A.1(30절: 다룰 능력을 갖게),
7B.13(해낼 능력을 가진), 7B.23(344a: 큰 능력들을 가지고 있어서),
7B.25(358e: 취할 능력을 갖고 있지), 13B.8(2절: 행위할 능력 또한 갖게),
15B.20[1절(말하는 능력을 가짐), 30절(말하는 능력을 갖는 것)],
17B.11(358e: 취할 능력을 갖고 있지), 17B.14(38절: 스스로 말하는 능력
을 갖기를)
— (...할) 능력을 갖추다 7B.31(269d), 17B.1(282b)
— (...할) 능력이 되다 6A.24(다 물 능력이 될, 여러분에게 물 능력이 될)
— (...할) 권력을 가지다 1B.47(317a: 나라들에서 일을 행할 권력을 갖고 있는)
— 힘이 있다 6B.55(힘이 대단했었지요 edynato mega)
— ...할 수 있다 1B.40(말할 수 없다), 1B.31(233a: 반박할 수가 있겠습니까),
1B.59, 17A.19(233a: 반박할 수가 있겠습니까)
— 의미하다 17A.9(무슨 의미였는지 hoti ēdynato)
— 뜻하다 1B.23(286c), 1B.61, 11B.4(286c), 17A.9(뜻했었지요)
능력 있는, 능력을 가진, 능력이 되는, 힘을 가진, 가능한 dynatos
— 능력 있는 1B.31(232c), 1B.52, 2B.14(34절: 해볼 능력이 있지만), 2B.35
(449b), 2B.40(457a), 8B.1(483d), 3B.48(28절: 몸에 있어서도 능력 있게),
6B.24(시험할 능력이 있다는), 6B.60[367b(거짓될 능력이 있어야만, 거짓
말을 하는 데 가장 능력 있는), 367c(진실을 말하는 데도 가장 능력이 있나
요, 거짓을 말하는 데도 진실을 말하는 데도 가장 능력이 있는)], 8B.1(483d),
10B.63(396e: 돈을 쓸 능력이 있다고), 11B.1(273c: 방어할 능력이 있도록),
17A.19[232c, 233b(갖게 해 줄 능력이 있는지에)], 17A.26(493c: 보여 줄
능력도 없을)
— 능력을 가진 8B.1(483c), 10A.13(24절: 아첨할 능력을 가진)
— 능력이 되는 17B.15(89절: 할 능력이 되는 것들 dynata)
— 힘을 가진 1B.47(319a: 국가의 일들을 행하고 말하는 데 가장 힘을 가진 사람)

― 가능한 1B.31(233a), 8B.4(492a)

능력자, 권력자 dynastēs

― 능력자 2B.13(8절)

― 권력자 3A.16, 4B.7(주석 55)

능청꾼, *의뭉 떠는 사람 eirōneutēs 6A.1(19절) cf. 아이러니

(ㄷ)

다의어, *동음이의어 homōnymia 17A.39 cf. 동의어

다중, 다수 대중, 대다수 사람들 hoi polloi cf. 인민, 민주주의

― 다중 1B.31, 1B.42, 3B.20, 4A.5, 5A.6, 6A.22, 6B.16, 6B.18(주석 210), 6B.27, 6B.46, 6B.61, 6B.64, 8B.1, 8B.2, 8B.4, 10A.13(31절), 10B.22, 12장 안내, 17A.9, 17A.19(232c), 17A.26, 17B.2(주석 195), 17B.7

― 다수 대중 1B.47(317a)

― 대다수 사람들 2B.30, 8B.1(483c), 10A.1

✿단도직입적 이행 prosbolē 2A.1(2절), 2A.22

✿단숨에 쏟아내는 문장 pneuma 2A.1

✿단어 반복 diplasiologia 1B.55, 17A.48(267c)

✿단절적 표현, *거리두기 apostasis 2A.1

달변 euglōttia 2A.22, 10A.7

담론, 말, 언어, 연설, 이야기, 이야깃거리, 논의, 대화, 토론, 논변, 진술, 언명, 설명, 해명, 이론, 이치, 정의(定義), 근거, 비율, 이성 logos [대표적인 용례만 아주 한정적으로 선택하여 열거함] cf. 설화 cf. 연설을 사랑하는, 연설의 장인

― 담론 1A.1(50절, 53절, 54절)☆, 1A.3, 1B.4, 1B.7, 1B.13, 1B.24(2절), 1B.32, 1B.56, 2B.7, 3A.11, 4A.5(281a), 5A.3, 5B.15(주석 144: 『참된 담론』), 6B.45(335a), 7B.29, 9A.5, 17A.7, 17A.9

― 말 1B.55(말들의 뮤즈의 전당들), 2장 안내, 2B.4(21절, 22절, 26절, 84절), 2B.13(1절, 13절), 2B.14(6절, 7절), 2B.23(말들의 옳음), 2B.56(말들의 즐

거욺), 3B.9, 5A.4(말들의 능력, 말들을 통해 치료해 줌), 5A.16(정확한 말들), 5B.75(『철학자들의 말들』), 6A.1(말들의 기술들), 6B.42(522b: 신랄한 말들), 6B.57(10절), 7A.5(말들의 기술), 7B.4(정확한 말들), 9B.1(옛말), 10A.10(정확한 말들), 10A.13(31절: 말들의 기술), 10B.27, 11A.1(272a), 11B.3(283e), 12B.2(7절: 말들에 관한 기술), 12B.5(2절), 13B.8(1절: 말들의 기술들), 14B.6, 15장 안내(말들의 기술), 15B.18, 15B.20[3절(적절한 말을 하는), 15절(말들의 기술들), 34절(말들의 능력)], 15B.21(29절: 말들의 능란함), 16A.3, 17A.11(268d), 17A.48[266c(말들의 기술, 267b(말들의 뮤즈의 전당들], 17B.14[40절(말로 즐거움을 주는 연설가들), 42절(말들이 일들의 선생이 되면 안 된다고)]

— 언어 2B.14(7절)

— 연설 1장 안내('위대한 연설')[이하 '위대한 연설'의 용례 생략], 2장 안내(주석 2), 2A.7(2절), 2A.18, 2A.31(8절), 2B.17, 2B.19, 2B.34, 2B.35(448d), 2B.36, 2B.63, 3A.16(『연설들』), 3B.1, 4A.2(4절, 7절), 4B.4, 5A.3(주석 17), 5A.17, 5B.34, 5B.58, 7B.18, 11A.1(272a), 15B.18, 15B.20(8절, 18절, 30절, 34절), 17A.48(266d, 267c)

— 이야기 1B.11, 1B.15(167d), 2A.9, 2B.44, 2B.50, 3B.11, 3B.45, 4A.8, 4B.2, 4B.8, 4B.15(286a), 4B.32, 5B.73, 6A.49, 6B.29(373a), 6B.42(521d), 6B.60(369b), 9A.6(60d)☆, 10B.33(24행, 38행), 15B.15, 15B.21(12절), 17A.1, 17A.47(101e), 17A.48(267a, 267b), 17B.12(80절), 17B.16

— 이야깃거리 5A.6(499절)

— 논의 2B.14(6절), 3B.12, 4B.31(301b), 13B.5(9절)

— 대화 6장 안내, 17B.15(84절)

— 토론 머리말 1절, 17B.13(40절)

— 논변 1A.1(51절, 52절, 53절), 1A.4, 1B.2(주석 126), 1B.21, 1B.23(285d, 285e, 286b), 1B.24(1절), 1B.25, 1B.28, 1B.34, 1B.35, 1B.48(320c), 1B.49(주석 340), 1B.69, 2B.14(6절), 5B.24(4절), 6A.1(29절), 6A.42, 6A.44, 6B.35, 8B.1(484e), 9A.6(60d 주석 13☆, 61b), 11B.2(277b),

— 인민 선동자 7B.32

대중 선동가 dēmēgoros 17A.24

대중 연설을 하다, 대중 집회에서 연설하다 dēmēgorein cf. 민회 연설
— 대중 연설을 하다 1B.42, 4A.2, 6B.45, 13B.7(대중 연설가들: damagorountes),
  15B.20(9절)
— 대중 집회에서 연설하다 13B.8(1절: damagorein)

대중 연설의, 대중 연설에 전형적인, 대중 연설을 잘하는 dēmēgorikos cf. 민회
  연설
— 대중 연설의 10A.11, 10장 B 서두
— 대중 연설에 전형적인 8B.1
— 대중 연설을 잘하는 6A.39

대중적인 dēmōdēs 9A.6

대화, 일상 대화 dialektos cf. 쟁론
— 대화 17A.43
— 일상 대화 2B.66

대화, 담론, 강론, 논변 dialexis
— 대화 2A.38, 4A.14
— 담론 4A.2
— 강론 3A.9(『강론집』) [이하 책 제목 용례 생략]
— 논변 13장 안내(주석 1: 『논변들』) [이하 책 제목 용례 생략]

대화, 대화편 dialogos
— 대화 1A.6, 4A.2(4절), 4A.11, 4B.4, 4B.33(338a), 6B.45(336b)
— 대화편 1A.1(55절), 1A.3, 2A.17, 2A.36, 6A.41

대화하다, 대화를 나누다, 대화에 이용하다, 이야기를 나누다, 담론을 나누다,
  변증하다 dialegesthai cf. 골라 모으다, 쟁론하다
— 대화하다 1A.1(52절), 1A.2(4절), 1B.15[주석 206, 167e(대화하면서, 대화
  에서)], 1B.32(335a), 2B.35(448d, 449b), 3A.17, 6B.31☆, 6B.40(458b: 대
  화를 계속합시다), 6B.45(335a, 335b), 6B.46(대화조차 못하지요), 8A.5,
  9A.6(61d), 11B.3(284e), 13B.8(1절, 13절), 17A.6, 17A.43, 17A.45(537e,

539c)

— 대화를 나누다 1A.6, 1B.31(232d), 1B.32(335a), 1B.47(316c), 1B.63(339a), 2A.1(3절), 2A.3, 2A.7(3절), 2A.38, 2B.14(22절), 2B.35(447c), 2B.68, 3A.6(315e), 3B.6, 3B.12, 3B.51(399a: 적절치 못한 대화들을 나누고), 4A.14, 4B.31(301b), 4B.34(5절), 5A.14[1절(나눴던 대화들), 11절], 6A.1[20절, 21절, 22절, 29절, 42절(아름답고 훌륭한 대화들을 나눈), 45절], 6A.33, 6A.55(2절), 6B.4, 6B.9, 6B.31, 6B.39, 6B.40(457c), 6B.45(334d, 335a, 336b), 6B.61, 7A.6, 10A.8, 10A.13(14절), 10A.17(19절), 11A.1(271a), 11B.3(283b), 14A.1, 17A.2, 17A.10, 17A.19(232d), 17A.38

— 대화에 이용하다 1A.1(53절), 1B.22

— 이야기를 나누다 1B.58, 2B.66, 4A.2(2절)

— 담론을 나누다 4A.2(5절)

— 변증하다 17A.33

더 나은 자[/사람] ho ameinōn 8B.1(483d)

더 많이 갖기, 과도한 소유, 탐욕 pleonexia cf. 탐욕스러운, 욕심이 과한, 뛰어남

— 더 많이 갖기 5A.14(12절)

— 과도한 소유 12장 안내, 12B.6(1절, 2절), 12B.7(13절)

— 탐욕 9B.8

더 많이 갖다 pleonektein, pleon echein cf. 똑같이 갖다

— pleonektein 7B.23(344a), 8B.1(483c: 더 많이 갖는 것은), 8B.3(491a)

— pleon echein 7B.23(343d), 8장 안내, 8B.1[483c(더 많이 가질 능력을 가진, 더 많이 갖지 못하게, 다른 사람들보다 더 많이 가지려 애쓰는, 대다수 사람들보다 더 많이 가지려 애쓰는), 483d(능력이 덜한 사람보다 많이 갖는, 다스리며 더 많이 갖는)]

더 못한 자[/사람] ho cheirōn 6A.56, 8B.1(483d, 484c)

더 약한 논변을 더 강하게 만들다, 더 약한 논변을 더 강한 논변으로 만들다 ton hēttō logon kreittō poiein

— 더 약한 논변을 더 강하게 만들다 1B.34, 6A.1(20절), 17A.21, 17A.22

— 더 약한 논변을 더 강한 논변으로 만들다 1A.4, 1B.35, 6장 안내, 6A.44, 10A.13(31절 주석 85), 17A.23, 17A.25

더 약한 논거가 더 강하게 되다 causa infirmior fieri fortior ⑭ 1A.4

더 약한 논거가 더 강한 논거로 되다 causa infirmior fieri superior ⑭ 6A.45☆, 17A.37

더 약한 논변이 더 강한 논변을 이기다 ho hēttōn logos ton kreittona nikan 17A.20

더 열등한 자[/사람], 더 약한 자[/사람] ho hēttōn (ho hēssōn)

— 더 열등한 자[/사람] 2B.13(19절), 8B.1(483d, 484c), 17A.35, 17B.15(111절)

— 더 약한 자[/사람] 2B.13(6절)

더 우월한 자[/사람], 더 강한 자[/사람] ho kreittōn (ho kreissōn)

— 더 우월한 자[/사람] 6A.56, 7장 안내, 7장 주석 101, 7B.23(338c, 343c, 344c), 8장 안내, 8B.1(483d, 484c), 8B.3(491a, 491c), 17B.15(111절)

— 더 강한 자[/사람] 2B.13(6절), 4B.10(364a), 17B.15(101절)

덕, 뛰어남, 훌륭함, 아레테 aretē cf. 기능, (…에게) 알맞은 덕

— 덕 머리말 3절 및 주석 14☆, 1A.7(주석 99), 1B.12(386d), 1B.15(167e), 1B.47(349a), 1B.49(주석 340), 1B.63(339a), 2장 안내, 2A.32, 2B.11, 2B.13(1절), 2B.14(13절, 16절, 20절, 32절), 2B.19, 2B.29, 2B.23 및 주석 413, 2B.27, 2B.28, 2B.29, 2B.30(95b), 2B.61(주석 570), 2B.80(196b), 3장 안내, 3B.19, 3B.48(21절, 28절, 34절), 3B.51(398c, 398d), 5A.20 (1절), 6장 안내, 6A.1(32절, 33절, 42절), 6A.22(4절), 6A.56, 6B.8, 6B.14, 6B.39, 6B.43(80d), 6B.47 및 주석 266☆, 6B.49(주석 270), 6B.51, 6B.53, 6B.54, 6B.55, 6B.56, 6B.68(51a), 6B.71, 7A.2, 7B.24(348c, 주석 117), 8B.4(492c), 8B.6, 9A.1(20a, 20b), 7B.35, 10A.12(158a), 10B.63(주석 291), 11B.1(273d), 11B.2(주석 18), 11B.9, 12장 안내, 12B.1(1절), 12B.2(4절, 7절 및 주석 32), 12B.3(3절, 5절), 12B.4(1절, 6절), 12B.6 (1절), 13B.6(1절, 3절 주석 150, 7절), 14B.5, 15B.14, 15B.21(28절), 16장 안내, 16A.3, 17장 안내, 17A.28, 17B.13(37절), 17B.15(105절) [책 제목

용례 제외]

— 뛰어남 2B.18

— 훌륭함 머리말 3절(주석 14), 6장 안내, 6B.47(주석 266)☆, 17B.12(82절)

— 아레테(덕) Aretē [의인화] 2B.50, 3B.44, 3B.45, 3B.47, 3B.48(30절), 3B.49

덕 virtus ㉥ 1A.4, 3B.37

독당근즙 kōneion 3장 안내, 3A.1, 3A.2, 6장 안내, 6A.1(35절, 42절, 46절), 6A.57, 6A.58(주석 177)

독립 autonomia 17B.14(46절)

독설가 blasphēmos 15B.7 cf. 악담하다

돈 argyrion 1A.8, 1A.9, 2A.15(고르기아스에게 돈을), 3A.12, 3A.21(앎을 돈으로), 4A.6(내가 돈을), 5A.14(11절, 12절), 5B.73(많은 돈을 번, 그래서 자기 돈을 몽땅), 6A.37, 6B.18, 10B.63, 13B.2(16절), 17A.14, 17A.27, 17B.2(누가 돈을) cf. 사물

돈 pecunia ㉥ 1A.4

돈 받는 labargyros 3A.10

돈벌이 chrēmatismos 2A.23, 12B.4(5절)

돈벌이 quaestus ㉥ 2A.35

돈벌이를 하다, 돈을 벌다 chrēmatizesthai

— 돈벌이를 하다 2B.36

— 돈을 벌다 6A.1(20절)

돈 사랑 philargyria 5A.4 cf. 돈을 사랑하다, 돈을 좋아하는

돈을 밝히는 philargyros 6B.66

돈을 버는 사람, 사업가 chrēmatistēs

— 돈을 버는 사람 17A.32

— 사업가 2B.36

돈을 벌기 porismos 3A.21

돈을 사랑하다 philochrēmatein, chrēmatōn erasthai cf. 돈 사랑

— philochrēmatein 12B.4

— chrēmatōn erasthai 2B.14(15절)

돈을 좋아하는 philochrēmatos 5A.6, 5A.7 cf. 돈 사랑

✿돈호 apostrophē 2B.67

돋우미, 꾸미개, 꾸밈, 장식, 질서, 대형(隊形), 우주, 세상 kosmos

— 돋우미 2A.1, 2B.13(1절)☆

— 꾸미개 13B.2

— 꾸밈 2B.22

— 장식 2B.80(197e), 10A.11, 12B.4(6절)

— 질서 1A.5, 1B.48(322c), 2B.28, 7B.5

— 대형(隊形) 2B.13(16절)

— 우주 5B.34*, 6B.4, 10B.22, 10B.24, 12B.7(17절), 17A.2, 17A.10

— 세상 5B.101 cf. 인간 세상, 온 세상, 전체 세상

돋우미 없는 akosmios 2B.13(1절)

돌려 말하다 periballein 10A.11

돌보는, 관심을 기울이는, 관심을 갖는 epimelēs

— 돌보는 2B.80(197d: 훌륭한 자들은 돌보고), 5B.68(돌봐 주어야 할)

— 관심을 기울이는 11A.4(1절)

— 관심을 갖는 13B.1(2절: 관심을 갖는다)

돌보다, 관심을 기울이다 epimeleisthai (epimelesthai) cf. 보살피다, 관심을
기울이다

— 돌보다 1B.15(167e), 1B.49(주석 340), 3B.48(28절: 돌보아야 합니다
epimelēteon), 5A.12, 5A.14(15절), 5A.20(1절), 5B.68, 6장 안내, 6A.55
(7절), 6B.14, 6B.24, 6B.63(12절: 공적인 일들을 돌보는 사람들이), 6B.68
(51a: 덕을 돌보는 사람인), 7B.20(일을 맡아 돌본 사람들이), 12B.7(8절),
15B.20(35절), 15B.21(18절)

— 관심을 기울이다 11A.4(3절)

돌보미 epimelētēs 6A.52(30절)

돌보지 않는 amelēs 2B.80(197d: 나쁜 자들은 돌보지 않습니다)

돌보지 않다, 관심을 기울이지 않다 amelein

— 돌보지 않다 10A.13(24절)

— 관심을 기울이지 않다 11A.4(2절, 3절)

돌보지 않음 ameleia 7B.23(343e: 돌보지 않아서)

돌봄 epimeleia 1B.53, 3B.48(28절), 6B.17(129a), 6B.55, 6B.63(12절), 11B.2(주석 18), 12B.2(7절), 15B.20(30절: 가장 신경 써서 돌봐야 pleistēn), 17B.14(46절)

동등한 aequus ㉐ 1B.29

동등한 isos 3B.12(337a), 6B.68(50e), 10B.43, 17B.14(42절) cf. 평등, 공평한

동의, 합의, 일치 homologia cf. 합의

— 동의 8B.1(482e)

— 합의 6B.61

— 일치 17A.44(164c)

동의된 homologos 2B.5(75절)

동의를 표하다 synainein 2B.13(12절)

동의어 synōnymia 3장 안내, 3장 주석 111, 17A.39 cf. 다의어

동의하다 assentire ㉐ 6B.37 cf. 승인하다

동의하다, 합의하다, 일치하다, 같은 말을 하다 homologein cf. 합의하다, 생각을 같이하다

— 동의하다 1B.8(61절), 1B.52, 2B.30(95b), 3B.14(358a), 5B.104, 6B.29(372d), 6B.32, 6B.34, 6B.36(540e), 6B.42(522c, 522d), 6B.47(17b), 6B.60(367b), 8B.5, 8B.7, 10B.41, 10B.59(6절), 10B.63(395e) 11B.2[276a: 그가 동의하더군요), 277a, 277b(첫 두 용례), 277c(첫 두 용례)], 11B.3 [283d, 284c, 284d(둘째, 셋째 용례)], 11B.6(295a, 296c) 11B.7, 11B.8 (301d), 13B.3(13절), 13B.4(9절), 13B.5(8절), 15B.17, 15B.20(18절), 17A.30

— 합의하다 5B.24[1절(합의된 것들 ta homologēthenta), 2절], 6A.1(41절), 6B.61

— 일치하다 1B.63(339c, 339d), 10A.1

— 같은 말을 하다 8B.8

동의하다 prostithesthai 13B.1(2절: potitithesthai)

동의하다 symphanai 3B.51(398d), 11B.2[276a(그가 동의했어요), 277b(셋째 용례), 277c(셋째 용례)]

동의하다 sympheresthai 1B.47(317a)

동의하다 synchōrein 1B.23[286a(후자에 동의했어요), 286c], 3B.12(337a: 번역문에는 337b), 11B.3(284d: 첫째 용례), 11B.4[286a(첫째 용례), 286c]

동의하다 synomologein 1B.23(286a: 후자에 동의하더군요), 3B.14(358b), 11B.4(286a: 둘째 용례), 17A.46(91c)

동정, 동정심 oiktos cf. 연민

— 동정 2B.14(33절), 3B.52, 7B.19

— 동정심 17B.14(37절)

동정심이 일다 oiktizein 6A.55(4절)

동정을 되돌려 주다 antoiktizein 17B.14(40절)

동정을 자아내는 oiktrogoos 7B.18, 17A.48(267c)

동정하다 oiktirein 13B.1(14절)

되는대로 연설하다, 되는대로 이야기하다 eikēi legein

— 되는대로 연설하다 15B.20(29절, 33절)

— 되는대로 이야기하다 15B.18, 15B.20(25절)

✿되짚기, *재개 epanalēpsis 2B.67, 15B.16

✿되풀이, *어구 반복 anadiplōsis 2B.67

두려움 deima 10B.33(14행), 10B.39

두려움, 무서움 deos

— 무서움 3B.14

— 두려움 9B.12.(a), 9B.12.(b), 10B.33(13행)

두려움 phobos 2B.13(8절, 16절, 17절), 2B.14(19절), 2B.80(197d), 3B.14, 3B.48(25절: 두려워하지 마세요 ou phobos), 3B.52(366e), 5B.78, 10B.33(29행), 10B.33(37행), 10B.39, 17B.14(42절)

✿두운 homoiokatarkton 2B.23 cf. 각운

둘째 소피스트술 deutera sophistikē 2A.6, 2B.32, 6A.47(주석 146), 15장 안

내(주석 3), 17A.10

드러나다, 나타나다, 분명하다, (...로) 보이다, 외양상 ...이다, 입신양명하다
phainesthai cf. 감각하다

— 드러나다 1B.8(61절, 62절, 63절), 1B.9(216절, 218절, 219절),
  1B.11(152a, 152b), 1B.12(386a), 1B.15, 1B.20, 1B.21, 1B.23(286a),
  1B.32(335a), 1B.44, 2B.36, 3B.48(22절), 4B.33(338a), 5A.2, 5B.68,
  6A.10, 6B.29(372e), 6B.41, 6B.45(335a), 6B.60(367b), 11B.4(286a),
  17A.19(233c)

— 나타나다 2B.13(13절), 3B.48(22절), 6A.30, 6B.26(337c), 9A.6(60e),
  10B.63(396a), 11B.6(294a), 17A.11[231d(얼마만큼 나타났는지를),
  232a(아는 자로 나타나면서도)], 17A.19(233c), 17A.41(261d)

— 분명하다 5B.24(6절), 6B.61(분명 안 되겠군요: ou phainetai)

— (...로) 보이다 1B.12(385e), 1B.17(의미 있는 말을 하고 있는 것처럼 보
  이는), 1B.31(232e: 남겨두지 않는 것으로 보이긴), 1B.34(그럴법해 보이
  지만, 그럴법해 보이는) 1B.59, 1B.63(339c), 2B.22(느닷없는 것으로 보
  이기), 2B.35(448d), 2B.44, 2B.76, 3A.6, 3B.21(선망한 것으로 보이는),
  3B.38(설득력 없어 보이지), 4B.31(300e: 내겐 보이거든요), 6A.1(33절:
  돌과 비슷하지 않게 보이는), 6A.14(230c: 기이한 사람인 것처럼 보이
  네요), 6A.55(1절: 무분별한 일로 보이는), 6B.24(150d: 무식해 보이
  는), 6B.74(342e: 형편없어 보이겠지만), 10A.13(29절: 가치가 있는 사
  람으로 보이고 싶어 하면서), 11B.2(275e), 12B.2[1절, 4절(그렇게 보이
  는 대로의)], 14B.9, 15B.18, 15B.20(14절: 보잘것없는 것으로 보일),
  17A.19[232b(아는 자로 보이는), 232e(남겨두지 않는 것으로 보이긴),
  233b(그렇게 보이지도, 설사 그렇게 보인다고 해도)], 17A.21(그럴법해 보
  이지만, 그럴법해 보이는), 17A.29(463e), 17A.31(설득력 있어 보이는, 연
  역 추론으로 보이는), 17A.44(164b), 17A.47(101d), 17A.48(267b)

— 외양상 ...이다 17A.33(외양만의 phainomenē, 외양상 phainomenē)

— 입신양명하다 4A.2(4절), 4B.4

드러남, 인상, 현상, *나타남, *상상 phantasia cf. 감각

— 드러남 1장 주석 147, 1B.11(152c), 1B.26

— 인상 1B.20, 16B.1, 16B.2, 16B.3, 16B.5

— 현상 1B.8

들창코 simos 6A.12(6절)

들창코, *들창코임 simotēs 6A.11

'디오메데스의 불가피성' Diomēdeia anankē 17A.26☆

땀, *노고 hidrōs 3B.44, 3B.48(28절), 5B.44, 5B.68, 15B.18 cf. 노고

♣때, 제때, 알맞은 때, 적절한 때, 중요한 때, 결정적인 기회, 기회, 상황, 적
    도(適度), *시의적절함, *임기응변 kairos cf. 시간, 적도, 임기응변

— 때 2A.6, 2B.14(24절 주석 367), 2B.50, 2B.51, 3A.15, 13B.2(19절),
    13B.3(12절), 15B.20(3절, 34절)

— 제때 13B.2(20절), 15B.20(22절)

— 알맞은 때 1A.1(52절)

— 적절한 때 3B.4

— 중요한 때 15B.20(9절)

— 결정적인 기회 15B.20(10절, 28절)

— 기회 6A.1(32절 주석 39)

— 상황 2B.14(32절), 5A.4, 6A.1(28절), 10B.39

— 적도 10B.8

때맞음, *시의적절함 eukairia 15B.20(33절)

때맞춘, 시의적절한 eukairos

— 때맞춘 15B.20(9절)

— 시의적절한 15B.20(31절)

때에 맞지 않는, 시의적절하지 않은, 철없는 akairos

— 때에 맞지 않는 15B.21(1절)

— 시의적절하지 않은 10B.18(여간 시의적절한 것이 아니다 ouk akairon)

— 철없는 2B.79

때 이른 ahōros 10B.26

떠벌려대다 alazoneuesthai 1B.71 cf. 허풍쟁이, 과장

똑같이 갖다 to ison echein 8B.1(483c, 484a) cf. 더 많이 갖다, 평등
뚜쟁이 노릇을 하다 proagōgeuein 3A.34, 4A.9

(ㄹ)

레슬링 palē 1A.1(55절), 1B.1, 1B.3 및 주석 128, 1B.31(232d), 2A.31,
   6B.29(주석 233), 17A.19(232d 및 주석 75)

레슬링장 palaistra 2B.40(456d), 5B.104, 6A.1(43절), 13B.2(3절), 15B.21
   (4절), 16A.1(주석 13) cf. 체육관

리듬, 방식 rhythmos cf. 조직화되지 않은

— 리듬 4A.2, 4B.8(368d), 4B.15()285d, 5B.21, 7B.12, 15B.20(16절, 17절)

— 방식 15B.21(26절)

(ㅁ)

마고스 Magos 1장 안내, 1A.2☆, 6A.1(45절), 17A.3☆, 17B.12(80절)

마땅한 것, 마땅한 상황, 적정함, 정도(程度) to deon

— 마땅한 것 2B.13(2절)☆, 7B.22(336d), 13B.8(7절), 17B.7(22절), 17B.13
   (주석 232)

— 마땅한 상황 13B.5[9절: 마땅한 상황에 en (tōi) deonti]

— 적정함 2B.26

— 정도(程度) 17B.3(정도 이상으로)

마땅한 것들을 가장 잘 말하다 ta deonta malist' eipein 17B.7(22절)

마땅한 것을 옳게 말하다 legein to deon orthōs 2B.13

마땅한 상황에 말하다 en (tōi) deonti legein 13B.5(9절)

마법 goēteia 2B.13(10절) cf. 주문, 주술, 기만

마법사 epaoidos 6A.1(19절)

마법사 goēs 6B.43(80b), 15B.15, 17A.15 cf. 주술사

마법을 걸다 ekgoēteuein 2B.13(14절)

마법을 부리다, 마법을 행하다, 홀리다, *주술을 쓰다 goēteuein cf. 홀리다, 주문을 외우다

— 마법을 부리다 8B.1(483e)

— 마법을 행하다 2A.4

— 홀리다 6B.43(80a)

마비되다 narkan 6B.43(80a, 80c) cf. 시끈가오리

막막하다, 막막해하다, 당혹스럽다, 당혹스러워하다, 난처한 상황이다, 어찌 대응할 줄 모르다, 난문을 제기하다 aporein cf. 난처한

— 막막하다 1A.2(2절), 2B.58(막막해서), 6B.43[80a(막막하게 만드는), 80c(막막하게 만드는)], 6B.71, 7B.35

— 막막해하다 1B.12(386a), 2B.14(4절), 2B.58(막막해한다), 6B.43[80a(막막해할), 80c(막막해하면서)]

— 당혹스럽다 7B.25(358c), 4B.31(주석 107), 6B.42(522b)

— 당혹스러워하다 11B.6(293b)

— 난처한 상황이다 17A.29(462b)

— 어찌 대응할 줄 모르다 11B.2(275d)

— 난문을 제기하다 6B.59, 14B.1

막막함, 막막해할 일, 당혹스러운 상태, 난경, 난점, 난문, 궁핍 aporia cf. 난처한

— 막막함 6B.43(80a), 15B.20[8절, 15절, 16절, 21절(막막해지고)], 15B.21(5절: 완전히 막막했던)

— 막막해할 일 2B.27(72a)

— 당혹스러운 상태 6B.42(522a), 17A.42

— 난경 11B.6(주석 63), 15B.20(21절: 구제 불가능한 난경)

— 난점 14B.1

— 난문 1B.27(『제일 원리들에 관한 난문들과 해법들』: 이하 책 제목 용례 생략), 2B.4(26절)

— 궁핍 6A.41, 10B.48

만들다, 작품으로 만들다, 작품에서 말하다, 시를 짓다, 짓다, 설정하다, 여기

다, 하다, 저지르다, 행하다, 행동하다, 행위하다, 작용하다 poiein cf. 시,
행하다, 일하다

— 만들다 1A.4, 1A.8, 1B.15(166d, 167a, 167b, 167c), 1B.24, 1B.31(232b,
232c, 232d), 1B.34, 1B.35, 1B.47(316d, 319a), 2B.13(13절: 의견 대
신 의견을 만들어 내는, 믿음을 쉽게 변하는 것으로 만든다는), 2B.17,
2B.35(448c: 영위되게 만드는), 2B.64, 2B.66(비극들을 만드는 사람들, 6보
격 운율을 만드는 사람들), 2B.80(197c), 3B.4, 3B.18, 4A.4, 5A.14[3절
(더 즐겁게 살도록 만드는), 15절], 5A.17(새로운 단어들을 만드는),
5B.42, 5B.68(친구들을 적으로 만드는), 6A.1(20절), 6A.44, 6A.50,
6B.27(3d), 6B.43(80a, 80c), 6B.49(94e), 6B.66(515e), 7B.23(344a), 8B.2,
9A.6☆, 10A.13(31절 주석 85), 11B.3(284b, 284c), 12B.7(5절), 13B.2
(19절), 15B.18, 17A.21, 17A.22, 17A.23, 17A.25

— 삼다 2B.14(31절: 징표로 삼기), 17A.8(업으로 삼았고)

— 작품으로 만들다 2A.3

— 작품에서 말하다 10B.40(작품에서 ~라고 말했는데)

— 시를 짓다 13B.2(28절)

— 짓다 1B.63, 2B.2, 2B.63, 3B.43(시인들이 지어 놓은, 찬양 하나 지어 놓은
게 없다는), 3B.44, 3B.50, 6A.1(42절: 찬가를 짓기도, 우화도 지었는데),
13B.3(17절: 시를 짓는다)

— 설정하다 4A.11, 4B.23, 4B.32 cf. 임의적 설정

— 여기다 1B.15(166e)

— 하다 1B.23(논변들을 하고), 1B.46(함께 논의를 할), 2B.14(36절: 불법적인
행위를 했고 anomon ergon pepoiēkotes), 2B.35(448d: 약속했던 건 하고),
5B.80(이웃 사람에게 나쁜 짓을 하려고), 6B.45(335b: 함께 논의를 할),
11B.8(301d) cf. 나쁜 짓을 하다 kakōs poiein

— 저지르다 6A.55(3절: 아무런 불의도 저지르지 않고 ouden adikon poiōn),
10A.13(29절)

— 행하다 10B.52, 17B.12(81절), 17B.14(40절: 유익한 일들을 행하게)

— 행동하다 17B.12(82절: 행동을 하니까요)

— 행위하다 13B.3(9절: 정의로운 행위를 했다고 dikaia poiēsai), 13B.5(2행: 같은 행위들을 한다)

— 작용하다 7B.20

만물의 본성에 관하여, 만물의 자연에 관하여 peri tēs tōn pantōn physeōs cf. 『자연에 관하여』, 모든 것들의 본성에 관하여, 자연 사물들에 관하여

— 만물의 본성에 관하여 6장 안내, 6B.4☆, 13B.8(1절 주석 177)☆, 17A.2☆

— 만물의 자연에 관하여 6B.4(주석 186), 17A.2(주석 9)

말들의 기술, 말 기술, *담론 기술 (hē) (tōn) logōn technē cf. 논변들에 대한 기술, 연설들에 관한 기술들, 연설 작가

— 말들의 기술 3B.8, 6A.1(19절), 7A.5, 10A.13(31절), 13B.8(1절, 3절, 5절), 15장 안내, 15B.20(15절), 17A.48(266c, 266d, 267b, 267d)

— 말 기술, *말의 기술, *말하는 기술 머리말 2절, 머리말 4절, 2B.37(주석 479), 6장 안내, 13장 안내, 15B.16(주석 40)

말들의 옳음 logōn orthotēs 2B.23 cf. 말의 옳음, 이름들의 옳음, 법의 엄밀함

말을 잘 하다 eu eipein 17B.14(40절, 42절)

말을 잘 하다 eu legein 2B.15, 9B.1☆, 6B.49(주석 270)

♣말의 옳음, *옳은 말 쓰기 orthoepeia 1장 안내, 1B.55, 1B.56, 3A.8, 10A.1 (주석 22), 17A.48(267c) cf. 일상어 사용, 말들의 옳음, 이름들의 옳음

말의 힘, 로고스의 힘, 연설이 가진 능력, 말들의 능력 hē tou logou dynamis (hē dynamis tōn logōn)

— 말의 힘 머리말 4절, 2A.5(주석 63), 2B.13[14절], 2B.38(주석 486), 2장 주석 490, 2장 주석 508, 3장 안내

— 로고스의 힘 머리말 3절, 2B.13[10절 주석 322, 14절 주석 333)]

— 연설이 가진 능력 7B.19

— 말들의 능력 hē dynamis tōn logōn 5A.4(dynamis logōn), 15B.20(34절)

말 잘하기, 연설 실행하기, *수사적으로 말하기, *연설가가 되기 rhētoreuein

— 말 잘하기 6A.1(20절)

— 연설 실행하기 2A.22, 10A.7

말 잘함, 말 잘 하기 to eu legein

― 허물다 2장 안내, 2B.47

맞수 antitechnos 9A.6(60d), 17A.26(493a)

멋진 표현 euepeia 1B.55, 17A.48(267c) cf. 아름다운 말

멍청한, 어리석은, 우둔한 ēlithios

― 멍청한 10B.46

― 어리석은 3A.16, 3B.51

― 우둔한 8B.4

'메논의 역설' *Meno's paradox* 2장 주석 199, 6B.43(주석 257), 11장 주석 16
    cf. 역설

멜로스 대화 *the Melian Dialogue* 7장 안내, 7B.24(주석 115), 17B.14(40절
    주석 243), 17B.15☆

명예를 사랑하는 philotimos 10A.13 cf. 공명심

모방 2A.22(주석 145), 2장 주석 594, 2B.74(주석 639, 주석 643), 10A.7(주석
    43) cf. 아이뮬라티오, 모상

모방물 mimēma 2B.66, 15B.20(27절)

모방에 적합한, 모사적 mimētikos

― 모방에 적합한 2B.66

― 모사적 mimētikos 17A.11

모방자 mimētēs 5A.14

모방적 경쟁자 aemulus ㉐ 2A.5 cf. 경연, 경쟁심

모방하다 mimeisthai 머리말 1절, 2A.18, 2A.37☆, 2B.66, 2B.80s, 3A.31,
    5A.5, 10A.14(주석 89)*, 10장 B 서두(주석 106), 10장 주석 149*, 13장
    안내*, 15B.20(4절, 13절), 17A.45, 17B.13 cf. 선망하다 cf. 충실히 모방
    하다, 모상

모상(模像), 허상 eidōlon

― 모상(模像) 15B.20(27절) cf. 모방

― 허상 6B.24

모상 제작술 eidōlopoiikē 17A.11, 17A.29(463d, e) cf. 모방

✿모순된 진술, *부정 진술 antiphasis 1B.25

목소리 연기 pronuntiatio ㉑ 7B.13(주석 76) cf. 연기

목적, 완성, 끝, 결말 telos cf. 끝, 자족

— 목적 2B.28, 4장 안내, 4A.1☆, 4B.9, 6B.54

— 완성 12B.1(1절, 3절), 12B.2[2절(완성된 eis telos), 7절], 12B.3(1절: 완성시켜 eis telos)

— 끝 2B.14[29절(삶은 처음부터 끝까지), 35절(삶의 끝)], 2B.65(『범희랍 축제 연설』의 끝), 3B.48(33절: 자기들에게 정해진 끝[즉, 죽음]), 6B.71 (덕의 끝), 7B.35(덕의 끝), 13B.6(13절: 그[즉, 논변의] 처음과 끝), 17A.48 (267d: 연설들의 끝)

— 결말 2B.14(36절)

무료 식사 대접, 식사 대접 sitēsis

— 무료 식사 대접 6A.1(42절), 6B.10(주석 197)

— 식사 대접 6B.10

무법, 무법 상태 anomia cf. 법 존중

— 무법 10A.1(주석 13), 10A.13(24절), 10B.33(40행), 12장 안내, 12B.7 (서절, 7절, 11절, 12절, 13절, 17절)

— 무법 상태 12B.6(1절), 12B.7(9절)

무법 상태에 있다 anomein 12B.7(6절)

무법적인, *불법적인 anomos 2B.13(7절), 2B.14(36절), 4B.34(13절)), 12B.3(1절), 15B.21(18절) cf. 준법적인, 불법적인

무분별, *분별없음, *어리석음 aphrosynē 1B.12, 3B.23, 6B.56(주석 280) cf. 분별

무분별한 aphrōn

— 무분별한 1B.12, 2B.23(무분별함), 3B.36, 6A.55

— 분별없는 7B.24(주석 115: 분별없음), 17B.15(105절: 분별없음)

무신론자, 무신론적인 atheos

— 무신론자 1B.39, 1B.40, 1B.43(주석 294), 3B.35(51절), 6A.60, 10B.33 및 주석 199

— 무신론적인 2B.14(36절)

무지 agnoia 5B.15, 6B.59

무지, 무식, 어리석음, 어리석은 일 amathia cf. 어리석은

— 무지 6장 안내, 6A.1(31절), 6B.11, 6B.29(372c, 373a), 9장 안내, 11B.4(286d), 11B.6(주석 64), 13B.5(7절), 17장 안내, 17B.14(42절)

— 무식 5B.15, 17B.2

— 어리석음 2B.13(2절, 21절)

— 어리석은 일 2B.13(1절), 12B.5

무지한, 무식한, *어리석은 amathēs cf. 어리석은

— 무지한 1B.15(167a), 3B.12, 6B.60, 9B.9, 11B.2(275d, 276b, 276c), 11B.3(283d), 11B.4(286d), 13장 안내, 13B.5(1절, 6절)

— 무식한 1B.13, 6B.24, 6B.74

✿문두 어절 반복 anaphora [= epanaphora] 10B.18

문외한, 사적인 시민, 한 개인, 사적인 선생 idiōtēs cf. 장인, 정치가

— 문외한 1B.48(322c), 2B.63, 15B.20(1절, 4절, 15절)

— 사적인 시민 3A.16

— 한 개인 17A.35

— 사적인 선생 17A.26

문절(文節) kōlon 2B.70(주석 623)☆, 7A.1, 7B.10

문채적인, 비유적인 tropikos

— 문채적인 2B.64

— 비유적인 2B.72, 2B.73*

뮈틸레네 논쟁 *the Mytilenean Debate* 17B.14☆, 17B.15(101절 주석 249)

뮤즈의 전당, *박람서, *박물서 mouseion 1B.55(말들의 뮤즈의 전당), 15장 안내, 15A.1(주석 5), 15장 주석 27☆, 15B.10 및 주석 29, 15B.18(자연의 뮤즈의 전당), 17A.48(267b: 말들의 뮤즈의 전당)

미치다 mainesthai 1B.8, 3B.42, 6A.1(43절), 6B.27, 7B.25, 10B.63, 11B.3, 13B.5, 17B.11 cf. 광기, 제정신이다

미망(迷妄) atē 10B.17, 10B.55☆

민주정 치하다, *민주정을 정치 체제로 갖다 dēmokrateisthai 6A.21

민주주의, 민주정, 데모크라티아, *인민의 지배 dēmokratia cf. 인민, 공적
  인, 과두정, 참주정, 일인 지배
— 민주주의 머리말 1절☆, 머리말 5절, 1장 안내, 1B.48(주석 316), 4장 안내,
  6장 안내, 12장 안내, 12B.7(주석 79, 주석 90), 17장 주석 231, 17B.13,
  17B.14(주석 235, 37절)
— 민주정 머리말 1절☆, 5A.4, 5A.6, 5A.20(민주정이 회복되고), 5B.1, 6장
  안내, 6A.33(주석 119), 6A.47, 6A.51, 7B.32, 8장 안내(주석 8), 10장 안
  내, 10A.1(민주정 전체를), 10A.13, 10A.14, 10A.16, 10A.17(주석 99),
  10B.59(주석 283), 13장 안내, 14장 안내(주석 6), 15B.21(주석 166),
  17B.12(주석 230)
— 데모크라티아 Dēmokratia [의인화] 10장 안내, 10A.18
민주주의적, *민주정적 dēmokratikos 4B.15(주석 85)*, 6A.1(24절)
민주주의적, *인민중심적, *민중적 dēmotikos 3A.27, 13B.7(damotikos)
민중을 싫어하는, *인민을 싫어하는, *민주정을 싫어하는 misodēmos 13B.7
  (misodamos)
민중 재판의, *인민 재판의, *배심 재판의 laodikos 6A.1(42절) cf. 인민
민중 전체의, 전(全)-대중적인 pandēmos
— 민중 전체의 3A.14
— 전(全)-대중적인 15B.18
민회 ekklēsia 2B.36, 2B.39, 6B.27, 10장 주석 125, 10B.59(주석 283),
  15B.20(주석 92, 주석 101), 17B.14(36절, 41절) cf. 인민, 평의회
민회 연설, 대중 연설 dēmēgoria cf. 인민, 민주주의
— 민회 연설 17A.41
— 대중 연설 2B.37, 2B.64, 6B.47(주석 264), 7B.30
민회 연설, 심의 연설, 대중 연설 dēmēgorikos logos cf. 심의 연설, 법정 연설,
  시범 연설, 시범
— 민회 연설 2B.22
— 심의 연설 2B.1, 2B.23, 5A.16, 7B.4, 10A.10, 15B.20(주석 92)
— 대중 연설 5A.3, 7B.5, 13B.8(주석 174)

(ㅂ)

바라보다, 구경하다 theasthai cf. 볼거리, 관조, 관객, 거울

— 바라보다 3B.48[22절, 31절(아름다운 작품을 바라본 적이)], 6A.17[220e
(바라볼 만한 가치가 있는: 번역문에는 221a), 221a(잘 바라보게)], 8B.5,
17B.15(113절), 17B.18

— 구경하다 1A.1(52절)

바라보다, 살피다, *관조하다, *관찰하다 theōrein cf. 거울, 관조, 관찰하다

— 바라보다 1B.8, 15B.20(32절)

— 살피다 17A.30

바라본 적이 없는, 안 보인 atheatos cf. 관찰되지 않은

— 바라본 적이 없는 3B.48(31절: 볼거리를 바라본 적이 없어요)

— 안 보인 5B.82

바후브리히 복합어 *bahuvrīhi compounds* [= 소유 복합어 *possessive compounds*]
14장 안내, 14B.9(주석 33)☆

박식, 박학다식 polymathia

— 박식 4장 안내, 10B.18(polymatheia)

— 박학다식 4장 안내, 13B.8(1절 주석 177)

박식한 polymathēs

— 박식한 4B.30

— 박학다식한 6B.60(주석 284), 13B.8(4절 주석 179)

♣반론, 안틸로기아, *대립 논변 antilogia [argumentum in untramque
partem ⑭] cf. 논박, 쟁론

— 반론 머리말 3절, 1장 안내 및 주석 14, 1B.15(주석 209, 주석 217),
1B.23(주석 254), 2장 안내, 2B.4(주석 200), 3장 안내, 3B.6, 7B.23(주석
112), 7B.25(주석 119), 9장 안내, 9B.1(주석 29), 10B.59(주석 283), 13장
안내 및 주석 10, 16, 17, 13B.6(3절 주석 150, 7절 주석 154, 8절 주석
157, 12절 주석 164), 13B.7(주석 166), 17A.31(주석 113), 17A.41,
17A.42, 17A.43(454b), 17A.45(539b), 17B.5(주석 200)

— 안틸로기아 머리말 3절, 1장 주석 267, 1B.30(주석 270), 2장 안내, 13장 안

내 및 주석 16, 17, 17A.31(주석 113), 17B.5(주석 200)

반론 기술 antilogikē technē 1B.31(232e), 17A.19(232e), 17A.43(454a)

『반론들』 Antilogiai, Antilogika

— Antilogiai A.1(55절), 1B.1 및 주석 124☆, 1B.6, 12장 안내 주석 9

— Antilogika 1B.6

반론 불가능성 the impossibility of antilogy 1장 안내, 1B.15(주석 209, 주석 217), 1B.23(주석 254), 3장 안내 및 주석 4

반론술 antilogikē 17A.31(주석 113), 17A.41(261d), 17A.43(261d) cf. 논박술, 쟁론술

반론에 능한, 반론적인 antilogikos

— 반론에 능한 1B.31(232b), 17A.19(232b), 17A.44(164c), 17A.47(101e)

— 반론적인 17A.46(90c: 반론적 논변)

반론자, 반론하는 자 ho antilegōn

— 반론자 1B.32, 2B.22, 6B.45(335a), 7B.25(주석 119)

— 반론하는 자 17A.45(539c)

반론하다, 반론을 펼치다 antilegein

— 반론하다 1A.1(53절), 1B.15(주석 217), 1B.22, 1B.23, 1B.24, 1B.26, 1장 주석 267, 3B.6, 6B.70, 9B.1, 11B.4, 17A.19(233b, 233c), 17A.41, ['반론자'의 용례들]

— 반론을 펼치다 17B.14(41절)

『반박들』 Kataballontes 1A.1(51절 주석 34), 1B.2, 1B.8

반박을 제기하는 법, *공격하는 법 epicheirēsis 1A.1(53절), 1B.22

발견하는 데 능란한 deinos heurein 5A.16, 7B.4, 10A.10 cf. 논변 발견, 논변들을 발견하다, 논증들을 발견하다

발기발기 찢다 diasparattein 10B.17 cf. 찢어발기다

발기발기 찢다 diharpazein 6B.26(주석 224), 7A.6 cf. 웃음거리로 만들다, 찢어발기다

방자하다, 방자한 행동을 하다, 무도한 일을 하다, 능욕하다 hybrizein

— 방자하다 3B.48(30절: 방자하게)

652

— 방자한 행동을 하다 7B.20

— 무도한 일을 하다 15B.21(19절: 무도한 일을 당했는데도)

— 능욕하다 2B.13(7절: 능욕당했다면, 능욕함으로 해서, 능욕을 당함으로 해서)

방자한 hybristos 6A.51, 10A.13(12절), 17B.12(81.1절) cf. 자제력 없는

방자한 사람, 방약무도한 사람 hybristēs

— 방자한 사람 2B.23(방자한 사람들에게는, 방자하고)

— 방약무도한 사람 10B.48

방자한 행동 hybrisma 10B.59

방자함 hybris 머리말 1절, 2B.50(방자한 태도로), 4B.37, 9장 안내, 9B.6(주석
    39), 9B.8, 10장 안내, 10A.18, 10B.17(9행), 10B.33(7행), 17B.12(80절,
    81절)

방종, 무절제 akolasia cf. 제멋대로인, 절제

— 방종 8B.4

— 무절제 5B.105, 9B.6(주석 39)

방종하다 akolastainein 15B.3(방종)

(우주의) 배열 diakosmēsis 5B.34, 5B.35

배우, 해석자, *대답하는 자 hypokritēs

— 배우 2A.1(1절 주석 11), 3A.23(주석 68), 7B.13(주석 76), 10장 안내,
    10B.46(162d) cf. 비극 배우, 시인, 연기, 연기술

— 해석자 5A.8 cf. 꿈 해석, 해몽가, 징조 해석가

배워지는, *배워질[/배울] 수 있는, *배워진 mathētos 2B.29, 13B.6 cf. 가르
    쳐지는, 연습되는

배짱 좋은 말 kindyneuma 2A.6, 2B.50

법, 법률, 관습, 관행, 규칙 nomos

— 법 2B.23, 4B.33, 5B.22, 5B.24, 6B.70, 7B.25(359a), 8B.1, 10A.15,
    12B.4, 12B.6, 13B.2(19절), 17B.11, 17B.13

— 법률 5B.24, 10B.33(40행)

— 관습 5B.19, 17B.12(82절), 17B.19

— 관행 17B.16

― 규칙 2B.13(21절)

법들을 어기다 nomous parabainein 4B.35(21절: 제정된 법들을 어기는) cf.
  불법

법들을 제정하다 nomous syngraphein 10A.15 cf. 입법하다

법들을 제정하다 nomous tithenai, nomous tithesthai cf. 입법하다

― nomous tithenai [타자를 위해] 4B.35(19절: 누가 … 이 법들을 제정한 거
  라고, 신들이 이 법들을 인간들을 위해서 제정했다고), 17B.15(105절)

― nomous tithesthai [자신을 위해] 4B.34(14절), 4B.35(19절: 인간들이 그것
  들을 제정했다고), 8B.1[483b, 483e(우리가 제정하는 이 법에 따라서는)]

법률들에 따라 kata nomous 10A.1 cf. 준법적인

법률들에 속한 것들 ta tōn nomōn 5B.24(1절) cf. 법에 속한 것들, 자연에 속
  한 것들

법률들의 제정 nomōn thesis 17A.24(법률들을 제정할 만한) cf. 입법

법률들의 힘 hē tōn nomōn ischys 6A.53

법 수호자가 되다 nomophylakein 13B.7(nomophylaken)

법에 따라, 관습에 따른 kata nomon cf. 준법적인

― 법에 따라 5B.24(2절), 8B.1(483a, 483e), 8B.2

― 관습에 따른 5B.19, 5B.21(주석 161)

법에 따라 정의로운 것들 ta kata nomon dikaia 5B.24(2절) cf. 자연에 의해
  정의로운 것/일

법에 따른 것 to kata nomon 8B.2 cf. 자연에 따른 것

법에 따른 정의 hē dikaiosynē kata nomon 8B.2 cf. 자연에 따른 정의

법에 반하는 para tous nomous 6A.21 cf. 불법

법에 속한 것들 ta tou nomou 8B.1(483a) cf. 법률들에 속한 것들, 자연에 속
  한 것들

법에 의해, 관습적으로, *관습에 의해 nomōi cf. 자연에 의해

― 법에 의해, *관습에 의해 4B.33, 8B.1(482e, 483c)

― 관습적으로 17B.19

법을 어기다 nomon parabainein 2B.14(17절) cf. 불법

법을 어기다, 관행을 어기다, 관습에 어긋나는 주장을 하다 paranomein cf.
불법

— 법을 어기다 4B.35(21절: 다른 많은 법들도 그들은 어기죠)

— 관행을 어기다 3B.26

— 관습에 어긋나는 주장을 하다 1A.2

법을 존중하다 eunomeisthai 12B.7(6절)

법의 엄밀함 nomou akribeia 2B.23 cf. 완고한 정의, 말들의 옳음

법 존중, *좋은 법질서, *준법 eunomia 12장 안내, 12B.6, 12B.7 cf. 무법,
불법

벗어나게 하다, *해방하다 apallattein 3B.52(367c: 삶으로부터 더 빨리 벗어
나게), 6B.40(가장 큰 나쁨으로부터 … 남을 벗어나게 하는)

벗어나다, 끝내다, *해방되다 apallattesthai cf. 함께하다

— 벗어나다 2A.30(죽어가고 있는 게 … 낡고 다 쓰러져 가는 집에서 벗어나
는 것처럼), 5B.24(2절: 수치에서도 처벌에서도 벗어난), 6B.40(가장 큰 나
쁨으로부터 자신이 벗어나는), 6B.41(230c: 크고 단단한 의견들로부터 벗
어나게), 10A.13(24절: 두 사람이 그로부터 벗어난), 12B.7(4절: 가장 즐겁
지 않은 관심에서는 벗어나고), 17B.15(100절: 노예 노릇하는 사람들은 이
젠 벗어나겠다고)

— 끝내다 8B.3

벗어나다 apolyein 2B.13(6절: 불명예로부터 벗어나야 합니다 apolyteon),
7B.18(비방에서 벗어나게), 10A.1(책임에서 벗어날), 17A.48(267d: 비방
에서 벗어나게)

벗어남, *해방 apallagē 6B.41(230c)

변론하다, 법정 연설하다 dikazesthai cf. 항변하다, 변명, 판결하다, 판가름
을 해주다

— 변론하다 13B.8(1절, 9절)

— 법정 연설하다 15B.20(9절)

변명, 항변, 항변 연설 apologia cf. 항변하다, 변론하다, 찬양

— 변명 [작품 제목 제외] 2B.13(주석 293), 2B.14(1절, 4절), 2B.15, 5B.1(주

석 100), 5B.24, 6B.47(주석 264)☆

— 항변 2A.18, 2B.14(33절), 5A.19, 6A.19, 6A.55, 9B.2, 17A.48(267a)

— 항변 연설 6A.1(40절), 10A.1

변증가, 변증에 능한 dialektikos cf. 수사학적인, 연설가

— 변증가 1A.1(53절), 1B.22, 5B.96, 7A.5(주석 31), 17A.9, 17A.31, 17A.33, 17A.48(주석 173)

— 변증에 능한 7A.5, 17A.48(266c)

변증술 dialektikē 17A.30, 17A.31, 17A.33, 17A.34 cf. 논박, 논박술

보살피는 therapōn 2B.23(보살피고)

보살피다, 치료하다, 모시다 therapeuein cf. 돌보다, 관심을 기울이다, 치유하다

— 보살피다 7B.23(343b), 17A.28, 17A.29(464c), 17A.31, 17B.12(80절: 보살핌을 받지 못한다는, 보살핌을 베풀면)

— 치료하다 5A.4

— 모시다 3B.48(28절: 잘 모셔야 합니다 therapeuteon)

보살핌, 치료 therapeia

— 보살핌 2B.23, 6B.42, 8B.9, 17A.29(464b)

— 치료 5A.4

보수(報酬), 수업료, 대가 misthos

— 보수 1장 안내, 1A.1(52절, 55절), 1장 주석 71, 1A.2, 1A.3, 1장 주석 97, 1A.7(주석 99), 1A.8, 1B.1, 1B.13, 1B.47(349a), 2A.7, 2A.23(주석 151), 3A.8, 6장 안내, 6A.1(27절), 6A.23(주석 110), 6A.40, 6A.41(주석 130), 6B.27, 7B.25, 10장 안내, 11A.1(272a), 15B.21(2절), 17장 안내, 17장 주석 62, 17A.13(주석 64), 17A.14, 17A.28

— 수업료 1장 안내, 1A.1(주석 44☆, 56절), 3A.20(주석 61), 9장 안내, 9A.1(주석 4)☆

— 대가 2B.14(14절)

보수를 받고 일하다, 돈을 벌다 mistharnein

— 보수를 받고 일하다 2B.41, 17A.26

— 돈을 벌다 13B.1(3절)

보수를 받는, 돈을 받는 emmisthos

— 보수를 받는 6A.41, 17A.11

— 돈을 받는 2A.6(시범을 돈을 받고), 2B.50(시범을 돈을 받고), 3A.15(시범
  을 돈을 받고), 3B.45(시범을 돈을 받고)

보수를 주다 misthoun 6B.51, 9A.1

보여 줄 수 없는 ou dēlōton 2B.4(1절) cf. 표현해 줄 수 없는, 설명해 줄 수 없는

보증인 engyētēs 6A.37, 14장 안내, 14B.5

✽보충 서사 paradihēgēsis 15B.16

본(本), 보여 주는 사례, 본보기, 전범 paradeigma cf. 증표

— 본 17B.13

— 본보기 15장 안내, 15B.21(29절)

— 보여 주는 사례 7B.5

— 전범 2A.32

본보기, 보여 주는 사례 deigma cf. 증표

— 본보기 10A.18

— 보여 주는 사례 10B.39

본성을 타고난, 본성인, 생겨나 있는 pephykōs cf. 자연

— 본성을 타고난 2B.5(87절)

— 본성인, *자연의 이치인 5B.39

— 생겨나 있는 4B.31

본성을 타고났다, 본성을 가졌다, 천성을 갖추다, 생겨났다, ...하기 마련이다
  phynai

— 본성을 타고났다 12B.6(1절)

— 본성을 가졌다 12B.6(4절: 이런 본성을 가진)

— 천성을 갖추다 12B.1(2절)

— 생겨났다 6B.4, 17A.2

— ...하기 마련이다 9B.10.(a), 9B.10.(b), 9B.10.(c)

볼거리, *바라봄 thea 2B.13(18절) cf. 바라보다, 관조, 관객

볼거리 theama 3B.48(31절) cf. 바라보다, 관조, 관객

부(富), *부유 ploutos 1A.2(1절), 2A.9(주석 92), 2A.21, 2A.32, 2B.13(4절), 2B.14(15절, 32절), 3B.13(341b), 3B.24(주석 141), 3B.50 및 주석 211, 주석 212, 5B.74, 6A.1(31절), 10A.13(25절), 10B.9 및 주석 142, 10B.39(주석 214), 10B.63(주석 291), 12B.4(4절), 17B.16 cf. 덕, 가난, 자줏빛 옷, 돈

부끄러워하다 aideisthai 6A.1(34절) cf. 염치

부드러운, 인간애 philanthrōpos

— 부드러운 15B.20(16절)

— 인간애 to philanthrōpon 3A.33

부드러운 공정성 to praon epieikes 2B.23 cf. 완고한 정의

부수하다, 속성으로 붙다, 속성이 붙다, 결론이 따라 나오다, 따라 나오다, 일어나다 symbainein

— 부수하다 symbebēke 2B.5(67절), 5B.19(부수적으로 kata symbebēkos), 5B.21(부수적으로 kata symbebēkos)

— 속성으로 붙다, 속성이 붙다 symbebēke 2B.5(77절, 80절)

— 결론이 따라 나오다 6B.17(130c)

— 따라 나오다 1B.20

— 일어나다 12B.7(10절)

부업, 부차적인 일 parergon cf. 기능

— 부업 11B.1, 15B.20(35절)

— 부차적인 일 15B.20(2절), 17A.46(90e 부차적이라면 ← 부차적인 일로라면)

부유하다 ploutein 2A.11, 3B.50(397e), 10B.63(395e: 부유함)

부유한 abios 5B.56, 5B.56s

부유해지다 ploutizesthai 3B.48(28절)

부자, 부유한 plousios cf. 가난한

— 부자 2장 주석 173, 5B.56s(부자인), 6A.1(24절, 34절), 6A.33(33b), 10A.15(주석 90)

— 부유한 3A.12(주석 39), 6A.55(주석 173), 6B.38, 8A.8(주석 20), 10A.17(주석 97), 10B.9, 10B.30, 10B.63(396e, 397a), 12B.2(8절: 부유

해지거나), 12B.3(4절), 12B.7(주석 86), 15B.1(주석 9), 17A.10, 17A.11
(231d)

부정의, 불의, 부당함 adikia cf. 정의

— 부정의 1B.47(주석 314), 2B.14(36절), 3A.9, 4B.16, 6B.64, 7B.23(343c,
344a, 344c), 7B.24, 7B.25, 7B.26, 9B.8, 17A.24, 17B.14(42절, 44절)

— 불의 7B.23(344c: 온전한 불의를 저질렀다는 tēn holēn adikian ēdikēkota)

— 부당함 2B.13(21절)

부정의한, 불의(한), 부당한, *그른 adikos cf. 정의로운

— 부정의한 1B.33, 2B.14(35절, 36절), 2B.36s, 3B.35, 4B.31, 4B.34(13절),
4B.38, 5B.26(2절), 6A.21, 6A.56, 6B.9, 6B.42(522d), 6B.57, 6B.62,
6B.64, 6B.69(11절), 7B.23(343c, 343d, 343e, 344a, 344c), 7B.25,
8B.1(483c), 10B.63(396e), 12B.3(1절), 13B.3(1절, 13절, 14절, 15절),
15B.2, 17A.20, 17A.26(493c), 17A.38, 17A.41, 17B.10, 17B.14(42절),
17B.15(104절)

— 불의(한) adikon 6A.55(3절: 아무런 불의도 저지르지 않고 ouden adikon
poiōn), 13B.3(14절: 많은 불의를 행했으니까 polla kai dikaia)

— 부당한 2B.13(7절), 2B.23, 6A.1(35절), 6A.57, 10A.13(26절의 주석 79)

분노 mēnis 1B.59, 1B.60, 17B.1☆ cf. 시기, 파괴적인

분노 nemesis 2B.23

분노 orgē 2B.65, 6A.29, 6A.56, 9B.7, 15B.10, 15B.18, 17A.26

분노, 충동, 마음 thymos

— 분노 1B.52

— 충동 5B.80

— 마음 5B.80

분명함 saphēneia 2B.72, 3B.21

분명함 saphes 2B.72(to saphes 분명한 것), 15B.14, 15B.18, 17B.7(22절: to
saphes 분명한 것)

분명히 드러난, 분명한, 드러난, 명백한 phaneros

— 분명히 드러난 2B.14(1절, 8절, 10절, 12절, 36절)

— 분명한 1B.31(232c), 17A.19(232c)

— 드러난 15B.18(드러나게 만든다)

— 명백한 15B.16

분별, 사리분별, 현명, *실천적 지혜 phronēsis

— 분별 1B.12, 6B.56(주석 280)

— 사리분별 17A.15

— 현명 1B.13, 3B.12, 6B.56(주석 280), 8B.4, 10장 안내*, 17B.1

분별을 잘 하다, 잘 분별하다, 제대로 분별하다, 제정신이다 eu phronein cf. 절제

— 분별을 잘 하다 2B.18, 15B.20(35절), 17A.18

— 잘 분별하다 10B.27

— 제대로 분별하다 15B.20(26절)

— 제정신이다 3B.48(31절)

분별 있는, 현명한 phronimos

— 분별 있는 1B.12, 2B.23(마음의 분별로)

— 현명한 2B.14(26절), 3B.20, 5B.93, 6A.56, 6A.58, 6B.19(현명: phronimōs echein), 8B.3, 10B.29, 15B.20(29절), 17A.19, 17B.16(현명: to phronimon)

분별하다, 사리분별하다, 생각하다, 포부를 품다 phronein cf. 분별, 정신 phronēma

— 분별하다 2B.18, 5B.73, 10B.6, 10B.27, 15B.20(26절, 35절), 17A.18

— 사리분별하다 2A.26(사리분별을 가지고)

— 생각하다 2B.4(17절, 77절, 78절, 79절, 80절, 81절, 82절), 3B.50(그들이 하는 생각들), 5B.68(같은 생각을 하고), 10B.33

— 포부를 품다 2B.13(4절)

불법 paranomia 5B.105, 15B.21(29절), 17A.45(537e) cf. 법 존중

불법적인 paranomos 5A.4(불법 행위), 6A.21, 13B.2(15절), 17A.45(539a) cf. 준법적인(합법적인)

불분명한 adēlos 1B.9, 1B.44, 2B.4(20절), 2B.13(3절), 2B.14(19절), 5A.4,

15B.20(8절, 20절), 17A.17 cf. 애매한

불분명한, 분명하지 않은 aphanēs

— 불분명한 1B.31, 2B.55, 5B.11, 17A.19(232c)

— 분명하지 않은 14B.6, 17B.15(113절)

불분명한 asaphēs 2B.77, 3A.6, 5A.3, 15B.18(불분명함, 불분명해진다)

불분명한 obscurus ⑭ 5B.94 cf. 애매한

불분명함 adēlotēs 1A.1(51절), 1B.38, 1B.39, 10B.26

불의, 잘못 adikēma

— 불의 5B.25(2절)

— 잘못 10B.59

불의를 당하다, 해를 입다, *부정의를 당하다 adikeisthai

— 불의를 당하다, *부정의를 당하다 2B.14(19절, 20절, 31절), 5B.25[1절☆, 2절), 6장 안내, 6A.41, 6B.62, 7B.23(344a), 7B.25, 8B.1, 10B.44, 12장 안내, 14B.5(주석 21), 17B.11, 17B.14(47절), 17B.15(89절)

— 해를 입다 5B.25(1절 주석 199)☆

불의를 행하다, 불의를 저지르다, 부정의한 일을 저지르다, 부당한 짓을 하다, 죄를 범하다, 잘못하다, 해를 입히다 adikein cf. 나쁜 짓을 하다, 잘못을 저지르다

— 불의를 행하다 2B.14(3절, 31절), 2B.15, 5B.25(1절☆, 2절), 6장 안내, 6B.29(372d), 6B.61, 6B.62, 7B.23(344a), 7B.25, 8B.1, 9B.8, 10B.33, 10B.63(396e), 12장 안내, 13B.3(14절: 많은 불의를 행했으니까 polla adikēsas), 17B.11, 17B.15(89절)

— 불의를 저지르다 1B.15(167e), 1B.48(322b), 2B.14(18절), 2B.40(456e, 457b), 6A.1(40절), 6A.55[4절(아무런 불의도 안 저지르는 사람들을 ouden adikountas, 불의를 저지르는 사람들을)] 6A.49, 6B.69(12절), 7B.23[344a, 344b, 344c(온전한 불의를 저질렀다는 tēn holēn adikian ēdikēkota)], 10B.59(6절), 11B.1(273c), 15B.21(29절)

— 부정의한 일을 저지르다 5B.1(자기들이 저지른 부정의한 일들에 대한 hōn ēdikēsan)

— 부당한 짓을 하다 2B.13(7절)

— 죄를 범하다 2B.13(12절, 15절), 6A.1(40절의 주석 54), 6A.49(주석 159), 13B.2(13절)

— 잘못하다 17A.35(잘못이 아니었다면)

— 해를 입히다 5B.25(1절 주석 199)☆

불의를 행할 힘이 없음 arrhōstia tou adikein 7B.25(359b), 17B.11

불의를 행해야 하는 adikēteon 6B.61(49a: 어떤 상황에서도 불의를 행해서는 안 된다고 oudeni tropōi adikēteon, 어떤 상황에서는 불의를 행해야 하지 만 tini adikēteon tropōi)

불쾌감 ahēdia 2B.79

불쾌한, 즐겁지 않은, 안 즐거워하는 ahēdēs cf. 쾌락, 즐거운

— 불쾌한 17A.46(91b)

— 즐겁지 않은 2B.50(여간 즐겁지 않은: ouk ahēdēs), 3B.45(여간 즐겁지 않은: ouk ahēdēs), 6B.45(어지간히 즐겁기도: ouk ahēdōs), 12B.7[4절(가장 즐겁지 않은 관심에서는, 가장 즐겁지 않지만), 8절]

— 안 즐거워하는 6B.40(458a: ouk ahēdesteron 덜 즐거워하지 않는)

불합리 alogia 1B.15(167e: 불합리하니까요)

불합리한, 근거 없는, 비이성적인 alogos cf. 엉뚱한, 합리적인

— 불합리한 3B.9, 15B.20(29절), 17B.18

— 근거 없는, *이유 없는 17A.29(465a), 17B.15(104절, 105절)

— 비이성적인 1A.13, 1B.48(321c), 3B.36

비극 배우, *비극 출연자, *비극 합창 가무단원 tragōidos 2A.1(1절 주석 11), 3A.23(주석 68), 6A.1(25절) cf. 배우, 연기, 반장화

비극 시인 ho tēs tragōidias poiētēs 2A.1(3절)

비극 시인, 비극 작가 tragōidiopoios

— 비극 시인 5장 안내, 5A.4(주석 24, 주석 35, 주석 37, 주석 38), 5A.6(주석 47, 주석 57), 5장 주석 65, 5A.11(비극 시인 안티폰), 5A.19(주석 94)

— 비극 작가 6A.10(주석 86)

비극적 아이러니 tragic irony 1A.7(주석 100)

비기술적인, *비체계적인 atechnos 2B.41, 7B.13, 17A.36

비난 kakon 3B.52

비난, 욕설 loidoria

— 비난 5B.104(책 제목), 5B.105(책 제목)

— 욕설 15B.21(1절, 27절)

비난 mōmos 2B.13(1절) cf. 나무랄 데 없는

비난, 비난거리, 수치 oneidos

— 비난 2B.14(1절), 7B.23(344b), 15B.21(27절)

— 비난거리 oneidos 6A.56, 17A.18, 17A.38

— 수치, *불명예 6A.7

비난 psogos 1B.63(비난받지 않게끔), 2B.18, 2B.65, 8B.1(483c: psogon
  psegein), 8B.4, 15B.20(14절) cf. 칭찬, 찬양, 변명

비난 vituperatio ㉐ 2B.45 cf. 칭찬

비난받을, *비난받아야 할 mempteos 2B.13(19절)

비난받을 만한, 비난받을 eponeidistos

— 비난받을 만한 6B.11

— 비난받을 2B.14(25절: 비난과)

비난받을 만한, 비난받을 mōmētos cf. 나무랄 데 없는

— 비난받을 만한 1A.2

— 비난받을 2B.13(1절)

비난자 epilēptōr 17A.42

비난하기 쉬운 eukatēgorētos 5B.63 cf. 고발하다

비난하다 enkalein 1B.19

비난하다 epitiman 1B.60, 10A.13[29절(비난을 받아), 31절(싸잡아 하는 비
  난을)]

비난하다 kakizein 17A.9

비난하다 katagignōskein 3A.21

비난하다 kataphronein 15B.20(3절)

비난하다, 헐뜯다 loidorein

— 비난하다 2B.77, 5B.104

— 헐뜯다 6A.1(35절), 11B.3, 11B.4, 17A.46

비난하다, 헐뜯다 memphesthai

— 비난하다 1B.63, 3B.1, 3B.42, 3B.52, 4B.34(당신은 비난하나요), 6A.17, 6B.50, 10B.19, 10B.34, 12B.2

— 헐뜯다 2B.13(1절, 2절)

비난하다 oneidizein 5A.11(비난을 가하는), 6A.1(44절), 6B.24(나를 비난한, 참인 비난입니다), 7B.23(344c), 8A.3

비난하다 proskatēgorein 17B.14(42절)

비난하다 propherein 17A.38(비난을 가했던)

비난하다 psegein 1B.35, 2B.18, 2B.35(448e), 4B.34(비난하는 경우), 7B.25, 8B.1(483c: 칭찬과 비난을 합니다 psogous psegein), 8B.4, 9B.3(비난의 경우도)

비난하다, 헐뜯다 skōptein

— 비난하다 3B.22

— 헐뜯다 6A.1(27절), 6A.41

비난하다 vituperare ㉯ 2B.45(비난으로써 vituperando)

비방 diabolē (diabolia) 2B.14(34절), 4B.37(diabolia), 6B.26(주석 224), 7B.18(비방에서 벗어나게), 16B.1, 17A.48(267d: 비방에서 벗어나게), 17B.1(주석 189), 17B.12(80절) cf. 시기

비방하다 diaballein 2B.22(비방을 시도하거나), 3A.21, 6A.33, 6B.27(비방을 하려고), 7B.18(비방을 하는), 10A.1, 10A.13(31절), 17A.45(539c: 비방거리가 되어버렸어요 diabeblēntai), 17A.48(267d: 비방을 하는), 17B.14(42절) cf. 앞서 비방하다, 풍자하다, 고발하다

비방하다 kakēgorein 6B.42(522b)

비방하면 잘 먹혀드는 eudiabolos 6B.27

비아냥대다 chleuazein 3B.50 cf. 비웃다

비웃다, 놀려대다, *비아냥대다 episkōptein cf. 웃다, 우스운 비유를 하다, 비아냥대다

— 비웃다 2A.6, 2B.50, 3A.15, 4A.2

— 놀려대다 3A.12☆

비웃다 diaptyein 2A.11 cf. 웃다

♣비유, 직유, 모상(模像), 상(像), 이미지, *형상 eikōn cf. 은유, 모방

— 비유 2B.27(72b), 5A.6(주석 50)*, 6장 안내*, 6B.26(주석 224)*, 6B.43, 10장 안내(주석 2)*, 10A.1(주석 11), 10B.46(주석 244), 11A.3(주석 12), 17A.26(주석 90)

— 직유 7B.15

— 모상(模像) 6A.10, 15B.20(28절)

— 상(像) 2A.31, 2A.32, 2A.33, 2A.36, 4B.3(청동상들을, 조각상들은), 6A.1(33절)

— 이미지 2B.13(17절)

♣비유, *가상 예화(例話) parabolē 1B.56, 6B.67

비유로 대꾸하다 anteikazein 6B.43(80c)

♣비유조 eikonologia 1B.55, 17A.48

비유하다, 비유로 말하다 eikazein cf. 우스운 비유를 하다

— 비유하다 3A.6(주석 15)*, 3B.42, 5A.6(주석 50)*, 5B.64(주석 247)*, 6B.26(주석 224)*, 6B.43(비유되는), 7B.15, 10B.34

— 비유로 말하다 6B.43

비천한 agennēs 17A.29(465b)

비천한 banausos 3B.52(368b: 비천한 손재주들), 5A.6(499절: 목공술을 비롯한 비천한 기술들)

비천한 tapeinos 3B.36(41절), 6A.22(4절), 15B.20(5절, 14절)

비평가, *주석가, *문헌학자 grammaticus ㉮ 5B.94 cf. 글 선생

비평가, *평석가(評釋家) kritikos 3B.52(366e), 7장 안내 cf. 글 선생

(ㅅ)

사고, 사유, 마음, 지성, 생각, 사고방식, 발상, 취지, 의도, 의미 dianoia cf. 지성

사랑의 기술 erōtikē technē 6A.29

사랑하는 사람 erastēs 2A.21, 4장 안내(주석 4), 5B.104, 6B.74(343a: 선망하고 사랑하고 배우는 사람들), 10A.12(154a), 11B.2(276d), 11B.3(283d: 사랑해 주는 사람), 13B.2(2절: 자기를 사랑하는 쓸 만한 자)

사랑하다 eran 3A.34, 4A.9, 6장 안내, 6A.28, 6A.31, 6B.16(24절 주석 205), 8장 안내, 8A.7, 10A.13(29절)

사랑하다, 사랑에 빠지다 erasthai

— 사랑하다 2B.14(15절), 6A.1(20절, 23절)

— 사랑에 빠지다 2B.13(20절)

사물, 것, 돈, 재물, 물건, 재산, *소유물 chrēma cf. 쓰임새, 돈

— 사물 1A.1(51절), 1B.4, 1B.8, 1B.9☆, 1B.10, 1B.11, 1B.12(386a: 모든 사물들의 척도는), 1B.13, 1B.20

— 것 17A.29(모든 것들이 함께)

— 돈 chrēmata 1A.7, 1B.15(167d), 2A.8, 2A.11, 2A.15(많은 돈을), 2A.23, 2B.14(9절, 11절, 13절, 15절, 21절), 2B.59, 3A.3, 3A.13, 3A.16, 3A.17, 3A.34, 3B.50, 4A.2(5절, 6절), 4A.5, 4A.6(더 많은 돈을), 4A.9, 5A.6, 5A.14(3절), 5B.1, 5B.25, 5B.73(그 돈을 저장한, 그에게 돈은 풍부하게), 6A.1(25절), 6A.24, 6A.33, 6A.40, 6B.14, 6B.69(17절), 9A.1, 9A.5, 10B.16, 12B.3(4절, 5절), 12B.4(1절, 3절, 4절, 5절), 12B.7(1절, 2절, 8절), 13B.3(8절), 15B.21(3절, 19절, 21절), 17A.13, 17A.19(233b), 17A.40, 17B.2(많은 돈이), 17B.14(42절)

— 재물 chrēmata 10A.13(14절), 15B.21(2절, 13절, 20절 주석 152)

— 물건 17A.16

— 재산, *소유물 2A.31 (chrēmatōn amphisbētēsis 재산권을 주장하는 연설문)

사물, 일, 대상, 것, 주제 res ㉭

— 사물 1B.70, 3B.29, 3B.37(주석 170), 7B.28

— 일 1B.29, 2B.49

— 대상 2B.45

— 것 6B.37

— 주제 1B.36, 2B.45

4백인, 4백인 참주 hoi tetrakosioi

— 4백인 5A.4, 5B.1(2절)

— 4백인 참주 1A.1(54절), 1A.15(54절)

4백인 과두정 hē tōn tetrakosiōn oligarchia 5장 안내, 6B.71(주석 316), 8장
   안내, 10장 안내

4백인 정권 ta tōn tetrakosiōn 5A.20, 5장 B 주석 99

4백인 참주들 tyrannoi tetrakosioi 5A.6(498)

4백인 회의 ho tōn tetrakosiōn syllogos* 5A.20

사유되는, *가지적(可知的)인 noētos 10B.22, 16B.6 cf. 감각되는

사유하다, 생각하다, 마음속에 품다, 상정하다, 뜻하다, 뜻을 갖다 noein

— 사유하다 2B.4[67절(사유되는), 76절(사유되지)], 17B.18

— 생각하다 8B.1

— 마음속에 품다 6B.42, 8B.9

— 상정하다 2B.4(73절)

— 뜻하다 10B.46(무슨 뜻으로 한 말인지)

— 뜻을 갖다 11B.5

사유하다 dianoeisthai 2B.4(19절, 20절, 22절), 15B.20(24절)

사적으로, 개인적으로, 사적인 영역에서 idiāi cf. 공적으로

— 사적으로 2A.8, 2B.20, 3A.13, 5B.1(2절), 6B.42(522b), 8B.1(484d),
   12B.7, 17A.38

— 개인적으로 6A.18

— 사적인 영역에서 6B.14

사적인, 고유한, 각자에게 고유한, 자기 고유의, 고유의, 자기 자신의, 특유의,
   특수한, 우호적인 idios cf. 자신의 일들, 사적인 일들

— 사적인 idios 1B.31(232c), 2A.8, 2B.20, 2B.37, 3A.13, 5B.1(2절),
   6B.42(522b), 6B.48, 6B.63(12절), 7B.23(344a), 7B.30, 8B.1(484d),
   12B.7, 15B.20(9절), 15B.21(3절), 17A.38, 17B.1(281d) cf. 공적인

— 고유한 1B.12(385e, 386d), 3B.9, 11B.9(idiāi 고유하게), 17A.33(어떤 고유

한 것들이)

— 각자에게 고유한 17B.16

— 자기 고유의 2B.5(81절), 15B.8(kat' idian), 17A.24

— 고유의 17A.47(각 사물 고유의 본질)

— 자기 자신의 2B.13(9절), 5B.101

— 특유의 10B.35

— 특수한 17B.10

— 우호적인 5B.24(6절)

사적인 모임들 idiioi syllogoi 2B.37, 6B.48, 7B.30 cf. 공적인 모임들

사적인 모임들 idiiai synousiai 1B.31(232c), 17A.19(232c) cf. 공적인 모임들

사적인 일들 ta idia 6B.63(12절), 17B.1(281d, 282b)

사적인 일들의 돌봄 hē tōn idiōn epimeleia 6B.63(12절)

사적인 재산들 res privatae ㉞ 2B.45

사정(司正) euthynē 5B.1

사치, 번지르르함 tryphē cf. 호사

— 사치 5A.14(10절), 2B.80(197d), 6A.1(23절) 8B.4(492c), 10B.37(주석 210), 10B.41

— 번지르르함 2B.50, 3B.45

사튀로스 극 satyrikon drama 6A.10(주석 86), 10장 주석 105, 10장 주석 197, 10B.33(주석 199)

사회 계약 *socail contract* 12장 안내, 14장 안내(주석 6) cf. 계약, 약정

사회 계약론, 계약론 *socail contract theory, contract theory* 4B.34(주석 129), 14장 안내

산파 maia 6장 안내(주석 2), 6A.1(18절), 6A.2, 6B.24

산파 노릇 maieia 6B.24

산파 노릇하다 maieuesthai 6B.24

산파술 maieusis 6장 안내(주석 2), 6B.24

삶의 끝 hē teleutē tou biou, terma tou biou, to tou biou telos

— hē teleutē tou biou 6A.55(1절)

— terma tou biou 2A.29

— to tou biou telos 2B.14(35절)

삶을 끝내다 katalyein ton bion 6A.55(7절)

30인, 30인 참주, 30인 통치자들 hoi triakonta

— 30인 3A.23, 3A.27, 5A.16, 6A.22(주석 107), 6A.47, 7B.4, 10A.2, 10A.10, 10A.13(31절), 10A.15(주석 90), 10A.16(주석 95), 10A.17, 10A.18, 10B.9, 10B.54, 10B.55, 10B.61, 10B.62

— 30인 참주 3A.6(주석 15), 6A.1[19절(30인 참주들), 34절], 10장 안내, 10A.2(주석 29)

— 30인 통치자들 6A.21(32c)

30인 과두정 hē tōn triakontōn oligarchia 3A.29(주석 81), 6A.21(주석 104), 10A.1(주석 18), 10A.13(31절 주석 82)

30인 정부, 30인 정권 hē tōn triakontōn politeia

— 30인 정부 10A.18

— 30인 정권 10장 안내, 10A.1(주석 18)

30인 참주정 hē tōn triakontōn tyrannis 3A.23, 10장 안내

상(像) agalma 6A.10

상(賞) athlon (athlos)

— 상 2A.1(4절), 2B.16(4절), 2B.18, 5B.68, 7B.13

— 임무, *경연 athlos 10B.18

상(賞), *명예의 선물 geras 6B.41(231a), 15B.21(2절)

상(賞) [용감히 싸웠다고 주는 상, 무용을 떨쳐 받는 상] taristeia 6A.1(to aristeion: 무용을 떨쳐 상을 받게), 6A.17(용감히 싸웠다고 상까지 주게)

생각을 같이하다 syndokein 6B.18, 17B.2 cf. 동의하다, 합의하다

생기 없는, *살풍경한, *싸늘한 psychros 2B.76, 5A.16, 7B.4, 10A.10, 11B.3(284e), 14B.9, 15B.18

✿생기 없음 to psychron [= psychrotēs] 2B.77, 15B.18

서두, *첫머리 exordium ㉐ 3B.3

서론, *머리말 prooemium ㉐ 3B.3

♣서론, 서곡, *머리말 prooimion [prooemium 라]

— 서론 2B.18, 2B.22, 3B.48(27절), 7B.25(주석 119), 10A.11(책 제목, 이하 책 제목 용례 생략), 15B.16, 17A.38, 17A.48(266d)

— 서곡 13B.8(주석 194)

♣서사(敍事), 사건 진술, 설명 dihēgēsis [narratio 라]

— 서사 1A.1(54절), 1B.48(주석 316), 10A.4, 15B.16, 15B.21(주석 119, 주석 142), 17A.48(266e)

— 사건 진술 1B.60

— 설명 3B.21

♣서사(敍事) narratio 라 3B.3

선망, 질투, *경쟁(적 모방) zēlos cf. 질투 zēlotypia, 경연

— 선망 4B.38(주석 139)

— 질투 12B.4

선망하는 사람, 선망하여 따라 하는 사람, 추종자 zēlōtēs

— 선망하는 사람 6B.74

— 선망하여 따라 하는 사람 3B.47

— 추종자 17A.8

선망하다, 부러워하다, 부러워 따라 하다, *선망하여 따라 하다, 본뜨다 zēloun cf. 모방하다, 시기, 질투, 경연

— 선망하다 2A.37(주석 186)☆, 3B.21, 15B.8

— 부러워하다 6B.42, 10B.41, 15B.20(10절), 17A.4, 17B.15(105절)

— 부러워 따라 하다, *선망하여 따라 하다 2B.74, 3B.7

— 본뜨다 머리말 1절, 17B.13

설득력 없는 apithanos 2B.77, 3B.36, 3B.38, 15B.18

설득력 있는, 설득력을 가진, 설득력 pithanos cf. 합리적인, 그럴법한

— 설득력 있는 1B.19, 2A.31(8절), 2B.40(457a), 3B.27, 5A.4, 5A.6(498절), 6B.47, 7B.31(269c), 17A.31

— 설득력을 가진 17B.14(36절)

— 설득력 to pithanon 10A.11, 15B.14(pithanon)

설명해 줄 수 없는 anermēneuton 2B.5(서두) cf. 보여줄 수 없는, 표현해 줄 수 없는

설화, 신화, 우화, 이야기, *플롯 mythos cf. 담론, 신화
― 설화 1B.48(320c), 1B.49(주석 340), 2A.18, 9A.6(60d 주석 13☆, 61b), 10장 B 주석 146, 15B.21(23절 주석 157)
― 신화 1A.2, 1B.45
― 우화 6A.1(42절), 6B.1
― 이야기 2B.56, 17A.44(164d, 164e)

설화 작가 mythologikos 9A.6(61b)

설화적인 부류, *신화적 성격을 띤 것 to mythōdes 17B.7(21절, 22절)

성격, 습성, 관습, 역할 ēthos cf. 습관
― 성격 3B.44, 5A.3, 10A.1, 10A.11, 10B.6, 17A.24
― 습성 12B.2
― 관습 8B.1(484d)
― 역할 10A.1

성격 mores ㉪ 6A.45, 17A.37

성격, 양태, 문채 tropos
― 성격 2A.32, 2B.13(15절), 5B.72, 10B.28, 17A.33
― 방식 5B.105(행동 방식: ergōn tropoi)
― 절차 1A.8
― 양태 2B.26
― 문채 7A.1, 7B.10

성격 못됨 kakoētheia 7B.24 cf. 순진함

성격을 묘사하다, 연출하다 charaktērizein
― 성격을 묘사하다 3B.46 cf. 유형
― 연출하다 1A.2

성격적인, 윤리적인, 훌륭한 성격을 갖춘 ēthikos
― 성격적인 6B.8
― 윤리적인 6B.7

— 훌륭한 성격을 갖춘 6A.1(29절)

성교하다 aphrodisiazein (aphrodisiazen) 13B.1(aphrodisiazen)

성적 쾌락, *성교 aphrodisia 3B.48(30절), 5B.27, 10A.13(29절), 10B.20, 13B.1(2절) cf. 쾌락, 즐겁다

세련되지 않은, *정교하지 않은 akomposos 2A.3, 2B.9.(a)

세련된, 세련된 풍취를 자아내는, *정교한 komposos cf. 쌔끈한

— 세련된 2B.61, 3A.31(표현의 세련됨), 3B.30, 5A.5(표현의 세련됨), 6B.42(521e), 17A.48(266d)

— 세련된 풍취를 자아내는 6A.14(230c)

세련됨 komposotēs 2B.80s(세련된 문체 ← 문체의 세련됨)

소박한 삶 euteleia 6A.1(27절) cf. 쉬운, 단순한

소송 남용 sykophantia 2A.18 cf. 과잉 고발꾼

소크라테스의 아이러니 *Socratic irony* 2장 안내, 6장 안내

소크라테스적 논변 형식, *소크라테스적 담론 형태 to Sōkratikon eidos tōn logōn 1장 안내, 1A.1(53절), 6A.42

소피스트 기술, *소피스트술 sophistikē technē 1B.47(316d)

소피스트 노릇을 하다, 소피스트로 활동하다, 소피스트가 되다, *소피스트 기술을 실행하다 sophisteuein

— 소피스트 노릇을 하다 5A.3, 6A.40(소피스트 노릇)

— 소피스트로 활동하다 1A.3, 15A.4

— 소피스트가 되다 6A.40

'소피스트 대회' Sophistōn syllogos* 1장 안내, 2장 안내, 3장 안내, 3A.6(주석 15), 4장 안내, 4A.3(주석 20), 6A.34(주석 120), 7B.25(주석 120), 8장 안내, 10장 안내, 11A.2(주석 10), 11A.3(주석 12), 17장 주석 55

소피스트들의 기술 hē tōn sophistōn technē 2A.1(1절), 2B.31, 17B.1(281d)

소피스트술 sophistikē 2A.6, 2B.32, 6B.41(231b), 17A.10, 17A.29(463b, 465c), 17A.31, 17A.32, 17A.33, 17A.38 cf. 수사학, 변증술, 옛 소피스트술, 둘째 소피스트술

소피스트술이 가진 능력, *소피스트적 능력 sophistikē dynamis 17A.19(233a)

소피스트임 sophisteia 2A.7

소피스트적 비의 ta sophistika hiera 3B.17

속이다 phēloun 5B.86

속임수 enedra 17A.24(908d) cf. 기만

속임수 phēlōma 5B.86

손상, 해악 lōbē cf. 파멸

― 손상 17A.24

― 해악 17A.28

손상하다, 손상되다, 불구가 되다, 험하게 대하다, 험한 일을 당하다, *해를 입
히다/당하다 lōbasthai

― 손상하다 6B.64

― 손상되다 1B.20

― 불구가 되다 3B.52(367b)

― 험하게 대하다 1B.47(318d), 4B.13

― 험한 일을 당하다 17A.28

손실 elattōsis 5B.24(5절)

손실, 처벌, 대가 zēmia cf. 이득

― 손실 2B.14(19절), 12B.6(1절)

― 처벌 2B.13(7절), 5B.24(2절), 7B.23(343e), 12B.4(3절)

― 대가 15B.21(27절)

손일 cheirourgēma 2B.42☆, 2B.43

손작업 cheirourgia 2B.42

수고가 드는, 큰 수고를 하는, 고된 노동을 하는 epiponos

― 고된 노동을 하는 3B.48(31절)

― 수고가 드는 15B.20(18절)

― 큰 수고를 하는 17B.7(22절: 큰 수고 끝에)

수고하지 않는 amochthos 3B.48(33절)

수사, 수사학 rhētoreia

― 수사 3A.9, 4B.16, 7B.26

— 수사학 1A.3

수사가, 연설가, 레토르, *수사학 선생 rhetor ⑭

— 수사가, *수사학 선생 2장 안내 및 주석 2, 2B.49☆, 15B.4

— 연설가 3A.26, 7A.9

— 레토르 2B.49(주석 524)☆

수사적 기술, 연설 기술, 수사학 교범, *연설 기술 교범, *수사술 rhētorikē
   technē [책 제목 제외]

— 수사적 기술 7B.31(271a), 7B.33, 9A.4

— 연설 기술 2A.7, 2장 주석 447, 2B.42 [안티폰의 책 제목 제외]

— 수사학 교범 5A.4, 7A.1, 7B.1, 9A.5 cf. 기술

수사적 문채 rhētorikon schēma 15B.14

수사학 rhetorice ⑭ [책 제목 제외] 2A.5, 7B.16*

수사학 ta rhētorika 2A.18, 6A.1(19절)

수사학, 연설술, *수사술 rhētorikē [책 제목 제외] cf. 변증술, 소피스트술

— 수사학 1B.34, 2A.4, 2B.26, 2B.35(448d 주석 464)☆, 2B.39, 2B.40
   (457a), 5A.4, 6A.7, 6A.8, 6B.40(457e), 6B.48, 7A.1, 7A.5, 7B.4, 7B.8,
   7B.10, 7B.30, 10A.10, 15A.3, 15B.20(1절, 2절), 17A.21, 17A.29,
   17A.30, 17A.31, 17A.34, 17A.38, 17A.48(266d)

— 연설술 머리말 2절☆, 2B.35(448d, 449a), 2B.42

수사학에 능란한, *수사에 능란한 en tois rhētorikois deinos 6A.1(19절)

수사학의 능력, 수사학의 힘 hē dynamis tēs rhētorikēs

— 수사학의 능력 2B.39, 2장 주석 490, 2장 주석 645

— 수사학의 힘 2B.39(주석 487), 2장 주석 490

수사학적 연설, 수사적 연설 rhētorikos logos

— 수사학적 연설 2B.41, 5A.12, 7B.6, 15B.11

— 수사적 연설 7B.33

수사학적 원칙 rhētorikon parangelma 15B.11 cf. 기술적 원칙

수사학적인, 수사학에 능한, 수사학(적), 수사적인, 수사에 능한, 수사가
   rhētorikos ['rhētorikē' 용례는 별도 항목들에서 다룸] cf. 변증가

— 수사학적인 2A.17, 2B.41, 5A.12, 7B.6, 7B.29, 7B.31, 15B.11

— 수사학에 능한 2A.18, 2B.40(457b)

— 수사학(적) 2A.10(수사학 장르에)

— 수사적인 7B.33, 15B.14

— 수사에 능한 7A.5, 17A.48(266c)

— 수사가 5A.2

수치, 수치심, 부끄러움 aischynē cf. 염치

— 수치 5B.24(2절), 15B.18, 15B.20(20절), 17B.15(101절: 수치를 당하지)

— 수치심, *염치 17B.15(104절, 111절)

— 부끄러움 6B.41(230d), 8B.4(492a)

수치스러운, 수치인, 부끄러운, *추한 aischros ['추한'의 용례는 생략]

— 수치스러운 2B.14(1절, 20절, 25절), 2B.77, 4B.33(337d, 번역문에는
337e), 7B.23(344b), 10B.18, 11A.4(2절), 13B.2(주석 48)☆, 15B.20
(18절), 15B.21(8절, 21절), 17B.15[105절(수치스러움 to aischron), 111절
(수치스러운 것들, 수치스러움 to aischron, 더 수치스럽게)]

— 수치인 2B.77(수치로 뿌리고, 수치로다), 15B.18(수치로 뿌리고)

— 부끄러운 2B.14(35절), 10B.6(10행), 10B.19

수치스러워하다, 부끄러워하다 aischynesthai

— 수치스러워하다 6B.47(17b), 8B.8, 15B.21(22절)

— 부끄러워하다 3B.48(31절), 6A.58(117e), 6B.29(372c), 8B.1(482e),
17A.28(주석 98), 17A.29(463a)

숙맥처럼 행동하다, *순진하게 행동하다 euēthizesthai 7B.22 cf. 순진한

순수한, 섞이지 않은, 절제되지 않은 akratos

— 순수한 10A.1

— 섞이지 않은 15B.18

— 절제되지 않은 10A.1

순진무구함, *악에 대한 무경험 apeirokakon 7B.24(주석 115), 17B.15(105절)
cf. 아름다움을 모르는

순진한, 단순한, 숙맥인, *소박한, *성격 좋은 euēthēs cf. 숙맥처럼 행동하다

676

— 순진한 1B.20, 7장 안내, 7B.23(343d), 13B.6(7절), 15B.20(11절),
  17B.15(105절 주석 251: 순진함)

— 단순한 2B.66, 10B.46

— 숙맥인 6B.26(주석 224), 17A.14

순진한 euēthikos 7B.23(343c)

순진함, *성격 좋음 euētheia 3B.36, 7B.24, 17B.15(주석 251) cf. 성격 못됨

술수, *속임수, *마술 mangganeia 17A.24(908d) cf. 기만

술수 mangganeuma 8B.1(484a)

숭고함, 고고한 hypsēlos cf. 고양됨, 위엄 있는

— 숭고함 hypsēlon 2B.71(주석 629), 15B.19(주석 74)

— 고고한 2B.72, 5A.3

숭고함 megethos 5A.3, 10A.11 cf. 고양됨

스스로 다스리는, *자신을 다스리는 autokratōr 3B.48(21절) cf. 스스로 자신
  을 통제할 능력이 있다

스스로 알아서 배우는, *DIY autourgos 3A.12

스스로 자신도 거꾸러트리는 논변 logos anatrepōn kai autos hauton 1장 안내
  (주석 14), 1B.23(286c), 11B.4(286c) cf. 자기 반박성

습관 ethos 2B.48, 3B.52, 5A.3, 9장 안내, 9B.1, 9B.11, 10B.6, 10B.38,
  15B.20(17절), 17A.30 cf. 성격

습관, 활동 hexis

— 습관 17A.30

— 활동 hexis 17A.9

습관을 갖다, 습성이 있다, 익숙해 있다 ethein cf. 성격

— 습관을 갖다 3B.23

— 습성이 있다 17A.26

— 익숙해 있다 4B.31, 15B.18(to eiōthos 익숙한 것) cf. 익숙한 eiōthōs

습관을 들여야 하는 ethisteos 3B.48(28절)

습관이 들게 하다, 익숙해지게 하다 ethizein cf. 성격

— 습관이 들게 하다 2B.48

— 익숙해지게 하다 5B.71, 10B.43(익숙해짐으로써), 15B.20[16절(익숙해지면), 26절(익숙해져 있는데), 31절(익숙해져 있기)]

시, *작품 poiēma 1B.63(339d), 1B.64, 2A.26, 3A.8, 4A.2, 4B.2, 4B.8, 5B.26(1절), 9A.6(60d☆, 61b), 10장 안내(주석 2), 10B.46(162d), 13B.2(19절), 13B.3(11절, 17절), 14B.9(주석 34)*, 15B.18(형용어여서 시가 된다), 15B.20(12절), 15B.21(25절) cf. 만들다, 시인

시, 시 짓기, 만듦, 만들어 냄 poiēsis cf. 만들다

— 시 1B.47(316d), 2B.13(9절), 2B.65, 2B.66, 15B.18(시에서는, 결국 시라는 게, 시에 조금도 가져오지), 17A.26(493d)

— 시 짓기 1B.63(339a), 5A.4

— 만듦 3B.18

— 만들어 냄 1B.55(멋진 표현을 만들어 내는 데), 17A.48(267c: 멋진 표현을 만들어 내는 데)

시간 여유가 없음, *볼일이 있음 ascholia 6B.45(335c) cf. 여유

시기, 시기심 phthonos cf. 비방, 분노 mēnis, 자신을 내어 줌

— 시기 1B.47, 2B.14(3절), 2B.23, 2B.50, 4B.38, 6A.1(38절), 6B.26(주석 224), 10장 주석 149*, 12B.2, 15B.20(12절), 17B.1☆, 17B.12

— 시기심 6B.27, 6B.40, 15B.20(34절)

시기가 없는 aphthonos 17B.12

시기하는, 시기심을 가진 phthoneros

— 시기하는 2B.14(32절)

— 시기심을 가진 4B.38

시기하다, 인색하다, 인색하게 굴다, *아까워하다 phthonein

— 시기하다 4B.38, 6A1(38절), 6B.27, 17B.12

— 인색하다 4B.10, 6B.26, 6B.29, 13장 안내*

— 인색하게 굴다 1B.48, 2B.27, 6A.33

시민적인 덕 aretē politikē 6B.51, 9A.1(20b)

시끈가오리 narkē 6B.43(80a, 80c) cf. 마비되다

시범, 연설 시범, 시범 연설 epideixis cf. 시범 연설, 민회 연설, 법정 연설

— 시범 2A.6, 2A.8, 2B.35(447c 2회, 449c), 2B.50, 3A.13, 3A.15, 3B.45, 10A.1, 13장 안내, 15B.20(29절, 31절), 15B.21(주석 119), 17A.14, 17B.14(42절)

— 연설 시범 3B.52

— 시범 연설 3A.20, 3A.21, 3A.23, 3B.4(주석 97), 4B.10

시범 연설 epideiktikos logos 2장 안내, 2B.1, 2B.17, 2B.23, 2장 주석 508, 2B.45(주석 513), 2B.70, 3B.48(주석 198), 3장 안내, 5A.16, 7B.4, 10A.10, 13장 안내, 15B.5 cf. 민회 연설, 법정 연설

시범을 보이다, 시범 연설을 하다, 보여 주다, 증명하다 epideiknynai

— 시범을 보이다 3B.48, 4B.15(286b), 8A.4(3회), 11B.1, 11B.2(주석 18), 11B.3(주석 21), 11B.6(주석 63)

— 시범 연설을 하다 4B.15(285c)

— 보여 주다 1B.23(286a), 1B.48, 2B.14(5절), 3B.51, 5A.11, 6A.58, 6B.41(보여 줍니다), 8A.4, 9B.12.(b), 10A.12, 11B.4(286a), 11B.6(293b, 295a), 15B.20(30절), 15B.21(8절, 12절), 17A.29(464b)

— 증명하다 2B.4(2절)

시범을 보이다, 연설 시범을 보이다, 시범 연설을 만들다 epideixin poieisthai

— 시범을 보이다 2A.6, 2A.8, 2B.35(447c, 449c), 2B.50, 3A.13, 3A.15, 3B.45, 10A.1, 15B.20(29절), 17A.14

— 연설 시범을 보이다 3B.52

— 시범 연설을 만들다 3A.23

시시콜콜 논변 glischrologia 6A.1(30절)

시 음송, 시 음송술 rhapsōidia

— 시 음송 15B.20(14절)

— 시 음송술 2B.66

시 음송가 rhapsōidos 2A.9(주석 92), 4A.8(주석 31), 6B.36 cf. 시인

시 음송술 rhapsōidikē 6B.36(540d, 541a)

시 음송을 하다 rhapsōidein 6B.36(541b: 시 음송은 하고 돌아다니면서), 7B.15 (시 음송에서)

시인, 서사시인 epopoios
— 시인 1B.64, 5A.1.(a)
— 서사시인 2A.22, 15B.18(1406b)
시인 poeta ⑭ 2A.5, 2B.69, 5B.94, 9A.7, 9A.10 cf. 연설가,
시인, 작가, 만드는 사람, 만들어 내는 자 poiētēs cf. 연설 작가, 시 음송가,
배우, 장인(匠人)
— 시인 1B.63(339a, 339b), 2A.1(3절), 2A.9(주석 92), 2A.14, 2B.13(2절),
  2B.28, 2B.66, 3A.7, 3B.43, 4B.19, 4B.21, 5A.4(『시인들에 관하여』,
  이하 책 제목 용례 생략), 5B.26(1절, 3절), 6A.1(39절), 6B.19(주석 211),
  6B.70(16절), 9장 안내, 9A.6(61b), 10장 안내(주석 2), 10A.12(157e),
  10B.46(162d), 13B.2(28절), 13B.3(10절, 17절), 15B.20(2절), 17A.1(주석
  4, 주석 7), 17A.6, 17A.12(주석 61), 17A.39, 17B.7(21절)
— 작가 15B.20(34절)
— 만드는 사람 3B.1(연설들을)
— 만들어 내는 자 6B.27(신들을)
시적인 poiētikos 2A.1(2절), 2B.63, 2B.64, 2B.66, 2B.71, 2B.76, 2B.77,
  2B.79, 5A.6, 5B.10, 14B.9, 15B.18, 15B.19
시 중앙 청사, 전당 prytaneion
— 시 중앙 청사 6A.1(42절), 6B.10
— 전당, *지성소 4B.33(337d)
시 중앙 청사 Prytaneum ⑭ 6A.54
시학, *시 짓는 기술 ta poiētika 6A.9, 9A.3
시학, *시 짓는 기술 poiētikē 1B.60, 2B.47(『시학』), 5A.15(『시학에 관하여』,
  이하 책 제목 용례 생략)
시험, 테스트, *경험 peira
— 시험 15B.20(31절)
— 테스트 2B.14(34절)
시험 기술 peirastikē 17A.33
시험하다 peirasthai, apopeirasthai

— peirasthai 6B.27

— apopeirasthai 9A.6

시험하다 basanizein 1B.27, 6B.24, 8B.7, 14B.4 cf. 검증 없는

시험하다, *두드리다 krouein 4B.31

시험할 능력이 있는 dokimastikos 1B.8

신령, 운명 daimōn

— 신령 7B.20, 10B.33(17행, 39행, 끝행), 16장 안내, 16B.9

— 운명 5B.68

신령스러운, *신묘한 daimonios 2B.39, 11A.2, ['신령스러운 것'의 용례들] cf. 표지(신호)

신령스러운 것, 신령 to daimonion

— 신령스러운 것 3B.38, 6A.1(32절, 40절), 6A.18(ti daimonion), 6A.19, 6A.20, 6A.40, 6A.49☆, 6A.55(4절), 6B.23(2절, 4절), 6B.27(3b)

— 신령 6장 안내(daimonion)

신화 mythologia ㉎ 5B.103(주석 295: 『신화들』) cf. 설화

신 지피다, 열광에 빠지다 enthousiazein 2B.65, 15A.3 cf. 광기, 미치다

신 지핀, 신들린 entheos 2B.13(10절: 신들린), 2B.23(신 지핀), 2B.65(신들린) cf. 광기, 미치다

심의 연설 symbouleutikos (logos) 7A.1, 7B.1 cf. 민회 연설, 법정 연설, 시범 연설, 시범

심지가 굳은 ischyrognōmōn 6A.1(24절)

십시일반의 부조(扶助)로 받아내다 eranizein 6A.9, 9A.3

싸움 연습, *수련, *훈련 agōnia 2B.40 cf. 연습, 훈련

째끈한, *세련된, *도회풍의 asteios 8A.4 cf. 세련된

써지는, *써진 graptos 15B.20[18절(연설들), 25절(연설들)]

써지지 않은 agraphos 4B.35(법들), 15B.20(24절: 써지지 않은 것들을 연설하는), 17B.10(법)

써지지 않은 agraptos 17B.9(신들의 법령들), 17B.10(주석 210: 법령들)

써진 gegraptai, gegrammenos, grapheis cf. 써놓은 글귀

— gegraptai 2B.4(16절: 논변들에 써진)

— gegrammenos 17B.10(법)

— grapheis 2B.13(13절: 기술로써 써진 말)

쓰기 to graphein 머리말 2절, 15장 안내, 15B.20(주석 78, 2절, 3절, 5절, 9절, 10절, 15절, 17절, 30절, 31절, 35절), 15B.21(주석 119) cf. 연설 쓰기, 말하기

쓰기 능력 hē dynamis tou graphein 15B.20(9절) cf. 말하기 능력

쓰기 훈련 hē meletē tou graphein 15B.20(15절)

쓰는 능력 hē graphikē dynamis 15B.20(29절, 30절, 33절) cf. 즉흥 연설 능력 말하기 능력

쓰는 훈련이 되어 있는 graphein hēskēmenos 15B.20(6절)

(ㅇ)

아름다운 말, 아름다운 연설 kallilogia cf. 멋진 표현

— 아름다운 말 7B.5

— 아름다운 연설 3A.9, 4B.16, 7B.26

아름다움을 모르는 apeirokalos 10A.1 cf. 야만스러운, 순진무구함

아름다움을 사랑하는 philokalos 2B.23

아름답게 장식하다, 예쁘게 단장하다, 미화하다 kallōpizein

— 아름답게 장식하다 2B.23

— 예쁘게 단장하다 3B.48(22절)

— 미화하다 12B.2(4절)

아름답고 훌륭한 kalos (te) k'agathos 1A.8, 2B.30, 2B.80, 3A.6, 3B.50, 3B.51, 6A.1(42절), 6A.39, 6B.9, 6B.11, 6B.51, 6B.53, 7A.3(kalokgathia 아름답고 훌륭함), 8B.1, 9A.1, 10A.12, 10A.13, 11A.1, 11B.2, 11B.3, 12B.1

아이러니, *의뭉 ironia ㉣ 6B.30

아이러니를 부리는 사람, *의뭉 떠는 사람 eirōn 6B.30

아이물라티오, *모방적 경쟁 aemulatio ⑭ 2A.37(주석 186)☆ cf. 모방

아첨 kolakeia 2B.26, 5B.74, 7B.8, 17A.29(463b, 463c, 464e, 465b)

아첨꾼 adulator ⑭ 2B.60, 9B.13.(b) [모두 책 제목]

아첨꾼 kolax 1A.1(50절), 1A.6, 5B.74 [모두 책 제목]

아첨꾼 thōps 17B.12(80절)

아첨술 kolakeutikē 17A.29(464c)

아첨하다 kolakeuein 6B.42(521b), 10A.13(24절), 17A.45(538d)

아티카 식 문체, 아티카 스타일, 아티카주의, *아티카 풍 Attikismos 2B.72, 5장
    안내, 10B.45(주석 238)

아티카 말 하기, 아티카 말을 하다 attikizein 1B.58, 10A.1 cf. 희랍어 하기

안 맞는 때 akairia 13B.2(20절)

안전, 안녕, 보존, 생존 수단 sōtēria cf. 흔들림 없음

— 안전 1B.48(320e)

— 안녕 17B.15(91절, 101절, 105절, 111절)

— 보존 1B.48(321b)

— 생존 수단 1B.48(321c)

안전하게 하다, 안녕에 이르게 하다, 보존하다 sōizein

— 안전하게 하다 1B.48(321a), 1B.48(322b 안전해지기를), 12B.6(3절),
    17A.16

— 안녕에 이르게 하다 17B.15(111절)

— 보존하다 12B.6

알맞게, 제대로 모양을 갖춰서, 제법 epieikōs cf. 공정성

— 알맞게 15B.20(3절)

— 제대로 모양을 갖춰서 15B.20(6절)

— 제법 17A.9

(…에게) 알맞은 덕, (…에게) 알맞은 훌륭함 hē prosēkousa aretē

— (…에게) 알맞은 덕 6B.51, 9A.1

— (…에게) 알맞은 훌륭함 6B.47(주석 266)

✿암시 hypodēlōsis 9장 안내, 9B.2, 17A.48(267a)

앙갚음으로 불의를 행하다 antadikein 5B.25(주석 199), 6B.61

앙갚음으로 해를 입히다 antikakourgein 6B.61

애가(哀歌) 시인 elegeiopoios 9장 안내, 9A.4, 9A.8, 9A.8s

야만스러운 barbaros 2B.13(7절), 10A.1, 15B.21(18절) cf. 아름다움을 모
　　르는

약, 묘약 pharmakon

— 약 1B.14, 1B.15(167a), 2B.13(14절), 2B.39, 5A.6(498절 주석 52), 6A.58
　　(117e), 10B.23(주석 175), 13B.3(2절)

— 묘약 6A.14(230d)

약을 쓰다 pharmattein 6B.43(80a)

약정, *합의 synthēma 8B.4 cf. 계약

어린애 장난 paidikon 3B.52 cf. 재밋거리, 유희

어법, 용어 선택 apangelia

— 어법 5A.6(499절)

— 용어 선택 2B.26

어법 양태 tropos lexeōs 2B.26

♣어법 위반 soloikismos 1B.59 cf. 파괴적인

어법을 위반하다 soloikizein 1B.59

♣어순 뒤집기 anastrophē cf. 어순을 뒤집다

어순을 뒤집다 anastrephein 10B.53(anastrepsas: 어순을 뒤집어서)

어울리다, 들어맞다 harmottein

— 어울리다 2B.47, 2B.65, 6A.1(40절, 41절), 10B.6.(20행)

— 들어맞다 2B.11(76c)

언사의 옳음 orthorrhēmosynē 3A.8

언어의 정교함 *the precision of language* 6A.45(주석 143)☆, 17A.37(주석
　　133)☆ cf. 정교함 kompseia, 자잘한 이야기, 지나친 정교함

엄밀한 논변, *논변이 엄밀한, 정확한 말 akribologos 6A.1(19절) cf. 정확한 말

엉뚱한, 특이한, 얼토당토않은, 불합리한, 터무니없는 atopos cf. 독특성, 불
　　합리한

684

— 엉뚱한 6A.1(32절), 6B.27, 11B.4(286d)

— 특이한 4B.8

— 얼토당토않은 1B.24, 3B.27, 17A.26

— 불합리한 2B.5(67절, 70절☆, 73절, 80절, 82절)

— 터무니없는 10A.1

♣에둘러 말하기 periphrasis 1B.43

여유, 여가, 학파 scholē cf. 시간 여유가 없음

— 여유 4A.5, 6A.23, 6B.38, 15B.20(4절, 8절, 10절)

— 여가 2B.14(30절), 6A.1(31절), 6A.43, 10B.39(주석 214)

— 학파 15A.2

여유가 없는 ascholos 12B.7(8절)

여유가 있다, 한가로움을 누리다 scholazein

— 여유가 있다 6B.55(여유가 없었다고)

— 한가로움을 누리다 2B.37, 7B.30, 17A.41

역설(逆說) paradoxa 2장 주석 199, 4장 안내, 6B.14(주석 203), 6B.43(주석 257), 11장 주석 16, 13B.4(주석 107) cf. 메논의 역설

역설적인, 통념에 반하는, 의외의 paradoxos cf. 뜻밖의

— 역설적인 머리말 2절*, 2A.31(주석 171), 3B.6, 6장 안내, 6B.60(주석 282), 8B.2(역설들), 15B.5

— 통념에 반하는 1B.24

— 의외의 10A.1(의외의 방식으로: paradoxōs) cf. 뜻밖의

♣역설적 진술, *상식을 넘어서는 이야기 paradoxologia 2A.1

역설적 찬양 paradoxon enkōmion 2A.31(주석 171)

♣연기, 행동 연기 actio ㉐

— 연기 7B.14

— 행동 연기 7B.13(주석 76)

♣연기, *실연 hypokrisis [actio ㉐] 7B.13☆, 15B.20(14절) cf. 목소리 연기, 배우

연기술, *발표술, *실연술 hypokritikē 1B.60, 2B.66, 7B.13

연기력 to hypokritikon 7B.13

연민 eleos 2B.13(8절, 9절), 7B.13, 7B.19, 17A.45(539a), 17B.14(40절) cf. 동정

연민을 받다, 연민의 대상이 되다 eleeisthai

— 연민을 받다 2B.13(7절), 6B.26(337a)

— 연민의 대상이 되다 3B.52

연설가 orator ㉠ [키케로 책 제목 제외] 2B.45, 2B.49☆, 10A.6

연설가, 수사가, 레토르, *수사학자 rhētōr [책 제목 제외] cf. 훌륭한 연설가, 능란한 연설가, 흔들림 없는 연설가, 유명한 연설가, 앎에 따른 연설가, 의도에 따른 연설가, 변증가

— 연설가 1A.3, 1B.15(167c), 2장 안내 및 주석 2, 2A.4, 2A.7, 2A.10, 2A.17, 2A.27, 2A.30, 2B.20, 2장 주석 447, 2B.33, 2B.35(449a), 2B.39, 2B.40(457a), 2B.49(주석 524)☆, 2B.51, 2B.54, 2B.62, 2B.63, 2B.64, 2B.69, 2B.72, 2B.80s, 3A.4, 3A.27, 3A.28, 3A.30, 3B.1, 3B.41, 4A.4, 5장 안내, 5A.3, 5A.4, 5A.6, 5B.15, 5B.52(아랍어), 5B.69, 5B.78, 6A.1(39절), 6A.8, 6A.21, 6B.34, 6B.47, 7장 안내, 7A.3, 7B.13, 7B.20, 7B.31, 7B.34, 10B.28, 11B.3(284b), 15A.3, 15B.14, 15B.19, 15B.20 (11절, 20절, 33절, 34절), 17A.8, 17A.9, 17A.29(465c), 17A.31, 17A.38, 17B.14(40절)

— 수사가, *수사학자 7A.1, 7B.5, 9장 안내

— 레토르 머리말 2절, 2B.49(주석 524)☆

연설가들에게 콧방귀 뀐 조소자 myktēr rhētoromyktos 6A.1(19절)

연설들을 쓰다 logous graphein 15B.20(1절, 11절, 13절, 32절) cf. 연설 작성가

연설 쓰기, (연설) 쓰기 to syngraphein cf. 짓다

— 연설 쓰기, *연설문 작성하기 5A.4(연설을 쓰는)

— (연설) 쓰기 5A.4(쓰기를 저버린)

연설 연습, *논변 연습, *담론 연습, 말 훈련 meletē logōn cf. 연설 훈련, 연습

— 연설 연습, *논변 연습, *담론 연습 2장 안내(연설들의 연습), 2A.31(연설들의 연습)☆, 2장 주석 447, 2B.34, 5장 안내*, 17A.8(주석 36)

— 말 훈련 15B.20(11절)

연설 유형 genus dicendi ㉐ 10A.6

연설 유형 hē idea tou logou 10A.1

연설을 사랑하는, 문학에 조예가 있는, 학구적인, *이야기를 사랑하는 philologos
  cf. 담론, 이야기 사랑, 논변 혐오

— 연설을 사랑하는 2A.7

— 문학에 조예가 있는 15B.7

— 학구적인 5B.101

연설을 쓰다 logographein 15B.20(6절) cf. 연설 작성가

연설의 장인 logodaidalos 2B.70, 7B.9, 17A.48(주석 173, 266e) cf. 담론,
  장인

연설의 풍부함 ubertas orationis ㉐ 15B.4

연설 작가, 연설들을 만드는 사람, *말들의 제작자 poiētēs (tōn) logōn cf. 말
  들의 기술, 시인

— 연설 작가 15B.20(34절)

— 연설들을 만드는 사람 3B.1

연설 작성가, 로고그라포스, *연설 쓰는 사람 logographos cf. 짓다, 연설을
  쓰다, 연설들을 쓰다, 연설 쓰기

— 연설 작성가 5A.3(주석 13), 7장 안내, 15A.4(주석 8), 15B.20(주석 78,
  8절, 13절), 17B.7(21절),

— 로고그라포스 머리말 2절

연설 재능 deinotēs logou 2장 안내(주석 2), 2A.7 cf. 능란한

연설 훈련, 웅변 declamatio ㉐ cf. 연설 연습

— 연설 훈련 1A.2(주석 72)☆, 2A.31(주석 166)☆

— 웅변 3A.18

연습, 연마, 훈련 askēsis cf. 연습 meletē

— 연습 10A.13, 15B.20(17절)

— 연마 12장 안내*, 17B.5(주석 200)*

— 훈련 1B.49, 1B.51, 10A.13(주석 74)*, 12장 안내, 13B.8(주석 178)

연습, 훈련 meletē cf. 연습 askēsis, 연설 훈련, 철저히 연습하다, 관행

— 연습 1B.1(주석 124)*, 1B.50, 2장 안내, 2A.31☆, 2B.16(주석 389)*, 2장 주석 447, 2B.34, 5장 안내*, 5A.3(주석 13)*, 6A.55, 7B.31, 9B.11, 10B.10, 13장 안내*, 17A.8(주석 36)

— 훈련 15B.20(11절, 15절, 26절, 35절), 17B.5(주석 200)*

연습, *사전 연습 progymnasma 2B.1(주석 191) cf. 연습, 훈련, 스파링하다, 사전 준비 운동을 하다, 싸움 연습

연습되는, *연습으로 얻어지는, *연습될 수 있는, *연습으로 얻을 수 있는, *연습으로 얻은 askētos 2B.29 cf. 가르쳐지는, 배워지는

연습하다, 연마하다, 훈련하다, 훈련시키다 askein cf. 연습하다 meletan

— 연습하다 7A.3, 10B.44

— 연마하다 5A.16, 6장 안내*, 6B.74, 7B.4, 7B.5, 8A.8, 10A.10, 12B.1, 12B.2

— 훈련하다 2B.23

— 훈련시키다 2장 안내, 2A.32, 6A.53, 11장 안내*, 15B.20(6절: 훈련이 되어 있는)

연습하다, 훈련하다 meletan cf. 연습하다 askein

— 연습하다 7B.2, 11B.2(주석 19)*, 13B.9, 17A.1(연습거리), 17B.5(주석 200)*

— 훈련하다 15B.20(1절, 2절), 2B.35

열심인 studiosus ㉔ 6B.6 cf. 탐구

열심히 쫓다 insectari ㉔ 5B.95 cf. 추구하다

열심히 추구되는 perispoudastos 10A.3 cf. 진지한

염치 aidōs 1B.48(322c, 322d), 3B.48(22절), 6B.56, 10B.25 cf. 수치, 부끄러워하다

영혼에 대한 사랑 philopsychia 12B.5(1절)

영혼을 사랑하다 philopsychein 12B.4(2절)

영혼을 이끄는 기술 technē psychagōgia 2B.37, 6B.48, 7B.30

'옛 과두주의자' the Old Oligarch 10B.58(주석 280)☆, 12장 안내

옛 소피스트술 archaia sophistikē 2A.6(archaiotera sophistikē), 2B.32
(archaiotera sophistikē), 17A.10, 17A.38

온통 지혜로 가득 찬, *가장 지혜로운 passophos 3A.6(315e), 6A.1(44절:
pansophos), 11A.1(271c)

올곧은 사람 노릇 andragathia 17B.15(101절)

올곧은 사람 노릇을 하다 andragathizezthai 17B.14(40절)

♣완결문, *도미문(掉尾文) periodos [ambitus ④] 2B.70(주석 622), 7A.1,
7B.10☆

♣완결문, *도미문(掉尾文) ambitus ④ 2B.70☆

완고한 정의(正義) to authades dikaion 2B.23 cf. 법의 엄밀함, 부드러운 공정
성

완벽하게 정말 나쁜 사람 pankakos teleōs 12B.3(2절) cf. 완벽한 부정의, 온
전한 부정의

완벽한 부정의 hē telea adikia 7B.23(344a: 가장 완벽한 부정의 hē teleōtatē
adikia), 7B.24(348b) cf. 온전한 부정의, 완벽하게 정말 나쁜 사람

완벽한 소피스트 teleos sophistēs 17A.9, 17A.11(268d 주석 59) cf. 진정한
소피스트

완서법(緩敍法) litotēs 9B.4(주석 36), 13B.7(주석 167)

요리사, *푸주한 mageiros 8B.3, 11B.8(301d)

요리사 opsopoios 3A.9(주석 28), 3B.48(30절: opsopoieis), 6B.42(521e),
7B.26(주석 126), 13B.7(2절), 17A.29(464d, 464e)

요리술 opsopoiia 17A.29(462d, 462e, 463b, 464d, 465b, 465c, 465d, 465e)

♣요약 anakephalaiōsis 15B.16

우스꽝스러운 geloiōdēs 2B.26, 7B.8

우스운, *익살스러운 geloios 2B.47(우스운 것들에, 우스운 것들의), 2B.66,
3B.4, 3B.36, 6A.10(더 우스워지도록) cf. 진지한

우스운, 웃음거리인 katagelastos cf. 진지한

— 우스운 2B.68, 6A.1(24절), 8B.1(484e), 15B.20(21절)

— 웃음거리인 17B.1

우스운 비유를 하다, *놀려대다 skōptein 6B.43(80a) cf. 비웃다, 비유하다,
　비아냥대다

우스움, 우스개 to geloion cf. 익살

— 우스움 2B.47, 15B.18

— 우스개 6A.10

♣우아한 연결 concinnitas ㉔ 2B.70, 2B.75

운에 따른 kata tychēn 2B.35(448c) cf. 기술에 따른

웃다, 비웃다 gelan cf. 유희하다, 비웃다

— 웃다 3B.8, 3B.11, 3B.14, 5B.22, 6A.25, 11A.3, 11B.1, 11B.2, 17A.48

— 비웃다 2B.25, 6A.1(21절)

웃다, 비웃다 katagelan cf. 유희하다, 비웃다

— 웃다 3B.50

— 비웃다 2B.30, 6A.7, 6B.27, 6B.57, 17A.24

웃음, 비웃음 gelōs cf. 유희, 우스움

— 웃음 6B.65, 10B.6

— 비웃음 17B.1

웃음, *비웃음 katagelōs 15B.21(27절) cf. 유희, 우스움

웃음거리로 만들다, *발기발기 찢다, *산산조각 내다 diasyrein 6A.1(39절)
　cf. 발기발기 찢다, 찢어발기다

웅대한 hyperonkos 5A.3

웅대한 megaleios 3B.48(34절)

웅장한 megaloprepēs 4B.33(338a)

웅장함 onkos 10A.11

원의 정방화, *원의 사각형화 tetragōnismos 5B.16☆

원을 정방화하다 tetragōnizein ton kyklon 5B.18

원인, 원인 제공자, 탓, 연유, 이유, 책임, 비난, 고발 혐의, 혐의 aitia cf. 탓
　하다, 실제 원인, 고발하다

— 원인 1A.13, 2B.13(5절, 6절), 5A.4, 12B.7(10절, 17절), 14B.1, 14B.9,
　15B.18, 17A.29(465a), 17A.30, 17A.47

— 원인 제공자 12B.7(5절)

— 탓 2B.13(2절), 17A.46

— 연유 5B.21

— 이유 2B.13(15절)

— 책임 2B.14(36절), 10A.1, 17B.14(46절)

— 비난 2B.13(7절, 8절, 15절, 20절), 2B.14(29절), 6A.39, 15B.20(10절)

— 비난거리 2B.14(29절)

— 고발 혐의 1B.34, 17A.21

— 혐의 2B.14(1절, 3절, 4절, 22절, 27절, 33절, 34절, 36절), 2B.15, 7B.20, 15B.21(8절)

원인이 되는, 원인인, 원인 제공자인, 연유인, ... 탓인 aitios cf. 원인

— 원인이 되는 2B.80(어떤 것들의 원인이 되는지, 다른 것들의 원인이 된다고), 6A.22(당하게 되는 원인이 된다면), 6B.75(가장 핵심적인 원인이 되는)

— 원인인 9B.6(원인이니까), 14B.2(원인: to aition), 15B.3(원인이라면), 17B.19(가장 큰 원인이었지만)

— 원인 제공자인 15B.21(12절), 17A.4

— 연유인 6B.24(연유: to aition)

— ... 탓인 1B.66(불행의 탓), 8A.4, 12B.7(12절)

원적 곡선 tetragōnizousa grammē 4장 안내, 4B.20

원칙 parangelma 5A.12, 7B.6, 15B.11 cf. 기술적 원칙, 수사학적 원칙

'위대한 연설' Megas Logos (Megas Logos) 1장 안내, 1A.2(주석 76), 1B.1 (주석 115), 1B.48(주석 316), 1B.49, 12장 안내(주석 3), 12B.1(주석 10), 13B.6(7절 주석 157, 11절 주석 162) cf. 긴 신화

위안 parapsychē 12B.7

위안 paramythētikos (logos) 3B.52(주석 216)* [책 제목 『아폴로니오스에게 주는 위안』: 1B.65, 10B.26]

위안하다, 위로하다, 정당화하다 paramytheisthai

— 위안하다 5A.4, 5A.7

— 위로하다 15B.20(10절)

— 정당화하다 2B.5(66절)

위엄, *격조, *진중함, *점잖음 semnotēs 1A.2(4절), 2A.1(2절), 15B.8 cf.
숭고함, 장중함, 근엄함

위엄 있게 말하다 semnologein 10A.1

위엄 있는, 숭고한, 엄숙히 공경하는, 장중한, *격조 있는 semnos
— 위엄 있는 1A.2(4절), 2B.23, 5A.3, 5A.6, 5B.63, 6A.1(24절), 6B.2,
6B.68(51b), 10A.11, 14B.6(위엄 to semnon)
— 숭고한 3B.48(27절)
— 엄숙히 공경하는 2B.23
— 장중한 2B.77, 15B.18

♣위엄 있는 말투 semnologia 10A.1

위장막, 서두 proschēma
— 위장막 1B.47, 17A.35(주석 124) cf. 가림막
— 서두 proschēma [exordium ㉐] 4B.15(286a) cf. 서론

유용성 chreia 3A.9, 4B.16, 7B.26, 7B.33* cf. 쓰임새

유용성, 유용함, 소용 utilitas ㉐
— 유용성 3B.37
— 유용함 5B.94
— 소용 5B.94

유용한, 편리한, 편익 chrēsimos
— 유용한 2B.14(33절), 3장 주석 159, 3B.33, 5B.25, 7B.2, 7B.5, 10B.2
(14행), 10B.36, 11B.10, 13장 안내, 13B.9(1절), 15B.18, 15B.19, 15B.20
(9절), 15B.21(28절), 17A.31, 17A.39
— 편리한 17B.15[90절, 92절, 93절(단어 생략), 98절]
— 편익 to chrēsimon 17B.15(91절)

유익한 pro ergou 17A.32

유익한 prosphoros 12B.7(2절)

유익한, 이익이 되는, 유익, 이익, 이익 추구 (to) sympheron cf. 이로운, 이득,
득이 되는

— 유익한 3장 안내, 5B.24(1절, 3절, 4절), 6B.23, 7B.22, 7B.23(344c), 8B.1(483b), 12B.7(14절, 15절)

— 이익이 되는 17B.15(105절)

— 유익 to sympheron 2A.6, 2B.23, 2B.50, 3A.15,

— 이익 to sympheron 7B.23(338c, 343c, 344c), 10B.50, 17B.15(90절, 107절)

— 이익 추구 to sympheron 17B.15(106절)

유익한, 이익에 맞는, 이익 symphoros

— 유익한 6A.52(29절), 9B.5, 17B.14(47절)

— 이익에 맞는 17B.14(40절)

— 이익 to symphoron 17B.15(98절)

유출, 유출물 aporrhoē 2B.11 cf. 통로

유쾌하게 하다, 유쾌함을 주다, *흥나게 하다 euphrainein

— 유쾌하게 하다 5A.14

— 유쾌함을 주다 5B.24(4절)

유쾌하다, *흥겹다 euphrainesthai 3B.12, 3B.48(24절) cf. 즐겁다, 기뻐하다, 즐기다, 누리다

유쾌한 hilaros 10B.6(16행)

유쾌함, *흥 euphrosynē 3B.9, 3B.10, 3B.11, 3B.48(29절) cf. 쾌락, 기쁨, 즐김

유형, 문체 유형, 각인, 성격 charaktēr cf. 계보, 성격을 묘사하다, 주조하다, 종류

— 유형 5A.1, 5A.16, 7B.4, 7B.5, 10A.10

— 문체 유형 2B.26, 7B.8 [『문체 유형들에 관하여』: 2B.1, 2B.23]

— 각인 15B.21(26절)

— 성격 5A.11(책 이름)

유형, 장르, *종류 forma ㉱ cf. 계보

— 유형 2B.70, 4A.2

— 장르 2B.70

유형, 형식, 형태, 문채, 몸가짐, 위치 schēma cf. 계보, 종류, 형태, 빚다

― 유형 1B.60

― 형식 2B.26, 7B.8

― 형태 2B.11, 2B.13(18절), 17A.29(465b)

― 외형 15B.20(27절, 28절), 17A.33

― 문채 2B.79, 15B.14

― 몸가짐 3B.48

― 자세 6A.14, 15B.8, 15B.20(17절)

― 위치 6A.1(23절)

유형, 인상, *이미지, *형상 typos cf. 계보, 종류

― 유형 5A.3

― 인상 5B.106

유형화하여 다루다 hypotypousthai 17A.10 cf. 계보, 종류

유혹, *미끼 delear 5B.68

유희, 놀이, *장난, *재미 paidia cf. 우스움, 웃음, 진지함, 재미, 장난으로
    대하다, 진지하면서 재미있음, 장기놀이, 놀거리, 교양

― 유희 2B.4(주석 200), 2B.13(21절 주석 340), 2B.80(197e), 11장 안내,
    17A.45(539c)

― 놀이 10B.38, 11B.3(주석 21), 15B.20(35절), 17A.45(539b)

유희를 위해 유희하며 반론하는 자 ho paidias charin paizōn kai antilegōn
    17A.45(539c)

유희적인 분위기 to paigniōdēs 2B.81

유희하다, 장난하다, 농담하다, 농을 건네다, 놀리다 paizein cf. 웃다, 장난
    으로 대하다

― 유희하다 17A.45(539c)

― 장난하다 11B.3(283b)

― 농담하다 8A.6

― 농을 건네다 1B.15(167e

― 놀리다 3A.12(주석 39)

♣은유 metaphora 2A.36(주석 183), 2B.25(주석 419), 2장 주석 594, 2B.67,

2B.77, 5B.64, 5B.76, 7B.15, 15B.18 cf. 비유

음악, 시가, 시가술, 뮤즈 기술 mousikē

— 음악 4A.2, 10A.3, 13B.6(3절: mōsika), 13B.7(4절: mōsika), 13B.8(11절: mōsika), 15B.21(22절, 25절), 17A.26(493d: 번역문에는 493c)

— 시가 5A.13, 6A.8, 9A.6

— 시가술 1B.47(316e), 5A.6

— 뮤즈 기술 3B.13

음악에 능한, 음악에 대한, 뮤즈의 기술에 맞는, 음악가, 음악, *시가에 능한, *시가 mousikos

— 음악에 능한 3B.51(398c)

— 음악에 대한 15A.1

— 뮤즈의 기술에 맞는 15B.20(31절)

— 음악가 4A.12, 13B.1(7절: mōsikoi)

— 음악 ta mousika 6A.9, 9A.3, 13B.1(6절: ta mōsika), 13B.2(10절: mōsika)

의도, 지향, 선택 prohairesis

— 의도 17A.31

— 지향 7B.5

— 선택 17A.33

의뭉, 아이러니 eirōneia

— 의뭉 2B.47, 6B.26(337a)

— 아이러니 1A.7(주석 100), 2장 안내, 2B.58(주석 562), 2B.64(주석 577), 2B.65, 6장 안내, 15장 안내, 15B.20(주석 78), 15B.21(주석 119, 3절 주석 125, 12절 주석 139)

의뭉 떠는, 아이러니적인, 아이러니컬한 eirōnikos

— 의뭉 떠는 17A.11(268c)

— 아이러니적인 2B.65(주석 591), 17A.24(908e)

— 아이러니컬한 1A.7(주석 100), 1B.15(주석 206), 6장 안내, 6B.47(주석 265)

의뭉을 떨다, 비꼬다 eirōneuesthai

— 의뭉을 떨다 3A.21, 6B.26(337a)

— 비꼬다 2B.58

의사 iatros 1B.15, 2A.4, 2A.10, 2B.36, 2B.39, 2B.40, 3B.26, 5A.4, 5A.6, 6장 안내, 6B.36, 6B.41, 6B.42, 8B.9, 13B.1, 16A.1, 16B.8, 17A.16, 17A.29

의술 iatrikē 1B.48(322c), 2A.10(주석 101), 2B.42(주석 503), 10B.46(주석 241), 17A.29(464b, 464c, 464d, 465b, 465c, 465d), 17A.31

이득 kerdos 2B.14(19절), 10B.16, 17A.18 cf. 손실, 유익한, 이로운

이득을 얻다, (…를 이득으로) 얻다, 이득을 보다, 이득이 되다 kerdainein cf. 득이 되다, 이익이 되다, 이롭게 하다

— 이득을 얻다 9B.8, 7B.23(343e)

— (…를 이득으로) 얻다 17A.1

— 이득을 보다 5A.7, 5B.1(2절), 6A.55

— 이득이 되다 17B.15(93절)

이득인 kerdaleos 7B.22

이로운, 이로움을 주는, *이익을 주는 ōphelimos

— 이로운 1B.14, 5B.26(1절), 7B.22, 10B.6(18행), 15B.21(주석 119), 17B.7(22절)

— 이로움을 주는 12B.3(3절), 17B.15(106절)

이로움, 혜택, *이익 ōpheleia (ōphelia) cf. 낙, 혜택

— 이로움 3장 안내, 3B.32, 5B.26(1절: ōphelia), 6B.42(522b: ōphelia), 12장 안내, 15B.21(1절), 17B.6(ōphelia), 17B.15(91절: ōphelia) cf. 유익한

— 혜택 11B.2(275e)

이로움을 주다 prodesse ⑭ 3B.34 cf. 이롭게 하다

이롭게 하다, 이로움을 주다, 혜택을 베풀다, *이익을 주다 ōphelein cf. 혜택을 베풀다, 이득을 얻다, 이익이 되다, 득이 되다

— 이롭게 하다 2B.14(18절), 3B.35, 3B.36, 5B.24(4절), 12B.7(1절)

— 이로움을 주다 1B.24, 5B.73, 3B.32, 3B.38, 3B.48(28절: 이로움을 주어야 합니다 ōphelēteon), 4A.5, 5B.25, 6A.18, 11A.4, 12장 안내, 15B.20

696

(28절, 33절), 15B.21(28절), 17A.18

— 이로움을 얻다 ōpheleisthai 2B.14(10절), 3B.48(25절), 5B.25, 7B.23(343b, 343e), 17B.14(42절), 17B.15(90절)

— 혜택을 베풀다 ōpheleian ōphelein 11B.2(275e: 가장 큰 혜택을 ... 베풀고)

— 혜택을 보다 ōpheleisthai 13B.6(5절)

— 혜택을 입다 ōpheleisthai 15B.12

이롭게 하다, 기쁨을 누리다 oninanai cf. 낙

— 이롭게 하다 6B.64, 5B.24(4절)

— 기쁨을 누리다 3A.32

이롭지 않은, 무익한 anōphelēs

— 이롭지 않은 1B.14

— 무익한 5B.24(6절)

이름들에 관한 옳음 hē orthotēs tōn onomatōn 1B.57(그런 것들에 관한 옳음), 17A.40(그런 것들에 관한 옳음)

이름들에 대한 정확한 정의 hē epi tois onomasin akribologia 2B.74, 3B.7

이름들의 옳음 onomatōn orthotēs 1B.12(주석 192: 이름의 옳음), 3A.20, 3B.17 cf. 말의 옳음, 말들의 옳음

이름들의 정확성 hē tōn onomatōn akribeia 3장 안내(이름의 정확성), 3B.11

이암보스 (to) iambeion cf. 풍자하다

— 이암보스 2B.66(이암보스 운율 to iambeion metron), 10B.4

— 이암보스 시행 6A.1(25절: 이암보스 시행들 ta iambeia)

— 이암보스 시 15B.18(1406b: 이암보스 시인들에게)

이암보스, 이암보스 작품 iambos cf. 풍자하다

— 이암보스 2A.36(주석 179☆, 주석 183), 2B.66(주석 597), 10B.22(주석 174), 10B.55(주석 273), 15B.18

— 이암보스 작품 2A.1

이야기를 들려 주다 mythologein 4B.15(286a: 이야기를 들려 달라는)

이야기 사랑 philologia 6장 안내 cf. 연설을 사랑하는, 논변 혐오

이익이 되다, *유익하다 sympherein 7B.23(344a), 15B.21(3절) cf. 이득을 얻

다, 득이 되다, 이롭게 하다

익살, *우스움, *우스개 gelōs 2장 안내, 2B.47 cf. 우스움, 웃음, 유희, 진지함

익숙하다 synethizesthai 6A.1(36절)

익숙한, 예(例)의 eiōthōs cf. 습관을 갖다

— 익숙한 15B.18

— 예(例)의 11A.2

익숙한 solitus ㉐ 2B.45

익숙함, 익숙한 방식, 익숙한 것, 익숙해짐, 친숙함, 친숙해진 것, 관행
   synētheia cf. 습관, 성격, 관행적인

— 익숙함 17A.30(익숙함 때문에)

— 익숙한 방식 2B.11

— 익숙한 것 15B.20(16절)

— 익숙해짐 17A.30(익숙해졌기 때문에)

— 친숙함 12B.4

— 친숙해진 것 12B.5

— 관행 2B.13(16절)

익숙해 있다 solere ㉐ 6A.45, 17A.37

인간 세상 anthrōpoi

— 인간 세상에 (있는) en anthrōpois 2B.35, 4B.31, 12장 안내

— 인간 세상으로부터 ex anthrōpōn 6A.1(43절)

인간 세상 to anthrōpeion 17B.15(89절)

인간 세상의 이치 to anthrōpinon 17B.7(22절)

인간애 philanthrōpia, to philanthrōpon cf. 자신을 내어 주다, 인간 혐오, 시기

— philanthrōpia 6B.27(3d 및 주석 230)☆

— to philanthrōpon 3A.33 cf. 부드러운

인간 혐오 misanthrōpia 6장 안내, 17A.46(89d) cf. 인간애, 논변 혐오

인간 혐오자 misanthrōpos 17A.46(89d) cf. 논변 혐오자

인민, 민중, 대중, 민회, 민주정, 민주파, 구역, 무리 dēmos cf. 민회, 민주주의,
   다중, 공적인, 장인

— 인민 2A.7(주석 83), 2B.58(주석 565), 3B.52(368d), 5A.6, 5A.20, 6A.31, 6A.57, 8A.7, 17A.26(주석 90), 17B.14(36절)

— 민중 2A.7(주석 83), 3A.14, 3A.23, 4장 안내, 10장 안내, 10A.13(24절), 10A.18, 10B.50, 13B.7(damos), 17A.26(주석 90), 17B.12(81절, 82절)

— 대중 2A.7(주석 83), 6장 안내, 11B.3(284b)

— 민회 2A.7, 2A.8, 2B.68, 5A.20, 10A.15

— 민주정 5A.20(민주정을 무너트리는), 6A.47, 10A.1(아테네인들의 민주정을, 민주정이 법률들에 따라, 퓔레에서부터 민주정을)

— 민주파 2B.30(주석 442), 3A.23(주석 69), 5A.4(주석 26, 주석 36), 10장 안내, 10A.1(주석 18), 10A.15(주석 90), 10B.49(주석 251, 주석 254), 10B.50(주석 256), 17A.28(주석 98)

— 구역 머리말 1절(주석 3), 3A.29(주석 78), 3B.20(주석 126), 5장 안내, 5A.1, 5A.4, 6장 안내, 6A.1(18절, 40절), 6A.38, 8장 안내, 8A.8(주석 20), 17A.8(주석 37)

— 무리 5A.6

인사, *부름, *호칭 prosagoreusis 1A.1(54절), 15B.13 cf. 천명하다

일, 추구하는 일, 업, 활동, 관행 epitēdeuma cf. 추구하다

— 일 4B.15(286a)

— 추구하는 일 5B.25(1절)

— 업 17A.8

— 활동 2B.14(32절), 17A.29(462e, 463a)

— 관행 17A.45(538d)

일, 행위, 활동, 일거리, 성가심, 성가신 일, 사태, 사안, 사물, 재물, 대상, 공적인 장(場) pragma

— 일 1A.1(51절), 1B.28, 2B.13(9절), 2B.30, 3B.1, 3B.51, 4B.34, 5B.70, 5B.92, 6B.27, 9B.10.(a), 9B.10.(b), 9B.10.(c), 11B.1, 11B.3(283e), 11B.6(295a), 12B.2, 12B.7(3절), 13B.4(7절), 15B.20(9절), 17A.29(462c, 463a, 463b, 464b, 465a), 17B.4, 17B.14(42절)

— 행위 2B.13(1절)

— 활동 2B.77, 15B.18
— 일거리 5B.68
— 성가심, 성가신 일 1B.24(성가심만 제공할: pragmata parechein), 3B.42(성
    가시게 하지: pragma parechein), 3B.48(24절:.성가신 일), 10B.34(성가시
    게 하지: pragma parechein) cf. 성가심 없는
— 사태 6A.1(29절), 15B.16, 17B.12(80절: prēgmatōn)
— 사안 15B.16, 15B.21(4절)
— 사물 1B.12[386a(사물들이 내게 드러나는), 386e(사물들은 그것들 자체가)],
    1B.16, 1B.17, 1B.19, 1B.23(286a, 286b), 1B.27, 2B.4(4절, 20절, 21절,
    22절, 26절, 85절), 2B.6, 2B.13(17절, 18절), 3B.21, 3B.51, 3B.52, 4B.33,
    6B.29, 6B.31, 11B.3(284d, 286a, 286b, 286d), 11B.9, 13B.1(11절),
    13B.2(주석 49, 21절), 13B.3(13절), 13B.4(주석 108), 13B.5(3절, 5절,
    11절), 13B.8(1절, 6절, 10절, 12절), 13B.9(6절), 14B.4, 15B.20(3절),
    16B.1, 17A.46(90c)
— 재물 5B.88
— 대상 1B.9, 1B.24, 1B.68, 2B.22, 2B.51, 3B.6, 3B.17, 3B.25, 3B.50,
    4B.31, 4B.32, 5A.12, 6B.40, 6B.60, 15B.20(14절, 28절)
— 공적인 일 ta pragmata 12B.7[3절, 4절(pragmata), 8절(pragmata), 10절
    (pragmata)], 17B.12(80절)
— 공적인 장 ta pragmata 5A.6(아테네인들의)
일당 지급 제도 misthophoria 3B.20(주석 126), 6B.66(515e), 10B.50(주석
    256)
♣일상어 사용, *통용어 사용 kyriolexia 1B.56, 10장 안내 cf. 말의 옳음
일인자 koryphaios 17B.12(82절)
일인자 princeps ⑭ 2B.75
일인자가 되다 prōteuein 10A.13(24절)
일인 지배, 일인 주권, *일인정 monarchia cf. 참주정, 과두정, 민주주의
— 일인 지배 17B.12(80절, 82절: mounarchiē)
— 일인 주권 12B.7(14절)

일인 지배자 monarchos 17B.12(80절, 82절: mounarchos)

일인 통치자가 되다 monarchein 12B.7(16절)

일하다, 일을 하다, 작업을 하다, 이루어 내다, 만들어 내다 ergazesthai cf. 기능, 더불어 일하는 수고를 하다, 행하다, 만들다

— 일하다 3B.18, 5B.22(3절), 5B.67

— 일을 하다 13B.2(17절)☆

— 작업을 하다 6A.1(19절)

— 이루어 내다 3B.48(25절)

— 만들다 4B.8(368c), 6A.1(43절)

— 만들어 내다 1A.7, 17B.1(282a)

임기응변 to automaton 15B.20(12절) cf. 저절로 됨, 때

입법술 nomothetikē 17A.29(464b, 464c, 465c)

입법자, *입법가 nomothetēs 1장 안내, 1B.53(주석 342), 3B.23, 6B.69(24절), 7A.7, 10A.13(31절), 10B.33, 10B.54, 17A.45(538d)

입법 nomothesia 1B.53 cf. 법률들의 제정

입법하다, 법으로 제정하다 nomothetein cf. 법들을 제정하다

— 입법하다 3B.9

— 법으로 제정하다 6B.69(25절)

(ㅈ)

♣자극, 충동 hormē

— 자극 2A.1

— 충동 10B.45, 15B.18

자극제 erethisma 10B.1

자기 반박성 peritropē 1B.23(주석 248), 1B.26, 11B.5(주석 61), 11B.6(주석 63), 16B.5(주석 33) cf. 스스로 자신도 거꾸러트리는 논변

자신을 내어 주다, 자신을 내어놓다, 자신을 제공하다 heauton parechein cf. 인간애, 시기

석 9), 17A.42, 17B.10, 17B.15(105절), 17B.18, 17B.19, 17장 주석 254
[책 제목 제외]
— 자연적인 상태 3B.48(22절)
— 본성 1B.48, 2B.5(86절), 2B.13(3절, 14절, 15절), 2B.22, 2B.51, 3B.25,
　3B.26, 3B.27, 3B.40, 3B.48(27절), 5A.4, 5A.6, 5B.19, 5B.21, 6B.4,
　7B.14, 7B.25(359b), 7B.31, 8B.1, 8B.4, 9장 안내, 9B.10.(c), 9B.11,
　10A.1, 10A.13, 10B.24, 10B.33(19행), 10B.47(책 제목), 10B.60, 12B.6
　(1절, 2절), 13B.8(1절, 2절), 14A.1, 15B.20(3절, 28절), 17A.2, 17A.26
　및 주석 90, 17A.29(463a, 465a, 465c), 17A.45(539d), 17B.11, 17B.19
— 천성 1B.49, 1B.52, 12장 안내, 12B.1(주석 10), 13B.6(11절)
— 태생 3A.6, 3B.48(22절)
— 타고난 능력 1B.47
자연발생적인 것들 ta phynta 5B.24(1절)
자연 사물들에 관하여 de natura rerum ㉭ 1B.70, 3B.29, 7B.28 cf.『자연에
　관하여』, 만물의 본성에 관하여, 모든 것들의 본성에 관하여
자연스럽다, 자연적으로, 본성 지어졌다, 본성상 pephykenai
— 자연스럽다 2B.13(6절)
— 자연적으로 7B.25(358e), 17B.11
— 본성 지어졌다 11B.9
— 본성상 6B.68, 7B.31
『자연에 관하여』 Peri Physeōs 2A.3, 2장 주석 189, 2B.5, 2B.9.(a), 2B.9.(b),
　3장 B 서두, 3B.28, 3B.42(주석 184), 6B.4(주석 186), 10B.34(주석 204),
　13B.8(1절 주석 177)☆, 15B.8, 17A.2(주석 9) cf. 만물의 본성에 관하여,
　모든 것들의 본성에 관하여, 자연 사물들에 관하여
자연에 관한 철학 philosophia de natura ㉭ 6A.45, 17A.37 cf. 자연 탐구
자연에 관한 탐구 peri physeōs historia 6B.3 cf. 자연 탐구, 『자연에 관하여』
자연에 따른, 자연에 따라, 자연스러운, 자연스럽게 kata physin cf. 자연에
　반하는
— 자연에 따른 1B.9, 5B.106, 8B.1(주석 29), 8B.2(자연에 따른 것 to kata

physin), 8B.4

— 자연에 따라 8B.1(483a), 8B.2 cf. 법에 따라

— 자연스러운 10A.1

— 자연스럽게 4A.2

자연에 반하는 para physin 1B.9, 5B.106, 8B.1(484a), 8B.4(492c) cf. 자연에 따른

자연에 의해 hypo tēs physeōs 5B.22(주석 167)☆, 5B.24(4절)

자연에 의해, 자연적으로, 자연히, 본성에 의해, 본성상 physei cf. 법에 의해

— 자연에 의해 4B.33, 8B.1(482e, 484c), 15B.2, 17A.42, 17B.10

— 자연적으로 1B.24, 4B.33, 5B.19, 5B.22(1절)☆, 5B.24(2, 3절), 17A.24, 17B.19

— 자연히 2B.29, 7B.31

— 본성에 의해 12B.6(1절)

— 본성상 2B.22, 6B.68, 8B.4(492b), 10A.13, 17A.29(463a, 465c)

자연에 의해 정의로운 것/일 to physei dikaion dikaion 8B.1(484c), 15B.2, 17B.10 cf. 법에 따라 정의로운 것들

자연의 관습, *자연의 법으로 정해진 것 physios nomothetēmata 17B.18 cf. 자연의 법, 자연의 산물

자연의 법 ho tēs physeōs nomos 8장 안내, 8B.1(483e) cf. 자연의 관습

자연의 산물 physios blastēmata 17B.18 cf. 자연의 법, 자연의 관습

자연의 정의 to tēs physeōs dikaion 8B.1(484b)

자연적 정의 *natural justice* 4B.33(주석 124), 7장 안내, 12장 안내, 12B.6 (주석 62), 17장 B 8절

자연철학자 philosophos physikos 3A.1, 3A.2, 6장 안내, 6B.4(주석 186, 주석 187), 13B.8(주석 177), 17A.2(주석 8, 주석 9, 주석 10), 17A.8

자연 탐구 physiologia 6장 안내, 15B.8

자연학자 physikos 1A.13, 1B.71, 5B.96, 6A.1(19절, 45절)

자연학자 physicus ㉑ 3A.26

자유 eleutheria 2B.14(11절), 8B.4(492c), 10B.39(64절), 12B.7(12절),

17B.12(82절: eleutheriē), 17B.15(112절) cf. 거리낌 없이 할 말 다 함

자유로운, 리베르(자유) liber ⑲

— 자유로운 2B.70

— 리베르(자유) [신] Liber ⑲ 3B.37☆

자유롭게 하다 eleutheroun 3B.48(28절), 17B.12(82절: 자유로워졌으니까)

자유인, 자유인에게 걸맞은, 자유로운, 부채 없는 eleutheros cf. 노예

— 자유인 2B.14(11절), 2B.27(71e), 2B.47, 6B.36(540b), 10B.39(63절), 15장
  안내

— 자유인에게 걸맞은 10B.19

— 자유로운 5B.24(4절), 10B.39(64절), 15B.1, 15B.2, 17B.14(46절),
  17B.15(100절)

— 부채 없는 10B.49

자유인다운 eleutherios 2B.47, 3B.48(22절), 5A.14(3절), 7B.23(344c)

자유인답지 않은, 자유인답지 못한 aneleutheros

— 자유인답지 않은 6A.55(9절), 10A.13(29절)

— 자유인답지 못한 10장 안내, 17A.29(465b)

자잘한 이야기, *자잘함 mikrologia 3B.21 cf. 말의 옳음

자제력 없는 akratēs 6A.51, 10A.13(12절, 25절), 10B.63(397a), 12B.4(1절),
  13B.1(3절), 17A.24 cf. 방자한

자제력 없음, 자제 못함 akrasia

— 자제력 없음 6장 안내, 10B.63(397b), 13B.1(3절)

— 자제 못함 6B.59

자제력 없음 akrateia 17A.24(908c: 자제력이 없기까지 한)

자제력이 있는, 자제력이 강한, 자신을 통제하는 enkratēs

— 자제력이 있는 10A.13(14절)

— 자제력이 강한 12B.4(1절)

— 자신을 통제하는 8B.4(스스로 자신을 통제하는 enkratēs autos heautou)

자제 못하다 akrateuesthai 6B.59

자족 autarkeia 4장 안내, 4A.1, 4B.9 cf. 목적

자족적인, 자족하는 autarkēs

— 자족적인 6A.1(24절)

— 자족하는 10A.13(14절)

자줏빛 가장자리 장식이 멋지게 달린 옷을 입은 euparyphos 16B.9

자줏빛 옷 porphyra esthēs 2A.9, 3B.49(esthēs haliporphyros), 4A.8 cf. 부

자줏빛 의상 porphyra 6A.1(25절)

잘못, 그른 행동 hamartēma cf. 옳은 행동

— 잘못 2B.13(10절, 19절)

— 그른 행동 10B.33

잘못, 잘못된 일 hamartia

— 잘못 2B.13(15절), 2B.14[26절(가장 큰 잘못들), 36절], 17A.35

— 잘못된 일 2B.13(1절)

잘못을 범하다, *기만당하다 diapseudesthai 1B.20, 1B.21

잘못을 범하다, 나쁜 짓을 저지르다, 나쁜 짓을 하다 examartanein

— 잘못을 범하다 2B.14(26절: 가장 큰 잘못들을 범하고 examartanein tas megistas hamartias), 6B.29(372e), 10B.33(8행)

— 나쁜 짓을 저지르다 10B.63(397a, 397b)

— 나쁜 짓을 하다 7B.20

잘못을 저지르다 diaspeiresthai 10B.17(18행)

잘못을 저지르다, 잘못을 범하다, 잘못하다 hamartanein cf. 나쁜 짓을 하다

— 잘못을 저지르다 2B.14[26절(잘못을 저지르지 않았고, 잘못을 저질렀다면), 34절, 36절], 6A.50(잘못이 저질러져도, 저질러지는 잘못들보다), 6B.29(372d), 10A.1(이런 잘못들을 저지른, 가장 잘못을 많이 저지르는), 10B.17, 15B.20(10절), 15B.21(29절)

— 잘못을 범하다 1B.60, 6B.16

— 잘못하다 17A.24(잘못 hamartanon), 17B.7(21절)

잘못을 저지르다, 잘못된 일을 하다, *가락이 맞지 않는 음을 내다 plēmmelein

— 잘못을 저지르다 10A.13(26절)

— 잘못된 일을 하다 15B.21(2절)

잘못인 aitios 2B.40(457a)

잘못하다 dihamartanein 11A.4(3절)

잘 숙고함, 숙고 잘하는 능력, *좋은 숙고, *합리적 의사 결정 능력 euboulia

— 잘 숙고함 1B.47(319a: 잘 숙고하는 일), 7B.24(348d), 17B.14(44절)

— 숙고 잘하는 능력 머리말 3절

장난감 athyrma 15B.18 cf. 재밋거리, 유희

장난으로 대하다 prospaizein 11B.3(283b) cf. 유희하다

✱장식적 형용어 epitheton ornans 2B.65(주석 588), 4B.23(주석 99), 5A.6
(주석 52), 15B.20(주석 100) cf. 형용어

장식하다, 질서 있게 배열하다 kosmein cf. 돋우미

— 장식하다 2B.66, 3B.48(34절), 10B.2(9행), 17B.7(21절)

— 질서 있게 배열하다 6B.47

장악하다, 힘을 가지다, 통제하다, 제압하다, 압도하다, 극복하다, *지배하다,
*정복하다 kratein

— 장악하다 2B.14(2절), 7장 안내, 7B.18, 17A.48(267c)

— 힘을 가지다 5B.1(2절: 사적으로 힘을 가진 사람), 17B.15(105절)

— 통제하다 5B.80

— 제압하다 5B.81, 6A.1(37절), 6B.59

— 압도하다 5B.41, 17A.38

— 극복하다 10A.13(24절)

장인(匠人), 기술자, 만드는 사람, 만들어 내는 사람, 창조자 dēmiourgos cf.
연설의 장인, 인민, 기술, 시인

— 장인 1A.9, 1B.48(322c), 2B.36(설득의 장인), 2B.36s(설득의 장인),
2B.58☆, 6A.1(39절), 6A.2, 6A.10, 6B.19(주석 211), 11B.8, 17A.16,
17B.1

— 기술자 1B.3, 1B.31(232d), 2B.40(457b), 17A.19(232d)

— 만드는 사람 2B.35(447d: 신발들을)

— 만들어 내는 사람 15B.18(인기를)

— 창조자 10B.24

장인(匠人) tektōn 10B.33(34행)

장인적 기술 demiourgikē technē 1B.48(322b) cf. 정치술

장중함 pompikon 2B.71, 15B.19

장황한 이야기, *긴 이야기 makros logos 3B.11 cf. 긴 이야기

재미 iucunditas ㉣ 2B.69 cf. 유희, 웃음

재밋거리, 장난감, *놀잇감 paignion cf. 장난감, 유희, 놀거리

— 재밋거리 2B.13(21절), 2B.69(주석 618), 7A.1, 7B.1, 15B.20(35절 주석 118)

— 장난감 3B.52(368d)

재요약 epanodos 17A.48(267d)☆

♣재진술 deuterologia 15B.16

쟁론 eris 1B.24(1절), 6장 안내, 17A.9, 17A.43(쟁론을 구사하면서) cf. 대화, 언쟁, 논쟁

쟁론 기술 eristikē technē 17A.11(231e)

쟁론술 eristikē 1B.34, 6장 안내, 11장 안내, 17A.21, 17A.31(주석 113) cf. 논박, 논박술

쟁론적, 쟁론가 eristikos

— 쟁론적 1A.3, 11A.1(272b), 2B.41, 17A.11(231e: 쟁론 기술)

— 쟁론가 1A.1(52절, 55절), 1B.1

쟁론적 담론, 쟁론적 논변 eristikos logos

— 쟁론적 담론 1A.3

— 쟁론적 논변 2B.41, 6A.1(30절)

쟁론적 지혜 eristikē sophia 11A.1(272b: hē sophia hē eristikē)

쟁론하다, 언쟁하다 erizein

— 쟁론하다 1A.1(52절: 쟁론을 erizemenai), 17A.43(쟁론이 아니라)

— 언쟁하다 erizein 3B.12(337b: 언쟁은 하지, 언쟁은)

저술 scriptum ㉣ 10A.6

저술, 책, 작문 syngramma

— 저술 1B.39, 6A.1(22절), 17A.29(462b)

— 책 1B.24, 5A.11(제목이 달린 책)

— 작문 15B.20(22절)

저술 syntagma 5A.4

저술 syntaxis 5A.16, 7B.4, 10A.10

저자 auctor ㉐ 2A.12, 5A.18

저자, 역사가, 산문 작가 syngrapheus

— 저자 5A.11, 5A.12, 7B.6, 15B.11

— 역사가 5A.4

— 산문 작가 4B.12

저절로 됨, *임기응변 automatismos 15B.20(25절) cf. 임기응변, 때

적도(適度) to metron 10B.6(23행) cf. 때

적들에게 이로움을 주고 친구들에게 해를 끼치다 tous men echthrous ōphelein
    tous de philous kakōs poiein 15B.21(28절)

적절하다, 어울리다, 알맞다 prepein cf. 적합하다

— 적절하다 6B.47, 15B.18(적절하지만)

— 어울리다 6A.55(2절), 6B.10

— 알맞다 1B.48, 15B.16

적절한, 어울리는, 합당한 prepōn cf. 적합한

— 적절한 2B.23(to prepon 적절함), 10B.33

— 어울리는 10A.13(29절), 10B.19

— 합당한 10B.18

적절함 to prepon [decorum ㉐] 2B.23

적합하다, 적절하다, 어울리다 prosēkein cf. 적절하다

— 적합하다 2B.4(5절), 2B.14(19절, 26절), 5B.16

— 적합하다 8B.3(491d), 11B.8(301c, 301d)

— 어울리다 2B.15, 3B.48(32절)

적합한, 적절한, 알맞은, 어울리는 prosēkōn cf. 적절한

— 적절한 2B.14(28절), 15B.20(3절: 적절한 말 prosēkōn logos)

— 적합한 11B.8(301d), 17A.45(539d)

— 알맞은 17B.14(40절), ['알맞은 덕'의 용례들]

— 어울리는 1A.13

전문적인, *기술을 (얻기) 위한 epi technēi 1A.5☆ cf. 기술, 교양을 위한

♣전치(轉置) hyperbasis 2B.67

절제, 제정신 sōphrosynē cf. 제정신이다, 분별, 광기, 미치다

— 절제 3B.48, 5B.68, 5B.80, 6B.9, 6B.56☆, 8B.4, 9장 안내, 10장 안내, 10A.13, 10B.6, 10B.46, 12장 안내, 17A.16

— 제정신 13B.5

절제 있게 만들다 sōphronizein 7B.20

절제 있는, *신중한 sōphrōn 2A.26(절제 있게 sōphronōs), 5B.80, 5B.81, 6B.41, 8B.4, 10A.12, 10A.13, 17B.14(42절), 17B.15(101절: 절제를 가지고 sōphronōs)

절제 있다, 제정신이다, 온전한 정신이다 sōphronein cf. 절제, 광기, 미치다

— 절제 있다 5B.80(절제가 없다), 15B.3(절제 있음), 17B.14(44절: 절제가 있다면)

— 절제를 유지하다 7B.20

— 제정신이다 1B.8, 13장 안내, 13B.5, 15B.20(10절)

— 온전한 정신이다 9A.6, 15B.20(6절)

점쟁이 teratoskopos 5A.1, 5A.3, 5A.9, 5장 주석 67, 5A.15, 6A.1(46절) cf. 해몽가, 징조

정교하게 다듬은 연설 exeirgasmenos logos 15B.20(12절)

정교한 exquisitus ㉐ 15B.4(정교하게 짜인 추론들)

정교한 scitus ㉐ 1A.4

정교한 subtilis ㉐ 10A.6

정교한 표현 argutia ㉐ 2B.70

정교함, 활동 epitēdeusis

— 정교함 10A.11

— 활동 17A.29(462e, 463b)

정교함, *세련됨 kompseia 17A.37(101c 정교한 사항들) cf. 세련된

정교함 subtilitas ⑭ 6A.45, 17A.37 cf. 논변의 정교함, 언어의 정교함, 자잘한 이야기, 지나친 정교함

정념 affectus ⑭ 1B.37, 3B.2, 4B.36, 7B.16 cf. 경험, 겪다

정신, 지성, 지각, 생각, 마음 nous, noos
— 정신 1B.15(제대로 정신이 박힌: noun echein), 3B.52, 5B.24, 10B.6, 10B.24, 10B.26, 10B.33, 10B.43
— 지성 3A.16, 4장 안내, 17B.2(주석 193)
— 지각 6B.68(지각 있는: noun echein), 7B.25(지각 있는: noun echein), 15B.21(29절)
— 생각 17B.2(주석 193), 17B.12(81절)
— 마음 1B.63, 2A.1(같은 마음으로), 2B.16, 5B.80, 9B.7, 13B.5

정신 animus ⑭ 1A.4

정신, 마음, 포부 phronēma cf. 분별하다
— 정신, *의도, *목적 15B.21(12절)
— 마음 2B.13(17절: 와 있던 마음을, 마음 속에)
— 포부, *자신감, *기개 17A.38, 17B.9

정의(正義), 정의로움, 정의로운 것 to dikaion cf. 부정의
— 정의 2B.14(30절, 33절), 2B.23, 4B.30, 4B.34(5절, 13절), 5A.6(499절), 5B.24(6절), 6A.21(32c), 6A.33, 6B.10(37a), 8B.1[483d(dikaion), 483e, 484b], 12B.2(2절), 12B.3(6절), 12B.6(1절, 3절), 17A.44(164e), 17B.15[89절(dikaia), 90절(ta dikaia), 107절]
— 정의로움 6B.57(9절), 6B.68(50e), 6B.68(51b, 51c), 6B.69(11절, 18절), 17B.14(47절: dikaion)
—정의로운 것 7B.22(336c), 7B.23(338c, 339b, 343a, 343c, 343e, 344c), 7B.25(359b), 8B.1(483d, 483e, 484c), 13B.3, 13B.8(9절), 17A.41(261c), 17B.11(359b), 17B.15(90절)

정의(正義) dikaiosynē 1B.24(1절), 5B.24(1절), 6B.26(336e), 6B.53, 6B.54, 6B.56(329c), 6B.64(48a), 6B.69(12절), 6B.71, 7장 안내, 7B.23(343c, 344c), 7B.24(348b, 348c), 7B.25(358c, 358d, 358e, 359a, 359b), 7B.27,

7B.35, 8장 안내, 8B.2, 8B.4(492b, 492c), 10A.13(24절), 12장 안내, 14장 안내, 17A.29(464b, 464c, 465c), 17B.11(359a, 359b), 17B.15[105절 주석 250, 주석 251) cf. 부정의

정의(正義) dikaiotēs 17A.10

정의(正義), 디케, 대가, 처벌, 재판, 송사, 법정 연설, …처럼 dikē

— 정의, *도의 1B.48(322c, 322d), 2B.14(2절, 17절), 10B.33(6행), 12B.6 (5절), 12B.7(13절, 14절, 15절)

— 디케, *정의의 여신 Dikē 3장 주석 187, 17B.9

— 대가 1B.48(322a), 2B.14(20절), 4B.35(21절), 5B.1(2절), 5B.24(6절), 6A.1(42절), 6B.62(472e), 6B.69(24절), 7B.25(359a), 15B.21(29절), 17B.9, 17B.11(359a)

— 처벌 6B.73, 17A.24(908d)

— 재판 2B.14(36절), 5A.20(2절: 형량이 사형인 재판에), 5B.1(2절), 6A.1(38절, 40절), 6A.55(1절, 2절), 6B.62(472e), 9A.6(61a), 10B.58, 13B.8(9절) cf. 경연

— 송사 1A.1(55절), 1B.1, 2A.20, 6A.1(21절)

— 법정 연설 dikē 5B.1(2절)

— …처럼, *…의 방식으로 dikēn 3B.52(368c)

정의로운 dikaios 1B.15(167c), 2장 안내, 2B.14(1절), 2B.23, 2B.36s, 2B.40(456e, 457b, 457c), 2B.56, 2B.60, 4B.31(300e), 4B.34(13절), 4B.37, 4B.38, 5A.14(11절, 12절), 5B.24(2절), 5B.25(1절, 2절), 5B.26 (2절), 6A.1(26절), 6A.21(32c), 6A.35, 6A.55(5절), 6A.56, 6A.58(118a), 6B.9, 6B.47(17c, 18a), 6B.53, 6B.54, 6B.57(10절), 6B.61(49c), 6B.64(47e, 48a), 6B.68(50e, 51a), 6B.69(11절, 12절, 18절, 25절), 6B.70.(8절), 7B.23(343c, 343d, 343e), 7B.25(358c, 359a), 8B.1(484b), 8B.3(491a, 491d), 8B.4(491e), 10A.1, 10B.12, 10B.63(396e), 11A.4 (2절, 3절), 12B.4(1절), 13B.3(12절, 14절, 16절), 14B.5, 15B.2, 15B.17, 15B.21(3절), 17A.24(908b, 908c), 17A.26(493c), 17A.38, 17A.41(261d), 17A.45(538c, 538e), 17B.5, 17B.10, 17B.11(359a), 17B.14(40절, 47절),

17B.15(89절, 98절, 105절), ['정의(正義) to dikaion'의 용례들] cf. 부정의한 정의로운 기만 apatē dikaia 13B.3(12절)

정치가, 정치인 politikos cf. 연설가
— 정치가 3B.1, 5장 안내, 5A.14(15절), 6B.9, 6B.49(주석 270), 6B.65, 8B.1(484e), 17A.12, 17A.26
— 정치인 6A.1(39절), 6B.12, 6B.19(주석 211), 6B.66, 10B.28(주석 186), 10B.49(주석 251)

정치술, 정치 politikē cf. 정치적 기술
— 정치술 17A.29(463d, 463e, 464b)
— 정치 17A.26(493d)

정치적 기술, *시민적 기술 politikē technē 1B.47(319a) 1B.48(322b) 6B.42 (521d), 6B.66(521d), 17A.29 cf. 정치술, 정치적 지혜, 장인적 기술

정치적 능란함 deinotēs politikē 17A.8 cf. 정치적 기술

정치(적) 연설 politikos logos 2B.63, 2B.72, 5A.12, 7B.6, 7B.33, 15B.11 cf. 수사적 연설

정치적인 일들, 국가의 일들, 정치, 정치적인 활동 ta politika cf. 국가의 일들
— 정치적인 일들 1B.31(232d), 3B.1(politikōn: 정관사 없음), 17A.19(232d)
— 국가의 일들 6B.42(521d), 6B.66, 10A.13(16절)
— 정치 2A.6, 2B.32, 5A.14(15절), 17A.10
— 정치적인 활동 6A.18

정치적인 활동, 정치적인 행위 politikai praxis cf. 국가의 일들
— 정치적인 활동 17B.1
— 정치적인 행위 8B.1(484d-e)

정치적인 활동을 하다, 정치를 하다, 국가의 일들을 행하다, 국가의 일들에 종사하다 ta politika prattein cf. 국가의 일들을 행하다
— 정치적인 활동을 하다 6A.18
— 정치를 하다 5A.14(15절)
— 국가의 일들을 행하다 6B.42, 6B.66
— 국가의 일들에 종사하다 10A.13(16절)

정치적 지혜 politikē sophia 1B.48(321d) cf. 정치적 기술, 기술적 지혜

정치 활동을 하다, 정치적인 삶을 살다, 정치에 참여하다, 정치에 몸담다, 정치
   에 입문하다 politeuesthai cf. 국가의 일들을 행하다
— 정치 활동을 하다 10B.49(정치 활동)
— 정치적인 삶을 살다 5A.7(정치적인 삶)
—정치에 참여하다 3A.7
— 정치에 몸담다 5A.4
— 정치에 입문하다 6A.1(29절)

정치 체제, 정치 politeia
— 정치 체제 머리말 1절, 1A.1, 1B.1, 2B.58, 5B.1, 6A.50, 6A.53, 7B.20,
   10A.17, 10B.8(주석 139), 10B.35, 10B.36, 10B.37, 10B.41, 10B.42,
   10B.62, 12장 안내, 17B.13
— 정치 3B.52(368c)

정화 katharsis 6B.41(230d)

정화되지 않은 akathartos 6B.41(230e)

정화된, 순수한 katharos
— 정화된 3A.12(주석 38), 6B.41(230d, 230e), 10B.52(주석 262)
— 순수한 5A.16, 7B.4, 10A.9, 10A.10, 10A.11, 10B.39(64절)

정화자 kathartēs 17A.11(231e) cf. 순수한

정화하다 kathairein 6장 안내, 6A.1(44절), 6B.41(230c)

정확성, 정확함, 엄밀함, 엄밀한 수준 akribeia
— 정확성 3B.11, 15B.20(25절, 33절)
— 정확함 15B.20(13절, 14절, 16절), 7B.31(271a: 정확하게), 17B.7(22절: 꼭
   그대로 정확히, 가능한 한 정확하게)
— 엄밀함 2B.23
— 엄밀한 수준 8A.8

정확한 accuratus ㉱ 2B.45

정확한, 정확성, 엄밀한 akribēs
— 정확한 2B.14(정확히 알고서 eidōs akribōs), 3B.27(정확히 알지 못했다

ouk akribōs egnō), 5A.4, 5A.16, 6A.25(정확히 알지만 akribōs oida), 7B.4, 7B.22(336d: 정확하게 ... 그걸 뭐라고 이야기하는지), 10A.10, 15B.20[11절(정확히 반대되는 방식의), 20절(정확히 맞춰), 23절(미리 정확하게 알 proïdein akribōs), 25절(정확히 ... 이야기함으로써), 34절(정확하게 이야기하는)]

— 정확성 to akribes 17B.15(90절)

— 엄밀한 4B.15(285c), 4B.33(338a), 6B.56

정확한 말, *엄밀한 논변 akribēs logos 5A.16, 7B.4, 10A.10 cf. 엄밀한 논변

정확한 정의(定義), *엄밀한 정의 akribologia 2B.74, 3B.7

제멋대로인, 훈육 받지 않은 akolastos cf. 방종

— 제멋대로인 10B.6

— 훈육 받지 않은 17B.12(81절)

제비로 뽑다, *추첨으로 뽑다 klēroun 6B.67

제비로 뽑힌, *추첨으로 뽑힌 klērōtos 6B.67 cf. 추첨으로 뽑은

제비를 뽑게 하다, *추첨으로 할당하다 diaklēroun 13B.7(3절, 4절: diaklaroun)

제비를 뽑다, 제비를 뽑아 (...로) 나오다, *추첨으로 할당받다 lanchanein cf. 추첨

— 제비를 뽑다 6B.67

— 제비를 뽑아 (...로) 나오다 13B.7(2절, 3절, 4절)

제비뽑기, *추첨, *추첨제 klēros 4B.15(주석 85), 13장 안내, 13B.7[(1절 (klaros), 2절(klēros)] cf. 추첨

제자 akoustēs, akroatēs, homilētēs, mathētēs, synousiastēs [일부 대표적인 용례만 반영]

— akoustēs 2B.71, 15B.19

— akroatēs 1A.2

— homilētēs 6A.39 cf. 동료

— mathētēs 3A.1, 3A.2, 3A.4, 3A.19, 3A.29, 3A.30, 6B.23(4절 주석 219)☆, 9A.4, 15A.3, 17A.19(233c)

— synousiastēs 2B.64, 5A.14

제정신이 아니다 parakoptein 3B.42, 6A.1(43절), 10B.34 cf. 광기, 미치다

조직화되지 않은, *형상으로 환원되지 않는 arrhythmistos 5B.19 cf. 리듬

좋은 태생, 고상함 eugeneia

— 좋은 태생 14장 안내, 14B.6, 17B.16

— 고상함 17A.38

좋은 평판, *좋은 명성 eudoxia 2B.13(4절), 12B.2, 2B.61(주석 572)

좋은 평판, *좋은 명예, 명성, 좋게 불림 eukleia

— 좋은 평판, *좋은 명예 12B.2, 17B.17

— 명성 5B.68

— 좋게 불림 10B.16

좋은 평판을 받는 eudokimos 8B.1

주문, *노래 epōidē 2B.13(10절), 8B.1(484a) cf. 마법, 주술, 기만

주문을 걸다, 주문을 외우다 katepāidein cf. 홀리다, 마법을 부리다

— 주문을 걸다 8B.1(483e)

— 주문을 외우다 6B.43(80a)

주문을 걸다 pharmakeuein 2B.13(14절)

주문을 외우다 epāidein 7B.18, 17A.48(267d)

주술 mageia 2B.13(10절) cf. 마법, 주문, 기만

주술사 pharmakeus 17A.15 cf. 마법사

주인 despotēs 1A.6(주석 90)*, 2A.20, 2B.28, 3B.48(32절), 3B.52(366e),
    5A.14(2절), 7B.23(343b), 8B.1(484a), 8B.4(492b), 10A.16, 16A.1, 16B.9
    cf. 노예

주인 dominus ㉑ 6A.54

주인, *소유주, *가부장 patōr 10B.16

주인다운 despotikos 7B.23(344c)

주재자, 주(主) anax 6B.19(주석 212)

주재하는, 주도권을 가진, 일상적인, 통용되는 kyrios

— 주재하는, *주인 노릇하는 17A.26(493d: 자기를 주재하게 만들면서)

— 주도권을 가진 10A.14

— 일상적인 1B.56, 10A.1

— 통용되는 17A.39

주재하다 kyrieuein 15B.20(11절)

주조하다, 빚다, 짜진 틀을 이용하다 typoun cf. 유형, 빚다

— 주조하다, *각인하다 2B.13(13절)☆

— 빚다 1B.48

— 짜진 틀을 이용하다 15B.20(14절) cf. 즉흥 연설하다, 준비

준법적인, 합법적인, 적법한, 법도에 맞는, 법규, 법령들, 규칙들 nomimos
  cf. 무법적인

— 준법적인 4B.34, 6B.69(12절), 17A.45(539a)

— 합법적인 6B.69(24절, 25절), 7B.25(359a), 12B.3(1절), 17B.11

— 적법한 15B.2

— 법도에 맞는 2B.23

— 법규 nomima 5B.24(1절, 2절), 17B.15(105절)

— 법령들 nomima 17B.9

— 규칙들 nomima 4B.15(286b)

준비 paraskeuē 2B.13(19절: 기술을 가지고 준비해서), 15B.20(25절: 준비된
  것) cf. 스파링하다, 사전 준비 운동을 하다, 즉흥 연설

준비되지 않은 aparaskeuatos 5B.5, 5B.109

준비된 hetoimos 9B.6

준비된, 준비해 놓은 pareskeuasmenos

— 준비된 3A.9, 4B.16, 7B.26, 17A.46(91b: 준비가 된)

— 준비해 놓은 4B.10

준비 없는, 준비되지 않은 aparaskeuos

— 준비 없는 5B.5

— 준비되지 않은 10B.26

준비하다 kataskeuazein 10A.16, 10A.17 cf. 기법

준비하다, 준비를 갖추다 paraskeuazein

— 준비하다 3A.9(준비된), 4B.10(준비해 놓은), 4B.16(준비된), 7B.26(준비

된), 5B.66, 10B.26(준비되어 있는 pareskeuasthai), 15B.20(29절: 준비하며 paraskeuazetai), 17A.46(91b: 준비가 된)

— 준비를 갖추다 2B.35(448d)

준비하다 prohetoimazein 6A.1(38절 필요한 모든 준비들은 … 뤼콘이 했다)

중간 문체 misē lexis 7장 안내, 7B.5, 7B.20(주석 91) cf. 유려한 문체, 근엄한 문체

즉석에서 ek tou parautika, ek tou parachrēma, parachrēma, houtōs

— ek tou parautika 15B.20(8절, 9절, 18절, 24절)

— ek tou parachrēma 15B.20[3절, 33절(즉석에서 연설하는 사람들의)]

— parachrēma 15B.21(27절)

— houtōs 17A.29(464b)

즉흥 연설 autoschediasmos 6A.47(주석 146: 신들린 즉흥 연설), 15장 안내, 15B.20(18절, 20절, 23절) cf. 준비

즉흥 연설 schedios logos 2A.6, 2B.50, 6A.47(주석 146: 즉흥 연설 전통), 15A.3(주석 7), 15B.20(주석 78)

즉흥 연설 능력 autoschediastikē dynamis 15B.20(30절, 33절) cf. 쓰는 능력, 말하기 능력

즉흥 연설을 하는 autoschediastos 15B.20(17절)

즉흥적인 연설 autoschediastikos logos 15B.20(8절, 29절)

즉흥 연설하다, *즉석(에서) 연설하다 schediazein, aposchediazein, autoschediazein

— schediazein 15A.3

— aposchediazein 2A.1

— autoschediazein 15B.20[13절, 22절, 31절, 32절(즉흥 연설을 더 잘하고), 35절]

즉흥 연설하다, 즉석에서 연설하다, 즉석에서 하다 autoschediazein cf. 주조하다(짜진 틀을 이용하다), 즉석에서

— 즉흥 연설하다 15B.20[13절, 22절, 31절, 32절(즉흥 연설을 더 잘하고), 35절]

— 즉석에서 연설하다 15B.20(14절, 33절)

— 즉석에서 하다 15B.20(33절)

즐거운, 즐거워하는, 달콤한, 쾌락, 순진한, 순진무구한, 고마운 hēdys cf. 고
통스러운, 쾌락, 향신료

— 즐거운 1B.47(317c), 2A.1(2절), 2A.30, 2B.13(18절), 2B.35(448d), 2B.50,
3B.14, 3B.48(23절, 30절, 31절, 33절), 4B.15(285d: 즐거이), 4B.33,
5A.14(3절), 5B.68, 6A.1(27절), 6A.55(5절, 6절), 6B.33, 6B.41, 6B.42,
8A.1, 8B.5, 9B.10.(c), 10A.1, 10B.19, 10B.33, 10B.36, 10B.63, 12B.2
(3절), 12B.7[4절(가장 즐거운 관심과는, 가장 즐거우니까), 5절(가장 즐
거운 휴식으로부터, 즐겁게 hēdeōs), 11절], 17A.29(464d, 465a), 17B.12
(80절), 17B.15(105절)

— 즐거워하는 6B.40(458a: hēdeōs ... elenchthentōn 논박을 받는 걸 즐거워
하고, hēdeōs ... elennxantōn 논박을 해 주는 걸 즐거워하는)

— 달콤한 6A.14, 9B.13.(c), 10B.1

— 쾌락 hēdy 3B.12(다른 어떤 쾌락을)

— 순진한 8B.4

— 순진무구한 7B.24

— 고마운 2B.14(28절)

즐거운 laetus ㉿ 9A.10

즐거운 phaidros 9B.13.(b)

즐거운 prosēnēs 3B.30

즐거움 voluptas ㉿ 2B.69 cf. 쾌락

즐거움에 동참하다 synapolauein 9B.13.(b) cf. 누리다

즐겁다, 즐거워하다, 즐거워지다, 쾌락을 누리다, 쾌락을 얻다 hēdesthai cf.
괴로워하다, 쾌락, 기뻐하다, 유쾌하다, 즐기다, 누리다

— 즐겁다 8A.5

— 즐거워하다 5B.24(5절), 1A.5, 3B.48(33절), 5B.67, 6B.70

— 즐거워지다 2B.13(19절), 3B.48(24절)

— 쾌락을 누리다 3B.12

— 쾌락을 얻다 17B.14(40절)

즐기는, 즐거운, *낙으로 삼을 만한 terpnos
— 즐기는 3B.14, 3B.48(23절)
— 즐거운 10B.6(21행)
즐기다, *돌보다, *지키다 amphiepein 10B.1
즐기다, 즐겁게 하다, 즐거움을 주다, 흔쾌하다, *즐거움을 누리다, *낙으로
    삼다 terpein cf. 고통스럽게 하다, 즐겁다, 기뻐하다, 유쾌하다, 누리다
— 즐기다 terpein, terpesthai 2B.13(18절), 3B.48(24절: 즐기게 될까
    terphtheiēs)
— 즐겁게 하다 2B.13(13절, 14절), 5A.2
— 즐거움을 주다 10B.6(24행), 17B.14(40절)
— 흔쾌하다 terpesthai 1B.16(terpomai)
즐김, *즐거움을 누림, *낙으로 삼음 terpsis 2B.13(5절), 3B.9, 3B.10, 3B.11,
    15B.20(27절) cf. 쾌락, 기쁨, 유쾌함, 누림
증거, 증후 tekmērion cf. 표지
— 증거 2B.39, 4B.32, 6A.12, 6B.23(2절), 6B.29(372b, 372c), 8B.8, 11A.1
    (272b), 13B.6(9절: tekmarion), 15B.20(13절), 17A.4, 17A.48(266e),
    17B.2(282e, 283a), 17B.7(20절, 21절)
— 증후, *조짐, *징후 5B.107
증거를 얻다, 증거로 들다, 추정하다 tekmairesthai
— 증거를 얻다 4B.29
— 증거로 들다 8B.1(484b)
— 추정하다 5A.4, 15B.21(10절)
증명, 신뢰의 증거, 신의 pistis
— 증명 pistis [confirmatio 라] 15B.16
— 신뢰의 증거 2B.14(8절, 9절)
— 신의 2B.23
증명을 제시하다 kataskeuazein 15B.3 cf. 반박하다
증언, 증거, 증거 자료 martyria [testatio 라]
— 증언 17A.48(266e)

— 증거 2B.23

— 증거 자료 10B.43

증언 martyrion 13B.3(11절)

증언하다, 증인이 되다, 증거 노릇하다, 증언으로 뒷받침하다 martyrein

— 증언하다 2B.14(22절), 2B.26, 3B.52(366b: 참된 증언을 하고), 5B.25,
   6A.1(37절), 6A.3, 15B.21(7절)

— 증인이 되다 5B.96, 6A.32

— 증거 노릇하다 1B.8(61절)

— 증언으로 뒷받침하다 2B.14(22절: 고발이 증언의 뒷받침을 받아서)

증언하다 ekmartyrein 13B.4(6절)

증인, 증언자, 증언해 줄 사람, 보는 사람 martys

— 증인 2B.14(7절, 9절, 15절, 22절, 23절), 6B.46, 10B.48

— 증언자 6A.3(증언한다), 13B.2

— 증언해 줄 사람 6A.21(32e), 6B.29(372b)

— 보는 사람, *증인 5B.24(1절: martyros)

증표, 보여 주는 사례 epideigma cf. 본, 본보기

— 증표 4B.8

— 보여 주는 사례 6B.69(12절)

지각 없는, 몰지각한, 생각 없는, 지성 없는, 어리석은, *정신 없는 anoētos cf.
   몰지각

— 지각 없는 3B.48(31절)

— 몰지각한 6A.56

— 생각 없는 17A.29(464d)

— 지성 없는 17B.2

— 어리석은 2B.14(26절), 6A.1(38절)

지각 없는 agnōmōn 10A.13(26절)

지나친 정교함, 지나친 공들임, 쓸데없는 일, *주제넘은 것 periergia cf. 참견
   하다

— 지나친 정교함 3B.22(periergeia)

― 지나친 공들임 2B.68(공들임이 지나친 것)

― 쓸데없는 일 1B.24

지성, 정신, 마음, 판단, 판단력, 분별, 견해, 의도, 대의, 제안 gnōmē cf. 심
지가 굳은, 사고

― 지성, *사유 3B.48, 5B.2(주석 108), 5B.3, 5B.4, 5B.5, 5B.34, 5B.58,
5B.105, 10B.6, 10B.43, 10B.44, 17B.18

― 정신 13B.9

― 마음 2B.23, 5A.6, 5B.68, 6A.55, 15B.20[8절, 12절, 16절(마음이), 17절,
18절]

― 판단 2B.13(13절), 3A.22, 3B.48, 5A.21, 5B.26, 6A.15, 6B.57, 6B.69,
7B.20, 10A.1, 10B.5, 15B.20(23절), 17B.14(38절, 42절)

― 판단력 7B.20, 15B.20(34절)

― 분별 2B.13(19절)

― 견해 3B.6, 17B.14(36절, 49절)

― 의견 17B.12(82절)

― 의도 15B.21(1절)

― 대의 17B.7

― 제안 5A.20

지시체, 가리켜진 것, *의미 sēmainomenon

― 지시체 3B.9

― 가리켜진 것 3B.22

지어내다, 빚다 plattein cf. 주조하다

― 지어내다 6B.47, 15B.20(12절)

― 빚다 8B.1(483e)

지어지다, 써지다, 작문되다 synkeisthai cf. 짓다

― 지어지다 2A.1(5절: 지어졌다), 2A.16(지어졌다), 4B.15(286a: 이야기를
지어 놓은), 5A.6(정의에 어긋나는 연설들을 지어 주었다고)

― 써지다 17B.7(22절: 썼다)

― 작문되다 4B.2, 4B.8(368d), 15B.20(12절: 작문한다는)

지혜를 행사하다, 고안해 내놓다, *소피스트 노릇을 하다 sophizesthai cf. 소
피스트 노릇을 하다
— 지혜를 행사하다 17B.2
— 고안해 내놓다 15B.21(26절)
직판자 autopōlēs 17A.11(231d)
진보 epidosis 15B.20(32절)
진보를 이루다, 진전을 이루다 epididonai
— 진보를 이루다 17B.1(281d, 282b)
— 진전을 이루다 1B.47(318c, 318d)
진정한 소피스트, 진짜 소피스트 ontōs sophistēs cf. 완벽한 소피스트, 가짜
소피스트들
— 진정한 소피스트 머리말 3절, 15B.21(12절 주석 138), 17A.9(주석 49),
17A.11(268d)
— 진짜 소피스트 머리말 2절
진지하다, 진지하게 임하다, 진지하게 대하다, 진지하게 말하다, 진지하게 탐
구하다, 진지하게 추구하다, 추구하다, …하려 하다, 전심을 다하다, 골몰
하다, 업으로 삼다 spoudazein cf. 유희하다, 웃다
— 진지하다 8A.6(너무도 진지한), 11B.3[283b(그걸 욕망하며 진지한, 283c
(놀라울 정도로 진지하다고)]
— 진지하게 임하다 1B.15(167e: 대화에서는 진지하게 임하기도), 11B.3(283b:
진지하게 임하지)
— 진지하게 대하다 6A.6
— 진지하게 말하다 8A.6(이 말들을 진지하게 하고, 진지한 말을 하고)
— 진지하게 탐구하다 5A.12
— 진지하게 추구하다 15B.20(32절, 34절)
— 추구하다 1A.2(4절)
— …하려 하다 10A.1(참주처럼 굴려 하는 tyrannika spoudazetai)
— 전심을 다하다 12B.4(1절)
— 골몰하다 6A.1(30절)

— 업으로 삼다 11B.1

진지하면서 재미있는, 웃픈 spoudaiogeloios

— 진지하면서 재미있는 2B.13(21절 주석 340)

— 웃픈 2장 안내

진지한, 중대한, 뛰어난, 변변한, 알맞은, 양호한, 괜찮은 spoudaios cf. 열심
히 추구되는, 우스운

— 진지한 4B.34(14절), 6A.52(30절), 11B.6(294a 주석 69)

— 중대한 2B.37, 5B.25(1절)

— 뛰어난, *훌륭한 5A.19

— 변변한 6A.52

— 알맞은 6B.73

— 양호한 11B.11

— 괜찮은 14B.6

진지하다고 하기 어려운 insincerus ⑭ 1A.4

진지함 severitas ⑭ 2B.69 cf. 재미, 즐거움

진지함, 진지하게 여김, 진지한 관심, 진지한 추구, 진지한 탐구, 연구, 열의,
열정, 부리나케 spoudē cf. 유희, 우스움, 익살, 재미, 재밋거리, 웃음

— 진지함 2장 안내, 2B.4(주석 200), 2B.13(21절 주석 340), 2B.47,
2B.80(197e), 6B.61(진지하게), 7B.31(진지하게), 11장 안내

— 진지하게 여김 1B.60(진지하게 여길 만한)

— 진지한 관심 7B.5

— 진지한 추구 2B.50

— 진지한 탐구 5A.12, 7B.6, 15B.11

— 연구 4B.19

— 열의 15B.21(2절)

— 열정 5B.66

— 부리나케 spoudēi 10B.18

질서 있게 en kosmōi, en taxei

— en kosmōi 1A.5

724

— en taxei 15B.20(24절)

질투 zēlotypia 2B.20 cf. 선망, 선망하다, 경연

짓다, 쓰다, 글로 쓰다, 연설을 쓰다, (법을) 제정하다 syngraphein cf. 연설
   작성가, 연설 쓰기, 저술

— 짓다 2B.50(이야기를 지은), 3B.45(이야기를 지은), 3B.43(칭찬들을 산문으
   로), 5B.1(2절: 법정 연설들을 지었을), 17B.6(칭찬들을 산문으로)

— 쓰다 5A.4(몇몇 연설들을 썼는데, 쓰기를 저버린)

— 글로 쓰다 11A.1(272a)

— 연설을 쓰다 5A.4(연설을 쓰는)

— (법을) 제정하다 10A.15

짓다, 작문하다 syntithenai cf. 지어지다

— 짓다 2B.50(이야기를), 3A.15(이야기를), 3B.45(이야기를), 5A.4(비극들을)
   cf. 지어지다

— 작문하다 15B.20(11절)

징조 symbolon 6A.20, 6B.23

징조, 기괴한 것 teras cf. 점쟁이

— 징조 5A.9

— 기괴한 것 4B.31

징조로 받아들이다 oiōnizesthai 5B.100

징조 해석가 sēmeiolytēs 5B.101

짝, 짝으로 대응하는, 상응하는 짝 antistrophos

— 짝 17A.29(465e)

— 짝으로 대응하는 17A.29(464b)

— 상응하는 짝 17A.30

짧게 대답하다 kata brachy apokrinesthai, dia bracheōn apokrinesthai, brachea
   apokrinesthai

— kata brachy apokrinesthai 1B.45, 2B.35(449b)

— dia bracheōn apokrinesthai 2B.35(449a)

— brachea apokrinesthai 6B.45(334d)

짧게 말하는 brachylogos 2B.35(449c)

짧게 이야기하다 brachea eipein 1B.32(짧게 이야기를 할), 6B.45(335a: 짧게 이야기를 할)

짧게 이야기하다 brachylogein 10A.1

짧게 짧게 하기 to kata brachy 4B.33(338a) cf. 대화의 엄밀한 유형

짧은 이야기, 짧게 이야기하기 brachylogia cf. 대화의 엄밀한 유형, 긴 이야기

— 짧은 이야기 1B.32, 1B.46, 6B.45(335a, 335b)

— 짧게 이야기하기 2B.35(449c)

찢어발기다 sparattein 17A.45(539b) cf. 발기발기 찢다, 웃음거리로 만들다

(ㅊ)

찬미하다 hymnein 3B.48(33절), 10B.4

찬양 enkōmion [책 제목 대개 제외] 머리말 2절(주석 12), 2A.31(주석 171), 2B.13(주석 293☆, 21절), 2B.15, 3B.43, 14B.7(주석 27), 15B.5, 15B.6 (화류계 여인인 나이스의 찬양) cf. 변명

찬양 laudatio ㉑ 15B.4

찬양하다 enkōmiazein 2B.23, 2B.35(448e), 2B.80(194e), 6B.29(372c), 6B.71, 7B.25(358d), 7B.35, 10A.12(157e: 번역문에는 158a), 14B.7, 17B.1(282a), 17B.6

참견하다, *많은 일들을 하느라 바쁘다 polypragmonein 6A.18 cf. 지나친 것, 주제넘은

참주, 주재자 tyrannos

— 참주 머리말 1절, 2장 A 주석 39, 2A.13(주석 115), 2A.31(9절 주석 170), 4B.24☆, 4B.33(337d: 인간들에게 참주인 법) 및 주석 124, 5A.4, 5A.6(498), 5A.21, 5B.93, 7B.23(344a 주석 112), 8B.1(주석 29), 10B.1 (주석 108), 10B.21, 10B.33(6행: 정의가 참주가 되고), 12B.7(12절, 13절), 14장 안내(주석 4), 15B.20(11절), 17A.6, 17A.10, 17A.24, 17B.12(80절, 81절)

— 주재자 2B.13(3절)

참주 tyrannus ㉎ 2B.45

참주 노릇하다, 참주다, 참주가 되다 tyrannein

— 참주 노릇하다 3B.52(366e)

— 참주다 2A.31(9절: tyrannēsas), 5B.1(1절: hoi tyrannountai 참주들), 10B.33(참주였던)

— 참주가 되다 2B.14(13절)

참주적인, 참주처럼 구는 tyrannikos

— 참주적인 6A.53

— 참주처럼 구는 10A.1(참주처럼 굴려 하는 tyrannika spoudazetai)

참주정, 참주 자리 tyrannis cf. 일인 지배, 민주주의, 과두정

— 참주정 3A.23, 7B.23(344a), 10장 안내, 10A.1, 12B.7(12절), 17B.12 (81절), 17B.14(37절)

— 참주 자리 2B.14(21절), 8B.4(492b)

책 biblion 1A.1(52절, 55절), 1A.3, 1A.15, 1B.1, 1B.7, 3A.23, 3B.35(부 정의한), 3B.44, 5A.4(글라우코스의 책), 5A.11(책 다섯 권에다, 책을 하 나 써서), 5B.101, 6A.14(230d), 6B.21, 7B.34, 15B.20(1절, 15절, 28절), 17A.48(266d), 17B.6, 17B.7(22절) cf. 저술

책 gramma 3B.25

책 liber ㉎ 1A.4, 1A.11, 1B.41, 5B.95, 5B.97, 5B.103, 9A.10

'책을 잊어먹는 사람' Bibliolathas 5A.3(주석 11)

처벌 dikē, kolasma, timōria, zēmia

— dikē 6B.73, 17A.24(908d) cf. 정의(正義)

— kolasma 10B.33(4행)

— timōria 6B.69(24절)

— zēmia 2B.13(7절), 5B.24(2절), 7B.23(343e), 12B.4(3절) cf. 손실

처벌받다 zēmiousthai

— 처벌받다 6B.69(17절: 처벌은 덜 받고), 7B.23(344b: 처벌도 아주 크게 받 고), 15B.21(11절, 21절)

— 대가를 치르다 17B.14(40.3절)

처벌을 피한 athōios 12B.6(2절)

척도 metron 1장 안내, 1A.1, 1B.3, 1B.8, 1B.9, 1B.10, 1B.11, 1B.12, 1B.13, 1B.15, 1B.17, 1B.20, 2B.14(30절), 5B.12, 9B.6, 15B.21(22절, 27절) cf. 판단 기준

천상의 것들 meteōra 1B.71, 3B.40, 4A.10, 4B.17, 6A.44, 17A.23, 17A.25

천상의 것들을 논하는 자들 meteōroleschai 1A.13

천상을 논하는 소피스트들 meteōrosophistai 3A.22, 6A.15

천성이 좋은, 태생이 좋은, 좋은 재능을 타고난 euphyēs cf. 태생이 좋은

— 천성이 좋은 13B.6(11절: 좋은 천성을)

— 태생이 좋은 2A.7, 2B.68

— 좋은 재능을 타고난 17A.24

철저히 연습하다, 훈련시키다 ekmeletan cf. 연습

— 철저히 연습하다 4B.15

— 훈련시키다 2A.11

철학하는 수사학, *철학적 수사학 hētorikē philosophousa 17A.38

철학하는 사람들, *철학자들, *철학도들 hoi philosophountes 5A.14, 13B.1 (1절), 17A.38

철학하다, 지혜를 사랑하다 philosophein

— 철학하다 1A.3, 6A.1(20절), 6A.56, 8A.8(철학함), 15B.21[12절, 22절(철학함)] ['철학하는 사람들', '철학하는 수사학'의 용례들]

— 지혜를 사랑하다 6B.20, 6B.74(지혜 사랑하기), 15B.7, 17A.15

체육 gymnika 13B.1(6절)

체육관 gymnasion 3B.51, 3B.52(주석 223), 4B.8(주석 58), 6A.1(43절), 6B.4, 13B.2(3절) cf. 레슬링장

체육 사랑하기 philogymnastein 6B.74

체육 선생 paidotribēs 2B.36, 2B.40, 3B.52(366e), 16A.1(주석 13: 체육 교사), 17A.29(464a) cf. 글 선생

체육술 gymnastikē 1B.47, 2B.42(주석 503), 17A.29(464b, 464c, 465b, 465c)

cf. 운동

총괄 기획 기술 architektonikē 1B.60

✽추가 논박 epexelenchos 9B.2, 17A.48 cf. 논박

✽추가 확증, *심화 확증 epipistōsis 17A.48(266e)

추구하다, 쫓아가다, 쫓아다니다, 뒤쫓다, 고발하다, 시현(示現)하다 diōkein
cf. 탐색하다

— 추구하다 1B.15(167d: diōkteon 추구해야만 하니까요), 8B.1(482e: 진리
를), 8B.4(492c: 진리를), 17A.43(454a: 단어 자체에 대한 반대를)

— 쫓아가다 8B.1

— 쫓아다니다 6B.69(24절)

— 뒤쫓다 5B.96

— 고발하다 2B.14(24절: 재판으로 고발하고 있는)

— 시현하다 3B.48(34절)

추구하다, 몰두하다, 몸담다, *일삼다 epitēdeuein cf. 일

— 추구하다 4A.2(4절), 4B.4, 4B.15(286a, 286b), 7B.25

— 몰두하다 5B.26

— 몸담다 17A.29(463a)

✽추론, 머릿속 추론, 논변, 엔튀메마, *수사적 추론 enthymēma cf. 결론 내
리다

— 추론 15B.20(4절, 18절, 19절, 20절, 24절, 25절, 33절), 17A.18

— 머릿속 추론 15B.20(3절)

— 논변 2B.26, 3A.31, 5A.5, 7B.8

— 엔튀메마[그럴법한 전제들을 기반으로 하는 추론] 11B.10

추론, *계산 logismos 2B.13(2절), 4B.15

추론, 연역 추론, *삼단논법 syllogismos

— 추론 6B.8

— 연역 추론 17A.31

추론하다 eklogizesthai 5B.1(2절)

추론하다 logizesthai 6A.12(추론이... 되지), 6B.16, 12B.7(12절: 이런 추론은)

추론하다, 추론으로 도출하다, *연역 추론/삼단논법으로 도출하다
syllogizesthai
— 추론하다 2B.4(2절), 6B.8
— 추론으로 도출하다 1B.59
추론하다 symballesthai 12B.7(12절)
추첨, 제비, *제비뽑기, *콩 kyamos cf. 제비뽑기
— 추첨, *제비뽑기 6A.50[추첨으로(apo kyamou) 임명하면서]☆
— 제비, *콩 13B.7(5절)
추첨 palos 17B.12(80절)
추첨으로 뽑은, *제비로 뽑은, *콩으로 뽑은 kyameutos 6A.50(추첨으로 뽑아서)
cf. 제비로 뽑힌
치유하다 iasthai 6B.29(372e, 373a), 8A.4(치유도 내가 할) cf. 보살피다
치유할 수 없는, 치유 불가능한 anēkestos
— 치유할 수 없는 2B.14(34절: 치유할 수 없는 것들의 경우에는)
— 치유 불가능한 5B.80, 17B.15(111절)
치유할 수 없는 aniatos 2B.14(34절: 치유할 수 없거든요)
치유할 수 없는 dysiatos 2B.13(17절)
치유할 수 있는 akestos 2B.14(34절)
친구들에게 잘하고 적들에게 못되게 하다 tous men philous eu poein kai tous
d' echthrous kakōs, tous te philous eu poein kai tous echthrous kakōs
— tous men philous eu poein kai tous d' echthrous kakōs 2B.27(71e)
— tous te philous eu poein kai tous echthrous kakōs 15B.21(28절)
친구들에게 해를 주고 적들을 이롭게 하다 tous men philous blaptein tous
d' echthrous ōphelein, tous men philous kakōs poiein tous de echthrous
ōphelein
— tous men philous blaptein tous d' echthrous ōphelein 2B.14(25절)
— tous men philous kakōs poiein tous de echthrous ōphelein 2B.14(18절)
친구들을 이롭게 하거나 적들에게 해를 주다 philous ōphelein ē polemious
blaptein 2B.14(18절)

친구들을 자유롭게 하고 적들을 정복하다 tous te philous eleuthroun kai tous
echthrous cheirousthai 3B.48(28절)

칭송하다 eulogein 17B.16

칭송하다 klein 17A.1

칭찬, 칭송 epainos cf. 비난

— 칭찬 2A.1(5절: 칭찬하는 데만), 2B.13(1절: 칭찬할, 칭찬으로), 2B.16(5절:
칭찬하는 데만), 2B.17, 2B.18, 2B.65, 3B.43, 3B.48(31절, 33절),
8B.1(483b: epainon epainein), 10A.13(26절), 17B.6(칭찬들을 산문으로,
칭찬을 받는)

— 칭송 2B.80(195a), 3B.23

칭찬 laus ㉭ 2B.45, 2B.69

칭찬받을 epainetos 2B.13(1절) cf. 비난받을 만한

칭찬받을 만한 epaineteos 5A.6 cf. 비난받을 만한

칭찬하다, 칭송하다, 승인하다 epainein cf. 비난하다, 미리 칭찬하다

— 칭찬하다 1B.35, 2B.13(1절: 칭찬한다는 것은), 2B.14(32절), 2B.15,
2B.17, 2B.18, 3A.18, 3B.12(337b: 칭찬을 받게, 칭찬은 epaineisthai),
3B.22, 4B.15(285b, 285d), 5A.4(어떤 칭찬들을 받고 있느냐에, 연설이 칭
찬받는다), 5A.6, 5A.13, 5A.19, 6A.1(27절), 6A.22, 6B.70, 7B.23(338c),
7B.25(358d), 8B.1(483b: 칭찬과 비난을 합니다 epainous epainein),
8B.4(492a: 번역문에는 492b), 9B.3, 9B.12.(a), 10A.4, 12B.2(3절),
14B.8, 15B.20(29절), 17A.6, 17A.26(493d)

— 칭송하다 2B.80(195a), 6A.1(31절), 6A.10

— 승인하다 10A.13(29절)

칭찬하다 laudare ㉭ 2B.45(칭찬으로써 laudando)

(ㅋ)

쾌락, 즐거움 hēdonē (hadona) cf. 고통, 즐겁다, 즐거움, 기쁨, 유쾌함, 즐김,
성적 쾌락, 누림

— 쾌락 2A.26, 2B.13(10절), 2B.14(15절), 2B.50(주석 542), 3장 안내(주석 3), 3A.9, 3A.17, 3B.9, 3B.10, 3B.11, 3B.44, 3B.48(27절), 4B.16, 4B.31(주석 110), 5B.68, 5B.80, 6B.42(522b), 7B.26, 8B.4, 9B.8, 10A.3(주석 31), 10A.13(14절), 10B.20, 13B.2(28절: hadona), 13B.3 (17절: hadona), 15B.18, 17A.24, 17A.26, 17A.29(462c, 462d), 17A.45 (538d), 17B.14(38절, 40절)
— 즐거움 2B.56(말들의)
쾌락을 주다, *즐거움을 주다 hēdein 5B.24(4절) cf. 즐겁다, 쾌락
크리티아스 따라 하기, 크리티아스처럼 말하기 kritiazein cf. 고르기아스 식으로 말하기, 히피아스처럼 말하기
— 크리티아스처럼 말하기
— 크리티아스 따라 하기 10A.1
큰소리, *되도 않는 큰소리 megalēgoria 6A.55(1절, 2절)

(ㅌ)
탐구, 탐문 historia
—탐구 6B.3, 15B.20(1절)
—탐문 1A.1(50절: 책 제목『잡다한 탐문』)[이하 책 제목 용례 생략], 5A.3
탐문을 잘 하는 zētētikos 3B.52 cf. 탐색하다
탐문하다 ereunan 6A.23
탐색, 탐구, 찾는 일 zētēsis
— 탐색 6B.19(21b: 탐색해 보기로), 6B.26(336e: 탐색을 하면서), 17B.7 (20절: 진실에 대한 탐색)
— 탐구 6A.1(21절), 17A.19(탐구하면서)
— 찾는 일 15B.20(21절: 할 말을 찾는 일)
탐색하다, 찾아 나서다 anazētein
— 탐색하다 6A.44, 17A.23, 17A.25
— 찾아 나서다 15B.10(236행: 살인자를)

탐색하다 episkeptesthai 17A.33

탐색하다 epizētein 6B.54(덕의 부분들 각각이 무엇인지를 탐색했다)

탐색하다, *묻다 quaerere ㉐ 6B.6

탐색하다, 탐구하다, 추구하다, 찾다, 찾아다니다 zētein cf. 탐문을 잘 하는, 문제, 함께 탐색하다, 추구하다

— 탐색하다 2A.3, 3B.21, 6B.7, 6B.8, 6B.19(22a), 6B.40, 6B.54(덕이 무엇인지를 탐색했던)

— 탐구하다 6A.1(21절), 6A.44, 17A.25, 17A.38(탐구되고 있는 것들에), 17A.40

— 추구하다 1B.48(322b), 2B.14(15절), 4B.33(338a), 6B.8, 7B.20

— 찾다 2B.27(72a), 3B.48(30절: 얼음을 찾아), 6A.13(220c), 6A.23, 6A.55 (8절: zētētea 찾아야겠다고), 6B.26(336e: 금을 찾고 있다고, 정의를 찾고 있는), 10B.16(이득들을), 11B.6(293d: 앎을), 17B.14(38절)

— 찾아다니다 6A.1(33절)

탐욕스러운, *응분의 것보다 더 가지겠다고 주장하는 사람 pleonektēs 6A.51, 10A.13(12절) cf. 더 많이 갖기, 욕심이 과한

탓하다 accusare ㉐ 2A.28

탓하다, … 탓이라고 보다, 책임을 돌리다, 비난하다, 고발하다, 피소되다, *원인이라고 여기다 aitiasthai cf. 원인

— 탓하다 17A.46

— … 탓이라고 보다 6B.29

— 책임을 돌리다 10A.13(26절)

— 비난하다 2B.13(6절), 10B.48

— 고발하다 6B.23

— 피소되다 5A.20

태생이 나쁜 dysgenēs 6B.72(주석 319), 17장 주석 254, 17B.16(태생 나쁨)

태생이 좋은 eugenēs 6B.72(주석 319), 14B.6, 17장 주석 254, 17B.16(태생 좋음) cf. 천성이 좋은

태생이 한미한 agenēs 14B.6

통로 poros 2B.10, 2B.11 cf. 유출

특수한 법 idios nomos 17B.10 cf. 공통된 법

(ㅍ)

파괴하다 apollynai, dialyein, kathairein, katalyein, synereipein

— apollynai 6B.68(법률들만이 아니라 국가 전체를) cf. 망가지다

— dialyein 15B.18(분명함이 파괴되기) cf. 해체하다

— kathairein 10A.1(성벽을)

— katalyein 2B.14(17절: 정의를), 17B.15(90절: 공공의 선을) cf. 해체하다

— synereipein 15B.20(25절: 단어들의 전체 구조를)

파멸 diaphthora 8B.1(484c), 17A.28 cf. 손상

파멸 olethros 6A.20

판단 기준 kritērion [헬레니즘 시대 용어] 1B.8, 1B.9, 1B.20, 2B.5, 11B.13, 11B.14, 16B.1, 16B.3, 16B.4, 16B.7

평등, 똑같은 것, 똑같이 to ison cf. 동등한

— 평등 2B.23, 6A.53

— 똑같은 것 17B.13(37절: 똑같은 것을 공유하지만)

— 똑같이 8B.1[483c(똑같이 가질), 484a(똑같이 가져야)]

평등 isonomia 17B.12(80절: isonomiē) cf. 동등한

표절, 절도 klopē

— 표절 머리말 6절(주석 19), 1B.6(주석 135), 1B.7, 1B.48(주석 316), 2B.3(주석 195), 4B.4(주석 52), 4B.21(주석 97), 4B.29(주석 105), 5A.11, 7B.21(주석 94), 13장 안내

— 절도 1B.48

표절하다, 도둑질하다, 훔치다 kleptein cf. 훔치다, 도둑, 신전 절도

— 표절하다 2B.3

— 도둑질하다 13B.3

— 훔치다 1B.48, 2B.50(주석 546), 4B.37, 10장 주석 197, 13B.3, 17A.26

(주석 96)

표지, 징조, 신호, 기호, 표시, 증거, 징표, 점 sēmeion cf. 증거

— 표지 5B.107, 15B.20(32절), 17A.33, 17B.7(21절)

— 징조 5B.100, 5B.101

— 신호 6A.18(주석 100), 6B.23(주석 220), 11A.2 cf. 신령스러운

— 기호 2B.4(22절)

— 표시 15B.21(9절)

— 증거 5B.19, 5B.21

— 징표 2B.14(31절)

— 점 5B.17

표현, 문체, 언표, 어법, 단어 선택, 단어, 용어, 용례 lexis [elocutio ㉐]

— 표현 1B.7, 2B.23, 2B.43, 2B.64, 2B.66, 2B.68, 3B.25, 2B.71, 2B.73*, 2B.76, 5A.11, 7B.10(주석 69), 14B.9, 15B.18, 15B.19

— 문체 2B.80s, 7장 안내, 7A.2, 7B.5, 7B.13, 7B.20(주석 91), 10A.1(주석 25), 10장 B 주석 106, 10B.11(주석 147), 10B.51(주석 261), 10B.58(주석 280), 15A.4(주석 8), 15B.18(1406a, 1406b)

— 언표 1B.19

— 어법 2B.26, 5A.3

— 단어 선택 1B.58, 1B.60, 3A.31, 5A.5, 10A.11

— 단어 5B.54s(주석 237), 10B.45

— 용어 1B.68

— 용례 5B.43

표현, 언명, 말 phōnē

— 표현 5B.41

— 언명 1B.43

— 말 1B.48(322a)

표현 phrasis 2B.64, 3A.31, 5A.5

표현하다 apangellein 10A.1

표현하다, 공표하다 ekpherein

— 표현하다 2B.5(85절), 7A.2

— 공표하다 15B.20(31절)

표현하다, 표현을 구사하다, 개진하다 hemēneuein

— 표현하다 1A.2(4절)

— 표현을 구사하다 4A.2(8절)

— 개진하다 2A.1(2절), 3B.46

표현해 줄 수 없는 anexoiston 2B.5(서두, 83절) cf. 보여줄 수 없는, 설명해
  줄 수 없는

표현 형태, *어법 형태, *문채 ho lexeōs schēmatismos [figura elocutionis ㉑]
  2B.68

♣풍유(諷諭) allēgoria 2B.67

풍자하다, *비방하다, *이암보스로 말하다 iambizein 2A.36☆ cf. 이암보스,
  비방하다

프로타고라스의 공언 to Prōtagorou epangelma 1장 주석 276, 1B.34, 17A.21

(ㅎ)

한계, 끝점 peras cf. 끝

— 한계 3B.16

— 끝점 5B.17

함께 논의를 하다 synousian poieisthai 1B.46, 6B.45(335b)

함께 탐색하다, 함께 탐구하다 syzētein cf. 탐색하다

— 함께 탐색하다 6B.43(80d)

— 함께 탐구하다 6A.1(22절)

함께하다, 함께 있다, 함께 지내다, 교제를 나누다 syneinai cf. 벗어나다

— 함께하다 1B.47(318a: 나와 함께한다면), 3B.48(32절), 5B.72, 6B.4(10절),
  12B.2(6절), 12B.7(4절), 17A.4

— 함께 있다 1B.47(316c), 2B.14(7절), 6A.39, 6A.50, 11A.4(1절)

— 함께 지내다 2A.8, 2B.14(11절, 15절), 2B.78, 3A.13, 4A.4, 5A.14(3절),

6A.1(37절), 6B.23(4절)☆, 6B.45(336b), 10A.13(24절, 39절)

― 교제를 나누다 3A.3(19e), 9A.1(19e), 17A.13(19e)

― 교제하다 3A.3(20a), 9A.1(20a), 17A.13(20a)

함께하다, 함께 있다, 함께 지내다, 함께 어울리다, 함께 시간을 보내다 syngignesthai

― 함께하다 1B.47[318a(나와 함께하는 날마다), 318d(프로타고라스와 함께 하게 되면, 그와 함께하게 되는, 누군가와 함께하게 될)], 3A.32, 4B.13, 6B.24, 17A.28

― 함께 있다 1B.47, 6B.29(372b), 10A.13(16절)

― 함께 지내다 1A.7, 2A.15, 6A.55(5절), 9A.6(61d), 13B.6(6절), 17A.9

― 함께 어울리다 2B.13(10절), 6B.74(342d)

― 함께 시간을 보내다 6A.52(30절)

함께함, 함께 지냄, 함께 논의함, 모임, 교제, 공존 synousia

― 함께함 5A.14(11절, 12절)

― 함께 지냄 17A.26(493b: 함께 지내며)

― 함께 논의함 1B.46, 6B.45(335b)

― 모임 2B.14(6절), 3B.12(337b), 6B.40(457d), 6B.45(335b, 335c)

― 교제 1A.2(1절), 1B.15(168a), 1B.47(316c), 3A.3(20a), 6B.24, 9A.1(20a), 10A.13(13절, 38절), 17A.13(20a)

― 공존 14B.1, 14B.2

합리적인, 합당한 eulogos cf. 합당하다, 설득력 있는, 불합리한

― 합리적인 eulogos 3B.27

― 합당한 6B.8, 6B.54, 12B.2

합의 consensus ㊍ 5B.95 cf. 승인

합의 synthēma 15B.21(7절)

합의하다 anomologeisthai 17A.44(164c) cf. 동의하다, 생각을 같이하다

합의하다 syntithesthai 15B.21(7절)

합창 가무단(원), 대열 choros 1A.5, 1A.6, 1B.8, 4B.3, 6B.63, 6B.70, 10B.1, 11A.3, 11B.2

합창 가무단 책임자 chorēgos 10B.59

항변하다, 변명하다, 옹호하다 apologeisthai cf. 변명, 고발하다

— 항변하다 2B.14(32절), 6A.55, 6A.56, 6B.22, 6B.42, 13B.4, 17A.30

— 변명하다 2B.15, 10A.13

— 옹호하다 2B.13(8절)

해를 입다, 피해를 입다, 손상되다 blaptesthai

— 해를 입다 5B.24(2절), 5B.25(2절)

— 피해를 입다 5B.73(피해가)

— 손상되다 3B.21

해를 입히다 kakon ergazesthai 5B.1(2절)

해를 입히다, 온갖 짓궂은 일들을 하다, *나쁜 짓을 하다 kakourgein cf. 앙
    갚음으로 해를 입히다, 나쁜 짓

— 해를 입히다 6B.61

— 온갖 짓궂은 일들을 하다 8B.1(483a), 17A.39

해를 주다, 해를 끼치다, 해를 입히다 blaptein cf. 이롭게 하다

— 해를 주다 2B.14(18절, 25절), 6B.50

— 해를 끼치다 5B.24(4절) cf. 해를 입다

— 해를 입히다 5B.25(2절), 6B.29(372d)

해몽가, *점쟁이 coniector ㉡ 5B.95 cf. 꿈 해석, 해석자, 징조 해석가

해몽가 oneirokritēs 5A.1, 5A.3, 5장 주석 67 cf. 점쟁이, 해석자, 징조 해석가

해석 krisis 5A.1 cf. 꿈 해석, 해몽가

해석 방식 interpretatio ㉡ 5B.94, 5B.98 cf. 꿈 해석, 해몽가

해석자 interpres ㉡ 5B.94, 5B.95, 5B.98 cf. 해몽가, 징조 해석가

해악, 비난들 kaka

— 해악 6A.51, 10A.13[12절 13절(kakon)], 11A.4(3절), 15B.18(kakon)

— 비난들 3B.52(366e)

해악 kakotēs 9B.5, 17B.12(80절)

해악을 끼치다 kaka ergazesthai 17A.24

해악을 끼치다 kaka poiein 6A.51, 10A.13[12절, 13절(kakon poiein)]

해체시키다, 반박하다 lyein

— 해체시키다 17B.12(82절: 조상 전래의 좋은 관습들을)

— 반박하다 5B.16

해체하다, 파괴하다, 반박하다 dialyein

— 해체하다 15B.20(25절: 단어들의 전체 구조를)

— 파괴하다 15B.18(분명함이 파괴되기)

— 반박하다 5B.16

해체하다, 파괴하다 katalyein

— 해체하다 12B.7(15절: 정의를)

— 파괴하다 2B.14(17절: 정의를), 17B.15(90절: 공공의 선을)

행동하다, 행위하다 dran

— 행동하다 10B.39, 17B.14(46절), 17B.15[102절, 105절(똑같은 행동을 하게)]

— 행위하다 5B.24(행위: to dran)

행위, 행동, 활동, 성공 praxis cf. 행하다

— 행위 2B.14(18절), 2B.27(72a), 3B.18, 3B.48(33절), 8B.1(484e), 10A.4

— 행동 2B.14(11절), 10B.18, 17A.24

— 활동 2B.42, 5B.79, 17B.1

— 성공 5B.102

행위하다 rezein 13B.3(11절)

행하다, 행위하다, (행위를) 하다, 행동하다, (행동을) 하다, 행동으로 옮기다,
　실행하다, 지내다, 이루다 prattein (prassen) cf. 행위, 만들다, 일하다

— 행하다 3B.18, 6A.23, 6B.42, 10B.46, 11B.3(284b), 11B.8(301d), 17A.12
　(행하고)

— 행위하다, (행위를) 하다 1A.1(55절: 옳지 않은 행위들), 1B.1(옳지 않
　은 행위들), 2B.14[19절(무슨 행위를 하든, 이런 행위들을 한다면), 20절
　(이런 행위들을 하고서)], 3B.47(33절: 현재의 행위들을 잘함으로 해서),
　5B.15(행위들: pepragmenōn), 6B.59, 13B.2(17절: prassen)☆, 13B.5(8절:
　각각이 하는 행위들), 13B.8(2절: prassen)

— 행동하다, (행동을) 하다 10A.13[15절, 16절(이후 행동), 29절(행동을 하

는)], 17A.24(그런 행동들을 하는: touautas praxeis prattein), 17B.15(105절: 행동하는 것이)

— 행동으로 옮기다 2B.14(11절, 12절)

— 실행하다 17A.12(실행도 하고)

— 지내다 3B.51(잘 지내다: eu prattein)

— 이루다 10A.13(14절: 이루어지고)

허상, *환상 typhos 16B.6☆

허풍쟁이, 돌팔이 alazōn cf. 떠벌려대다, 과장

— 허풍쟁이 3B.35(51절), 11B.3(283c)

— 돌팔이 17A.16

헛되게 지혜롭다고 여김 mataios doxosophia 6B.41(231b)

헤일로테스 heilōtēs 2B.59(주석 569), 10B.39☆, 10B.50(주석 255), 15장 안내

형용어, 부과된 것, *보태진 것 epitheton cf. 장식적 형용어, 장식적 장치

— 형용어 1B.56, 2B.29(주석 439), 2B.65, 15B.18 cf. 장식적 장치

— 부과된 것 5B.24

형편없는 kakos 5A.13, 6B.73, 10장 안내(주석 2), 10B.46(162d)

형편없는, 보잘것없는, 사소한, 열등한 phaulos

— 형편없는 2B.5(79절), 3B.19, 3B.51, 4B.33, 5A.6, 5A.14(2절), 6A.1(34절), 6A.5, 6A.8, 6B.17, 6B.19, 6B.29, 6B.47, 6B.74(342d), 10A.13(29절), 17B.1

— 보잘것없는 6B.55, 8B.1(483c), 15B.20(5절, 14절)

— 사소한 1B.11, 2B.37(261b), 3A.29, 3B.51, 6B.48, 6B.64, 7B.30

— 열등한 17A.35

혜택을 베푼 사람, *유공자, *은인 euergetēs 2B.14(30절☆, 36절)

혜택을 베풀다, 혜택을 주다 euergetein cf. 이롭게 하다, 은덕을 되갚다, 덕을 보다

— 혜택을 베풀다 2A.15

— 혜택을 주다 12B.3(4절)

— 은덕을 베풀다 6B.69(17절)

호기로운 megaloprepēs 2B.48 cf. 호방함

호방한, 호기 있는 megalophrōn cf. 대범한

— 호방한 1B.65

— 호기 있는 11B.6

호방함, 통이 큼 megaloprepeia cf. 호기로운

— 호방함 15B.14

— 통이 큼 2B.14(15절)

호사 polyteleia 5A.14(10절), 10B.41 cf. 사치

호사스러운 polytelēs 10B.41

호연지기 megalophrosynē 10B.9 cf. 호방함

호승심을 가진, 모두가 꺾고자 애쓰는, *호승적인, *정복을 추구하는 philonikos cf. 경쟁자로 삼다, 경쟁을 벌이다, 경쟁심, 공명심

— 호승심을 가진 philoneikos 5A.4, 6A.1(22절)

— 모두가 꺾고자 애쓰는, *호승적인, *정복을 추구하는 philonikos 2B.13(4절)

홀리다, *현혹하다, *구슬리다 kēlein 1A.5(315a, 315b), 7B.18, 7B.25 (358b)☆, 17A.48(267d) cf. 마법을 부리다, 주문을 외우다

홀리다 parapeithein 15B.21(22절)

홀리다, 매혹시키다 thelgein cf. 마법을 부리다, 주문을 외우다

— 홀리다 2B.13(10절), 2B.80(197e)

— 매혹시키다 2A.6, 2B.50, 3A.15, 3B.45

화합, *한마음 homonoia 2A.1(4절, 5절), 2A.24(주석 155), 2B.16(4절, 5절), 2B.20, 5A.3(『화합에 관하여』)[이하 이 책 이름 용례는 생략], 6B.70(16절), 7B.20.

화합하다, *한마음이 되다 homonoein 2B.20, 6B.70(16절)

확고하게 만들다 bebaioun 1B.8(61절)

확고하다 arariskein 17B.17

확고한, 확실한 bebaios cf. 흔들림 없는

— 확고한 1B.8(63절), 1B.12(386e), 3B.48(32절), 10B.55, 11B.9, 12B.2(2절), 17A.38, 17A.46(90c)

— 확실한 6B.41(230c)

확고한 pagios 1B.20(pagiōs 확고하게)

확고함 bebaiotēs 1B.12

확인 bebaiōsis 10B.18 cf. 확고한

♣확증 pistōsis 17A.48(266e)

♣환치(換置) hypallagē 2B.67

활동 epitēdeuma, epitēdeusis, ergon, hexis, pragma, praxis

— epitēdeuma 2B.14(32절), 17A.29(462e, 463a) cf. 일 epitēdeuma

— epitēdeusis 17A.29(462e, 463b) cf. 정교함 epitēdeusis

— ergon 12B.7(3절, 4절, 5절, 8절), 17A.3 cf. 기능 ergon

— hexis 17A.9 cf. 습관 hexis

— pragma 2B.77, 15B.18 cf. 일 pragma

— praxis 2B.42, 5B.79, 17B.1 cf. 행위 praxis

효능 kyrōsis 2B.42☆, 2B.43

훈련(퀸틸리아누스 책 제목『연설에 대한 훈련』) institutio ㉖ 1B.37, 2A.5,
   2A.12, 2B.46, 3B.2, 3B.3, 4B.36, 6B.30, 7B.14, 7B.16, 9B.14 cf. 연습,
   연설 연습

훈련 못 받은 agymnastos 10B.27 cf. 연습, 훈련

훈련시키다, 단련하다 gymnazein cf. 연습, 훈련

— 훈련시키다 2A.18, 13B.2(9절, 25절: 벗고 훈련하다), 15B.20(6절: 훈련한)

— 단련하다 3B.48(28절)

훌륭한 연설가 agathos rhētōr 1B.15(167c), 2A.4(가장 훌륭한 rhētōr aristos),
   2B.35(449a), 6A.8

훔치다 hyphairein 5B.73 cf. 표절

흔들림 없는, 흔들리지 않는, 안전한 asphalēs cf. 확고한

— 흔들림 없는 6B.34, 10B.28

— 흔들리지 않는 17B.9

— 안전한 4A.11, 9A.6(61a: 번역문에는 61b), 12B.7(2절, 9절), 17A.47(101d)

흔들림 없는 연설가 asphalēs rhētōr 6B.34

흔들림 없음, 안전, *확실함 asphaleia cf. 안전 sōtēria

— 흔들림없음 6B.34

— 안전 2B.14(17절), 17B.15(98절, 107절)

흥분 *들뜸, *짜릿함, *팽창, *부풀어 오름 eparsis 3B.9 cf. 쾌락, 기쁨

희극 시인, *희극 배우 kōmikos 3A.29, 6A.1(36절)

희극 작가 comicus ㉐ 9A.10

희극 작가 kōmōidopoios 2B.77, 6A.1(27절), 6장 주석 109, 15B.18

희랍어 하기, (순수한 혹은 옳은) 희랍어 구사하기, 희랍어를 하다 hellēnizein
    1B.58, 10A.1(주석 23) cf. 아티카 말 하기

희화화하다 kōmōidein, diakōmōidein, epikōmōidein

— kōmōidein 5A.4, 5A.6(499절: 희화화의 대상으로 삼는)

— diakōmōidein 1B.71, 17A.29(462e)

— epikōmōidein 6A.18(31d)

히피아스처럼 말하기, 히피아스 식 표현, 히피아스처럼 말하다 hippiazein
    2A.38, 2장 주석 594, 4A.14 cf. 고르기아스 식으로 말하기, 크리티아스처
    럼 말하기

힘 alkē 2B.13(4절)

힘 is 6A.41(쓰는 힘)

힘 ischys 1B.48(320d), 1B.52, 2B.40(457a), 6A.12(5절), 6A.53(법률들의
    힘), 10B.33(2행), 12B.3(1절)☆, 12B.6(3절), 17B.14(37절)

힘, 권력 kratos

— 힘 2A.7(1절), 13B.5(12절: kartos)

— 권력 12장 안내, 12B.6(1절, 2절, 5절), 17B.12(81절)

힘 rhōmē 2A.5(주석 63), 2A.22, 2B.23, 2B.44[이야기(logos)의 힘], 10A.7,
    17A.48[267a: 이야기(logos)의 힘]

힘 sthenos 7장 안내, 7B.18(칼케돈 사람의 힘)☆, 7B.19, 17A.42(제논의 큰
    힘), 17A.48(267c: 칼케돈 사람의 힘)

힘 vis ㉐ 3B.3(서론의 힘), 5B.95[자연의 힘, 말[馬]들의 힘], 6A.45[연설
    (oratio)의 힘], 7A.4(연설의 힘), 17A.37(연설의 힘)

힘이 없음, 병약함 arrhōstia

— 힘이 없음 7B.25(359b: 불의를 행할), 17B.11(불의를 행할)

— 병약함 3A.7

힘 있는, 튼튼한, *씩씩한 errhōmenos

— 힘 있는 8B.1(483c, 483e)

— 튼튼한 10B.40

힘 있는, 힘을 가진, 힘이 센, 힘, 강한 ischyros

— 힘 있는 1B.52, 7B.23(344c), 8B.3(491c), 10B.40(가장 힘 있게 될)

— 힘을 가진 6B.70(16절)

— 힘이 센 17A.26(493a: 힘이 세지고)

— 힘 to ischyron 12B.2(5절)

— 강한 2B.13(16절), 10B.39(어떤 음모보다 더 강하다고), 12B.6(1절), 17A.24(908c)

희랍어-한글

abasanistos 검증 없는

abios 부유한

accuratus ㉐ 정확한

accusare ㉐ 탓하다

achos 고통

✿actio ㉐ 연기, 행동 연기

adamantinos anthrōpos '강철 인간'

adamantinos 강철로 된, *강철 같이 단단한

adēlos 불분명한

adēlotēs 불분명함

adikein 불의를 행하다, 불의를 저지르다, 부정의한 일을 저지르다, 부당한 짓을 하다, 죄를 범하다, 잘못하다, 해를 입히다

adikeisthai 불의를 당하다, 해를 입다, *부정의를 당하다

adikēma 불의, 잘못

adikēteon 불의를 행해야 하는

adikia 부정의, 불의, 부당함

adikos 부정의한, 불의한, 부당한, *그른

adoxos 그럴법하지 않은, *예상과 어긋나는

adulator ㉝ 아첨꾼

adynatos pseudesthai 거짓될 능력이 없는

adynatos 능력 없는, 무능력한, 무능한

aemulatio ㉝ 아이물라티오, *모방적 경쟁

aemulus ㉝ 모방적 경쟁자

aequus ㉝ 동등한

affectus ㉝ 정념

agalma 상(像)

agathos rhētōr 훌륭한 연설가

agenēs 태생이 한미한

agennēs 비천한

agnoia 무지

agnōmōn 지각 없는

agōn 경연, 겨룸, 경쟁, 경쟁 무대, 겨루며 추구하는 바, 경기, 재판, 아곤

agōnia 싸움 연습, *수련, *훈련

agōnisma 경연용 연설, 겨룸, *싸움, *경쟁

agōnistēs 경연자, 겨루는 자, 경기자, 경쟁자

agōnizesthai 겨루다, 상(賞)을 놓고 겨루다, 자웅을 겨루다, 겨룸을 행하다,
    경연을 하다, 경쟁하다

agraphos 써지지 않은

agraptos 써지지 않은

agymnastos 훈련 못 받은

ahēdēs 불쾌한, 즐겁지 않은, 안 즐거워하는

ahēdia 불쾌감

ahōros 때 이른

aideisthai 부끄러워하다

aidōs 염치

aischros 수치스러운, 수치인, 부끄러운, *추한

aischynē 수치, 수치심, 부끄러움

aischynesthai 수치스러워하다, 부끄러워하다

aisthanesthai 감각하다, 지각하다, 감지하다, 경험하다, 알다, *눈치채다, 알아차리다

aisthēsis 감각, 지각

aisthētērion 감각 기관

aisthētos 감각되는, 감각될 수 있는

aitia 원인, 원인 제공자, 탓, 연유, 이유, 책임, 비난, 고발 혐의, 혐의

aitiasthai 탓하다, … 탓이라고 보다, 책임을 돌리다, 비난하다, 고발하다, 피소되다, *원인이라고 여기다

aitios 원인이 되는, 원인인, 원인 제공자인, 연유인, … 탓인

aitios 잘못인

akairia 안 맞는 때

akairos 때에 맞지 않는, 시의적절하지 않은, 철없는

akathartos 정화되지 않은

akestos 치유할 수 있는

akolasia 방종, 무절제

akolastainein 방종하다

akolastos 제멋대로인, 훈육 받지 않은

akompsos 세련되지 않은, *정교하지 않은

akosmios 돋우미 없는

akoustēs, akroatēs, homilētēs, mathētēs, synousiastēs 제자

akrasia 자제력 없음, 자제 못함

akrateia 자제력 없음

akratēs 자제력 없는

akrateuesthai 자제 못하다

akratos 순수한, 섞이지 않은, 절제되지 않은

akribeia 정확성, 정확함, 엄밀함, 엄밀한 수준

akribēs logos 정확한 말, *엄밀한 논변

akribēs 정확한, 정확성, 엄밀한

akribologia 정확한 정의(定義), *엄밀한 정의

akribologos 엄밀한 논변, *논변이 엄밀한, 정확한 말

alazōn 허풍쟁이, 돌팔이

alazoneia 과장

alazoneuesthai 떠벌려대다

algeinos 고통스러운

alkē 힘

✿allēgoria 풍유(諷諭)

alogia 불합리

alogos 불합리한, 근거 없는, 비이성적인

alypos 고통 없는, 고통스러운 일 없는, 고통스럽지 않은, 괴로움을 주지 않는

amathēs 무지한, 무식한, *어리석은

amathia 무지, 무식, 어리석음, 어리석은 일

✿ambitus ㉐ 완결문, *도미문(掉尾文)

ameleia 돌보지 않음

amelein 돌보지 않다, 관심을 기울이지 않다

amelēs 돌보지 않는

ho ameinōn 더 나은 자[/사람]

amochthos 수고하지 않는

amphiepein 즐기다, *돌보다, *지키다

amphisbētein 논쟁하다, 논쟁을 벌이다, 반박하다, 이의를 제기하다, 이의가
    있다, 제 것이라 주장하다

amphisbētēsis 논쟁

amphisbētētikos 논쟁을 벌이는 데 능한

✽anadiplōsis 되풀이, *어구 반복

✽anakephalaiōsis 요약

✽anaphora [= epanaphora] 문두 어절 반복

anastrephein 어순을 뒤집다

✽anastrophē 어순 뒤집기

anatrepein 거꾸러트리다, *넘어트리다

anax 주재자, 주(主)

anazētein 탐색하다, 찾아 나서다

andragathia 올곧은 사람 노릇

andragathizezthai 올곧은 사람 노릇을 하다

andrapodizein 노예로 삼다, 노예로 팔아넘기다

andrapodōdēs 노예, 노예적인

andrapodon 노예

anēkestos 치유할 수 없는, 치유 불가능한

aneleutheros 자유인답지 않은, 자유인답지 못한

anermēneuton 설명해 줄 수 없는

anexelenktos 검증될 수 없는

anexetastos 검토 없는, *심문/시험/성찰되지 않는

anexoiston 표현해 줄 수 없는

aniatos 치유할 수 없는

animus ㉐ 정신

anōdynia 고통 없음

anoētos 지각 없는, 몰지각한, 생각 없는, 지성 없는, 어리석은, *정신 없는

anomein 무법 상태에 있다

anomia 무법, 무법 상태

anomologeisthai 합의하다

anomos 무법적인, *불법적인

anōphelēs 이롭지 않은, 무익한

antadikein 앙갚음으로 불의를 행하다

anteikazein 비유로 대꾸하다

to anthrōpeion 인간 세상

to anthrōpinon 인간 세상의 이치

anthrōpoi 인간 세상

antikakourgein 앙갚음으로 해를 입히다

antilegein 반론하다, 반론을 펼치다

ho antilegōn 반론자, 반론하는 자

✽antilogia [argumentum in untramque partem ⓔ] 반론, 안틸로기아, *대립
　논변

Antilogiai, Antilogika『반론들』

antilogikē technē 반론 기술

antilogikē 반론술

antilogikos 반론에 능한, 반론적인

✽antiphasis 모순된 진술, *부정 진술

antistrophos 짝, 짝으로 대응하는, 상응하는 짝

antitechnos 맞수

✽antithesis, antitheton 대조, *대립

antoiktizein 동정을 되돌려 주다

apaideusia 교양 없음

apaideutos 교육받지 않은, 교육 못 받은, *교양 없는

apallagē 벗어남, *해방

apallattein 벗어나게 하다, *해방하다

apallattesthai 벗어나다, 끝내다, *해방되다

apangelia 어법, 용어 선택

apangellein 표현하다

aparaskeuatos 준비되지 않은

aparaskeuos 준비 없는, 준비되지 않은

apatan 기만하다

apatē dikaia 정의로운 기만

apatēlos 기만적인, 매혹적인, *홀릴 만한

apatēma 기만

apathēs 겪음 없는, 경험 안 된

apeikōs 그럴법하지 않은, *합당하지 않은

apeiria 경험 부족, 무경험, 미숙함

apeirokakon 순진무구함, *악에 대한 무경험

apeirokalos 아름다움을 모르는

apeiros 경험이 부족한, 경험 없는, 경험하지 않은, 미경험인, 무경험인, 미숙한

aphanēs 불분명한, 분명하지 않은

aphrodisia 성적 쾌락, *성교

aphrodisiazein (aphrodisiazen) 성교하다

aphrōn 무분별한

aphrosynē 무분별, *분별없음, *어리석음

aphthonos 시기가 없는

apithanos 설득력 없는

apodeixeis heuriskein 논증들을 발견하다

apollynai, dialyein, kathairein, katalyein, synereipein 파괴하다

apologeisthai 항변하다, 변명하다, 옹호하다

apologia 변명, 항변, 항변 연설

apolyein 벗어나다

aponos 고생 없는, 수고를 들이지 않는, 노동을 안 하는

aporein 막막하다, 막막해하다, 당혹스럽다, 당혹스러워하다, 난처한 상황이다, 어찌 대응할 줄 모르다, 난문을 제기하다

aporia 막막함, 막막해할 일, 당혹스러운 상태, 난경, 난점, 난문, 궁핍

aporos 난처한, 일어나기 어려운, 궁핍한

aporrhoē 유출, 유출물

✤apostasis 단절적 표현, *거리두기

✤apostrophē 돈호

arariskein 확고하다

archaia sophistikē 옛 소피스트술

architektonikē 총괄 기획 기술

aretē politikē 시민적인 덕

aretē 덕, 뛰어남, 훌륭함, 아레테

argutia ⓡ 정교한 표현

argyrion 돈

arrhōstia tou adikein 불의를 행할 힘이 없음

arrhōstia 힘이 없음, 병약함

arrhythmistos 조직화되지 않은, *형상으로 환원되지 않는

artes ⓡ 기술 교범

asaphēs 불분명한

aschēmatistos 구조 지어지지 않은

ascholia 시간 여유가 없음, *볼일이 있음

ascholos 여유가 없는

askein 연습하다, 연마하다, 훈련하다, 훈련시키다

askēsis 연습, 연마, 훈련

askētos 연습되는, *연습으로 얻어지는, *연습될 수 있는, *연습으로 얻을 수
  있는, *연습으로 얻은

asphaleia 흔들림 없음, 안전, *확실함

asphalēs rhētōr 흔들림 없는 연설가

asphalēs 흔들림 없는, 흔들리지 않는, 안전한

assentire ⓡ 동의하다

asteios 쌔끈한, *세련된, *도회풍의

astheneia 능력 부족

atē 미망(迷妄)

atechnia 기술 없음

atechnos 비기술적인, *비체계적인

atheatos 바라본 적이 없는, 안 보인

atheōrētos 관찰되지 않은

atheos 무신론자, 무신론적인

athlētēs 경연자, *경기자

athlon (athlos) 상(賞)

athōios 처벌을 피한

athrein 관찰하다

athyrma 장난감

atopos 엉뚱한, 특이한, 얼토당토않은, 불합리한, 터무니없는

Attikismos 아티카 식 문체, 아티카 스타일, 아티카주의, *아티카 풍

attikizein 아티카 말 하기, 아티카 말을 하다

auctor ㉞ 저자

austēra lexis 근엄한 문체

austēron 근엄함

autarkeia 자족

autarkēs 자족적인, 자족하는

autokratōr 스스로 다스리는, *자신을 다스리는

automatismos 저절로 됨, *임기응변

to automaton 임기응변

autonomia 독립

autopōlēs 직판자

autoschediasmos 즉흥 연설

autoschediastikē dynamis 즉흥 연설 능력

autoschediastikos logos 즉흥적인 연설

autoschediastos 즉흥 연설을 하는

autoschediazein 즉흥 연설하다, 즉석에서 연설하다, 즉석에서 하다

autourgos 스스로 알아서 배우는, *DIY

bahuvrīhi compounds [= 소유 복합어 possessive compounds] 바후브리히 복

합어

banausos 비천한

barbaros 야만스러운

basanizein 시험하다

bebaios 확고한, 확실한

bebaiōsis 확인

bebaiotēs 확고함

bebaioun 확고하게 만들다

Bibliolathas '책을 잊어먹는 사람'

biblion 책

blaptein 해를 주다, 해를 끼치다, 해를 입히다

blaptesthai 해를 입다, 피해를 입다, 손상되다

blasphēmos 독설가

brachea eipein 짧게 이야기하다

brachylogein 짧게 이야기하다

brachylogia 짧은 이야기, 짧게 이야기하기

brachylogos 짧게 말하는

brevis ㉦ 간결한

causa infirmior fieri fortior ㉦ 더 약한 논거가 더 강하게 되다

causa infirmior fieri superior ㉦ 더 약한 논거가 더 강한 논거로 되다

charaktēr 유형, 문체 유형, 각인, 성격

charaktērizein 성격을 묘사하다, 연출하다

ho cheirōn 더 못한 자[/사람]

cheirourgēma 손일

cheirourgia 손작업

chleuazein 비아냥대다

chorēgos 합창 가무단 책임자

choros 합창 가무단(원), 대열

chreia 유용성

chrēma 사물, 것, 돈, 재물, 물건, 재산, *소유물

chrēmatismos 돈벌이

chrēmatistēs 돈을 버는 사람, 사업가

chrēmatizesthai 돈벌이를 하다, 돈을 벌다

chrēmatōn erasthai 돈을 사랑하다

chrēsimos 유용한, 편리한, 편익

comicus ⓡ 희극 작가

✤commūnes loci ⓡ [koinoi topoi 희] 공통의 말터들

✤concinnitas ⓡ 우아한 연결

coniector ⓡ 해몽가, *점쟁이

consensus ⓡ 합의

controversia ⓡ 논쟁

daimōn 신령, 운명

to daimonion 신령스러운 것, 신령

daimonios 신령스러운, *신묘한

de natura rerum ⓡ 자연 사물들에 관하여

declamatio ⓡ 연설 훈련, 웅변

deigma 본보기, 보여 주는 사례

deima 두려움

deinos eipein 말하는 데 능란한

deinos heurein 발견하는 데 능란한

deinos legein 말하는 데 능란한, 무시무시하게 말을 잘 하는, 연설하는 데 능
란한

deinos rhētōr 능란한 연설가

deinos 능란한, 능수능란한, 명민한, 무시무시하게 잘 하는, 무서운, 끔찍한,

놀라운, 이상스러운

deinotēs logou 연설 재능

deinotēs politikē 정치적 능란함

deinotēs 능란함, 재능, *수완

delear 유혹, *미끼

dēmagōgos 대중 선동가, 인민 선동자

dēmēgorein 대중 연설을 하다, 대중 집회에서 연설하다

dēmēgoria 민회 연설, 대중 연설

dēmēgorikos logos 민회 연설, 심의 연설, 대중 연설

dēmēgorikos 대중 연설의, 대중 연설에 전형적인, 대중 연설을 잘하는

dēmēgoros 대중 선동가

demiourgikē technē 장인적 기술

dēmiourgos 장인(匠人), 기술자, 만드는 사람, 만들어 내는 사람, 창조자

dēmōdēs 대중적

dēmokrateisthai 민주정 치하다, *민주정을 정치 체제로 갖다

dēmokratia 민주주의, 민주정, 데모크라티아, *인민의 지배

dēmokratikos 민주주의적, *민주정적

dēmos 인민, 민중, 대중, 민회, 민주정, 민주파, 구역, 무리

dēmosia dapanē 공적인 경비 지출, *공공 예산 사용

dēmosia epimeleia 공적인 돌봄

ta dēmosia 공적인 일들

dēmosiāi 공적으로, 공적인 영역에서

dēmosioi syllogoi 공적인 모임들, *대중적인 모임들

dēmosios 공적인, *대중적인, *인민의

dēmotikos 민주주의적, *인민중심적, *민중적

to deon 마땅한 것, 마땅한 상황, 적정함, 정도(程度)

deos 두려움, 무서움

despotēs 주인

despotikos 주인다운

deutera sophistikē 둘째 소피스트술

✽deuterologia 재진술

diaballein 비방하다

diabolē (diabolia) 비방

diagōnizesthai 겨루다

diaklēroun 제비를 뽑게 하다, *추첨으로 할당하다

diakosmēsis (우주의) 배열

dialegein 골라 모으다, *나눠 모으다

dialegesthai 대화하다, 대화를 나누다, 대화에 이용하다, 이야기를 나누다, 담
론을 나누다, 변증하다

dialektikē 변증술

dialektikos 변증가, 변증에 능한

dialektos 대화, 일상 대화

dialexis 대화, 담론, 강론, 논변

dialogismos 논쟁

dialogos 대화, 대화편

dialyein 해체하다, 파괴하다, 반박하다

dianoeisthai 사유하다

dianoia 사고, 사유, 마음, 지성, 생각, 사고방식, 발상, 취지, 의도, 의미

diaphtheirein 망치다, 파멸로 이끌다, 허물다, *파괴하다, *타락시키다

diaphtheiresthai 망가지다, 파멸되다

diaphthora 파멸

diapseudesthai 잘못을 범하다, *기만당하다

diaptyein 비웃다

diasparattein 발기발기 찢다

diaspeiresthai 잘못을 저지르다

diasyrein 웃음거리로 만들다, *발기발기 찢다, *산산조각 내다

didaktos 가르쳐지는, 가르쳐질[/가르칠] 수 있는, *가르쳐진

dielenchein 논박하다

diexienai 검토하다, *개진하다

dihamartanein 잘못하다

diharpazein 발기발기 찢다

✽dihēgēsis [narratio ⓡ] 서사(敍事), 사건 진술, 설명

to dikaion 정의(正義), 정의로움, 정의로운 것

dikaios 정의로운

dikaiosynē 정의(正義)

dikaiotēs 정의(正義)

dikaiousthai 대가를 치르다

dikazesthai 변론하다, 법정 연설하다

dikē 정의(正義), 디케, 대가, 처벌, 재판, 송사, 법정 연설, …처럼

dikē, kolasma, timōria, zēmia 처벌

dikēn didonai 대가를 치르다

dikēn hairein 대가를 받아내다

diōkein 추구하다, 쫓아가다, 쫓아다니다, 뒤쫓다, 고발하다, 시현(示現)하다

Diomēdeia anankē '디오메데스의 불가피성'

✽diplasiologia 단어 반복

dmōs 노예

dokimastikos 시험할 능력이 있는

doleros 기만적인

dolios 기만적인

dolos 기만

dominus ⓡ 주인

douleia 노예 상태

douleuein 노예 노릇하다, 노예가 되다, 노예다

douloprepēs 노예에게 어울리는

doulos 노예

doulōsis 노예화

douloun 노예로 만들다, 노예로 삼다, 노예로 팔아넘기다

dran 행동하다, 행위하다

dynamis 능력, 힘, 권력, 잠재성, 의미

dynastēs 능력자, 권력자

dynatos legein 말하는 능력이 있는

dynatos pseudē legein 거짓을 말하는 데 능력이 있는

dynatos pseudesthai 거짓될 능력이 있는, 거짓말을 하는 데 능력이 있는

dynatos 능력 있는, 능력을 가진, 능력이 되는, 힘을 가진, 가능한

dysgenēs 태생이 나쁜

dysiatos 치유할 수 없는

eidōlon 모상(模像), 허상

eidōlopoiikē 모상 제작술

eikazein 비유하다, 비유로 말하다

eikēi legein 되는대로 연설하다, 되는대로 이야기하다

✿eikōn 비유, 직유, 모상(模像), 상(像), 이미지, *형상

✿eikonologia 비유조

eikōs (부사 eikotōs) 그럴법한, 있을 법한, 적절한, 공정한, 어울리는, 제격인, *개연적인, *합당한

✿to eikos 그럴법함, *개연성, *합당함

ta eikota 그럴법한 것들, 공정

eiōthōs 익숙한, 예(例)의

eirōn 아이러니를 부리는 사람, *의뭉 떠는 사람

eirōneia 의뭉, 아이러니

eirōneuesthai 의뭉을 떨다, 비꼬다

eirōneutēs 능청꾼, *의뭉 떠는 사람

eirōnikos 의뭉 떠는, 아이러니적인, 아이러니컬한

eisphora 공적인 부담

ek tou parautika, ek tou parachrēma, parachrēma, houtōs 즉석에서

ekgoēteuein 마법을 걸다

ekklēsia 민회

eklogizesthai 추론하다

ekmartyrein 증언하다

ekmeletan 철저히 연습하다, 훈련시키다

ekpherein 표현하다, 공표하다

ekphylos 낯선 말을 동원하는

elattōsis 손실

eleeisthai 연민을 받다, 연민의 대상이 되다

elegeiopoios 애가(哀歌) 시인

elenchein 논박하다

✤elenchos 논박, 검증, 증거

elenktikē 논박술

elenktikos 논박의 정신에서 나오는

eleos 연민

eleutheria 자유

eleutherios 자유인다운

eleutheros 자유인, 자유인에게 걸맞은, 자유로운, 부채 없는

eleutheroun 자유롭게 하다

ēlithios 멍청한, 어리석은, 우둔한

emmisthos 보수를 받는, 돈을 받는

empeiria 경험, 요령, *숙련

empeiros 경험 있는, 경험한, 경험적인

en (tōi) deonti legein 마땅한 상황에 말하다

en kosmōi, en taxei 질서 있게

en tois rhētorikois deinos 수사학에 능란한, *수사에 능란한

enedra 속임수

engyētēs 보증인

enkalein 비난하다

enkōmiazein 찬양하다

enkōmion 찬양

enkratēs 자제력이 있는, 자제력이 강한, 자신을 통제하는

entechnos sophia 기술적 지혜

entechnos 기술적인, 기술에 속하는, 기술에 의거한

entheos 신 지핀, 신들린

enthousiazein 신 지피다, 열광에 빠지다

✽enthymēma 추론, 머릿속 추론, 논변, 엔튀메마, *수사적 추론

epāidein 주문을 외우다

epainein 칭찬하다, 칭송하다, 승인하다

epaineteos 칭찬받을 만한

epainetos 칭찬받을

epainos 칭찬, 칭송

epaktikos logos 귀납적 논변

✽epanalēpsis 되짚기, *재개

epangelleisthai 공언하다, *약속하다

epangelma 공언, *약속

epanodos 재요약

epaoidos 마법사

eparsis 흥분 *들뜸, *짜릿함, *팽창, *부풀어 오름

ēperopeuma 사기꾼

✽epexelenchos 추가 논박

epexerchesthai 검토하다

epicheirēsis 반박을 제기하는 법, *공격하는 법

epideigma 증표, 보여 주는 사례

epideiknynai 시범을 보이다, 시범 연설을 하다, 보여 주다, 증명하다

epideiktikos logos 시범 연설

epideixin poieisthai 시범을 보이다, 연설 시범을 보이다, 시범 연설을 만들다

epideixis 시범, 연설 시범, 시범 연설

epididonai 진보를 이루다, 진전을 이루다

epidosis 진보

epieikeia 공정성, 알맞음, *온당함, *형평

to epieikes 공정성

epieikōs 알맞게, 제대로 모양을 갖춰서, 제법

epilēptōr 비난자

epilogos [peroratio ㉣, conclusio ㉣] 결어(結語), *맺음말

epimeleia 돌봄

epimeleisthai (epimelesthai) 돌보다, 관심을 기울이다

epimelēs 돌보는, 관심을 기울이는, 관심을 갖는

epimelētēs 돌보미

✤epipistōsis 추가 확증, *심화 확증

epiponos 수고가 드는, 큰 수고를 하는, 고된 노동을 하는

episkeptesthai 탐색하다

episkōptein 비웃다, 놀려대다, *비아냥대다

epitēdeuein 추구하다, 몰두하다, 몸담다, *일삼다

epitēdeuma technikon 기술적 활동

epitēdeuma 일, 추구하는 일, 업, 활동, 관행

epitēdeuma, epitēdeusis, ergon, hexis, pragma, praxis 활동

epitēdeusis 정교함, 활동

epiteleisthai 대가를 치르다

✤epitheton ornans 장식적 형용어

epitheton 형용어, 부과된 것, *보태진 것

epitiman 비난하다

epizētein 탐색하다

epōidē 주문, *노래

eponeidistos 비난받을 만한, 비난받을

epopoios 시인, 서사시인

eran 사랑하다

eranizein 십시일반의 부조(扶助)로 받아내다

erastēs 사랑하는 사람

erasthai 사랑하다, 사랑에 빠지다

erethisma 자극제

ereunan 탐문하다

ergazesthai 일하다, 일을 하다, 작업을 하다, 이루어 내다, 만들어 내다

ergon 기능, 일, 실행, 실제 행동, 행동, 행위, 작용, 활동, 작품, *업적

eris 쟁론

eristikē sophia 쟁론적 지혜

eristikē technē 쟁론 기술

eristikē 쟁론술

eristikos logos 쟁론적 담론, 쟁론적 논변

eristikos 쟁론적, 쟁론가

erizein 쟁론하다, 언쟁하다

erōmenos 사랑받는 사람

erōs 사랑, 에로스

ta erōtika 사랑의 기술, 사랑에 관한 일들

erōtikē technē 사랑의 기술

erōtikos 사랑에 연연하는

errhōmenos 힘 있는, 튼튼한, *씩씩한

ethein 습관을 갖다, 습성이 있다, 익숙해 있다

ēthikos 성격적인, 윤리적인, 훌륭한 성격을 갖춘

ethisteos 습관을 들여야 하는

ethizein 습관이 들게 하다, 익숙해지게 하다

ēthos 성격, 습성, 관습, 역할

ethos 습관

eu eipein 말을 잘 하다

eu legein 말을 잘 하다

eu phronein 분별을 잘 하다, 잘 분별하다, 제대로 분별하다, 제정신이다

euboulia 잘 숙고함, 숙고 잘하는 능력, *좋은 숙고, *합리적 의사 결정 능력

eudiabolos 비방하면 잘 먹혀드는

eudokimos 좋은 평판을 받는

eudoxia 좋은 평판, *좋은 명성

euepeia 멋진 표현

euergetein 혜택을 베풀다, 혜택을 주다

euergetēs 혜택을 베푼 사람, *유공자, *은인

euētheia 순진함, *성격 좋음

euēthēs 순진한, 단순한, 숙맥인, *소박한, *성격 좋은

euēthikos 순진한

euēthizesthai 숙맥처럼 행동하다, *순진하게 행동하다

eugeneia 좋은 태생, 고상함

eugenēs 태생이 좋은

euglōttia 달변

eukairia 때맞음, *시의적절함

eukairos 때맞춘, 시의적절한

eukatēgorētos 비난하기 쉬운

eukleia 좋은 평판, *좋은 명예, 명성, 좋게 불림

eulogein 칭송하다

eulogos 합리적인, 합당한

eunomeisthai 법을 존중하다

eunomia 법 존중, *좋은 법질서, *준법

euparyphos 자줏빛 가장자리 장식이 멋지게 달린 옷을 입은

euphrainein 유쾌하게 하다, 유쾌함을 주다, *흥나게 하다

euphrainesthai 유쾌하다, *흥겹다

euphrosynē 유쾌함, *흥

euphyēs 천성이 좋은, 태생이 좋은, 좋은 재능을 타고난

euteleia 소박한 삶

euthynē 사정(司正)

examartanein 잘못을 범하다, 나쁜 짓을 저지르다, 나쁜 짓을 하다

exapatan 기만하다, 유혹하다

exapatē 기만

exeirgasmenos logos 정교하게 다듬은 연설

exelenchein 논박하다, 시험하다

exetasis 검토, *심문, *시험, *성찰

exetazein 검토하다, *심문하다, *시험하다, *성찰하다

exordium 서두, *첫머리

exousia 권능, 권한, 무제한적인 권한 남용, *마음 놓고 행동할 수 있게 허용 됨, *방종

exquisitus ㉣ 정교한

festivitas ㉣ 놀거리, *잔칫거리, *흥겨운 재담

forma ㉣ 유형, 장르, *종류

gegraptai, gegrammenos, grapheis 써진

gelan 웃다, 비웃다

geloiōdēs 우스꽝스러운

to geloion 우스움, 우스개

geloios 우스운, *익살스러운

gelōs 웃음, 비웃음

gelōs 익살, *우스움, *우스개

genealogia 계보 이야기

genus dicendi ㉣ 연설 유형

gēras 노령(기), 노년(기)

geras 상(賞), *명예의 선물

gēraskein 노령에 접어들다

glischrologia 시시콜콜 논변

glōtta 낯선 말, 언사

gnōmē 지성, 정신, 마음, 판단, 판단력, 분별, 견해, 의도, 대의, 제안

✽gnōmologia 금언조

goēs 마법사

goēteia 마법

goēteuein 마법을 부리다, 마법을 행하다, 홀리다, *주술을 쓰다

Gorgian irony 고르기아스의 아이러니

gorgiazein 고르기아스 식으로 말하기 / 고르기아스 식으로 말하다, 고르기아
    스처럼 말하다, 고르기아스(쟁이) 노릇하다, *고르기아스 풍으로 (작품을)
    쓰다, *고르기아스 흉내를 내다

Gorgieia rhēmata 고르기아스 식 표현

Gorgieia schēmata 고르기아스 식 문채

gramma 책

grammaticus ㉐ 비평가, *주석가, *문헌학자

grammatistēs 글 선생, *문법 선생

to graphein 쓰기

graphein hēskēmenos 쓰는 훈련이 되어 있는

graptos 써지는, *써진

Gygou daktylion '귀게스의 반지'

gymnasion 체육관

gymnastikē 체육술

gymnazein 훈련시키다, 단련하다

gymnika 체육

hamartanein 잘못을 저지르다, 잘못을 범하다, 잘못하다

hamartēma 잘못, 그른 행동

hamartia 잘못, 잘못된 일

hamilla 경쟁심

harmottein 어울리다, 들어맞다

ta heautou 자신의 일들, 자기 것들

hē dikaiosynē kata nomon 법에 따른 정의

hē dynamis tēs rhētorikēs 수사학의 능력, 수사학의 힘

hē dynamis tou graphein 쓰기 능력

hē epi tois onomasin akribologia 이름들에 대한 정확한 정의

hē graphikē dynamis 쓰는 능력

hē idea tou logou 연설 유형

hē meletē tou graphein 쓰기 훈련

hē methodos tōn logōn 논변들의 방식

hē orthotēs tōn onomatōn 이름들에 관한 옳음

hē peri tous logous technē 논변들에 대한 기술, *말들에 대한 기술

hē prosēkousa aretē (…에게) 알맞은 덕, (…에게) 알맞은 훌륭함

hē telea adikia 완벽한 부정의

hē teleutē tou biou, terma tou biou, to tou biou telos 삶의 끝

hē tōn idiōn epimeleia 사적인 일들의 돌봄

hē tōn koinōn epimeleia 공적인 일들의 돌봄

hē tōn nomōn ischys 법률들의 힘

hē tōn onomatōn akribeia 이름들의 정확성

hē tōn sophistōn technē 소피스트들의 기술

hē tōn tetrakosiōn oligarchia 4백인 과두정

hē tōn triakontōn oligarchia 30인 과두정

hē tōn triakontōn politeia 30인 정부, 30인 정권

hē tōn triakontōn tyrannis 30인 참주정

hē tou legein dynamis 말하기 능력

hē tou legein philosophia 말하기의 철학

hē tou logou dynamis (hē dynamis tōn logōn) 말의 힘, 로고스의 힘, 연설이 가진 능력, 말들의 능력

heautōi boēthein 자신을 돕다, 자신을 방어하다

heauton didonai 자신을 주다, 자신을 내주다

heauton paradidonai 자신을 넘겨주다

heauton parechein 자신을 내어 주다, 자신을 내어놓다, 자신을 제공하다

hēdein 쾌락을 주다, *즐거움을 주다

hēdesthai 즐겁다, 즐거워하다, 즐거워지다, 쾌락을 누리다, 쾌락을 얻다

hēdonē (hadona) 쾌락, 즐거움

hēdys 즐거운, 즐거워하는, 달콤한, 쾌락, 순진한, 순진무구한, 고마운

heilōtēs 헤일로테스

hellēnizein 희랍어 하기, (순수한 혹은 옳은) 희랍어 구사하기, 희랍어를 하다

hemēneuein 표현하다, 표현을 구사하다, 개진하다

hermēneia 개진 방식, 개진

hermēneuomenon 개진 방식

hetoimos 준비된

hētorikē philosophousa 철학하는 수사학, *철학적 수사학

ho hēttōn (ho hēssōn) 더 열등한 자[/사람], 더 약한 자[/사람]

✤heuresis 논변 발견

hexis 습관, 활동

hidrōs 땀, *노고

hilaros 유쾌한

hippiazein 히피아스처럼 말하기, 히피아스 식 표현, 히피아스처럼 말하다

historia 탐구, 탐문

ho hēttōn logos ton kreittona nikan 더 약한 논변이 더 강한 논변을 이기다

ho lexeōs schēmatismos [figura elocutionis ㉥] 표현 형태, *어법 형태, *문채

ho paidias charin paizōn kai antilegōn 유희를 위해 유희하며 반론하는 자

ho tēs physeōs nomos 자연의 법

ho tēs tragōidias poiētēs 비극 시인

ho tōn tetrakosiōn syllogos* 4백인 회의

hoi philosophountes 철학하는 사람들, *철학자들, *철학도들

hoi polloi 다중, 다수 대중, 대다수 사람들

hoi tetrakosioi 4백인, 4백인 참주

hoi triakonta 30인, 30인 참주, 30인 통치자들

✽homoiokatarkton 두운

✽homoioteleuton 각운

homologein 동의하다, 합의하다, 일치하다, 같은 말을 하다

homologia 동의, 합의, 일치

homologos 동의된

homonoein 화합하다, *한마음이 되다

homonoia 화합, *한마음

homōnymia 다의어, *동음이의어

horan 관찰하다, *보다

✽hormē 자극, 충동

hybris 방자함

hybrisma 방자한 행동

hybristēs 방자한 사람, 방약무도한 사람

hybristos 방자한

hybrizein 방자하다, 방자한 행동을 하다, 무도한 일을 하다, 능욕하다

hymnein 찬미하다

✽hypallagē 환치(換置)

hyperballein 넘어트리다

✽hyperbasis 전치(轉置)

hyperonkos 웅대한

hyphairein 훔치다

hypo tēs physeōs 자연에 의해

✽hypodēlōsis 암시

✽hypokrisis [actio ㉣] 연기, *실연

hypokritēs 배우, 해석자, *대답하는 자

hypokritikē 연기술, *발표술, *실연술

to hypokritikon 연기력

hypotypousthai 유형화하여 다루다

hypoxyloi sophistai 가짜 소피스트들

hypsēlos 숭고함, 고고한

(to) iambeion 이암보스

iambizein 풍자하다, *비방하다, *이암보스로 말하다

iambos 이암보스, 이암보스 작품

iasthai 치유하다

iatrikē 의술

iatros 의사

ta idia 사적인 일들

idiāi 사적으로, 개인적으로, 사적인 영역에서

idiiai synousiai 사적인 모임들

idiioi syllogoi 사적인 모임들

idios nomos 특수한 법

idios 사적인, 고유한, 각자에게 고유한, 자기 고유의, 고유의, 자기 자신의,
   특유의, 특수한, 우호적인

idiōtēs 문외한, 사적인 시민, 한 개인, 사적인 선생

inductio ㉴ 귀납

insectari ㉴ 열심히 쫓다

insincerus ㉴ 진지하다고 하기 어려운

institutio ㉴ 훈련(퀸틸리아누스 책 제목『연설에 대한 훈련』)

interpres ㉴ 해석자

interpretatio ㉴ 해석 방식

✸inventio ㉴ 논변 발견

ironia ㉴ 아이러니, *의뭉

is 힘

ischyrognōmōn 심지가 굳은

ischyros 힘 있는, 힘을 가진, 힘이 센, 힘, 강한

ischys 힘

✿isokōlon 균등 병렬, *균등 문절 병렬

to ison 평등, 똑같은 것, 똑같이

isonomia 평등

isos 동등한

iucunditas ㉠ 재미

✿kairos 때, 제때, 알맞은 때, 적절한 때, 중요한 때, 결정적인 기회, 기회, 상
   황, 적도(適度), *시의적절함, *임기응변

kaka ergazesthai 해악을 끼치다

kaka poiein 해악을 끼치다

kaka 해악, 비난들

kakēgorein 비방하다

kakizein 비난하다

kakoētheia 성격 못됨

kakon ergazesthai 해를 입히다

kakon 비난

kakos 형편없는

kakotēs 해악

kakourgein 해를 입히다, 온갖 짓궂은 일들을 하다, *나쁜 짓을 하다

kallilogia 아름다운 말, 아름다운 연설

kallōpizein 아름답게 장식하다, 예쁘게 단장하다, 미화하다

kalos (te) k'agathos 아름답고 훌륭한

kata brachy apokrinesthai, dia bracheōn apokrinesthai, brachea apokrinesthai
   짧게 대답하다

kata nomon 법에 따라, 관습에 따른

kata nomous 법률들에 따라

kata physin 자연에 따른, 자연에 따라, 자연스러운, 자연스럽게

kata technēn 기술에 따른, 기술 교범에 따른

kata to doxan 그렇다고 여겨지는 것에 따른, *마음에 맞는 것에 따른

kata tychēn 운에 따른

kataballein 넘어트리다, 반박하다, 공표하다

Kataballontes 『반박들』

✤katachrēsis 남유(濫喩), *용어 오용, *비유 남용

katagelan 웃다, 비웃다

katagelastos 우스운, 웃음거리인

katagelōs 웃음, *비웃음

katagignōskein 비난하다

katalyein ton bion 삶을 끝내다

katalyein 해체하다, 파괴하다

kataphronein 비난하다

kataskeuazein 준비하다

kataskeuazein 증명을 제시하다

kataskeuē 기법, 정교함, (공들인) 작품, 조건

katatheōrein 관찰하다

katepāidein 주문을 걸다, 주문을 외우다

kathairein 정화하다

katharos 정화된, 순수한

katharsis 정화

kathartēs 정화자

kēlein 홀리다, *현혹하다, *구슬리다

kerdainein 이득을 얻다, (...를 이득으로) 얻다, 이득을 보다, 이득이 되다

kerdaleos 이득인

kerdos 이득

kindyneuma 배짱 좋은 말

klein 칭송하다

kleptein 표절하다, 도둑질하다, 훔치다

klēros 제비뽑기, *추첨, *추첨제

klērōtos 제비로 뽑힌, *추첨으로 뽑힌

klēroun 제비로 뽑다, *추첨으로 뽑다

klopē 표절, 절도

ta koina 공적인 일들

koinos nomos 공통된 법

koinos 공평한

kolakeia 아첨

kolakeuein 아첨하다

kolakeutikē 아첨술

kolax 아첨꾼

kōlon 문절(文節)

kōmikos 희극 시인, *희극 배우

kōmōidein, diakōmōidein, epikōmōidein 희화화하다

kōmōidopoios 희극 작가

kompseia 정교함, *세련됨

kompsos 세련된, 세련된 풍취를 자아내는, *정교한

kompsotēs 세련됨

kōneion 독당근즙

koryphaios 일인자

kosmein 장식하다, 질서 있게 배열하다

kosmos 돈우미, 꾸미개, 꾸밈, 장식, 질서, 대형(隊形), 우주, 세상

kratein 장악하다, 힘을 가지다, 통제하다, 제압하다, 압도하다, 극복하다, *지배하다, *정복하다

kratos 힘, 권력

ho kreittōn (ho kreissōn) 더 우월한 자[/사람], 더 강한 자[/사람]

krisis 해석

kritērion [헬레니즘 시대 용어] 판단 기준

kritiazein 크리티아스 따라 하기, 크리티아스처럼 말하기

kritikos 비평가, *평석가(評釋家)

krouein 시험하다, *두드리다

kyameutos 추첨으로 뽑은, *제비로 뽑은, *콩으로 뽑은

kyamos 추첨, 제비, *제비뽑기, *콩

kynēgesion 사냥

kynēgetikos 사냥에 관한

kyrieuein 주재하다

✽kyriolexia 일상어 사용, *통용어 사용

kyrios 주재하는, 주도권을 가진, 일상적인, 통용되는

kyrōsis 효능

labargyros 돈 받는

laetus ㉕ 즐거운

lalēsai dynasthai 말할 능력이 있다

lanchanein 제비를 뽑다, 제비를 뽑아 (...로) 나오다, *추첨으로 할당받다

laodikos 민중 재판의, *인민 재판의, *배심 재판의

laudare ㉕칭찬하다

laudatio ㉕ 찬양

laus ㉕ 칭찬

to legein 말하기

legein to deon orthōs 마땅한 것을 옳게 말하다

leitourgia 공적 의무 이행

lexis [elocutio ㉕] 표현, 문체, 언표, 어법, 단어 선택, 단어, 용어, 용례

liber ㉕ 자유로운, 리베르(자유)

liber ㉕ 책

licentia 권한

litotēs 완서법(緩敍法)

lōbasthai 손상하다, 손상되다, 불구가 되다, 험하게 대하다, 험한 일을 당하다,
  *해를 입히다/당하다

lōbē 손상, 해악

logismos 추론, *계산

logizesthai 추론하다

logodaidalos 연설의 장인

logographein 연설을 쓰다

logographos 연설 작성가, 로고그라포스, *연설 쓰는 사람

logōn agōn(es) 논변 경연, 연설 경연, 담론 경쟁

logōn orthotēs 말들의 옳음

(hē) (tōn) logōn technē 말들의 기술, 말 기술, *담론 기술

logos 담론, 말, 언어, 연설, 이야기, 이야깃거리, 논의, 대화, 토론, 논변, 진술,
  언명, 설명, 해명, 이론, 이치, 정의(定義), 근거, 비율, 이성

logos anatrepōn kai autos hauton 스스로 자신도 거꾸러트리는 논변

logous graphein 연설들을 쓰다

logous misein 논변들을 혐오하다

loidorein 비난하다, 헐뜯다

loidoria 비난, 욕설

lyein 해체시키다, 반박하다

lykos 늑대

lypē 고통, 괴로움

lypein 고통을 주다, 고통스럽게 하다, 고통스러워하다

lypeisthai 고통 받다, 고통스럽다

lypēros 고통스러운

mageia 주술

mageiros 요리사, *푸주한

Magos 마고스

maia 산파

maieia 산파 노릇

maieuesthai 산파 노릇하다

maieusis 산파술

mainesthai 미치다

makrologein 긴 이야기를 하다

makrologia 긴 이야기, 길게 이야기하기, 일장 연설

makros logos 장황한 이야기, *긴 이야기

makrous logous eipein 긴 이야기들을 말하다

mangganeia 술수, *속임수, *마술

mangganeuma 술수

mania 광기

martyrein 증언하다, 증인이 되다, 증거 노릇하다, 증언으로 뒷받침하다

martyria [testatio ㉠] 증언, 증거, 증거 자료

martyrion 증언

martys 증인, 증언자, 증언해 줄 사람, 보는 사람

mataios doxosophia 헛되게 지혜롭다고 여김

mathētos 배워지는, *배워질[/배울] 수 있는, *배워진

megalēgoria 큰소리, *되도 않는 큰소리

megaleios 웅대한

megalophrōn 호방한, 호기 있는

megalophrosynē 호연지기

megaloprepeia 호방함, 통이 큼

megaloprepēs 웅장한

megaloprepēs 호기로운

Megas Logos (Megas Logos) '위대한 연설'

megethos 숭고함

meletan 연습하다, 훈련하다

meletē logōn 연설 연습, *논변 연습, *담론 연습, 말 훈련
meletē 연습, 훈련
memphesthai 비난하다, 헐뜯다
mempteos 비난받을, *비난받아야 할
mēnis 분노
♣metaphora 은유
meteōra 천상의 것들
meteōroleschai 천상의 것들을 논하는 자들
meteōrosophistai 천상을 논하는 소피스트들
metron 척도
to metron 적도(適度)
mikrologia 자잘한 이야기, *자잘함
mimeisthai모방하다
mimēma 모방물
mimētēs 모방자
mimētikos 모방에 적합한, 모사적
misanthrōpia 인간 혐오
misanthrōpos 인간 혐오자
misē lexis 중간 문체
misodēmos 민중을 싫어하는, *인민을 싫어하는, *민주정을 싫어하는
misologia 논변 혐오
misologos 논변 혐오자
mistharnein 보수를 받고 일하다, 돈을 벌다
misthon antididonai 대가를 보상으로 주다
misthophoria 일당 지급 제도
misthos 보수(報酬), 수업료, 대가
misthoun 보수를 주다
mōmētos 비난받을 만한, 비난받을
mōmos 비난

monarchein 일인 통치자가 되다

monarchia 일인 지배, 일인 주권, *일인정

monarchos 일인 지배자

mores ㉑ 성격

mouseion 뮤즈의 전당, *박람서, *박물서

mousikē 음악, 시가, 시가술, 뮤즈 기술

mousikos 음악에 능한, 음악에 대한, 뮤즈의 기술에 맞는, 음악가, 음악, *시가
   에 능한, *시가

myktēr rhētoromyktos 연설가들에게 콧방귀 뀐 조소자

to mythōdes 설화적인 부류, *신화적 성격을 띤 것

mythologein 이야기를 들려 주다

mythologia ㉑ 신화

mythologikos 설화 작가

mythos makros 긴 신화, *긴 설화

mythos 설화, 신화, 우화, 이야기, *플롯

narkan 마비되다

narkē 시끈가오리

✣narratio ㉑ 서사(敍事)

natura ㉑ 자연, 본성

natural justice 자연적 정의

nemesis 분노

nēpenthēs akroasis 고통을 없애 주는 강의

noein 사유하다, 생각하다, 마음속에 품다, 상정하다, 뜻하다, 뜻을 갖다

noētos 사유되는, *가지적(可知的)인

nomimos 준법적인, 합법적인, 적법한, 법도에 맞는, 법규, 법령들, 규칙들

nomōi 법에 의해, 관습적으로, *관습에 의해

nomon parabainein 법을 어기다

nomōn thesis 법률들의 제정
nomophylakein 법 수호자가 되다
nomos 법, 법률, 관습, 관행, 규칙
nomothesia 입법
nomothetein 입법하다, 법으로 제정하다
nomothetēs 입법자, *입법가
nomothetikē 입법술
nomou akribeia 법의 엄밀함
nomous parabainein 법들을 어기다
nomous syngraphein 법들을 제정하다
nomous tithenai, nomous tithesthai 법들을 제정하다
para tous nomous 법에 반하는
nous, noos 정신, 지성, 지각, 생각, 마음

obscurus ㉯ 불분명한
odynasthai 고통을 겪다
odynēros 고통스러운
ta oikeia 자신의 일들, 자기 것들, 자기에게 고유한 것들
oiketēs 가노
oiktirein 동정하다
oiktizein 동정심이 일다
oiktos 동정, 동정심
oiktrogoos 동정을 자아내는
oiōnizesthai 징조로 받아들이다
olethros 파멸
oligarchia 과두정, 소수 지배, 올리가르키아, *소수정
oneidizein 비난하다
oneidos 비난, 비난거리, 수치

oneirokritēs 해몽가

oninanai 이롭게 하다, 기쁨을 누리다

onkos 웅장함

onomatōn orthotēs 이름들의 옳음

ontōs sophistēs 진정한 소피스트, 진짜 소피스트

ōpheleia (ōphelia) 이로움, 혜택, *이익

ōphelein 이롭게 하다, 이로움을 주다, 혜택을 베풀다, *이익을 주다

ōphelimos 이로운, 이로움을 주는, *이익을 주는

opsopoiia 요리술

opsopoios 요리사

orator ㉰ 연설가

orgē 분노

♣orthoepeia 말의 옳음, *옳은 말 쓰기

orthorrhēmosynē 언사의 옳음

ou dēlōton 보여 줄 수 없는

pagios 확고한

paideia 교양, 교육, 배울거리

epi paideiāi 교양을 위한

paideusis 교육, 교양

paideutikē 교양교육

paidia 유희, 놀이, *장난, *재미

paidikon 어린애 장난

paidotribēs 체육 선생

to paigniōdēs 유희적인 분위기

paignion 재밋거리, 장난감, *놀잇감

pais 노예, 아이

paizein 유희하다, 장난하다, 농담하다, 농을 건네다, 놀리다

palaistra 레슬링장

palē 레슬링

palos 추첨

pandēmos 민중 전체의, 전(全)-대중적인

pankakos teleōs 완벽하게 정말 나쁜 사람

paradoxon enkōmion 역설적 찬양

para physin 자연에 반하는

✽parabolē 비유, *가상 예화(例話)

paradeigma 본(本), 보여 주는 사례, 본보기, 전범

✽paradihēgēsis 보충 서사

paradoxa 역설(逆說)

✽paradoxologia 역설적 진술, *상식을 넘어서는 이야기

paradoxos 역설적인, 통념에 반하는, 의외의

parakoptein 제정신이 아니다

paramytheisthai 위안하다, 위로하다, 정당화하다

paramythētikos (logos) 위안

parangelma technikon 기술적 원칙

parangelma 원칙

paranomein 법을 어기다, 관행을 어기다, 관습에 어긋나는 주장을 하다

paranomia 불법

paranomos 불법적인

parapeithein 홀리다

parapetasma 가림막

✽parapsogos 간접 비난

parapsychē 위안

paraskeuazein 준비하다, 준비를 갖추다

paraskeuē 준비

✽parepainos 간접 칭찬

parergon 부업, 부차적인 일

pareskeuasmenos 준비된, 준비해 놓은

♣parisōsis, parison 균등 대칭, *양적 균형

parrhēsia 거리낌 없이 할 말 다 함, 거리낌 없는 언사, 파레시아

parrhēsiazesthai 거리낌 없이 할 말 다 하다, 까놓고 이야기하다

paschein 겪다, 당하다, 경험하다

passophos 온통 지혜로 가득 찬, *가장 지혜로운

pathēma 경험, 겪음, 상황

pathos 경험, 겪음, (겪은) 일, (겪는) 증세, 정념, 현상, 불행

patōr 주인, *소유주, *가부장

pecunia ㉐ 돈

peira 시험, 테스트, *경험

peirasthai, apopeirasthai 시험하다

peirastikē 시험 기술

penēs 가난한

penia 가난

pephykenai 자연스럽다, 자연적으로, 본성 지어졌다, 본성상

pephykōs 본성을 타고난, 본성인, 생겨나 있는

peras 한계, 끝점

peri physeōs historia 자연에 관한 탐구

Peri Physeōs 『자연에 관하여』

peri tēs tōn pantōn physeōs 만물의 본성에 관하여, 만물의 자연에 관하여

periballein 돌려 말하다

periergia 지나친 정교함, 지나친 공들임, 쓸데없는 일, *주제넘은 것

♣periodos [ambitus ㉐] 완결문, *도미문(掉尾文)

♣periphrasis 에둘러 말하기

perispoudastos 열심히 추구되는

peritropē 자기 반박성

phaidros 즐거운

phainesthai 드러나다, 나타나다, 분명하다, (...로) 보이다, 외양상 ...이다,

입신양명하다

phaneros 분명히 드러난, 분명한, 드러난, 명백한

phantasia 드러남, 인상, 현상, *나타남, *상상

pharmakeuein 주문을 걸다

pharmakeus 주술사

pharmakon 약, 묘약

pharmattein 약을 쓰다

phaulos 형편없는, 보잘것없는, 사소한, 열등한

phēlōma 속임수

phēloun 속이다

philanthrōpia, to philanthrōpon 인간애

philanthrōpos 부드러운, 인간애

philargyria 돈 사랑

philargyros 돈을 밝히는

philochrēmatein 돈을 사랑하다

philochrēmatos 돈을 좋아하는

philogymnastein 체육 사랑하기

philokalos 아름다움을 사랑하는

philologia 이야기 사랑

philologos 연설을 사랑하는, 문학에 조예가 있는, 학구적인, *이야기를 사랑
하는

philoneikein 경쟁자로 삼다, 승부를 벌이다, *반박하다

philonikein 경쟁을 벌이다, 경쟁자로 삼다, 호승심을 갖다, 호승심을 발휘하다,
*열망하다

philonikos 호승심을 가진, 모두가 꺾고자 애쓰는, *호승적인, *정복을 추구
하는

philoponos 고생을 즐기는

philopsychein 영혼을 사랑하다

philopsychia 영혼에 대한 사랑

philosophein 철학하다, 지혜를 사랑하다

philosophia de natura ㉐ 자연에 관한 철학

philosophos physikos 자연철학자

philotechnein 기술을 연마하다

philotimeisthai 공명심을 발동하다

philotimia 공명심, 명예 사랑, 명예 경쟁, *야망

philotimos 명예를 사랑하는

tous men philous kakōs poiein tous de echthrous ōphelein 친구들에게 해를 주고 적들을 이롭게 하다

tous men philous blaptein tous d' echthrous ōphelein 친구들에게 해를 주고 적들을 이롭게 하다

tous men philous eu poein kai tous d' echthrous kakōs 친구들에게 잘하고 적들에게 못되게 하다

tous te philous eu poein kai tous echthrous kakōs 친구들에게 잘하고 적들에게 못되게 하다

philous ōphelein ē polemious blaptein 친구들을 이롭게 하거나 적들에게 해를 주다

phobos 두려움

phōnē 표현, 언명, 말

phrasis 표현

phronein 분별하다, 사리분별하다, 생각하다, 포부를 품다

phronēma 정신, 마음, 포부

phronēsis 분별, 사리분별, 현명, *실천적 지혜

phronimos 분별 있는, 현명한

phthonein 시기하다, 인색하다, 인색하게 굴다, *아까워하다

phthoneros 시기하는, 시기심을 가진

phthonos 시기, 시기심

phynai 본성을 타고났다, 본성을 가졌다, 천성을 갖추다, 생겨났다, ...하기 마련이다

ta phynta 자연발생적인 것들

physei 자연에 의해, 자연적으로, 자연히, 본성에 의해, 본성상

physicus ㉯ 자연학자

physikos 자연학자

physiologia 자연 탐구

physios blastēmata 자연의 산물

physios nomothetēmata 자연의 관습, *자연의 법으로 정해진 것

physis 자연, 자연적인 상태, 본성, 천성, 태생, 타고난 능력

pistis 증명, 신뢰의 증거, 신의

✽pistōsis 확증

pithanos 설득력 있는, 설득력을 가진, 설득력

plattein 지어내다, 빚다

plēmmelein 잘못을 저지르다, 잘못된 일을 하다, *가락이 맞지 않는 음을 내다

pleon echein, pleonektein 더 많이 갖다

pleonektēs 탐욕스러운, *응분의 것보다 더 가지겠다고 주장하는 사람

pleonexia 더 많이 갖기, 과도한 소유, 탐욕

plousios 부자, 부유한

ploutein 부유하다

ploutizesthai 부유해지다

ploutos 부(富), *부유

✽pneuma 단숨에 쏟아내는 문장

poeta ㉯ 시인

poiein 만들다, 작품으로 만들다, 작품에서 말하다, 시를 짓다, 짓다, 설정하다, 여기다, 하다, 저지르다, 행하다, 행동하다, 행위하다, 작용하다

poiēma 시, *작품

poiēsis 시, 시 짓기, 만듦, 만들어 냄

poiētēs (tōn) logōn 연설 작가, 연설들을 만드는 사람, *말들의 제작자

poiētēs 시인, 작가, 만드는 사람, 만들어 내는 자

ta poiētika 시학, *시 짓는 기술

poiētikē 시학, *시 짓는 기술

poiētikos 시적인

politeia 정치 체제, 정치

politeuesthai 정치 활동을 하다, 정치적인 삶을 살다, 정치에 참여하다, 정치
    에 몸담다, 정치에 입문하다 ta politika 정치적인 일들, 국가의 일들, 정치,
    정치적인 활동

politikai praxis 정치적인 활동, 정치적인 행위

politikē sophia 정치적 지혜

politikē technē 정치적 기술, *시민적 기술

politikē 정치술, 정치

politikos logos 정치(적) 연설

politikos 정치가, 정치인

polygnōmōn 금언적인

polymathēs 박식한

polymathia 박식, 박학다식

polypragmonein 참견하다, *많은 일들을 하느라 바쁘다

polyteleia 호사

polytelēs 호사스러운

pompikon 장중함

ponein 고생하다, 노동하다, 고된 노동을 하다, 수고를 들이다, 겪다

ponos 노고, 수고, 고생, 노역, *노동

porismos 돈을 벌기

poros 통로

porphyra esthēs 자줏빛 옷

porphyra 자줏빛 의상

pragma 일, 행위, 활동, 일거리, 성가심, 성가신 일, 사태, 사안, 사물, 재물,
    대상, 공적인 장(場)

ta pragmata 공적인 일, 공적인 장

pragmatologein 논쟁하다

prattein (prassen) 행하다, 행위하다, (행위를) 하다, 행동하다, (행동을) 하다,
   행동으로 옮기다, 실행하다, 지내다, 이루다
praxis 행위, 행동, 활동, 성공
(the) precision of language 언어의 정교함
prepein 적절하다, 어울리다, 알맞다
prepōn 적절한, 어울리는, 합당한
to prepon [decorum 라] 적절함
princeps 라 일인자
pro ergou 유익한
proagōgeuein 뚜쟁이 노릇을 하다
prodesse 라 이로움을 주다
progymnasma 연습, *사전 연습
prohairesis 의도, 지향, 선택
prohetoimazein 준비하다
pronuntiatio 라 목소리 연기
prooemium 라 서론, *머리말
✽prooimion [prooemium 라] 서론, 서곡, *머리말
propherein 비난하다
prosagoreusis 인사, *부름, *호칭
✽prosbolē 단도직입적 이행
proschēma 위장막, 서두
prosēkein 적합하다, 적절하다, 어울리다
prosēkōn 적합한, 적절한, 알맞은, 어울리는
prosēnēs 즐거운
proskatēgorein 비난하다
prospaizein 장난으로 대하다
prosphoros 유익한
prostithesthai 동의하다
prōteuein 일인자가 되다

prytaneion 시 중앙 청사, 전당

Prytaneum ㉢ 시 중앙 청사

psegein 비난하다

psogos 비난

✿to psychron [= psychrotēs] 생기 없음

psychros 생기 없는, *살풍경한, *싸늘한

publice ㉢ 공적인 비용으로

quaerere ㉢ 탐색하다, *묻다

quaestus ㉢ 돈벌이

res privatae ㉢ 사적인 재산들

res ㉢ 사물, 일, 대상, 것, 주제

rezein 행위하다

rhapsōidein 시 음송을 하다

rhapsōidia 시 음송, 시 음송술

rhapsōidikē 시 음송술

rhapsōidos 시 음송가

rhetor ㉢ 수사가, 연설가, 레토르, *수사학 선생

rhētōr 연설가, 수사가, 레토르, *수사학자

rhētoreia 수사, 수사학

rhētoreuein 말 잘하기, 연설 실행하기, *수사적으로 말하기, *연설가가 되기

rhetorice ㉢ 수사학

ta rhētorika 수사학

rhētorikē technē 수사적 기술, 연설 기술, 수사학 교범, *연설 기술 교범, *수
사술

rhētorikē 수사학, 연설술, *수사술

rhētorikon parangelma 수사학적 원칙

rhētorikon schēma 수사적 문채

rhētorikos logos 수사학적 연설, 수사적 연설

rhētorikos 수사학적인, 수사학에 능한, 수사학(적), 수사적인, 수사에 능한,
  수사가

rhōmē 힘

rhythmos 리듬, 방식

saphēneia 분명함

saphes 분명함

satyrikon drama 사튀로스 극

schediazein, aposchediazein, autoschediazein 즉흥 연설하다, *즉석(에서) 연
  설하다

schedios logos 즉흥 연설

schēma 유형, 형식, 형태, 문채, 몸가짐, 위치

scholazein 여유가 있다, 한가로움을 누리다

scholē 여유, 여가, 학파

scitus ⓐ 정교한

scriptum ⓐ 저술

sēmainein 가리키다, 지시하다, 의미하다, 신호를 보여 주다, 신호를 보내다

sēmainomenon 지시체, 가리켜진 것, *의미

sēmeiolytēs 징조 해석가

sēmeion 표지, 징조, 신호, 기호, 표시, 증거, 징표, 점

semnologein 위엄 있게 말하다

✽semnologia 위엄 있는 말투

semnos 위엄 있는, 숭고한, 엄숙히 공경하는, 장중한, *격조 있는

semnotēs 위엄, *격조, *진중함, *점잖음

severitas ⓐ 진지함

simos 들창코

simotēs 들창코, *들창코임

sitēsis 무료 식사 대접, 식사 대접

skopein 검토하다

skōptein 비난하다, 헐뜯다

skōptein 우스운 비유를 하다, *놀려대다

socail contract theory, contract theory 사회 계약론, 계약론

socail contract 사회 계약

Socratic irony 소크라테스의 아이러니

sōizein 안전하게 하다, 안녕에 이르게 하다, 보존하다

solere ㉣ 익숙해 있다

solitus ㉣ 익숙한

✽soloikismos 어법 위반

soloikizein 어법을 위반하다

sophisma 궤변, *교변(巧辯)

sophisteia 소피스트임

sophisteuein 소피스트 노릇을 하다, 소피스트로 활동하다, 소피스트가 되다, *소피스트 기술을 실행하다

sophistikē dynamis 소피스트술이 가진 능력, *소피스트적 능력

sophistikē technē 소피스트 기술, *소피스트술

sophistikē 소피스트술

Sophistōn syllogos *'소피스트 대회'

sophizesthai 지혜를 행사하다, 고안해 내놓다, *소피스트 노릇을 하다

sōphrōn 절제 있는, *신중한

sōphronein 절제 있다, 제정신이다, 온전한 정신이다

sōphronizein 절제 있게 만들다

sōphrosynē 절제, 제정신

sōtēria 안전, 안녕, 보존, 생존 수단

sparattein 찢어발기다

sphallein 넘어트리다, 걸어 넘어트리다, 젬병이다

spoudaiogeloios 진지하면서 재미있는, 웃픈

spoudaios 진지한, 중대한, 뛰어난, 변변한, 알맞은, 양호한, 괜찮은

spoudazein 진지하다, 진지하게 임하다, 진지하게 대하다, 진지하게 말하다, 진지하게 탐구하다, 진지하게 추구하다, 추구하다, …하려 하다, 전심을 다하다, 골몰하다, 업으로 삼다

spoudē 진지함, 진지하게 여김, 진지한 관심, 진지한 추구, 진지한 탐구, 연구, 열의, 열정, 부리나케

sthenos 힘

strongylos 간결한

studiosus ⑭ 열심인

subtilis ⑭ 정교한

subtilitas disputandum 논변의 정교함

subtilitas ⑭ 정교함

sykophantēs 과잉 고발꾼, *소송 남용자

sykophantia 소송 남용

syllogismos 추론, 연역 추론, *삼단논법

syllogizesthai 추론하다, 추론으로 도출하다, *연역 추론/삼단논법으로 도출하다

symbainein 부수하다, 속성으로 붙다, 속성이 붙다, 결론이 따라 나오다, 따라 나오다, 일어나다

symballesthai 추론하다

symbolaion 계약

symbolon 징조

symbouleutikos (logos) 심의 연설

symphanai 동의하다

sympherein 이익이 되다, *유익하다

sympheresthai 동의하다

(to) sympheron 유익한, 이익이 되는, 유익, 이익, 이익 추구

symphoros 유익한, 이익에 맞는, 이익

synainein 동의를 표하다

synalgein 고통에 공감하다

synapolauein 즐거움에 동참하다

synchōrein 동의하다

syndokein 생각을 같이하다

syneinai 함께하다, 함께 있다, 함께 지내다, 교제를 나누다

synētheia 익숙함, 익숙한 방식, 익숙한 것, 익숙해짐, 친숙함, 친숙해진 것,
   관행

synethizesthai 익숙하다

syngignesthai 함께하다, 함께 있다, 함께 지내다, 함께 어울리다, 함께 시간
   을 보내다

syngnōmē 관용, 눈감아 줄 이유

syngramma 저술, 책, 작문

syngraphein 짓다, 쓰다, 글로 쓰다, 연설을 쓰다, (법을) 제정하다

to syngraphein 연설 쓰기, (연설) 쓰기

syngrapheus 저자, 역사가, 산문 작가

synkeisthai 지어지다, 써지다, 작문되다

synomologein 동의하다

synōnymia 동의어

synousia 함께함, 함께 지냄, 함께 논의함, 모임, 교제, 공존

synousian poieisthai 함께 논의를 하다

syntagma 저술

syntaxis 저술

synthēkē 계약, 협약, 조약, 작문

synthēma 약정, *합의

synthēma 합의

syntithenai 짓다, 작문하다

syntithesthai 계약을 맺다, 약정하다

syntithesthai 합의하다

syntomon 간결함

syzētein 함께 탐색하다, 함께 탐구하다

ta apo tēs technēs 기술로부터 나오는 것들, *기술의 결과물들

ta deonta malist' eipein 마땅한 것들을 가장 잘 말하다

ta heautou prattein 자신의 일들을 행하다

ta kata nomon dikaia 법에 따라 정의로운 것들

ta politika prattein 정치적인 활동을 하다, 정치를 하다, 국가의 일들을 행하다,
   국가의 일들에 종사하다

ta sophistika hiera 소피스트적 비의

ta tōn nomōn 법률들에 속한 것들

ta tōn tetrakosiōn 4백인 정권

ta tou nomou 법에 속한 것들

tapeinos 비천한

tas amoibas komizesthai 대가를 받다

taxis 구조, 질서, 순서, 배열, 대형(隊形), 평가, *체계, *성향, *성격

technē alypias 고통 없애는 기술

technē psychagōgia 영혼을 이끄는 기술

technē 기술, 기술 교범, 교범, 수사학 교범, 직업, 작품

epi technēi 전문적인, *기술을 (얻기) 위한

technēma 기법, 기술적 수단

ek technēs 기술적인

technikos 기술적인

technitēs 기술자, 전문가

technoelenchos 기술 비평가

technographos 기술 교범 저자

tekmairesthai 증거를 얻다, 증거로 들다, 추정하다

tekmērion 증거, 증후

tektōn 장인(匠人)

teleos sophistēs 완벽한 소피스트

telos 목적, 완성, 끝, 결말

teras 징조, 기괴한 것

teratoskopos 점쟁이

terpein 즐기다, 즐겁게 하다, 즐거움을 주다, 흔쾌하다, *즐거움을 누리다, *낙
으로 삼다

terpnos 즐기는, 즐거운, *낙으로 삼을 만한

terpsis 즐김, *즐거움을 누림, *낙으로 삼음

tetragōnismos 원의 정방화, *원의 사각형화

tetragōnizein ton kyklon 원을 정방화하다

tetragōnizousa grammē 원적 곡선

the impossibility of antilogy 반론 불가능성

the Melian Dialogue 멜로스 대화

the Mytilenean Debate 뮈틸레네 논쟁

The Old Oligarch '옛 과두주의자'

thea 볼거리, *바라봄

theama 볼거리

theasthai 바라보다, 구경하다

theatēs 관객, *바라보는 자, *구경꾼

thelgein 홀리다, 매혹시키다

theōrein 바라보다, 살피다, *관조하다, *관찰하다

theōria 관조, 바라보기, *관찰, *구경, *이론

thēra 사냥

thēran 사냥하다, 추구하다, *뒤쫓다

therapeia 보살핌, 치료

therapeuein 보살피다, 치료하다, 모시다

therapōn 보살피는

thēreuein 사냥하다

thēreutēs 사냥꾼

thōps 아첨꾼

thymos 분노, 충동, 마음

to authades dikaion 완고한 정의(正義)

to dynasthai legein 말하는 능력을 가짐[/갖는 것]

to eidos tōn logōn 논변 형식, *담론 형태

to eu legein 말 잘함, 말 잘 하기

to ison echein 똑같이 갖다

to kata brachy 짧게 짧게 하기

to kata nomon 법에 따른 것

to physei dikaion dikaion 자연에 의해 정의로운 것/일

to praon epieikes 부드러운 공정성

to Prōtagorou epangelma 프로타고라스의 공언

to Sōkratikon eidos tōn logōn 소크라테스적 논변 형식, *소크라테스적 담론
형태

to ta megala megalōs hemēneuein 거창한 이야기를 거창하게 개진하기

to tēs physeōs dikaion 자연의 정의

ton hēttō logon kreittō poiein 더 약한 논변을 더 강하게 만들다, 더 약한 논
변을 더 강한 논변으로 만들다

✸topos [locus ㊐] 말터, *주제, *담론 영역, *논변 창고, *논소(論所)

tous lypoumenous dia logōn therapeuein 고통 받는 사람들을 말들을 통해 치
료해 주다

tous lypoumenous paramytheisthai 고통 받는 사람들을 위안해 주다

tous men echthrous ōphelein tous de philous kakōs poiein 적들에게 이로움
을 주고 친구들에게 해를 끼치다

tous te philous eleuthroun kai tous echthrous cheirousthai 친구들을 자유롭
게 하고 적들을 정복하다

tragic irony 비극적 아이러니

tragōidiopoios 비극 시인, 비극 작가

tragōidos 비극 배우, *비극 출연자, *비극 합창 가무단원

tribē 기량

tristeia 상(賞) [용감히 싸웠다고 주는 상, 무용을 떨쳐 받는 상]

tropikos 문채적인, 비유적인

tropos lexeōs 어법 양태

tropos 성격, 양태, 문채

tryphē 사치, 번지르르함

typhos 허상, *환상

typos 유형, 인상, *이미지, *형상

typoun 주조하다, 빚다, 짜진 틀을 이용하다

tyrannein 참주 노릇하다, 참주다, 참주가 되다

tyrannikos 참주적인, 참주처럼 구는

tyrannis 참주정, 참주 자리

tyrannoi tetrakosioi 4백인 참주들

tyrannos 참주, 주재자

tyrannus ㉐ 참주

ubertas orationis ㉐ 연설의 풍부함

utilitas ㉐ 유용성, 유용함, 소용

virtus ㉐ 덕

vis ㉐ 힘

vituperare ㉐ 비난하다

vituperatio ㉐ 비난

voluptas ㉐ 즐거움

zēlos 선망, 질투, *경쟁(적 모방)

zēlōtēs 선망하는 사람, 선망하여 따라 하는 사람, 추종자

zēlotypia 질투

zēloun 선망하다, 부러워하다, 부러워 따라 하다, *선망하여 따라 하다, 본뜨다

zēmia 손실, 처벌, 대가

zēmiousthai 대가를 치르다

zēmiousthai 처벌받다

zētein 탐색하다, 탐구하다, 추구하다, 찾다, 찾아다니다

zētēsis 탐색, 탐구, 찾는 일

zētētikos 탐문을 잘 하는

수사학 용어 목록 (한글–희랍어)

♣ 각운 homoioteleuton

♣ 간접 비난 parapsogos

♣ 간접 칭찬 parepainos

♣ 균등 대칭 parisōsis, parison

♣ 균등 (문절) 병렬 isokōlon

♣ 그럴법함 to eikos

♣ 금언조 gnōmologia

♣ 남유(濫喩) katachrēsis

♣ 논박 elenchos

♣ 논변 발견 heuresis, inventio 라

♣ 단도직입적 이행(prosbolē)

♣ 단숨에 쏟아내는 문장 pneuma

♣ 단어 반복 diplasiologia

♣ 단절적 표현 apostasis

♣ 대조 antithesis, antitheton

♣ 돈호 apostrophē

♣ 되짚기, *재개 epanalēpsis [1) 어디서 시작했는지 상기시키기 위한 특정 불변화사 반복, 2) = 되풀이]

♣ 되풀이, *어구 반복 anadiplōsis [단어나 구절의 직접 반복]

♣ 두운 homoiokatarkton

♣ 때 kairos

♣ 말의 옳음 orthoepeia

♣ 말터 topos [locus 라], 공통의 말터들 communes loci 라 [koinoi topoi 희]

♣ 모순된 진술 antiphasis

♣ 문두 어절 반복 anaphora [= epanaphora]

♣ 반론 antilogia

♣ 보충 서사 paradihēgēsis

✿비유, 직유 eikōn, 비유조 eikonologia

✿비유, *가상 예화(例話) parabolē

✿생기 없음 psychrotēs (to psychron)

✿서론 prooimion [prooemium 라]

✿서사(敍事) dihēgēsis, narratio 라

✿암시 hypodēlōsis

✿어법 위반 soloikismos

✿어순 뒤집기 anastrophē

✿연기 hypokrisis, actio 라

✿에둘러 말하기 periphrasis

✿역설적 진술 paradoxologia

✿완결문 periodos, ambitus 라

✿요약 anakephalaiōsis

✿우아한 연결 concinnitas 라

✿위엄 있는 말투 semnologia

✿은유 metaphora

✿일상어 사용 kyriolexia

✿자극 hormē

✿장식적 형용어 epitheton ornans

✿재진술 deuterologia

✿전치(轉置) hyperbasis, hyperbaton

✿추가 논박 epexelenchos

✿추가 확증 epipistōsis

✿추론 enthymēma

✿풍유(諷諭) allēgoria

✿확증 pistōsis

✿환치(換置) hypallagē

수사학 용어 목록 (희랍어–한글)

✽ allēgoria 풍유(諷諭)

✽ anadiplōsis 되풀이

✽ anakephalaiōsis 요약

✽ anaphora [= epanaphora] 문두 어절 반복

✽ anastrophē 어순 뒤집기

✽ antilogia 반론

✽ antiphasis 모순된 진술

✽ antithesis, antitheton 대조

✽ apostasis 단절적 표현

✽ apostrophē 돈호

✽ communes loci ㉐ [koinoi topoi 희] 공통의 말터들

✽ concinnitas ㉐ 우아한 연결

✽ deuterologia 재진술

✽ dihēgēsis, narratio ㉐ 서사(敍事)

✽ diplasiologia 단어 반복

✽ eikōn 비유, 직유, eikonologia 비유조

✽ to eikos 그럴법함

✽ elenchos 논박

✽ enthymēma 추론

✽ epanalēpsis 되짚기

✽ epexelenchos 추가 논박

✽ epipistōsis 추가 확증

✽ epitheton ornans 장식적 형용어

✽ gnōmologia 금언조

✽ heuresis, inventio ㉐ 논변 발견

✽ homoiokatarkton 두운

✽ homoioteleuton 각운

✱hormē 자극
✱hypallagē 환치(換置)
✱hyperbasis, hyperbaton 전치(轉置)
✱hypodēlōsis 암시
✱hypokrisis, actio ㉣ 연기
✱isokōlon 균등 (문절) 병렬
✱kairos 때
✱katachrēsis 남유(濫喩)
✱kyriolexia 일상어 사용
✱metaphora 은유
✱orthoepeia 말의 옳음
✱parabolē 비유
✱paradihēgēsis 보충 서사
✱paradoxologia 역설적 진술
✱parapsogos 간접 비난
✱parepainos 간접 칭찬
✱parisōsis, parison 균등 대칭
✱periodos, ambitus ㉣ 완결문
✱periphrasis 에둘러 말하기
✱pistōsis 확증
✱pneuma 단숨에 쏟아내는 문장
✱prooimion [prooemium ㉣] 서론
✱prosbolē 단도직입적 이행
✱psychrotēs (to psychron) 생기 없음
✱semnologia 위엄 있는 말투
✱soloikismos 어법 위반
✱topos [locus ㉣] 말터

6. 찾아보기-고유 명사

일러두기

- 인명, 신명, 족속명, 지명 등 고유 명사에 해당하는 모든 항목의 용례를 열거하되, 지명에 해당하는 항목 앞에는 '@'로 표시한다. 지명 가운데 부록의 지도에서 찾아볼 수 있는 항목(바다 이름이나 일부 광역 지명은 제외)은 해당 항목 바로 뒤에 'Ⓜ'으로 표시하고 뒤에 해당 지도 번호와 지도 내 사분면 번호를 표시한다. 사분면 번호 표시가 애매한 중앙은 '0'으로, 사분면 간 경계 부근은 앞 사분면 번호에 0.5를 더한다. 예컨대, Ⓜ1-4는 지도 1번의 4사분면, Ⓜ2-0은 지도 2번의 중앙, Ⓜ3-3.5는 지도 3번의 3사분면과 4사분면의 경계 부근, Ⓜ4-4.5는 지도 4번의 4사분면과 1사분면의 경계 부근에서 찾을 수 있다는 표시다. 근현대 인명과 지명은 기본적으로 제외하며, 그 외에도 찾아보기의 가치가 상대적으로 낮은 아주 일반적인 고유 명사(예컨대, 희랍)나 근현대 고유 명사, 그리고 고유 명사 여부가 애매한 경우는 목록에서 배제하거나 용례 열거를 생략할 수 있다.
- 고유 명사 찾아보기의 적용 범위는 기본적으로 자료 본문(즉, 단편)이다. 머리글과 각 장의 안내, 각 단편 표제부의 출처 표시, 주석 등에 나오는 용례는 필요한 만큼만 열거에 포함시킨다. 그러나 각 장에서 주인공인 해당 소피스트 이름은 기본적으로 열거 범위에서 제외한다.
- 출처 표시에 등장하는 인명은 '¶'로 표시한다. 상세한 출처 내용은 출처 찾아보기에서 다룬다.
- 같은 고유 명사에 속하는 파생 형태(예: 형용사형, ...족, ...의 아들 등)나 이형은 특별

한 필요가 있는 경우 외에는 기본적으로 같은 항목에 분류한다.

- 같은 고유 명사가 서로 다른 지시체를 가리킬 때 그 쓰임새를 나누어 제시하기 위해 '－'를 사용한다.
- 인명의 경우 동명이인일 가능성이 상존하는데, 그런 가능성 자체가 자료에 대한 일정한 판단을 전제하므로 특별한 경우 외에는 같은 항목에 분류한다. 조손이 기본적으로 동명인 희랍 인명의 특성상 같은 집안 내에서 동명이인인 경우(예: 솔론 집안의 드로피데스나 글라우콘)가 많은데, 이것 역시 특별한 경우 외에는 별도 항목으로 분류하지 않는다. 같은 이유로 이름 외의 구별 요소(출신지나 부친명 등)는 특별한 경우 외에는 기본적으로 제외한다.
- 고유 명사에 붙여 쓴 괄호는 해당 고유 명사에 대한 보충 설명에 사용하고, 띄어 쓴 괄호는 해당 고유 명사의 이형(異形)이나 부가된 이름 등을 보충하기 위해 사용한다.
- 우리말 표기에 대응하는 원어(희랍어 혹은 라틴어 등)의 로마자 표기를 기본형으로 병기한다. 파생 형태나 이형은 필요한 경우에만 따로 표시한다. 고유 명사에 희랍어 표기와 라틴어 표기 중 어느 쪽을 적용할 것인지는 출신지와 활동 무대(인명의 경우), 소속 국가(지명의 경우) 등을 주된 고려 사항으로, 관행을 보조적 고려 사항으로 삼아 정한다. 희랍어에만 장음 표기를 적용한다.
- 해당 고유 명사의 자리는 단편 번호나 장절로 표시하되, 해당 단편이 길거나 다른 이유로 쉽게 찾기 어려운 경우 보다 상세한 자리 표시를 병기한다. 주석에만 등장하는 경우는 주석 번호를 따로 표시한다.
- 해당 고유 명사에 관한 상세한 안내가 등장하는 곳은 '☆'로 표시한다.
- 고유 명사가 포함된 일반 용어는 일반 용어 찾아보기에서 다루고 화살표(→)로 해당 일반 용어를 안내한다. 이름의 다른 표기나 형태 등으로 인해 같은 대상에 대해 복수 항목이 있을 경우에도 화살표(→)로 대표 표제어를 안내한다.

(ㄱ)

가이아 Gaia 13B.1(주석 39, 주석 40)

가이우스 바레누스 Gaius Varenus 3B.3

@갈라티아 Galatia 17A.3

¶ 갈레노스 Galenos 2B.9.(b)☆, 2B.9.(b)(주석 282), 3B.21, 3B.22, 3B.23s, 3B.25, 3B.26, 3B.27, 3B.28, 5A.17, 5B.3, 5B.4, 5B.19(주석 156), 5B.41,

5B.52, 7A.3, 10B.43, 10B.43(주석 221)

@갈리아 Gallia (영어: Gaul) 17A.3(주석 16)

갈리오 Gallio 5B.97

게뤼온 Gēryōn 8B.1, 8B.1(주석 29)

고르고피스 Gorgōpis 4B.25

¶고르기아스 Gorgias 머리말, 1장 안내(주석 13), 1A.9, 1B.6(주석 135),
1B.15(주석 209), 1B.24(주석 261), 1B.32(주석 275), 1B.37, 1B.44(주석
299), 1B.55(주석 352), 2장(생략), 3장 안내, 3A.1(주석 9), 3A.2, 3A.3,
3A.9(주석 27), 3A.12, 3A.15(주석 47), 3A.16, 3A.27, 3A.28, 3A.30,
3B.2, 3B.7, 3B.8, 3B.19, 3B.23s(주석 139), 3B.28, 3B.49(주석 209),
4장 안내, 4A.8, 4A.14, 4B.10(주석 68), 4B.16, 4B.36, 5A.1, 5A.4(주석
24), 5A.18, 6A.34(주석 120), 6A.45, 6A.47(주석 146), 6B.40, 6B.43
(주석 257), 7장 안내, 7A.2(주석 22), 7A.4, 7B.1(주석 46), 7B.7, 7B.8,
7B.9, 7B.16, 7B.26(주석 125), 7B.29(주석 134), 7B.30, 8A.4, 8B.1
(주석 28), 8B.6(주석 41), 9A.1, 10장 안내, 10A.1(주석 8, 주석 22),
10A.7(주석 38, 주석 43), 10A.8, 10B.45, 11장 안내, 11B.13, 12B.7(주석
70), 13장 안내, 13장 안내(주석 16), 13B.5(주석 118), 13B.8(주석 178),
14장 안내, 14B.6(주석 25), 14B.7(주석 27), 14B.9(주석 32, 주석 33), 15장
안내, 15A.1, 15A.2, 15A.3(주석 7), 15A.4, 15B.6, 15B.18, 15B.19,
15B.20(주석 78, 주석 118), 15B.21(주석 119), 16장 안내, 16B.7, 17장
안내, 17A.7, 17A.10, 17A.13, 17A.14(주석 66), 17A.17, 17A.29,
17A.35(주석 124), 17A.36(주석 126), 17A.37, 17A.41, 17A.46(주석 159),
17A.48, 17B.1(주석 189, 주석 190), 17B.7(주석 206), 17B.18(주석 259)

공자 孔子 머리말 주석 22, 4장 안내

귀게스 → 귀게스의 반지

¶그레고리오스 Grēgorios 10B.18

그륄로스 Gryllos 3A.17, 3B.47

글라우코니데스 Glaukōnidēs 6A.1(30절)

글라우코스 Glaukos 3B.24(주석 141), 5A.4

글라우콘 Glaukōn 1A.5, 3A.12(주석 39), 6A.1(29절), 6A.60, 6B.26, 7B.23(주석 112, 주석 114), 7B.25, 10A.2, 10A.12, 10A.17, 10B.5(주석 127), 12장 안내, 13B.5, 17A.43, 17A.45, 17B.11, 17B.15(주석 250)

기가스(족) Gigantes 13B.1, 13B.1(주석 39, 주석 40)

(ㄴ)

나우시퀴데스 Nausikydēs 8장 안내, 8A.8, 8A.8(주석 20)

나우크라테스 Naukratēs 2B.71(주석 632), 15B.19(주석 77)

@나우크라티스 Naukratis 1A.6(주석 89), 2A.38, 2A.38(주석 188), 2B.2 (주석 194), 4A.14, 9A.4

@나우팍토스 Naupaktos 15B.10(주석 30)

@나우플리아 Nauplia 15B.21(주석 142, 주석 144)

나우플리오스 Nauplios 15B.21

나이스 Nais 15B.5

나이아스 (나이스) Naias (Nais) 6A.12

@나일(강) Neilos 3B.32

@낙소스(섬) Naxos Ⓜ1-4 2B.3

네스토르 Nestōr 2B.37, 4A.2, 4B.4, 4B.15, 4B.23, 5A.1, 5A.4, 5A.6, 7B.29(주석 134), 7B.30, 10B.17(주석 156), 15B.21(22절), 17A.41

네오클레스 Neoklēs 10B.49

네옵톨레모스 Neoptolemos 4A.2, 4B.4, 4B.15, 7A.10

네펠레(구름) Nephelē 10B.17

넬레우스 Nēleus 10A.2

누마 Numa 4B.6

니케라토스 Nikēratos 7B.15

니코마키데스 Nikomachidēs 6B.63

니코메데스 Nikomēdēs 4B.20☆

@니코메데이아 (니코메디아) Nikomēdeia Ⓜ1-1 9A.9(주석 22)

니코스트라토스 Nikostratos 6A.36

니키아스 Nikias 3B.20, 7B.15(주석 79)

(ㄷ)

¶ 다마스키오스 Damaskios 1B.27☆, 14B.4

다마스테스 Damastēs 2B.53

다몬 Damōn 3B.20, 6A.1

다이달로스 Daidalos 17B.1

@달디스 Daldis 5B.99(주석 287)

데메테르 Dēmētēr 3B.32, 3B.38, 3B.39, 6A.1(주석 53)

데메트리오스 Dēmētrios

— ¶ 데메트리오스(팔레론 출신) 6A.1(44절), 6A.26

— 데메트리오스(뷔잔티온 출신) 2A.26, 6A.1(20절, 21절)

— 데메트리오스(로마의 골동품상) 5A.11

데모도코스 Dēmodokos 6.36

데모디케 Dēmodikē 4B.25

데모스 Dēmos 8장 안내

데모스테네스 Dēmosthenēs 4B.12, 5A.4, 5A.12, 5B.15, 6A.47(주석 146), 7B.5, 7B.6(주석 62), 7B.34, 15장 안내, 15A.4, 15B.12, 17A.10(주석 53), 17A.38

데모크라테스 Dēmokratēs 5B.104

데모크리토스 Dēmokritos 1장 안내, 1A.1, 1A.2, 1A.3, 1A.4, 1B.19, 1B.26, 1B.39, 1B.48(주석 316), 3A.1, 3A.2, 3A.10, 3A.30, 10B.3, 12장 안내 (주석 3, 주석 9), 12B.1(주석 10), 15B.12, 16장 안내, 16A.1(주석 12), 16A.2, 16B.1

데우칼리온 Deukaliōn 15B.21(주석 147)

데이크라테스 Dēikratēs 2A.31, 2A.32

@델로스(섬) Dēlos Ⓜ1-4 6A.1(22절, 42절), 10B.37(주석 211)

@델리온 Dēlion Ⓜ1-2.5 6A.16, 6A.17, 6A.17(주석 97)

@델피 (델포이) Delphoi Ⓜ1-2 2A.1(주석 29), 2A.33, 2A.34, 2A.35, 2A.36(주석 176), 2B.16(주석 385), 3B.37, 6A.1(주석 26), 6A.32, 6B.16, 6B.19, 6B.74, 13B.3, 15B.21(17절)

@도리스 Dōris 13장 안내, 13장 안내(주석 2, 주석 4), 13B.5(주석 137)

두리스 Douris 6A.1

드라콘 Drakōn 3B.23, 3B.23s(주석 139), 7A.7

드로피데스 Drōpidēs 10A.1, 10A.1(주석 16), 10A.2(주석 28, 주석 29), 10A.12

드뤼이데스 Dryides 17A.3

디논 (데이논) Dinōn (Deinōn) 1A.1(50절 주 20)☆

디뒤모스 Didymos

— ¶맹인 디뒤모스 1B.44☆, 3B.6

— 디뒤모스 칼켄테로스(Chalkenteros: 청동 내장을 가진)(문법학자) 5장 안내, 5A.3☆

디아고라스 Diagoras 1B.43☆, 3B.42, 10B.34

¶디오게네스 라에르티오스 Diogenēs Laertios 1A.1☆, 1A.15, 1B.1, 1B.6, 1B.10, 1B.22, 1B.28, 1B.38, 2A.4, 2A.16, 2A.17, 2A.18, 2A.25, 2B.4s, 3A.11, 4B.29, 5A.15, 6A.1, 6A.40, 6A.41, 6A.42, 6B.72, 10A.2, 10B.8, 13장 안내, 15B.8, 15B.13, 16A.1, 16A.3, 16B.8, 16B.9, 17A.3, 17A.6, 17A.17, 17A.22, 17A.34

¶(오이노안다의) 디오게네스 1B.43☆, 5B.96

디오뉘소도로스 Dionysodōros

— 디오뉘소도로스(소피스트) 1B.23, 11장(생략), 16B.7(주석 40)

— 디오뉘소도로스 6A.1

디오뉘소스 (디오니소스) Dionysos 3B.32, 3B.37(주석 171), 3B.38, 3B.39, 10B.1(주석 113), 13B.1(주석 36), 15B.21(주석 151) cf. 바코스, 브로미오스

@디오뉘소스 극장 (디오니소스 극장) Theatron tou Dionysou Ⓜ4-4.5 10A.17(주석 97)

디오뉘시아(축제) Dionysia 6A.1, 10B.59

디오뉘시오스 Dionysios

— ¶디오뉘시오스(할리카르나소스 출신) 1B.55, 2A.7, 2B.1☆, 2B.23,
2B.68, 3A.28, 5A.3, 7장 안내, 7A.1, 7A.2, 7A.3, 15A.4, 15B.14,
17A.48 cf. 위-디오뉘시오스

— 디오뉘시오스(시라쿠사 참주) 5A.4(1세), 5A.6(1세), 5B.93, 6A.41, 14장
안내(2세), 14A.1(2세)

— 디오뉘시오스(로도스 출신) 5A.10

— (아일리오스) 디오뉘시오스 Ailios Dionysios (Aelius Dionysius) 1A.3, 5B.59

디오뉘시오스 페리헤게테스 Dionysios Perihēgētēs 4B.26

¶디오도로스 Diodōros 1B.53, 2장 안내(주석 2), 2A.7, 2장 주석 595,
2B.68, 6A.1(주석 62), 6A.22, 6A.57, 10A.16(주석 95), 10장 주석 146

디오도토스 Diodotos 17B.14

디오메데스 Diomēdēs 15B.21, 17A.26

디오스쿠로이 Dioskouroi [제우스의 아들들=카스토르와 폴뤼데우케스]
3B.38, 10B.13(주석 150), 10B.17(주석 156), 15B.21(주석 148)

디오클레스 Dioklēs 15A.1

디오티마 Diotima 6A.9, 6B.44, 9A.3, 17A.9(주석 49), 17A.15

디오페이테스 Diopeithēs 4A.1, 4B.9

¶디온 크뤼소스토모스 (디오 코케이아누스) Diōn Chrysostomos (Dio
Cocceianus) 3A.16☆, 10B.54

디케 Dikē 3장 주석 187

@디퓔론(문) Dipylon Ⓜ4-2, Ⓜ5-2 머리말 주석 31, 6A.1(주석 60)

@딕테(산) Diktē Ⓜ1-4 3B.37☆

(ㄹ)

라기스케 Lagiskē 4A.4

라다만튀스 Rhadamanthys 5B.24(주석 191), 10장 주석 149, 10B.13(주석 150)

@라리사 Larisa Ⓜ1-2 2장 안내, 2장 주석 117, 주석 127, 2A.19(주석 133), 2A.21, 2A.31(주석 170), 2B.58(주석 565), 6A.1, 7장 안내, 7B.21(주석 94), 10B.17(주석 156)

@라오디케아 Laodikeia 15B.5(주석 22)

라이비우스 Laevius 9A.10

라이스포디아스 Laispodias 5장 B 서두

@라케다이몬 Lakedaimōn [=스파르타] Ⓜ1-3 4A.2, 4A.5, 5A.4, 5A.6, 6B.74, 10장 A 서두, 10B.6, 10B.8, 10B.9, 10B.35, 10B.39, 13B.2(25절)

라케스 Lachēs 3B.20, 6A.17

@라코니아 Lakōnia Ⓜ1-3 6B.74, 10A.1, 10B.36, 10B.39(주석 214)

라피테스(족) Lapithai 10B.17(주석 156), 13B.1(10절, 주석 36, 주석 37, 주석 38), 15B.21, 15B.21(주석 129, 주석 157)

@람누스 Rhamnous Ⓜ1-2.5, Ⓜ3-1 2A.2, 4A.12, 5장 안내, 5장 A 서두 (주석 4), 5A.1, 5A.3(주석 19, 주석 21, 주석 22), 5A.4, 5A.6, 5A.13, 5A.16, 5A.18, 7B.4, 10A.10

람프로스 Lampros 4A.12, 5A.13

람프로클레스 Lamproklēs 6A.1

람프리아스 Lamprias 17A.5

@람프사코스 Lampsakos Ⓜ1-1 2B.71(주석 632), 3A.14, 4A.7, 7B.33(주석 145), 9A.5, 15B.7, 15B.19(주석 77)

@레기움 (레기온) Rhegium (Rhēgion) Ⓜ2-4 4B.3, 5A.4, 10B.60(주석 287)

@레나이아(섬) (레네이아, 레네) Rhēnaia (Rhēneia, Rhēnē) 10B.37☆

레다 Lēda 2B.13, 10B.13(주석 150)

레아 Rhea (Rheia) 6A.1(40절, 주석 53)

레오니데스 Leōnidēs 9B.1

레온 Leōn 6A.1, 6A.21, 17A.6

@레온티니 (레온티노이) Leontini (Leontinoi) Ⓜ2-4 2장 안내, 2A.1, 2A.4, 2A.5, 2A.6, 2A.7, 2A.10, 2A.15, 2A.16, 2A.18, 2A.23, 2A.26, 2A.28, 2A.29, 2A.31, 2A.33, 2A.37, 2B.3, 2B.5, 2B.19, 2B.25, 2B.31, 2B.32,

2B.34, 2B.49, 2B.51, 2B.53, 2B.58, 2B.59, 2B.64, 2B.70, 2B.71, 2B.72, 2B.74, 3A.3, 3A.16, 3A.27, 3A.28, 3A.30, 3B.7, 6A.44, 7A.4, 7B.9, 9A.1, 10A.1, 11B.13, 15A.1, 15B.19, 16B.7, 17A.10, 17A.13, 17A.37

@레우코프뤼스(섬) Leukophrys 10장 주석 146

레우콜로피데스 Leukolophidēs 3A.6

레우키포스 Leukippos 2B.4, 10B.13(주석 150),

@렘노스(섬) Lēmnos Ⓜ1-1.5 1A.2(주석 72), 5A.15, 6A.1(46절)

@로도스(섬) Rhodos Ⓜ1-4 2A.6, 2B.32, 4B.5, 5A.10, 7B.17(주석 81), 17A.10

@로마 (로메) Roma (Rhomē) Ⓜ2-2 1A.2(주석 72), 1A.4(주석 80), 1B.37 (주석 285), 2A.9(주석 91), 2A.31(주석 166), 3B.37(주석 167, 주석 171), 5B.97(주석 283), 7B.34(주석 146), 10A.6(주석 35), 10B.43(주석 221), 10B.45(주석 236)

@로크리스 Lokris 15B.30(주석 30)

¶롱기누스 Longinus 1B.7(주석 141), 5B.106

¶루키아노스 Loukianos 2B.80s, 3A.14☆, 4A.7, 5A.8, 10B.32

@뤼디아 Lydia Ⓜ1-1 5B.99(주석 287), 10B.6

뤼사니아스 Lyssanias 6A.36

뤼산드로스 Lysandros 10A.1

뤼소니데스 Lysonidēs 5장 안내, 5A.4(주석 33), 5A.6(주석 49)

뤼시스 Lysis 6A.1

¶뤼시아스 Lysias 2A.18, 2B.63, 2B.64, 5A.4, 5A.16, 6A.1(40절, 41절), 6B.71(주석 316), 7A.2, 7A.5, 7B.4, 7B.31, 10A.5, 10A.6, 10A.9, 10A.10, 10A.14, 10A.15(주석 90), 13B.2(주석 52), 15A.4(주석 8), 17A.9, 17A.48

뤼시포스 Lysippos 6A.1(43절)

@뤼케이온 Lykeion Ⓜ4-4.5 1A.1(54절), 3B.50, 3B.52, 11A.1

뤼코메데스 Lykomēdēs 7B.15

뤼코프론 Lykophrōn 1B.27, 2A.13(주석 115), 2A.31(주석 170), 2B.76(주석 649), 6B.72(주석 319), 14장(생략), 15장 안내, 15B.18, 16장 안내, 17장

주석 254

뤼콘 Lykōn 6A.1, 6A.49(주석 152)

뤼쿠르고스 Lykourgos 4B.28, 5A.13, 6B.75, 7B.6, 15B.11

륑케우스 Lynkeus 10B.13(주석 150, 주석 151, 주석 153)

리노스 Linos 15B.21

¶ 리바니오스 Libanios 2A.31(주석 171), 3A.18☆, 6A.53, 10B.39, 10B.50
(주석 255)

리베르 Liber 3B.37

@리뷔아 (리비아) Libyē 3A.7, 5B.60, 13B.5

리큄니오스 Likymnios 1B.55, 2B.64, 17A.48

@린도스 Lindos Ⓜ1-4 6B.74

(ㅁ)

@마그네시아 Magnēsia 4B.29

@마라톤 Marathōn Ⓜ3-1 10B.2, 10B.17(주석 156), 10B.50(주석 257)

마르쉬아스 Marsyas 6A.10

¶ 마르켈리누스 Marcellinus 2A.22(주석 145), 2장 주석 595, 2B.74☆, 3B.7,
10A.7(주석 43)

마르쿠스 아우렐리우스 안토니누스 Marcus Aurelius Antoninus 2B.1(주석
191), 2B.9.(b)(주석 282), 10B.45(주석 236)

마르티알리스 Martialis 9A.10

마메르코스 Mamerkos 4B.19

마사게타이(족) Massagetai 13B.2☆

마시니사 (마사나세스, 마세나, 마산) Masinissa (Massinissa, Masanassēs,
Massena, Massan) 3A.7

@마이안드로스(강) Maiandros Ⓜ1-4 1A.1(주석 21)☆

마이안드리오스 Maiandrios 1장 안내, 1A.2☆

@마케돈 (마케도니아) Makedōn (Makedonia) Ⓜ1-2 6A.1

마크로케팔로이(족)[장두족(長頭族)] Makrokephaloi 5B.61, 17B.19

¶ 막시모스 (카시우스 막시무스 튀리우스) Maximos (Cassius Maximus Tyrius) 3A.9☆, 4B.16, 6A.9, 6A.56, 7B.26, 9A.3

막시모스 플라누데스 → 플라누데스

@메가라 Megara Ⓜ1-3, Ⓜ3-2 1B.24(주석 258), 1B.47, 2A.13(주석 115), 6A.38, 6A.41, 6A.60, 7장 안내, 10B.5(주석 127), 13장 주석 4, 14A.1 (주석 9)

¶ (플라비우스) 말리우스(혹은 만리우스) 테오도루스 10B.3☆

메가뷔조스 Megabyzos 17B.12

메가클레이데스 Megakleidēs 1A.1

메길로스 Megillos 17A.14

메난드로스 Menandros

— ¶ 메난드로스(라오디케아 출신 연설가, 주석가) 15B.5☆

— 메난드로스(희극 작가) 9장 안내, 9A.10

메네데모스 Menedēmos 6A.2

메네스테우스 Menestheus 15B.21

메넥세노스 Menexenos

— 메넥세노스(소크라테스의 제자) 4A.12, 5A.3, 5A.13, 6A.8, 6A.38

— 메넥세노스(소크라테스의 아들) 6A.1

메넬라오스 Menelaos 15B.21

메노도토스 Mēnodotos 5A.11

메논 Menōn 2장 주석 96, 2A.16(주석 120), 2A.21, 2장 주석 199, 2B.11, 2B.27, 2B.28(주석 435), 2B.29(주석 437), 2B.30, 2B.48, 3B.16, 3B.19, 6A.5, 6B.43, 6B.49, 17A.48

메누키아누스 Menucianus 15B.5(주석 22)

메니포스 Menippos 10B.32, 16A.1

@메디아 Mēdia 7B.17(주석 81)

메로페 Meropē 10장 주석 197

메리오네스 Mērionēs 15B.21(주석 147)

무사이오스 Mousaios 15B.21

뮈로스 Myrrhos 5장 B 서두, 5B.11

뮈르토 Myrtō 6A.1

@뮈리누스 Myrrhinous Ⓜ3-4 4A.10

뮈손 Mysōn 6B.74

@뮈시아 Mysia Ⓜ1-1 15B.21

@뮈케네 (미케네, 뮈케나이) Mykēnai (Mykēnē) Ⓜ1-3 10B.18

@뮈틸레네 Mytilēnē Ⓜ1-1 6B.74, 15B.7, 17B.14(주석 235), 17B.15(주석 246)

뮤즈(들) (무사이) Mousai 1B.55, 2B.76, 3B.13, 3B.39, 6A.1, 6A.9(주석 84), 9A.3(주석 8), 15A.1(주석 5), 15장 주석 27, 15B.10(주석 29), 15B.18, 15B.20, 15B.21, 17A.48

므네시마코스 Mnēsimachos 6A.1(주석 10)

므네시필로스 Mnēsiphilos 17A.8

미노스 Minōs 10장 주석 149, 15B.21(주석 147)

미누키아노스 Minoukianos 15B.14

¶ (마르쿠스) 미누키우스 펠릭스 Marcus Minucius Felix 3B.37☆

미타이코스 Mithaikos 3A.9☆, 4B.16, 7B.26

밀레토스 Milētos

— @밀레토스(도시) Ⓜ1-4 1장 안내, 1A.3, 1A.10(주석 102), 2A.22, 2B.78, 3A.2, 3A.4, 4B.7, 6B.74, 9A.9(주석 23), 10A.7, 10B.2, 10B.37, 17B.1

— 밀레토스(아폴론의 아들) 10장 주석 149

밀티아데스 Miltiadēs 10B.50(주석 257)

(ㅂ)

@바빌로니아 (바뷜로니아) Babylonia 17A.3

바코스 (바쿠스) Bakchos (Bakchus) [=디오뉘소스] 3B.37(주석 171), 3B.42, 9B.6, 10B.34

바퀼리데스 Bakchylidēs 3A.1(주석 7)

바튀클레스 Bathyklēs 3B.24

베누스 Venus 3B.37

벨레로폰 Bellerophōn 10장 주석 146

@보스포로스(해협) Bosporos (Bosphoros) Ⓜ1-1 7장 안내

@보이오티아 Boiōtia Ⓜ1-2.5, Ⓜ3-2 2장 주석 65, 2A.13(주석 115), 2A.15, 2A.16, 2장 주석 127, 3장 안내, 3A.17, 6A.17(주석 97), 10A.16(주석 95), 17A.46(주석 164)

@부르디갈라 Burdigala [=보르도(Bordeaux)] 9A.10(주석 24)

@뷔잔티온 (뷔잔티움, 비잔티움) Byzantion (Byzantium) Ⓜ1-1 1B.35, 2A.26, 2B.37(주석 483), 2B.70, 2B.71(주석 632), 6A.1, 7A.10(주석 41), 7B.9, 15B.9(주석 77), 17A.48

브델뤼클레온 Bdelykleōn 2A.20

브로미오스 Bromios [=디오뉘소스] 10B.1☆

브뤼손 Brysōn 6A.60, 11B.12, 14A.1(주석 9)

비아스 Bias 3B.52, 5A.15, 6A.1, 6B.74, 17A.5, 17A.14(주석 66), 17B.17

@비튀니아 Bithynia Ⓜ1-1 7장 안내, 7A.1

(ㅅ)

사르페돈 Sarpēdōn 10장 주석 149

@사모사타 Samosata 3A.14(주석 43), 5A.8(주석 61)

@사모스 Samos Ⓜ1-4 5A.4(주석 32), 6A.1, 6장 주석 94, 6A.16(주석 96)

@사모트라케(섬) Samothrakē Ⓜ1-1 5A.3(주석 14), 5장 B 서두

사튀로스 Satyros
— 사튀로스(반인반수 정령) 6A.10☆, 6A.12, 10A.3, 13B.1 cf. '사튀로스 극' (일반 용어)
— 사튀로스(전기 작가) 2A.4☆, 6A.1

사포 Sapphō 15B.7

814

살라로스 Salaros 5A.15, 6A.1

@살라미스 Salamis Ⓜ1-3, Ⓜ3-3 6A.1, 6A.21, 7B.17(주석 81)

세네카 Seneca

— ¶대 세네카(수사가, 스토아 철학자 세네카의 아버지) Annaeus Seneca maior 5B.97☆

— ¶세네카(스토아 철학자, 소 세네카) Lucius Annaeus Seneca minor 1B.29

세라피온 Serapiōn 5A.10, 5B.103

¶섹스투스 엠피리쿠스 (섹스토스 엠페이리코스) Sextus Empiricus (Sextos Empeirikos) 1A.1(주석 34), 1A.12, 1B.2, 1B.8, 1B.9, 1B.26, 1장 주석 267, 1B.40, 2A.5(주석 61), 2B.4(주석 200), 2B.5, 3B.32, 3B.35, 3B.36, 6B.5, 10장 B 서두(주석 105), 10B.33, 11B.12, 11B.13, 11B.14, 13장 안내, 16장 안내, 16A.1(주석 12), 16A.2, 16B.1, 16B.2, 16B.3, 16B.4, 16B.5, 16B.6, 16B.7

@셀륌브리아 Sēlymbria 1B.47, 2A.10(주석 101), 3A.30, 3B.23(주석 136), 3B.23s(주석 139)

셈노테오스들 Semnotheoi 17A.3

소시비오스 Sōsibios 5A.15, 6A.1

소시크라테스 Sōsikratēs 16A.3

소크라테스 Sōkratēs 머리말, 1장 주석 1, 1장 안내, 1A.1(주석 15, 주석 30, 주석 44), 1A.5, 1A.6(주석 90), 1A.7, 1A.8, 1A.9, 1A.12, 1A.13, 1B.4, 1B.5, 1B.11, 1B.12, 1B.13, 1B.15, 1B.23, 1B.32, 1B.34(주석 280), 1B.43(주석 296), 1B.45, 1B.46, 1B.47, 1B.48, 1B.49(주석 340), 1B.52, 1B.55, 1B.57, 1B.61, 1B.63, 2장 안내, 2A.3, 2A.5, 2A.8, 2A.13 (주석 115), 2A.16(주석 119), 2A.21, 2A.22, 2A.31(주석 171), 2A.36 (주석 176) 2장 주석 199, 2B.11, 2B.13(주석 333), 2B.14(주석 375), 2B.27, 2B.29(주석 437), 2B.30, 2B.35, 2B.36, 2B.36s, 2B.37, 2B.38, 2B.39, 2B.40, 2B.42, 2B.44, 2B.48, 2B.50(주석 547), 2B.55(주석 556), 2B.64(주석 580, 주석 582), 2B.70, 2B.78, 2B.80, 2B.81, 3장 안내, 3A.1(주석 6), 3A.3, 3A.6, 3A.12, 3A.13, 3A.19, 3A.20, 3A.21, 3A.22,

솔론 Solōn 4B.15, 6B.74, 10A.1, 10A.2, 10A.12, 15B.7, 17A.4, 17A.8, 17A.9

¶『수다』 Souda (Suda) 1A.3(주석 77), 1A.10☆, 2장 주석 96, 2A.10, 2B.1 (주석 191), 2장 주석 447, 2B.33, 2B.67, 2B.74(주석 640), 3A.1, 3A.3(주석 10), 3A.5, 3A.30, 4A.1, 4B.1, 4B.9, 5장 안내, 5A.1, 5A.3(주석 10, 주석 16), 5B.7, 5B.11, 5B.13, 5장 주석 203, 5B.34, 5B.58, 5B.74, 5B.78, 6A1(주석 58), 6A.4, 6A.47(주석 146), 6A.60, 6B.1, 7장 안내, 7A.1, 7B.1, 7B.10, 7B.34, 9장 안내, 9A.4, 9A.8s, 15장 안내, 15A.1, 15A.2, 15A.3, 15A.4, 17A.26(주석 96)

¶ 쉬리아노스 Syrianos 1B.56(주석 355), 2B.1☆, 2B.23, 2B.63

쉬아그로스 Syagros 6A.1

스메르디스 Smerdis 17B.12(주석 216)

@스뮈르나 (스뮈르네) Smyrna (Smyrnē) [=이즈미르] Ⓜ1-1 2A.36(주석 180), 10B.56(주석 277)

스카만드로스 Skamandros 1B.62(주석 377) cf. 크산토스

스코파스 Skopas 1B.63, 6A.1, 10B.9

스코펠리아노스 Skopelianos 2A.37☆

@스퀴티아 Skythia 11B.13, 16B.7

스퀼라 Skylla 2B.5, 3B.53

스퀼락스 Skylax 5B.62

스키론 Skirōn 14B.9, 15B.18

스키르팔로스 Skirpalos 16B.9

스키아포데스 Skiapodes 5B.60☆, 17B.19(주석 267)

스테넬로스 Sthenelos 15B.21

스테시코로스 Stēsichoros 2B.6(주석 267), 4B.19

¶ 스테파누스(뷔잔티온 출신) (스테파노스) Stephanus (Stephanos) 1B.35

¶ 스토바이오스 Iōannēs Stobaios 1B.50, 2A.30, 3B.15, 3B.48, 3B.52(주석 225, 주석 227), 4B.37, 4B.38, 5B.63, 5B.65, 5B.66, 5B.67, 5B.68, 5B.70, 5B.71, 5B.72, 5B.73, 5B.75, 5B.79, 5B.80, 5B.81, 9B.4, 9B.5,

9B.7, 9B.8, 10B.10, 10B.12, 10B.16, 10B.20, 10B.23, 10B.27, 10B.28, 10B.29, 10B.30, 10B.31, 10B.61(주석 288), 14B.6, 15B.9, 17B.16

¶ 스트라본 Strabōn 10B.15.

스트라톤 Stratōn 5A.10

스트렙시아데스 Strepsiadēs 1B.33, 1B.61, 6A.43, 6B.2, 17A.20

스틸베 Stilbē 13B.1(주석 37)

@스파르타 (스파르테) Sparta (Spartē) Ⓜ1-3 cf. 라케다이몬 2A.6(주석 75), 2A.24(주석 155), 2B.6(주석 267), 2B.59(주석 569), 3장 안내, 3A.9, 3A.16, 4장 안내, 4A.6(주석 28), 4B.16, 5A.4(주석 36), 5A.6(주석 50), 5장 주석 99, 6B.74(주석 325), 6B.75, 7B.26, 10장 안내, 10A.1(주석 10, 주석 11, 주석 18), 10A.14(주석 89), 10장 주석 125, 10B.6, 10B.8(주석 138, 주석 139), 10B.9(주석 144), 10B.13(주석 150), 10B.17(주석 156), 10B.39(주석 214), 10B.50, 15B.1(주석 9), 15B.21(주석 147), 17B.15(주석 146)

@스페르케이오스(강) Spercheios 6B.74(주석 327)

@스페토스 Sphēttos Ⓜ3-4 3A.29(주석 78), 6A.36

스핀타로스 Spintharos 6A.1

@시나이(산) Sinai 10B.22(주석 170)

시니스 (시네스) Sinis (Sinēs) 14B.9

@시라쿠사 (쉬라쿠사이) Siracusa (Syrakousai) Ⓜ2-4 2A.5(주석 62, 주석 63), 2A.1(주석 169), 3A.9, 3A.28, 4B.16, 5A.4(주석 35), 7B.26, 9A.4, 14장 안내, 15B.12, 16A.3

@시리아 (쉬리아) Syria 6A.1

시모니데스 Simōnidēs 6A.1

시몬 Simōn 6A.60

시뷔르티오스 Sibyrtios 5B.104

시센나 Sisenna 9A.9(주석 23)

시쉬포스 Sisyphos 10장 주석 197☆

@시칠리아(섬) (시켈리아) Sicilia (Sikelia) Ⓜ2-3.5 1장 안내, 1A.1, 1A.3,

1A.9, 1A.15, 1B.53, 2장 안내, 2A.1, 2A.5, 2A.7, 2A.18(주석 125), 2B.31, 2B.37(주석 483), 2B.45, 2장 주석 595, 2B.68, 3B.35(주석 162), 4A.2, 4A.6, 5A.3(주석 10), 5장 주석 99, 6A.1(주석 62), 6A.20, 6A.22, 6A.41, 6A.57, 10B.1(주석 112), 10B.2, 11B.11, 13장 안내, 13B.2

@시퀴온 Sikyōn Ⓜ1-3 2A.31, 17A.6

@신성한 문 (히에라 퓔레) Hiera Pylē Ⓜ4-2 6A.1(주석 60)

실레노스 (세일레노스) Seilēnos 6A.10☆

심미아스 Simmias 2A.13(주석 115), 6A.38, 6A.39, 6A.60, 9A.6, 17A.46 (주석 160), 17A.47

¶심플리키오스 Simplikios 1B.69, 5B.17, 5B.18(주석 150), 9B.9

(ㅇ)

아가메데스 Agamēdēs 3B.52

아가멤논 Agamemnōn 15B.21

아가토클레스 Agathoklēs 1B.47

아가톤 Agathōn 2A.1, 2A.22(주석 144), 2A.36(주석 179), 2B.13(주석 333), 2B.35(주석 463), 2B.66(주석 597), 2B.80, 2B.80s(주석 669), 3A.6, 5A.19, 6A.1, 6B.60(주석 282), 10A.1(주석 8), 10A.7(주석 42), 15B.17(주석 46)

@아고라(시장) Agora Ⓜ4-1.5, Ⓜ5 1장 안내, 6A.1(주석 53)

@아그리겐툼 (아크라가스) Agrigentum (Akragas) Ⓜ2-3.5 2A.10, 2A.11, 3A.14, 4A.7, 15A.2

아나카르시스 Anacharsis 11B.13. 16B.7

아나크레온 Anakreōn 5A.11, 10A.12, 10B.1☆

아낙사고라스 Anaxagoras 1장 안내, 1A.13, 2A.3(주석 48, 주석 52), 2B.7 (주석 274), 2B.12(주석 291), 3A.26, 3A.29(주석 77), 5A.15, 5B.41 (주석 223), 6A.1, 6A.4(주석 76, 주석 77), 6B.2(주석 184), 6B.6, 6B.21, 7B.31(주석 143), 10B.11(주석 147), 10B.24(주석 177), 11장 안내, 15B.7,

15B.8, 17A.7(주석 29), 17A.29, 17B.1, 17B.2

아낙사르코스 Anaxarchos 11B.13, 16B.7

아낙시만드로스 Anaximandros 6B.5

아낙시메네스 Anaximenēs

— ¶아낙시메네스(람프사코스 출신) 2B.71(주석 632), 3A.14, 4A.7, 5A.12, 7B.6, 9A.5, 15B.11, 15B.19(주석 77)

— 아낙시메네스(밀레토스 출신) 6B.5

@아낙토리아 Anaktoria 10장 주석 149

아낭케(필연) Anankē 2B.13

아뉘토스 Anytos 1A.7, 2A.31(주석 171), 2B.30(주석 442), 6A.1, 6A.49 (주석 152), 6A.50(주석 161), 6A.52, 6A.53, 6A.57, 6B.49, 6B.55, 10A.13(주석 64), 17A.28

아데이만토스 Adeimantos 3A.6, 6A.36, 17A.26

아드라스토스 Adrastos 5A.11

¶아라토스 Aratos 4B.18

아레스 Arēs 2B.57, 2B.76(주석 645), 7B.15, 10장 주석 197, 13B.9

아레테 Aretē 2B.50, 3B.44, 3B.45, 3B.47, 3B.48, 3B.49, 6B.47(주석 266)

@아르고스 Argos Ⓜ1-3 2A.24, 10B.18, 13B.1(주석 35)

@아르기누사이 Arginousai 6A.21(주석 104), 10A.16(주석 93)

@아르카디아 Arkadia Ⓜ1-3 6B.74(주석 328)

아르카고라스 Archagoras 1A.1

아르케실라오스 Arkesilaos 10B.9☆

아르켈라오스 Archelaos 6A.1, 6장 주석 76, 주석 77, 6B.6, 10B.11(주석 147)

아르켑톨레모스 Archeptolemos 5장 안내, 5A.4, 5장 주석 99

아르퀴타스 Archytas 9B.14

아르키노스 Archinos 5A.4☆, 10A.5

아르킬로코스 Archilochos 2A.36☆, 3B.50, 4B.24, 10B.48, 15B.7

아르테몬 Artemōn 1장 주석 4, 1A.1, 1A.3, 5A.10

아르테미도로스 Artemidōros

— 아르테미도로스(변증가) 1A.1(53절), 1B.22

— ¶아르테미도로스(에페소스 출신 점술가) 5B.99☆, 9B.12.(b), 9B.15

아르테미스 Artemis 6A.1, 6B.1, 7B.12(주석 73), 10B.13

아리그노토스 Arignōtos 3A.29

아리스타르코스 Aristarchos 5A.3(주석 11)

아리스테이데스 Aristeidēs 6A.1, 9A.2, 9A.9

¶아리스토텔레스 Aristotelēs 머리말 3절(주석 14), 1A.1(주석 15 및 53절, 54절), 1A.15, 1장 주석 147, 1B.17, 1B.18, 1B.20, 1B.21, 1B.23(주석 254), 1B.25, 1B.34, 1B.36, 1B.58, 1B.59, 1B.60, 1B.67, 1B.69, 1B.69s, 2A.1(주석 28), 2A.5(주석 61, 주석 62), 2A.12, 2A.18, 2A.30, 2A.36 (주석 179) (이하 생략)

아리스토파네스 Aristophanēs

—아리스토파네스(뷔잔티온 출신) 7A.10(주석 41)

— ¶아리스토파네스(희극 작가) 머리말 1절 및 주석 6, 1B.33, 1B.61, 2장 안내(주석 2), 2A.1(주석 26), 2A.19, 2A.20, 2B.62(주석 575), 3장 안내, 3A.1(주석 6), 3A.22, 3A.23, 3A.24, 3A.25, 3장 B 서두, 3B.40, 3B.41, 3B.44, 5A.17, 6장 안내, 6A.1(주석 10, 20절, 주석 33, 28절, 38절), 6A.15, 6A.17, 6A.43, 6B.2, 6B.60(주석 282), 7장 안내, 7A.3, 7B.3, 10B.22(주석 171), 10B.24(주석 177), 10B.59(주석 285), 17A.20, 17A.22, 17장 주석 258, 17B.19(주석 267)

¶아리스톡세노스 Aristoxenos 1B.6☆, 6A.1(19절, 20절), 6A.2, 6A.4

아리스톤 Aristōn 6A.36, 10A.2, 10B.5(주석 127),

아리스티포스 Aristippos 2장 안내, 2A.21, 3B.48, 6A.1, 6A.38, 6A.40, 6A.41, 6A.59

¶아리아누스 (아리아노스) Lucius Flavius Arrianus (Arrianos) 9장 안내, 9A.9☆

아리아드네 Ariadnē 15B.10, 15B.21(주석 151)

아리프라데스 Ariphradēs 3A.29(주석 77)

아리프론 Ariphrōn 5A.4(주석 44), 5B.104

아메입시아스 Ameipsias 1A.6, 6A.1(주석 33), 6장 주석 109

@아뷔도스 Abydos 5B.105

아브라함 Abraham 9A.7(주석 18), 17A.3(주석 14)

아소포스(강신) Asōpos 10장 주석 197 cf. 아소포스강 Ⓜ3-2

@아스칼론 (아슈켈론) Askalōn (Ashkelon) 5B.103

아스클레피오스 Asklēpios 6A.58

아스튀다마스 Astydamas 6A.1

아스파시아 Aspasia 2A.22, 5A.13(주석 71), 6A.6, 6A.8, 6A.9, 9A.3, 10A.7

@아시리아 (아쉬리아) Assyria 3A.14(주석 43)

@아시아 Asia [=소아시아] 10A.12(주석 62), 10B.6, 10B.18, 15A.1, 15B.21

아에르 Aēr 1B.61

¶아에티오스 Aëtios 5B.12, 5장 주석 203, 5B.38, 5B.39, 5B.40, 5B.44, 10B.33(주석 199)

아우게 Augē 15B.21

아우게아스 Augeas 15B.21

¶(데키무스/데키미우스 마그누스) 아우소니우스 Decimus/Decimius Magnus Ausonius 9장 안내, 9A.10☆

아우토클레스 Autoklēs 9A.8

아우톨뤼코스 Autolykos 3A.12(주석 38), 10장 주석 197, 10B.52(주석 262)

아욱소 Auxō 3장 주석 187☆ cf. 호라이

¶아울루스 겔리우스 Aulus Gellius 1A.4☆, 3A.26, 6A.45(주석 141), 17A.37(주석 131)

@아이고스포타모이 Aigos Potamoi Ⓜ1-1 10A.14(주석 88), 10장 주석 125

아이기나 Aigina

— 아이기나(강신 아소포스의 딸) 10장 주석 197

— @아이기나(섬) Ⓜ1-3, Ⓜ3-3 6A.38, 16B.9

아이스퀼로스 Aischylos 2장 안내, 2A.1, 2B.50(주석 546), 2B.57, 3A.31, 5A.5, 6A.1, 10B.25(주석 180), 13B.3

아이스키네스 Aischinēs

822

—아이스키네스(소크라테스학파, 뤼사니아스의 아들, 스페토스 구역 출신) Aischinēs Sōkratikos 2A.1(주석 28), 2장 주석 96, 2A.18, 2A.22, 2B.78, 3A.29, 6A.1, 6A.36, 6A.38, 6A.40, 6A.41, 6A.60, 17A.9

— ¶ 아이스키네스(연설가, 아트로메토스의 아들) 2A.6, 2B.32, 5A.12, 6A.47☆, 7B.6, 10장 안내(주석 1), 10A.18, 15장 안내, 15A.3, 15B.11, 17A.10, 17A.38

아이아스 Aias 15B.21(주석 130)

아이아코스 Aiakos 2B.17, 10B.18

아이안토도로스(소크라테스의 제자, 팔레론 출신 아폴로도로스의 형제) Aiantodōros 6A.36

아이올로스 Aiolos 10장 주석 197

@아이올리스 (아이올리아) Aiolis (Aiolia) Ⓜ1-1 5B.10, 15장 안내

아이피키아노스 Aiphikianos 10B.43☆

¶ (클라우디우스) 아일리아누스 Claudius Aelianus 2A.9☆, 2A.29, 3A.7 (주석 19), 4A.8, 4B.12(주석 77), 10B.33(주석 199), 10B.48, 10B.49

¶ (푸블리우스) 아일리우스 아리스티데스 테오도루스 Publius Aelius Aristides Theodorus 2B.26(주석 420), 6A.48☆, 10B.51, 10B.52, 17A.9

¶ 아일리우스 헤로디아누스 Aelius Herodianus 10B.45☆

@아카데미 (아카데메이아) Akadēmeia Ⓜ4-2 1A.1(주석 15), 1B.27(주석 264), 2B.1(주석 190), 2B.2(주석 194), 3B.52, 6A.59, 10A.2(주석 26)

@아카르나니아 Akarnania 11A.1

@아카르나이 Acharnai Ⓜ3-1 8A.1, 8B.5

@아카이아 Achaia Ⓜ1-2.5 15B.21, 17A.6(주석 27)

아카칼리스 Akakalis 10장 주석 149

아쿠메노스 Akoumenos 4A.10

@아크로코린토스 Akrokorinthos 10장 주석 197

@아크로폴리스 Akropolis Ⓜ4-4.5, Ⓜ5-4 머리말, 2A.19(주석 129), 6A.1, 6A.3, 10A.17(주석 97)

아킬레우스 Achilleus 1B.62, 2B.17, 4A.2, 4B.4, 4B.23, 4B.32, 6B.60,

10A.4, 10장 주석 146, 13B.9

¶아타나시오스 Athanasios 2B.26☆, 7B.8

아테나 Athēna 1B.48, 3B.23(주석 138), 15B.21

¶아테나이오스 Athēnaios 1A.6☆, 2장 안내, 2A.3(주석 42), 2A.10(주석 100), 2A.26, 2A.36, 3A.7(주석 19), 3A.10, 3A.29, 4A.11, 4A.12, 4B.7, 4B.21(주석 97), 5A.11, 5A.13(주석 70), 5B.88, 5B.105, 7A.10, 7B.17, 9장 안내, 9B.1, 10A.3, 10B.1, 10B.2, 10B.6, 10B.21, 10B.35, 10B.36, 10B.37, 10B.41, 15B.6

@아테네 (아테나이) Athēnai Ⓜ1-3, Ⓜ3-4.5, Ⓜ4 머리말, 1장 안내, 1A.1 (주석 22, 주석 24, 주석 68), 1A.6, 1A.15, 1B.48, 1B.56(주석 355), 2장 안내, 2A.1(주석 25), 2A.6, 2A.7, 2A.13(주석 115), 2A.16(주석 120), 2장 주석 127, 2A.19(주석 133), 2A.24(주석 155), 2A.31, 2A.36, 2B.14 (주석 375), 2B.16, 2B.30(주석 442), 2B.32, 2B.50, 2B.59(주석 569), 2B.64, 2B.68, 3장 안내, 3A.1, 3A.6(주석 16), 3A.28(주석 76), 3A.29 (주석 78), 3B.20(주석 126), 4장 안내, 4A.5, 4A.11, 4B.33(주석 127), 4B.34, 5장 안내, 5A.1, 5A.6, 5장 주석 99, 주석 264, 6장 안내, 6A.1, 6A.16(주석 96), 6A.33(주석 119), 6A.40, 6A.41, 6A.54, 6A.55, 6A.57, 6B.10(주석 197), 6B.71(주석 316), 7장 안내, 7A.9, 7B.3, 7B.4, 7B.15 (주석 79), 8장 안내, 8A.8(주석 20), 10장 안내, 10A.1(주석 18), 10A.8, 10A.10, 10A.16(주석 95), 10A.17(주석 97), 10B.1(주석 108), 10B.2 (주석 114, 주석 123), 10B.6(주석 129), 10B.11(주석 147), 10B.33, 10B.50, 10B.59(주석 283), 11장 안내, 12장 안내, 12B.7(주석 79, 주석 86), 13B.2(주석 65), 14장 안내, 15장 안내, 15A.3, 15A.4, 15A.21, 16B.9 (주석 46), 17A.6(주석 28), 17A.10, 17B.12(주석 216, 주석 230), 17장 주석 231, 17B.14(주석 235), 17B.15(주석 246)

아트로메토스 Atromētos 2A.6, 2B.32, 17A.10

아틀라스 Atlas 4B.18(주석 93), 10B.22

@아티카 Attikē Ⓜ1-3, Ⓜ3 1B.69(주석 392), 2A.19, 3A.1(주석 7), 5B.10 (주석 130), 5B.52, 6A.16(주석 86), 6A.14, 10A.1, 10장 주석 156,

10B.49(주석 252), 12장 안내, 13장 안내, 15A.4(주석 8)

아파레우스 Aphareus 4A.4

@아파메이아 Apameia 2B.12(주석 290)

아파테 Apatē 5A.8

아페만토스 Apēmantos 4B.15

아폴렉시스 Apolēxis 5B.1

@아폴로니아 Apollōnia Ⓜ1-1 10B.11(주석 147)

아폴로니오스 Apollōnios

— ¶아폴로니오스(로도스 출신) 4B.5

— 아폴로니오스(튀아나 출신) 3B.49☆

— 아폴로니오스 1B.65, 10B.26

아폴로도로스 Apollodōros

— 아폴로도로스(『연대기』 저자) 1A.1(50절☆, 56절), 1A.15, 2A.3(주석 45),
2A.4, 2A.25, 6A.1(44절)

— 아폴로도로스(팔레론 출신, 소크라테스의 제자, 아이안토도로스의 형제)
3A.12(주석 39), 6A.1(35절), 6A.36, 6A.37, 6A.38, 6A.58, 6A.60,

— 아폴로도로스(플라톤 『프로타고라스』 등장인물 히포크라테스의 아버지)
1B.47

— 아폴로도로스(과두정 30인 중 하나인 카리클레스의 아버지) 10A.13(31절
주석 82)

아폴론 Apollōn 2A.1(주석 29), 2A.32, 2B.16(주석 385), 3B.37, 3B.39(주석
176), 5A.6(주석 52), 5B.103, 6A.1, 6A.10(주석 88), 6B.1, 6B.74,
7B.12(주석 73), 9A.6, 10장 주석 146, 주석 149, 13B.1(주석 37)

(루키우스) 아풀레이우스 마다우렌시스 Lucius Apuleius Madaurensis 9A.9
(주석 23)

@아프로디시아스 Aphrodisias 3B.9, 10B.62(주석 289), 14B.2, 14B.8

아프로디테 Aphroditē 3B.23, 5B.28, 10B.6

아프로쉬네 Aphrosynē 3B.23

@아피드나이 Aphidnai Ⓜ3-1 8A.8

악시오코스 Axiochos 3B.52, 3B.53, 11A.1

안니아누스 Annianus 9A.10

안도키데스 Andokidēs 10A.9(주석 46)

안드로티온 Androtiōn 4A.10, 6A.48, 8A.8, 17A.9

안드론 Andrōn 4A.10, 5장 주석 99, 8장 안내, 8A.8

안튈로스 Antyllos 2B.74☆, 3B.7

안티메니다스 Antimenidas 5A.15, 6A.1

안티모이로스 Antimoiros 1A.5

안티스테네스 Antisthenēs 1A.1, 1B.23(주석 254), 1B.24(주석 256), 2A.17,
　3A.32(주석 87), 3A.34, 3B.42, 4A.9, 6A.1, 6A.38, 6A.60, 10B.34, 11장
　안내(주석 1), 12장 안내(주석 3), 17A.27(주석 97)

안티오코스 Antiochos 2B.78

@안티오키스(부족) Antiochis 6A.21

안티클레이아 Antikleia 10장 주석 197

안티파트로스 Antipatros 5B.95, 5B.98

¶안티폰 Antiphōn 머리말 주석 18, 1B.48(주석 316), 2A.1(주석 10),
　2A.2, 3A.31, 4장 안내(주석 1), 4A.12, 5장(생략), 6A.1, 6A.36, 6B.61
　(주석 290), 7장 안내, 7B.4, 7B.6(주석 62), 8장 안내(주석 3), 10장 안내,
　10A.1(주석 11), 10A.10, 10A.11, 10B.44, 10B.47(주석 248), 10B.57, 12장
　안내(주석 2, 주석 3), 14장 안내 주석 6, 15B.11, 17장 주석 62

안틸로코스 Antilochos 5A.15, 6A.1

알레오스 Aleōs 15B.21

알레우아스 Aleuas 2A.21, 10B.9(주석 142)

알레테이아 Alētheia 머리말 주석 13, 5A.8

알렉산드로스 Alexandros
― ¶알렉산드로스(아프로디시아스 출신) 3B.9, 10B.62, 14A.1(주석 9),
　14B.2, 14B.8
― 알렉산드로스(『철학자들의 계보』 저자) 6A.1
― 알렉산드로스(파리스) 2B.6(주석 267), 2B.13(19절), 15B.21(7절, 17절,

18절), 17A.35

— 알렉산드로스(할리카르나소스 출신 디오뉘시오스의 아버지) 2B.1(주석 193)

— 알렉산드로스 17B.16

@알렉산드리아 Alexandria 1B.30, 1B.44(주석 298), 1B.56(주석 355), 2A.36(주석 180), 2B.1(주석 190), 2B.3, 2B.19, 2B.26, 2B.72(주석 633), 3B.37(주석 169), 4B.7(주석 55), 4B.21, 5A.3(주석 11), 5A.11, 5B.54s, 5B.56s, 5B.69, 5B.100, 6A.2, 7B.8, 7B.21, 7B.34(주석 146), 10B.4(주석 126), 10B.22, 10B.24, 10B.40, 10B.45(주석 236)

알렉시노스 Alexinos 11B.12

알렉시니코스 Alexinikos 2A.31

@알로페케 Alōpekē Ⓜ3-4.5 6장 안내, 6A.1, 8B.5

알카이오스 Alkaios 5A.15, 6A.1

알퀴오네우스 Alkyoneus 13B.1(주석 40)

알크마이온 Alkmaiōn 2B.7, 2B.9.(b), 3B.28, 5B.40, 13B.3, 17A.7

¶알키다마스 Alkidamas 1B.55(주석 351), 2A.10, 2B.14(주석 341), 2B.24(주석 418), 2B.27(주석 425), 2B.71, 5A.12, 6A.47(주석 146), 6B.72(주석 319), 7B.6, 7B.29(주석 134), 14장 안내, 14B.9(주석 33), 15장 (생략), 16장 안내, 17A.48(주석 179, 주석 180), 17장 주석 254

알키비아데스 Alkibiadēs 2A.1, 2장 주석 96, 3A.6(주석 18), 3A.29(주석 77), 4A.3(주석 19), 5A.4, 5A.6(주석 51), 5B.88(주석 268), 5B.104, 6A.1, 6A.10, 6A.13, 6A.16(주석 96), 6A.17, 6A.23(주석 111), 6A.30, 6A.31, 6A.33(주석 118, 주석 119), 6A.34, 6A.51, 6A.60, 6B.15, 6B.17, 7A.3, 8A.7, 10장 안내, 10A.5, 10A.6, 10A.8, 10A.13, 10B.4, 10B.5, 10장 주석 156, 11장 안내(주석 4)

암마이오스 Ammaios 5A.12

암모니오스 Ammōnios

— ¶암모니오스(문법학자) 1B.62☆, 5B.107

— 암모니오스(신플라톤주의자) 1B.56(주석 355)

에우뤼티온 Eurytiōn 13B.1(주석 38)

에우뤼폰 Euryphōn 3B.23s

에우뤼로코스 Eurylochos 6A.1

@에우리포스(해협) Euripos Ⓜ3-1 17A.46☆

¶에우리피데스 Euripidēs 1A.1(54절, 55절), 1A.15, 2B.6(주석 267), 3A.26, 3A.31(주석 84), 3B.23, 5A.5(주석 46), 6A.1(18절, 22절, 33절, 44절, 45절), 6장 주석 76, 6B.42(주석 254), 7A.7(주석 38), 7B.21, 10장 B 서두 (주석 105), 10B.7, 10B.11, 10B.12, 10B.14, 10B.15, 10B.16, 10장 주석 156, 10B.18, 10B.21, 10B.22, 10B.24, 10B.25, 10B.26, 10B.27, 10B.31, 10B.32, 10B.33(주석 199), 10B.40, 16B.8(주석 44), 17B.4, 17B.8, 17B.16, 17B.17

에우마레스 Eumarēs 6A.60

에우몰포스 Eumolpos 2A.31, 2A.32, 10장 주석 146, 15B.21

@에우보이아(섬) Euboia Ⓜ1-2, Ⓜ3-1 15B.10(주석 30), 17A.46(주석 164)

에우불로스 Euboulos 16A.1

에우불리데스 Euboulidēs 6A.1, 11B.12, 13B.4(주석 107)

¶에우세비오스 Eusebios 1A.1(주석 40), 1A.15(주석 110, 주석 113), 1B.7, 1B.38(주석 288), 1B.39, 9장 안내, 9A.7,

¶에우스타티오스 Eustathios 1B.71☆, 4B.26, 5B.59(주석 242), 10B.38

에우아틀로스 Euathlos 1A.1, 1A.15

에우에노스 Euēnos (Evenus) 1A.1(주석 44), 3B.30(주석 158), 6A.9, 9장(생략), 16장 안내, 17A.48

에우크라테스 Eukratēs 17B.14

에우클레이데스 Eukleidēs 1B.24(주석 258), 6A.1, 6A.38, 6A.60, 11B.12 (주석 90)

에우튀데모스 Euthydēmos

─에우튀데모스(소피스트) 머리말 주석 17, 1B.12, 1B.23(주석 229), 3B.17 (주석 121), 4B.31(주석 107), 11장(생략), 13B.5(주석 118), 13B.8(주석 179), 16장 안내, 17A.17, 17B.3

― 에우튀데모스(아테네 출신, 디오클레스의 아들, 소크라테스의 추종자) 6B.16, 10장 안내, 10A.13

에우튀프론 Euthyphrōn 6A.1, 6A.18(주석 100), 6B.27

에우포리온 Euphoriōn 1A.1(주석 70), 1B.6

¶에우폴리스 Eupolis 1A.1(50절)☆, 1A.6, 1B.71, 1B.72, 6장 주석 109, 9B.14

에우헤메로스 Euhēmeros 3B.35☆, 3B.37

에이레네 Eirēnē 3장 주석 187

에케크라테스 Echekratēs 6A.38, 6A.58, 9A.6, 17A.46

@에테이아 Êteia 6B.74(주석 327)

@에트루리아 9A.10(주석 26), 10B.1(주석 112), 10B.2(주석 119)

@에티스 Êtis 6B.74(주석 327)

에파메이논다스 Epameinōndas 15B.1(주석 9), 15B.7(주석 24)

@에페소스 Ephesos Ⓜ1-4 5B.99(주석 287)

에페이오스 Epeios 13B.9☆

에포로스 Ephoros 2B.71(주석 632), 15B.19(주석 77)

@에퓌라 Ephyra 4B.27, 10장 주석 197 cf. 코린토스

에피게네스 Epigenēs 6A.36, 6A.38

에피고노이 Epigonoi 15B.21☆

에피메니데스 Epimenidēs 13B.4(주석 107)

에피메테우스 Epimētheus 1B.48

에피알테스 Ephialtēs 2B.59(주석 569), 10B.50☆

에피카르모스 Epicharmos 3B.48, 3B.52, 5A.10

에피쿠로스 Epikouros 1A.1(주석 15, 53절), 1B.43(주석 293), 1B.49, 1B.68(주석 391), 3B.34, 3B.42, 6A.1(주석 19), 7B.33(주석 145), 10B.34

에피티모스 Epitimos 1B.66

¶에피파니오스 Epiphanios 3B.31

@엘라이아 Elaia Ⓜ1-1 15장 안내, 15A.1, 15A.2, 15A.3, 15B.6

@엘레아 Elea Ⓜ2-1 1B.3, 1B.31, 1B.69, 2B.7(주석 269), 6B.41, 13B.5(주석

830

118), 14B.3, 17A.11, 17A.17, 17A.19, 17A.34(주석 119), 17A.41(261c), 17A.42

@엘레우시스 Eleusis Ⓜ3-2 머리말 주석 3, 3B.37, 10A.1(주석 18), 10A.17, 10B.21, 13B.4(주석 101), 15B.21

@엘리스 Ēlis Ⓜ1-3 2A.31, 2B.22, 3A.3, 3A.16, 3A.34, 4장 안내, 4A.1, 4A.2, 4A.5, 4A.9, 4A.10, 4A.11, 4A.12, 4A.13(주석 44), 4B.3, 4B.5, 4B.6, 4B.9, 4B.10, 4B.11, 4B.19, 4B.27, 4B.34, 6A.45, 6A.60, 7A.4, 9A.1, 15B.21, 17A.13, 17A.37

엠페도클레스 Empedoklēs 1B.16, 2A.3, 2A.4, 2A.5, 2B.7, 2B.11, 2B.33, 6B.5, 10B.61(주석 288), 11장 안내, 15B.2, 15B.8, 17A.7, 17A.34

오나타스 Onatas 5A.15, 6A.1(46절)

오노마클레스 Onomaklēs 5장 주석 99

@오데이온 Ōideion Ⓜ4-4.5 10A.17☆

오뒤세우스 (오디세우스) Odysseus 2B.14, 2B.37, 3A.6(주석 15), 4B.23(주석 99), 4B.32, 6B.34, 6B.60, 7B.30, 10B.33(주석 197), 15B.21, 17A.26(주석 96), 17A.41

오레스테스 Orestēs 13B.3

오르페우스 Orpheus 1A.5, 1B.47, 2A.6, 2B.50, 2B.53, 3A.15, 3B.45, 4B.21, 10B.3, 5B.21(21절)

¶오리게네스 Origenēs 1B.44(주석 298), 5B.15☆

@오에 Oē 3B.20(주석 126)

@오이네온 Oineōn 15B.10(주석 30)

@오이노안다 Oinoanda 1B.43(주석 293), 5B.96

@오이노에 Oinoē Ⓜ3-1 15B.10(주석 30)

오이노피온 Oinopiōn 10B.2, 15B.21(17절)

오이아그로스 Oiagros 15B.21(22절)

@오이타(산) (오이테) Oitē 6B.74(주석 327)

오케아노스 Ōkeanos 4B.26.

오타네스 Otanēs 17B.12

오토 유니우스 Otho Iunius 5B.97

@옥쉬륑쿠스 Oxyrhynchus 1B.62, 5B.22, 5B.24, 5B.25, 5B.26, 10B.17, 10B.19,

옥타비우스 야누아리우스 Octavius Ianuarius 3B.37(주석 167)

올로로스 Oloros 2B.59(주석 569)

¶올륌피오도로스 Olympiodōros 2A.3, 2A.24, 2B.9.(a), 2B.20(주석 403), 2B.43, 6A.1(주석 63)

@올림포스(산) Olympos Ⓜ1-2 13B.1(주석 36)

@올림피아 Olympia Ⓜ1-3 1A.1(55절), 1A.15, 2장 안내, 2A.1, 2A.3, 2A.10, 2A.22, 2A.24(주석 155), 2A.31, 2A.32, 2A.35, 2B.9(a), 2B.16, 2B.18, 2B.19, 2B.20, 3장 6절, 3A.14(주석 46), 3장 주석 187, 4A.2, 4A.7(주석 30), 4B.3, 4B.6, 4B.8, 4B.10, 5B.68, 5B.96, 6A.1(43절), 6B.9, 9A.7, 10A.7, 10A.15, 10B.9(주석 144), 13B.3, 14A.1(주석 7)

요셉 Yōsef (Joseph) 10장 주석 146

요한네스 크리소스토모스 Iōannēs Chrysostomos 3A.16(주석 52), 3A.18 (주석 57)☆, 5B.43(주석 227)

우라노스 Ouranos 13B.1(주석 39, 주석 40)

울피아노스 Oulpianos 9B.1

¶위-디오뉘시오스 Pseudo-Dionysios 10B.55☆ cf. 디오뉘시오스(할리카르나소스 출신)

¶위-롱기누스 Pseudo-Longinus 2B.25

¶위-루키아노스 Pseudo-Loukianos 2A.27

¶위-아리스토텔레스 Pseudo-Aristotelēs 2B.4, 9B.8

¶위-칼리스테네스 Pseudo-Kallisthenēs 5B.101

¶위-크세노폰 Pseudo-Xenophōn 10B.59

¶위-플라톤 Pseudo-Platōn 3A.3(주석 10), 3B.50, 3B.51, 3B.52, 3B.53, 6B.71, 7B.35, 10B.63

¶위-플루타르코스 Pseudo-Plutarchos 1B.51, 1B.65, 2A.2, 2A.10(주석 97, 주석 104), 2A.14, 3A.28, 4A.4, 5A.4, 5A.6(주석 48, 주석 49, 주석 55),

5A.7(주석 59), 6A.22(주석 107), 10A.5, 10B.26, 15B.20(주석 100)

¶ (데키무스 유니우스) 유베날리스 Decimus Iunius Iuvenalis 7A.8, 7A.9

유스투스 Iustus (Ioustos) 6A.1(41절)

유스티노스 Ioustino (Iustinus) 5B.15(주석 144)

유스티니아누스 Iustinianus 1A.3(주석 77), 1B.27(주석 264)

유피테르 Iuppiter 3B.37

@율리스 Ioulis Ⓜ1-3 3장 안내, 3A.1(주석 7)☆

율리우스 베스티누스 Iulius Vestinus 7B.34☆

@이뉘코스 (이뉘콘) Inykos (Inykon) Ⓜ2-3 4A.2☆

이다스 Idas 10B.13(주석 150, 주석 151, 주석 153)

이도메네우스 Idomeneus 6A.1 15B.21(주석 147)

이사르코스 Isarchos 4A.11

이사이오스 Isaios 5A.12, 5A.16, 7B.6, 7B.34, 15A.4, 15B.11

¶ 이소크라테스 Isokratēs 머리말 2절, 1A.3, 1A.10(주석 103), 1B.23(주석 254), 1B.24, 2A.10, 2A.12, 2A.13, 2A.14, 2장 주석 117, 주석 127, 2A.19(주석 133), 2A.20(주석 137), 2A.23. 2A.28, 2A.31(주석 171), 2B.6, 2B.7, 2B.13(주석 293), 2B.15, 2B.16(주석 388), 2B.17, 2B.18, 2B.26, 2장 주석 447, 2B.65, 2장 주석 595, 2B.69, 2B.71, 3A.4, 3A.27, 3A.28, 4A.4, 5A.12, 6A.22(주석 107), 6A.47(주석 146), 7A.1, 7B.5, 7B.6, 7B.7, 7B.34, 11장 안내(주석 3), 15장 안내, 15A.2, 15A.4, 15B.11, 15B.12, 15B.14, 15B.19, 15B.20(주석 78, 주석 84, 주석 98, 주석 100), 17A.4, 17A.7, 17A.9

이솝 (아이소포스) Aisōpos 6A.1, 6B.1, 9A.6

이스코마코스 Ischomachos 6A.9, 9A.3

@이스트모스 Isthmos [=코린토스] 6A.1

이스트미아(경기) Isthmia 15B.18

¶ 이시도로스 Isidōros 2B.72☆

이시스 Isis 3B.37

이아손(테살리아 참주) Iasōn 2장 주석 39, 2A.13(주석 115), 2A.31☆

15B.10, 15B.21, 17A.1, 17A.26, 17A.29, 17A.41, 17A.46, 17B.1, 17B.3, 17B.9

조일로스 Zōïlos 5A.16, 7B.4, 10A.10, 15A.4

@케라메이스 Kerameis Ⓜ3-4.5 머리말 1절, 3A.6

@케라메이코스 Kerameikos Ⓜ4-2 머리말 1절☆, 6A.1(주석 60), 17B.13
  (주석 232)

케레스 Ceres 3B.37☆

케뤼케스(씨족) Kērykes 8장 안내

케르베로스 Kerberos 10장 주석 156, 10B.18

케르콥스 Kerkōps 5A.15

케베스 Kebēs 2A.13, 6A.38, 6A.39, 6A.60, 6B.3, 9A.6, 17A.46, 17A.47

@케오스(섬) Keōs Ⓜ1-3 1A.1, 1A.3, 1A.10, 1B.47, 1B.70, 2B.50, 2B.74,
  3장 안내, 3A.1, 3A.2, 3A.4, 3A.5, 3A.6, 3A.11, 3A.13, 3A.14, 3A.17,
  3A.23, 3A.27, 3A.28, 3B.7, 3B.29, 3B.32, 3B.34, 3B.35, 3B.45, 3B.50,
  4A.7, 6A.45, 7A.4, 7B.28, 9A.1

케크롭스 Kekrops 1A.1☆

케피소도로스 Kēphisodōros 2B.71(주석 632), 7B.6

케피스 Kēpis 3A.6

@케피시아 Kēphisia Ⓜ3-1 6A.36

@켄 Chēn 6B.74☆

켄타우로스 Kentauros 3B.53, 10장 주석 156, 13B.1(주석 36), 15B.21

켈소스 (켈수스) Kelsos (Celsus) 5B.15☆

켈트(족) Keltoi 17A.3

코논 Konōn 3B.23, 6A.1(39절), 7A.7(주석 35)

코드로스 Kodros 10A.2

코락스 Korax 2A.5☆, 2장 주석 447, 2B.45, 7B.29(주석 134) cf. 티시아스

@코르도바 Cordoba 5B.97(주석 283)

@코린토스 Korinthos Ⓜ1-3, Ⓜ3-2 cf. 에퓌라 1B.43(주석 294), 5A.4,
  5A.6(주서 47), 6A.1(41절, 주식 27), 10B.18, 10장 주석 197, 11B.13,
  14B.9(주석 35), 16장 안내, 16A.2, 16A.3, 16B.1, 16B.3, 16B.4, 16B.6,
  16B.7, 16B.9, 17A.6(주석 27)

@코스(섬) Kōs Ⓜ1-4 3A.7(주석 19), 5A.4(주석 44), 5A.15

콘노스 Konnos 5A.13(주석 71), 6A.7, 6A.9, 6장 주석 109, 9A.3

@콘스탄티노플 Constantinopolis 3A.18(주석 57), 5A.9(주석 64), 5B.43(주석 227), 10B.53(주석 264)

@콜라르고스 Cholargos Ⓜ3-1 8A.8☆

@콜로나이 Kolōnai 10장 주석 863

콜로테스 Kolōtēs 1B.19

@콜로폰 Kolophōn Ⓜ1-4 5A.15, 6A.1, 11B.13, 16B.4, 16B.7

콤모두스 Commodus 2B.2(주석 194), 3A.9(주석 26)

@퀴레네 Kyrēnē 6A.40, 6A.59, 6A.60

퀴로스 Kyros 2장 주석 117, 2A.15, 2A.16, 10B.36

¶퀴릴로스(알렉산드리아 출신) Kyrillos 2B.72(주석 633), 6A.2

@퀴메 Kymē 4B.22, 7B.32

퀴벨레 Kybelē 6A.1(주석 53)

@퀴클라데스 (키클라데스) Kyklades Ⓜ1-3.5 3장 안내, 3A.1(주석 7)

@퀴프로스 (키프로스) Kypros 13B.5, 15B.21

퀴크노스 Kyknos 10장 주석 146

퀸투스 Quintus 5B.98, 10B.43(주석 220)

¶(마르쿠스 파비우스) 퀸틸리아누스 Marcus Fabius Quintilianus 1B.37☆, 2A.5, 2A.12, 2B.46, 3B.2, 3B.3, 4B.36, 6B.30, 7B.14, 7B.16, 9B.14

퀼론 Kylōn 5A.15, 6A.1(46절)

@크니도스 Knidos Ⓜ1-4 3B.23s(주석 139)

@크라논 (크란논) Kranōn (Krannōn) 6A.1(24절)

크라티노스 2B.59(주석 568)☆, 17A.6☆

크라티포스 Kratippos 5A.10

크레온 Kreōn 17B.9

@크레타(섬) (크레테) Krētē Ⓜ1-4 3B.37(주석 168), 6B.74, 10장 주석 149, 13B.4(주석 107), 15B.10, 15B.21, 16B.9

@크로톤 Krotōn Ⓜ2-4 5A.15(주석 83), 6A.1(주석 68)

크뤼손 Chrysōn 3B.24

크뤼시포스 Chrysippos 1A.1, 1B.22, 5B.98, 9A.9, 13B.9

크리토불로스 Kritoboulos 6A.12, 6A.25, 6A.36, 6A.37(주석 123), 6A.38, 6A.60, 11A.1

크리톤 Kritōn 1B.23, 2A.13(주석 115), 3B.1, 5B.25(주석 199), 6A.1, 6A.7, 6A.26, 6A.36, 6A.37, 6A.38(주석 125), 6A.39, 6장 주석 150, 6A.58, 6A.60, 6B.32, 6B.61, 6B.64, 6B.68, 11A.1, 11A.2, 11A.3, 11B.1, 11B.2, 11B.3, 11B.4, 11B.5, 11B.6, 11B.7, 11B.8, 17B.3

크리톨라오스 Kritolaos 5B.12

크리티아스 Kritias 1A.2(주석 72), 1B.47(주석 310), 1B.58(주석 359), 2A.1, 2장 주석 96, 2A.22, 3A.1(주석 6, 주석 18), 3A.29(주석 77, 주석 81), 3B.12, 3B.18, 3B.42, 3B.50, 3B.51, 4A.3(주석 19), 5A.4, 5A.6(주석 50), 5A.16, 5B.8, 6A.1(24절), 6A.16(주석 96), 6A.33(주석 118, 주석 119), 6A.34, 6A.35, 6A.47, 6A.51, 6B.2(주석 184), 6B.16(주석 205), 6B.74 (주석 325), 7장 안내, 7B.4, 10장(생략), 12장 안내, 13B.1(주석 36), 16장 안내, 17A.16, 17장 주석 208, 17B.18(주석 259)

크산토스(강신) Xanthos 1B.62☆, 13B.5 cf. 스카만드로스

크산티아스 Xanthias 2A.20

크산티페 Xanthippē 6A.1(26절) 및 주석 32

크산티포스 Xanthippos 6A.8

—크산티포스(페리클레스의 아들) 1A.5☆, 1A.6, 1B.65

—크산티포스(페리클레스의 아버지) 6A.8

크세노메데스 Xenomēdēs 6A.60

크세노크라테스 Xenokratēs 6A.59

크세노파네스 Xenophanēs 2B.4(주석 200, 주석 231), 5A.15, 6A.1(46절), 11B.13, 16장 주석 1, 16B.1, 16B.4, 16B.7

¶ 크세노폰 Xenophōn 1A.1(주석 44), 1장 주석 97, 2A.15, 2A.16, 2A.31 (주석 171), 2장 주석 660, 2B.81, 3장 안내, 3A.12, 3A.17, 3A.18, 3A.23, 3A.32(주석 87), 3A.34, 3B.45(주석 191), 3B.46, 3B.47, 3B.48, 4장 안 내, 4A.9, 4B.12(주석 77), 4B.30, 4B.34, 4B.35, 5장 안내, 5A.4, 5A.5

11A.24

클레이토폰 Kleitophōn 6B.71☆, 7B.35

@클렙쉬드라 Klepsydra 2A.19☆

클뤼타임네스트라 Klytaimnēstra 2A.31(주석 171), 10B.13(주석 150)

키뉘라스 Kinyras 15B.21

키마이라 Chimaira 2B.5

키몬 Kimōn 2B.59☆, 6B.66, 10B.9, 10B.50☆

@키오스(섬) Chios Ⓜ1-1 2B.64(주석 582), 3A.14, 4A.7, 5B.16(주석 147), 6A.1, 6장 주석 94, 7B.3, 10B.2, 10B.35, 10B.37, 11장 안내, 11A.1, 11B.13, 15B.7, 15B.21, 16B.7

¶ (마르쿠스 툴리우스) 키케로 Marcus Tullius Cicero 1장 안내, 1A.4(주석 83), 1A.11, 1B.36, 1B.41, 1B.70, 2장 안내(주석 2), 2A.13, 2A.28, 2A.34, 2A.45, 2B.49, 2장 주석 595, 2B.68(주석 608), 2B.69, 2B.70, 2B.75, 3B.29, 3B.34, 3B.37(주석 170), 5A.18, 5B.94, 5B.95, 5B.98, 6A.45, 6A.54, 6A.59, 6B.6, 6B.37, 7장 안내, 7A.2(주석 22), 7A.4, 7B.7, 7B.9, 7B.11, 7B.28, 10A.6, 12장 안내(주석 9), 15B.4, 16B.9(주석 46), 17장 주석 81, 17A.37

@키티온 Kition 3B.37(주석 170)

킬론 (케일론) Chilōn (Cheilōn) 6B.74, 10B.7, 10B.8☆, 15B.7, 17A.5

(ㅌ)

타나토스 Thanatos 10장 주석 197

@타렌툼 (타라스) Ⓜ2-1 1B.47(주석 308)

타르겔리아(축제) Thargēlia 2A.21, 2B.78, 4B.7, 6A.1, 10B.59

타르겔리온(달) Thargēliōn 6A.1

@타르타로스 Tartaros 10장 주석 197

타뮈리스 (타뮈라스) Thamyris (Thamyras) 2A.6, 2B.50, 3A.15, 3B.45

@타소스(섬) Thasos Ⓜ1-2 10B.35, 10B.48

@타우로메니움 (타우로메니온) Tauromenium (Tauromenion) [지금의 타오르미나(Taormina)] 2A.7(주석 80)

탄탈로스 Tantalos 3A.6

탈레스 Thalēs 4장 안내, 4B.19, 4B.29, 5A.15, 6A.1, 6B.5, 6B.72, 6B.74, 10B.8(주석 136), 17A.5, 17A.14(주석 66), 17B.1

탈로 Thallō 3장 주석 187☆ cf. 호라이

@테게아 Tegea 15B.21 Ⓜ1-3

@테네도스(섬) Tenedos Ⓜ1-1 10장 주석 146☆

테라메네스 Thēramenēs 3A1(주석 6), 3장 9절, 3A.23, 3A.27, 3A.28(주석 76), 3A.29, 5A.21, 6A.22☆, 10A.6, 10A.15(주석 90), 10A.16, 12장 주석 3

테레우스 Tēreus 2B.77(주석 658)

¶테르툴리아누스 Quintus Septimius Florens Tertullianus 4A.13, 5A.10

테릅시온 Terpsiōn 6A.38, 6A.60

테미스토클레스 Themistoklēs 6B.66, 10B.49, 17A.8

¶테미스티오스 Themistios 3A.8☆, 3B.39, 5B.19(주석 157), 5B.21

@테베 (테바이) Thēbai Ⓜ1-2.5, Ⓜ3-2 2장 주석 65, 2A.6, 2A.13(주석 115), 2장 주석 117, 2A.24(주석 155), 2B.50, 3장 안내, 3A.15, 3A.18, 6A.38, 6A.60, 10A.3, 10B.2, 13B.1, 15B.1(주석 9), 15B.7, 15B.21(주석 131)

@테살리아 Thessalia Ⓜ1-2 1B.63, 2장 안내, 2A.1(주석 28), 2장 주석 65, 2A.13☆, 2장 주석 117, 주석 127, 2장 8절, 2A.21, 2A.22, 2A.23, 2A.24(주석 155), 2A.31, 2B.30(주석 442), 2장 주석 594, 2B.69, 2B.78, 10장 안내, 10A.1, 10A.6, 10A.13, 10장 7절, 10A.15(주석 90), 10A.16, 10B.2, 10B.9(주석 142), 10장 주석 156, 주석 197, 10B.35, 10B.41, 13B.1(주석 36, 주석 37, 주석 38), 13B.2, 14장 주석 4, 15장 안내,

테세우스 Thēseus 10장 주석 156☆, 10B.18, 10B.19, 10B.22(주석 168), 10B.25, 10B.26, 10B.31(주석 194, 주석 196), 13B.1(주석 38), 14B.9(주석 35), 17A.35

테아게스 Theagēs 3A.3(주석 10), 3A.32(주석 87), 3A.33, 6A.36

테아이테토스 Theaitētos 머리말 주석 20, 1장 주석 13, 1B.3, 1B.4, 1B.10,

1B.11, 1B.13, 1B.14(주석 200), 1B.15, 1B.31, 1B.42, 1B.44(주석 301),
2A.3, 2A.13(주석 115), 2B.37(주석 483), 3A.32, 3A.33, 6장 주석 2,
6A.1, 6A.10(주석 89), 6A.11, 6A.38(주석 128), 6B.24, 6B.41, 17A.11,
17A.19, 17A.44

테오덱테스 Theodektēs 2B.71(주석 632), 5A.12, 7B.6

테오도시오스 (테오도시우스) Theodosios (Theodosius) 2B.72(주석 633)

테오도로스 Theodōros

— 테오도로스(기하학자) 1B.4, 1B.13, 6A.9, 6A.11, 9A.3, 17A.44

— 테오도로스(무신론자. 퀴레네학파 철학자, 아리스티포스의 손자 소 아리스
티포스의 제자) Theodōros ho atheos 3B.35, 6A.60

— 테오도로스(비잔티온 출신) 2B.37☆, 2B.70, 2B.71, 5A.12, 7B.6, 7B.9,
7B.29, 7B.30, 9B.2, 15B.11, 15B.19, 17A.41, 17A.48

(푸블리우스 아일리우스 아리스티데스) 테오도루스 → 아일리우스 아리스티
데스 테오도루스

(플라비우스 말리우스) 테오도루스 → 말리우스 테오도루스

테오도토스 Theodōtos 1A.1, 6A.36

@테오스 Teōs Ⓜ1-4.5 1장 주석 2, 1A.1☆, 10B.1

테오조티데스 Theozotidēs 6A.36

테오폼포스 Theopompos 2B.71(주석 632), 3A.14, 4A.7, 7B.3☆, 15B.19
(주석 77)

¶테오프라스토스 Theophrastos 2B.10, 5A.11, 7A.2, 7B.5

테우크로스 Teukros 15B.21

테우트라스 Teuthras 15B.21

테이산드로스 Teisandros 8장 안내

테이시마코스 Teisimachos 17B.15

테이시아스 (티시아스) Teisias (Tisias)

— 테이시아스(수사가) 2A.5☆, 2A.31, 2장 주석 447, 2B.37(주석 483), 2B.44,
2B.45, 3A.27, 3A.28, 3B.8, 7B.29, 17A.48 cf. 코락스

— 테이시아스(테이시마코스의 아들) 17B.15

2B.59(주석 569), 2B.77(주석 658), 6A.1, 6A.16(주석 96), 10장 안내, 10B.1(주석 108), 13B.2, 15B.21, 17A.3(주석 16), 17A.26(주석 96)

트로고뒤타이 Trōgodytai 5B.62☆

@트로이 (트로이아) Troia ⓜ1-1 1A.1(주석 19), 2B.6(주석 267), 2B.14(주석 341, 주석 355), 2B.37(주석 481), 3B.23(주석 138), 4A.2 4B.4, 4B.15, 4B.23, 7B.30(주석 140), 10장 주석 146, 13B.1, 13B.9(주석 204), 15B.21(주석 122, 주석 132, 주석 145, 주석 147, 주석 158), 17A.41(주석 147)

@트로이젠 Troizēn ⓜ1-3 14B.9(주석 35)

트로포니오스 Trophōnios 3B.52

티마르코스 Timarchos 6A.47, 10A.18, 17A.38(주석 138)

티마이오스 Timaios 2A.7(주석 80), 2B.64, 2B.68(주석 604)☆, 3B.25(주석 147), 3B.27(주석 148, 주석 151, 주석 154), 6A.2, 10A.2(주석 28, 주석 29), 17A.12, 17A.17

티모크라테스 Timokratēs 5장 7절 B

티모크레온 Timokreōn 5A.15, 6A.1, 7장 8절, 7B.17☆

티몬 Timōn 1A.1(51절), 1A.12, 3A.10, 6A.1, 6A.41, 17A.42

@티베리아스 Tiberias 6A.1(41절)

티시아스 → 테이시아스

(ㅍ)

@파나이 Phanai 2A.19☆

파나이티오스 Panaitios 1B.6, 12장 안내(주석 9)

파나테나이아(축제) Panathēnaia 6A.1(주석 60), 10B.59

파니아스 Phanias 6A.40

파랄로스 Paralos 1A.5☆, 1A.6, 1B.65

파랄리오스 Paralios 6A.36

@파로스(섬)(퀴클라데스) Paros ⓜ1-4 2A.36(주석 183), 7A.10(주석 40), 9장

9B.3, 13B.2(주석 52), 15B.16(주석 40), 17A.41, 17A.48, 17B.5, 17B.6

@파이아니아 Paiania Ⓜ3-4.5 6A.38

파이악스 Phaiax 2A.18☆

파트로클레스 Patroklēs 11B.6(주석 71)

파트로클로스 Patroklos 13B.9(주석 204), 17A.35

파티제이테스 Patizeithēs 17B.12(주석 216)

판디온 Pandiōn 2B.77(주석 658)

판토이데스 Panthoidēs 11B.12

팔라메데스 Palamēdēs 2장 주석 4, 2B.13(주석 324), 2B.14☆, 2B.37, 6A.1
    (44절), 7B.30, 12B.7(주석 70), 15장 안내, 15B.21, 17A.34(주석 119),
    17A.41

@팔레론 Phalēron Ⓜ3-4 6A.26

팜필레 (팜필라) Pamphilē (Pamphila) 6A.1(24절)

팜필로스 Pamphilos 7B.34, 10B.21

@팜필리아 (팜필리아) Pamphylia 2B.59(주석 569)

페넬로페 (페넬로페이아) Pēnelopē (Pēnelopeia) 2B.54

@페니키아 (포이니키아, 포이니케) Phoinikē 10B.2, 15B.21

페라이 Pherai Ⓜ1-2 2장 안내, 2장 주석 39, 주석 127, 2A.31(주석 170)

페레퀴데스 Pherekydēs 2B.53, 2B.80(주석 668), 4B.18, 6A.1(46절)

@페르가몬 Pergamon Ⓜ1-1 2B.9.(b)(주석 282), 15장 안내(주석 1)

페르사이오스 Persaios 3B.37☆, 3B.38

페르세포네 Persephonē 3B.39(주석 177), 10장 주석 156

@페르시아 Persia 1장 안내, 1A.1, 1장 6절, 1A.2, 1B.27(주석 264), 2A.1,
    2A.2, 2B.16, 2B.25, 2B.59(주석 569), 4B.8, 4B.10(주석 68), 5A.4,
    7B.17, 10A.12(주석 61), 10B.1(주석 108), 10B.41, 10B.50(주석 257),
    13B.1, 13B.2, 13B.6, 14B.9(주석 34), 17A.3, 17B.12

페리클레스 Periklēs 머리말, 1A.5, 1A.13, 1B.65, 1B.66, 2장 안내, 2A.1
    (주석 25), 2A.10, 2장 주석 127, 2A.22, 2B.59(주석 569), 3B.20(주석
    126), 5A.4, 5B.104, 6A.6, 6A.8, 6B.21(주석 215), 6B.66, 10장 안내,

폴레마르코스 Polemarchos 3A.6(주석 15), 10A.15(주석 90)

폴로스 Pōlos 1B.55, 2A.10, 2A.11, 2B.35, 2B.64, 3A.14, 3A.16, 3B.23, 4A.7, 6B.42, 6B.46, 6B.62, 6B.65, 7A.7, 7B.23(주석 114), 8B.1, 15A.2, 17A.17, 17A.29, 17A.48

폴룩스 Pollux

— ¶ (율리우스) 폴룩스 (율리오스 폴뤼데우케스) Iulius Pollux (Ioulios Polydeukēs) 2B.2☆, 5B.5, 5B.6, 5B.8, 5B.9, 5B.10, 5B.29s, 5B.46, 5B.47, 5B.48, 5B.49, 5B.50, 5B.51, 5B.53, 5B.54, 5B.55, 10B.39(주석 214), 10B.42, 10B.57, 10B.58, 10B.59(주석 283)

— 폴룩스(디오스쿠로이 중 하나, 튄다레오스의 아들) → 폴뤼데우케스

폴뤼네이케스 Polyneikēs 15B.2, 17B.10

폴뤼데우케스(디오스쿠로이 중 하나, 튄다레오스의 아들) (폴룩스) Polydeukēs (Pollux) 10B.13(주석 150, 주석 153), 15B.21(주석 148), 17A.35(주석 122)

폴뤼에욱토스 Polyeuktos 6A.1(38절)

폴뤼젤로스 Polyzēlos 1A.1(54절), 1A.15

폴뤼크라테스 Polykratēs 2A.31☆, 5A.16, 6A.50(주석 161), 7B.4, 10A.10, 10A.13(주석 64, 주석 65), 10B.1(주석 108)

폴뤼클레이토스 Polykleitos 13B.6☆

폴뤼포이테스 Polypoitēs 10장 주석 156, 15B.21(주석 129)☆

폴뤽세노스 Polyxenos 14A.1☆

폴뤼카레스 Polycharēs 10A.15

@폼페이온 Pompeion 6A.1☆

¶ (파비우스 플랑키아데스) 풀겐티우스 Fabius Planciades Fulgentius 5B.103☆

@퓌라 Pyrrha 6A.2

퓌론 Pyrrhōn 1B.9, 1장 주석 267, 6A.59, 13장 주석 17, 16장 주석 1, 16B.4, 16B.5

퓌릴람페스 Pyrilampēs 6A.31, 8A.7, 10A.12(주석 60)☆

퓌토 Pythō 2A.1, 2B.16, 2B.21, 6B.17

퓌토도로스 Pythodōros 1A.1, 1A.15

퓌토클레이데스 Pythokleidēs 1B.47

퓌티아 Pythia

— 퓌티아(여사제) 6A.1(37절), 6A.3, 6A.32, 6B.19

— 퓌티아(축제, 경기) 2A.1, 2B.16, 2B.21, 5B.68, 10B.53

@퓔레 Phylē Ⓜ1-3 10A.1, 10A.16(주석 95)

프라튀스 Pratys 7B.15(주석 79), 7B.25(주석 120)

@프레아리오이 Phrearrhioi 17A.8☆

프로디코스 Prodikos 1A.1, 1A.5(주석 88), 1A.10, 1B.37, 1B.47(주석 310, 주석 311), 1B.70, 2A.1(주석 10), 2장 4절, 2A.6, 2A.9(주석 92), 2A.24(주석 155), 2B.9.(b), 2B.50, 2B.74, 3장(생략), 4장 안내, 4A.3(주석 19), 4A.5(주석 25), 4A.7, 4A.8(주석 31), 4A.9, 4B.16(주석 89), 4B.33, 4B.36, 5A.5, 6A.5, 6A.15, 6A.34(주석 120), 6A.45, 7A.4, 7A.7, 7B.16, 7B.26, 7B.28, 9장 안내, 9A.1(주석 4), 9장 주석 43, 10B.34, 10B.63(주석 291), 12B.6(주석 67), 17장 주석 55, 17A.13, 17A.14(주석 66), 17A.27 (주석 97), 17A.37, 17A.48, 17B.1(주석 190), 17B.6, 17장 주석 208

프로메테우스 Promētheus

— 프로메테우스(인간) 10A.16

— 프로메테우스(티탄) 1B.45, 1B.48, 2B.50(주석 546)

프로메티아(축제) Promēthia 6A.1, 10B.59

프로세네스 Prosēnēs 1B.7☆

프로크네 Proknē 2B.77(주석 658)

프로클레이아 Prokleia 10장 주석 146

프로클로스 Proklos

— 프로클로스(나우크라티스 출신 수사가, 필로스트라토스의 선생) 2A.38☆, 4A.14.

— ¶프로클로스(신플라톤주의 철학자, 주석가) 2B.1(주석 190)☆, 2B.53, 2B.55, 3A.21, 4장 안내(주석 2), 4B.19, 4B.20, 4장 주석 95

프로타고라스 Prōtagoras 머리말 주석 6, 머리말 3절, 머리말 주석 20, 주석

프릭소스 Phrixos 4B.25

@프티아 (프티에) Phthia (Phthiē) 6A.1(35절)

¶ (막시모스) 플라누데스 Maximos Planoudēs 2B.1, 2B.23, 10B.53☆

플라타네 Platanē 4A.4

플라톤 Platōn

— ¶ 플라톤(철학자) 머리말, 1장 안내, 1A.1, 1A.2, 1A.3, 1A.4, 1B.7,
1B.10, 1B.22, 2장 안내, 2A.10, 2A.36, 2B.72, 2B.79, 2B.80s, 3장 안내,
3A.11, 3A.23, 3B.22, 3B.25, 3B.27, 4장 안내, 4A.2, 4A.11, 5장 안내,
5A.3, 6장 안내, 6A.1, 6A.2, 6A.37, 6A.40, 6A.59, 6A.60, 6B.7, 7장 안
내, 7A.1, 7B.5, 8장 안내, 9장 안내, 10장 안내, 10A.2, 10A.9, 11장 안
내, 12장 안내, 13장 안내, 14장 안내, 15B.12, 17장 안내, 17A.9, 17A.17

— 플라톤(희극 시인) 5A.4☆

플렉시포스 Plēxippos 5A.11

¶ 플루타르코스 Ploutarchos 1장 안내(주석 6), 1A.13, 1B.19, 1B.66, 2B.1(주
석 190)☆, 2B.20, 2B.56, 2B.57, 2B.59, 2B.60, 2B.61, 2장 주석 595,
2B.72, 3A.7, 3B.30, 4B.6, 4B.28, 4B.37, 4B.38, 5B.91, 5B.104, 6A.1(26
절 주석 32), 6A.6, 6A.20, 6장 주석 103, 6A.26, 6B.21(주석 215), 7B.2,
9장 안내, 9A.9(주석 23), 9B.12.(a), 9B.13.(a), 9B.13(b), 9B.13.(c),
10B.5, 10B.9, 10B.25, 10B.36(주석 208), 10B.50, 15B.12, 17A.3(주석
15), 17A.5, 17A.8, 17A.42

플루토스 Ploutos 1A.1

플뤼포이테스 Polypoitēs 10장 주석 156, 15B.21(주석 129)

¶ (대) 플리니우스 Gaius Plinius Secundus 2장 주석 156, 2A.35, 6A.3(주석
75)

@플리우스 (플레이우스) Phlious (Phleious) Ⓜ1-3 6A.60, 17A.6, 17A.42

@피레우스 (페이라이에우스) Peiraieus Ⓜ1-3, Ⓜ3-4 5A.4(주석 32),
10A.1(주석 18), 10A.16(주석 95), 10A.17, 11B.10, 11B.11(주석 81, 주석
82, 주석 87)

피타고라스 (퓌타고라스) Pythagoras 2A.3, 5A.15, 6A.1, 6A.38(주석 126, 주

석 128), 12장 안내(주석 1), 13B.6, 15B.7, 15B.8, 17A.6, 17A.9

피타코스 Pittakos 1B.63, 5A.15, 6A.1(46절), 6B.74, 17A.5, 17A.14(주석 66), 17B.1

@피토스 Pithos 6A.1(40절)

¶핀다로스 Pindaros 2B.11, 2B.80(주석 668), 6A.1, 3A.31, 3장 주석 187, 4B.25, 4B.27, 4B.33(주석 124), 5A.5, 5A.15, 6A.1(46절), 8B.1, 10B.9(주석 142), 12B.6(주석 63), 17A.1

필레타스 (필리타스) Philētas (Philitas) 3A.7

필로노메 Philonomē 10장 주석 146

¶필로데모스 Philodēmos 1B.68☆, 3B.33, 3B.38, 3B.42, 5A.2, 7A.10(주석 41), 7B.33, 10B.34

필로멜라 Philomēla (Philomēlē) 2B.77(주석 658) cf. 제비[일반 용어]

필로멜로스 Philomēlos 1A.5

¶필로스트라토스 (루키우스 플라비우스 필로스트라투스) Philostratos (Lucius Flavius Philostratus) 1장 안내, 1A.2☆, 1A.14, 2장 안내, 2A.1, 2A.6, 2A.11, 2A.22, 2A.37, 2A.38, 2장 주석 188, 2B.2(주석 194), 2B.16, 2B.21, 2B.24, 2장 주석 447, 2B.31, 2B.32, 2B.50, 2B.64(주석 583), 2장 주석 594, 2B.74(주석 643), 2B.78, 3A.6(주석 17), 3A.11(주석 37), 3A.15, 3A.16(주석 53), 3A.17, 3A.18(주석 58), 3B.45, 3B.46, 3B.47, 3B.48(주석 198), 3B.49, 4A.2, 4A.14, 4B.4, 4장 주석 69, 5A.4(주석 24), 5A.6, 6A.35, 6A.47(주석 146), 10장 안내, 10A.1, 10A.7, 10A.8, 10A.13(24절 주석 76), 10B.45(주석 238), 10B.51(주석 261), 10B.56, 15장 안내(주석 3), 15A.3(주석 7), 15B.13, 17A.10, 17장 주석 62, 17A.38

필로코로스 Philochoros 1A.1, 1A.15, 5A.10, 5B.103, 6A.1(44절)

필로크라테스 Philokratēs 6A.2

¶(요안네스) 필로포노스 Iōannēs Philoponos 5B.18, 10B.61, 10B.62

필록세노스 Philoxenos 3A.29

필록테테스 Philoktētēs 7B.15

(헤렌니오스) 필론 Herennios Philōn 1A.3

필롤라오스 Philolaos 6A.38(주석 126), 9A.6

필리노스 Philinos 5장 B 서두

필리스코스 Philiskos 2B.71(주석 632), 5A.12, 7B.6, 15B.11, 15B.19(주석 77)

필리스토스 Philistos 9A.4

필리포스 Philippos

— 필리포스(고르기아스의 제자) 2A.19☆, 2A.20

— 필리포스(마케도니아 왕 필리포스 2세) 2A.31(주석 170), 5B.101, 7B.3 (주석 48)

— 필리포스 5장 B 서두

필리피데스 Philippidēs 1A.5

(ㅎ)

하데스 Hāidēs

— 하데스(신) 2B.80(주석 668), 5B.26, 10장 주석 156, 10B.18, 10B.32, 10장 주석 197, 17A.9(주석 48, 주석 49)

— @하데스(저승) 1A.1(55절, 주석 68), 1A.12, 1B.1, 3A.6(주석 15), 10장 주석 156, 10B.18, 10B.31(주석 194), 10장 주석 197, 15B.9

하드리아누스 Caesar Trianus Hadrianus 7B.34(주석 146), 10B.43(주석 221), 15B.10(주석 29)

하르팔로스 Harpalos 16B.9(주석 46)

¶ (발레리오스) 하르포크라티온 Balerios Harpokratiōn 5B.1☆, 5B.2, 5B.6, 5B.7, 5B.13s, 5B.14, 5B.20, 5B.23, 5B.24(주석 178), 5B.29, 5B.30, 5B.31, 5B.32, 5B.33, 5B.35, 5B.36, 5B.37, 5B.42, 5B.45, 5B.56, 5B.57, 5B.60, 5B.61, 5B.62, 5B.64, 5B.76, 5B.82, 5B.83, 5B.84, 5B.85, 5B.86, 5B.89, 5B.90, 9장 안내, 9A.8, 10B.47(주석 248)

@할리카르나소스 Halikarnassos Ⓜ1-4 1B.55(주석 352), 2A.7(주석 80),

2B.1(주석 193), 2B.23(주석 412), 2B.51, 2B.64, 2B.71, 2B.79, 3A.27,
5A.3(주석 10), 5A.12, 5A.16, 7A.2, 7B.4, 7B.5, 7B.6, 7B.20, 10A.9,
10A.10, 15B.11, 15B.14, 15B.19, 17A.48(주석 180)

헤게몬 Hēgēmōn 3A.10

헤게시다모스 Hēgēsidamos 4A.1(주석 8)

헤게시퓔레 Hēgēsiphylē 2B.59(주석 569)

헤라 (헤레) Hēra (Hērē) 3B.23(주석 138), 6A.14, 6B.70, 10B.17(주석 159),
13B.1(주석 36)

헤라클레스 Hēraklēs 2A.9(주석 92), 2A.20(주석 135), 2B.50, 3장 안내, 3장
7절, 3A.15(주석 48), 3장 14절, 3B.43, 3B.44, 3B.45, 3B.47, 3B.48,
3B.49, 4A.8(주석 31), 6B.26, 8B.1, 10장 주석 156, 10B.18, 10B.19,
10B.25(주석 181), 10B.32(주석 196), 12B.6(주석 67), 13B.1(주석 38, 주석
40), 15B.21

헤라클레이데스 Hērakleidēs 1A.1(50절)☆, 1B.53(주석 342), 17A.6

@헤라클레이아 Hērakleia 1A.1(주석 22), 6A.1(43절), 6A.60, 10A.3

헤라클레이토스 Hērakleitos 1B.14(주석 200), 2장 안내, 4장 안내, 5B.40,
5B.64, 6A.1(22절), 6B.5, 6B.19(주석 212), 13B.5(주석 118)

헤로데스 Hērōdēs

— 헤로데스(안티폰 연설에 등장) 2A.37(주석 185), 5A.3(주석 13), 5A.4, 5장
B 서두

— 헤로데스 아티쿠스 Hērōdēs Atticus 2A.37(주석 185), 10장 안내 및 주석
13☆, 10A.17(주석 97), 10장 B 서두(주석 106), 10B.45(주석 237)

¶ 헤로도토스 Hērodotos 2B.6(주석 267), 3A.14, 3B.23s, 4A.7, 4B.10(주석
68), 4B.12(주석 72), 10B.41(주석 218), 13B.2(13절 주석 61, 14절 주석
62, 주석 63), 17A.9, 17B.12, 17장 주석 258

헤로디코스 Hērodikos 1B.47, 2A.10, 2B.39(주석 489), 3A.30, 3B.23(주석
136), 3B.23s, 7A.7(주석 36)

헤르메스 Hermēs 1B.48, 5A.4(주석 36), 6A.3

헤르메이아스 Hermeias

2B.38(주석 486), 2장 주석 490, 2B.61(주석 570, 주석 572), 2B.65(주석 591), 2B.69(주석 618), 3B.23(주석 138), 5A.6(주석 52), 7B.1(주석 46), 8B.1(주석 28), 10B.13, 10장 주석 156, 13장 안내(주석 16), 13B.5(주석 123), 13B.8(주석 178), 14B.6(주석 25), 15B.20(주석 118), 15B.21(주석 131, 주석 132), 15B.21(17절), 17A.35(주석 120, 주석 121), 17B.7(주석 206)

@헬레스폰토스(해협) Hellēspontos [현대명: 다르다넬스(해협) the Dardanelles (희랍어: Dardanellia)] Ⓜ1-1 7A.10(주석 40), 10장 주석 146

@헬리콘(산) Helikōn 15B.10(주석 29)

호라이 Hōrai 3장 주석 187☆ cf. 탈로, 아욱소, 카르포

호라티우스 Quintus Horatius Flaccus 7A.10(주석 41)

호메로스 Homēros 1B.47, 1B.62(주석 377), 1B.71, 2A.1(주석 28), 2장 주석 447, 2B.35, 2B.37(주석 482), 2B.52, 2B.53, 2B.76(주석 645), 2B.80, 3A.9(주석 27), 3B.24, 4장 안내, 4A.10, 4B.10, 4B.22, 4B.23, 4B.24, 4B.32, 5A.15, 5A.16, 5B.26(주석 201), 5B.59(주석 242), 6A.1(43절, 46절), 6A.52, 6B.34, 6B.36, 6B.60(주석 285), 7B.4, 7B.18(주석 85), 7B.29(주석 134), 9B.13(c), 10A.10, 10B.6(주석 132), 10장 주석 156, 10B.38, 10B.45(주석 236), 10B.56, 11B.2(주석 19), 13B.1(주석 34, 주석 37), 15장 안내, 15B.7, 15B.10, 15장 주석 27, 15B.21(주석 158), 17A.6, 17A.41(주석 148), 17B.1(주석 189)

휘아데스 Hyades 4B.18☆

휘아스 Hyas 4B.18

휘페레이데스 Hypereidēs 5A.12, 9A.8

휩노스 Hypnos 5A.8

히메리오스 Himerios 2B.12(주석 290)

@히스파니아 Hispania 1B.37(주석 285), 5B.97(주석 283)

히에로뉘모스 Hierōnymos 6A.1(주석 63), 9A.7☆

히포니코스 Hipponikos 1A.5(주석 86), 1A.6, 3A.6, 3A.20, 3A.29, 3B.52, 6A.55, 9A.1, 10A.3, 17A.13

엮어 옮긴이의 말

학자에게 어느 논문 하나 어느 책 하나 뜻깊고 소중하지 않은 게 있을까마는 이 책은 내게 유독 각별하다. 학부 시절은 맑스에 빠져 보내다가 대학원에서 완전히 다른 방향의 플라톤 공부로 이 업계에 발을 들인 후 정작 박사는 석사 첫 학기부터 내내 도전 욕구를 자극하며 뇌리를 맴돌던 파르메니데스 시로 마감했다. 이후 어찌어찌하다 보니 다시 플라톤까지 되짚어 내려오는 초기 희랍의 담론 발전사를 더듬는 작업을 해 왔다. 그 탐색이 나름 독창성과 의미를 가졌다고 감히 자부할 수 있는 측면은 그 두 거장을 잇는 매개자로 소크라테스를 상정한다는 것과 그 소크라테스를 다시 소피스트 전통 속에 놓고 조명한다는 것이다. 그런 야심찬 탐색 과정에서 나온 한 결실이 2016년의 『설득과 비판』이다. 이는 시인들과 최초 철학자들이 시작한 여러 줄기의 담론 전통이 파르메니데스로 흘러 들어가 말하자면 거대한 호수로 모였다가 다시 여러 지류로 나뉘어 전개되는 양상을 설득과 비판이라는 열쇳말로 음미하려는 시도였다. 그 발전의 시종을 이루는 파르메니데스와 플라톤 사이에서 매개자 노릇을 한 소피스트 운동이 그 책의 대미를 장식하게 된 건 내겐 자연스러운 수순이었지만, 기존 철학사의 안목으로 보면 꽤나 뜬금없고 생소한 도전으로 받아들여질 수 있는 일이다. 불변 부동의 가지적(可知的) 존재자의 세계에 주목하는 파르메니데스적—플라톤적 '주류' 전통의 발전사를 다루면서 호승심과 지식 판매에 매몰된 한낱 궤변가, 쟁론가 '따위'를, 그 발전의 경로상에서 일정한 역할을 담당한 주요 행위자로 자리매김한다는 것 자체가 매우 '발칙한' 반항으로 치부될 수도 있는 것이다. 이 책은 거기서 이미 예고되었다 할 그런 반항과 도전이 본격적으로 시도되고 구체적으로 생생하게 펼쳐지는 장이다.

시간이 많이 걸리고 고된 작업이었지만, 이 일을 내가 할 수 있어 기쁘다. 시한에 쫓겨 허둥대던 마지막 시간들, 특히 튀빙엔 와서 했던 몇 달간의 찾아보기 작업이 버겁지 않았다고 하면 거짓말이겠지만, 수많은 고전 저자들을 누비며 각 소피스트의 희미해진 목소리들이 조금이나마 담겨 있는 조각들을 놓칠세라 보고 또 보며 매의 눈으로 살피고, 그걸 다시 한 땀 한 땀 우리말로 옮기고, 또 이리저리 짜 맞추고 취사선택하며 전체 스토리를 어림잡아 보고, 하던 그 모든 순간순간은 무척이나 행복하고 짜릿했다. 우여곡절을 거쳐 고전 공부의 길에 들어서기까지 나를 끊임없이 인도한 알 수 없는 힘이 있었는데, 그이에게 진정으로 두 손 모아 감사드린다. 무엇보다도 내 작업과 학당의 노작들을 인내심으로 기다려 주시며 늘 마음으로 성원하고 격려해 주시는, 고전을 사랑하는 독자 여러분께 감사드리며 이 책이 작은 보답과 위안이 되었으면 하는 바람이다. 학문적으로 인간적으로 이끌어 주시고 이 책이 나오는 데 각별한 격려와 도움을 주시며 누구보다도 애정을 가지고 책을 기다려 주신 나의 두 분 선생님께 깊이 고개 숙여 감사드린다. 아울러 이야기와 고민과 하소연과 불만에 이르기까지, 그모든 걸 들어 주고 함께해 주신 정암학당 동학들과 회원 여러분께, 그리고 열린 플라톤 및 성서 읽기 멤버들, 강릉의 철학과 학생들과 동료들께 감사드린다. 이 작은 결실이 그저 나 개인이 홀로이룬 성취가 아니라 오랜 시간 그분들과 더불어 동고동락했던 공동 탐색을 통해 갈리고 닦인 결과물임을 알기에 더더욱 미약하나마 이 성과의 보람과 기쁨을 함께 나누고 싶다. 혼자 감당하기엔버거운 작업이었고, 마지막 순간까지 흠과 실수를 제거하느라 애썼지만, 모든 걸 완벽하게 만들기엔 시간도 역량도 턱없이 모자랐다. 마음 같아선 더 시간을 들여 보다 완벽하게 만들어야 하겠지만, 어쩌면 알량한 재주 부리느라 시간을 허송하기보다 빨리 세상에 내보내어 이 책을 아끼는 이들 모두의 손에서 수정되고 다듬어지는 게 더 낫겠다 싶기도 하다. 어차피 고전 공부는 혼자 하는 게아니고 함께 채워 가는 것 아니던가. 이 일에 함께 참여하여 이 책을 고치고 채우고 함께 키워 가 주실 여러분께 미리 감사의 말씀을 드리고 싶다.

이 책의 작업 가운데 가장 집중적이고 밀도 있는 부분이 이루어진 건 2018년 겨울 방학 벨몬트 하숙집과 2019년 여름 방학 브루클라인에서였다. 그 중요한 순간순간마다 곁에서 힘을 북돋아 주고 함께해 준 가족들이 없었다면 이 책이 이렇게 빛을 보기 어려웠을 것이다. 이 책이 마무리 단계에 들어가 있는 동안, 마냥 곁에 든든히 계셔 주리라 굳게 믿었던 아버지의 환한 모습을 더 이상 뵐 수 없게 되어 너무나 안타깝고 황망하다. 철학 공부 한답시고 제 나름의 종교적 입장과 태도를 찾겠다는 알량한 신념을 가진 아들이 기성 교회와 멀어지는 걸 늘 걱정하며 사신 아버지와 성지 순례를 함께하며 따뜻한 대화를 주고받던 날들이 그립다. 유연한 지성과 따스한 감성을 함께 간직하는 성숙한 담론 문화에 대한 추구와 갈망은 아버지와의 오랜 긴장과 대화를 거치며 배우고 키워 온 것이기도 하다. 자식의 입장을 있는 그대로 인정해 주시지 않는 게 못내 아쉬웠지만 그 사랑만큼은 따뜻했던 아버지, 진지한 유희를 추구하는 이 책의 모습을 생전에 보시진 못했지만 하늘에서 그 탄생을 누구보다 대견해하실 나의 아버지 강신종 님께 이 책을 바친다.

2022년 12월 25일
관조가 뭔지 새록새록 일깨워 주는 아늑한 튀빙엔에서
강 철 웅

강철웅

서울대 철학과를 졸업하고 같은 학교 대학원에서 플라톤 인식론 연구로 석사 학위를, 파르메니데스 단편 연구로 박사 학위를 받았으며, 하버드대 철학과에서 박사 논문 연구를, 케임브리지대 고전학부에서 기원전 1세기 아카데미 철학을 주제로 박사후 연수를 수행했다. 고대 희랍-라틴 고전의 번역과 연구에 매진하는 정암학당의 창립 멤버이자 케임브리지대 클레어홀 종신 멤버이며, 미 국무부 초청 풀브라이트 학자로 보스턴 칼리지 철학과에서 활동했다. 현재 강릉원주대 철학과 교수로 있다.

저서로 『설득과 비판: 초기 희랍의 철학 담론 전통』(2017 학술원 우수학술도서, 제29회 열암철학상), 『서양고대철학 1』(공저)이 있고, 역서로 『소크라테스 이전 철학자들의 단편 선집』(공역), 플라톤의 『소크라테스의 변명』, 『뤼시스』, 『향연』, 『법률』(공역), 『편지들』(공역), 존 던의 『민주주의의 수수께끼』(공역, 2016 학술원 우수학술도서), 『소피스트 단편 선집』 등이 있다. 고대 희랍이 가꾼 문화 자산인 '진지한 유희'를 단초로 삼아 우리 담론 문화가 이분법과 배타성을 넘어 열린 자세와 균형을 찾는 데 일조하려 하며, 특히 역사 속에서 희미해진 '마이너'들의 목소리를 듣고 되살리려 애쓰고 있다. (이메일: cukang@gwnu.ac.kr)

소피스트 단편 선집

대우고전총서 058

....

1판 1쇄 찍음 | 2023년 1월 2일
1판 1쇄 펴냄 | 2023년 1월 20일

엮어 옮긴이 | 강철웅
펴낸이 | 김정호

책임편집 | 박수용
디자인 | 이대응

펴낸곳 | 아카넷
출판등록 2000년 1월 24일(제406-2000-000012호)
10881 경기도 파주시 회동길 445-3
전화 031-955-9510(편집) · 031-955-9514(주문) | 팩스 031-955-9519
www.acanet.co.kr

ISBN 978-89-5733-836-0 94160
ISBN 978-89-89103-56-1 (세트)

이 책은 대우재단의 지원을 받아 연구 및 출간되었습니다.